上海市交通运输和港口管理局专项资金项目(2013)
上海市科学技术协会科技决策咨询项目(2014jczx02)
上海市交通委员会专项资金项目(00-19-13856)
上海市科学技术委员会科技创新行动计划(18DZ1206600)

上海横沙超深新港前期研究

主编 包起帆

上海科学技术出版社

内 容 提 要

在上海市交通运输和港口管理局、上海市交通委员会的资助下，华东师范大学国际航运物流研究院牵头先后完成了"上海港新港区选址（横沙新港）及其建设机制研究""横沙建港基础条件论证"等课题。研究以问题导向和需求导向为宗旨，取得了丰硕的成果。

本书基于上述相关研究课题成果，主要包括横沙深水新港战略、建设机制、基础条件、可维护性等方面内容，也包括了研究过程中形成的决策咨询报告等。本书可供从事城市规划、交通运输、港口、航道、水利等相关领域工作的专家学者及政府管理人员参考。

图书在版编目（CIP）数据

上海横沙超深新港前期研究 / 包起帆主编. -- 上海：上海科学技术出版社，2021.1
ISBN 978-7-5478-5148-7

Ⅰ. ①上… Ⅱ. ①包… Ⅲ. ①港口建设－研究－上海 Ⅳ. ①U65

中国版本图书馆CIP数据核字(2020)第225374号

上海横沙超深新港前期研究
主编　包起帆

上海世纪出版（集团）有限公司
上海科学技术出版社　出版、发行
（上海钦州南路71号　邮政编码200235　www.sstp.cn）
上海盛通时代印刷有限公司印刷
开本 889×1194　1/16　印张 26.5
字数 700 千字
2021年1月第1版　2021年1月第1次印刷
ISBN 978-7-5478-5148-7/U·108
定价：280.00元

本书如有缺页、错装或坏损等严重质量问题，请向工厂联系调换

课题组部分活动回顾

· 2012年8月16日,中国工程院院士、华东师范大学教授陈吉余(右一)和中交上海航道局原董事长宗源远(右二)出席"上海港新港区选址及其建设机制研究"课题会。

· 交通运输部总工程师徐光(前排左一)和交通运输部水运局局长宋德星(前排左二)共同出席课题组于2014年6月21日举办的"面向2040年的上海城市发展新空间及深水新港"学术研讨会。

· 上海市人民政府参事室主任王新奎出席课题组于2012年12月1日举办的"2020年后的上海海洋新城和深水新港"高层论坛(见图)和2014年6月21日举办的"面向2040年的上海城市发展新空间及深水新港"学术研讨会。

· 课题组负责人、上海市政府参事、华东师范大学国际航运物流研究院院长包起帆于2012年1月12日在上海市政协十一届五次会议上作题为《关于开展上海港新港区选址及其建设机制研究建议》的专题报告。

· 2012年12月1日,两院院士邱大洪、梁应辰、陈吉余、周干峙、徐寿波、王光谦、郑守仁(自左至右)等出席课题组举办的"2020年后的上海海洋新城和深水新港"高层论坛。

· 2014年6月21日,两院院士苏纪兰、邱大洪、郑守仁、徐寿波、梁应辰、汪品先(自左至右)等出席课题组举办的"面向2040年的上海城市发展新空间及深水新港"学术研讨会。

· 交通运输部长江口航道管理局原副局长、交通运输部总工程师姜明宝于2012年8月16日出席课题组召开的"上海港新港区选址及其建设机制研究"课题会。

· 2014年6月21日,南京水利科学研究院院长张建云院士(左一)、上海市交通委员会主任孙建平出席课题组举办的学术研讨会。

· 2019年11月11日,上海市交通委员会副主任张林出席并主持"横沙建港基础条件论证"课题验收会。

· 2012年11月8日,市政府部分参事在课题组成员陪同下考察新横沙。

· 2012年12月1日，课题组负责人、上海市政府参事、华东师范大学国际航运物流研究院院长包起帆主持"2020年后的上海海洋新城和深水新港"高层论坛。

· 2014年6月21日，华东师范大学党委书记童世骏教授出席课题组举办的"面向2040年的上海城市发展新空间及深水新港"学术研讨会并致辞。

· 2012年4月12日，华东师范大学校长俞立中教授（右一）在出席"上海港新港区选址及其建设机制研究"课题论证会前与原上海市交通运输和港口管理局巡视员朱建华等交谈。

· 2019年6月26日，华东师范大学校长钱旭红院士（左一）在出席课题组举办的学术会议前会见课题组负责人包起帆，关心支持课题组开展研究工作。

· 课题组召开"上海港新港区选址及其建设机制研究"课题会（2012年8月16日在华东师范大学）。

· 课题组召开专题会议（2012年8月16日在华东师范大学）。

· 课题组外出考察（2013年9月10日在福州港）。

· 课题组部分成员在考察上海深水新港拟选港址时合影留念（2012年5月9日在新横沙）。

· 2015年10月20日,中交第三航务工程勘察设计院院长王祥(前排右二)、中交上海航道勘察设计研究院院长周海(前排右一)等出席"新横沙成陆开发和深水新港建设可行性关键技术研究"课题组会议。

· 2014年8月28日,上海市发展改革研究院副院长齐峰(右一)等出席"上海城市发展新空间和深水新港战略研究"课题组大会。

· 课题组部分成员在"上海港新港区选址及其建设机制研究"课题会前做报告材料的准备工作(2012年8月16日)。

· 课题组办公室开展日常工作(2013年10月21日在华东师范大学国际航运物流研究院)。

前　　言

上海是国际经济、金融、航运、贸易和科技创新中心，在"一带一路"和国际舞台的多个方面发挥了举足轻重的作用；上海又是长江的龙头，在贯彻落实"长江经济带发展""长三角一体化发展"中起着引领的作用。作为港口城市，上海的地位和作用离不开上海港的发展。

港口兴则城市兴，港口的发展在很大程度上显示了一个城市乃至整个国家的能级。上海港地处长江入海口，滨江临海，集"黄金水道"和"黄金海岸"优势于一体，因优越的地理位置、广阔的腹地和日新月异的经济发展而成为国际航运中心的重要组成部分。上海港，既是上海国际航运中心的支柱，也是上海经济发展的重要引擎，还是上海改革开放的窗口。

十八大以来，党中央相继提出了一系列国家战略，对上海港的发展来说，这既是机遇，也是新的要求。随着全球航运发展趋势以及国际、国内社会经济状况的变化，上海港的未来也面临着巨大的挑战。例如，全球呈现的船舶大型化、航运联盟化、港口扩展化趋势，周边港口的崛起以及新的江海通道的规划。而上海港自身也存在码头能力难以适应需求、深水航道严重不足、深水岸线已经匮乏、陆域空间拓展受限等短板，如目前上海港长江口港区水深为 12.5 m，洋山深水港区水深也仅 16.5 m，这些都远远满足不了上海港口发展的需要。作为多重国家战略实施的重要载体，上海港必然要巩固其在国家战略布局中的核心支点和门户枢纽地位，未雨绸缪，前瞻性、科学性地谋划新的空间和更广阔的发展可能性。

2012 年 1 月，上海市政府参事包起帆在市政协大会上做了题为"关于开展上海港新港区选址及其建设机制研究的建议"的发言，提出了开展新横沙建设深水新港研究的建议，受到了时任市委书记俞正声的好评。

2012 年 7 月 3 日，《东方早报》刊登了上海市建交委回复政协委员对横沙岛开发的意见，定位横沙岛为生态特色的"休闲度假岛"。包起帆向俞正声书记做了专题汇报，并呈送了参事工作专报，提出不宜将横沙岛定位为生态岛，要从规划层面对新横沙开展进一步研究、利用好长江口疏浚土进行生态成陆的建议。俞书记批复："横沙岛不宜现在就认定为'休闲度假岛'，应是上海未来发展的预留地，有多种使用的可能性。应开展前期工作，并切实加强利用疏浚土陆域围填的领导。包起帆同志的意见应重视，陈吉余同志也当面向我讲了十分恳切的意见。"时任上海市市长韩正批示："从长计议。"

为落实市领导批示，包起帆以华东师范大学国际航运物流研究院为平台，充分发挥多学科、高层次、综合性的优势，坚持问题导向、需求导向，结合水文、泥沙、地形监测，以及数学模型、大型物理模型、生态评价等技术，以新横沙建设深水新港为切入点，围绕上海国际航运中心建设，针对上海港口发展，牵头开展了持续的研究，先后完成了"上海港新港区选址（横沙新港）及其建设机制研究""上海港新港区选址研究""长江口疏浚与港口建设关系研究""上海港新港选址及其功能定位研究""自贸区建设背景下的上海城市发展新空间和深水新港战略研究""横沙建港基础条件论证"等多项课题。

团队通过研究，分析了上海港的现状及未来发展的需求，前瞻性地提出了在新横沙建设深水港的设想。针对未来上海国际航运中心建设的需要，预测了新横沙发展港口的功能、主要服务货类和规模,提出了将横沙深水新港建成自由贸易港的可行性,并对其功能和重点产业进行了定位。在上述研究基础上,谋划了横沙深水新港的规划方案,设计了深水新港的基本形态,设计了深水航道和连接长江航道,通过数学模型论证了规划的可行性。

研究过程中,团队多次举办高端论坛,围绕上海国际航运中心建设、上海港口发展规划、横沙深水新港建设等展开深入研讨。2012年12月1日华东师范大学与中国工程院《中国工程科学》杂志社联合主办了"2020年后的上海海洋新城和深水新港"高层论坛,2014年6月21日华东师范大学主办了"面向2040年的上海城市发展新空间及深水新港"学术研讨会,2016年3月1日华东师范大学主办了"上海2040城市规划与横沙开发"学术研讨会等,先后有中国科学院院士、中国工程院院士与相关部委、部门和单位的领导及负责人出席并做交流发言。

团队曾多次向交通运输部、上海市主要领导、上海市交通委员会等相关部门和领导汇报关于谋划上海横沙深水新港的研究成果和建议,引起了领导和相关部门的高度重视:交通运输部党组书记杨传堂、原副部长何建中,时任上海市委书记俞正声,原上海市市长韩正、杨雄、应勇,市委书记李强等主要领导对研究过程中呈送的23份专题报告先后给予了23次批示。

研究主要成果被经国务院批准的《上海市城市总体规划(2017—2035)》采纳,包括"合理保护和利用横沙东滩等地区滩涂资源,预留横沙东滩滩涂围垦资源作为城市长远发展的战略空间""上海港形成以洋山深水港区、外高桥港区为核心,杭州湾、崇明三岛等港区为补充的格局,加强对横沙等海洋战略资源的保护和控制"。经国务院同意的《上海市生态保护红线》明确了新横沙不在红线范围内,为上海面向海洋的拓展保留了唯一出口。

多年来,研究团队坚持与时俱进,面对国家对上海提出的新要求、上海港发展遇到的新挑战持续开展研究,不断深化对横沙深水新港的规划和技术层面的论证。本书是对于上述长期研究和工作成果的汇编,旨在为国家战略在上海谋划着力点、为上海港口可持续发展提供备选方案。

本书涵盖了技术研究及工作推进过程中的关键内容。第1部分是在上海港口发展和国际航运中心建设现状及面临问题的基础上,对横沙新港选址的必要性、可行性及机制探究的研究成果。第2部分结合自贸区建设的政策,从城市可持续发展的角度入手,探索性地对在新横沙建设深水大港进行的研究。第3部分是在不断变化的需求下,面对新要求和新挑战,对横沙新港功能定位、规划方案及影响等方面进行深入的技术性研究成果。第4部分是针对上述技术性部分进行的模型分析,从可维护性、基础条件等方面提供具体支撑。第5和第6部分是在研究过程中,团队为积极推动相关工作的开展,向领导及相关部门提交的专报、建议及报告。

本书是我们对上海国际航运中心建设及深水新港建设的思考和建议,期待抛砖引玉,并能够得到同行以及关心航运事业发展的广大读者的批评指正。

在编著过程中,华东师范大学国际航运物流研究院孟舒和任国华组织了具体的文字和图片编排工作,彭德艳和江霞给予了帮助,在此表示诚挚的感谢!

编　者

2020年9月

目 录

第1部分　上海港新港区选址(横沙新港)及其建设机制研究

第1章　研究背景 ·· 3

第2章　上海深水新港建设的必要性论证 ··· 5
2.1　上海港现状 ·· 5
 2.1.1　上海港地位 ··· 5
 2.1.2　上海港面临的挑战 ·· 5
 2.1.3　中国(上海)自由贸易试验区的影响和作用 ···································· 9
2.2　国内外港口发展及国际航运发展趋势 ··· 10
 2.2.1　国外沿海城市与港口发展 ·· 11
 2.2.2　国内沿海城市与港口发展 ·· 12
 2.2.3　船舶大型化趋势对港口发展的新要求 ·· 13
 2.2.4　对上海港集装箱吞吐量未来走势及占比的预测 ·························· 14

第3章　在横沙建设深水新港的初步可行性论证 ··· 20
3.1　长江口自然条件 ··· 20
 3.1.1　长江口自然演变过程 ·· 20
 3.1.2　长江口深水航道治理工程 ·· 20
 3.1.3　横沙东滩吹填围垦的机遇 ·· 23
3.2　建设横沙新港的初步可行性 ··· 23
 3.2.1　横沙现状 ·· 24
 3.2.2　横沙深水新港与洋山港规划的关系 ·· 25
 3.2.3　建设生态港区,实现与自然的和谐统一 ······································ 26
 3.2.4　横沙深水新港对上海发展的意义 ·· 26

第4章　横沙新港区布置初步方案 ·· 28
4.1　横沙东滩条件优势和港区布置分析 ·· 28

		4.1.1 横沙东滩的条件优势	28
		4.1.2 新港区布置分析	31
	4.2	新港区集疏运条件分析及布置	35
		4.2.1 国内主要港口集疏运现状	36
		4.2.2 国外主要港口集疏运现状	36
		4.2.3 探索横沙深水新港的综合集疏运体系	38

第 5 章 上海港新港区建设机制研究 40

    5.1 国内外港口体制与建设机制 40
        5.1.1 国内主要港口的体制与建设机制 40
        5.1.2 国外主要港口的体制与建设机制 41
        5.1.3 国内外港口建设机制分析 42
    5.2 创新横沙深水新港建设机制 43
        5.2.1 横沙东滩促淤圈围成陆工程现状 43
        5.2.2 我国港口现行建设机制的成功经验 44
        5.2.3 横沙深水新港建设机制的建议 45

第 6 章 研究结论与展望 47

第 2 部分   自贸区建设背景下的上海城市发展新空间和深水新港战略研究

第 1 章 研究背景 51

第 2 章 上海城市发展新空间和深水新港战略实施必要性 53

    2.1 新横沙开发利用是上海城市发展的延续 53
    2.2 国内外沿海城市发展为新横沙开发利用提供经验 54
        2.2.1 国外沿海城市发展经验借鉴 54
        2.2.2 国内沿海城市发展经验借鉴 60
    2.3 上海城市发展空间和深水新港建设的必要性 64
    2.4 横沙吹填成陆和深水新港战略实施的优势 69

第 3 章 新横沙开发及深水新港建设的战略构想 72

    3.1 战略构想的合规性 72
    3.2 横沙成陆战略构想 73

3.2.1　横沙岛概况 … 73
　　　3.2.2　横沙成陆方案设想 … 73
　　　3.2.3　新横沙功能定位 … 74
　3.3　功能区划战略构想 … 76
　3.4　深水新港战略构想 … 78
　　　3.4.1　上海（横沙）深水新港的功能定位 … 78
　　　3.4.2　上海（横沙）深水新港吞吐量发展预测 … 79
　　　3.4.3　深水新港的规划港区布局方案 … 79
　3.5　深水新港起步工程构想 … 82
　　　3.5.1　深水新港（南方案）起步工程 … 82
　　　3.5.2　深水新港（北方案）起步工程 … 85
　3.6　新横沙开发可供选择的推进路径 … 87

第 4 章　横沙吹填成陆和深水新港建设的可行性 … 88
　4.1　安全保障 … 88
　4.2　生态环境保障 … 94
　4.3　供水保障 … 96
　4.4　交通保障 … 99
　4.5　开发技术保障 … 100

第 5 章　研究结论与展望 … 101
　5.1　研究结论 … 101
　5.2　下一步工作建议 … 102

第 3 部分　横沙建港基础条件研究

第 1 章　绪论 … 109
　1.1　研究背景 … 109
　　　1.1.1　新时代国家重大战略实施对上海港可持续发展提出新要求 … 109
　　　1.1.2　国家全方位对外开放为上海发展自由贸易港创造机遇 … 110
　　　1.1.3　上海"全球城市"建设要求上海港可持续发展 … 110
　　　1.1.4　上海港既有短板日益显现，横沙新港将提供新的发展空间 … 110
　1.2　研究目的及意义 … 110
　1.3　研究内容 … 111
　　　1.3.1　客观分析现状和形势要求 … 111

		1.3.2 合理定位横沙深水新港发展	111
		1.3.3 科学预测横沙深水新港需求	111
		1.3.4 规划横沙深水新港布局	111
		1.3.5 初步探讨横沙深水新港对周边环境的影响	111
	1.4	技术路线和研究方法	111
		1.4.1 技术路线	111
		1.4.2 研究方法	113
	1.5	主要成果	113
第2章	横沙深水新港对上海国际航运中心建设的重要性		114
	2.1	上海港发展及上海国际航运中心建设	114
		2.1.1 新时代国家重大战略实施对上海可持续发展提出新要求	114
		2.1.2 上海港是上海国际航运中心的主要支柱	115
		2.1.3 上海港及国际航运中心建设现状	116
	2.2	上海国际航运中心建设面临的新挑战	119
		2.2.1 港口行业发展态势及要求	119
		2.2.2 国际船舶大型化趋势	120
		2.2.3 航运联盟升级	121
		2.2.4 周边国家和地区港口竞争激烈	122
		2.2.5 国内沿海各港口能力不断提升	122
		2.2.6 挑战	123
	2.3	上海国际航运中心建设的趋势与要求	126
		2.3.1 国家战略及发展的要求	126
		2.3.2 上海城市发展的需求	129
		2.3.3 满足国家战略和上海城市发展需求的国际航运中心	130
	2.4	在新横沙建设深水新港的优势及前景	131
		2.4.1 横沙深水新港在实施国家三大战略背景下的优势	131
		2.4.2 横沙深水新港独特的区位优势	133
第3章	新横沙建设自由贸易港前瞻研究		136
	3.1	国际典型自由贸易区和自由贸易港发展经验	136
	3.2	中国自由贸易区的设立和发展	140
		3.2.1 中国自由贸易区的空间格局	140
		3.2.2 中国自由贸易区的功能演进	140
		3.2.3 中国自由贸易区的内涵实质	142
	3.3	上海自贸区体系	143

	3.3.1	"自贸区 1.0 版"	143
	3.3.2	"自贸区 2.0 版"	145
	3.3.3	"自贸区 3.0 版"	146
3.4	新横沙自由贸易港功能定位和产业体系构建		146
	3.4.1	横沙深水新港是上海建设自由贸易港的最佳选择地	146
	3.4.2	新横沙自由贸易港功能定位	147
	3.4.3	新横沙自由贸易港产业体系构建	147
3.5	新横沙自由贸易港功能布局初探		148
	3.5.1	国际典型自由贸易港布局案例	148
	3.5.2	新横沙自由贸易港功能布局初探	150
3.6	小结		151

第 4 章　横沙深水新港的规划选址、功能定位、运量预测和总平面布置 … 153

4.1	选址条件分析		153
	4.1.1	区域位置	153
	4.1.2	气象条件	153
	4.1.3	水文条件	157
	4.1.4	长江口近期总体河势情况	164
	4.1.5	横沙东滩区域及河势情况	173
	4.1.6	新横沙周边相关工程及自然保护区	178
	4.1.7	横沙东滩周边通航情况	182
	4.1.8	横沙深水新港建设基础条件小结	185
4.2	功能定位和规划意义		186
	4.2.1	横沙深水新港功能定位	186
	4.2.2	横沙深水新港规划的意义	186
4.3	运量及船型预测		187
	4.3.1	腹地经济及社会发展	187
	4.3.2	货类定位	191
	4.3.3	吞吐量预测	195
	4.3.4	船型发展预测	207
4.4	新港规划方案		214
	4.4.1	总体规划思路	214
	4.4.2	横沙沿线建港条件及港口可开发程度分析	215
	4.4.3	规划规模指标	216
	4.4.4	总体规划布置方案	216
	4.4.5	公路集疏运体系	225

4.4.6　铁路集疏运体系 ·· 227
　　4.4.7　规划总体指标 ·· 227
　　4.4.8　规划平面方案的初步论证 ·· 229
4.5　新横沙建港成本分析 ··· 237
　　4.5.1　横沙深水新港规划内容概述 ··· 237
　　4.5.2　横沙深水新港建设的成本预估 ·· 238
4.6　小结 ·· 239
　　4.6.1　主要结论 ·· 239
　　4.6.2　拟深入研究的问题与建议 ·· 241

第 5 章　横沙深水新港对周边影响的研究 ··· 243

5.1　横沙深水新港对周边潮、波动力环境的影响 ··· 243
　　5.1.1　对周边水动力的影响 ··· 243
　　5.1.2　对周边波浪场的影响 ··· 244
　　5.1.3　对长江口纳潮量、河势格局的影响 ·· 244
　　5.1.4　对长江防洪排涝的影响 ·· 245
5.2　横沙深水新港对周边航道的影响 ·· 246
　　5.2.1　对长江口深水航道的影响 ··· 246
　　5.2.2　对北港航道的影响 ··· 248
　　5.2.3　对南槽航道的影响 ··· 248
5.3　横沙深水新港对长江口通航环境的影响 ··· 249
　　5.3.1　对长江沿线港口集装箱航运模式的影响 ··· 249
　　5.3.2　横沙深水新港航运模式及流量预测 ·· 251
5.4　横沙深水新港对长江口航道通航的影响 ··· 254
　　5.4.1　对船舶通航类型的影响 ·· 254
　　5.4.2　对周边航道通航的影响 ·· 254
5.5　横沙深水新港建设运营对周边自然保护区的影响 ······································ 257
5.6　横沙深水新港对长江口水源地的影响 ··· 259
　　5.6.1　上海水源地概况 ··· 260
　　5.6.2　对上海水源地的影响 ··· 262
　　5.6.3　突发溢油对长江口水源地的影响 ·· 264
　　5.6.4　新港建设营运中的生态环境保护对策 ··· 270
　　5.6.5　小结 ·· 272

第 6 章　结论及建议 ··· 273

6.1　研究结论 ·· 273

6.1.1 对标所承担的历史使命，上海港仍存短板 … 273
6.1.2 横沙深水新港是建设上海国际航运中心的最优选择 … 273
6.1.3 横沙深水新港吞吐量预测和港区、航道规划布置 … 274
6.1.4 横沙深水新港建设对周边环境没有颠覆性不利影响 … 274

6.2 研究建议 … 274
6.2.1 尽早实施横沙两滩成陆 … 274
6.2.2 尽早确定新横沙未来发展方向 … 275
6.2.3 横沙新港的规划布置需与海洋功能区划进行协调 … 275

第4部分 横沙深水新港建设可维护性数学模型研究

第1章 数学模型介绍 … 279

1.1 二维水动力数学模型 … 279
 1.1.1 控制方程 … 279
 1.1.2 模型建立 … 279

1.2 三维潮流泥沙数学模型 … 280
 1.2.1 控制方程 … 280
 1.2.2 模型建立 … 283

1.3 极端条件下的数学模型 … 284
 1.3.1 控制方程 … 284
 1.3.2 模型建立 … 287

1.4 波浪数学模型 … 287

1.5 模型成果动态可视化 … 289

第2章 横沙深水新港方案介绍 … 292

第3章 港区水动力场的模拟结果 … 294

3.1 方案一、方案二模拟结果 … 294
 3.1.1 港区流场 … 294
 3.1.2 口外航道的流态与横流 … 297

3.2 方案三模拟结果 … 300
 3.2.1 港区流场 … 300
 3.2.2 港区航道水流研究 … 302

3.3 水流交换动态化分析 … 304

3.4 小结 … 305

第 4 章　港区含沙量的模拟结果 306
4.1　方案一、方案二模拟结果 306
4.2　方案三模拟结果 309
4.3　小结 311

第 5 章　新港建设后波浪模拟结果 312
5.1　横沙区域波浪条件 312
5.2　大范围波浪推算方案及计算结果 312
5.2.1　计算方案及计算条件 312
5.2.2　波浪计算结果 312
5.3　港区建设后波浪情况 318
5.3.1　波浪计算条件 318
5.3.2　方案一建设后波浪计算结果 318
5.3.3　方案二建设后波浪计算结果 322
5.4　小结 324

第 6 章　常况下港区及口外深水航道的淤积预测 325
6.1　方案一、方案二实施后回淤分析 325
6.2　方案三实施后回淤计算 326
6.2.1　港区内回淤计算 326
6.2.2　口外航道回淤计算 326
6.3　小结 327

第 7 章　极端天气下港区及口外深水航道的淤积预测 328
7.1　长江口台风特征 328
7.2　港区及口外航道骤淤计算分析 329
7.2.1　数值模拟计算结果 329
7.2.2　经验公式计算结果 330
7.2.3　小结 330

第 8 章　结论 331
8.1　横沙深水新港港区的流场环境 331
8.2　建港后的波浪场情况 331
8.3　横沙深水新港的可维护性评价 331

第 5 部分　向领导呈送的专报

关于尽快启动外高桥港区七期工程　进一步推进上海国际航运中心建设的建议 ············ 335
建议从规划层面进一步开展横沙新港开发研究 ·· 337
关于在上海新一轮规划修编中加入港口规划的建议 ·· 340
关于开展横沙深水新港起步工程研究的建议 ·· 345
建议加快上海深水新港建设规划 ·· 348
建议重视新加坡迁港对上海港的启示 ·· 351
对《上海市城市总体规划（2015—2040）纲要概要》和横沙开发的意见和建议 ················ 355
关于谋划上海横沙深水新港规划的建议 ·· 358
关于上海港口发展前景和规划的建议 ·· 367

第 6 部分　大会发言、建议函及报告

关于开展横沙新港选址及其建设机制研究的建议 ·· 379
关于建设上海海洋新城和深水港的构想 ·· 382
关于加快上海城市发展新空间和深水新港战略研究的建议 ·· 389
长江经济带的发展与上海港的机会 ·· 396
"十四五"期间推动上海深水新港研究的建议 ·· 398

第 1 部分
上海港新港区选址(横沙新港)及其建设机制研究

(2013年)

本部分为华东师范大学受上海市交通运输和港口管理局委托开展"上海港新港区选址（横沙新港）及其建设机制研究"课题的成果报告。该课题于 2013 年 4 月立项，2013 年 12 月结题并通过市交通运输和港口管理局验收。课题负责人包起帆，报告执笔人何业钢。

主要研究人员包括：

包起帆　华东师范大学国际航运物流研究院　院长、教授
郑伟安　华东师范大学国际航运物流研究院　院长、教授
任国华　华东师范大学国际航运物流研究院　常务副院长、副教授
何业钢　华东师范大学国际航运物流研究院　研究员　高级经济师
彭德艳　华东师范大学国际航运物流研究院　助理研究员
江　霞　华东师范大学国际航运物流研究院　工程师
周　敏　华东师范大学国际航运物流研究院　工程师
秦小川　华东师范大学国际航运物流研究院　科研助理
孟　舒　华东师范大学　硕士研究生
周　媛　华东师范大学　硕士研究生

第1章 研 究 背 景

上海位于中国大陆海岸线正中心的长江口,东临东海,西与江苏、浙江两省相接,并与两省共同构成以上海为龙头的中国第一大经济圈——长江三角洲。上海港是长江流域的门户,是中国最大的外贸港口,货物吞吐量和集装箱吞吐量居世界第一,并致力于在2020年建设成为国际航运中心。

1992年,党的"十四大"明确提出上海"一个龙头、三个中心"的战略定位,要"以上海浦东开发、开放为龙头,进一步开放长江沿岸城市,尽快把上海建成国际经济、金融、贸易中心之一,带动长江三角洲和整个长江流域地区经济新飞跃"。自此,上海的战略地位发生了巨大变化。

2001年,国务院在《上海市城市总体规划(1999—2020)》的批复中又进一步将上海城市功能定位明确为"社会主义现代化国际大都市,国际经济、金融、贸易、航运中心之一",这是国家对上海的战略要求,也是上海新时期的发展需要,把航运港口建设放在了更加突出的位置。

2009年,《国务院关于推进上海加快发展现代服务业和先进制造业建设国际金融中心和国际航运中心的意见》(国发〔2009〕19号)中明确指出:推进上海加快发展现代服务业和先进制造业,加快建设国际金融中心、国际航运中心和现代国际大都市,是我国现代化建设和继续推动改革开放的重要举措;是贯彻落实科学发展观,转变经济发展方式,突破资源环境承载能力制约,实现全面协调可持续发展,继续发挥上海在全国的带动和示范作用的必然选择。

2013年,习近平总书记在参加十二届全国人大一次会议上海代表团审议时,做了重要讲话,他希望上海立足全局、突出重点,深入探索中国特色、时代特征、上海特点的科学发展之路,当好全国改革开放的排头兵、科学发展的先行者。中央对上海的发展寄予厚望,这是上海发展的历史使命。

上海港口发展正处在一个关键时期。近年来,上海港货物吞吐量和集装箱吞吐量不断增加,已连续数年位居世界港口前列,上海国际航运中心建设成效显著。但面临的挑战也随之来临。一方面,受环境资源的限制,上海深水岸线和土地资源极度缺乏,市域范围内现有港区缺乏进一步发展的空间,港口集疏运也对城市交通带来较大影响;另一方面,船舶大型化趋势明显,周边港口迅猛发展,并凭借其较好的自然条件对上海港形成了强有力的挑战。上海港的发展遇到了吞吐能力饱和、深水岸线用尽、土地资源短缺、市内交通紧张的困境,上海港在现有的港区范围内继续发展的空间受限,竞争优势正在弱化。

上海港从20世纪80年代开始对外高桥、罗泾、金山三个新港区进行选址论证,90年代对洋山深水港区进行选址论证,到当前外高桥、洋山港区的基本建成,上海港就是在适应经济发展和航运需求的过程中,在科学严谨的新港区选址论证基础上,及时通过老港区功能调整和新港区开发建设发展起来的。为适应未来航运和港口发展需求,保持上海港在国际港口中的竞争优势,保持上海港口在"一主、两翼"上海国际航运中心建设这一国家战略中的"中心"地位,更好地发挥上海的"龙头"作用,需要尽早开展新港区选址研究工作,寻找上海港未来的发展空间。中国工程院陈吉余院士曾专门给上海市委主要领导提出"到长江口寻找发展新空间"的构想并得到市领导肯定,在横沙东滩建设深水新港的构想逐渐进入人们的视野。

横沙岛及横沙东滩位于长江口,地理位置优越,深水岸线资源丰富,为上海提供了又一片新港区和临海产业区的选址。而相邻的长兴岛青草沙水库可为长江口亚三角洲开发提供优质水源,九段沙已有 60 km² 碧绿草滩和 70 km² 光滩与之相伴,可使长江口亚三角洲如虎添翼。可以建设成为与上海国际航运中心配套的水深超过 20 m 的深水航道与深水大港。

通过对国内外沿海城市与港口发展经验的借鉴,全面分析在上海国际航运中心建设中,上海港口、航道的现状以及国际航运发展趋势对上海港口未来发展的要求,针对目前上海港遇到的现有港区运营能力不适应未来发展、缺乏超深水航道以适应船舶大型化的新要求、缺乏陆域空间和可开发的深水岸线、集疏运方式单一等困境,凸显当前研究上海深水新港选址的必要性和可行性,为上海港未来的发展寻找一条路径。

"上海港新港区选址(横沙新港)及其建设机制研究"项目是受上海市交通运输和港口管理局委托,由华东师范大学国际航运物流研究院组织开展。在研究和报告撰写过程中受到上海市交通运输和港口管理局等有关单位的帮助和支持。

新港区选址论证是一项系统工程,工作量大、研究内容多、时间跨度长。因此,本课题旨在通过研究,初步论证上海港进行新港区选址的必要性,研究提出新港区选址方案并分析开发建设横沙新港的初步可行性,研究提出横沙新港建设机制初步方案等。研究成果作为行业主管部门对新港区选址论证工作的行业意见,供市领导和上级部门在决策是否全面开展新港区选址论证工作及开发横沙时作为参考依据。

第 2 章　上海深水新港建设的必要性论证

2.1　上海港现状

2.1.1　上海港地位

目前,上海港已经是世界第一大港,2012 年集装箱吞吐量达到 3 252.9 万 TEU,货物吞吐量为 7.36 亿 t,继续保持货物吞吐量和集装箱吞吐量全球排名双第一。2013 年 1—7 月,上海港共完成货物吞吐量 4.5 亿 t,集装箱吞吐量 1 931 万 TEU,较上年同期均有增长。上海港 1990—2012 年货物和集装箱吞吐量情况如图 2-1 所示。但是,随着经济的不断发展、船舶大型化和周边港口的激烈竞争,上海港现有港区的能力已不能适应未来发展的需要,特别是深水岸线、深水航道等资源严重缺乏。上海港如何继续保持在上海国际航运中心建设中的核心与龙头地位,正面临着新的严峻挑战。

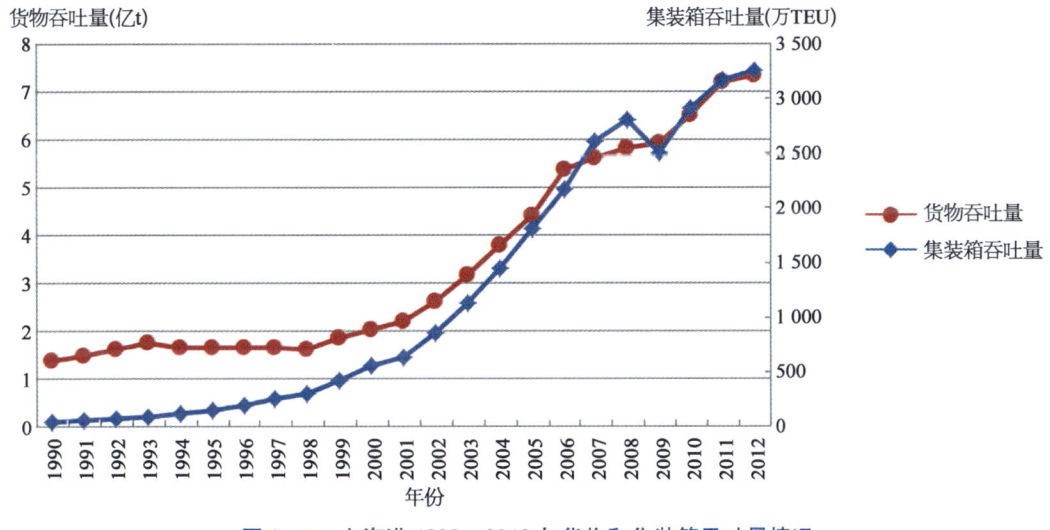

图 2-1　上海港 1990—2012 年货物和集装箱吞吐量情况

2.1.2　上海港面临的挑战

1) 现有港区能力已不适应未来发展的需要

上海港各港区正在超负荷运营。目前,上海港的三大主力港区为:洋山一至三期港区、外高桥一至六期港区和罗泾港区(图 2-2)。各港区的吞吐量均已超过其设计能力,在进行满负荷运营,见表 2-1。

图 2-2 上海港港区分布

表 2-1 上海港的三大主力港区设计能力和 2011 年吞吐量情况

内　　容	洋山港区	外高桥港区	罗泾散货港区
设计吞吐能力	930 万 TEU	1 055 万 TEU	6 060 万 t
2011 年吞吐量	1 309.8 万 TEU	1 470.8 万 TEU	10 238 万 t
实际与设计之比	1.41	1.39	1.69

外高桥港区岸线几近用完,港区运作亦给浦东新区造成了陆上交通拥堵的压力。

2010 年 12 月 6 日,上海港首个具备集装箱运输和汽车滚装两大功能的综合性港区——外高桥港区六期码头开港投入试运行。但是,即使把新建外高桥六期码头的能力算上,上海港集装箱码头和散杂货码头的能力也已趋饱和,不能适应今后几年上海港吞吐量增长的需要。以外高桥港区为例,现有集装箱吞吐量已是设计能力的1.4倍。目前，外高桥地区的深水岸线最多才剩余2 km，即使全部交给上海港建设新港区，也远远无法满足上海港集装箱吞吐量日益增长的需求。

同时，由于在浦东外高桥地区集中建设集装箱码头，陆上通行的集装箱卡车十分频密，给浦东外高桥地区造成了局部交通拥堵的压力。

洋山深水港区在一定程度上已经弥补了长江口航道水深条件的不足，1.5万TEU大型集装箱船可以全天候满载进港作业，为提升上海港的枢纽地位提供了非常好的硬件设施条件。但是，2013年已启用的1.8万TEU超大型集装箱船和2017年左右将建造的2.2万TEU特大型集装箱船，满载吃水要求航道水深达17～20 m，而洋山港区目前的航道水深是16.5 m，相比之下就显得欠缺，使这类超、特大型集装箱船不能满载进港。另外，由于在长江内航行的船舶不能停靠洋山港区，上港集团在洋山港区至外高桥港区间开通了水上"穿梭巴士"（即江海两用驳船），以进行江海之间的集装箱转运。而构想中的横沙深水新港处于江海交接处，江船与海船的中转衔接可一次完成，有利于节省目前依靠"穿梭巴士"实施江海中转的成本。

罗泾港区的散杂货作业吞吐能力已经饱和，上海港也急需建设新的深水散杂货码头。

上海罗泾港区建造设计的货物年吞吐总量为3 000万t，自2007年开港以来，年货物吞吐总量不断攀升，2009年达到4 002万t，2010年更是达到了4 400万t，2011年货物吞吐总量进一步增加至5 446万t，早已超过设计吞吐量。况且，罗泾港区受长江口航道水深12.5 m的限制，无法停靠5万t级以上满载的大型散货船，凡5万t级以上的大型散货船，需在舟山嵊泗绿华山锚地减载后，才能靠泊罗泾港区。

有研究推算，上海港需要维持每年200万～300万TEU的集装箱增量，才能满足长江流域对外贸易发展的需求，否则只能向宁波-舟山港口分流（表2-2）。事实表明，上海港的集装箱增量幅度正在下降。上海港与宁波-舟山港的集装箱年增量之和，基本上反映了国内外各大船公司在长江三角洲沿海港口运送集装箱的年增加总量，在2007年之前，上海港在两港集装箱年增量之和中所占的比例

表2-2 上海港与宁波-舟山港在集装箱年增长量中的比例变化情况

年份	上海港年集装箱吞吐量（万TEU）	上海港年增长量 A_1（万TEU）	宁波-舟山港年集装箱吞吐量（万TEU）	宁波-舟山港年增长量 A_2（万TEU）	两港年增长量之和 A_1+A_2（万TEU）	上海港年增长量占两港年增长量之和的比率 $A_1/(A_1+A_2)$
2000	561.23	—	90.22	—		
2001	633.99	72.76	121.31	31.09	103.85	70.06%
2002	861.20	227.21	185.90	64.59	291.80	77.86%
2003	1 128.17	266.97	276.26	90.36	357.33	74.71%
2004	1 455.72	327.55	400.55	124.29	451.84	72.49%
2005	1 808.40	352.68	520.80	120.25	472.93	74.57%
2006	2 171.00	362.60	706.80	186.00	548.60	66.10%
2007	2 615.20	444.20	943.00	236.20	680.40	65.29%
2008	2 801.00	185.80	1 084.00	141.00	326.80	56.85%
2009	2 500.23	−300.77	1 050.33	−33.67	−334.44	—
2010	2 906.90	406.67	1 314.40	264.07	670.74	60.63%
2011	3 173.90	267.00	1 468.62	154.22	421.22	63.39%
2012	3 252.90	79.00	1 616.80	148.20	227.20	34.77%

一直在65%以上,说明上海港的腹地货源比宁波-舟山港要大得多(因为上海港的货源腹地包括了整个长江流域,而宁波-舟山港的货源腹地主要是浙江东部的宁绍平原),这样的比例是比较合理的。但2008年之后,这个比例下降到了55%~60%,2012年更是大幅度下降到了35%左右,这说明上海港的集装箱泊位能力已趋饱和,不再能完全满足船公司每年在长三角沿海港口新增加集装箱运输量的要求,故而各大船公司将每年的集装箱增量部分更多地选择在了宁波-舟山港,而非上海港。如果上海港的集装箱泊位数量在今后几年内不能增加,估计这一比例还有可能下降。

此外,作为港口发展的重要一翼,上海工业港的发展滞后。与产业发展同步的工业港是港口不可或缺的组成部分。借助深水岸线发展的临港工业,是上海未来产业结构调整、经济转型的战略机遇,是上海经济可持续发展的重要依托,但近年来上海工业港的吞吐量在上海全港吞吐量中所占的比例却越来越小,实际增量也在减少。

2) 深水航道资源严重不足

上海港目前缺乏 20 m 以上的超深水航道。外高桥港区航道水深为 12.5 m,洋山港区航道水深为 16.5 m,难以适应正在面临的船舶大型化发展的要求和趋势。与国内宁波-舟山港 33 m、天津港 22 m、青岛港 21 m、连云港港 20 m 的深水条件相比,差距很大。这与上海港将要承担的国际航运中心地位与任务不相匹配。目前长江口深水航道水深为 12.5 m,仅可满足第三、四代集装箱船和 5 万 t 级船舶全潮双向通航的要求,兼顾第五、六代集装箱船和 10 万 t 级满载船舶乘潮通过长江口。此深水航道回淤严重,每年维护量约 8 000 万 m^3。

超大型集装箱船舶的投入运营,将引发洲际海运航线发生根本性变革,1.8 万 TEU 集装箱船满载吃水达 16 m,需要的航道通航水深在 17 m 左右,而未来 2.2 万 TEU 集装箱船吃水还有进一步增加的可能,在 1.8 万 TEU 集装箱船问世并投入运营的推动下,国际干线集装箱枢纽港的航道通航水深将开始向 20 m 迈进。只有箱源量大且稳定、航道与泊位水深条件满足的港口,才能保持住在洲际海运航线中的干线港地位,不具备航道水深条件的港口,将降级为区域性支线港口。在这种情况下,上海港深水航道资源严重不足的问题越发凸显,势必制约上海港今后的发展。

3) 深水岸线资源严重缺乏

上海市岸线北起沪苏交界的长江浏河口,南至沪浙交界的杭州湾金丝娘桥,总长 597 km,目前规划港口岸线总长 229 km(含已开发和未开发岸线),其中深水岸线 142 km,分布在黄浦江 16 km、长江口南岸 39 km、杭州湾北岸 26 km 和崇明三岛 61 km,码头前沿水深为 10~15 m。

经过多年的快速发展,上海市港口规划中具备开发条件的深水岸线资源已基本利用,剩余的深水岸线主要集中在 3 处:崇明岛定位为生态岛不宜开发;杭州湾北岸规划设计了城市生活岸线和临港产业;可供连片开发建设公共港区的深水岸线仅剩规划的金山作业区 2.3 km 岸线与长江口南岸五号沟 2.8 km 岸线。上海市作为上海国际航运中心的中心区域,岸线资源紧缺现象凸显。

目前,长江口、杭州湾已无完整的深水岸线。上港集团在 2009 年曾经做好了外高桥七期港区的工程可行性研究,但因该岸线已另有用途安排,无法用于公共码头建设。洋山港区由于现行体制及行政区划的障碍,新泊位建设步履艰难。如果 2017 年出现 2.2 万 TEU 的特大型集装箱船投入营运,上海港的航道与泊位水深条件就更难以适应。

4) 缺乏陆域发展空间

上海港外高桥、罗泾等港区紧邻市区,相邻土地早已规划它用;洋山港区现有面积仅 7.2 km^2,也早已开发完毕。上海港若想扩大现有港区规模,或者依托港区发展物流业务,就缺乏土地资源的支持。

5）集疏运方式单一

上海港是经济腹地广阔的国际集装箱枢纽港。其集装箱集疏运系统以公路为主，占港口集装箱吞吐量的 57% 左右；水路次之，占 42% 左右；由于铁路线至今未能进入上海港的主要集装箱港区，因此铁路所占集疏运比例非常小，不到 0.3%。在陆上进出外高桥港区的集装箱量大而密集，经常造成浦东地区的道路拥堵，而在陆上进出洋山港区的集装箱，陆运距离又过长，费时费力费能源。这样的以公路为主的港口集疏运模式，其弊端是十分明显的，既加重了城市环境污染，又加重了港区周边道路的交通拥堵。

2.1.3 中国（上海）自由贸易试验区的影响和作用

中国（上海）自由贸易试验区（简称"上海自贸区"）已于 2013 年 10 月 1 日正式启动运作，通过上海自贸区的改革创新试验，将推动上海地区的贸易、产业、金融和消费升级，放大上海港口的转口贸易。上海自贸区的范围主要设立在外高桥港区、洋山港区、浦东机场和外高桥保税区，如果将上海自贸区扩围至拟议中在横沙建设的深水新港，则有利于促进国际集装箱等货物的江海中转和国际中转，有利于将横沙深水新港打造成为东北亚物流基地，此举可充分利用上海自贸区的"境内关外"政策，最大限度地发挥横沙深水新港的潜力，大幅提升上海港的国际中转能力。

1）上海自贸区的运行需要深水新港的支撑

新加坡作为当今著名的国际航运中心，其成功之处就在于其自由港的政策和将港口功能定位为国际集装箱中转枢纽港。新加坡是连接欧洲、亚洲和非洲的重要门户。新加坡距离中国、日本、韩国、朝鲜和俄罗斯远东等地区的距离相近，加之新加坡是自由贸易港，在新加坡港进行转船等业务可以省去大量手续和税赋，因此，大多数船公司都选择在新加坡进行转船。

其实，20 世纪上半叶，上海一直都是整个亚洲的金融中心和物流中心。后来，因为世界格局的变化，上海逐渐失去了物流中心的地位，接着又失去了亚洲金融中心的地位。此次上海自贸区的建立，无疑是深化改革、扩大开放的重要契机，对承担支撑改革开放货物运输任务的上海港口功能也必然提出了更高要求。

由于洋山港区目前遇到的诸多发展瓶颈，已无法使上海自贸区的政策利好充分转化为更大的实际收益，在此情况下，横沙深水新港的规划与建设势在必行，以起到对上海自贸区政策更大的支撑和推进作用。

上海港目前的集装箱设计吞吐能力为 2 500 万 TEU，即使加上正在筹备建设的洋山四期与外高桥八期，到 2020 年最高也只能达到约 4 000 万 TEU 的吞吐量。如果上海港争取在 2027 年要达到 6 500 万 TEU 的吞吐能力（即新加坡政府已经宣布的目标），争取保持相对于新加坡港的领先优势，则需要在横沙建设拥有 3 500 万 TEU 吞吐能力的深水新港。如果把 2027 年实现 6 500 万 TEU 的吞吐能力设为上海港的中远期战略，现在就要开始对横沙建港进行规划，并争取 2017 年开工建设。

根据上述分析，限制上海发展成为国际金融和航运中心的一个掣肘因素，是现有港口能力与未来发展需求之间存在着巨大的差距。现在，上海自贸区政策已陆续出台，所欠缺的就是相配套的深水大港。而现有的洋山港，则无法做到能够与大手笔的上海自贸区政策相配套。并且存在着制约进一步发展的两大瓶颈：第一，也是最大的限制因素，洋山地区的行政管理并不归属上海。洋山港的工商和税务管理都归属于浙江省，任何有关洋山深水港的发展规划，必须先经由浙江省审批。这无疑将限制上海自贸区政策在洋山港的发展潜力。第二，洋山岛面积不大，无法提供更大的发展空间，应付现有货物的运输能力尚且有限，更难以为货物的中转、加工和制造提供充裕的场地，集装箱吞吐量无法在上海自贸区政策的引导下实现大幅增长。

2）横沙港作为国际中转港的优势

横沙在成为国际中转港方面有着独特的优势。由于横沙位于长江口，距日本、韩国、朝鲜、东南亚地区、俄罗斯远东地区是等距离，同时距中国各主要港口如广州、天津、大连、青岛、烟台、营口港的距离也几乎是相等的，这都为横沙深水港作为上海自贸区内的国际中转港提供了保障。

除了上述因素，更重要的是，横沙深水新港将为上海的长江流域腹地提供江海直转的能力，有利于吸引长江流域腹地的货物更多地在上海中转、交割。原在香港或新加坡进行的国际航运中转业务，会有相当一部分分流到上海，促进上海城市的更大繁荣。

3）横沙新陆域作为上海城市发展新空间的优势

开发横沙为加快上海自贸区发展提供了新的土地空间优势。

首先，根据上海自贸区关于航运发展的要求，将大力发展船舶交易、船舶管理、航运经纪、航运咨询、船舶技术等各类航运服务机构，拓展航运服务产业链，延伸发展现代物流等关联产业，不断完善航运服务功能。同时，"一线放开，二线严格管住"的自由港政策将有利于吸引高端制造业，吸引更多的加工、制造、贸易和仓储物流企业的聚集，这无疑对上海自贸区的土地面积有着更大的要求。由于横沙拥有大量低成本土地，可满足上述加工、制造业的要求，反过来支撑金融业务的发展，形成良性循环，以实现上海自贸区的建设初衷。

近年来，上海的集装箱港口吞吐量居世界第一，很大程度上是依靠洋山港的承载能力保持住的，且中转货物主要集中在洋山港。然而，洋山港的陆域和岛屿面积均有限，即大量增长的中转货物的堆放和相关业务开展所需的土地面积有限，在未来一段时间内，洋山港对上海的支持将会受到土地不足的限制。

其次，上海自贸区注册企业在不断增加。首批入驻上海自贸区的25家企业中，除了16家以金融和投资为主营业务的公司外，另外9家全部为进出口贸易服务公司，其中就包括一家集装箱服务公司和一家国际物流公司。显示了航运物流业将在上海自贸区的发展中起到重要的作用。在可预见的未来，也必然会有更多的物流企业在上海自贸区内注册、运营。因此，必须提供给越来越多的参与上海自贸区建设的企业以土地发展空间。

另外，其他行业的发展。文化服务业方面，上海自贸区将取消外资演出经纪机构的股比限制，允许设立外商独资演出经纪机构，为上海市提供服务；允许设立外商独资的娱乐场所，在试验区内提供服务。在社会服务领域，上海自贸区将允许举办中外合作经营性教育培训机构，允许举办中外合作经营性职业技能培训机构，允许设立外商独资医疗机构等。

在此背景下，就必须扩大上海港口的土地面积。在上海现有港口岸线与土地资源紧张的情况下，可以考虑对横沙东滩进行综合开发及利用，重点拓展港口、仓储、加工、自由贸易等业务范围，以最充分地利用上海自贸区的政策，最大限度地提升上海港的正能量。

2.2　国内外港口发展及国际航运发展趋势

通过对国内外沿海城市与港口发展经验的借鉴，全面分析在上海国际航运中心建设中，上海港口、航道的现状和国际航运发展趋势对上海港口未来发展的要求，针对目前上海港遇到的现有港区运营能力不适应未来发展、缺乏超深水航道难以适应船舶大型化对港口深水化的新要求、缺乏陆域空间和可开发的深水岸线、集疏运方式单一等困境，研究建设深水新港的必要性和可行性，为上海港未来的发展寻找一条路径。

2.2.1 国外沿海城市与港口发展

"它山之石,可以攻玉",纵观世界上许多沿海城市,都是在河口、海湾中不断因势利导地开发、利用潜在的港口、岸线和腹地资源建设而成的。如荷兰的鹿特丹、美国的西雅图、日本的神户以及阿联酋迪拜的棕榈岛等,均是充分利用滩涂资源进行围垦成陆或建人工岛来扩大自身区域范围,以获得城市或港口的进一步发展。

2010年,上海港集装箱吞吐量达到2 907万TEU,首次超过新加坡港成为世界第一集装箱大港,并实现了货物吞吐量和集装箱吞吐量全球排名双第一(表2-3)。2011年和2012年,上海港又连续两年蝉联"世界第一"集装箱大港的地位。

表2-3 2010—2011年全球集装箱吞吐量十大港口排名

排 名	港 口	2010年吞吐量(万TEU)	2011年吞吐量(万TEU)	增长率(%)
1	上 海	2 906.9	3 173.9	9.2
2	新加坡	2 842.5	2 993.7	5.3
3	香 港	2 343.2	2 422.4	3.4
4	深 圳	2 250.97	2 249.9	0.0
5	釜 山	1 419.4	1 617.5	14.0
6	宁波-舟山	1 315.12	1 463.93	11.3
7	广 州	1 252	1 430.8	14.3
8	青 岛	1 201.17	1 302.04	8.4
9	迪 拜	1 160	1 200	3.4
10	鹿特丹	1 110	1 190	7.2

2012年集装箱吞吐量,新加坡港为3 160万TEU,增长率为5.7%;釜山港为1 703.1万TEU,增长率为5.5%;上海港为3 252.9万TEU,增长率为2.5%,仅领先新加坡92.9万TEU。如果按这个年增长率发展,不久新加坡港将可能反超上海港,重新夺回世界第一集装箱大港的宝座。

新加坡港不甘心被上海港超越,已于2012年10月宣布将扩建其西南部的巴西班让码头(投资约28.5亿美元),计划2020年完工。该项目完成后,新加坡港的集装箱处理能力可达5 000万TEU,可提供水深18 m的泊位。而新加坡港目前的集装箱处理能力为3 500万TEU,水深为16 m,与上海港的情况相似。而上海港目前规划中的外高桥八期、洋山四期两个集装箱码头,即使在2020年之前能够完工并投入营运,上海港的集装箱处理能力届时最多也才能达到4 000万TEU,离新加坡港5 000万TEU能力尚差1 000万TEU。

在2013年8月18日的新加坡国庆群众大会上,新加坡总理李显龙在阐明新的施政纲领与思路时表示,新加坡政府打算在2027年,将目前的转运港搬迁至西部的大士(Tuas)。大士靠近新加坡的工业中心,港口年吞吐量可高达6 500万TEU,几乎是现有的新加坡国际港务集团吞吐能力(3 500万TEU)的两倍。因此,有专家认为,将规划中的大士港作为新兴港口重点发展,能极大加强新加坡作为领先的国际性港口城市国家的声誉。

面对1.8万TEU集装箱船时代的到来,以航运服务业为核心优势的伦敦国际航运中心早已未雨绸缪。为扭转长期以来港口硬件实力下降的局面,于2012年启动了伦敦门户港计划(London gateway),该计划是逾半个世纪以来伦敦国际航运中心最大的港口基建项目,港口设计年吞吐量350万TEU,首期3个码头泊位(年吞吐量130万TEU)将在2013年秋季投产,届时可满足全球最大1.8万TEU集装箱船进出。

以鹿特丹港为例,荷兰是世界上有名的小国,国土面积为41 526 km^2,比我国的江苏省面积还要小,但其第二大城市鹿特丹却是世界第一大港口城市,其发展特点主要概括为如下几个方面:

(1) 城市范围不断向海推进。鹿特丹原为鹿特河附近的渔村,利用其优越地理位置和水陆条件,因势利导,不断开发滩涂、发展港口,目前其城市市区面积约为200 km^2,港区面积约为100 km^2,有7个港区,40多个港池,共有650多个泊位。

(2) 城市及港口功能多样化程度不断提高。

(3) 在城市西扩的过程中,逐步调整现有土地功能。如Kop van Zuid地区从老港区转变为集住宅区、办公楼、商业和娱乐设施于一体的综合区。今日的鹿特丹是一座名副其实的欧洲港口花园城市,还是一座著名旅游城市。

日本神户的海上人工岛是目前世界上规模最大、功能最全的海上城市与港口之一。

2.2.2 国内沿海城市与港口发展

近年来,在推动本地区经济社会实现又好又快发展的进程中,我国沿海地区纷纷把海洋资源和区位优势作为促进本地区经济社会发展的强大引擎,全国已形成了"三大五小"(三大:珠三角、长三角、京津冀;五小:辽宁沿海、山东半岛、江苏沿海、海峡西岸、北部湾)开发格局。

以天津为例,天津是中国近代工业的发祥地之一,是我国北方主要的综合性工业基地,曾是我国的第三大城市。但至20世纪80年代,天津经济发展缓慢,其工业产值一度被其他城市赶超。1994年,天津滨海新区开始筹建,2006年,天津滨海新区开发开放正式纳入国家整体发展战略,欲建设成为继深圳经济特区、上海浦东新区之后服务中国区域经济发展新的增长极。这不仅给整个天津的城市发展注入了活力,更带动了整个环渤海经济圈的发展。

天津滨海新区的开发已形成的直接经济效益为:1994年,天津滨海新区生产总值仅112亿元,2012年,达到7 205.17亿元。"十一五"以来,天津滨海新区经济发展始终保持20%以上的增长速度。天津滨海新区拥有海岸线153 km,重点规划围海面积为450 km^2,2010年底建成区面积达270 km^2。规划形成"一轴、一带、三个城区、九个功能区"的空间布局。目前,已拥有航空航天、石油化工、电子信息等八大产业,正在形成高端化、高质化、高新化优势产业集群。数据显示,八大优势支柱产业占工业比重已超过92%。其中,天津港是世界首例在淤泥质海滩建成的深水大港,也是有效利用疏浚土的成功案例。尤其是2006—2007年天津港25万t级航道工程,总工程量约6 000万m^{3}的疏浚土全部用于吹填造陆。

与国内港口相比,从2012年的集装箱吞吐量完成情况来看,宁波-舟山港为1 617万TEU,增长率为8%,位居我国大陆港口第三位;青岛港为1 450万TEU,增长率为9.5%;天津港为1 230万TEU,增长率为6.2%;苏州太仓港区在长江口深水航道开通后,已成为苏南地区重要的集装箱港口,2012年集装箱吞吐量超过了400万TEU,增长率为33%;而上海港集装箱吞吐量的当年增幅仅为2.5%。仅从年增长率这一角度来看,上海港已经落后于国内各主要港口。

另外,在港口发展和建设方面,国内其他港口也在向前迈进。宁波-舟山港的条件非常优越,30万t级船舶可经虾峙门口外航道满载进出宁波-舟山港。青岛港(《法兰克福汇报》报道)计划扩建成为世界最大港口,扩建工程(造价47亿欧元)将于2020年竣工,集装箱吞吐量可再增3 000万TEU。届时,青岛港的集装箱吞吐能力将达到4 300万TEU,超过上海港。

长江口12.5 m深水航道计划于2015年向上延伸至南京,届时5万t级的海轮将可直接到达江苏沿江八港,其航道条件和码头等级与上海港外高桥、罗泾等主力港区同质化。

上海虽肩负着"国际航运中心"建设的重任,但受自身资源条件限制,竞争优势在弱化。《上海港总体规划(2005—2020)》中指出,上海港的主要问题为:港口能力总量不足,结构性矛盾较为突出;航道等级有待提高,港口集疏运体系仍不完善;深水岸线资源缺乏,港口发展面临资源和环境压力;老港区发展面临调整改造,港口布局有待完善;港口功能相对单一,现代港口服务业有待进一步发展。为此,谋划扩展新的岸线,建设新的深水港区,应该摆上议事日程。

2.2.3 船舶大型化趋势对港口发展的新要求

船舶大型化能使船舶单位运输能力的建造价格和航运的能源消耗显著下降,亦减少了有害物质的排放。基于经济和环保两因素的驱动,油船、矿砂船和集装箱船都在向大型化方向发展,其中集装箱船大型化的发展趋势最为明显。

集装箱在全球海上、陆路和航空运输中应用广泛,在世界经贸中发挥了不可或缺的作用。20世纪50年代,集装箱船运输作为一种新的海运方式问世。最早的改装货船,容量只有不到几百标准箱,后来经历了巴拿马船型、后巴拿马船型、加长巴拿马船型,直到现在的超巴拿马船型。

第一代至第六代集装箱船舶的主要参数见表2-4。

表2-4 第一代至第六代集装箱船舶的主要参数

代 际	名义载箱量(TEU)	载重量(万t)	长度(m)	宽度(m)	吃水(m)
第一代	<700	<1.4	<156.0	<23.0	<9.3
第二代	700~2 300	1.0~3.9	129.8~261.0	20.8~32.3	7.5~12.0
第三代	2 300~4 400	3.0~6.8	202.0~294.1	30.7~32.3	10.0~13.5
第四代	4 100~5 000	5.0~6.8	275.0~299.9	37.2~40.0	12.2~14.0
第五代	5 000	6.5	275	40	13.5
	6 000	7.5	310	40	14.0
	7 000	8.5	320	43	14.0
第六代	8 000	9.5	330	45	14.0

21世纪以来,随着海洋集装箱运输的长足发展,各航运商为抢占市场占有率,竞相订购大船,集装箱船的容量不断增加,现在已经达到1.8万TEU。

2011年2月21日,丹麦马士基集团与韩国大宇造船海洋株式会社(DSME)签订合同,斥资约19亿美元订造10艘全球规模最大的集装箱船。马士基集团此次订造的集装箱船长400 m,宽59 m,高73 m,设计装载能力1.8万TEU,比原世界最大的集装箱船"Emma Maersk"号装载能力大2 500 TEU,扩容约16%,其首艘船已于2013年6月交付使用并投入营运。2013年7月18日,1.8万TEU的马士基"Maersk Mc-Kinney Moller"号停靠上海洋山港。另有消息,马士基集团正在考虑设计、建造2.2万TEU的超大型集装箱船,有可能在2017年内投入使用。

按照航运界的定义,载箱量1.1万~1.3万TEU的船(VLCS),吃水达15 m左右,都可通过计划于2014年竣工的巴拿马运河新船闸。而载箱量1.5万TEU以上的集装箱船舶吃水深度达16 m以上,可以通过苏伊士运河,主要用于亚欧航线和跨太平洋航线的集装箱运输。

万箱级集装箱船舶主要参数见表2-5和表2-6。

表2-5 万箱级集装箱船舶主要参数

船型 (万TEU)	载箱量 (TEU)	载重量 (万t)	长度 (m)	宽度 (m)	满载吃水 (m)
0.9	9 415	11.0	349.0	42.8	15.0
1.0	10 062	11.5	349.0	45.6	14.5
1.1	11 000	13.5	365.0	48.0	15.0
1.2	12 600	14.5	366.0	48.4	15.5
1.3	13 200	15.8	375.0	51.6	16.0
1.5	15 200	17.5	397.7	56.4	16.0

表2-6 1.6万～2.2万TEU箱级集装箱船舶主要参数

船型 (万TEU)	设计者	载重量 (万t)	长度 (m)	宽度 (m)	满载吃水 (m)	主机类型
1.6	韩国三星	18	399	57	—	单机
1.8	韩国大宇	20	400	59	16	双螺旋桨、舵
2.2	韩国世腾	—	470	70	—	双主机

从20世纪末开始,全球集装箱港口为适应集装箱船舶大型化趋势,掀起了深水化浪潮。从目前世界各主要港口的现状来看,除了鹿特丹、汉堡、安特卫普、费利克斯托、南安普敦、长滩、新加坡以及我国的上海、香港、深圳、宁波、青岛、天津、广州、大连等大港口的水深能够达到15 m以上外,其他港口的水深很难适应超大型集装箱船舶的停靠。例如,要接纳1.8万TEU集装箱船满载进港,港口和航道的水深必须达到17～18 m,而上海港口和航道(洋山港区)目前的水深仅有16.5 m,已难以适应1.8万TEU以上集装箱船满载进港停靠。

巴西淡水河谷矿业公司已订造了35艘40万t级的矿砂船(满载吃水深度为22 m),并已逐步投入营运。

但并非所有港口都能适应超大型船舶的停靠,以港口和航道吃水限制为例,现在的1.8万TEU集装箱船不满载进港作业,吃水深度就要求达到16 m左右;如果要接纳1.8万TEU集装箱船满载进港作业,航道水深必须达到17 m以上,泊位长度需超过450 m。为满足这一要求,疏浚港池及航道,成为各沿海大港的重要举措,而业界也在积极探讨是否应建造离岸浮码头来应对挑战。

2.2.4 对上海港集装箱吞吐量未来走势及占比的预测

1) 对长江流域经济发展的分析和对上海港集装箱吞吐量未来走势的预测

上海港历来就是长江流域对外贸易的门户,据统计,2010年,长江流域至上海港的集装箱中转量就超过了600万TEU。随着我国的产业结构正逐渐从沿海向中西部内陆地区进行布局调整,上海港在实现我国未来经济发展的总体战略中,将继续担负极其重大的责任。

表2-7列出长江沿岸七省两市的GDP总和及上海港集装箱吞吐量1990—2011年的历年数据。

从图2-3中明显看出,长江流域GDP总和与上海港集装箱吞吐量均呈上升趋势,特别是2002年后,几乎呈线性上升状态。从这些数据可以看出,长江流域沿岸各省GDP总和近20年来每年保持了近17%的增长率。大胆预测,到2020年长江流域沿岸各省GDP总和可达约350 000亿元,到2030年长江流域沿岸各省GDP总和可达约520 000亿元。同时,上海港集装箱吞吐量也在不断增长,从2001年到2008年,平均每年约按递增300万TEU的速度增长,2008年达到高峰的2 800万TEU,2009年由于受金融危机影响,跌到2 500万TEU,然而2010年快速地从金融危机低谷中走出来,达到2 907万TEU,并首次超过新加坡港成为集装箱世界第一大港,实现了货物吞吐量和集装箱吞吐量全球排名双第一。上海港2011年与2012年的集装箱吞吐量继续增长,分别达到3 174万TEU和3 253万TEU,创下世界港口史上首次突破年3 000万TEU的新纪录。

表2-7 长江流域各省市GDP总和与上海港集装箱吞吐量

年 份	长江流域各省市GDP总和(亿元)	上海港集装箱吞吐量(万TEU)	年 份	长江流域各省市GDP总和(亿元)	上海港集装箱吞吐量(万TEU)
1990	6 976.99	45.6	2001	40 970.47	634.0
1991	7 864.52	57.7	2002	45 643.98	861.2
1992	9 713.75	73.1	2003	52 878.89	1 128.3
1993	12 901.29	93.5	2004	63 630.52	1 455.4
1994	17 360.11	119.9	2005	74 710.07	1 808.4
1995	22 193.34	152.6	2006	86 869.4	2 171.9
1996	26 125.95	197.1	2007	104 438.9	2 615.2
1997	29 537.92	252.8	2008	123 616.1	2 800.6
1998	31 795	306.6	2009	136 914.2	2 500.2
1999	33 848.86	421.6	2010	165 105.2	2 906.9
2000	37 323.28	561.2	2011	187 389.5	3 173.9

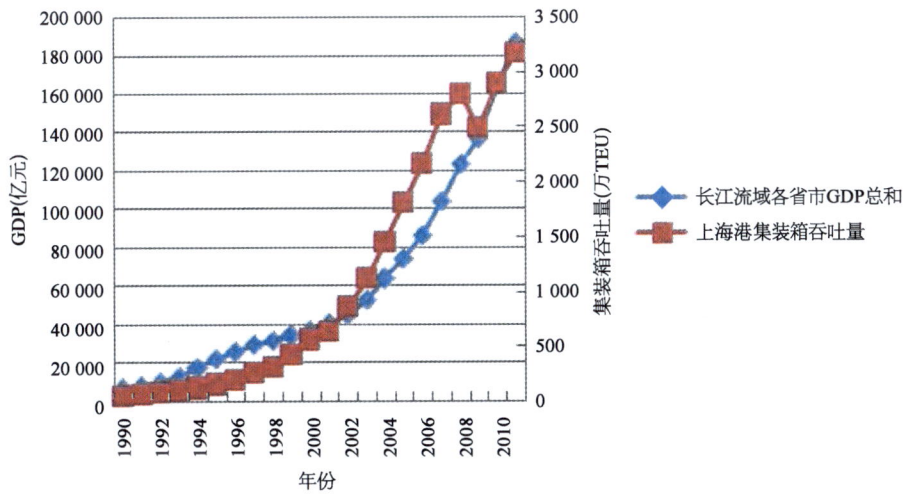

图2-3 长江流域各省市GDP总和与上海港集装箱吞吐量的实际走势曲线比较

从2001年到2011年,上海港以平均每年递增237.5万TEU的速度增长,如果继续按照这样的增长速度,预计到2020年,上海港的集装箱吞吐量可达5 300万TEU;到2030年上海港的集装箱吞吐量可达7 600万TEU(表2-8)。但是,由于2012年上海港的集装箱吞吐量为3 253万TEU,相对于2011年只增长了79万TEU,从2007年到2012年上海港以平均每年递增127万TEU的速度增长,如果按照这样的增长速度,预计到2020年,上海港的集装箱吞吐量可达4 300万TEU;到2030年,上海港的集装箱吞吐量可达5 500万TEU。即使考虑到全球金融危机有长期化的趋势,做较保守估计,每年按100万TEU增长,到2020年,上海港的集装箱吞吐量也将达到4 000万TEU;到2030年,上海港的集装箱吞吐量将达到5 000万TEU,而这也已经远远超出了3 500万TEU的上海港现有最大吞吐能力。在我国城镇化浪潮的有力推动下,长江流域经济在未来10～20年中仍将保持持续快速发展,要求建立能够提供相应配套服务的上海港。图2-4是根据不同的上海港集装箱年增长量,预测出的长江流域各省市GDP总和与上海港集装箱吞吐量的走势曲线比较。

表2-8 长江流域各省市GDP总和与上海港集装箱吞吐量的预测

年份	预测年集装箱吞吐量(万TEU)(平均每年递增237.5万TEU)	预测年集装箱吞吐量(万TEU)(平均每年递增127万TEU)	预测年集装箱吞吐量(万TEU)(平均每年递增100万TEU)
2011	3 173.9	3 173.9	3 173.9
2012	3 411.4	3 300.9	3 273.9
2013	3 648.9	3 427.9	3 373.9
2014	3 886.4	3 554.9	3 473.9
2015	4 123.9	3 681.9	3 573.9
2016	4 361.4	3 808.9	3 673.9
2017	4 598.9	3 935.9	3 773.9
2018	4 836.4	4 062.9	3 873.9
2019	5 073.9	4 189.9	3 973.9
2020	5 311.4	4 316.9	4 073.9
2021	5 548.9	4 443.9	4 173.9
2022	5 786.4	4 570.9	4 273.9
2023	6 023.9	4 697.9	4 373.9
2024	6 261.4	4 824.9	4 473.9
2025	6 498.9	4 951.9	4 573.9
2026	6 736.4	5 078.9	4 673.9
2027	6 973.9	5 205.9	4 773.9
2028	7 211.4	5 332.9	4 873.9
2029	7 448.9	5 459.9	4 973.9
2030	7 686.4	5 586.9	5 073.9

另外,从长江流域各省市GDP总和/上海港集装箱吞吐量的对比来看,近年来这个比例处于稳定阶段(图2-5)。

2) 上海港吞吐量在全国港口吞吐总量中所占的比例

从全国港口的角度来看,全国港口集装箱吞吐量和上海港集装箱吞吐量每年都在不断增长。从表2-9和图2-6可以看到,在2008年全球金融危机前,中国大陆及上海港的集装箱吞吐量几乎每年的增长率都在20%～40%,金融危机后,年增长率也很快恢复到10%以上。

(a) 平均每年递增237.5万TEU

(b) 平均每年递增127万TEU

(c) 平均每年递增100万TEU

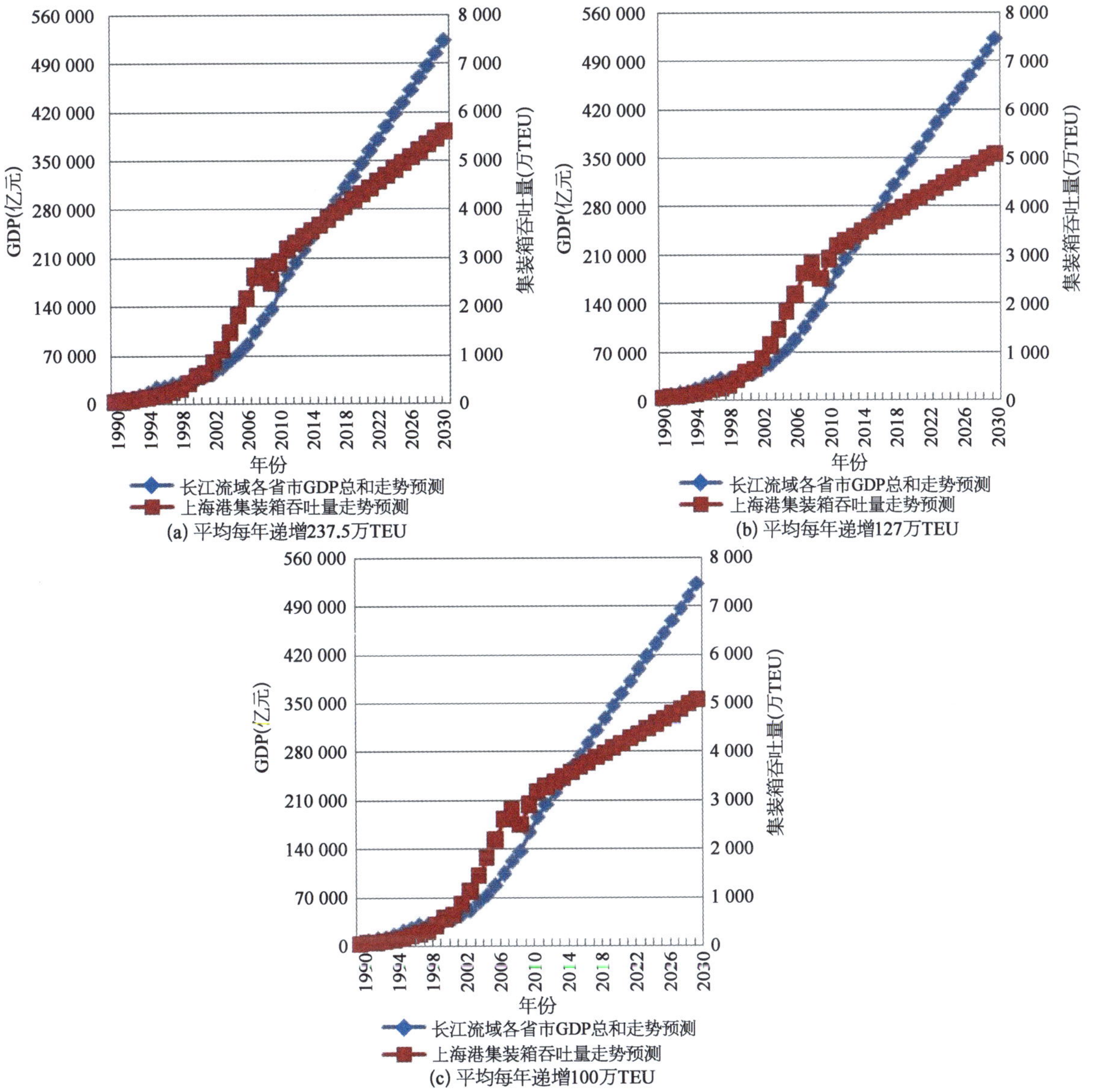

图 2-4　长江流域各省市 GDP 总和与上海港集装箱吞吐量的预测走势曲线比较

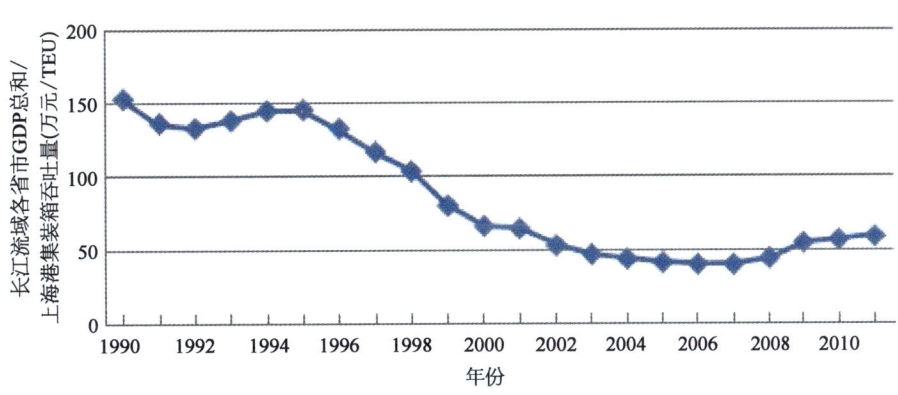

图 2-5　上海港每标准箱集装箱对应的长江流域各省市 GDP 总和

表 2-9　全国港口集装箱吞吐量和上海港集装箱吞吐量年增长率

年份	上海港集装箱吞吐量（万 TEU）	年集装箱递增量（万 TEU）	年增长率（%）	全国港口集装箱吞吐量（万 TEU）	年集装箱递增量（万 TEU）	年增长率（%）
1990	45.6	—	—	156.32	—	—
1991	57.7	12.1	26.54	217.24	60.92	38.97
1992	73.1	15.4	26.69	277.30	60.06	27.65
1993	93.5	20.4	27.91	380.25	102.95	37.13
1994	119.9	26.4	28.24	507.01	126.76	33.34
1995	152.6	32.7	27.27	663.66	156.65	30.90
1996	197.1	44.5	29.16	803.19	139.53	21.02
1997	252.8	55.7	28.26	1 076.52	273.33	34.03
1998	306.6	53.8	21.28	1 315.80	239.28	22.23
1999	421.6	115	37.51	1 732.85	417.05	31.70
2000	561.2	139.6	33.11	2 263.25	530.4	30.61
2001	634.0	72.8	12.97	2 665.50	402.25	17.77
2002	861.2	227.2	35.84	3 721.00	1 055.5	39.60
2003	1 128.3	267.1	31.01	4 867.00	1 146	30.80
2004	1 455.4	327.1	28.99	6 180.00	1 313	26.98
2005	1 808.4	353	24.25	7 564.00	1 384	22.39
2006	2 171.9	363.5	20.10	9 361.00	1 797	23.76
2007	2 615.2	443.3	20.41	11 400.00	2 039	21.78
2008	2 800.6	185.4	7.09	12 835.00	1 435	12.59
2009	2 500.2	−300.4	−10.73	12 200.00	−635	−4.95
2010	2 906.9	406.7	16.27	14 500.00	2 300	18.85
2011	3 173.9	267	9.19	16 400.00	1 900	13.10

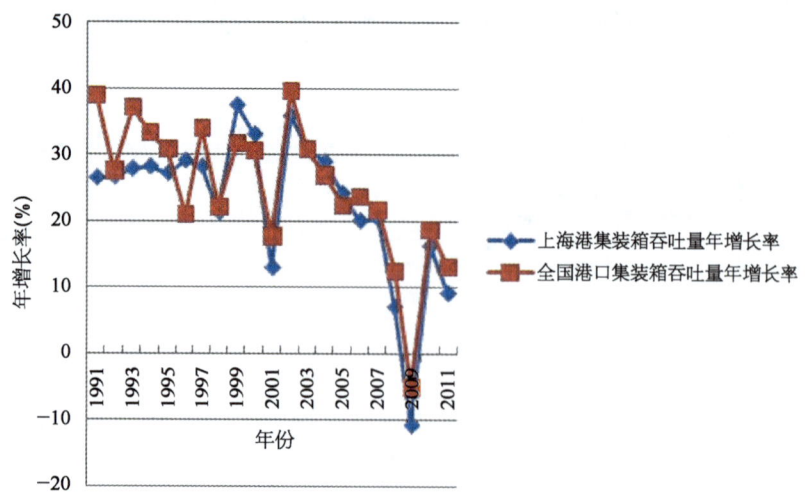

图 2-6　全国港口集装箱吞吐量和上海港集装箱吞吐量年增长率比较

随着其他沿海港口和内陆港口的发展，上海港占全国港口集装箱吞吐量和全国港口货物吞吐量的比例则在逐年减小，见表 2-10 及图 2-7。

表 2-10　上海港集装箱及货物吞吐量占全国港口吞吐量的比例

年份	上海港集装箱吞吐量（万 TEU）	全国港口集装箱吞吐量（万 TEU）	上海港所占的百分比（%）	上海港货物吞吐量（万 t）	全国港口货物吞吐量（亿 t）	上海港所占的百分比（%）
2001	634.0	2 665.50	23.79	22 099	24.00	9.21
2002	861.2	3 721.00	23.14	26 384	27.99	9.43
2003	1 128.3	4 867.00	23.18	31 621	32.97	9.59
2004	1 455.4	6 180.00	23.55	37 897	41.72	9.08
2005	1 808.4	7 564.00	23.91	44 317	48.54	9.13
2006	2 171.9	9 361.00	23.20	53 748	55.70	9.65
2007	2 615.2	11 400.00	22.94	56 144	64.10	8.76
2008	2 800.6	12 835.00	21.82	58 170	70.22	8.28
2009	2 500.2	12 200.00	20.49	59 205	76.57	7.73
2010	2 906.9	14 500.00	20.05	65 339	89.32	7.32
2011	3 173.9	16 400.00	19.35	72 032	100.41	7.17

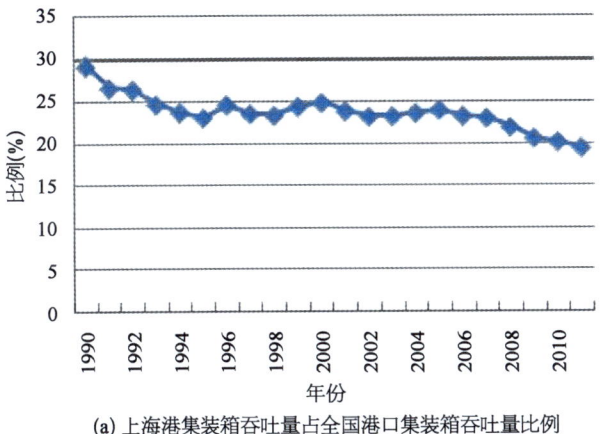
(a) 上海港集装箱吞吐量占全国港口集装箱吞吐量比例

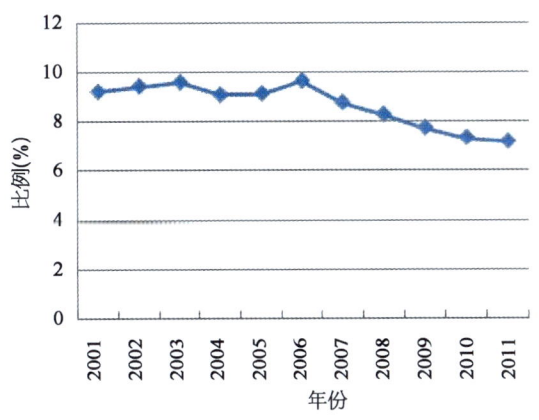
(b) 上海港货物吞吐量占全国港口货物吞吐量比例

图 2-7　上海港集装箱及货物吞吐量占全国港口吞吐量的比例

第 3 章　在横沙建设深水新港的初步可行性论证

3.1　长江口自然条件

3.1.1　长江口自然演变过程

众所周知,河口是陆海相互作用的焦点地区。黄海沿岸流和长江北支入海水流的汇合,控制着北支沙咀的发育,历史上称为牛角梢或廖角咀,现在称为圆陀角,但是它的水下地形仍然保留着牛角梢的形势。长江南岸沙咀是长江落潮沿岸流和杭州湾北岸落潮沿岸流汇合点所在,涨潮流在南汇嘴石皮勒就开始向杭州湾分流。

长江北岸的启东嘴和南岸的南汇嘴在长江口发育上起着重要的控制作用:长江径流在这里扩散,分流入海,涨落潮流在这里形成动力平衡带,盐淡水在这里汇合,形成河口环流。盐水从底层向河口入侵,它的楔点称为盐水楔。淡水在这里滞留,形成滞留点,上下游底沙在这里汇合,往往成为拦门沙的滩顶。盐水楔的楔顶随潮涨落,徘徊于拦门沙上 22~26 km 范围之内,这就成为长江口形成宽阔拦门沙的根本原因。

潮流随着河口入海分流,主泓受科里奥利力作用南偏,在拦门沙上形成拦门沙汊道。在汊道之间的浅滩,有的滩顶落潮露滩,有的则在落潮时为水体覆盖。长江口有五大滩地,从北向南依次为启东嘴潮滩、崇明东滩、横沙东滩、九段沙和南汇东滩。崇明东滩和九段沙有大片草滩湿地,南汇东滩促淤外涨,围了再涨,涨了再围;而横沙东滩则冲冲淤淤,常年长不出草滩,因为这里的动力条件比较强劲,加之北港北槽之间有过滩水流形成串沟,所以很难露滩成陆。

启东、南汇沙嘴历史上控制着长江口的沙洲,在它的连线之内,成为河口沙岛,至口外则因动力强劲而不能露滩成岛。如图 3-1 所示,崇明、横沙成陆的沙岛,都以此线为界,如果没有人类工程的作用,向东很难形成陆地。20 世纪 60 年代,在横沙岛的东侧,可见向外拓展围垦的痕迹,要在东沿围出私家圩田,都被打得侵蚀殆尽。20 世纪末 9711 号台风影响长江口,横沙围堤就被巨浪拍的破碎不堪。

3.1.2　长江口深水航道治理工程

12.5 m 深水航道的导堤形成巨大的实体工程,从横沙岛和南港北槽分汊向海域突出,各延伸近 50 km,深入到水下三角洲的前坡,突破了长江口长期以来受到南北两岸河口沙嘴连线的控制线,一改千百年来河口海岸线天然没有海岸的岸线格局,使得长兴岛、横沙岛、横沙东滩和九段沙的长江中心沙群,以北槽为基础的河口中心,依托实体工程,以长堤的方式向大海突出。使长江口入海长度增加

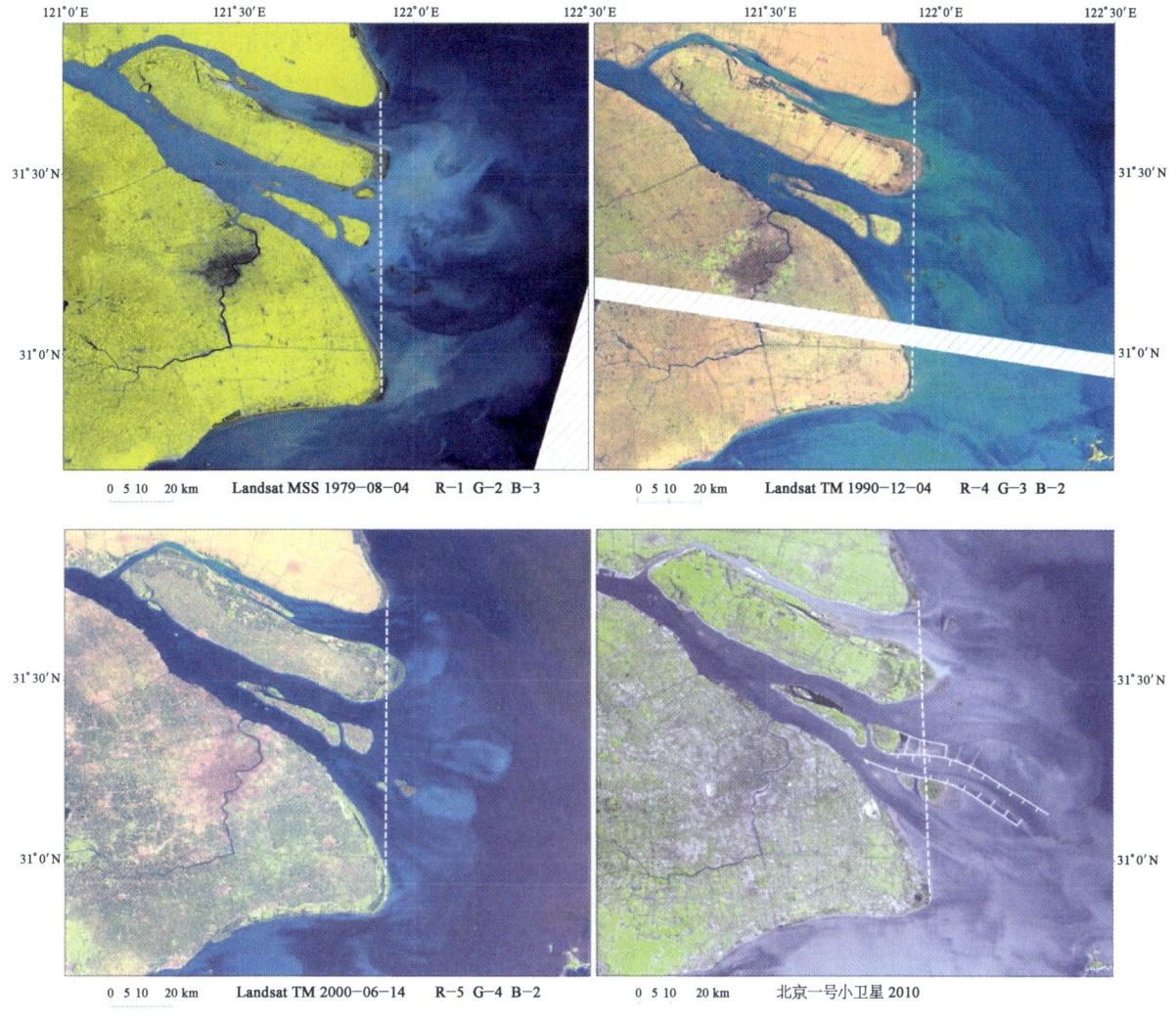

图 3-1　长江口河口发育变化(1980—2010 年)

了近 50 km。这个格局的变化,改变了河口的边界,改变了河流的长度,改变了河口的分流,改变了河口的动力场,也改变了河口的环境和生态。长江河口进入了一个新的发育阶段。

这一变化在长江发育历史上留下深刻的意义。历史上长江南岸边滩以每 40 年向海伸展约 1 000 m,即每年 25 m 左右。进入 20 世纪以来,人类围垦强度的促进,崇明岛东部岸线每年向海推进 240 m(崇明东滩,1971—1998 年)。而长江口深水航道实体工程的修建,使长江口中部突出,8 年间向海推进了 48.8 km,平均每年达 6 km。充分显示了人类趋动力的强劲作用。

实体工程的推进,促使长江口入海径流在河口流量的再分配。北槽的束流使南港由北槽入海的径流从 60% 降低到 40%,相应之下分入南槽的径流从 40% 增加到 60%。由北港入海的径流,过去都分出一部分流量由横沙东滩串沟进入北槽,现在深水航道的北导堤截断了这条流路,使得北港分入横沙通道的流量有所增加,同时,也有 20% 的流量从北港北汊向海流去。过去由于相位差的缘故,南槽涨潮经九段沙浅滩进入北槽,再由北槽经由横沙东滩流入北港。现在由于深水航道 +2 m 导堤阻挡,越堤量减少。拦门沙的航道,北港由于上拦门沙的消失和流量的汇集,使北港拦门沙滩顶下移 28 km。

实体工程的推进,也给长江河口带来了水深条件改善的机遇:

首先,深水航道工程使长江口外的深水区距离陆地的里程大为缩短。过去 20 m 水深的深水区距离陆地,从横沙岛计算为 70 km,现在从导堤的尾端,即工程的实体离 20 m 深水只有 20 km 左右。这就给上海利用长江口外海域的深水带来了可能,如果从－15 m 左右向海建造人工岛,可取得超过 20 m 深水泊位,这个距离不到 20 km。

其次,长年不能成陆的横沙东滩,拥有大面积潜在土地资源,因为有实体导堤的掩护,有可能成为一片美丽的陆岛。过去的横沙东滩,东西横亘约 45 km,宽 4～7 km,－2 m 以上的面积近 200 km^2,－5 m 以上的面积约 460 km^2。过去外有涨潮、强浪,内有游移不定大量的过滩水流横扫,属于世纪性难于出露水面的浅滩,时冲时淤,就是难出水面成为沙岛。现在有导堤为依托,解决了横扫滩面的串沟,辅以促淤,将很快能成陆。

再者,长江口深水航道以高回淤率为病。92.2 km 的航槽,年回淤量高达 7 000～8 000 m^3 之巨,颇为航道维护的难题。然而,当今长江来沙由于上游工程之故而入海泥沙大减,年输沙量只有亿吨左右。河口冲淤转型,水下滩坡出现冲刷内移趋势。沙少为患,然而以沙多为患之回淤,实足以补流域来沙减少之不足。泥沙成为河口的宝贵资源,正可利用回淤的泥沙,作为围垦横沙东滩的物料,挖沙吹填,一举两得。

所以,长江口深水航道的修建,为长江口发展进入新的阶段提供了一个机缘。围垦成陆、面积宽阔的横沙东滩,与横沙岛相连,与长兴岛相辅,形成北槽、北港间串珠式岛链。隔着长江口深水航道,还与面积相当的九段沙隔水相望。这是北港、南港-南槽间的一组沙岛群,可以构成一个长江口的亚三角洲(图 3-2)。它有水源水库,有南隧北桥与南北大陆相连,有大片湿地,有超过 10 km 的 10 m 水深的横沙东滩临北港岸线,是一块未开发的广大空间,未开发的深水航道和港区,还可在口外深水修建人工岛,发展 20 m 水深的深水港区。这个亚三角洲加人工岛模式,可为上海走向海洋,成为建设我

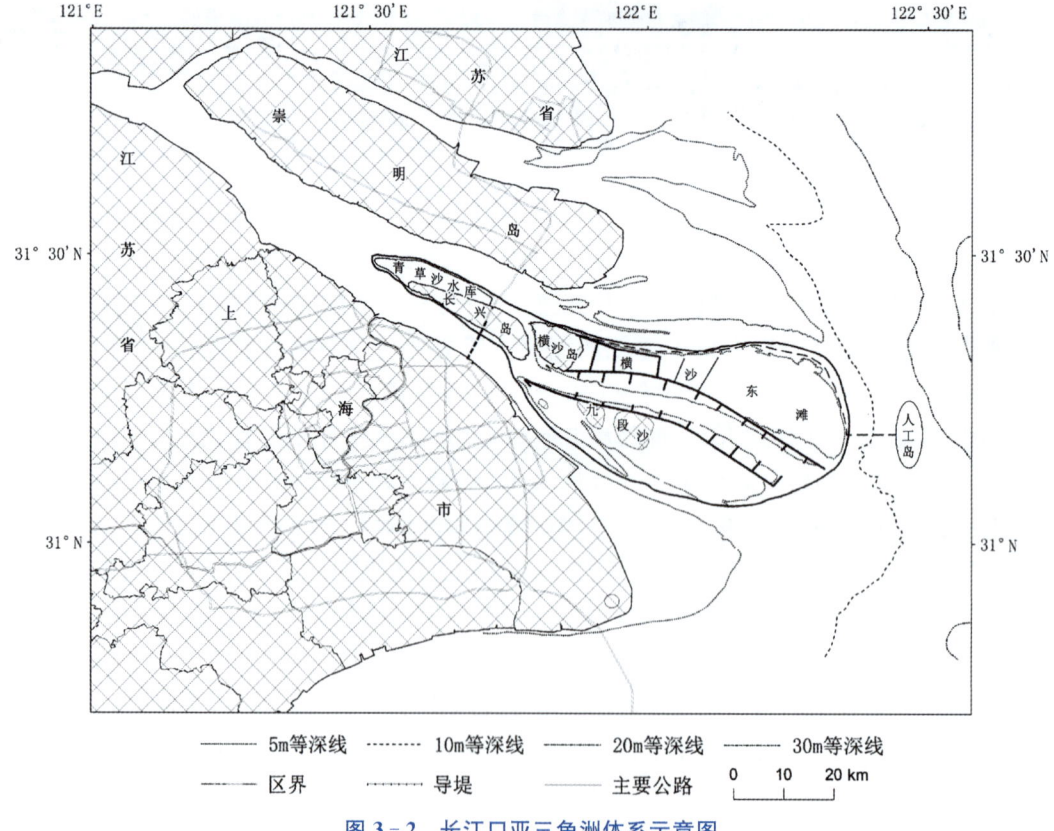

图 3-2　长江口亚三角洲体系示意图

们海洋强国的前沿地区,为上海国际航运中心发展提供广阔的新空间,成为上海市进一步走向海洋的有利基地。

3.1.3 横沙东滩吹填围垦的机遇

横沙成陆给上海带来新的发展空间,也为上海市和上海港的发展带来新机遇。众所周知,大地是人类空间发展的母亲。上海是全国面积最小的省市级单位,上海城市从浦西开始发展,走向浦东;上海港,也从苏州河走向黄浦江,再从黄浦江走向海洋,由于长江口水深不足,从而走向杭州湾的洋山港。如今,横沙东滩吹填围垦,可以获得 400 km² 以上的宝贵陆域。这为上海城市发展带来莫大的机遇,而对上海港而言,也创造了一个从水深不足的港口走向世界深水大港的新机遇。

上海以扼居素称"黄金水道"的长江河口而兴。从宋代的青龙港走向黄浦江边的上海和下海。鸦片战争后,一跃而为雄居亚洲的最大港口。如今,则已成为世界大都市和世界第一大港。上海以港而兴,然而在航运向船舶大型化、吃水深水化发展的时代,长江河口却以拦门沙水深不足而无法适应航运发展的需求。于是,在 20 世纪末开始整治拦门沙,兴建能够使第三代至第四代集装箱船舶顺利进出的 12.5 m 水深的深水航道,并且在杭州湾的崎岖列岛兴建洋山港区作为上海港的集装箱枢纽港。然而,世界航运事业蓬勃发展,集装箱船舶如今已经发展到满载 1.8 万 TEU、吃水 16 m 水深的需求,散货船已出现 40 万 t 级的巨型船舶、吃水 22 m 水深的需求。我国沿海多个港口航道都以 23 m 水深为标准,以适应当今航运发展的需求。

从国内水运事业的发展来看,港口吞吐量增长异常迅速。20 世纪 90 年代初全国港口吞吐量不足 10 亿 t/a,而 2012 年全国港口吞吐量已达 107.76 亿 t。超过亿吨吞吐量的港口,全国达到 29 个之多。据交通部长江航运管理局统计,长江干流 2012 年货运量亦达 17.5 亿 t。上海港 2012 年的货物吞吐量为 7.36 亿 t,而宁波-舟山港的货物吞吐量达 7.44 亿 t,超过上海港,并且其年增速达 7.2%,超过上海港 1.1% 的增长率。上海作为正在建设的国际航运中心,面对物流迅速增长的态势,已经感到了压力。

另外,上海港本身还存在许多瓶颈问题需要面对。其一,上海港的大陆岸线资源已经用足,若需增加新的泊位,势必另辟港区。其二,长江口北槽深水航道,12.5 m 即将延伸至南京,因而就河口龙头的上海港而言,已无优势可言。南京以下,长江下游三百多千米的岸线,可以发展深水港之处,很是富裕。就上海港目前的状况,水深 12.5 m 航道,那只是第三、四代集装箱船,5 万 t 船全天候,10 万 t 船候潮时代的要求;现在面对 1.8 万 TEU 及 2.2 万 TEU 集装箱船和 30 万~40 万 t 散货船吃水的要求,要使上海港仍然能够维持全国第一大港的地位,就应该有吃水 23 m 的航道。这对上海港而言是一个很严峻的挑战。

上海应当有能力解决 20 m 水深的深水泊位,也只有实现 20 m 深水大港的建设,才能实现上海城市与港口发展的新空间。

3.2 建设横沙新港的初步可行性

目前长江口的滩涂区域主要包括扁担沙、新浏河沙—瑞丰沙、崇明东滩、横沙东滩、九段沙、南汇东滩。崇明东滩和九段沙已是国家自然保护区,不能作为建设开发使用,同时其他滩涂区域均尚未开发利用。在这些未被开发利用的滩涂中,横沙东滩是一个集"区位、土地、岸线、航道"等众多优势资源于一身的区域。横沙东滩依托于横沙岛,是长江口门地区四大滩涂之一。

横沙东滩是伴随着20世纪50年代北槽的贯通而逐渐独立的水下浅滩,原以流经横沙东滩滩面上的窜沟为界,分为横沙东滩和横沙浅滩两大区域,1998年长江口北槽深水航道整治工程开始实施后,东滩窜沟消失,滩面合并,形成目前的横沙东滩区域。2003年后,横沙东滩西侧112 km² 土地被批准为促淤圈围区域,开始逐步实施促淤成陆工程,目前工程已进入到第六期,实现促淤面积82 km²,成陆面积17 km²,按农用地标准,成陆高程为+3 m(国家1985高程)。东滩东侧仍为水下浅滩区,滩涂面积约370 km²。该区域扼守着长江口口门,是长江黄金水道与我国黄金海岸的交界点,又位于长江口最大两条通航水道——北槽12.5 m深水航道与北港10 m规划航道之间,资源优势明显,可新增成陆的土地面积约480 km²,浅滩四周可形成的岸线约100 km。

2011年数据表明,横沙东滩-2 m以上的面积有237 km²,-5 m以上有450 km²,利用每年总量超过1亿 m³的长江口航道疏浚土作为填筑材料,可以在不太长的时间里吹填成陆(图3-3)。

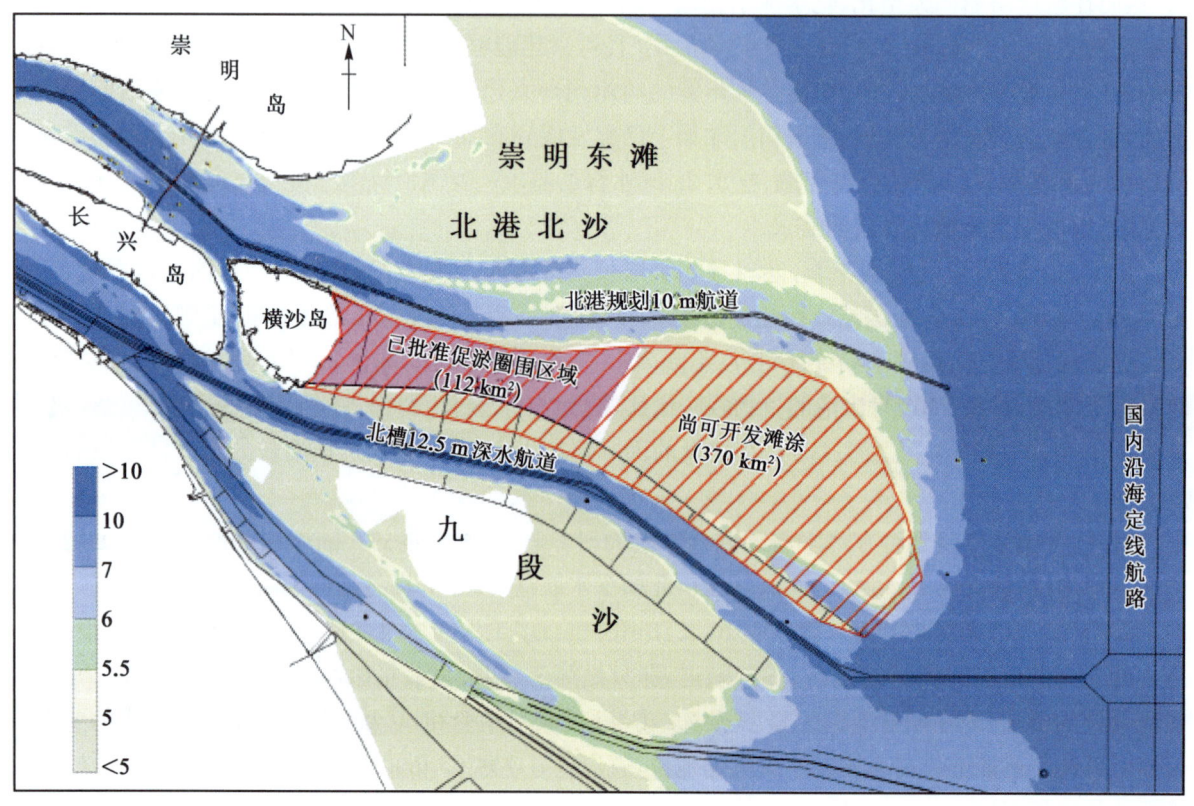

图3-3 横沙东滩位置

3.2.1 横沙现状

横沙包括横沙岛与横沙东滩。横沙岛面积约为49 km²(7.4万亩),目前人口有3.3万人,以从事农林业为主。横沙东滩原为横沙岛东侧的水下沙体,5 m以浅水下滩地东西长约45 km,南北宽4~11 km,面积约为480 km²(72万亩)。2003年后开始实施促淤圈围工程,目前已基本完成圈围成陆17 km²(2.6万亩,三期圈围),促淤面积为82 km²(12.3万亩),已建横沙大道23 km(图3-4)。圈围成陆后在横沙建设深水新港优势明显。

横沙东滩位于长江出海口,扼守我国海岸线与长江黄金水道的T形交点,通江达海。其背靠长兴

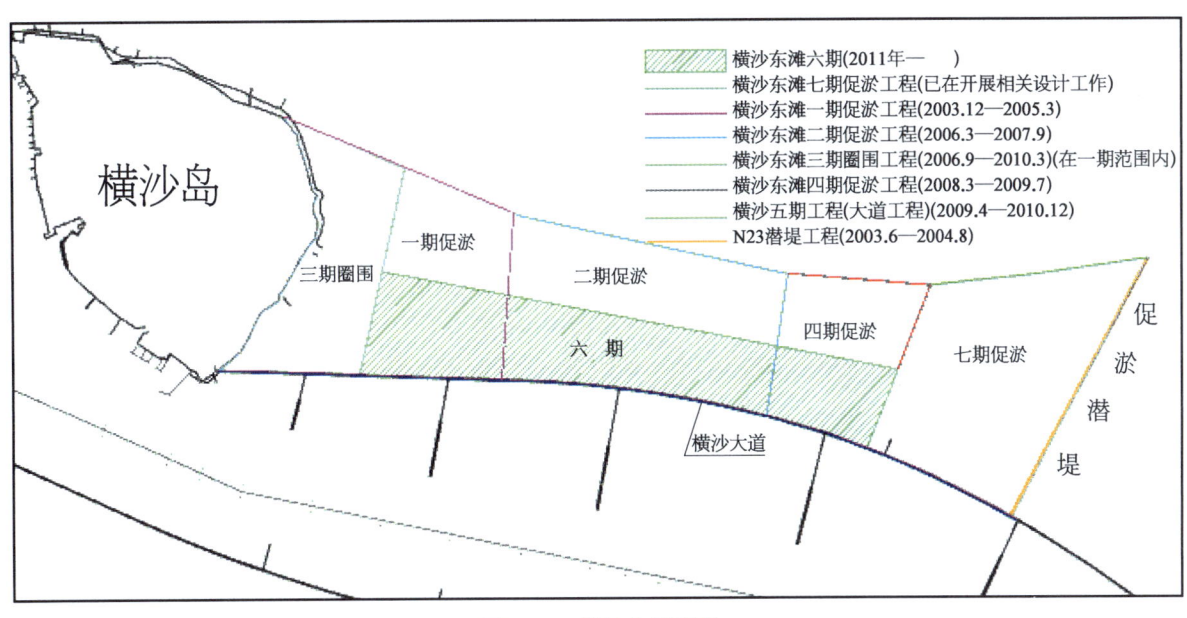

图 3-4 横沙东滩现状

海洋装备岛,用短距离隧道或桥梁连通后,即可经沪崇苏(上海—崇明—南通)陆上大通道直抵上海浦东和苏北。

目前,横沙东滩已批准促淤圈围的面积为 112 km²(17 万亩),在其东侧还有大片的滩涂可供开发,面积约为 370 km²(55 万亩)。横沙东滩北侧有 50 km 以上岸线资源紧贴北港航道,南侧约 48 km 岸线紧邻长江口北槽 12.5 m 航道,东侧直接面向 10~20 m 深水区域。

长江口丰水丰沙,近年(2003—2011 年)下泄泥量约 1.4 亿 t,同时疏浚土约 1 亿 m³。今后,随着长江口航道发展规划的落实,南槽及北港航道的开工建设还将产生一定的疏浚土。这些疏浚土就近吹填上滩,既可加快横沙东滩的成陆过程,也可减少航道疏浚土的二次回淤现象,实现资源综合利用。且土地开发不占用农业用地、不涉及动拆迁,地块面积大,便于总体规划、分步实施,土地资源优势明显。

综上可鉴,横沙东滩展现了"面向大海有两侧航道,背靠陆地有一片浅滩"这种得天独厚的优势。

3.2.2 横沙深水新港与洋山港规划的关系

《上海港总体规划(2005—2020)》中指出,上海港的主要问题为:港口能力总量不足,结构性矛盾较为突出;航道等级有待提高,港口集疏运体系仍不完善;深水岸线资源缺乏,港口发展面临资源和环境压力;老港区发展面临调整改造,港口布局有待完善;港口功能相对单一,现代港口服务业有待进一步发展。横沙成陆开发,其实最核心的是土地及深水岸线资源的形成及开发,特别是可创造条件为上海港新增 50 余 km 的 20 m 深水岸线,避开了长江口深水航道等级不足的限制,将上海港航道水深由目前的 15.5 m(洋山港区)提升至 20 m。可利用横沙深水港区的两侧航道及长江黄金水道,构建位于长江口门的大型国际航运物流中心。因此,横沙成陆开发(特别是深水新港的开发建设)将有利于突破目前上海港口发展所遭遇的瓶颈。

现有上海港口发展规划在后续实施过程中,遇到了很多新问题和新矛盾,主要是如何正确看待至今未建新港区的大洋山岛的地位和作用,由于行政区划不同,上海港要在该岛建设新港区,行政方面的协调成本过高。同时,大洋山岛目前仍处于孤岛状态,与小洋山岛之间的交通条件较差,至今尚依靠船渡，若考虑建设新港区，就要架设跨海大桥。另外，在大洋山岛建设新港区，亦如小洋山岛建设新港区所遇到的天然缺陷，即不能解决长江船舶与海运船舶之间的一次转运问题，需要依靠"穿梭巴士"驳船在外高桥港区与洋山港区之间进行频繁的江海转运，未能真正发挥长江口港区江海直转的优势。因此，建设横沙深水新港比在大洋山岛建设新港区有着更为明显的优势。同时，横沙新港建成后，可以缓解外高桥港区现有的陆上交通拥堵压力，对规划中的郊环高速公路通道运输能力可以进行有效的利用。

横沙新港的建设拓展了上海港的发展空间，有利于增强干线船公司落脚上海港的信心，有利于巩固上海国际航运中心的地位。应当以 2027 年横沙新港建成 3 500 万 TEU 的集装箱吞吐能力为目标，并与现有外高桥港区、洋山港区合计形成上海港总计 6 500 万 TEU 的集装箱吞吐能力，以与新加坡港的战略目标相接近。在横沙新港的集装箱码头能力有富余之后，外高桥港区可部分萎缩，转变为城市生活用地功能，以有效缓解浦东地区的道路拥堵状况。

横沙成陆后具有综合性的效应，为发展临港工业提供了广阔的土地。如天津临港经济技术开发区、天津南港工业区、唐山曹妃甸工业区，都是港口与临港工业区有机结合的典型案例。为此，宜适时调整上海港口发展规划，根据世界经济发展的趋势和国民经济发展的需要，可暂时搁置大洋山岛的港口规划方案，转为超前规划建设横沙深水新港。

3.2.3　建设生态港区，实现与自然的和谐统一

长江口地区是我国重要的河口湿地分布区。在长江径流与海洋潮汐的共同作用下，大量泥沙在河口处淤积，这一区域的滩涂湿地整体上呈现出持续淤涨的趋势。长江口的滩涂湿地，包括沿江沿海滩涂湿地和河口沙洲岛屿湿地两种类型。沿江沿海滩涂湿地主要分布在长江口南岸，如浦东南汇边滩。长江口的沙洲岛屿湿地，有露出水面成陆并被人类开发定居的沙岛，如崇明岛、长兴岛和横沙岛周缘滩涂，还有已露出水面并发育有植被的无人居住的沙岛，如白茆沙、江亚南沙、九段沙等。

鉴于横沙新陆域和深水新港位于崇明生态保护区和九段沙自然保护区之间的生态敏感地带，要充分考虑到不合理的围填海工程和港口工程会改变海域的海水流动，引起污染物的移动，造成污染物在海底淤积，影响海域生态系统等；而且新增加的土地空间若缺乏全局性战略规划，或采取不符合其生态定位的发展方向，则会导致其环境承载力不堪重负。因此，横沙深水新港应主要规划建设绿色港口，即以集装箱、汽车滚装和重大件的货物装卸与集疏运为主，不搞和少搞矿、煤等散货码头，或者采取封闭式的筒仓储存方式。集装箱码头可搞成全自动化的智能码头。

总体而言，横沙东滩环境对污染的消化能力必然比在上海中心城区强，同时，对城区部分港口、工业向横沙实施调整搬迁，可有效改善上海城区环境水平，减低港口集疏运对城市交通产生的压力，并可充分利用郊环通道的设计通行能力。港口向外部的转移，实际上是进一步提升了城市支撑力。应努力把横沙新港建设成一个环境友好型、资源节约型的港口。同时，随着港口技术的进步，因新港区建设造成的对环境、交通的负面效应会逐步下降，与城市的未来发展形成良性互动。因此，要提出应对与消化负面影响因素的各种方案，平衡发展需求和环境保护之间的关系，通过前期顶层设计与政府干预，解决由此可能产生的环境生态问题及交通拥堵问题，促进经济和社会的和谐发展。

3.2.4　横沙深水新港对上海发展的意义

《上海市城市总体规划（1999—2020）》规划期至 2020 年，该规划指出，上海城市的发展目标为：2020 年，把上海初步建成国际经济、金融、贸易、航运中心之一，基本确立上海国际经济中心城市

的地位,基本建成上海国际航运中心。发挥上海国际国内两个扇面辐射转换的纽带作用,进一步促进长江三角洲和长江经济带的共同发展。

按照国家实施主体功能区战略的部署,2012年12月上海制定了《上海主体区功能规划》,该规划中将横沙岛作为支撑综合生态岛建设和全市未来可持续发展的战略储备空间。

因此,横沙东滩成陆开发构想符合《上海市城市总体规划》的远景构想,是与《上海主体区功能规划》对横沙的战略部署相一致的。其主要意义在于:

1) 突破上海城市发展空间的瓶颈

改革开放以来,上海第一次实现质的飞跃是进行了浦东开发。浦东开发时,新区面积为556 km²(83万亩),在长江口侧形成深水岸线约30 km。而横沙一旦开发,在横沙东滩区域即可新形成土地约480 km²(72万亩),加上现有横沙岛面积(49 km²),总共可形成530 km²(79.4万亩)的城区面积(表3-1)。同时,利用天然水域和人工开挖港区(建大型挖入式深水港),横沙区域可形成的深水岸线达100 km,其中20 m以上的深水岸线可达约50 km。横沙新陆域的开发有望成为推动今后上海社会经济发展的新引擎。

表3-1 上海横沙新陆域与浦东新区资源比较(2011年)

区 域	土地面积	人口规模（万人）	深水岸线（km）	20 m深水岸线(km)	国内生产总值
浦东新区	556 km²(原浦东新区) 1 210 km²(现浦东新区)	504.4	30	0	5 484.35亿元
上海横沙	现有49 km²,吹填成陆新增约480 km²,合计约530 km²	3.3	约100	约50	很小

2) 奠定上海国际航运中心建设的基础

在上海"四个中心"建设中,国际航运中心建设是最有希望率先实现的。开发横沙新陆域,利用横沙东侧直接面向10~20 m深水区的优势,可建设20 m水深的大型挖入式深水港区,一方面可将上海长江口内的港区水深等级从最大的12.5 m提升至20 m,另一方面结合北槽12.5 m深水航道和北港10 m规划航道,实现船舶江海联运,大幅提升港口的集疏运能力。目前,上海港集装箱吞吐量的55%以上是依靠公路集疏运,每天几万辆集卡往上海港方向开,集装箱车运CO_2排放要比船运增加7倍,能源消耗增加8倍,加上建高速公路要征地、建桥、维修道路等,车运比船运的成本要高18倍左右。因此,在横沙建设新港区,大力发展水水联运,将大幅改善上海城市的交通和环境问题。

3) 进一步调整上海现有土地功能,提升土地价值,改善城市交通和生态环境

上海城区人口密集、交通压力大、生态休闲场所稀少,开发横沙可为上海城市功能的调整提供空间,其中包括可将现上海市区内相当大份额的港口和临港产业用地置换至横沙,而置换后的市区土地可通过功能转换进一步提升土地价值。

第 4 章　横沙新港区布置初步方案

4.1　横沙东滩条件优势和港区布置分析

近期可以通过依托横沙东滩成陆,在横沙东滩东端布置挖入式港池方案,面向东海,连通长江航道,则可实现长江流域的内河运输与海洋运输的零转运。而且,挖入式港池可以很好地避免横沙临海盛行风浪,充分利用长江口外含沙量较低、海床稳定的深水资源,规划深水港区和深水航道,避开长江口泥沙回淤的问题。利用横沙东滩规划为挖入式港池,其陆域形成除港区挖填平衡、吹填成陆外,还可以利用长江口深水航道每年维护的大量疏浚土吹填成陆,减少疏浚土外抛对海洋的污染,实现疏浚土的资源利用和节能环保,实现人与自然的和谐发展。利用北港水道的南部岸线资源,可规划为长江货船泊位,在横沙新港区建设江海联运对接的运输系统,实现江海直转,避免了长江流域出口集装箱货物需要先在长江口的外高桥港区换船,转运至洋山港再装上国际干线班轮,或宁波-舟山港的进口散货需先换船运至长江下游的太仓、罗泾港区,再转船运往长江中上游港口的多程运输困境。

在横沙东滩规划布置新港区,规划超深水航道和泊位,优化目前江海联运集疏运系统,将进一步发挥上海港的龙头和示范作用,更好地服务于长江流域,服务于全国,为上海国际航运中心的建设增添硬件基础。

4.1.1　横沙东滩的条件优势

1) 区位优势

横沙东滩"面向大海有两侧航道,背靠陆地有一片浅滩",通江达海、"左右逢源"。南靠长江口北槽 12.5 m 深水航道,北邻规划中的北港 10.0 m 航道。横沙新港区与上海港外高桥港区水域距离约 60 km,与洋山深水港区水域距离约 100 km,可形成上海国际航运中心三足鼎立的港口群,功能互补,分工合理,遥相呼应。与长兴岛(海洋装备岛)用短距离隧道或桥梁连通后,即可经沪崇苏(上海—崇明—南通)陆上大通道直抵上海浦东和苏北,这样将创造苏北货物绕开上海城区、直接中转运输的便利条件(图 4-1)。

2) 航道资源优势

在横沙南侧有已建成的长江口北槽 12.5 m 深水航道,北侧正在规划建设北港 10.0 m 航道,均可作为今后水水中转通道。东临东海,距国际航路近,特别是该处航道处于旋转流水域,以海洋动力为主,回淤小,具备建设 20 m 以上深水航道的条件(图 4-2)。在吹填形成的土地上,可以建设淤积量很少的挖入式港池,布置 20 m 以上水深的大型集装箱深水泊位。

3) 岸线资源优势

在横沙吹填形成的土地,可形成上百千米的深水岸线,可满足现代海洋工业、制造业、物流业等发

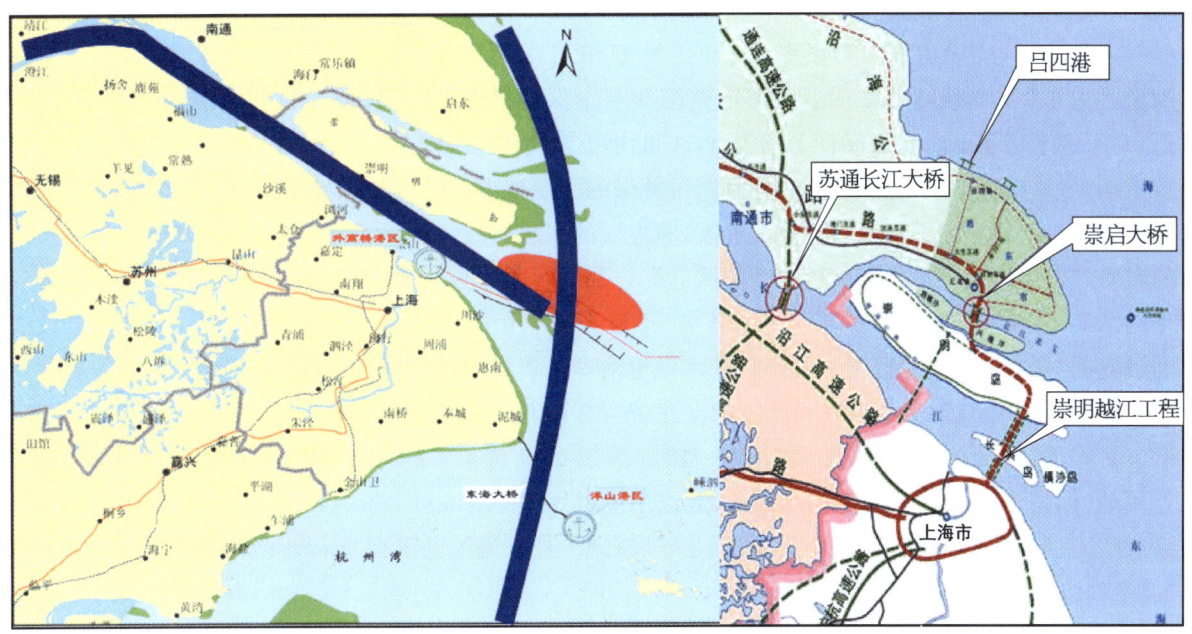

图 4-1　横沙位置和地理优势

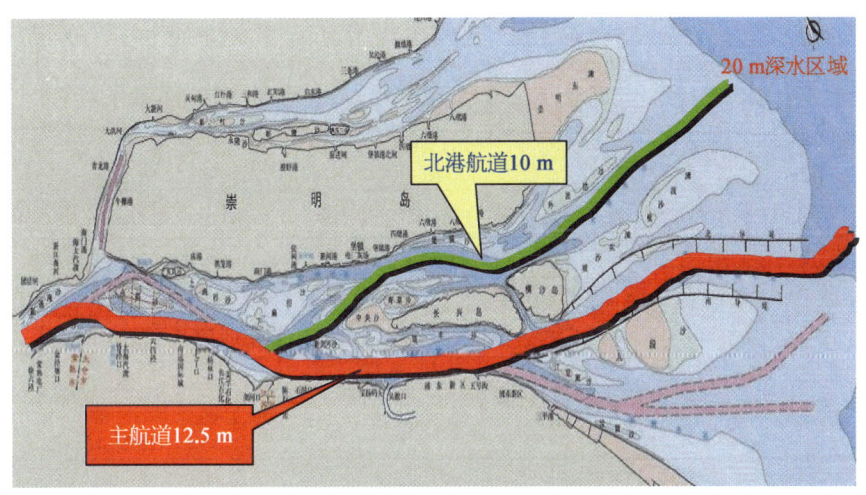

图 4-2　横沙的航道资源

展的需要。北侧约有 50 km 以上岸线资源,紧贴北港航道;南侧约有 48 km 岸线,紧邻长江口深水主航道,东侧面向 20 m 深水区域。

北槽 12.5 m 深水航道的导堤形成巨大的实体工程,从横沙岛和南港北槽分汊向海域突出,各延伸近 50 km,深入到水下三角洲的前坡。深水航道工程使长江口外的深水区距离陆地的里程大为缩短。过去 20 m 水深的深水区距离陆地,从横沙岛计算为 70 km,现在从导堤的尾端,即工程的实体离 20 m 深水只有 20 km 左右。这就给上海利用长江口外海域的深水带来了可能。

北港未来规划 10 m 深水航道,当前北港航道尚未开发利用,近年来随着青沙草水库建成,北港中段正向着单一微弯河势形态稳定发展。横沙东滩位于北港水道的口段,岸线呈微弯的凹岸,水深 5～10 m 的岸线约 33 km,考虑长江货船的吃水不大,用此段岸线,船型规划为长江驳船和货船泊位是可行的,也符合北港航道 3 万～5 万 t 船型规划。利用北港航道建设长江船泊位,可以和横沙东滩挖入式港池相匹配,以便实现江海联运,实现长江货物的江海直转,进一步优化长江水运集疏运格局。

4) 长江口整治疏浚土的优势

上海是一个建立在长江口淤涨滩涂上的城市,长江口历来以丰水丰沙著称。历史上,长江年下泄沙量可达 4.7 亿 t,但随着长江沿线河道整治和水土保持措施的实施,长江目前下泄沙量不断减少,近 10 年的平均年下泄沙量仅有 1.43 亿 t,2011 年更是降至 0.71 亿 t。在河口地区,下泄泥沙的大幅持续减少,意味着滩涂自然淤涨能力降低、可开采的沙源减少。

长江口航道整治工程已取得重大进展,疏浚后的深水航道已达 12.5 m,突破了大型船舶进出长江的阻碍。但随之也带来了大量疏浚土倾倒的综合利用问题。截至 2013 年 6 月,已累计产生航道疏浚土约 7.77 亿 m^3,吹泥上滩 2.77 亿 m^3,其中 5 200 万 m^3 用于圈围成陆,其余约 2.2 亿 m^3 均为未设成陆隔堤的"裸吹",流失量巨大。长江口深水航道治理工程自 1998 年开工至 2012 年底,完成的基建及维护疏浚量约 7.1 亿 m^3,成陆总量仅为 1.3 亿 m^3,真正上滩成陆泥沙不足 20%(表 4-1)。潮起潮落,流失量大,造成了资源和能源浪费。已外抛的 5.8 亿 m^3 疏浚土未被有效利用,如果全部利用吹填为农业用地(标高+3.0 m 计)约 20 km^2,若为建设用地(标高+5.5 m 计)约 14 km^2。关键的问题是目前横沙成陆还没有明晰的长远规划指引,仅满足于"耕地占补平衡",更没有为未来的港口岸线和将来土地的城市化应用做好前期预留。

表 4-1 长江口深水航道基建及维护疏浚土处理汇总

项 目	时 间	疏浚总量(亿 m^3)	上滩成陆量(亿 m^3)
一 期	1998 年 1 月—2003 年 12 月	1.04	0.00
二 期	2004 年 1 月—2006 年 8 月	0.92	0.17
三 期	2006 年 9 月—2012 年 12 月	5.12	1.15
总 计	—	7.08	1.32

与此同时,目前长江口各大航道及港区每年的疏浚土量高达 1.1 亿 m^3 左右(表 4-2),这些疏浚土大部分作为弃土处理。若成陆建设用地,每亩地仅按 20 万元计,则每年约 2 万亩土地、40 亿元的经济价值在白白流失。

表 4-2 2012 年长江口航道疏浚土情况

航道名称	疏浚量(万 m^3)	备 注
长江口深水航道	9 700	目前 20% 上滩
罗泾、外高桥支航道	1 050	绝大部分外抛
码头前沿疏浚	100	外抛
合 计	10 850	

上述情况在国际上也有可借鉴的经验。以新加坡为例,新加坡政府花 10 年时间实施了约 200 km^2 的围海造地工程,用于扩大港口建设。其所需要的沙源从马来西亚和印度尼西亚购买,后因挖沙导致这两个国家的海岸线出现退缩,新加坡被迫改从越南买沙。其围海造地成本可想而知。

泥沙作为上海造陆的宝贵资源具有时效性。在长江口沙源减少的情况下,把疏浚土作为"弃土"处理,是一种宝贵资源的流失。目前已经建成横沙大道 23 km,既有围堰的作用,又是通向深水区域的大道。当务之急,如续建 26 km,只需 2 年就可将横沙大道延伸至北导堤头,这样既为横沙东滩成陆奠定基础,又为建设上海深水港区创造条件。同时,充分利用疏浚土,加上港内水域开挖的土方,可在8～10年内建成横沙20 m深水的大型港口。在实施上述工程的过程中,对于长江口深水航道维护、归顺水流、减少回淤,也是十分有利的。

4.1.2 新港区布置分析

1) 港区位置选择

在长江口内横沙沿程岸线水深基本在5～10 m,仅在横沙岛北沿约8.5 km长的区段水深相对较好,可达12～16 m。但受拦门沙制约,横沙两侧航道水深分别为12.5 m和10 m(规划)。因此,在口内建设20 m深水港的岸线和通航条件不足。横沙东侧距离20 m深水区10～18 km,若该区段采取适当的方式建港,可避开长江口拦门沙的作用,存在实现20 m深水港建设和维护的可能。故横沙深水港区位置可选择在横沙东侧区域。

2) 港区布置方式

横沙东滩东侧直接面向外海,受长江口外海风浪作用明显,同时存在南北向的水沙输移带,因此,横沙东侧建港可采用挖入式港池布置。一方面,采取挖入式建港,正确处理好港池口门的设置,可突破横沙东侧自身水沙条件的限制;另一方面,采取挖入式建港,可结合北槽和北港两大通航水道实现江海联运,构建长江口大型的物流集疏运中心,同时还可利用横沙东滩大片成陆陆域,完成转口货物的保税加工、转口贸易,实现增值服务。

3) 港区口门位置选择

对于挖入式港池,关键是处理好港池口门的设置,以实现港池和进港航道的可维护。具体设置要求如下:

(1) 口门位置需避开拦门沙的作用范围。港区口门可设置在拦门沙的外缘,使进港航道直接从口外10 m以深区域进入港区掩护区内,避开拦门沙区域。

(2) 口门位置需考虑长江入海水沙南偏输移特点。北港航道整治工程及横沙陆域形成后,北港入海水沙集中于北港口门外泄,届时受科里奥利力和口外沿岸流作用,横沙东侧南北向水流加剧,如图4-3所示,直至鸡骨礁以南,水流的旋转性才加强。受此影响,工程后北港入海泥沙将在横沙东侧,尤其是鸡骨礁以北区域形成自北向南的输移带。

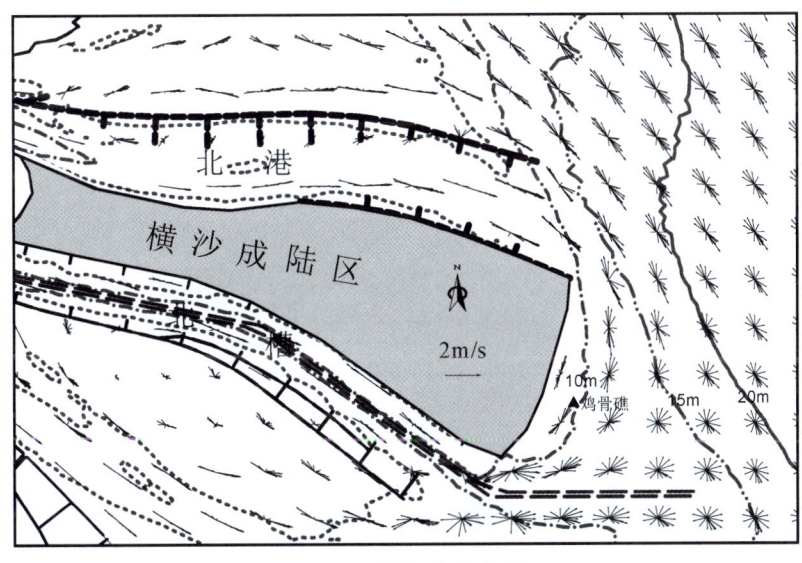

图4-3 横沙成陆后流场

(3) 港池口门需避开强风浪的作用。长江口地区波浪以风浪为主,作用较频繁,其中受台风影响的次数每年约2次,台风期间强风浪主要来自N-NNE向,而涨潮流主要自SE往NW向上溯。因此,港池口门方向宜呈SE向。

(4) 港池口门设置需保证充足的进潮量,且口外航道与水流夹角不宜过大。拥有一定的进潮量是港池水深和水体生态环境得以维持的基础。横沙东侧自北向南分别假设三个口门,如图4-4所示,口门宽均为2 km,应用潮流数学模型计算得三个口门的全潮进潮量分别为6.1亿 m^3、7.6亿 m^3、7.4亿 m^3。与此同时,北开口方案所能布置的航道区域虽离20 m水深最近,但将与涨落潮流形成较大夹角,而开口在鸡骨礁及以南区域,则流向与航道走向较一致。

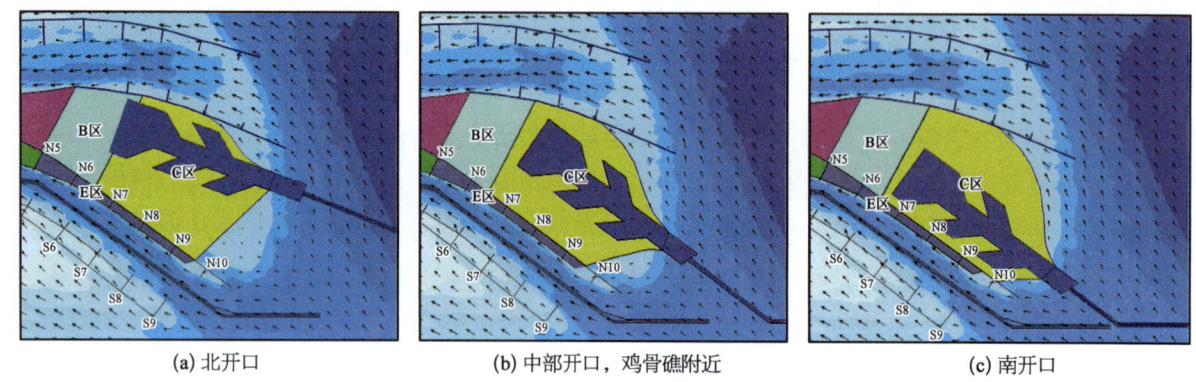

(a) 北开口　　　　　　　　(b) 中部开口,鸡骨礁附近　　　　　　　　(c) 南开口

图4-4　不同口门设置方案的涨急流场

综上分析,横沙深水港口门宜设置在鸡骨礁附近或以南区域。

4) 方案构想

对横沙深水新港港池布局做初步设想,如图4-5所示。

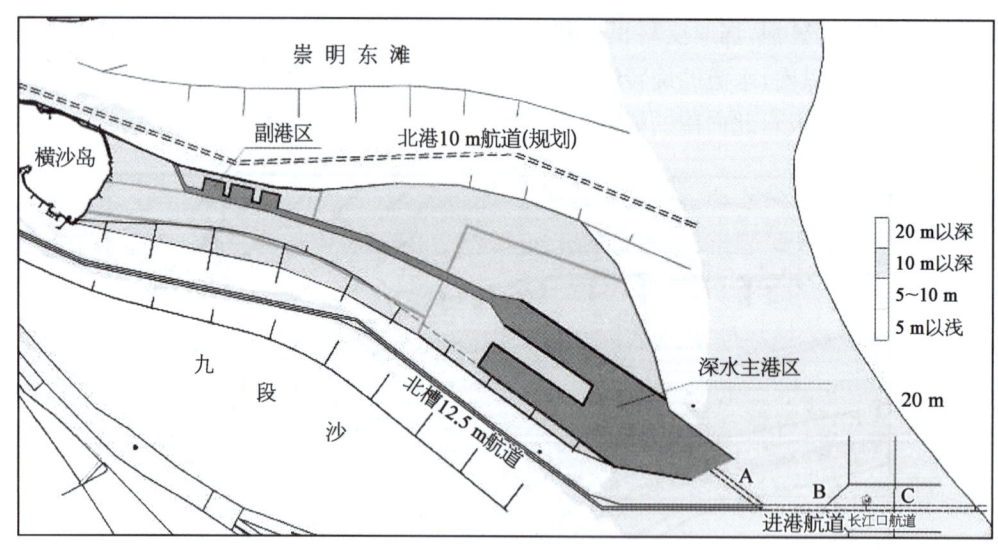

图4-5　横沙东滩深水港构想

东侧主港区:港池水深20 m。外海大型集装箱船、散杂货船可沿口外进港航道直抵深水港区内进行装卸;长江江轮、小型海轮则可在北槽侧码头作业,实现港口的境内、境外中转功能。

西北侧副港区:外海船舶由口外进入深水新港区后,沿人工河横穿横沙东滩进入该港区作业,长江江轮则可在北港侧码头区作业,运往长江流域的货物可在这一港区实现中转。

其中,横沙主港区口门偏向北槽侧,并设置防波挡沙堤,开口呈 SE 向。其进港航道自 20 m 深水区可先利用北槽现深水航道口外段进入,船舶行驶 17 km 后,呈 306°—126°再航行约 5 km 进入港池掩护区内。

5) 港池及航道可维护性分析

(1) 进港航道的可维护性分析。口外进港航道区域潮流扩散能力强、水体含沙量低、含盐度高,悬沙不易落淤。2011 年 8 月在北槽口门(拟设的进港航道 A 段)实测的涨落潮平均含沙量分布为 0.28 kg/m³、0.18 kg/m³,实测的涨落潮平均含盐度则分别为 2.5%、2.47%。因此,进港航道处于高盐度、高密度、低含沙量和强扩散区域的环境下,航道不易淤积。

口外进港航道基本处于波浪作用范围之外。根据长江口口门引水船站和佘山站资料,常况下波高基本在 1～2 m,台风期间波高基本在 3 m 左右,仅在历史极端情况下最大波高达到 5 m。在本进港航道区域,水下滩坡基本在 1.2% 左右,因此,按破碎波高与水深的比值 $(H_b/D_b)_{max} \approx 0.60$,即使在低潮位下,波浪可作用范围基本在 8 m 以浅水域,而本进港航道基本处于波浪作用深度之外。

口外进港航道区域底质以淤泥质为主,该段浚深后航道的可维护性较强。长江口为淤泥质粉砂河口,但在北槽口外 10 m 以深区域底质以黏土、淤泥为主,D_{50} 基本在 0.01 mm 以下,如图 4-6 所示。由于淤泥质区域,近底层泥沙沉降速度慢,易以浮泥形式随水流输移,同时这类泥土的可挖性好、管道输送的适宜性很好,适合船舶疏浚,因此,航道开挖后可维护性较强。

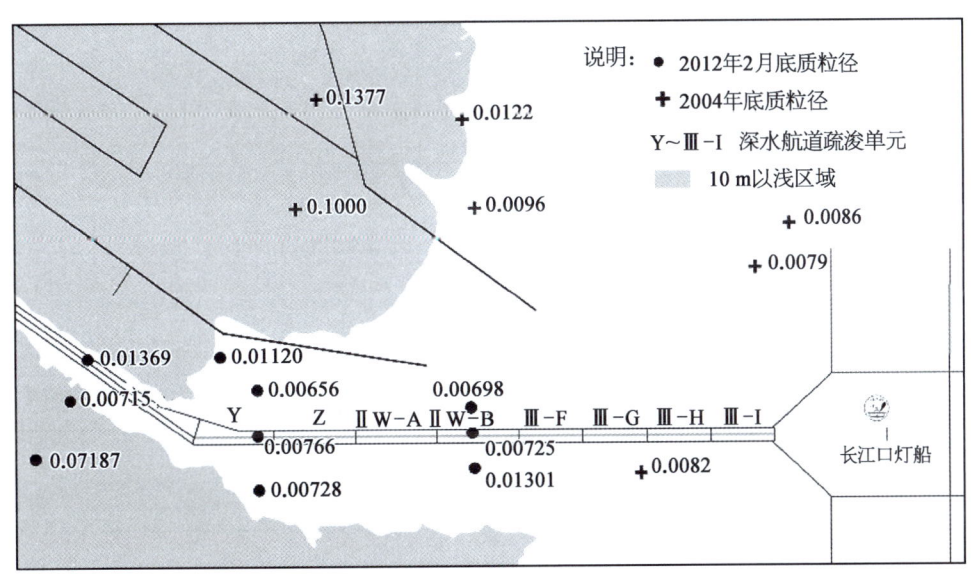

图 4-6 工程区域底质分布(单位: mm)

对现北槽口外段航道维护情况进行统计(表 4-3),结果表明:该区域进一步增深航道的可行性较大。2010 年后北槽 12.5 m 航道全年的回淤量高达 0.8 亿 m³ 左右,但在口外段,航道水深基本维持在 13～14 m,近两年航道沿程平均刷深 0.16 m/a,实际疏浚的平均强度均不足 0.1 m/a,即使在最西侧含沙量相对较大的 Y、Z 单元的回淤强度也在 0.2 m/a 以内。本进港航道东侧 17 km 范围段沿用的是 ⅡW-B 以东段航道,该段目前基本处于冲刷增深状态。因此,今后在该段进一步增深航道,航道的可维护性将较好。

表4-3 北槽口外航道回淤情况统计

航道	单元特性(2012年3月)		年回淤强度(m/a)	
	平均水深(m)	滩槽高差(m)	2010年4月—2011年3月	2011年4月—2012年3月
Y	13.9	3.4	0.20	−0.35
Z	14	3.3	0.17	−0.09
IIW-A	13.3	2.3	−0.12	−0.14
IIW-B	13.1	2.2	−0.60	−0.27
III-F	13.2	2.1	−0.45	−0.45
III-G	13.5	1.8	−0.38	−0.09
III-H	13.5	1.3	−0.34	0.16
III-I	13.5	0.7	0.01	0.04
平均	13.5	2.1	−0.16	−0.16

注：回淤量中"−"表示冲刷，"+"表示淤积。

(2) 回淤估算。淤泥质浅滩水域中开挖进港航道，年淤积强度可采用刘家驹公式计算，即

$$P=\frac{\omega S_1 t}{\gamma_0}\left\{K_1\left[1-\left(\frac{d_1}{d_2}\right)^3\right]\sin\theta+K_2\left[1-\frac{1}{2}\frac{d_1}{d_2}\left(1+\frac{d_1}{d_2}\right)\right]\cos\theta\right\} \qquad (4-1)$$

式中：ω 为黏性细颗粒泥沙絮凝沉速，取 0.000 4 m/s；S_1 为涨、落潮平均含沙量，根据实测资料分别取 0.18 kg/m³、0.28 kg/m³；d_1、d_2 分别代表浅滩平均水深和航道开挖后的水深；θ 为水流流向与航槽走向的夹角，根据工程后的数模结果给出；γ_0 为淤积泥沙干容重，kg/m³，$\gamma_0=1\,750D_{50}^{0.183}$，工程段底质 D_{50} 为 9.6 μm，对应的 γ_0 取 748 kg/m³。

计算结果见表4-4，口外航道的年回淤强度平均为 0.25 m/a，自内向外淤强从 0.57 m/a 递减至 0.11 m/a。

表4-4 回淤强度估算表

分 段	回淤强度(m/a)
航道A	0.57
航道B	0.22
航道C	0.11
平均	0.25

(3) 港池的可维护性分析。港池的可维护性集中体现在港池的回淤情况。利用港池回淤经验公式和通量平衡加以估算，即港池的落淤沙量与净进沙量相等。

落淤沙量估算：

根据《海港水文规范》，港池回淤计算公式如下

$$P=\frac{K_0\omega S_1' t}{\gamma_0}\left[1-\left(\frac{d_1'}{d_2'}\right)^3\right]\exp\left[\frac{1}{2}\left(\frac{A}{A_0}\right)^{1/3}\right] \qquad (4-2)$$

式中：K_0 为经验系数，取 0.14～0.17；S'_1 为口门处的平均含沙量，涨潮时取 0.183 kg/m³，落潮含沙量待定；d'_1、d'_2 分别代表港池口门平均水深和港池开挖后的水深，分别为 10.8 m、20 m；A、A_0 分别为港内水下浅滩的水域面积、港内总水域面积。

净进沙量估算：

对港池口门断面进行通量计算

$$\text{涨潮进沙量} - \text{落潮泄沙量} = \text{净进沙量} \tag{4-3}$$

$$\text{进（泄）沙量} = \text{总进（泄）潮量} \times \text{涨（落）潮水体平均含沙量}$$

涨落潮潮量均由数模计算提供。

通过给定不同的落潮含沙量，分别用式(4-2)和式(4-3)两种计算方法计算，如图 4-7 所示。当落潮含沙量为 0.065 kg/m³ 时，进沙量＝回淤量，故港池的年回淤强度为 0.51 m/a。

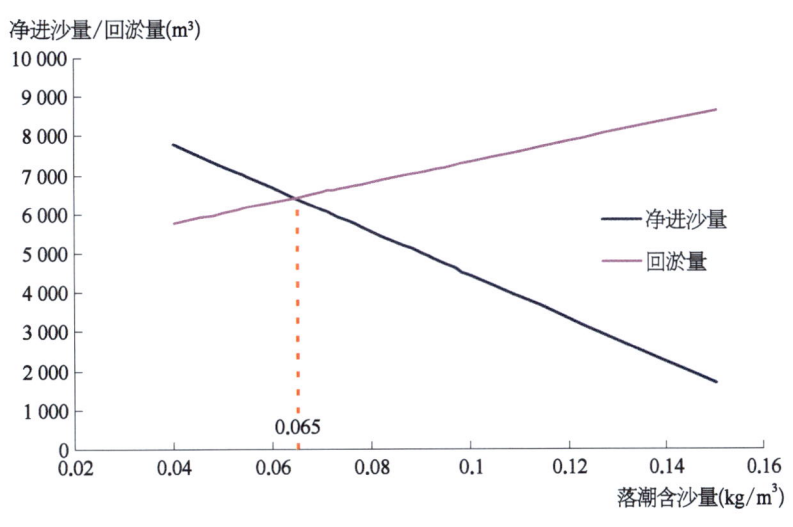

图 4-7 港池回淤试算图

综上分析，在横沙东滩上建设大型挖入式深水港，港池口门位置宜设置在横沙东滩东侧鸡骨礁附近或以南区域，开口方向宜偏 SE 向，口门及进港航道需设置在 10 m 以深水域，由此港池及进港航道回淤量较小，港池进潮量较大，具有较好的可维护性。

4.2 新港区集疏运条件分析及布置

上海港位于长江经济带和沿海经济带的交汇处，是国家综合运输大通道和国内、国际物流链的重要节点，具有对内、对外双向辐射的区位优势。在 1996 年中央提出建设上海国际航运中心以来，上海港发展迅速。2012 年上海港集装箱年吞吐量达到了 3 253 万 TEU，已连续 3 年占据世界第一集装箱大港的地位。在集装箱吞吐量持续增长的情况下，上海港的现有集装箱处理能力已接近饱和，寻找新的发展空间已成为上海港的当务之急。

横沙岛位于长江口，西邻长兴岛，北邻崇明岛，西南邻浦东新区。该岛三面环江，一面临海，具有得天独厚的航运地理位置优势，成为上海建立 20 m 以上深水新港的理想选址。为此，将分析国内外主要港口的集疏运模式现状，对构想中的横沙深水新港的集疏运模式进行探讨。

4.2.1 国内主要港口集疏运现状

港口集疏运是指与港口相互衔接、主要为集中与疏散港口吞吐货物服务的交通运输系统。其中，"集"是从发货人指定场所将出口的货物运至港口，集中堆放在码头的前沿或码头后方的堆场或仓库；"疏"是将进口货物从船上卸下，堆放在码头后方堆场或码头附近的港外堆场或仓库，然后通过各种运输方式送至收货人指定的目的地。港口集疏运系统由水运（沿海、内河）、铁路、公路、城市道路、管道及相应的站场组成，为货物完成全程运输提供重要的基础设施和衔接场所，实现物流过程中的"无缝连接"，是港口与广大腹地相互联系的通道，是港口赖以存在和发展的主要外部条件。任何现代化港口都必须具有完善的集疏运系统，才能成为综合交通运输网络中重要的水陆交通枢纽。

1）上海港集疏运系统

上海港是经济腹地广阔的国际枢纽港。其面向中国大陆的集疏运系统主要由公路、水路和铁路通道组成。其中集装箱集疏运系统以公路为主，占港口集装箱吞吐量的57%左右；水路次之，占42%左右；由于铁路线至今未能进入上海港的主要集装箱港区，因此铁路占港口集装箱货物的集疏运比例非常小，不到0.3%。港区外部公路通道主要有沪宁、沪杭、沪嘉高速公路及204、312、318、320国道，通过干线公路可与全国公路网相通。水路以长江干线为主，目前，2万t级海船可直达南京，5 000 t级海船可直达武汉，3 000 t级船舶可直达重庆；在江南水网地区，内河航道经整治后，规划可通航500～1 000 t级船舶。铁路通道有沪宁、沪杭铁路干线与全国铁路网相连接。各港区的疏港公路运输主要通过外环线、郊区环线与通往江苏、浙江、安徽等省的高速公路及干线公路衔接。上海港目前的集装箱集疏运方式呈现以公路集疏运为主、水运集疏运为辅的模式，铁路集疏运则基本上可忽略不计。这样的集疏运模式，其弊端是十分明显的，主要是由于公路集疏运比例大，加重了城市的环境污染，同时也加重了港区周边市内道路的交通拥堵。由于高速公路收费关卡过多，也导致货物总运输成本的增加。近年来，上海港正努力提高水运集疏运的比例。

2）青岛港集疏运系统

青岛港主要由大港、中港和黄岛港等港区组成，各港区码头均有铁路相连。港口腹地除吸引山东外，还承担着华北地区和中原地区的对外运输任务。其集装箱港区已由老港区向前湾港区转移，前湾港区的集装箱集疏运通道有公路和铁路两种方式。港区外部公路通道有环胶州湾高速公路和204国道，与济青、青威等高速公路衔接，同三线国道主干线通过疏港连接线可与港区有效衔接。前湾港区内部已有铁路专用线与胶黄铁路衔接，通过胶黄铁路可与全国铁路干线网连通。

3）深圳港集疏运系统

目前，深圳港有9个港区，其集装箱港区的总体布局是东部以盐田为主要港区，西部以蛇口、赤湾和妈湾为主要港区。深圳港的集装箱集疏运系统由公路、水路和铁路通道组成。公路集疏运系统通道有广深、梅观、惠盐和深汕高速公路及107、205等国道与广东及全国公路网连接，并可通过文锦渡、沙头角和皇岗3个口岸与香港特区路网相连。目前，深圳港西部的3个港区与东部盐田港区，都有铁路专用线，提高了铁路集疏运的能力。同时，河网纵横的珠江水系为深圳港的水运集疏运系统提供了优越的条件，已开通了由深圳港至珠江内河各港口的水上"穿梭巴士"定期集装箱驳船。

4.2.2 国外主要港口集疏运现状

1）美国洛杉矶/长滩港集疏运系统

洛杉矶/长滩港是美国最大的集装箱港口，位于加利福尼亚州南部的圣佩德罗湾，洛杉矶市区南 20 km 处,是美国西海岸与亚洲国家从事贸易活动的一个重要口岸,亦是美国距离巴拿马运河最近的港口,具有重要的战略地位。它是北美铁路大陆桥的桥头堡之一,是横贯美国东西向主要干线圣菲铁路的西部桥头堡,而东部大西洋岸的桥头堡则为费城;另一条东西向主要铁路干线是南太平洋铁路,从洛杉矶/长滩港开始,经过新奥尔良,向东延伸直至大西洋岸的杰克逊威尔。

由于洛杉矶/长滩港缺乏发达的内河体系,铁路运输自然成为港口集装箱集疏运系统中重要的组成部分和发展对象。由于洛杉矶是美国 3 条横贯大陆铁路干线的起点,并有南北向铁路与太平洋沿岸各大城市相连,因此,洛杉矶/长滩港的主要集装箱码头都有铁路线进入。为了将港区与多式联运站及国家铁路网连接起来,洛杉矶/长滩港投资 24 亿美元,采用公私合伙制(PPP)模式,建设了阿拉米达隧道项目,已于 2002 年 4 月建成,长达 32 km 的铁路线走地下穿越洛杉矶市区,减少了 200 个铁公交叉点,减轻了公路的拥堵,减少了卡车和列车因停留造成的废气排放,使集疏港的铁路运输时间从数小时缩短到 40 min。现在,从亚洲海运至洛杉矶/长滩港的集装箱在码头卸下后,通过铁路 5 天就可以到达纽约。为了提高运输效率,均采用双层集装箱班列方式,每次集装箱班列使用 4 辆机车,每列可装载 300 TEU。发达的铁路运输基础设施和先进的多式联运理念,带动了洛杉矶/长滩港集装箱海铁联运的发展。2006 年,洛杉矶/长滩港的集装箱海铁联运达到 206 万 TEU,占港口集装箱吞吐量的 24.3%。

2) 德国汉堡港集疏运系统

汉堡港是欧洲第二大集装箱港口,位于德国北部易北河下游,阿尔斯特河和比勒河汇合处,距北海出海口约 120 km。港区内道路 170 km,公路桥 91 座,铁路线 350 km,铁路桥 57 座,公铁两用桥 6 座,港区内的铁路密度甚至高于道路密度,是世界上当之无愧的铁路港口。

(1) 铁路运输。汉堡港是一个传统的铁路港口,长距离运输基本上都靠铁路。汉堡港也是欧洲最大的铁路集装箱转运中心。汉堡港所有的码头都有铁路线进入,铁路在汉堡港的陆上长距离运输方式中占据了超过 70% 的市场份额,每天大约有 160 列的国际、国内集装箱班列进出港口。2006 年的港口铁路集装箱运量为 158 万 TEU,约占港口集装箱吞吐量的 18%。

(2) 内河驳船运输。德国统一后,汉堡港重新获得了广阔的内河腹地,驳船运输在易北河沿岸迅速发展起来,马格德堡、阿肯、托尔高、里萨和德累斯顿等德国重要城市都是内河运输的主要目的地。易北河支流运河可通达的柏林和汉诺威也是内河水运的主要腹地。由于驳船在成本上比铁路和公路有明显的优势,汉堡港的内河集装箱运输量正逐年增大。

(3) 近海国际中转。汉堡港 2003 年的近海国际中转箱量为 150 万 TEU,占港口集装箱吞吐量的 24%。每周都有 100 多艘近海支线船舶来往于汉堡港与欧洲其他港口之间,在这些近海航线上可使用 300~1 000 TEU 的集装箱船。汉堡港的近海国际中转业务主要服务于波罗的海诸国、大不列颠群岛、地中海及黑海的部分国家。

(4) 公路运输。由于汉堡历来是一个水上城市和德国铁路的枢纽站,该城市的高速公路货运网络相对不是很发达,市内仅拥有 80 km 的高速公路,将汉堡港与其附近的商业中心连接起来。公路集疏运的比例相对较小。

3) 荷兰鹿特丹港集疏运系统

鹿特丹港的集疏运系统由铁路运输、内河水运、近海运输以及管道运输组成。其中铁路运输约占 10% 的比例,鹿特丹港的铁路线直接深入港口作业区,实现了海铁之间的无缝衔接,降低了海铁联运的成本。在港口铁路编组站,采用了先进的调度设备,进一步提高了铁路运输的效率。

鹿特丹港的近海支线船班轮运输也十分发达,目前已经为欧洲各地的 150 个港口提供了近海支线船班轮服务,且航班频次高,成为鹿特丹港用水运替代公路运输的一种有吸引力的形式。

由于鹿特丹港与欧洲高速公路网直接连通,公路运输成为一种快捷的方案。目前,50%以上的港口集装箱通过公路进行运输。

内河水运则是该港口运送煤、矿、粮食等散货和集装箱的首选方式,内河船只可以通过莱茵河前往德国、瑞士等国家。这样的运输方式不仅经济,而且环保。

鹿特丹港的管道运输也十分发达,有输油管道直通阿姆斯特丹以及德国和比利时,可运送气体、油和化学品。另有 30%的湿散货可通过综合管道运输。

4.2.3　探索横沙深水新港的综合集疏运体系

横沙岛位于长江口的最东端,岛的形状基本呈圆形,面积 50 km²,该岛浮出水面也不过 200 年时间。横沙深水新港的建设可以利用长江口航道浚深工程产生的疏浚土,先在横沙东滩进行填海造陆工程。等成陆后的岛屿面积向东伸展至足够大之后,即可考虑在外海 20 m 水深处建设人工岛深水港区,并通过在海上架桥,连通横沙东滩填海成陆区与人工岛深水港区。

2011 年,上海港集装箱吞吐量完成 3 173.9 万 TEU,其中洋山港区集装箱吞吐量达到 1 309.8 万 TEU。当年洋山港区水运集疏运的比例为 46%,通过东海大桥的公路集疏运比例为 54%。水运集疏运因其价格低廉、绿色环保的优势,并依托上海港位于长江入海口这一优越的地理位置条件,而越来越受到重视,据专家估计,2013 年洋山港区水运集疏运的比例可望达到 50%以上。

拟建中的横沙深水港区位于长江入海口,具有利用长江航运开展水运集疏运的得天独厚优势,因此,可以借鉴洋山港区近年来不断提高水运集疏运比例的经验,探索实行以水运为主的综合集疏运模式,以缓解外高桥港区现有的陆上交通拥堵压力,对规划中的郊环高速公路通道运输能力可以进行有效的利用,并有助于保护横沙岛的自然生态环境。

具体的设想方案包括以下几点:

(1) 在横沙深水新港的集装箱集疏运模式上,建议主要采用水运方式,即将集装箱货物通过长江专用集装箱船舶送达南京、武汉和重庆等正在建设长江航运中心的特大城市和太仓、张家港、江阴、南通、扬州、马鞍山、芜湖、九江、荆州、岳阳、宜昌、泸州和宜宾等长江沿线各港口城市。此外,也可考虑采取水陆联运方式,即先将集装箱以水运方式送达长江沿线各港口中转,再连接公路运输,将集装箱送达各内陆目的地城市,反之亦然。

(2) 大型汽车滚装船在横沙深水新港卸车后,转由可在长江内航行的中型汽车滚装船运往长江沿线各港口;出口货物则在横沙深水新港上船,再运往海外。

(3) 一部分目的地为江苏、浙江、安徽三省非沿江城市的集装箱货物,在横沙深水新港大船卸箱后,可采用水上"穿梭巴士"即专用集装箱驳船的方式,先送至长江南岸的外高桥港区、罗泾港区、太仓港区,或长江北岸的南通港区,或杭州湾的乍浦港区,再转公路运输送达目的地。

(4) 少量集装箱和重大件可采取陆上集疏运方式。为此,长兴岛和横沙岛之间拟开通江底隧道,集装箱卡车可在长兴岛转由长江隧道前往上海浦东,转由长江大桥前往崇明、江苏启东。从更长远规划,横沙深水新港可修建铁路支线,使铁路上岛,设置铁路港站,与正在规划建设的沪通铁路、沪乍(浦)铁路以及现有浦东铁路相连接,大力发展集装箱铁水联运,为距离上海 500 km 以外的非长江沿岸的中西部地区提供快捷的物流服务。

(5) 考虑到长江三峡大坝的过船量已达到饱和状态,因此,运往四川、重庆、河南以及西北地区的集装箱货物可采取水铁联运的集疏运方式,即先通过水运方式运至武汉,在武汉转用铁路运输方式再将集装箱货物送达内陆目的地。运往云南、贵州、广西等西南地区的集装箱货物,可先通过长江水运方式运至长沙,在长沙转用铁路运输方式再将集装箱货物送达内陆目的地。为此,应大力发展上海至武汉、上海至长沙的集装箱长江班轮业务,力争做到"天天班"。同时,做好武汉、长沙两个城市的水铁联运建设工程项目,基本实现"无缝连接"。

第 5 章　上海港新港区建设机制研究

5.1　国内外港口体制与建设机制

上海国际航运中心的建设是上海"四个中心"建设的重点之一,有关各方正在调动各种资源,加大航运中心建设的推进力度。这其中,对构想中的横沙深水新港建设机制的研究是建设上海国际航运中心的一个重要课题,早已引起了政府、港口和航道界领导及专家的关注。通过对国内外各大主要港口的建设机制进行对比和分析,力求结合各家体制之所长,提供一个创新横沙深水新港建设机制的新思路。横沙东滩成陆综合开发建设项目规模宏伟,持续时间长,资金需求量大,涉及面广,它涉及城市规划、港口总体规划、海洋开发利用规划、长江口整治总体规划等。对此,需要研究合理的管理体制和开发机制,研究有利于资金筹措和项目引进的相关政策,形成能综合兼管社会各方面需求,具有良好可操作性的实施方案。

建议以上海市政府为主导进行横沙岛屿(包括填海造陆)的全面规划,并统筹资源整合、行政管理等各项工作。在建设机制上,建议可参照天津港开发建设的模式,走市场化建设的道路,即成立横沙新港投资控股有限公司,作为横沙深水新港开发建设的主体,负责从市场筹集资金,开展填海造陆、港口基础设施建设,实现疏浚、促淤、造陆、建港、产业发展的五位一体建设机制。同时,也可以参照国外发达国家的港口建设管理模式,在市场力量无力承担横沙东滩大规模开发投资风险的情况下,研究推动实施地主港模式的可能性。

5.1.1　国内主要港口的体制与建设机制

1) 我国港口管理体制的改革

2001 年 11 月,中央政府深化港口管理体制改革。将原由中央与地方政府双重领导的港口全部下放地方管理。实行政企分开,港口企业不再承担行政管理职能,并按照建立现代企业制度的要求,进一步深化企业内部改革,成为自主经营、自负盈亏的法人实体。港口的资产划拨地方管理,其债权、债务也一并转移。财务管理则由"以港养港、以收抵支"改为"收支两条线",取消港口企业"定额上缴、以收抵支"的办法,同时按照国家税收管理有关规定征缴港口企业所得税。

改革后,我国港口集装箱吞吐量在"十五"和"十一五"期间年均增长率达 30% 左右,连续 10 年保持世界第一,发展速度世界罕见。目前,世界集装箱吞吐量前 10 位的港口中,我国港口占了一半之多。上海港已于 2010 年超过新加坡港,成为世界第一大集装箱港口。

目前,我国在内地或香港上市的港口类上市公司数量也呈逐年上升趋势,从最早的不到 10 家,到现在已达 20 家左右,充分证明了我国港口体制改革后相关产业的发展潜力和活力。原国有企业性质的各港口集团纷纷改制为股份制公司并争取上市,以作为募集企业资金、实现外延式扩张的重要途径。

2) 我国主要港口的现有体制与建设机制

(1) 大连港。大连港集团有限公司成立于 2003 年,是大连港口政企分开后以原大连港务局为主体而组建的国有独资公司,目前,受大连市政府委托,承担了大连港新港区的规划、投资、建设与经营的责任。

(2) 天津港。船舶大型化趋势推动了该港口的深水化建设,挖海而建的天津港是我国最大的人工港。按照"政府主导、企业运作、多元投资"的原则,由天津港集团作为建设和开发经营的主体,至今已累计投资 600 亿元,正在开发建设我国目前第三大的填海造地工程。通过机制创新,天津港实现了航道疏浚、吹泥、促淤、成陆、港口建设、临港产业的一体化,核心是让天津港集团和天津市政府主导的临港产业区合二为一,成为利益的共同体。

(3) 上海洋山港区。先由上海市政府委托由其直接掌控的港口基础设施投资公司(同盛集团)负责洋山港区的规划、开发、投资与建设,待洋山港区一、二、三期集装箱码头建成后,先以租赁的形式交由上海国际港务(集团)股份有限公司(为 A 股整体上市公司)经营,视条件成熟后,再将洋山港区一、二、三期集装箱码头的资产全部转让给上港集团。

(4) 广州南沙港区。由广州市政府委托广州港集团负责规划、开发、投资与建设,广州港集团拥有相应的港口资产所有权和经营权。

(5) 青岛董家口港区。董家口港区是国家目前批准建设的沿海最大深水港区,近海自然水深平均 15 m,距岸 1 000 m 处水深可达 20 m,建成后总吞吐能力将达到 3.7 亿 t。青岛市政府先成立了专门的青岛港口投资公司,与董家口港区建设指挥部合署办公,负责董家口新港区的规划、开发、投资与建设,后又于 2012 年 4 月 26 日授权青岛港集团全面开发、建设与经营地处董家口的新港区和物流园区,批准青岛港集团以购买 100% 股权方式接手原青岛港口投资公司的全部资产和业务。

(6) 台湾港口。台湾主要港口有高雄港、基隆港、台中港、花莲港、苏澳港等,其资产与管理原直属台湾地方政府"交通部"。2012 年 3 月,根据"政企分离"原则,由台湾地方政府出资成立了台湾港务股份有限公司,其主要业务为经营台湾各主要商港,即试图通过由台湾港务股份有限公司合并原分属于基隆港务局、台中港务局、高雄港务局及花莲港务局的港务经营业务,以提高台湾各商港的市场应变能力和综合竞争力。台湾港务股份有限公司还设有若干分支机构以管理旗下港口,承担商港区域的规划、建设及经营管理,商港区域海运运输关联服务经营及提供,自由贸易港区开发及营运,投资、转投资等。

5.1.2 国外主要港口的体制与建设机制

1) 荷兰鹿特丹港

由鹿特丹市政府统一规划、建设和管理港口的公共基础设施,港区内的码头、场地、岸壁和部分港池的财产权归鹿特丹市政府所有,鹿特丹港务局负责日常港务管理,包括经营和发展鹿特丹港口及工业区;投资现有港区及新港区的公共基础设施;处理航运的发展等。市管码头(公共码头)、场地交由民间私营企业承租后自主经营。

2) 新加坡港

设立新加坡海事和港口局(MPA),在信息、指导方针和一系列程序问题上负责港口的行政管理,另由新加坡政府出资成立了新加坡港务集团(PSA),负责港口的生产和经营,实现了政企分开。新加坡港务集团已在全球范围内投资建设了众多的港口或码头。

3) 阿联酋迪拜港

迪拜港归迪拜地方政府所有,原由迪拜地方政府负责投资建设港口码头和港区公共基础设施。1991年5月,迪拜地方政府成立了港口专业管理机构——迪拜港务局(DPA),负责管理拉什德港和杰贝拉里港。另由迪拜地方政府出资成立了迪拜国际港务公司,负责港口的经营业务,并在全球范围内开展与港口相关的投资与经营业务。2005年,上述两单位合并,组成了迪拜世界港口公司(DP World)。作为全球最大的港口公司,已与全世界60多个国家开展了与港口相关的投资和管理业务。

4) 美国港口

美国是土地私有化的国家,但港口岸线资源属于联邦政府,联邦政府将港口交由州政府开发和建设。州政府成立港务公司统一管理和经营港口,或者下放给郡、市管理。

美国港口有三种管理模式,分别为地主港管理模式、自营模式和两者结合的混合模式,美国有近30个公共港口属地主港管理模式,包括洛杉矶、长滩、迈阿密、纽约-新泽西等港口。自营模式是港务局自己购买码头运营设备,雇用员工直接经营,波士顿港等实行这种模式。实行混合式的港口有波特兰、休斯敦港等。

纽约-新泽西港务局成立于1921年,实施地主港管理模式。在财务上自给自足,既没有州政府的任何支持,也没有征税的权力,但港务局拥有对港口周围约4 000 km^2 土地的征用权,统一经营机场、铁路和公路。其主要的任务是提供港口设施和高质、高效的运输服务,主要收入来源是设施使用费。纽约-新泽西港务局作为"地主"将设施租赁给有专业技能的私营公司来经营,既发挥了私营企业的经营优势,又保证了港务局收入的相对稳定性。

5) 日本港口

日本港口由政府、私人共同参与管理,同时日本政府高度重视港口的社会公益性,把港口置于国家发展的核心地位,将港口的开发建设纳入国家经济发展的总体规划,明确政府在港口建设中的投资责任,确保国家对港口的所有权,也强调地方政府对港口的管理权。政府同时强调保护企业的独立经营权,禁止港口管理机构妨碍和干涉私营企业的正常业务活动,也禁止其在设施利用、港口经营管理等方面不公平地对待任何一方。日本政府仅通过法律、税收等手段对港口经营企业进行宏观指导与调控,确保了政府对港口管理的所有权,同时又维护了港口经营企业的合法权利,保证了相应的经济收入。

5.1.3 国内外港口建设机制分析

从世界范围看,由于各国政治经济、管理体制和港口本身特征的不同,港口建设与筹资渠道也不尽相同。根据专家学者对世界港口开发建设的研究和分类,大致将港口开发建设模式划分为三大类,即服务港、设备港和地主港,其中服务港又分为公共服务港和私人服务港。

从三种港口开发模式的内涵看,服务港模式是一种比较传统的港口建设模式,其要么过度强调了政府的作用而忽视了企业特别是私人机构的作用,形成政府高度垄断、市场失灵;要么走向另一个极端,削弱公共部门特别是政府部门在港口产业中应该发挥的作用,导致政府失效和港口企业事实上的垄断经营。设备港模式由政府或其委托的公共部门负责投资、管理港口的基础设施和所有的经营设施,但允许企业以租赁方式进入港口生产性业务,可以说是地主港模式的过渡形态。相比较而言,地主港模式较好地解决了政府和企业在港口开发建设中的权责关系,一方面保持了港口的准公共产品属性,另一方面通过港口经营权让渡企业包括私营企业,而为港口注入了市场活力,因而为各国港口开发建设所推崇。

地主港模式是指由公共部门负责港口规划和港口基础设施的投资建设,通过出让港口经营权,收取特许经营费和租赁费来维持港口基础设施的维护与管理。港口经营企业在获得特许权后,长期租用港口土地、基础设施并自行解决经营所需的所有岸上设施,提供港口经营服务。从世界范围看,欧美等国家的港口开发大多采取了地主港模式,近期地主港模式又被世界银行评定为向世界推荐的港口开发建设的主要模式。

荷兰鹿特丹港被称为典型的地主型港口,港口的土地、岸线和基础设施的所有权归鹿特丹市政府,市政府下设港务局,负责港口的开发建设和日常管理工作。港务局的职能主要有:航运管理、港口发展战略的研究和规划、促进港口的各项商业活动。港务局对港区内的土地、码头、航道和其他基础设施进行统一开发,并以租赁的方式,由港口企业包括私营企业经营,港务局收取一定的租金。企业只需投资码头上部的机械设备、库场和其他配套设施,雇用码头工人和管理人员。

相对于其他开发模式,地主港模式有着明显的优势:

(1) 政府始终掌控岸线及港区土地资源。按照地主港模式进行港口的开发建设,岸线资源、港区土地以及港口码头等基础性设施的所有权始终掌控在政府手中,即作为"地主"拥有其所有权,保障了港口作为公共资源的公益性。这样便于从经济全局和长远利益的角度对港口进行规划布局,避免重复建设和同质化竞争,维护和提升岸线资源的利用效率。

(2) 港口开发建设及运营维护的主体明确。按照地主港模式进行的港口开发建设,无论是港口管理局还是组建的特许经营机构,作为非营利性的公共法人,均确保了港口基础设施的开发建设以及运营维护的主体地位。

(3) 兼顾了政府和港口运营企业的利益。由于特许经营机构和港口运营企业的加入,减轻了政府的财政负担和繁杂的港口经营业务束缚,政府可集中精力做好港口的总体规划、实施港口法规、保证港口作业安全。港口运营企业由于不需要耗巨资去建设公共基础设施,可以集中精力投入经营性设施的建设和运营,避免了港口投资的风险。由于地主港模式将公共基础设施和经营性设施建设拆分开来,交由不同的主体进行投资,有效地避免了政策失灵和市场失灵,既保障了国家的权益,同时也降低了企业的资金压力和投资风险,兼顾了政府和企业双方的利益。

(4) 确保了港口的可持续发展。港口的扩建和基础设施的维护都需要庞大的资金支撑,按照地主港开发模式,通过港口码头、港区土地等租金收入确保了港口开发管理主体持续运营的能力,为港口扩建和基础设施维护提供了重要的资金保障,减轻了各级政府的财政投入,实施滚动开发,为港口的长远发展和有效管理提供了保障。

5.2 创新横沙深水新港建设机制

5.2.1 横沙东滩促淤圈围成陆工程现状

横沙岛以东的滩地包括横沙东滩和横沙浅滩两部分。目前通常以 N23 护滩潜堤为界,其以西为横沙东滩,以东为横沙浅滩(图 5 - 1)。横沙东滩面积约 110 km²,现主要作为上海市耕地占补平衡用地,按农用地标准,其吹填标高为 +3.0 m。横沙浅滩 5 m 以浅面积约 370 km²,现处于自然状态。

按照上海市滩涂资源开发利用规划的总体部署,自 2003 年起先后实施完成了横沙东滩一、二、四期促淤工程和三期圈围工程,五期工程(横沙大道工程)和三期围内吹填工程,并于 2011 年开展横沙

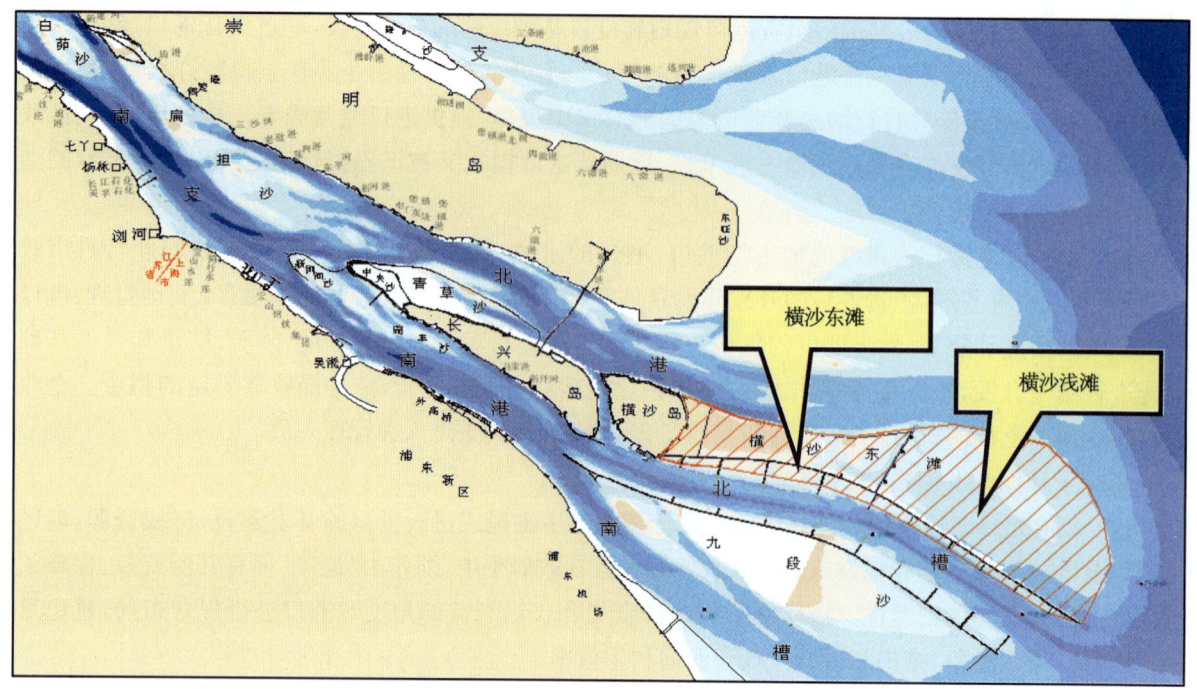

图 5-1 横沙滩地地理位置示意

六期促淤圈围工程及围内吹填工程(图 5-2)。2010 年实施的横沙东滩三期围内吹填工程中约 0.11 亿 m^3 吹填土来自长江口深水航道疏浚土,占总吹填量约 45%;横沙东滩六期围内吹填工程的实施时间为 2011—2015 年,总吹填量约 0.7 亿 m^3,拟 100% 利用长江口深水航道疏浚土。这两个工程均采用较成熟的吹泥上滩工艺,实现了疏浚土的部分有益利用,有效地降低了造陆成本,加快了造陆周期。

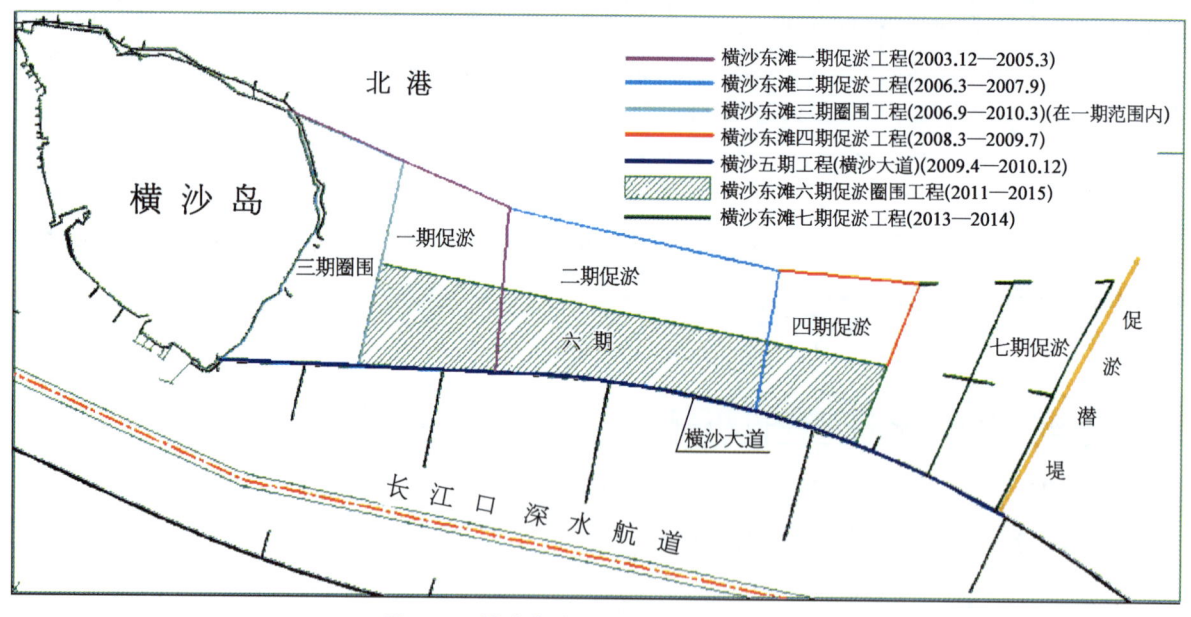

图 5-2 横沙东滩近期促淤圈围工程示意

5.2.2 我国港口现行建设机制的成功经验

我国港口现行建设机制的主要特点是:参与港口投资和建设的企业单位得到了地方政府极大的

支持,并且有很强的政府背景,多为由原港务局转制而来的大型国有港口集团。由于地方政府的出面主持和鼎力支持,有效分摊了这些大型国有港口集团在港口建设中的投资风险,并确保了港口建设和运营的顺利进行。依托地方政府的信用与执行力,港口大型工程建设所需的岸线、土地、资金来源与进出港深水航道、水陆集疏运通道等配套设施建设有了保障,也确保了港口建成后能够及时取得经济效益。由地方政府统一协调港口的建设、管理及经营,有利于城市对港口发展进行综合规划,打造良好的港口企业经营的市场环境,避免了不必要的市场恶性竞争与港口资源的浪费。

因此,在现有的国情及体制下,地方政府有能力集中各方力量,规划并指导开展大型港口工程建设。上海洋山港区的成功建设和运营就充分说明了这一点。洋山港区在完成集装箱码头建设并待承租人上港集团经营正常之后,原建设方及业主同盛集团就及时地将洋山集装箱码头的资产全部转让给了上港集团,由上港集团按市场化方式进行运作,真正做到了自主经营、自负盈亏。

5.2.3 横沙深水新港建设机制的建议

1) 建港与疏浚、造陆联动

上海作为中国第一大城市,世界第一大港口,高速的经济发展使得它面临疏浚与建港联动关系等诸多问题。一方面,长江口深水航道维护和上海港码头的建设,每天在产生大量的疏浚土;另一方面,南汇边滩及横沙东滩造地工程的建设实施,又需要大量的泥沙资源。由此,对疏浚土资源的合理处置和有益利用问题日显突出。疏浚土的合理处置,不仅可减轻对环境的影响,还能提供大量的工农业和生活用地,为国民经济的可持续发展做出贡献,实现人与自然的和谐发展。

发达国家在疏浚土综合利用方面已经迈出了坚实的步伐,政府要求有关部门优先考虑疏浚土的有益利用,并通过制定法律法规或行动计划予以保证,有的还通过政府给予财政补贴等措施加以鼓励。在我国,疏浚土长期以来一直被认为是废弃物,大量疏浚土以外抛方式处理,对海洋环境及水域生态带来了一定影响。我国在疏浚土综合利用水平及技术上均远落后于发达国家,特别是在科学研究和工程实践方面仍然存在较大的差距。

基于长江口疏浚土的利用现状及存在的问题,结合横沙深水新港的建设规划,需要认真分析横沙东滩的成陆规模及泥沙需求,进而提出充分利用长江口疏浚土、加快横沙东滩成陆的总体实施原则方案构想,并给出相关的有益建议。

鉴于目前长江流域来沙量日益减少和每年1亿 m^3 疏浚土仅利用20%左右的现状,需要提高对疏浚土作为不可多得的造地资源的认识,通过顶层设计的研究,综合考虑港口、航道、物流、海洋经济、高端制造业等经济要素,对横沙新陆域进行全面规划。通过顶层设计研究,使横沙成为上海第二个"浦东",形成长江口亚三角洲具有龙头地位的黄金热土,为上海市的可持续发展增加新动力。

分析国内天津、曹妃甸等陆域港口建设机制,借鉴国外荷兰鹿特丹、美国密西西比河口、日本神户等港岛陆域建设经验,认为上海新港区建设应该形成疏浚、促淤、造陆、建港、产业发展"五位一体"的联动建设机制,以及建立中央部委、央企、上海委办、港航企业间责任和利益的共享与联动机制。

2) 市场化建设机制

建议以上海市政府为主导进行横沙岛屿(包括填海造陆)的全面规划,并统筹资源整合、行政管理等各项工作。在建设机制上,可参照天津港开发建设的模式,走市场化建设的道路,即由上港集团、同盛集团、中交第三航务工程局有限公司、中交上海航道局有限公司四家大型国企共同出资组建成立上海横沙新港产业投资控股有限公司,作为横沙深水新港开发建设的主体,负责从市场筹集资金,开展填海造陆、港口基础设施及配套设施的建设,实现疏浚、促淤、造陆、建港、产业发展的五位一体建设机制,以有效平衡土地建设成本和土地使用权出让收益之间的关系,并将土地开发的前期投入责任与后期土地使用权出让的收益支配权集于一家,以便于统筹协调资金的投入与运用,成为利益的共同体。新港区建成后也应立即转为市场化方式进行经营。

关于横沙深水新港的投资收益分析:在横沙东滩可填海成陆 480 km^2,计 72 万亩土地,以每亩土地使用权转让收入 30 万元计算,共收入 2 160 亿元,扣除填海成陆与深水新港建设(包括港口集疏运通道)的成本,应当收支基本平衡,并略有结余,只要采取从填海成陆到港口建设及招商引资的一体化和市场化的建设机制,横沙深水新港的建设应当会有良好的经济和社会效益。

3) 地主港模式

参照国外发达国家的港口建设管理模式,在市场力量无力承担横沙东滩大规模开发资金与投资风险的情况下,研究在规划建设横沙新港过程中推动实施地主港模式的可能性。

若采取地主港模式,可以有效地化解港口建设与经营中的两大难题:一是实行产权与经营权的分离,有助于最大限度地发挥土地资源的作用,增强港口持续滚动发展的内生动力,实现与国际通行的港口管理方式和经营模式的接轨;二是有效缓解了港口开发建设的资金压力,分散了港口建设风险,确立了港口基础设施建设和管理的长远固定投融资渠道,有利于港口的长远发展。

港口作为具有准公共产品属性的基础设施,在我国现行体制下,采取地主港模式,与《港口法》立法的基点是相吻合的。港口的开发建设是一个系统工程,它既包括了集疏运体系、防波堤、航道、港区基础设施等具有公共产品属性的公共性设施,又包括了码头、堆场、装卸设备等具有市场属性的经营性设施。如果确定选取了地主港模式,首先必须在模式认定、模式衍生与创新、港城发展理念等多方面与地方政府上下达成共识,这是在我国推行地主港模式最基本的必备的前提条件。

在这样一个前提下,按照地主港模式,上海市政府可以委托上海市交港局进行横沙新港的开发建设。众所周知,港口建设投资额大、周期长、回报率低,基本上属于市场失灵范畴和领域。大规模地投入横沙新港的开发建设,必须有效解决建设资金筹措、政府内多方部门之间的协调等难题。一旦港口建成并投入运营,单就建设资金投入所形成的财务负担,在今后相当一段时期内将构成巨大的经营风险。因此,有必要科学部署港口建设的推进进度,并在此基础上广开思路,积极寻求降低开发建设风险的新途径。

按照这样一种思路,在港口的各类资源中,港区土地是唯一随着时间没有折旧却依然可能增值的要素,因此,横沙东滩可成陆 480 km^2,港区相关用地按十分之一计算,计 50 km^2 左右,应统筹考虑这 50 km^2 土地的开发和使用,在港口开发建设的同时,规划设立临港产业园区,发展临港产业集群。国内外港口发展的实践表明,临港产业集群作为港口经济发展的强大载体,已成为驱动港口经济及区域经济快速发展的"核动力"。如法国的马赛、勒阿佛尔、敦刻尔克,日本的神户港,中国的天津滨海新区、唐山曹妃甸港,当地政府都是采取了建港与建临港工业区统一规划、并举推进的策略,从而使港口与产业协同发展。

第 6 章　研究结论与展望

上海作为中国第一大城市，上海港为世界第一大港口，高速的经济发展使得它正面临着港口岸线资源不足、缺乏 20 m 的深水航道和泊位、疏浚与建港联动关系等诸多问题。为了落实国务院关于上海国际航运中心建设的总体目标，满足上海市和长江流域经济发展的需要，必须适应船舶大型化的要求，尽早规划有 20 m 的深水航道和泊位，以进一步优化长江口的江海联运体系，更好地发挥上海的龙头作用与带头示范作用，更好地服务于长三角、整个长江流域乃至全国。

上海港地处长江出海口，面临东海，是我国沿海经济带和沿江经济带的交汇点，是国际、国内的物流枢纽，水运条件有着得天独厚的优势。抓住上海国际航运中心建设和长江黄金水道的发展机遇，充分发挥当前长江口深水航道治理的有利契机，利用疏浚土对横沙东滩进行吹填成陆，建设深水新港，从而实现航道疏浚和吹填成陆联动建设机制，以实现泥沙资源最大化利用的双赢成果。

依托横沙东滩开发建设大型深水港区在技术上是可行的，由于先成陆后建设，地质条件好，建设条件和施工技术难度不大，远低于洋山深水港区工程的建设难度，港口开发建设对周边生态环境的影响亦处于可控状态。

横沙新港址所拥有的资源条件，能够满足未来 30 年上海港可持续发展的需求。横沙新港址东距 20 m 深水区不足 20 km，北靠长江口北港水道，南临长江口深水航道，通江达海，地理位置优越，具有良好的江海联运条件。依托横沙东滩吹填成陆，形成大型挖入式港池，可提供约 60 km 深水岸线和约 480 km² 土地资源。利用长江口外的深水资源规划 20 m 以上深水航道，可以避开长江口泥沙回淤的问题。利用尚未开发的长江口北港水道南部约 30 km 岸线资源以及通过建设人工运河规划长江货船泊位，可以方便地实现江海联运对接。

横沙东滩滩面变化稳定，5 m 等深线内面积多年保持约 300 km²，陆域形成可以利用航道疏浚土和港池挖泥，总体平衡；长江口−10 m 外水体含沙量较低，海床稳定，冲淤变化小，横沙东滩前沿稳定存在着一条近南北向冲刷带，有利于横沙港区外航道建设；港区形态布置可采用港池式，口门导堤伸入 7 m 以上水深，掩护条件好，作业天数高，回淤小；江海联运可采用人工运河沟通，水水中转便利，陆路集疏运可与长江隧道连接或通过新建通道解决。

综上所述，研究认为依托横沙东滩开发建设大型港区，区位优势明显，资源丰富，建设条件好，没有不可克服的技术难题。建议有关部门抓紧组织横沙东滩围垦后的新港址港口规划工作。

上海国际航运中心的建设是上海"四个中心"建设的重点之一，有关各方正在调动各种资源，加大国际航运中心建设的推进力度。这其中，对构想中的横沙深水新港建设机制的研究，是建设上海国际航运中心的一个重要课题，早已引起政府、港口和航道界领导及专家的关注。通过对国内外各大主要港口的建设机制进行对比和分析，力求结合各家体制之所长，提供一个创新横沙深水新港建设机制的新思路。在现有的国情及体制下，地方政府有能力集中各方力量，规划并指导开展大型港口工程建设。依托政府的信用和执行力，使港口建设所需的岸线、土地、资金来源与进出港深水航道、水陆集疏运通道等配套设施建设有了保障,也确保了港口建成后能够及时取得经济效益。由地方政府统一协调港口的建设、管理和经营,有利于城市对港口发展进行综合规划,打造良好的港口企业经营的市场环境。研究横沙新陆域和深水新港的建设机制,提出了市场化和地主港两个方案模式供领导部门选择。建议开展对疏浚、促淤、造陆、建港和产业发展五位一体建设机制的顶层设计,建立中央部委、央企、上海委办、港航企业间责任和利益的共享与联动机制。

第 2 部分
自贸区建设背景下的上海城市发展新空间和深水新港战略研究

(2015年)

本部分为华东师范大学受上海市科学技术协会委托开展"自贸区建设背景下的上海城市发展新空间和深水新港战略研究"课题的成果报告。该课题于2014年9月立项,2015年8月结题并通过验收。课题负责人包起帆,报告执笔人何业钢。

主要研究人员包括:

包起帆　华东师范大学国际航运物流研究院院长、教授　上海国际港务集团原副总裁
朱建华　华东师范大学兼职教授　原上海市交通运输和港口管理局巡视员　高级经济师
宗源远　华东师范大学兼职教授　上海航道局原董事长　高级经济师
任国华　华东师范大学国际航运物流研究院　副教授
何业钢　华东师范大学国际航运物流研究院研究员　高级经济师
徐德麟　华东师范大学国际航运物流研究院研究员　教授级高级工程师
彭德艳　华东师范大学国际航运物流研究院　助理研究员
周　敏　华东师范大学国际航运物流研究院　助教
江　霞　华东师范大学国际航运物流研究院　高级工程师

第 1 章 研 究 背 景

上海位于我国海岸线中部和长江入海口,滨江临海,集"黄金海岸"和"黄金水道"于一体,是长江流域的龙头,区位优势明显。上海是我国沿海经济带与沿江经济带的交汇点,对长三角地区、长江流域乃至全国经济的发展发挥了十分重要的作用。

习近平总书记2014年10月27日在中央全面深化改革领导小组第六次会议上指出:上海自由贸易试验区取得的经验,是我们在这块试验田上试验培育出的种子,要把这些种子在更大范围内播种扩散,尽快开花结果,对试验取得的可复制可推广的经验,能在其他地区推广要尽快推广,能在全国推广的要推广到全国。

李克强总理2014年9月19日在考察上海自由贸易试验区时指出:上海是长江黄金水道的龙头,龙头舞起来,龙身才能摆起来,上海要把长江沿线的内陆港口都带动起来,带动长江经济带加速发展。

党中央、国务院提出建设长江经济带和国务院批准设立中国(上海)自由贸易试验区(简称"上海自贸区")是我国深化改革,促进经济发展的两项国家战略和重大决策部署。建设上海自贸区是深化改革、扩大开放、先行先试的重大举措,意义深远;建设长江经济带对有效扩大内需,促进经济稳定增长,调整区域结构,实现中国经济升级具有重要意义。目前,上海正在认真贯彻落实党中央、国务院关于建设上海自贸区和长江经济带的国家战略,正在按照国家要求抓紧进行国际经济、金融、航运和贸易四个中心的建设,使上海继续引领长三角地区和长江流域的经济发展,为全国深化改革,扩大开放,打造经济升级版做出新的、更大的贡献。

当前,上海已进入创新驱动发展、经济转型升级的关键时期,既面临巨大的发展机遇,同时也承受转型发展的严峻挑战。

城市人口高速增长和异常局促的城市空间已严重制约上海城市的整体发展。根据《上海市城市总体规划(1999—2020)》要求,2020年全市常住人口控制在1 600万人,但至2013年底全市常住人口规模已达2 415万人,远远超过2020年规划的控制规模,人口持续增长的压力与各类资源、各项市政基础设施、社会保障设施等供应能力之间的矛盾日益凸显。中心城区集中了全市50%的人口,2010年为1.71万人/km²,人口密度居高不下,是全国人口密度最高的城市。

根据《上海市土地利用总体规划(2006—2020)》要求,2020年上海全市建设用地指标为3 226 km²,而至2013年全市建设用地规模已达3 070 km²,接近2020年规划控制的指标水平,上海在2020年前已没有建设用地指标可予以安排。目前上海建设用地占全市陆域面积已达45.2%(接近50%的生态阈值),远高于30%的城市宜居指标,也远高于东京、伦敦、香港等同类城市20%~30%的比例。

上海人口的快速增长已给环境、资源、设施、交通等方面带来巨大压力,根据目前上海的人口增长速度,短期内上海整体人口总量有可能突破城市综合承载极限,影响上海持续发展。近期内上海土地面积若没有新的增长,则意味着上海建设用地占全市陆域面积的比例将进一步提高,各种资源成本也将随之上涨,这对上海城市要发展成为具有全球资源配置能力、较强国际竞争力和影响力的全球性国际大都市是巨大的挑战。受此影响,部分对上海经济持续稳定发展发挥重要作用的高端产业和实体产业因上海的商务成本过高,发展空间受限而转移其他城市。

此外,上海自贸区现阶段地域范围仅涵盖上海市外高桥保税区、外高桥保税物流园区、洋山保税港区和浦东机场综合保税区四个海关特殊监管区域,总面积仅为 28.78 km^2。上海自贸区发展的核心是体制机制创新和政府职能转变,与此同时也将会吸引更多的国际金融和国际航运服务机构入驻上海,也会有大量的高端制造企业和物流仓储企业集聚上海。因此,上海自贸区的发展不仅需要体制机制和政府管理职能的创新,同时也需要有足够的发展空间做支撑,而目前上海自贸区的土地储备仅有 0.72 km^2,这将成为今后上海自贸区发展的重要障碍。

上海是一座港口城市,航运产业历来是上海经济发展的重要基础。目前,上海在面临土地资源极度紧缺的同时,更面临可开发的航运资源的枯竭,主要包括:① 上海目前现有的港区由于受城市布局的限制已无进一步扩展的余地;② 上海市域范围内可开发的深水岸线已基本用尽,现有资源不具备建设深水新港的条件;③ 长江口 12.5 m 深水航道维护工程量巨大,目前尚无进一步增深的计划,洋山港区限于 16.5 m 水深,上海缺乏可接纳超大型船舶的深水航道;④ 上海现有港区没有条件进行运输货物的江海直接中转联运,不能满足长江经济带发展的需要。因此,上海港必须进一步规划建设深水港区(包括深水航道),创造条件满足国际航运船舶大型化发展的趋势,以保持上海国际集装箱枢纽港和国际航运中心的地位。

随着 1.8 万 TEU 和 2.2 万 TEU 集装箱船时代的相继到来,国际集装箱枢纽港的航道通航水深需要达到 18～23 m。为此,新加坡港、伦敦港等都已启动重大工程计划,加快深水港口(航道)的建设。美国总统奥巴马在 2014 年 6 月签署一项法案,投资 123 亿美元加深港口航道深度。在国内也有不少港口经过前几年的规划建设,港口的航道水深达到了这一标准,如天津港为 22 m、青岛港为 21 m、连云港港为 25 m、宁波-舟山港为 33 m。

由此可见,上海应通过整合滩涂土地资源,充分挖掘土地、深水岸线的潜在资源,突破现有的空间限制和航运资源瓶颈,是实现新一轮经济腾飞的重要基础之一。

纵观上海目前的滩涂资源,与横沙岛相连的横沙东滩和横沙浅滩(以下简称"横沙两滩")是集"区位、土地、岸线、航道"等众多优势资源于一体的区域。经过科学论证,将横沙两滩吹填成陆,可新增陆域土地约 480 km^2,加上横沙岛原有陆域土地 49 km^2,将形成约 530 km^2 的新横沙岛(以下简称"新横沙");同时可形成深水岸线近 100 km,加之南北两侧紧贴长江口的两条最大通航水道以及东侧直接面临外海深水区,新横沙将有条件建设水深达 23 m 的上海深水大港[以下简称"上海(横沙)深水新港"]。因此,无论是从拓展城市空间布局应对上海经济进一步转型发展,还是提升港口对外服务水平推动上海国际航运中心向更高能级迈进,以适应对接长江黄金水道,带动长江经济带国家战略加速发展的要求,新横沙的开发利用和深水新港的规划建设是必要的、紧迫的。

本课题通过产学研结合,发挥课题组在城市规划、城市管理、经济管理、现代物流、港口航运、河口海岸、环境生态等多学科高层次的综合优势,在关键技术研究中采用了数理统计、数值模拟、现场观测等技术和方法,多次听取相关的国内专家学者、政府官员和企业高管的意见,对新横沙的发展战略和空间布局进行了研究,为上海新一轮发展提供技术支撑,以推动上海海洋经济取得突破性发展,为上海、长三角地区、长江流域乃至全国的经济社会可持续发展培育战略新支点。

第 2 章　上海城市发展新空间和深水新港战略实施必要性

2.1　新横沙开发利用是上海城市发展的延续

上海因港设县、以商兴市，优越的地理位置和通航环境是这个城市得以发展的根本，也注定了航运、贸易、商业是这个城市发展的主导功能。1843 年上海开埠成为城市近现代化的起点，在此后 170 年的发展历程中，随着外部政治经济环境的变化，城市功能不断调整提升，城市空间不断拓展扩大，逐渐形成今天的城市空间格局。

1) 开埠—1940 年

开埠前，上海县城囿于城墙内的老城厢。开埠后至抗日战争前，上海城区面积约为 144 km^2。在这期间上海凭借其优越的交通区位优势，城市地位不断提升，至 1940 年前后，上海城市格局基本形成。外滩标志性的建筑群集中了主要的航运和金融业，南京东路商业集聚区初具规模，苏州河两岸和黄浦江西侧沿岸汇集了上海最早的一批工业区。

1843 年开埠后，上海迅速成为长三角地区的中心城市，成为世界与中国进行贸易往来的主要口岸之一。

19 世纪 50 年代，上海是中国最大的对外贸易口岸，贸易的发展带动了上海金融业的兴起和繁荣。

19 世纪末，上海初步成为中国的金融中心，城市的产业结构经历了以贸易为先导，进而集航运、金融、工业等于一体的多功能经济中心发展历程。

20 世纪 30 年代，上海成为境内外银行总部的集聚地和中国的工业基地，是远东地区的商贸、工业、金融和文化中心，也是远东地区第一国际大都市。

2) 1940—1990 年

1940—1990 年是上海城市发展的低潮时期，1949 年前受战乱的直接影响，1949 年后，受特定的国际和国内环境影响，上海城市由一个多功能的外向型经济中心城市转变为单一功能的内向型生产中心城市，一度成为中国最大的工业基地和财政支柱，上海以占全国 1/5 000 的土地和 1/200 的人口，提供了全国 1/6 的财政收入。而上海昔日的金融、商业、贸易、航运、加工和旅游等诸多功能被香港、东京和新加坡等城市所分别取代。在这期间，上海行政市域面积大幅扩展，1958 年，中央政府先后两次将江苏省 10 个县划归上海市管辖，使上海行政市域面积从 606.2 km^2 扩大至 6 185 km^2。进入 20 世纪 80 年代后，上海的经济开始颓废，国内生产总值从 1978 年的全国第一位跌至 1992 年的全国第九位，城市基础设施滞后、精英人才严重流失，各种堆积的社会问题开始爆发。

3) 1990 年至今

1985 年后，国家对上海城市发展方向做出重大调整，明确上海是对外开放、对内联合两个扇面的枢纽。1990年上海以浦东开发开放为标志，进入城市跨越发展的新时期，城市功能发生了根本性的改变，上海回到了建设国际化大都市的发展轨道。改革开放30年，上海经济连续多年保持两位数的增长，国民生产总值从1980年的312亿元增加到2010年的17 166亿元。

上海的浦东开发开放是极具特色的城市空间的拓展模式，1992年浦东新区规划建设用地350 km² 和人口容量210万人。浦东的开发开放为上海老城区高密度的人口和产业提供了疏解空间，老城区的部分功能开始向外转移，尤其是第二产业向城市外围逐步转移。通过土地置换，老城区的工业和旧区用地转变为商业、办公和绿化等用地，上海城市的产业结构、人口密度、土地利用和城镇体系等方面逐步得到优化。同时，浦东新区建设产生巨大的对外需求，又间接拉动了城市经济的繁荣和发展。浦东开发开放不仅成为上海经济发展的源动力，更是对长三角地区经济的发展，乃至全国经济的转型起到了示范作用。

上海的发展存在着历史的必然性，上海开埠及港口的发展是其城市发展动力引擎，而在这过程中，大规模的滩涂围垦为上海城市发展创造了基础性条件。

从上海自身发展的历史看，上海是一个建立在滩涂上的港口城市。翻开6 000年的地理史，上海将近64.5%的陆域面积由长江泥沙堆积而成，仅1949年新中国成立后，1950—2010年上海累计圈围滩涂面积达1 151.6 km²，相当于现在中心城区的1.5倍，使上海行政市域面积从5 725.9 km² 扩展到6 877.5 km²，扩大了20.1%（图2-1）。

不断淤涨的滩涂给上海带来了一次又一次的发展生机，由苏州河两岸到黄浦江两岸再发展到长江口沿岸，上海依水而生、依水而长。尤其是20世纪90年代浦东的开发开放大幅扩展了上海城区的版图，改变了当时上海中心城区交通拥堵、住房紧张、空气污染、绿化稀少等一系列"城市病态"，使上海经济得到快速发展，重新成为国家经济发展的领头羊。

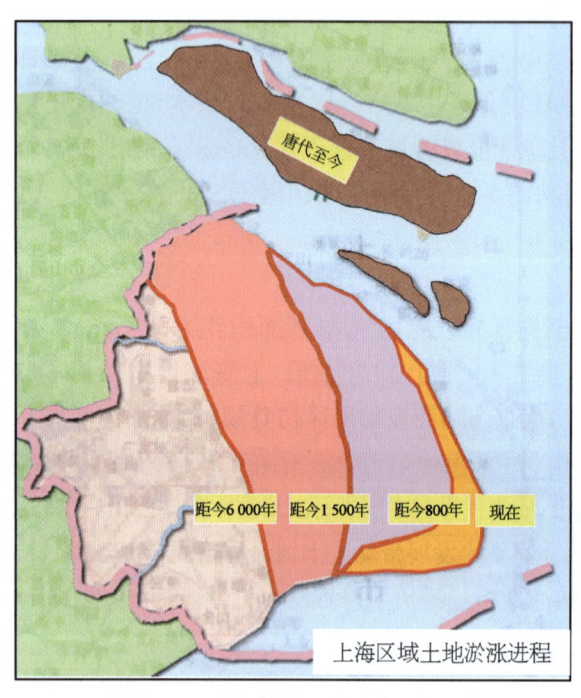

图2-1 上海区域土地淤涨进程示意

总之，利用航运资源发展区域经济、利用滩涂资源拓展城市空间、利用拓展的空间实现城市功能置换、产业转型升级等，既是国内外沿海城市发展的共同历程，也是上海城市发展的需要和延续，并且依然是解决目前上海城市发展瓶颈的有效手段。

2.2 国内外沿海城市发展为新横沙开发利用提供经验

2.2.1 国外沿海城市发展经验借鉴

"它山之石，可以攻玉"，世界上许多沿海城市都在不断因势利导地开发利用在河口、海湾中潜在的陆地和岸线资源。如荷兰鹿特丹、美国西雅图、日本神户以及阿联酋迪拜代拉棕榈岛等都是充分利用滩涂资源进行围垦成陆或建设人工岛来扩大城市地域范围以获得进一步发展（图2-2、图2-3）。

图 2-2 鹿特丹港马斯平原港区平面示意

图 2-3 迪拜代拉棕榈岛平面示意

1) 荷兰鹿特丹港

荷兰是世界上有名的小国,国土面积 41 526 km²,其中 1/5 国土面积是经过 800 年填海得到的。鹿特丹市区面积约 200 km²,是荷兰第二大城市,也是世界第一大港口城市。鹿特丹港位于莱茵河与马斯河河口,西依北海,东溯莱茵河、多瑙河,可通至里海,有"欧洲门户"之称。鹿特丹港区和工业区面积约 120 km²,港口水域面积 277.1 km²,海轮码头总长 56 km,内河码头总长 33.6 km,年货物吞吐量超过 4 亿 t。

鹿特丹港口城市发展有以下特点:

(1) 港口位置不断向海上推进,港口空间持续拓展,港口功能和地位不断提升。鹿特丹港最初主要集中在鹿特丹市区的马斯河两岸,20 世纪初成为荷兰第一大港。20 世纪 60—70 年代为了适应发展的需要,鹿特丹港开始西扩之路,先后建成了博特莱克港区和石油化工区,开发水深 23 m、宽 400~600 m、长 12 km 的新水道(Nieuwe Waterweg),并修造欧罗波特港区,港口和工业区面积由二战后的 26.3 km²,至 20 世纪 70 年代中期扩大到 100 km²,使鹿特丹港自 1965 年起跃为世界第一大港(图 2-4)。

图 2-4 鹿特丹港西扩路径示意

鹿特丹港在 1965 年欧罗波特港区全部建成前,提出了"玛斯平原垦地一期规划(Maasvlakte)",通过围海造地形成 3 000 hm² 土地(图 2-5)。该规划的实施为鹿特丹港提供了集装箱码头建设空间,使该港在 20 世纪 80 年代实现集装箱吞吐量的飞跃,成为欧洲第一大集装箱港。21 世纪初期,随着国际集装箱运输的快速发展,鹿特丹港的集装箱码头已不能适应集装箱船舶大型化趋势的要求以及港口规模的持续扩大,既有港口和工业区几乎没有可再度开发的空间,鹿特丹港再一次面临土地资源的瓶颈,特别是缺少直接对接外海航路的临水土地新资源。鹿特丹港为了继续保持在欧洲港口中的核心地位,2007 年启动了"玛斯平原垦地二期规划(Maasvlakte 2)",通过围海造地可形成 1 000 hm² 土地,并于 2008 年 9 月正式开工建设(图 2-5)。正在实施的"玛斯平原垦地二期规划"为城市和港口的发展提供新的视角,使邻近居住区的现有港区的业务向城市西部转移,把市内老港区置换出来的土地进行新的项目开发,建设市区新的生活和工作设施,有助于加强城市的经济实力。

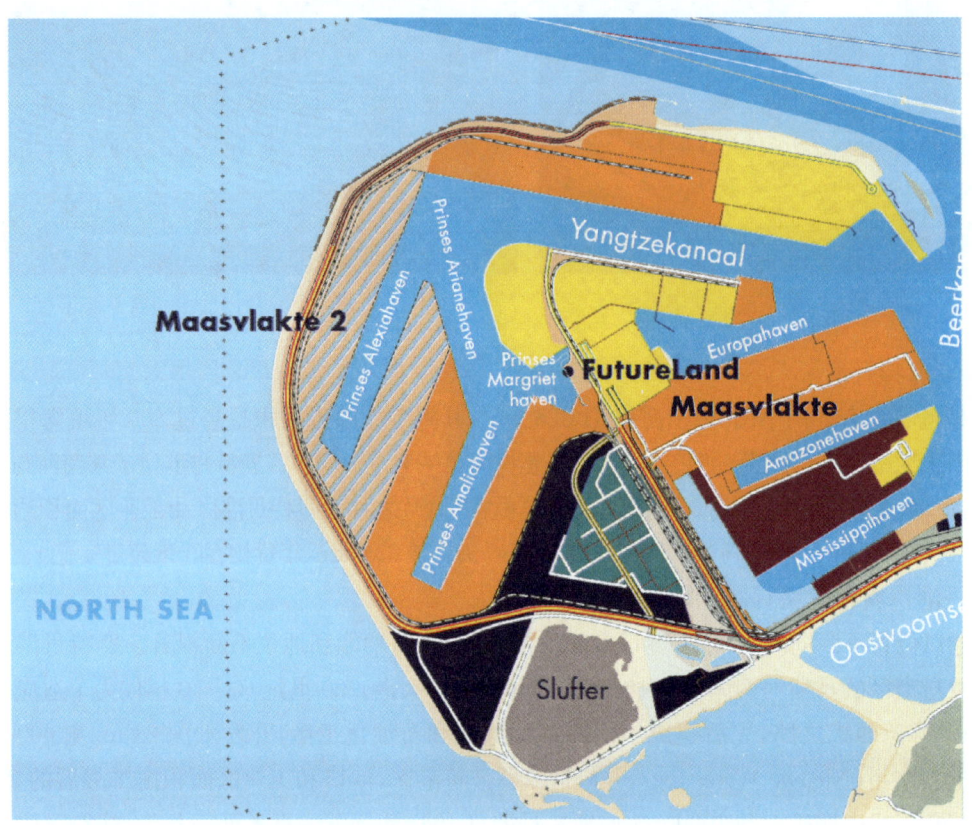

图 2-5　荷兰 Maasvlakte 港区平面布置示意

鹿特丹港加速西扩历程,充分显示其持续向深海扩展发展空间,加强港口土地资源储备是强化对国际航运发展的适应程度,保持与周边港口的竞争优势,巩固其国际航运中心地位和增强港口可持续发展能力的一项必然选择。

(2) 港口西扩加大了城市与港口在空间上的分离程度,为城市转型发展和功能升级创造条件。鹿特丹港持续西扩,其城市发展呈现两大特点:第一,港区和物流园区向外转移,港口与城市在空间上的分离逐渐加大;第二,老港区土地实现功能置换,开发与港口航运相关的顶级企业集聚区,成为新的经济增长和实现城市转型发展的重要区域。

鹿特丹港务局所处的 Kop van Zuid 地区是鹿特丹港老港区之一,该地区位于鹿特丹中心城区东南部(图 2-6)。

Kop van Zuid 地区是鹿特丹的城市南扩桥头堡,随着港口重心的西移,Kop van Zuid 地区的港口功能逐步淡化,转型升级为与港口航运相关的顶级企业集聚区,其中 Entrepot 区成为独一无二的宜居住地,以购物、餐饮、住宅和游艇码头功能为主;Landtong 区为居住区和休闲娱乐区,以住宅、健身为主;Wilhelmina Pier 区为集土地规划、交通规划和城市设计于一体的区域物流和商业中心,以商业、办公和物流功能为主;Zuidkade 区为商业中心和交通枢纽,以商业功能为主;Stadstuinen 区为居住区,拥有大片绿地,重点为儿童服务,以居住、休闲功能为主;Parkstad 区是 Kop van Zuid 规划的第二期,以居住、教育中心功能为主(图 2-7)。

图 2-6 荷兰鹿特丹 Kop van Zuid 区位

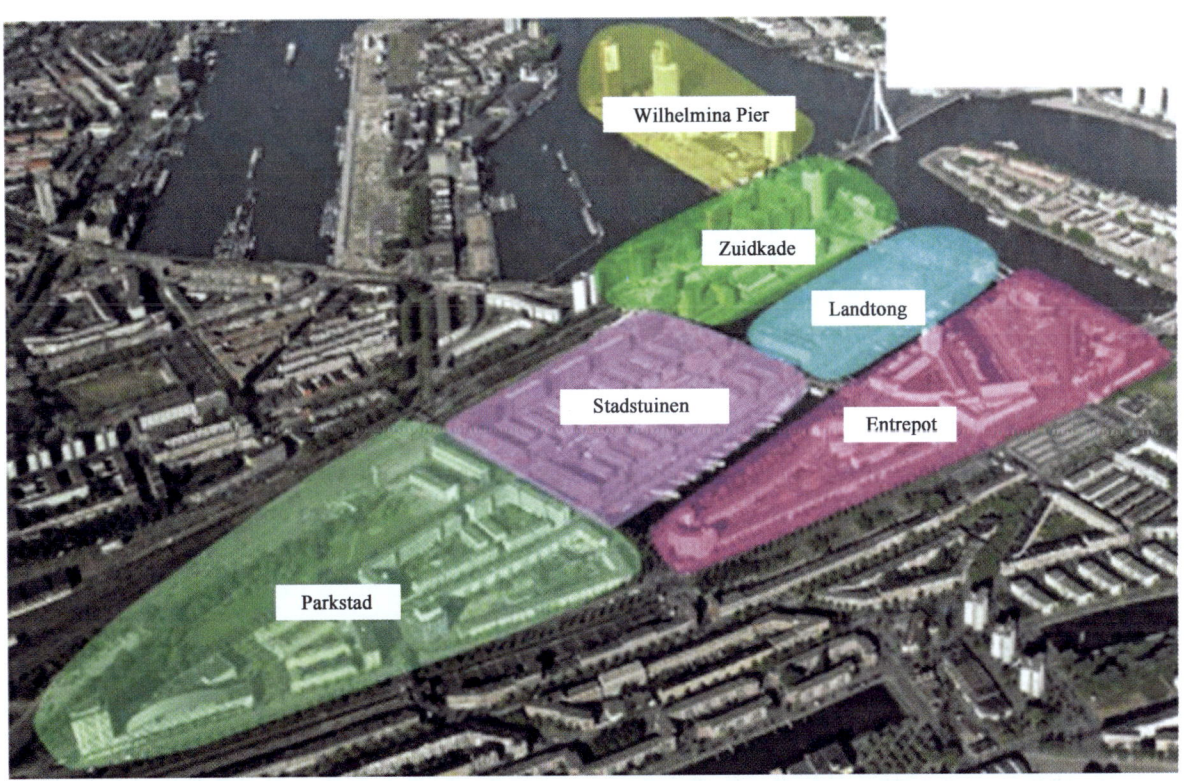

图 2-7 荷兰鹿特丹 Kop van Zuid 地区规划分区

Kop van Zuid 地区规划的实施,将提升新马斯河南部的吸引力,在更广范围内扩大本地区的影响力和投资吸引力,提高现有居民的生活质量和区域形象;吸引更多外来人口以平衡全市总人口,扩大区域商业和服务机构的需求量;整合教育资源,吸引不同背景的国际人才,提升鹿特丹的国际地位。该地区转变为集住宅区、办公楼、商业和娱乐设施于一体的综合区,有效拓展了城市发展空间,成为城市新的核心区,实现了鹿特丹的城市南扩发展目标。

鹿特丹市大规模的围海造地为港口发展提供了土地空间,加速了城区与港口在空间上的分离,为城市的功能置换和转型升级创造了条件。鹿特丹也正是通过持续不断的港口外迁发展,不仅一直保持了国际航运中心的地位,而且也成为一座名副其实的欧洲港口花园城市和著名的旅游城市。

2) 英国伦敦港

19世纪末20世纪初,伦敦码头区是当时全球最大的港务综合区之一。1912年伦敦港务局在Royal Albert码头南侧建设可停靠当时世界上最大的3万t级船舶的新港池,使伦敦港成为国际航运枢纽港与欧洲门户,巩固了伦敦的国际航运中心地位。20世纪40年代,随着港口集装箱运输的兴起和港口货物装卸技术的快速升级,伦敦港开始向泰晤士河下游转移,在距离市中心以东40 km的提尔伯里和泰晤士河下游建设适应集装箱船舶运输的新港区,并先后关闭市区附近的St Katharines港区和Royal港区。随着集装箱船舶大型化发展,伦敦港为巩固集装箱枢纽港地位,从1967年起在泰晤士河口以北离伦敦市中心近100 km处兴建费利克斯托港。1990年又在泰晤士河口离市中心56 km外新建泰晤士港。

伦敦港在不断将港口外迁的同时,对原市内码头区进行规划开发,目标是将该地区打造成为伦敦最具活力、全新的金融商务区,成为伦敦的新地。英国政府通过立法向伦敦道克兰码头区城市开发公司进行授权,由其负责对伦敦原码头区的开发建设,1981年正式启动,1998年结束,历时17年。为了推动伦敦原码头区的开发,政府投入大量资金用于购买和平整土地、环境整治以及基础设施建设;并斥巨资兴建35 km无人驾驶轻轨系统和伦敦城市机场,使得原码头区土地迅速升值;同时政府还出台优惠政策,进一步吸引私人资金投入原码头区的开发。

伦敦原码头区开发取得了巨大的成功,一方面,它依靠波罗的海航运交易所,在市中心城区建设航运服务软环境,大力发展产业链上游产业,如航运融资、海事保险、海事仲裁等,使伦敦市实现了城市复兴与经济转型的目标;另一方面,在政府财政困难的情况下,成功地吸引私人资金,形成了一套私人公司改造开发模式,顺利实施了原码头区的开发。

21世纪初,随着伦敦周边持续增长的集装箱运输需求,面对1.8万TEU集装箱船时代的即将到来,迪拜环球港务集团提出在伦敦城区以东40 km的泰晤士河北岸建设新港口和物流园区的计划,以扭转长期以来伦敦港口硬件实力下降的局面。2012年伦敦正式启动伦敦门户港计划(London Gateway),该计划是逾半个世纪以来伦敦国际航运中心最大的港口建设项目,并将建成欧洲最大的物流园区。伦敦门户港紧邻泰晤士河入海口,从泰晤士河取沙,以围海造地的方式,建设港口码头区和物流园区,预计泥沙吹填上陆1 800万 m^3,吹填成陆面积92 hm^2。另外,在建码头后方现有80 hm^2 土地作为港口发展区。

伦敦门户港集装箱吞吐能力350万TEU,首期3个泊位可满足1.8万TEU集装箱船舶进行装卸作业,吞吐能力130万TEU,2013年末已建成投产,规模与目前英国最大的港口——费利克斯托港相当,并且是目前第二大港南安普敦港的两倍(图2-8)。

通过围海造地而成的伦敦门户港将成为英国主要的枢纽港,强有力地拓展了伦敦港的发展空间,进一步增强伦敦国际航运中心的吸引力和资源凝聚力,为进入英国、运往爱尔兰和欧洲大陆的货物提供高效、经济和可持续的全球供应链。

3) 日本

日本国土面积小,山地、丘陵等约占75%,平原小且分布零散。日本由于城市和工业基地集中在太平洋沿岸的狭长地带,许多城市只能通过填海造地来扩展地域范围。日本早在11世纪就开始填海造地,并贯穿于工业化发展的始终。100多年以来,日本填海造地12万 km^2,沿海城市约有1/3土地是通过填海获取的。新形成的土地为日本工业腾飞提供了位置优越的发展空间。

图 2-8　英国伦敦门户港的模型

20世纪60年代以来,日本政府把经济发展的重心从重工业、化工业逐步向开发海洋、发展海洋产业转移,推行"海洋立国"战略,其中,日本的神户人工岛、六甲人工岛和关西国际机场工程都是世界闻名的围海造地工程(图2-9、图2-10)。

图 2-9　日本关西国际机场

图 2-10　日本中部国际机场(2002年)

日本神户人工岛位于兵库县神户市南约 3 km 的海面上,呈长方形,东西长 3 km、南北宽 2.1 km,总面积 4.4 km²,曾是世界上规模最大、功能最全的海上城市之一。这项工程用了 15 年时间,耗资 5 300 亿日元(约合 26.4 亿美元),是削平了神户西部的两座山峰建成的人工岛。在这片被填成陆地的海上城市中,密密麻麻地挤满了高度发达、门类众多的工业区。

港口建设需要占用较多的深水岸线和临海(江)土地资源,这些岸线和土地资源要在自然状况下取得十分困难,因此,鹿特丹、东京、横滨、新加坡、我国香港等世界著名港口城市都通过填海造地的方式来获取符合建设深水新港要求的土地和岸线资源,提供给港口物流与临港产业使用,由此推动所在城市的持续繁荣与发展。当今国际上各集装箱枢纽港之间的竞争,实际上就是各城市在提供具备深水岸线条件的土地资源能力方面的竞争。

2.2.2 国内沿海城市发展经验借鉴

近年来,我国沿海地区在推动区域经济社会实现又好又快发展的进程中,把海洋资源和区位优势作为促进本地区经济社会发展的强大引擎,全国已形成"三大五小"(即珠三角、长三角、京津冀与辽宁沿海、山东半岛、江苏沿海、海峡西岸、北部湾)的开发格局,建设步伐明显加快。

1) 战略新地标的形成

沿海城市通过土地资源的有效布局、调整、扩展,形成开发新区或改革试验区,成为区域性或全国性的战略发展新空间、新地标。

(1) 大连经验——突出城市空间置换升级,构建战略发展新空间。大连是辽宁省沿海经济带的核心,为构建东北亚国际航运中心,2006年以来,这个"以港兴市"的典型城市,将其发祥地——大连港东部老港区整体搬迁至"一岛三湾"地区(大连大孤山半岛、大窑湾、大连湾、鲇鱼湾)(图2-11)。目前"一岛三湾"核心港区已拥有世界一流的大型专业化集装箱码头、30万 t 级矿石码头、30万 t 级天然气码头和30万 t 兼顾40万 t 级原油码头。而置换后的原老港区土地将在现有基础上继续填海造地,成为大连市商务中心的延伸区,建成世界级的商务区。

图2-11 大连港整体搬迁位置示意

(2) 天津经验——大幅提升城市竞争力,成为中国北方最大的综合性港口城市。天津是中国近代工业的发祥地之一,是我国北方主要的综合性工业基地,曾是我国第三大城市。天津滨海新区是继上海浦东新区之后全国第二个综合配套试验区(图2-12)。

21世纪以来,天津滨海新区规划造地450 km^2,充分利用天津港航道、港池疏浚土上滩成陆,至2012年已完成造地约350 km^2。同时,天津滨海新区启动区域开发"十大战役",基本完成功能区土

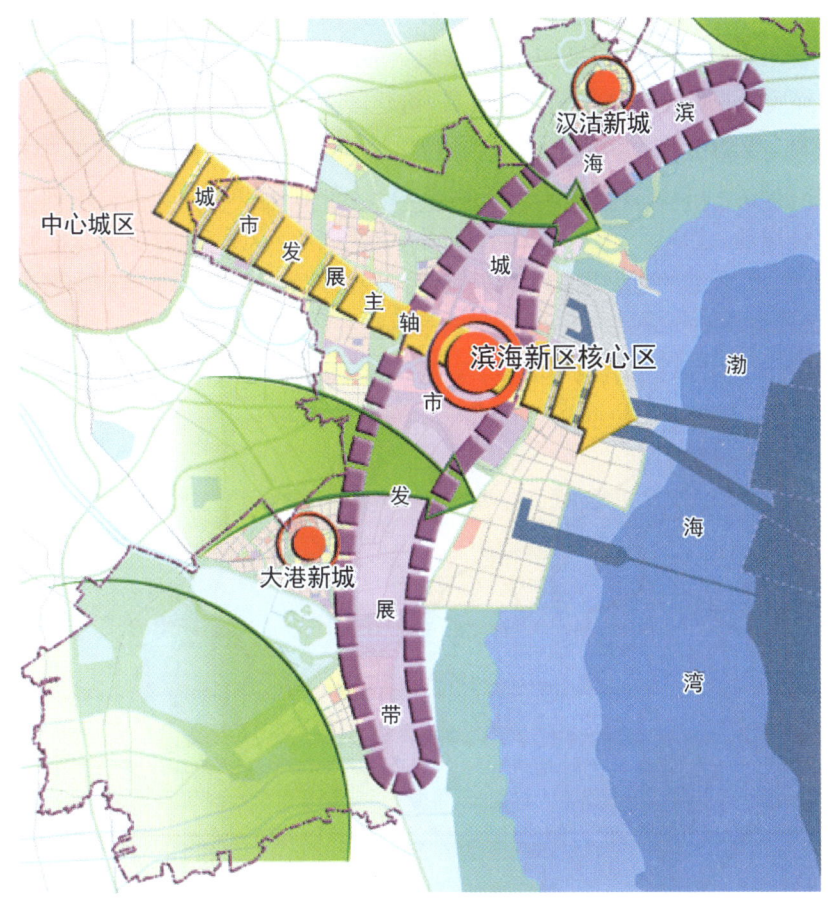

图 2-12 天津滨海新区开发

地平整和基础设施建设,充分发挥开放引擎功能,形成了东疆深水港、于家堡金融区、先进制造业区、生态园区等,促进了滨海新区产业升级,提升了宜居水平(图 2-13)。2013 年天津滨海新区总产值达到 8 024.4 亿元,已超越上海浦东新区的 6 448.7 亿元。

图 2-13 天津临港工业区规划示意

天津港是在淤泥质浅滩上吹填造陆、人工挖海建港形成的。天津港完成年货物吞吐量4.77亿t，完成年集装箱吞吐量1 230万TEU，是中国北方最大的综合性港口。

(3) 曹妃甸经验——以工业港带动经济发展，构建国际生态城市。河北曹妃甸将由原4 km²的小沙岛逐步吹填成陆，规划形成约387 km²的国际生态城市。至2013年末已吹填形成陆域面积达210 km²的工业区(图2-14)。曹妃甸工业区以大码头、大钢铁、大化工、大电能为"四大"核心产业。实现了首钢的整体搬迁，建成了25万t级矿石码头、煤炭码头，以及30万t级原油码头，2012年港口吞吐量达1.95亿t。工业港的建设推动了曹妃甸港口经济的发展，2012年曹妃甸区完成生产总值356亿元。

图2-14 唐山曹妃甸开发格局

与此同时，在这片围垦的滩涂上进行了大规模的生态城区建设。建有唐山曹妃甸国际生态城、唐山湾国际旅游岛(唐山湾祥云岛、月岛、菩提岛、无名岛等列岛屿及部分沿海陆域)、曹妃甸旅游度假区(曹妃甸湿地旅游度假区、曹妃甸海洋旅游度假区、曹妃甸工业文化园)等，不仅保护了原唐海县鸟类与湿地省级自然保护区，更是构建了生态宜居城区。

2) 滩涂围垦经验借鉴

(1) 基于港口优势下的滩涂开发可带动区域经济的飞跃。天津滨海新区和曹妃甸区原均为滩涂区域，这两大区域的开发得益于港口资源。其中，天津港完全是在淤泥质海滩上，利用港口航道、港池疏浚土吹填造陆所形成的目前世界上等级最高、规模最大的人工港。目前天津港主航道水深已达 21 m,可满足 25 万 t 级船舶自由进出港,30 万 t 级船舶可乘潮进出港。这为天津港跻身世界深水港行列奠定了基础,也为天津临港工业、海港物流、石化产业的发展创造了条件。原曹妃甸甸头前沿直至渤海海峡存在着一条水深达 27 m 的天然水道通向黄海,这种天然优势使得曹妃甸具备国宝级的港口资源,为曹妃甸建设 25 万 t 级矿石码头、30 万 t 级原油码头提供了良好条件,也为引进首钢、华润电力、中石化等大型企业,为曹妃甸的整体开发奠定了基础。

(2) 明确的功能定位是促使开发区快速发展的前提。土地使用的功能定位直接决定土地的市场价值。对于围垦造地而言,土地使用的功能定位将影响土地的成陆标准、推进速度等。对于开发利用而言,功能定位明确有利于区域进行产业规划、功能区域布置、基础设施配置、项目引进和体制机制建设等。

(3) 曹妃甸通岛公路的提前实施对曹妃甸的后续开发起到催化效果。通岛公路是曹妃甸岛与海岸的连接通道,宽 19 m,长 18.47 km,完全修建在潮间带滩地上(图 2-15)。这条公路是曹妃甸建设中最重要、最基础的工程,它的实施为曹妃甸后续建设提供了物资运输条件。同时以这条公路为依托,曹妃甸大规模滩涂围垦突破了滩涂围垦由陆上岸边向海上逐步外延的限制,可根据规划和项目落实情况按需实施。更重要的是这条公路直抵曹妃甸甸头,在开发初期,人们便可直观地感受到这片区域的开发规模和前景,对推动曹妃甸后续开发起到催化效果。

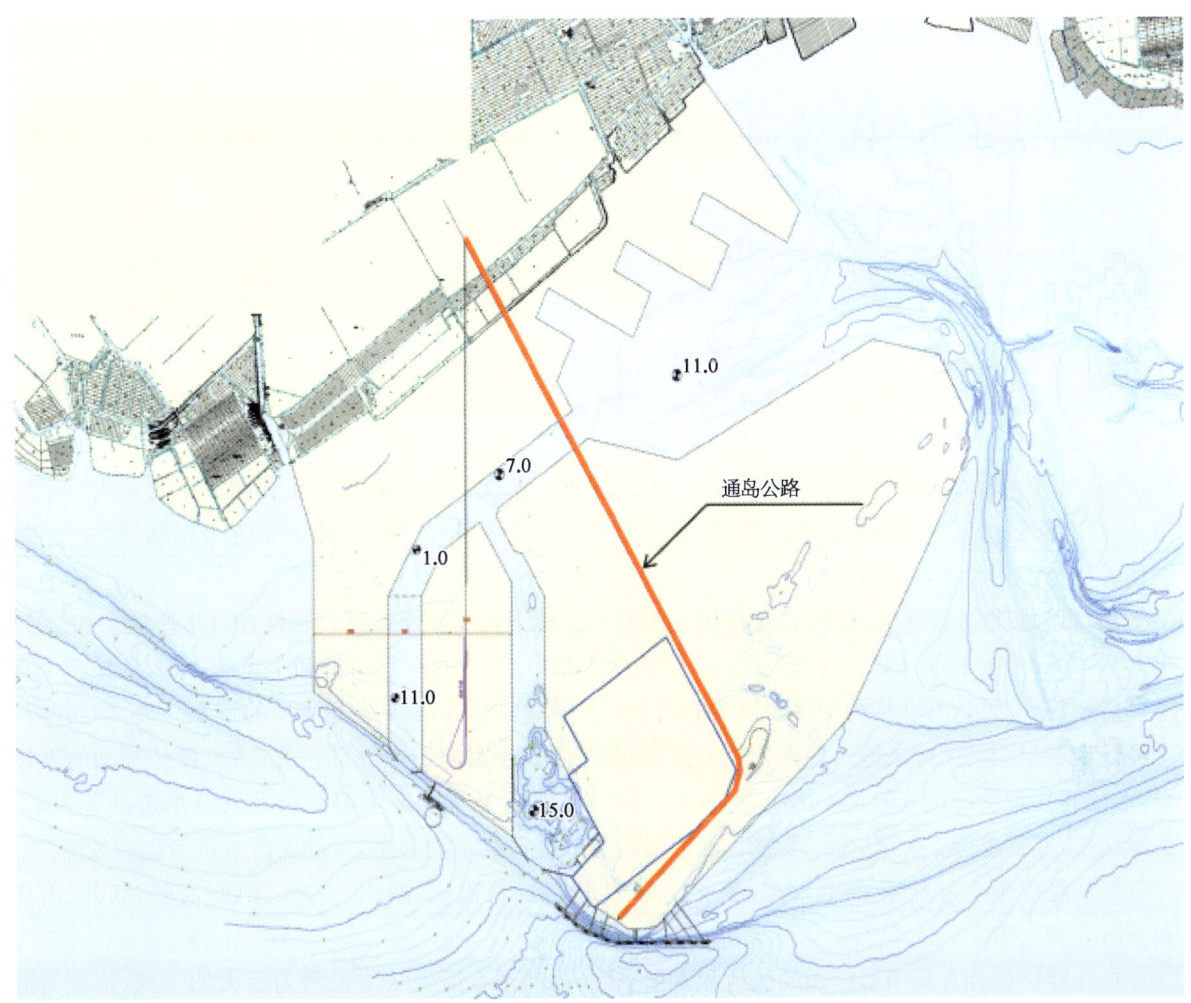

图 2-15　曹妃甸通岛公路示意

(4) 天津港疏浚土全部上滩利用，既节约了成本又净化了环境。天津港是世界首例在淤泥质海滩建成的深水大港，也是有效利用疏浚土的成功案例。在淤泥质海滩上进行港口建设，开挖航道往往受困于泥沙回淤量过大而难以维护。天津港采用疏浚土全部上滩用于围垦造陆的方式，既节约了大量的造陆成本，同时也消除了因疏浚土抛弃造成航道的二次回淤，不仅降低了航道维护成本，更为逐步增深航道创造了条件。20 世纪 80 年代，天津港的航道水深仅 11 m，到 90 年代增至 12 m，目前，主航道水深已达 21 m。随着航道疏浚和滩涂围垦的不断推进，天津港水体悬浮泥沙大量减少，水质得到极大改善，南港工业区新建码头外侧水体清澈，有大量水母聚集。

(5) 有序地推进生态建设，滩涂开发可达到人与自然和谐共赢的效果。滩涂区域的开发受原有设施限制较少，在建设时便于进行全面的生态布局，包括进行区域生态建设、廊道生态建设、城区的绿化建设等。同时新建企业往往通过引进先进技术、设备，降低企业对周边环境的影响，提升区域环境的自我协调能力。如天津滨海新区新建湿地生态区域达 500 km^2，规划至 2020 年实现城区绿化覆盖率不小于 45%，绿地率不小于 38%，人均公共绿地面积在 12 m^2 以上。其中，大片原始的盐碱地、化工污染区得到生态修复，改造成一个个生态公园。如塘沽森林公园、紫云公园均已将昔日的盐碱荒地变成生机勃勃的生态公园；临港湿地公园采用国际先进的生态技术手段，构建有效的湿地生态链，实现了工业污水深度处理和水资源的高效循环利用；中新天津生态城不仅改变了原始环境脆弱、土地污染和盐化严重的状态，还通过一系列生态环保节能技术应用，成为国家首批可再生能源建筑应用示范区，太阳能、风电、地源热泵等能源技术遍布全域。

2.3 上海城市发展空间和深水新港建设的必要性

1) 适应国家长江经济带发展战略的新需求，船舶运输货物实现江海直接转运，提升上海为国家战略服务的能力

长江流域是中国最大的东西向经济走廊，这一地区水资源丰富，通江达海，交通便利，工业基础雄厚，商品经济发达，劳动力素质好，具有极大的发展潜力。

习近平总书记 2014 年 5 月在参加亚信上海峰会后考察上海时强调指出：上海作为全国最大的经济中心城市，在国家发展大局中占有重要位置，要抓住机遇，锐意进取，继续当好全国改革开放排头兵，科学发展先行者，不断提高城市核心竞争力。发挥上海在长三角地区合作和交流中的龙头带动作用，既是上海自身发展的需要，也是中央赋予上海的一项重要使命。要按照国家统一规划、统一部署，推动长江经济带建设等国家战略，努力促进长三角地区率先发展，一体化发展。

李克强总理 2014 年 4 月 28 日在重庆主持召开研究依托黄金水道建设长江经济带座谈会和 2014 年 9 月 19 日考察上海自贸区时强调指出：长江横贯东中西，连接东部沿海和广袤的内陆，依托黄金水道打造新的经济带，有独特的优势和巨大的潜力。长三角地区是我国经济增长的重要一极，中西部具有经济发展最大的回旋余地。建设长江经济带，就是要构建沿海与中西部相互支撑、良性互动的新棋局，形成直接带动超过五分之一国土，约 6 亿人的强大发展新动力。上海是长江黄金水道的龙头，龙头舞起来，龙身才能摆起来，上海要把长江沿线的内陆港口都带动起来，带动长江经济带加速发展。

长江经济带东起上海、西至云南，涉及云南、四川、贵州、重庆、湖北、湖南、江西、安徽、江苏、浙江和上海九省二市。

长江经济带拥有我国最广阔的腹地和发展空间，是我国今后经济增长潜力最大的区域，将成为继中国沿海经济带之后最有活力的经济带，战略意义重大而深远。认真贯彻落实党中央、国务院关于建

设长江经济带的国家战略和重大决策部署,对有效扩大内需、促进经济稳定增长、调整区域结构、实现中国经济升级具有重要意义。

上海港位于我国海岸线中部与长江入海口的交汇点,面向太平洋,背靠 180 万 km^2 的长江流域,具有对内、对外双向辐射的功能,是江海联运的重要枢纽,也是长江流域对外贸易的门户。随着我国产业布局正逐渐从沿海向长江中上游等中西部内陆地区进行梯度转移,长江黄金水道的航运功能将更加凸显,作为长江流域门户的上海港,应肩负起更为重要的实现货物江海直接中转联运的枢纽港的作用。

上海港是长江流域货物中转的重要门户,其集装箱水水中转比重由 2005 年的 26.9% 上升到 2013 年的 46.6%。随着国际集装箱运输船舶日趋大型化,目前满载 6 000 TEU 以上的集装箱船舶在上海港只能停靠洋山港区作业,而长江内河船舶由于受航区的限制,不能出海停靠洋山港区,因此,目前上海港大部分集装箱是通过外高桥港区与洋山港区间的"穿梭巴士"进行二次中转,长江流域的铁矿石等大宗散货则需要经过二次或三次中转。由此加大了港口作业成本,使上海港丧失了长江河口港应有的低成本优势。而课题研究的在新横沙规划建设的上海(横沙)深水新港处于长江河口的江海连接处,江船与海船的中转衔接可一次完成,这是上海(横沙)深水新港的独特优势,长三角地区的其他港口(包括上海的外高桥港区和洋山港区)都不具备这一条件,因此,上海(横沙)深水新港的江海直接中转联运功能是其他港口都无法取代的。

根据党中央、国务院提出在长江经济带建设中要进一步挖掘长江黄金水道的货运量潜力,更加注重发挥水运成本低、能耗少的竞争优势的要求,在新横沙规划建设上海(横沙)深水新港,以充分发挥上海港的江海中转枢纽的优势,肩负起上海在长江经济带的龙头作用,最大限度地带动长江沿线内陆港口的发展和降低长江黄金水道的运输成本,提升长江经济带的出口加工制造业在全球的竞争能力,带动国家长江经济带发展战略的加速发展。

2) 拓展上海城市发展新空间,收获上海自贸区成功的红利

上海目前的人口规模已远远超过《上海市城市总体规划(2009—2020)》确定的 2020 年规划控制指标,建设用地指标也已接近《上海市土地利用总体规划(2006—2020)》确定的 2020 年规划控制指标。城市人口的高速增长和异常局促的城市空间严重制约上海城市的整体发展,这对上海城市要发展成为具有全球资源配置能力、较强国际竞争力和影响的全球性国际大都市是巨大的挑战。而横沙的成陆开发能够为上海新增 480 km^2 的土地(相当于当年浦东新区开发开放时的地域面积),能够在很大程度上缓解上海发展空间不足的矛盾,十分有利于上海城市布局的调整和产业结构的调整升级,提升城市的发展水平,促进上海经济发展的新飞跃。

建立上海自贸区是国家在新形势下推进改革开放的国家战略和重大举措,也是上海推动创新驱动发展的重要机遇。

习近平总书记 2014 年 10 月 27 日在中央全面深化改革领导小组第六次会议上强调指出:"上海自由贸易试验区取得的经验,是我们在这块试验田上试验培育出的种子,要把这些种子在更大范围内播种扩散,尽快开花结果,对试验取得的可复制可推广的经验,能在其他地区推广要尽快推广,能在全国推广的要推广到全国。"

推动上海自贸区建设,其核心是加强制度机制创新和转变政府职能,形成与国际投资贸易通行规则相衔接的基本制度框架。重点是推进投资管理制度改革,及时修订负面清单;创新贸易监管制度,建立货物状态分类监管模式,促进内外贸一体化;深化金融开放创新,在风险可控前提下,落实人民币跨境使用,人民币资本项目可兑换、利率市场化和外汇管理等领域改革试点,促进实体经济发展;推进服务业扩大开放,力争总体方案确定的开放措施全部落地,促进上海自贸区和上海"四个中心"联动发展;构建事中事后监管的基

本制度；建立专利、商标、版权管理合一的知识产权保护机制；完善法制保障，推动制定上海自贸区条例。

上海自贸区2013年9月底开始运作，通过改革创新的试验，取得可复制可推广的经验推广到全国，同时上海自贸区的建立和运行，也将加快推动上海地区的贸易、产业、金融和消费升级，有利于促进上海经济的发展，更好地为长三角地区、长江流域的经济发展服务。

（1）上海自贸区的发展需要上海（横沙）深水新港的支撑。新加坡是著名的国际航运中心，其取得成功得益于国际集装箱中转枢纽港的地位和实行自由港政策。如何使上海自贸区的政策利好充分转化为更大的实际效益，根据国际上的成功经验，需要建设深水大港和广阔的陆地与之相匹配。本课题研究规划的上海（横沙）深水新港地处四面环水的新横沙，十分有利于开展国际集装箱等货物的国际中转和江海中转业务，完全有条件将上海（横沙）深水新港打造成为东北亚物流中心和类似香港的自由港，若上海自贸区的范围能够扩展至新横沙，则可以充分利用港口的优势，更好地促进上海自贸区的全面发展，形成自贸区与港口的互为依存、互促发展的良好局面。

（2）新横沙的形成与上海（横沙）深水新港建设可为上海自贸区发展提供新空间。新横沙的开发为上海自贸区发展提供了新的土地空间优势。根据上海自贸区关于航运发展的要求，可以在新横沙大力发展船舶交易、船舶管理、航运经纪、航运咨询、船舶技术等各类航运服务机构，拓展航运服务产业链，延伸发展现代物流等关联产业，不断完善航运服务功能。同时，"一线放开，二线严格管住"的自由港政策将有利于吸引更多的加工、制造、贸易和仓储物流企业在上海自贸区内集聚。目前在上海自贸区内注册成立的企业快速增加，这标志着对上海自贸区的土地空间有着更大的需求。由于新横沙拥有大量的新生土地，可满足上述航运业、制造业、贸易业和仓储物流业在上海自贸区内集聚的空间要求，由此也会支撑金融业的发展，形成良性循环，实现上海自贸区建设的全面发展。

3）使上海港进一步适应航运船舶大型化趋势，推动上海国际航运中心迈向更高能级的新发展

国际航运船舶大型化趋势发展明显、快速。马士基航运近期计划订造20艘1.8万TEU集装箱船，该类集装箱船长400 m，宽59 m，满载吃水16.36 m，设计装载能力1.8万TEU。马士基航运已斥资约19亿美元，向韩国大宇造船海洋株式会社订造10艘1.8万TEU集装箱船舶，目前有7艘已投入营运。马士基航运的1.8万TEU集装箱船舶迈克凯尼穆勒号（Maersk Mc-Kinney Moller）已于2013年7月18日停靠上海港洋山港区（图2-16）。

图2-16 马士基航运1.8万TEU集装箱船舶停靠上海洋山港区

马士基航运正在酝酿设计建造 2.2 万 TEU 的超大型集装箱船,估计在 2017 年内投入使用。另外,中海集运订造的 5 艘 1.9 万 TEU 集装箱船已有 1 艘投入营运,其余 4 艘将在 2015 年出厂。阿拉伯航运和地中海航运各有 6 艘 1.8 万 TEU 集装箱船正在订造和租用。大船船队俱乐部近期船舶增加情况见表 2-1。

表 2-1 大船船队俱乐部近期船舶增加

班轮公司	大船船队
马士基航运	已交付 7 艘 1.8 万 TEU 船;13 艘在建
中海集运	5 艘 1.9 万 TEU 船在建
阿拉伯航运	6 艘 1.8 万 TEU 船在建
地中海航运	租入在建 6 艘 1.8 万 TEU 船
达飞轮船	3 艘 17 700 TEU 船在建;租入在建 3 艘 17 859 TEU 船

国际集装箱船舶大型化发展的主要动力在于超大型集装箱船产生的规模经济给船舶所有人带来了更低的运输成本。以马士基航运 3E 级 1.8 万 TEU 船型为例,马士基航运首席营运官 Morten H. Engelstoft 表示:"3E 级船舶理念中第一个 E 代表规模带来的经济性,就是说船舶一次能运 1.8 万 TEU 集装箱,载箱量大;第二个 E 代表能效,3E 级船舶与目前船队中能效最高的船舶比较,能耗降低约 20%;第三个 E 代表环境,由于能耗降低,碳排放相应也减少 20%。燃油是航运业最大的单项营运成本,集中力量降低油耗是目前有效控制航运成本的主要措施。就燃油消耗来说,3E 级船舶与行业中普通的 13 100 TEU 船型相比,能效提高了 35%,所以有助于船舶提高市场竞争力。"

随着班轮公司和班轮联盟不断追逐成本竞争优势,航运船舶进一步大型化是趋势,未来 1.8 万 TEU 及以上船舶的数量还将逐渐增多。目前上海洋山港区航道设计水深为 16.5 m,实际维护水深为 14.5~15.5 m,只有利用每日两次高潮(潮差为 2~3 m)才能满足 1.8 万 TEU 集装箱船舶满载进出港停靠的要求,但是,难以适应 2017 年将要投入营运的 2.2 万 TEU 及以上集装箱船满载进出港停靠的需要。船舶大型化对港口的码头泊位和航道的水深提出了新的要求(图 2-17)。

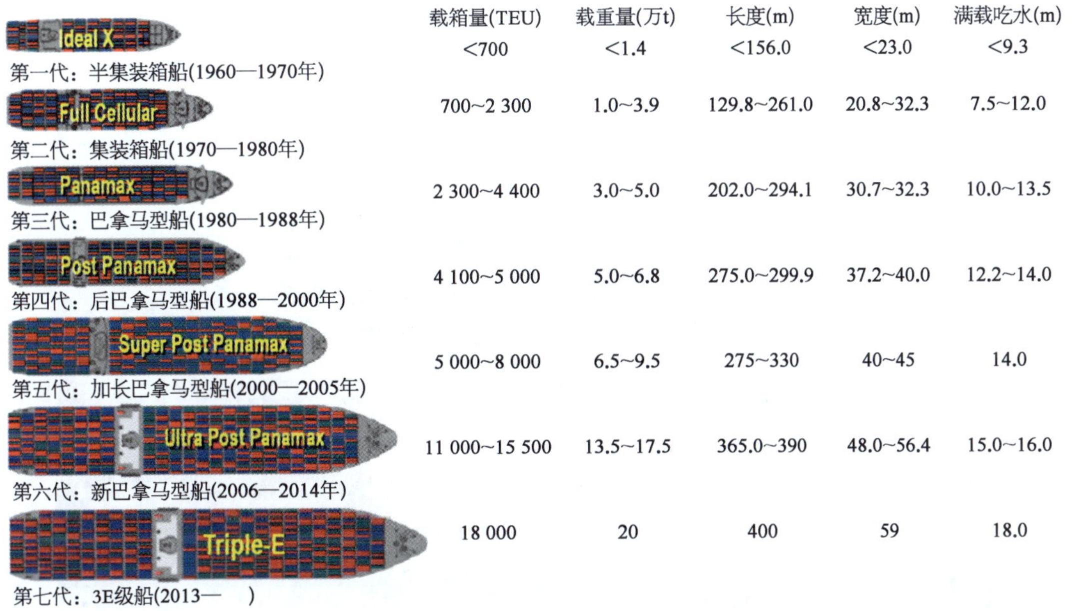

代别	载箱量(TEU)	载重量(万t)	长度(m)	宽度(m)	满载吃水(m)
第一代:半集装箱船(1960—1970年) Ideal X	<700	<1.4	<156.0	<23.0	<9.3
第二代:集装箱船(1970—1980年) Full Cellular	700~2 300	1.0~3.9	129.8~261.0	20.8~32.3	7.5~12.0
第三代:巴拿马型船(1980—1988年) Panamax	2 300~4 400	3.0~5.0	202.0~294.1	30.7~32.3	10.0~13.5
第四代:后巴拿马船(1988—2000年) Post Panamax	4 100~5 000	5.0~6.8	275.0~299.9	37.2~40.0	12.2~14.0
第五代:加长巴拿马型船(2000—2005年) Super Post Panamax	5 000~8 000	6.5~9.5	275~330	40~45	14.0
第六代:新巴拿马型船(2006—2014年) Ultra Post Panamax	11 000~15 500	13.5~17.5	365.0~390	48.0~56.4	15.0~16.0
第七代:3E级(2013—) Triple-E	18 000	20	400	59	18.0

图 2-17 国际集装箱船舶主要参数

国际集装箱万 TEU 级及以上船舶的主要参数见表 2-2 和表 2-3。

表 2-2 万 TEU 级集装箱船舶主要参数

船型 （万 TEU）	载箱量 （TEU）	载重量 （万 t）	长度 （m）	宽度 （m）	满载吃水 （m）
0.9	9 415	11.0	349.0	42.8	14.0
1.0	10 062	11.5	349.0	45.6	14.5
1.1	11 000	13.5	365.0	48.0	15.0
1.2	12 600	14.5	366.0	48.4	15.5
1.3	13 200	15.8	375.0	51.6	16.0
1.5	15 200	17.5	397.7	56.4	16.0

表 2-3 1.6 万～2.2 万 TEU 级集装箱船舶主要参数

船型 （万 TEU）	设计者	载重量 （万 t）	长度 （m）	宽度 （m）	满载吃水 （m）	主机类型
1.6	韩国三星	18	399	57	—	单机
1.8	韩国大宇	20	400	59	16.36	双螺旋桨、舵
2.2	韩国世腾	—	470	70	—	双主机

同样国际上大宗散杂货船舶大型化的趋势也十分明显。巴西淡水河谷矿业公司订造了 35 艘 40 万 t 级的矿砂船（满载吃水深度为 23 m）。2013 年 4 月 15 日巴西"淡水河谷-马来西亚"号停靠连云港（图 2-18）。

图 2-18 巴西淡水河谷矿业公司 40 万 t 散货船停靠连云港码头

超大型集装箱船舶投入运营,将引发洲际海运航线发生根本性变革。要保持洲际海运航线中的枢纽港地位,港口的航道与泊位水深条件必须满足超大型集装箱船舶的运营条件,同时具有量大、稳定的箱源,不具备水深条件的港口将降级为区域性航线港口。因此,在新横沙规划建设上海(横沙)深水新港,将上海港的核心港区建设在江海连接处的长江口,从根本上满足国际航运船舶大型化对港口(包括航道)的需求,发挥江海直转的优势,从而提升上海港的服务能级,推动上海国际航运中心向更高能级发展,为上海城市的持续繁荣与发展提供优势和支撑力,更好地为国家长江经济带发展战略服务。

2.4 横沙吹填成陆和深水新港战略实施的优势

上海众多的滩涂资源中,横沙两滩是一个集"区位、土地、航道、岸线、沙源"等优势资源于一体的区域。横沙两滩凭借其独特的地理位置,是上海难得的稀缺性资源,其开发利用具有诸多优势。

(1) 区位优势。新横沙位于长江出海口,扼我国海岸线与长江黄金水道的T形交点,通江达海。在此规划建设上海(横沙)深水新港,可以充分发挥其区位独特优势,实现江海直接中转联运。其又紧邻上海市本土,利用短距离隧道或桥梁连通后,即可直抵上海浦东和江苏省苏北地区(图2-19)。

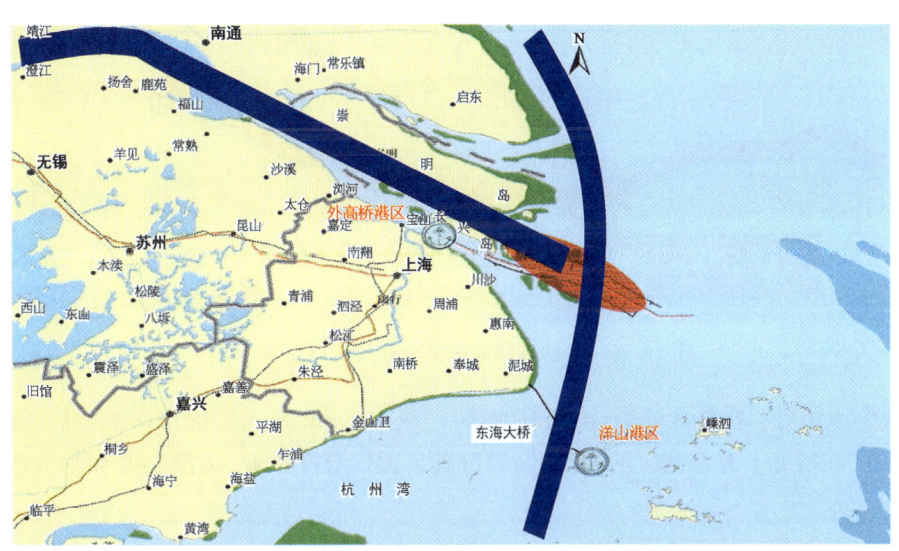

图2-19 横沙成陆战略实施区位优势示意

(2) 土地资源优势。目前,除横沙东滩已批准促淤圈围112 km²(已成陆17.3 km²)外,在其东侧的横沙浅滩约有296 km² 以及南侧坝田区72 km² 尚未进行吹填成陆,横沙两滩完成吹填后,最终可形成约480 km² 新生的土地资源,可用于上海产业的开发以及上海本土城市功能和布局的调整优化(图2-20)。

(3) 航道资源优势。横沙成陆后,南侧紧邻长江口深水航道,北侧紧靠长江口北港航道,东侧直接面向东海,与外海23 m水深的国际航路仅有十几千米距离,具备建设23 m超深航道的条件(图2-21)。

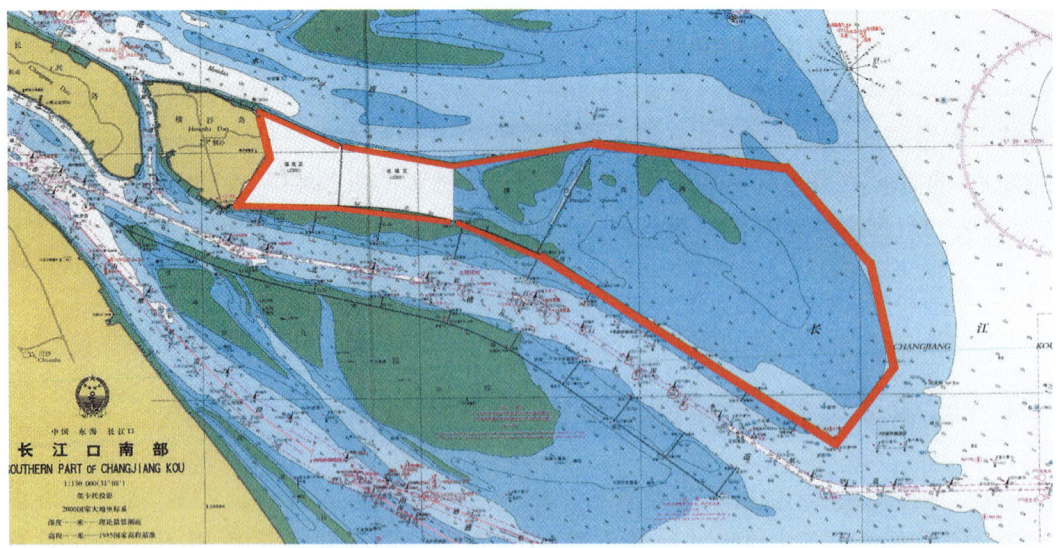

图 2-20　横沙成陆战略实施土地资源优势示意

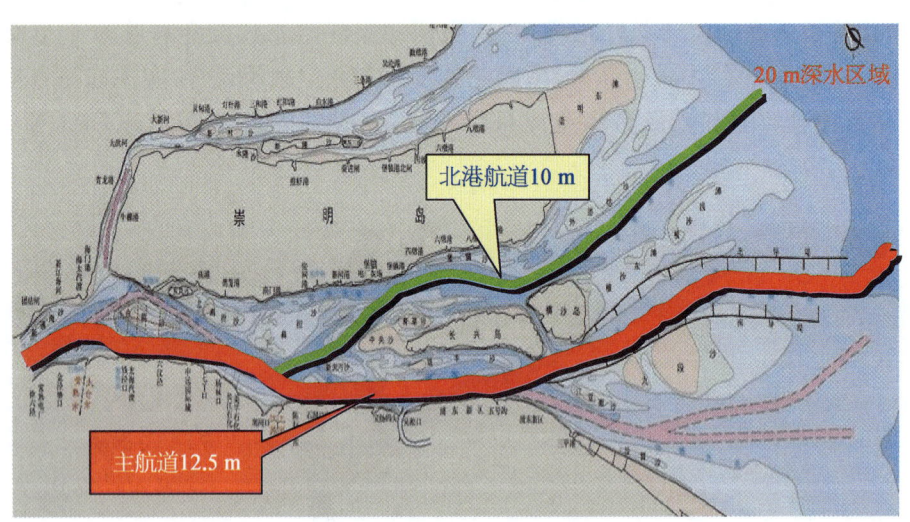

图 2-21　横沙成陆战略实施航道资源优势示意

（4）岸线资源优势。横沙成陆后，滨江临海，可形成 100 km 左右的深水岸线，具有规划建设大型深水港口的条件和拓展上海自贸区的空间，同时可满足现代海洋工业、临港工业和物流业等产业发展的需要（图 2-22）。

（5）泥沙资源优势。目前长江口深水航道等维护疏浚每年可产生疏浚土 0.8 亿～1 亿 m³。随着长江口北港航道和南槽航道的规划实施，也将有大量的基建和维护疏浚土。横沙两滩的吹填成陆工程可以就地取材，充分利用这些疏浚土上滩造陆，变废为宝，实现资源综合利用。这样既减少了疏浚土外运抛弃的运输费用，又节约了横沙新形成陆域的造地成本，同时也消除了疏浚土外抛而引起对生态环境的影响，一举多得。

（6）开发成本低。利用疏浚土吹填形成横沙新陆域，形成陆域的成本相对较低，土地形成后的开发既不占用农业用地，也不涉及动拆迁等问题，因此，横沙新陆域土地开发的成本远低于上海老城区的开发成本，开发的低成本优势明显。

横沙两滩的吹填成陆成本约为 35 元/m³（含疏浚费用和上滩费用），其中长江口深水航道维护疏

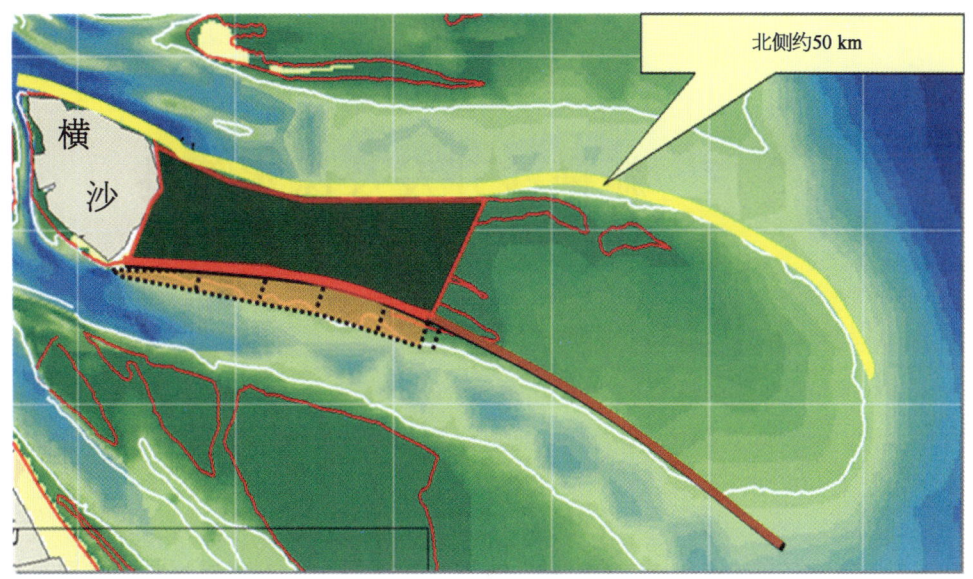

图 2-22 横沙成陆战略实施岸线资源优势示意

浚单价平均约 18 元/m^3,这部分费用现由国家财政支出,因此,对上海而言,横沙成陆开发实际仅需疏浚土的上滩费用约 15 元/m^3。

(7) 开发技术成熟。填海造地和在新成陆的土地上规划建设港口在国内外已积累了丰富的经验,完全可以利用国内成熟的开发技术和经验进行横沙的开发利用和深水新港的规划建设。

第 3 章　新横沙开发及深水新港建设的战略构想

3.1　战略构想的合规性

课题组对本课题研究与国家和地方政府颁发的相关规划进行了合规性分析,未发现有相悖之处,课题研究提出的战略构想以及相关的研究成果符合国家相关规划要求。

课题组研究的新横沙概念由横沙岛、横沙东滩、横沙浅滩以及南侧坝田区四部分共约 530 km² 组成(图 3-1)。

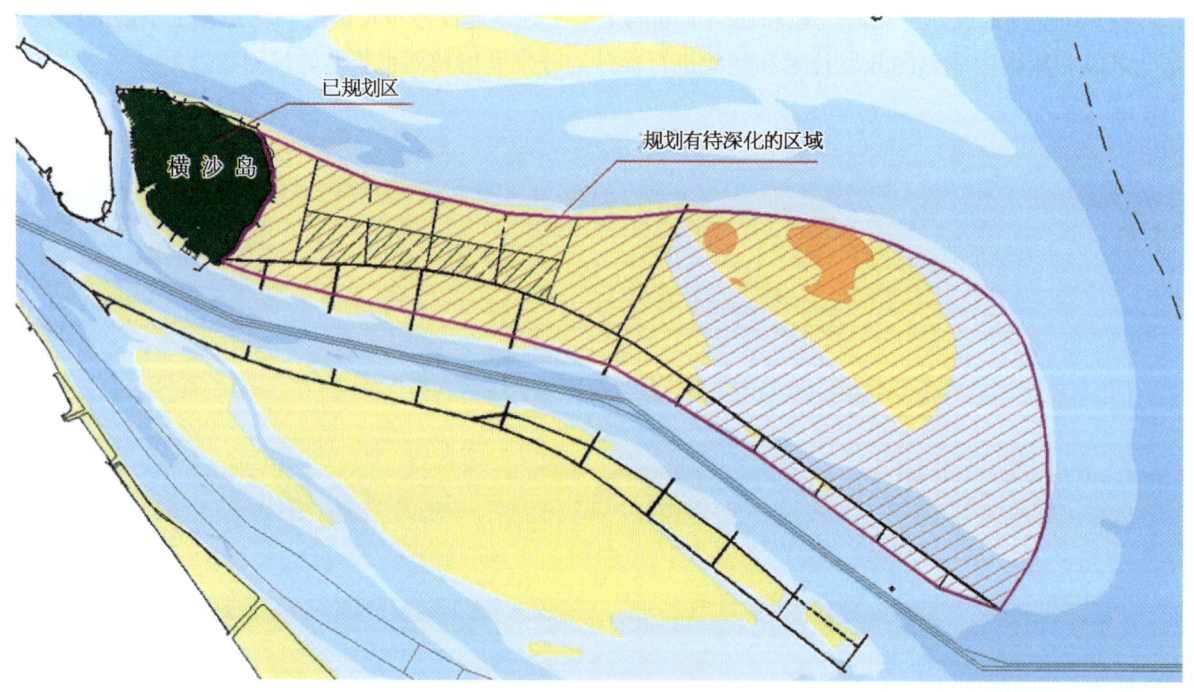

图 3-1　新横沙地域范围示意

经校核,课题组研究确定的横沙吹填成陆的边界范围和深水新港规划港区的边界范围都符合国务院 2008 年批准颁发的《长江口综合整治开发规划》(水规计〔2008〕88 号)的要求,这两项的边界范围都控制在《长江口综合整治开发规划》确定的治导线范围内。同时该规划认为:"随着横沙东滩的圈围以及北导堤的加高,将进一步切断北港和北槽的水沙交换,有利于北槽水深的增加。"因此,横沙两滩的吹填成陆不仅符合规划的要求,而且及早实施对保持和增加长江口深水航道的水深将产生积极的作用。

课题组提出的横沙成陆战略构想的功能区划与国务院国函〔2012〕183号文批复同意的《上海市海洋功能区划(2011—2020)》和水利部制定并即将颁发的《全国河口海岸滩涂开发治理管理规划》中对横沙本岛及两滩的功能定位要求基本相符。《全国河口海岸滩涂开发治理管理规划》中将横沙岛定义为生态岛；横沙东滩定义为开发利用区；横沙浅滩在其治理方案未明确前，定义为规划保留区。课题组在研究中将新横沙划分为三个功能区划，其中横沙岛为生态保护区，横沙东滩为生态农业区，横沙浅滩为港城发展区，各区域的功能定位与《全国河口海岸滩涂开发治理管理规划》相符。

上海市编制的《崇明三岛总体规划(2005—2020)》中将横沙岛定位为休闲度假岛，其功能定位主要涉及横沙岛 51 km² 范围，为此，课题组在研究确定新横沙的功能定位时把横沙本岛的功能仍保留为生态保护岛，本课题研究涉及的横沙两滩成陆和规划建设上海(横沙)深水新港至今未有相应的城市规划，建议在上海市新一轮规划中予以补充和完善。

3.2 横沙成陆战略构想

3.2.1 横沙岛概况

横沙岛是长江口三大岛屿之一，三面环江，一面临海，位于崇明岛东南的长江口，西邻长兴岛，与该岛水上相距 1 km，北邻崇明岛，西南邻浦东新区。横沙岛原属川沙县，1958 年划归宝山县(今宝山区)，2005 年 5 月 18 日起划入崇明县。人口 3.3 万，乡政府所在地为新民镇。横沙岛是长江下泄泥沙在口门附近形成的河口沙洲，后经不断沉积而露出水面成为冲积岛，于 1858 年成岛，1886 年起开始人工围垦，现岛长 30.6 km，面积为 51 km²。东侧为大型水下浅滩，称为横沙东滩和横沙浅滩，浅滩长 45 km，宽 4～11 km，滩涂面积约 480 km²。2003 年后开始实施促淤圈围工程，至 2013 年末已成陆 17.3 km²(2.6 万亩)，2014 年计划成陆 32.3 km²(4.85 万亩)，预计至 2014 年末可以成陆 49.6 km²(7.45 万亩)，成陆高程按农用地标准为＋3.0 m(吴淞零点，下同)。横沙五期(横沙大道)沿长江口深水航道的北导堤上段布设，总长 23 km，堤顶高程＋8.0 m。此外，横沙七期工程即将实施，其成陆面积 13.3 km²(2 万亩)，促淤面积为 15.2 km²(2.28 万亩)。

3.2.2 横沙成陆方案设想

课题组通过大量的研究分析和科学论证，对横沙成陆的范围、成陆高程的确定、成陆泥沙的来源、成陆需要的时限等提出了可操作的方案。

1) 横沙成陆的范围以 5 m 等深线为界

横沙吹填成陆区域的边界范围为：横沙东滩现有促淤圈围区域和横沙浅滩以及外侧 5 m 以浅区域。该区域范围内吹填成陆，可形成横沙新陆域土地面积约 480 km²(72 万亩)，其中横沙东滩 112 km²(17 万亩)、横沙浅滩 296 km²(44 万亩)、南侧坝田区 72 km²(11 万亩)。横沙吹填形成新陆域的范围如图 3-2 所示。

2) 横沙吹填成陆高程以＋5.5 m 为宜

课题组经过研究论证，横沙吹填成陆的高程以满足今后港城开发建设的需要为宜，吹填高程拟定为＋5.5 m。这样不仅有利于今后新横沙的开发利用，同时也可避免因一次吹填不到位，需要进行再次吹填提高陆域高程而增加造地成本。

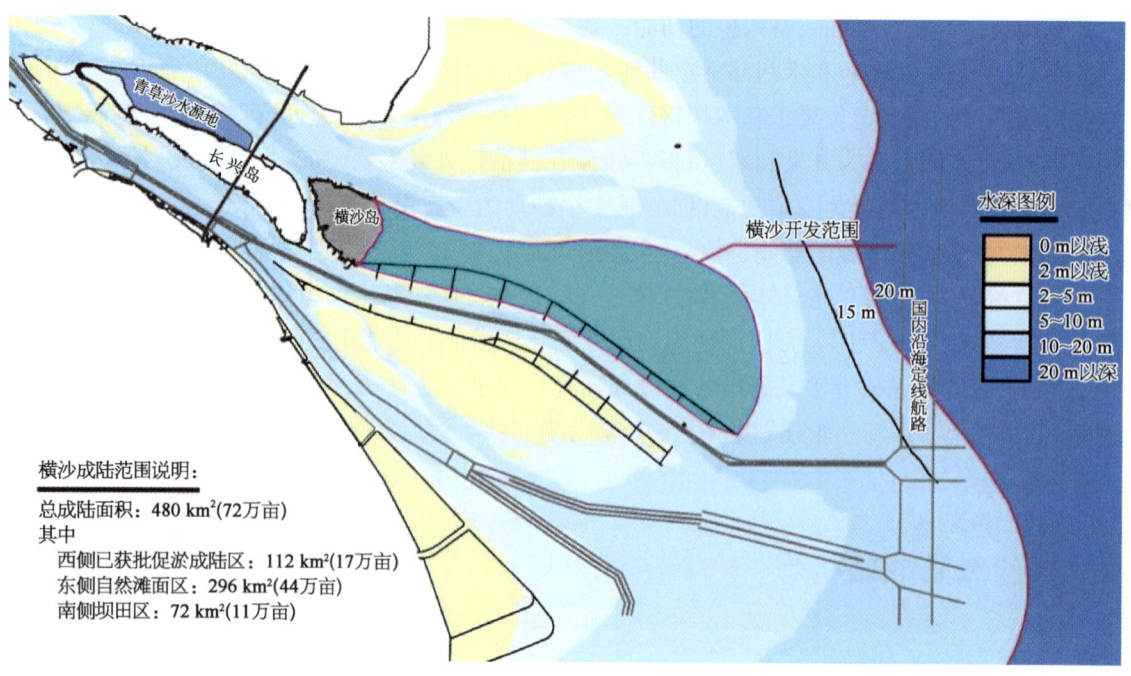

图 3-2　横沙新陆域范围示意

3）横沙成陆沙源应全部充分利用长江口疏浚土

横沙两滩处于长江口北槽和北港之间，可充分利用邻近的长江口深水航道、北港航道和南槽航道的疏浚土资源进行吹填成陆。

长江口北港航道和南槽航道根据国家相关的航道规划都将进行基建浚深，根据相关航道规划对长江口北港航道和南槽航道的尺度要求，估算这两个航道的基建疏浚土约 1.2 亿 m³（北港航道 7 000 万 m³、南槽航道 5 000 万 m³），这两个航道的每年维护疏浚量约 4 000 万 m³（北港航道和南槽航道各 2 000 万 m³）；长江口深水航道每年维护疏浚量约 8 000 万 m³。这样长江口航道共有基建疏浚土 1.2 亿 m³，每年有维护性疏浚土 1.2 亿 m³。

根据深水新港规划方案，深水新港规划港区的港池及支航道开挖工程量约 10.1 亿 m³，进港深水航道开挖工程量约 1.0 亿 m³，合计 11.1 亿 m³。

综上所述，长江口区域共计有工程性疏浚土 12.3 亿 m³，每年有维护疏浚土 1.2 亿 m³。

4）横沙吹填成陆全部利用长江口疏浚土可在 10~15 年内完成

横沙吹填成陆的标准按照城镇及工业用地标高＋5.5 m 进行测算，初步估计吹填成陆的容积方量约为 29.5 亿 m³。

深水新港的港池、进港深水航道、支航道等开挖工程量合计约 11.1 亿 m³，加上疏浚超挖量及施工回淤量，深水新港整个工程性疏浚量估计达 15 亿 m³，可以满足横沙吹填成陆所需要的土方量 29.5 亿 m³ 的 50%。

长江口北港航道和南槽航道的建设计划尚未最后确定，若实施后长江口航道每年可提供疏浚土 1.2 亿 m³，全部用于横沙吹填成陆，同时结合利用深水新港港池及航道疏浚进行吹填，横沙成陆将在 10~15 年内全部实现。

3.2.3　新横沙功能定位

课题组研究认为，新横沙的开发利用既要充分发挥新横沙的资源优势，同时又要符合国家和地方政府的规划要求,符合生态环境保护的要求。因此,新横沙的开发利用整体规划为三个功能区域:横沙本岛为生态保护区;横沙东滩为生态农业区;横沙浅滩为港城发展区。

实现新横沙战略构想的功能包括:上海国际航运中心的重要组成区、上海自贸区的拓展区、生态休闲宜居的海洋新城区和上海能源储备及交易基地区。

1) 成为上海国际航运中心的重要组成部分

深水新港要利用长江口战略要冲的优势,加快形成上海国际航运中心的重要组成部分。

目前上海能够利用的深水岸线资源也几近枯竭,吹填形成的新横沙将成为上海港口发展的内在潜力,是上海国际航运中心建设未来的希望,将成为进一步提升上海国际航运中心硬件建设的亮点。

深水新港建设成为上海国际航运中心的重要组成部分主要体现三个方面的功能:一是上海国际航运中心的战略性空间功能,新横沙作为上海稀缺的空间资源,广阔的土地资源将为上海国际航运中心未来发展提供战略储备;二是上海国际航运中心服务国际国内两个扇面纽带功能,深水新港位于长江出海口,对内通过长江黄金水道服务范围辐射长江经济带的九省二市,对外通过海运贸易面向广阔的国际市场;三是上海国际航运中心江海直接中转功能,目前上海港受地域位置的限制,无法做到江海货物直接进行中转联运,既费时又不经济,而深水新港建成后,可以利用其独特的区位优势进行江海货物的直接中转联运,提高上海港的对外服务能力,为提升上海国际航运中心能级创造条件,实现"接长江、优港口、强海运"的战略目标。

2) 成为上海自贸区的拓展区

新横沙要利用上海自贸区先行先试的优势,加快形成上海自贸区的拓展区。其优势主要体现在三个方面:一是新横沙紧邻上海自贸区,直接接受上海自贸区的辐射,既有利于上海自贸区的发展,也有利于加快新横沙的发展;二是新横沙四面环水与浦东隔江相望,具备天然的独立监管条件,更有利于成为上海自贸区的拓展区;三是深水新港成为上海国际航运中心的组成部分,自贸区与国际航运中心发展具有紧密的内在联系,相互依存、互促发展。新横沙成为上海自贸区的拓展区有利于提升上海自贸区的航运和贸易能级,新横沙广阔的土地资源又有利于上海自贸区的全面发展。

3) 成为生态休闲宜居的海洋新城

新横沙要充分利用生态和环境优势,加快形成与上海国际大都市功能相适应的生态休闲宜居的海洋新城。新横沙形成生态休闲宜居的海洋新城主要体现三个方面的要求:一是体现受到严格保护的生态要求,新横沙应按照绿色发展、生态发展、低碳发展的要求建港造城;二是体现绿色发展的产业要求,新横沙将按照形成以服务经济为主的产业结构的发展方针,发展清洁型的高端装备和新兴产业,努力形成生态友好的产业链;三是体现休闲健康的生活要求,充分发挥新横沙生态和环境优势,积极营造轻松惬意、生态健康的慢生活模式,为市民提供身心休憩的休闲度假空间。使未来的新横沙不仅是长江出海口的重要产业载体,也是吸引周边居民实现安居乐业、宜业宜居的新城。

4) 成为上海能源储备及交易基地

新横沙要利用土地资源优势,加快建成上海能源储备及交易基地。目前上海适宜建设能源储备基地的岸线资源基本用尽,但根据上海市域内能源储备基地建设的要求,仍需要建设集装卸、储存、水路发运于一体的大型多功能、全方位的能源储运库区。新横沙可以利用土地和岸线资源优势,在生态和环境受到保护的前提下,建设适量的能源储备基地,尤其是以天然气为主的清洁能源,为上海能源储备和安全供应提供可靠的保障。

新横沙可以依托上海国际航运中心和上海自贸区的功能优势，集聚或建设包括国家天然气交易中心等新能源、石油、天然气等战略能源交易平台，打造上海乃至全国的能源基地。

3.3 功能区划战略构想

课题组通过对上海市产业结构和产业布局调整以及新产业发展要求的调研，认为新横沙的功能区划战略构想主要构建国际物流港区、现代临港工业区、生态农业区、海军基地区和海洋新城区等。新横沙的战略构想方案根据深水新港规划港区的不同布局有两个方案。

1）战略构想

（1）国际物流港区：深水新港、江海联运中心、物流仓储中心等。

（2）现代临港工业区：能源设备、运输装备（飞机、船用、汽车）、海洋工业、军用工业等。

（3）生态农业区：生态城镇、生态园、生态湿地、生态农庄等。

（4）海军基地区：机场、军港等。

（5）海洋新城区：科技研发区、生态居住区、生活区、休闲区等。

2）战略构想方案

新横沙的战略构想根据深水新港规划港区的不同布局有两个方案。

（1）功能区划战略构想中深水新港的规划港区布置在新横沙东南侧方案（南方案），如图3-3所示。新横沙功能区划战略构想（南方案）分区面积见表3-1。

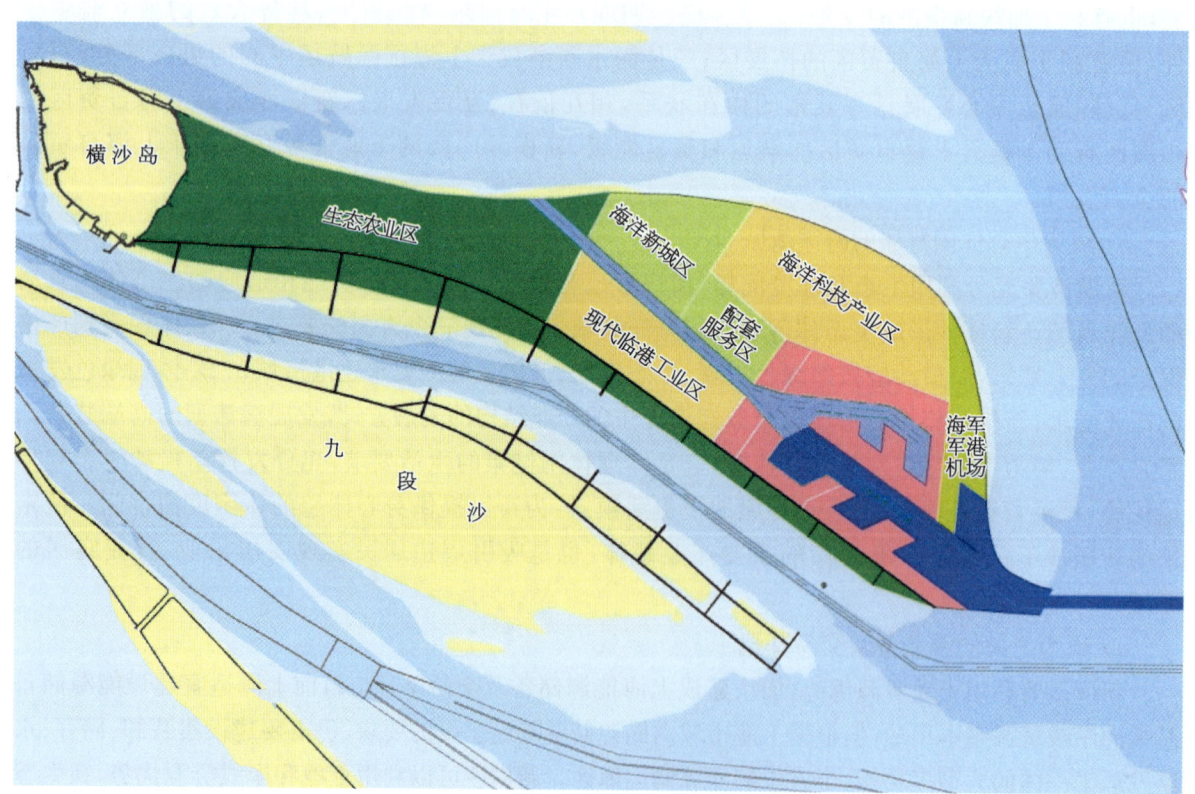

图3-3 新横沙功能区划战略构想（南方案）

表 3-1　新横沙功能区划战略构想(南方案)分区面积

分　　区				面积(km²)
横沙本岛				51
生态农业区				168
港城发展区				311
包　括	海洋新城区			34
	现代临港工业区			41
	海洋科技产业区			72
	配套服务区			16
	港　区			115
	其　中	陆　域		61
		水　域		54
	军港、机场			23
	其　中	陆　域		17
		水　域		6
	运　河			10
合　计				530

（2）功能区划战略构想中深水新港的规划港区布置在新横沙东北侧方案（北方案），如图 3-4 所示。

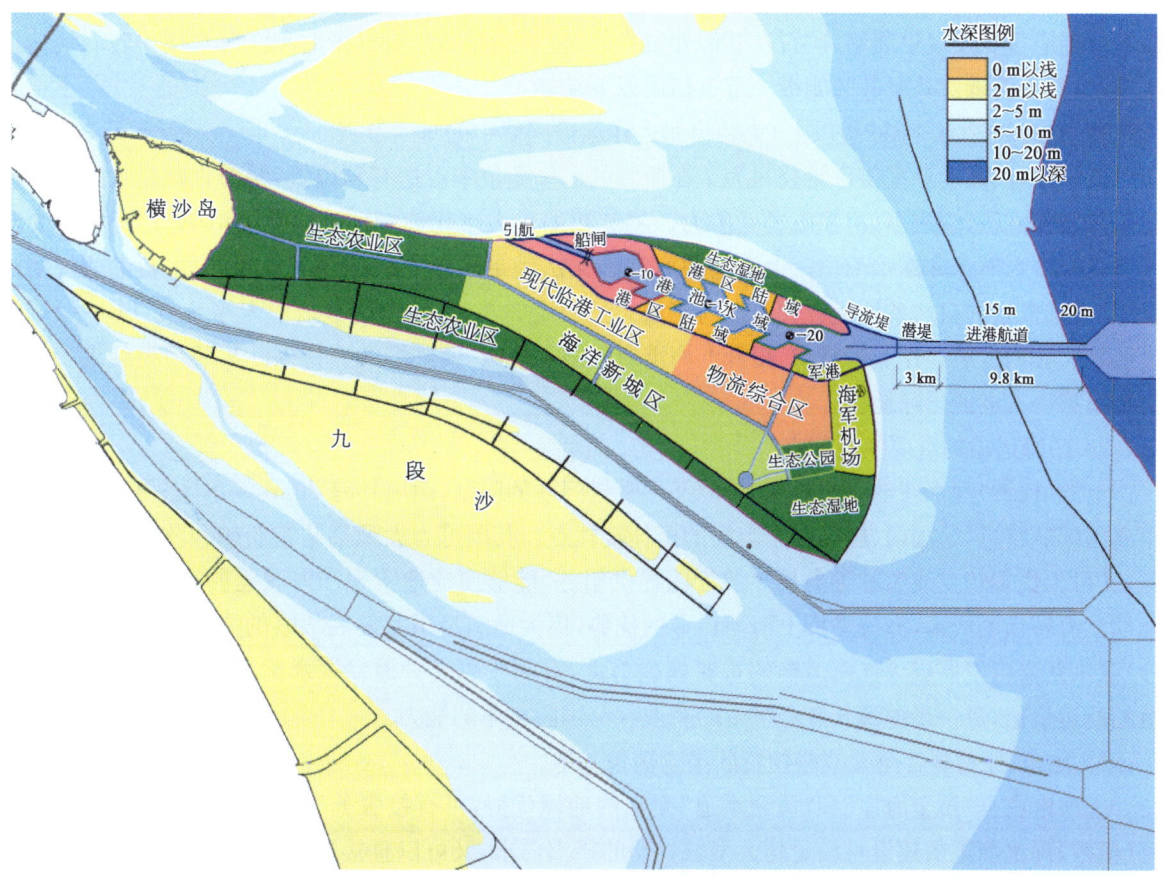

图 3-4　新横沙功能区划战略构想(北方案)

新横沙功能区划战略构想(北方案)分区面积表见表 3-2。

表 3-2 新横沙功能区划战略构想(北方案)分区面积

分　　区	面积(km²)	分　　区	面积(km²)
港　　区	96	生态农业区	195
现代临港工业区	40	海军基地	18
物流综合区	41	河道水系	15
海洋新城区	75		

3.4 深水新港战略构想

课题组经过大量的研究分析和科学论证,认为上海(横沙)深水新港的功能定位和规划建设要根据国家长江经济带建设和上海自贸区建设的发展战略对上海港发展提出的新要求,要顺应国际航运发展趋势以及适应长江干线航道和沿线港口发展规划,结合上海港自身发展和其他周边港口发展,并充分发挥新横沙的资源优势情况后予以确定。

3.4.1 上海(横沙)深水新港的功能定位

为充分利用新横沙的自然条件优势,突破上海港发展瓶颈,适应国际航运发展趋势,上海(横沙)深水新港应重点发展集装箱、矿石及其他外贸货物,成为国际集装箱枢纽港和江海直接中转联运的枢纽港,提升上海港对外服务的能级。重点拓展以下功能:

1) 超大型(2万 TEU 级以上)集装箱船远洋运输网络中的重要节点

近年来,国际上各主要班轮公司为了在激烈的市场竞争中占据有利位置,纷纷订购超大型集装箱船舶,借此降低运输成本,增强市场竞争力。集装箱船舶大型化伴随而来的是港口码头大型化,要求港口具有深水航道和深水泊位。上海港现有港区无法满足这种要求,上海(横沙)深水新港的规划建设,凭借其良好的自然条件优势和腹地内流量大且稳定的箱源,完全能够适应未来 2 万 TEU 级以上集装箱船靠泊及装卸作业的需求,提升上海港对外服务能级,使其继续保持国际集装箱枢纽港和世界集装箱第一大港的国际地位。

2) 江海运输的重要换装节点

上海(横沙)深水新港位于长江口,但又不受拦门沙的限制,距离外海 23 m 深水区只有十几千米,距离国际航路近,是国内、国际两个市场的极佳接轨点。其既可为大型集装箱船舶和散货船舶提供服务,又可为集装箱支线船和各类长江散货船提供服务,能够便捷地实现江海联运的零距离对接,大大降低江海转运的成本,充分发挥上海河口港的优势,极大地满足国家发展战略的需求。因此,上海(横沙)深水新港可发展成为江海运输的重要换装节点,有利于更充分地发挥水运优势,提升长江黄金水道的航运价值,进一步提高长江经济带的企业参与国际竞争的能力。

3) 能源、原材料等重要战略物资的国家储备基地

上海港占据"黄金海岸"和"黄金水道"交汇的地域优势,可直接服务于长江沿线和沿海地区。上海(横沙)深水新港的建设可满足超大型散货船的靠泊需求,又可以直接进行江海中转,后方广阔的陆域可建设能源、原材料等重要战略物资的国家或地方储备基地,更好地为长三角地区和长江流域的经

济发展服务。

3.4.2 上海(横沙)深水新港吞吐量发展预测

根据上海(横沙)深水新港的功能定位和腹地经济社会发展的需求,上海(横沙)深水新港货物吞吐量的主要货类为集装箱、石油、天然气及制品、金属矿石和煤炭等。

考虑到上海(横沙)深水新港的规划建设对腹地货运量产生较强的诱发作用,基于上海港历年货物吞吐量的趋势外推算法不适用于此类新港的吞吐量预测,因此,本预测不再对上海港总货物吞吐量进行预测,而是直接分高、中、低方案分货类预测上海(横沙)深水新港的货物吞吐量。预测水平年为 2030 年、2040 年,预测结果见表 3-3。

表 3-3　上海(横沙)深水新港 2030 年、2040 年主要货种吞吐量预测汇总

序号	货　　种	2030 年			2040 年		
		高方案	中方案	低方案	高方案	中方案	低方案
	合计 (万 TEU/万 t)	3 100/20 600	2 150/16 000	1 650/11 700	4 700/26 700	3 500/21 500	2 750/19 700
1	集装箱(万 TEU)	3 100	2 150	1 650	4 700	3 500	2 750
2	煤炭(万 t)	7 000	5 800	4 500	8 500	7 300	6 000
3	石化及制品 (万 t)	4 700	3 600	2 200	6 200	5 000	3 600
4	铁矿石(万 t)	9 000	6 600	5 000	12 000	9 200	7 100

3.4.3 深水新港的规划港区布局方案

课题组在对上海(横沙)深水新港的规划港区布局经过多方案的比选后确定了两个方案:一个方案是将深水新港的规划港区布置在新横沙的东南侧(南方案),并有人工运河供内河船舶运行;另一个方案是将深水新港的规划港区布置在新横沙的东北侧(北方案),没有人工运河。

1) 深水新港布置方案(南方案)

上海(横沙)深水新港的规划港布设在新横沙的东南侧,规划港区面积 115 km^2,占新横沙总面积的 22%,由挖入式港池、人工运河和外航道组成(图 3-5)。

(1) 挖入式港池。规划港总面积 115 km^2,其中港区陆域面积 61 km^2,港池水域面积 54 km^2;规划港区分为南北两大区域:南侧为大型船舶区,岸线总长 31 km,可布置 50 个深水泊位,满足超大型集装箱船舶和大型散杂货船舶的运营需求,北侧为中、小型船舶区,岸线总长 21 km,可布置 140 个中、小船舶泊位,主要满足 1 万 t 级以下海船和 5 000 t 级以下江船的运营需求。

(2) 人工运河。规划港区西侧开挖人工运河,布设 7.5 m 水深航道与长江口北港航道相连。根据《海港总平面设计规范》(JTJ 211—1999),人工运河满足各等级船舶所需的尺度见表 3-4。

(3) 外航道。规划港区东侧口门外开挖建设 23 m 外航道与外海国际航路相连。

① 航道深度。目前 1.8 万 TEU 集装箱船满载吃水达 16.5 m,需要航道通航水深在 19 m 左右,未来 2.2 万 TEU 集装箱船吃水还将进一步增加。在国际航运中,苏伊士运河是连通欧亚非三大洲的主要国际海运航道,也是国际海运发展中的咽喉,其运河深度 22.5 m。据此分析,深水新港外航道的设计水深为 23 m(利用潮差),满足国际航运发展的需求。

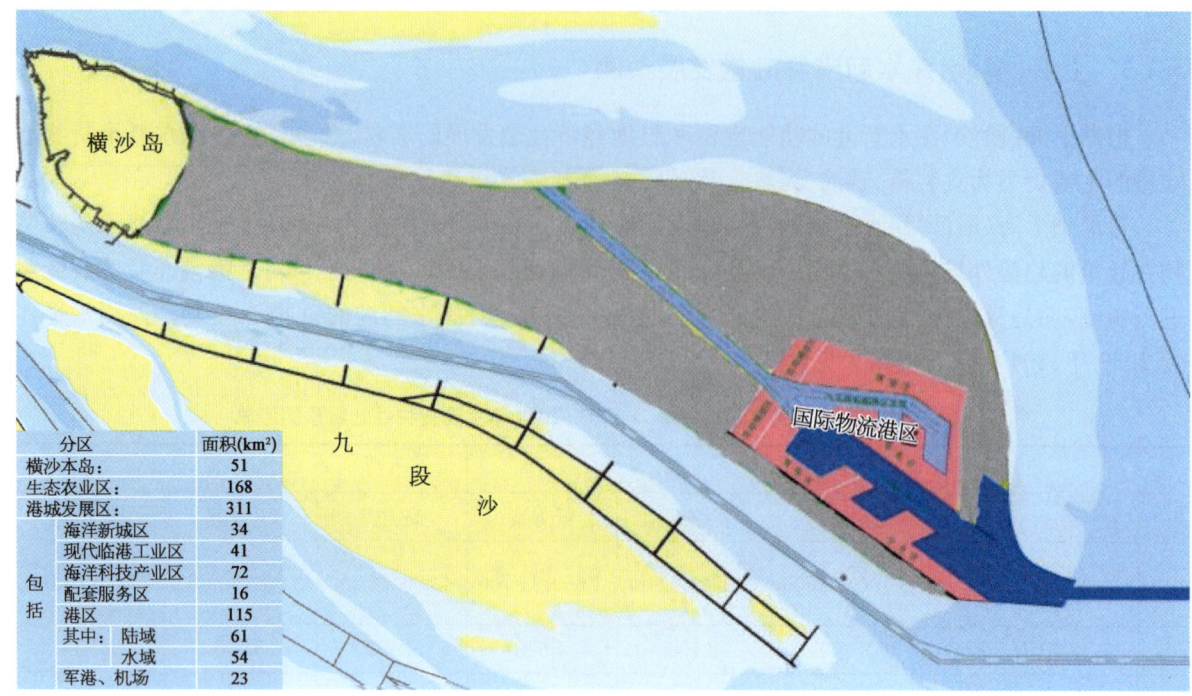

图 3-5 深水新港布置示意（南方案）

表 3-4 深水新港人工运河尺度

对接情况	计算船型	航道设计宽度(m)	航道设计深度(m)
5万t级航道 与北槽12.5 m深水主航道对接	5万t级散货船	260	12.5
	5万t级集装箱		
3万t级航道 与北港10 m航道对接	3.5万t级散货船	250	10
	3万t级集装箱		
5 000 t级航道 与内河船舶允许航区对接	一顶一船队5 000 t级货船	150	6.0
	4 000 t级内河散货船		

② 航道宽度。根据《海港总平面设计规范》，深水新港外航道宽度取 500 m，10万t级及以下船舶满足双向通航，10万t级以上船舶采用单向通航（表 3-5）。

表 3-5 外航道宽度计算

船舶等级	船型参数				航道参数							
DWT (万t)	总长 (m)	型宽 (m)	型深 (m)	满载吃水(m)	γ (°)	n	c (m)	b (m)	L (m)	A (m)	$W_{单向}$ (m)	$W_{双向}$ (m)
20	399	59	30.3	16	14	1.45	44.3	59	399	226	314	599
15	398	56.4	30.2	16	14	1.45	42.3	56.4	398	221	306	584
10	346	45.6	24.8	14.5	14	1.45	34.2	45.6	346	187	256	489
7	300	40.3	24.3	14	14	1.45	30.2	40.3	300	164	224	428
5	293	32.3	21.8	13	14	1.45	24.2	32.3	293	150	198	380

深水新港布置(南方案)的技术指标见表3-6。

表3-6 深水新港布置(南方案)主要技术指标

序号	项 目	岸线(m)	陆域面积(万 m²)	规划期内通过能力
码头区	码头区合计	45 400	3 260	46 000 万 t
	集装箱作业区	17 800	1 360	3 500 万 TEU
	液散作业区	2 500	200	5 000 万 t
	通用作业区	10 800	860	6 000 万 t
	预留发展区	14 300	840	—
管理辅建区		2 900	900	
总 计		48 400	4 160	

2) 深水新港布置方案(北方案)

上海(横沙)深水新港布设在新横沙东北侧,规划港区由挖入式港池和外航道等组成。规划港区面积 96 km²,为新横沙总面积的 18%,其中港区陆域面积 57 km²,港池水域面积 39 km²;采用挖入式港池平面布置,码头岸线为 39 km,可布置 100 个码头泊位;规划港区的东端通过外航道(航道有效底宽 800 m,底高程-23 m)与外海相连,西端通过船闸与长江口北港水道相连,使长江驳船与外海超大型船舶在港池内直接进行江海联运对接(图 3-6)。

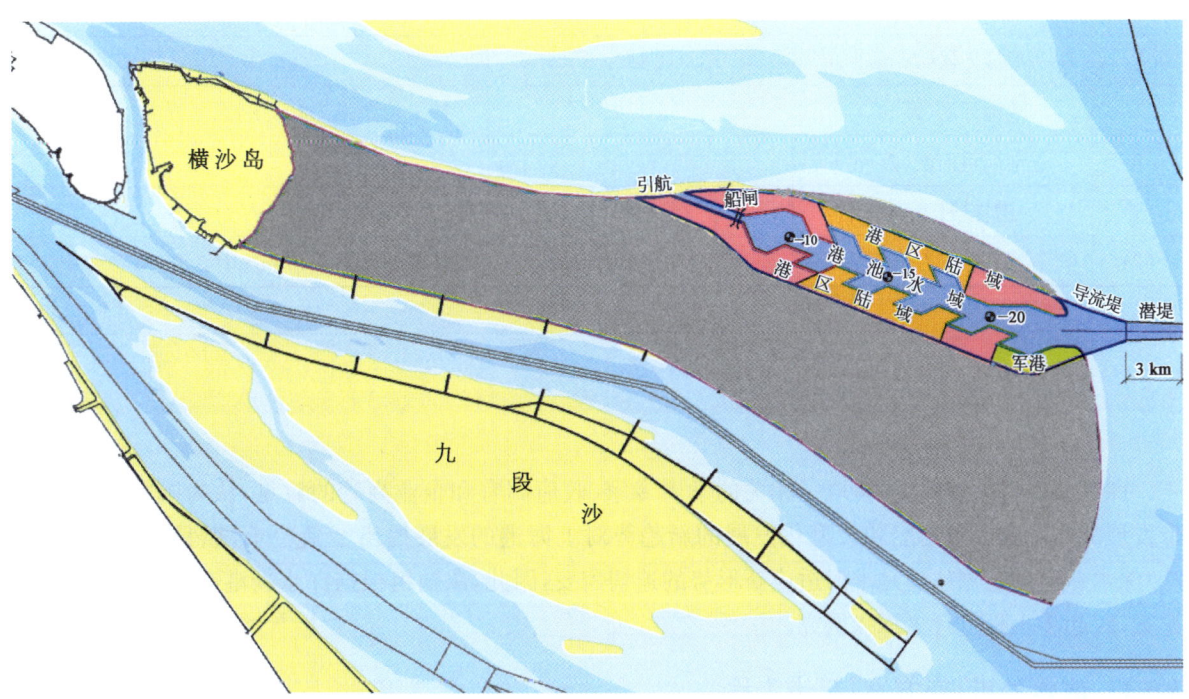

图 3-6 深水新港布置示意(北方案)

深水新港布置(北方案)的技术指标见表 3-7。

表 3-7 规划方案一览表

序号	项目名称	数量	说明
一	规划吞吐量	1.0 亿 t/1 500 万 TEU	
1	集装箱(万 TEU)	1 500	集装箱中转
2	散货(万 t)	7 600	矿石、煤中转
3	件杂货及其他(万 t)	2 400	杂货、建材、液体化工
二	规划面积(km^2)	480	
1	城市规划面积(km^2)	384	
2	港区面积(km^2)	96	约占20%
(1)	港区水域面积(km^2)	39	按 −20 m、−15 m、−10 m,港池挖方为 5 340 万 m^3
(2)	港区陆域面积(km^2)	57	按 +7.0 m 高程,回填方量为 5 620 万 m^3
三	规划码头岸线/泊位	39.0 km/100 个	
1	深水泊位(−20 m)	15.5 km/31 个	1.8 万 TEU 集装箱船和 30 万 t 级散货船
2	中型泊位(−15 m)	11.5 km/29 个	
3	小型泊位(−10 m)	12 km/40 个	
四	导堤(km)	61	北堤 25 km、南堤 30 km、潜堤 6 km
五	船闸(座)	1	
六	外航道(km)	9.8	宽 800 m,底高程 −20 m,$i=1:40$,挖方 9 250 万 m^3
七	泥沙回淤(万 m^3)	2 140	
1	港池回淤(万 m^3)	1 170	按平均淤强 0.3 m/a 计
2	进港航道回淤(万 m^3)	970	
(1)	潜堤段(万 m^3)	550	按平均淤强 1.24 m/a 计
(2)	外航道(万 m^3)	420	按平均淤强 0.43 m/a 计

3.5 深水新港起步工程构想

课题组经过调查研究,听取了相关的学者专家、政府高官和企业高管的意见,认为国家长江经济带发展战略和国际航运船舶大型化发展的新趋势对上海港的发展提出了新要求,抓紧启动上海(横沙)深水新港的规划建设是上海适应新形势的迫切需要,因此,课题组根据深水新港布局分为南、北两方案,对起步工程进行了深入研究。

3.5.1 深水新港(南方案)起步工程

1) 深水新港(南方案)起步工程方案构想

在深水新港(南方案)总体方案基本确定的前提下,启动起步工程,方案是:延伸横沙大道 26 km;

建设能满足1.8万～2.2万TEU集装箱船舶运营的港区；开挖23 m水深外航道；配套实施横沙与长兴岛的连岛隧道及相应的市政工程(图3-7)。

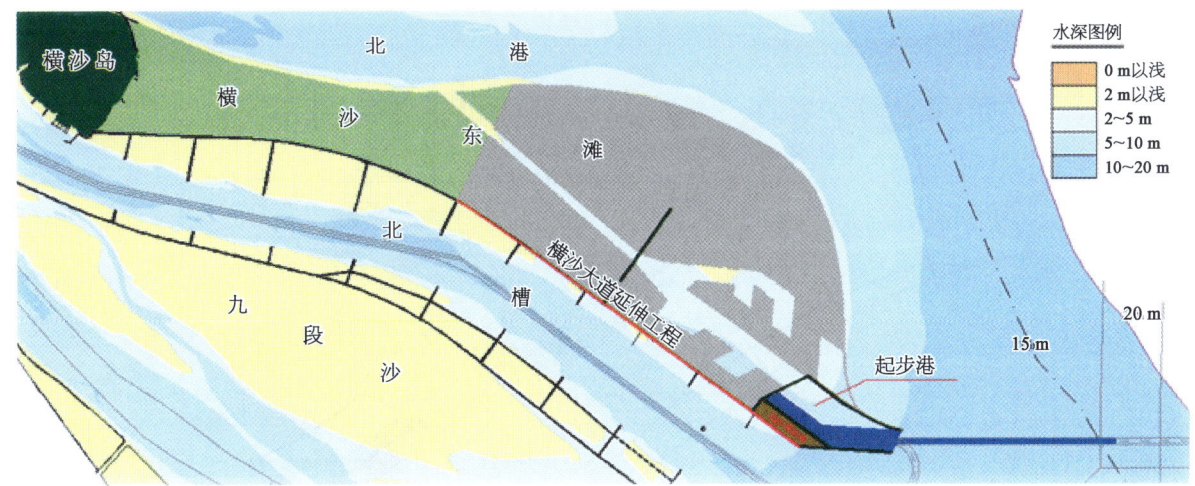

图3-7　深水新港(南方案)起步工程示意

(1) 横沙大道延伸工程。横沙大道从横沙本岛起沿长江口深水航道北导堤上段布设,总长23 km,于2009年4月开工建设,2011年6月完工。课题组研究提出的横沙大道延伸工程,是将现横沙大道继续沿长江口深水航道北导堤向东延伸26 km,直至长江口深水航道北导堤堤头附近(图3-8)。

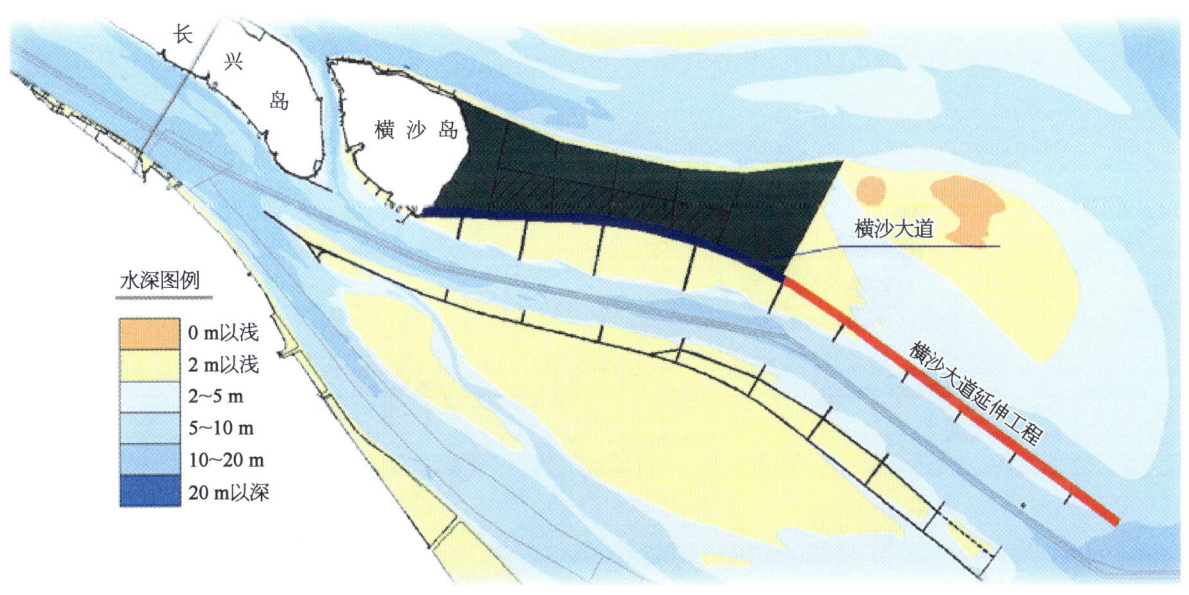

图3-8　横沙大道延伸工程示意

该工程的实施使得横沙两滩的吹填成陆和深水新港建设的操作更具灵活性。以这条延伸大道为依托,可根据经济发展的需求和项目落实情况按需组织实施。同时这条延伸大道也为新横沙的后续建设提供物资运输条件。

(2) 港区工程。在新横沙总体规划的基础上,港区工程依托横沙大道延伸工程,在其最东端区域实施圈围吹填形成陆域、建造码头、开挖港池、修筑防波堤等工程。

港区规模：陆域面积 4.4 km²；岸线长 5.2 km，可建设 5 个 10 万～20 万 t 级集装箱泊位（利用部分岸线），吞吐能力 400 万 TEU（图 3-9）。

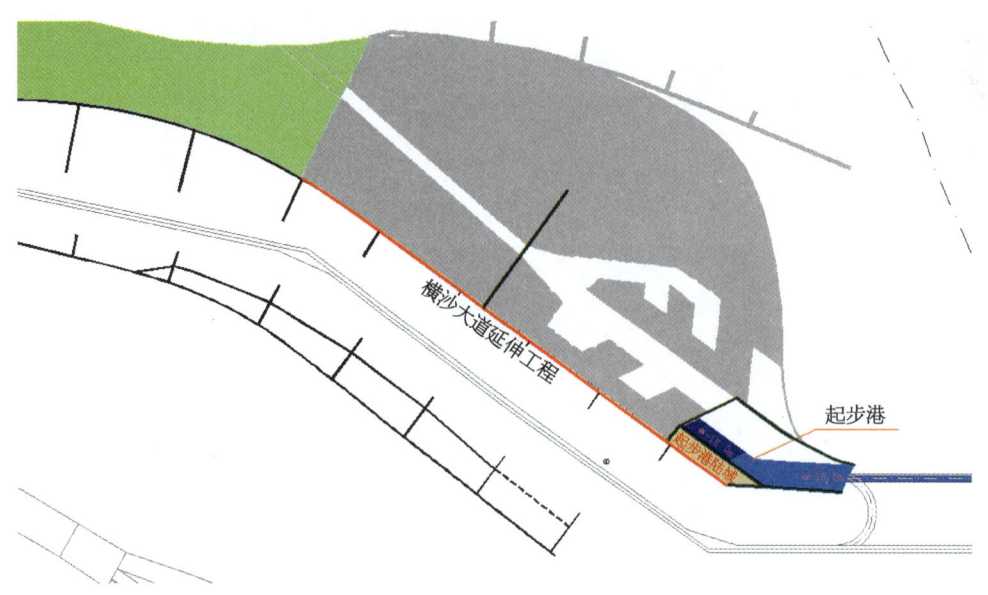

图 3-9　深水新港（南方案）起步工程示意

（3）外航道。开挖外航道：设计水深 23 m，航道宽度 400 m，航道长 18 km，满足 20 万 t 级单向乘潮通航。

（4）配套市政工程。公路配套：按照国家一级公路标准，新建港区至沪陕高速公路（长兴岛出口）间的配套公路，总长约 57 km，其中：横沙岛段 46 km，长兴岛段 9 km，两岛间隧道 2 km（图 3-10）。

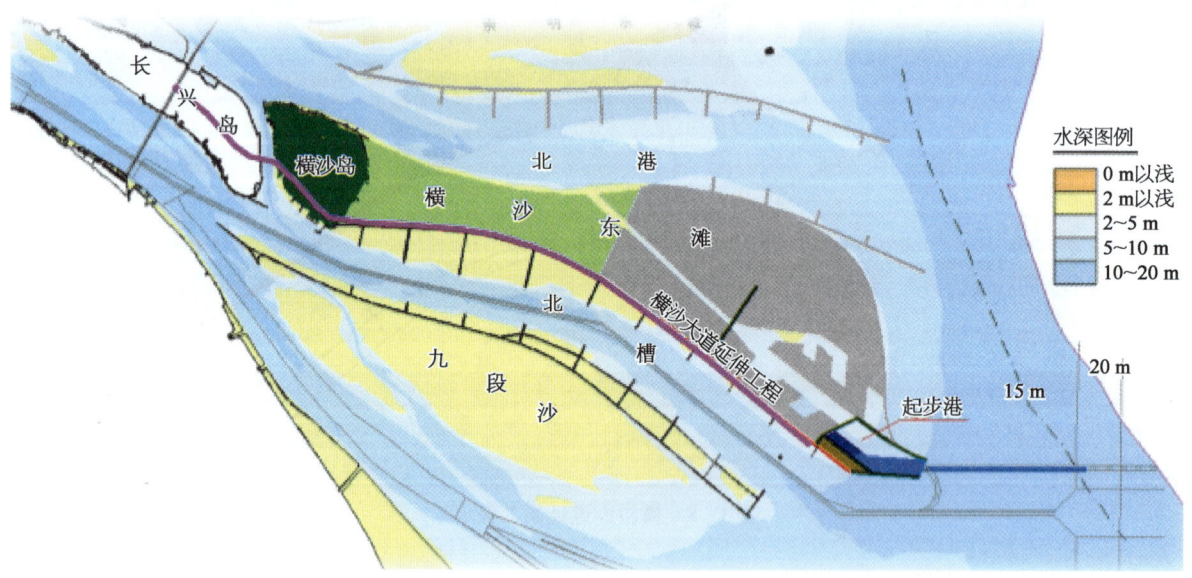

图 3-10　深水新港（南方案）起步工程配套公路示意

2）深水新港（南方案）起步工程投资估算

深水新港（南方案）起步工程总投资（静态）约 227 亿元，其中工程费用约 191 亿元（横沙大道延伸工程 28 亿元、港区及航道工程 125 亿元、市政配套工程 38 亿元），详见表 3-8。

表 3-8 深水新港(南方案)起步工程投资估算

序号	分项	费用(亿元)	工程内容
一	工程费用	191	
1	横沙大道延伸工程	28	总长约 26 km,堤顶高程+8.0 m,坝顶宽 10.5 m
2	港池开挖吹填	17	成陆面积 4.4 km^2,成陆标高+5.5 m;港池西侧 2.6 km^2 区域开挖至 23.0 m,东侧 7.1 km^2 区域开挖至 20 m
3	外航道开挖	8	宽 400 m,底高程-23 m,长 18 km
4	港区围堤、防波堤	36	陆域围堤总长 9.3 m,堤顶标高+6.0 m;港区防护堤总长 12.4 km,堤顶标高+8.0 m;滩面防护堤总长 7 km,堤顶标高+4.0 m
5	地基处理	28	
6	码头建设	9	20 万 t 级泊位 2 个,10 万 t 级泊位 3 个
7	道路堆场	4	道路堆场 1.75 km^2
8	工艺设备购置及安装	17	满足 5 个码头运营
9	港区水、电、通信、环境等配套	5	满足 5 个码头运营
10	市政配套工程	38	连接长江隧桥的公路、隧道等市政工程
11	临时工程	1	
二	相关费用	36	基本预备费、其他费用
三	总投资(静态)	227	

3) 深水新港(南方案)起步工程施工工期

深水新港(南方案)起步工程可先进行横沙大道延伸工程,再实施港区工程,工期约需 3 年。

3.5.2 深水新港(北方案)起步工程

1) 深水新港(北方案)起步工程方案构想

在新横沙总体规划基础上,结合北防波堤实施,先形成北部区域的陆域和深水码头岸线;开挖人工运河、港池、外航道,初步形成江海联运的通道。深水新港(北方案)起步工程可建设接纳 12 万 t 级(1 万 TEU)集装箱船深水泊位 20 个,吞吐能力 1 500 万 TEU;设计开挖水深 16 m、长 6 km 的外航道;以及开挖建设 22 km 的人工运河(图 3-11)。

深水新港(北方案)起步工程的进港通道利用现有的横沙大道,在 23♯丁坝拐弯通过西船闸,然后与港区北防波堤相连接通深水新港(北方案)起步工程(图 3-11)。

2) 深水新港(北方案)起步工程技术指标

深水新港(北方案)起步工程技术指标见表 3-9。

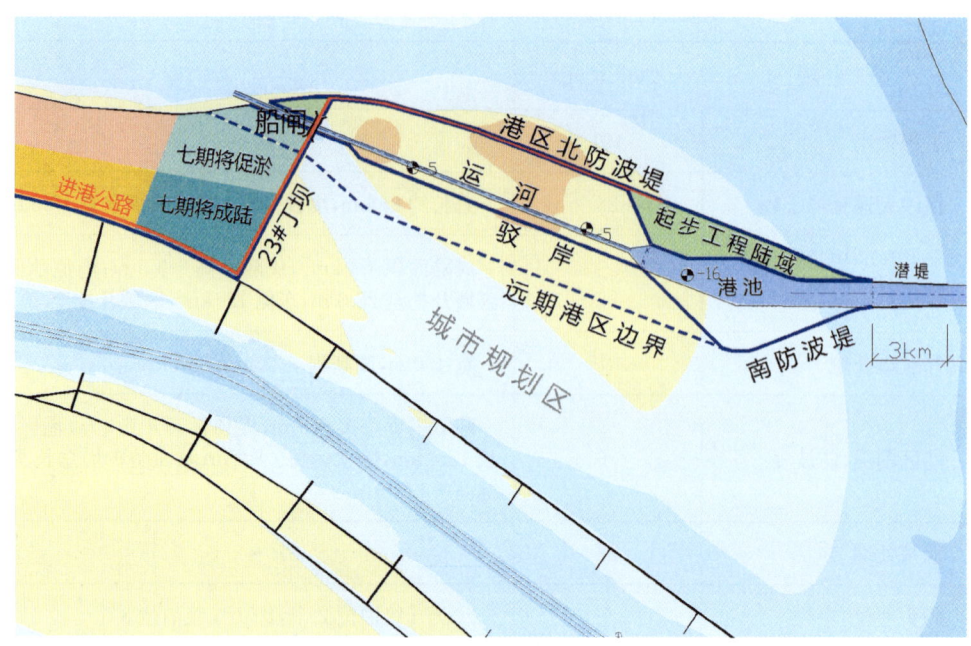

图 3‑11 深水新港(北方案)起步工程示意

表 3‑9 深水新港(北方案)起步工程技术指标

序号	项目名称	数 量	说 明
一	规划吞吐量	1 500 万 TEU/200 万 t	
1	集装箱(万 TEU)	1 500	长江中上游的集装箱和件杂货的出海通道
2	件杂货(万 t)	200	
二	规划面积(km²)	20	
1	港区陆域(km²)	9.2	结合北防波堤,首先形成北方陆域
2	港区水域(km²)	10.7	开挖人工运河、港池、外航道,初步形成江海联运通道
三	规划码头岸线/泊位	10 km/25 个	
1	集装箱码头(km/个)	9.0/20	按 1 万 TEU 集装箱船(12 万 DWT),367 m×45.6 m×15.0 m
2	件杂货码头(km/个)	1.0/5	按 3 000 t 江驳
四	海堤(km)	58	
1	防波堤(km)	30	北防波堤 24 km,南防波堤 6 km
2	防沙潜堤(km)	6	南、北两段布置
3	人工运河驳岸(km)	22	按运河驳岸设计
五	人工运河(km)	17	按江驳设计,宽 100 m,底高程 −5 m
六	外航道(km)	6	按 1 万 TEU 集装箱,宽 500 m,底高程 −16 m
七	船闸(座)	1	

(续表)

序号	项目名称	数　　量	说　　明
八	进港公路(km)	26.5	北导堤已成陆域→23♯丁坝 4.5 km；23♯丁坝→北防波堤 8 km；沿北防波堤至港区 14 km
九	隧道(座)	1	穿越横沙通道与长兴岛相接
十	港区陆域回填量(万 m³)	10 120	
十一	运河、港池、外航道疏浚量(万 m³)	15 715	人工运河 920 万 m³，港池 12 295 万 m³，外航道 2 500 万 m³

3.6　新横沙开发可供选择的推进路径

新横沙的开发主要有两种推进路径：① 通常情况下，可从横沙岛开始由西向东推进，逐步形成新陆域，根据总体规划进行新横沙及深水新港的开发建设；② 若深水新港建设的需求迫切，可首先进行深水新港的规划建设，然后进行新横沙的成陆开发。总之，新横沙开发的推进路径可视深水新港规划建设的迫切程度而确定。

1) 先实施横沙吹填成陆工程，然后进行新横沙的开发利用和深水新港的规划建设(第一种推进路径)

先进行横沙的吹填成陆工程，根据长江口区域能够提供沙源的可能，用 10~15 年的时间完成吹填成陆工程，可对新形成的土地按照新横沙总体规划进行开发建设，包括深水新港的规划建设(图 3-12)。

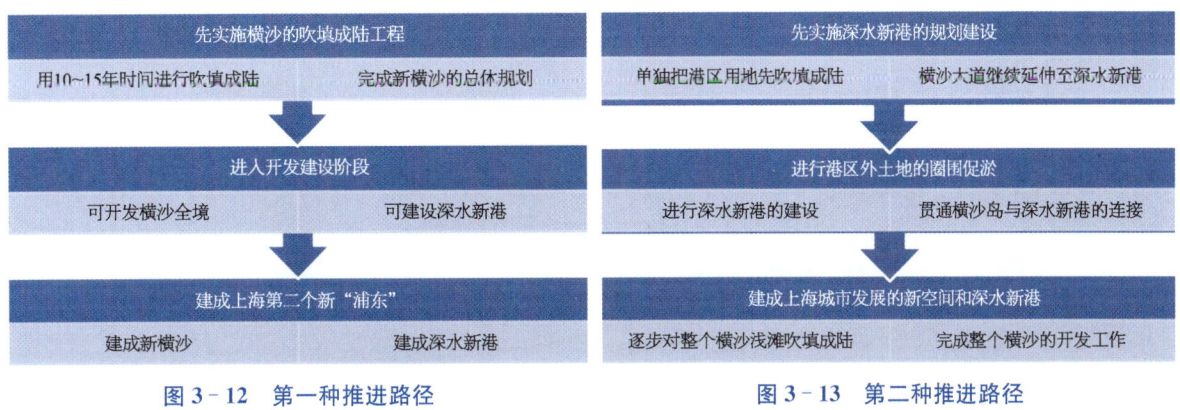

图 3-12　第一种推进路径　　　　　图 3-13　第二种推进路径

2) 先实施深水新港的规划建设，然后进行横沙的吹填成陆开发(第二种推进路径)

根据长江经济带建设和上海自贸区建设的发展需求，可先进行深水新港的规划建设。按照深水新港的规划港区用地范围，单独把港区用地先吹填成陆(需要进行适当的工程性措施)，进行深水新港的建设，同时将横沙大道继续延伸至深水新港的规划港区，以贯通横沙岛与深水新港的连接，作为深水新港的陆上通道。然后，根据深水新港的建设进程以及经济发展对新横沙的开发要求，进行新横沙成陆和开发工作(图 3-13)。

第 4 章 横沙吹填成陆和深水新港建设的可行性

4.1 安全保障

课题组从横沙成陆的规模以及成陆后进行港口规划建设等条件出发,建立长江口水动力数学模型,重点分析横沙吹填形成新陆域后以及在新横沙规划建设深水新港与长江口河势格局的关系,对周边涉水工程的影响等进行了科学论证,并且对新横沙(包括深水新港)的防洪(潮)安全等进行了分析研究,得到以下主要结论。

1) 横沙两滩具备吹填成陆的技术条件

课题组根据有关研究成果分析了长江口水沙动力条件及演变特征,对横沙两滩成陆的可能性进行了研究分析,认为长江口河势基本稳定,近十年未发生大的切滩和新沙洲生成,长江口"三级分汊、四口入海"的总体格局将稳定存在;长江口深水航道治理工程以及横沙东滩促淤圈围工程实施后,横沙浅滩 5 m 等深线基本稳定。长江口河势总体格局的稳定为横沙吹填形成新陆域提供了较好的边界条件,因此,横沙两滩具备吹填成陆的技术条件(图 4-1)。

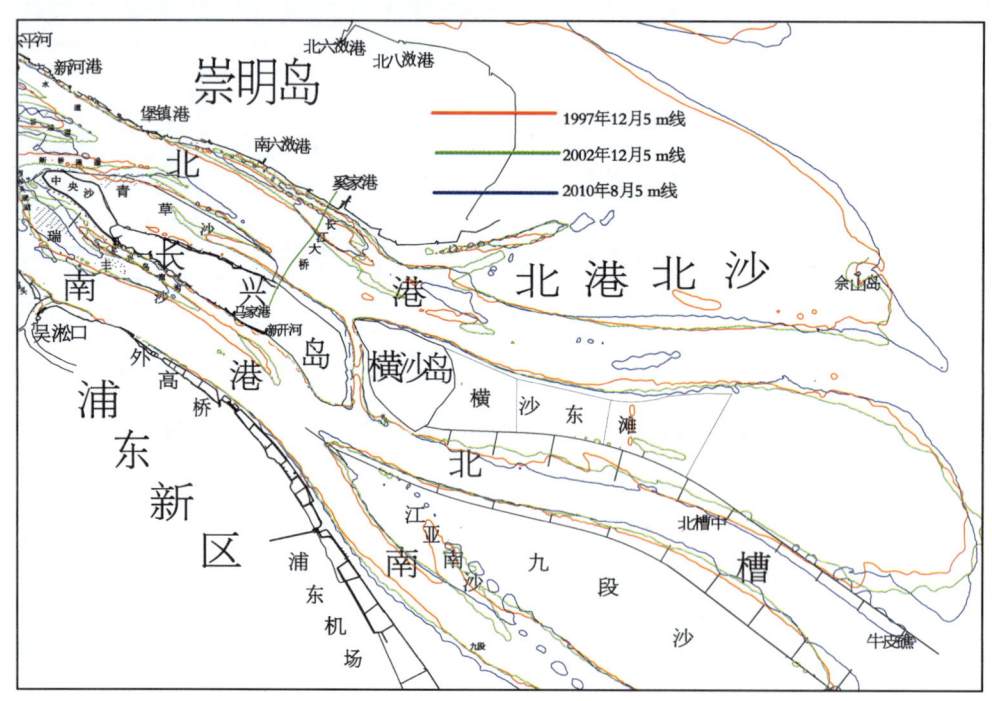

图 4-1 近年来横沙浅滩水域 5 m 等深线平面变化

2) 横沙成陆方案和深水新港方案对长江口河势总体格局基本没有影响,对长江口 12.5 m 深水航道影响较小

课题组在研究横沙成陆方案和深水新港方案中,通过建立包括长江口杭州湾在内的平面二维潮流泥沙数学模型,研究横沙成陆方案及深水新港方案形成后对相邻水域的水动力影响。通过验证所建平面二维潮流泥沙数学模型相似性良好,较好地复演了长江口水沙运动。

(1) 横沙成陆方案实施后影响范围仅限于南、北港和南、北槽水域,从分流比变化来看,影响范围主要在南北港分流口以下的工程附近区域,横沙成陆方案使得北港上断面的分流比减小0.65%,北槽下断面的分流比增加0.81%,南、北港及南、北槽分流比影响幅度均在1%以内,并未改变长江口总体河势格局(表4-1)。

表4-1 横沙成陆方案实施前后各断面分流比统计

分流比	本 底	横沙新陆域方案
北港断面	51.40	50.75
北槽下断面	43.50	44.31
北港下断面	82.60	82.07

从对流场的影响区域来看,主要集中在北港河段以及南港、北槽区段。横沙成陆方案实施后南港河段、北槽中上段涨落急流速均有不同程度增加,大部分区段流速增加幅度为5~15 cm/s,对于维护长江口深水航道是有利的,北槽下段涨、落急流速略减小5~10 cm/s;北港沿程落急流速均有不同程度减小,减小幅度5 cm/s 左右,涨急流速除了北港下段(横沙新陆域对应区段)增加5~25 cm/s,其余区段减小5~10 cm/s。其余水域影响甚微(图4-2、图4-3)。

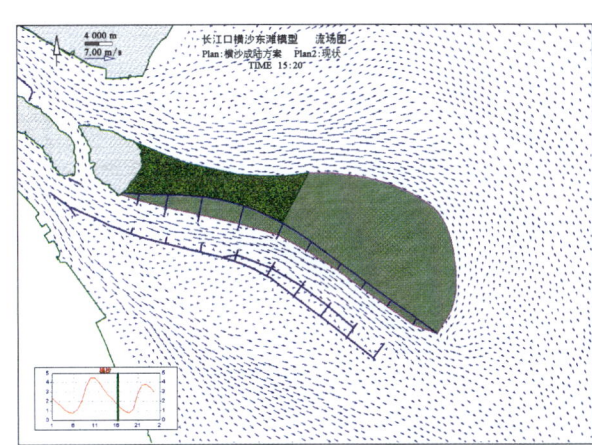
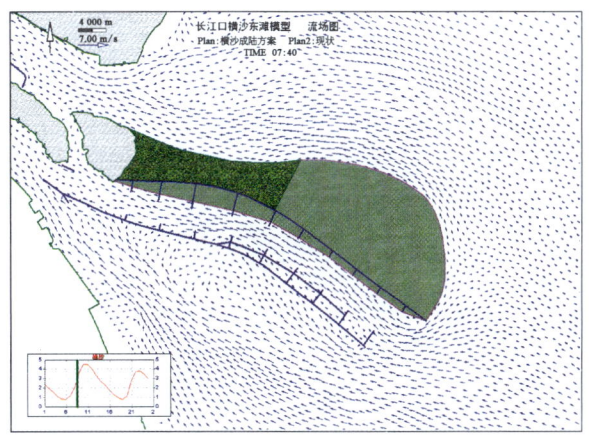

图4-2 横沙新陆域形成后涨落急流场

(2) 深水新港方案实施后,由于挖入式港池增加了纳潮水域,同时人工运河增加了南北水流交换,对邻近各汊道断面潮量及分流比影响程度均有所降低。深水新港方案实施后分流比变化均在0.5%以内(表4-2)。

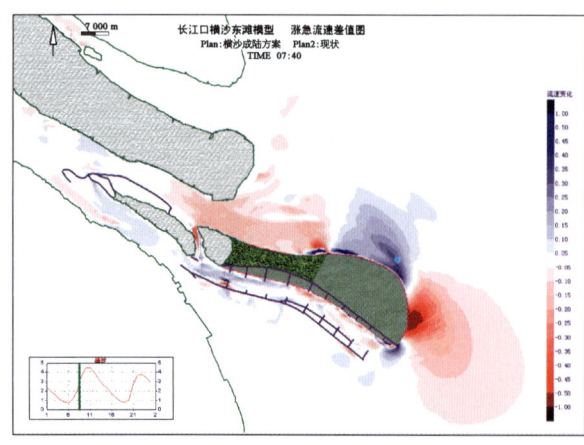
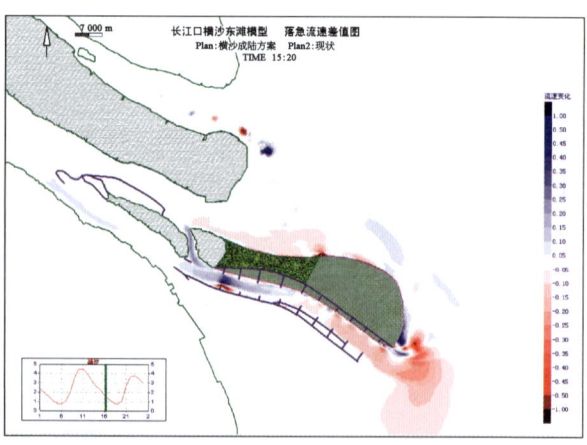

图 4-3　横沙新陆域形成后涨落急流速差值

表 4-2　深水新港形成前后各断面分流比统计

分流比	本　底	新陆域方案	横沙港区方案
北港断面	51.40	50.75	51.29
北槽下断面	43.50	44.31	43.96
北港下断面	82.60	82.07	82.41

深水新港方案实施后对周邻水域的流场影响程度略小于横沙成陆方案。方案实施后南港河段、北槽中上段涨落急流速均有不同程度增加，大部分区段流速增加幅度为 5～15 cm/s，北槽下段涨、落急流速略减小 5～10 cm/s。深水新港方案实施后北港沿程落急流速变化较小，涨急流速除了北港下段（横沙新陆域对应区段）增加 5～15 cm/s，其余区段减小 5～10 cm/s；各项水动力指标均比横沙成陆方案略有改善趋势（图 4-4～图 4-6）。

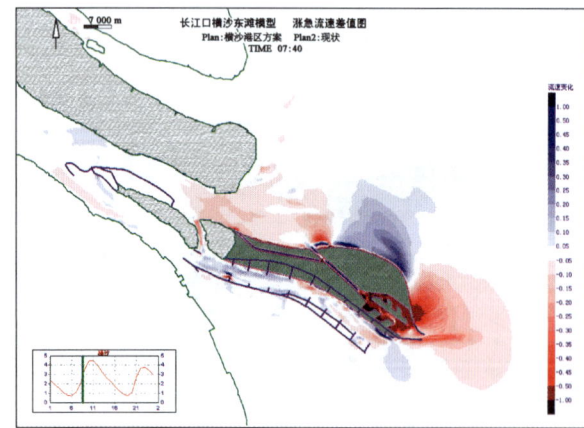
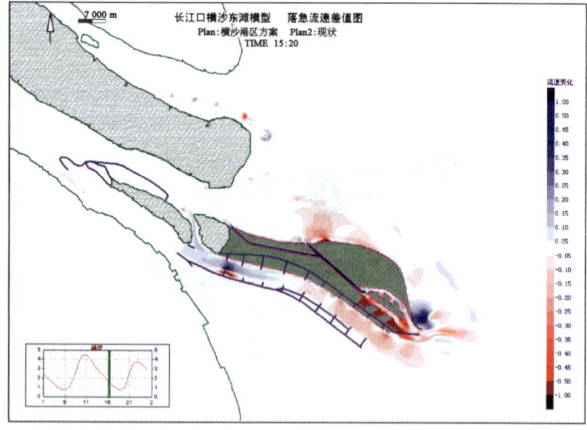

图 4-4　深水新港形成后涨落急流速差值

因此，横沙成陆方案及深水新港方案形成后，对长江口 12.5 m 深水航道影响较小，也不影响长江口河势总体格局。

3）深水新港进港航道和港池具备 23 m 水深的技术条件

课题组对深水新港的港池和进港航道水深保持 23 m 进行了大量的分析研究，得到以下结论：

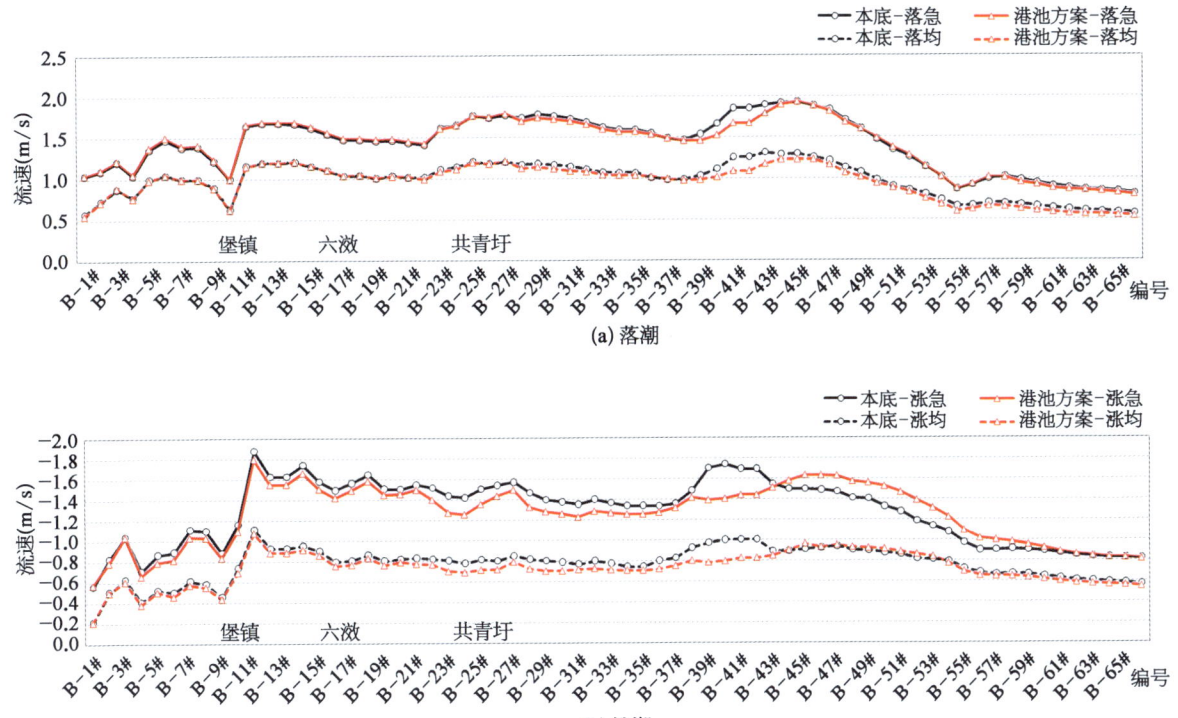

图 4-5 北港沿程涨落潮流速变化

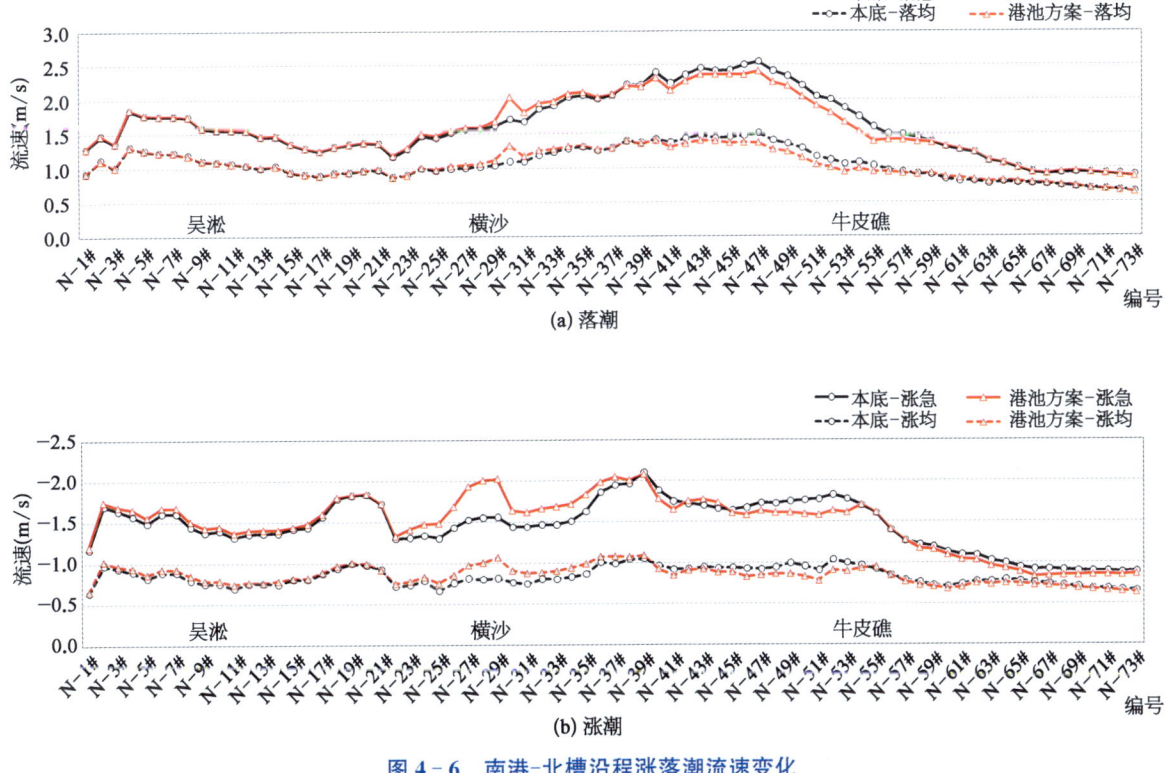

图 4-6 南港-北槽沿程涨落潮流速变化

(1) 港区流态分析表明，人工运河受到两侧岸坡约束，涨落潮流较为平顺；口门区域涨潮期间存在回流区，落潮期间回流不明显（图4-7～图4-9）。

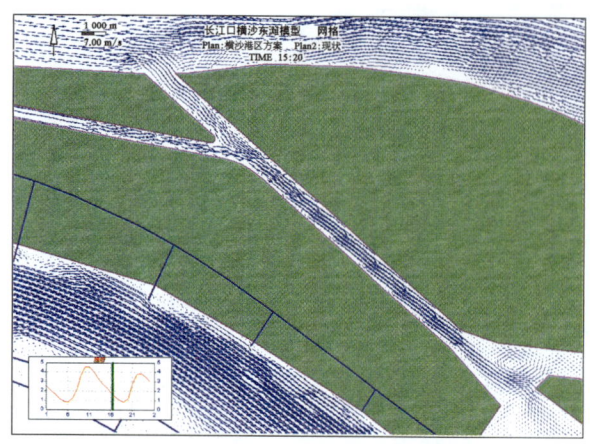

图4-7 深水新港支航道流态

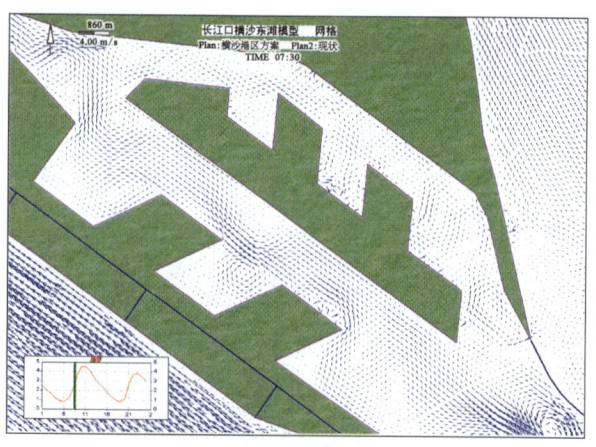

图4-8 深水新港港池流态

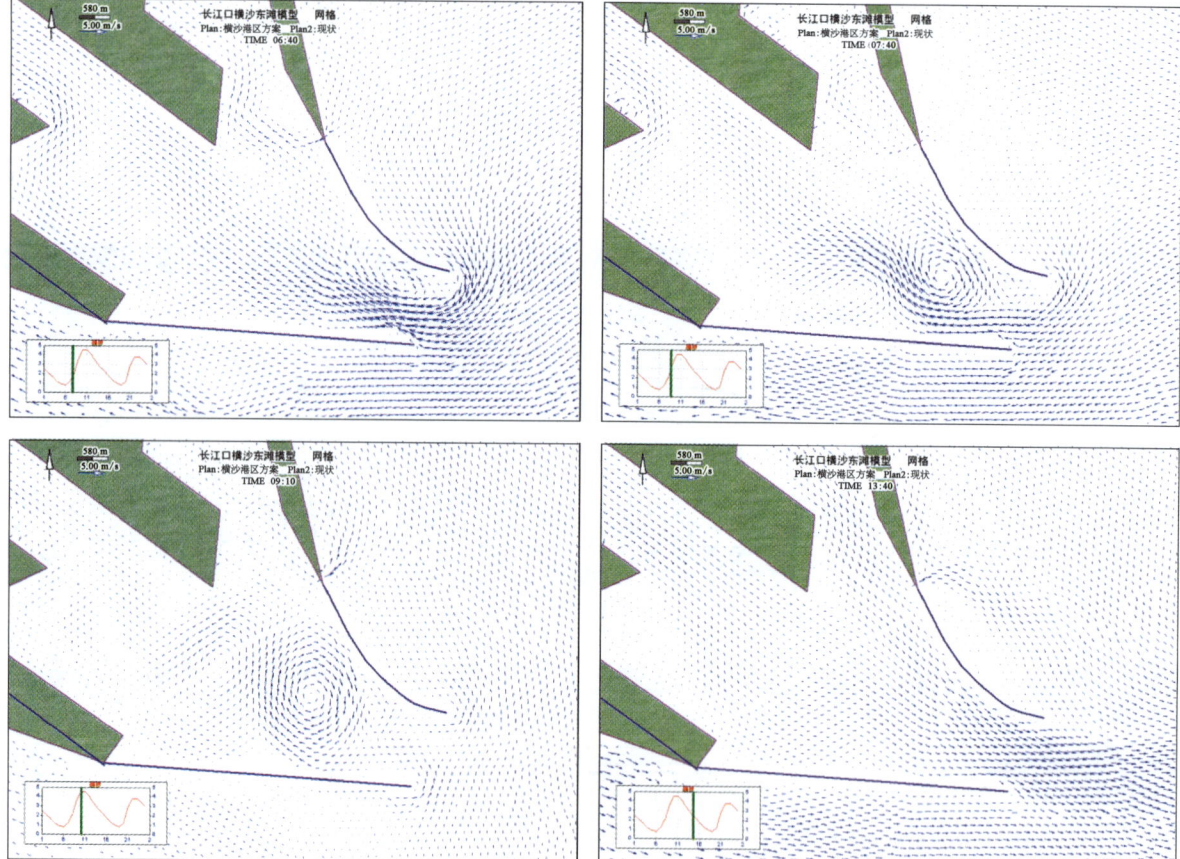

图4-9 深水新港港区口门区流态

(2) 口门外航道区段旋转流特征明显，涨潮最大横流流速和落潮最大横流流速基本接近，总体趋势是越往外侧主流向与航轴线交角越大，横流值也有所增加，横流最大值约0.77 m/s（图4-10、表4-3）。

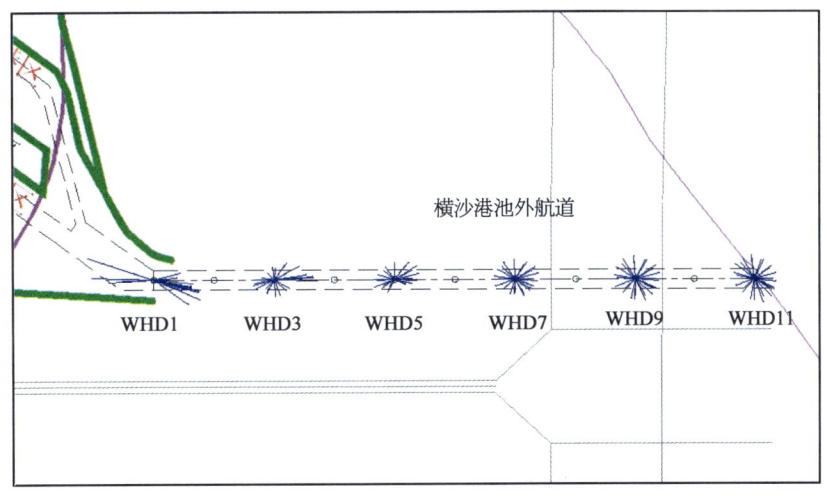

图 4‑10 深水新港外航道流态

表 4‑3 深水新港外航道横流统计

点 位	涨潮最大横流(m/s)	落潮最大横流(m/s)	平均夹角(°)
WHD1	0.68	0.80	19.5
WHD2	0.68	0.65	42.7
WHD3	0.45	0.55	33.1
WHD4	0.45	0.45	22.3
WHD5	0.53	0.53	34.4
WHD6	0.56	0.54	39.6
WHD7	0.63	0.55	41.9
WHD8	0.64	0.61	42.4
WHD9	0.72	0.70	43.8
WHD10	0.73	0.73	43.9
WHD11	0.75	0.77	45.6

（3）深水新港方案实施后北港下段含沙量平均减小约 0.5 kg/m³，与方案实施后该区段涨落潮动力减小有一定关系，北港中上段含沙量变化均在 0.1 kg/m³ 以内；北槽中上段含沙量平均增加幅度 0.2～0.3 kg/m³，与该区段涨落潮动力增强有关（图 4‑11）。

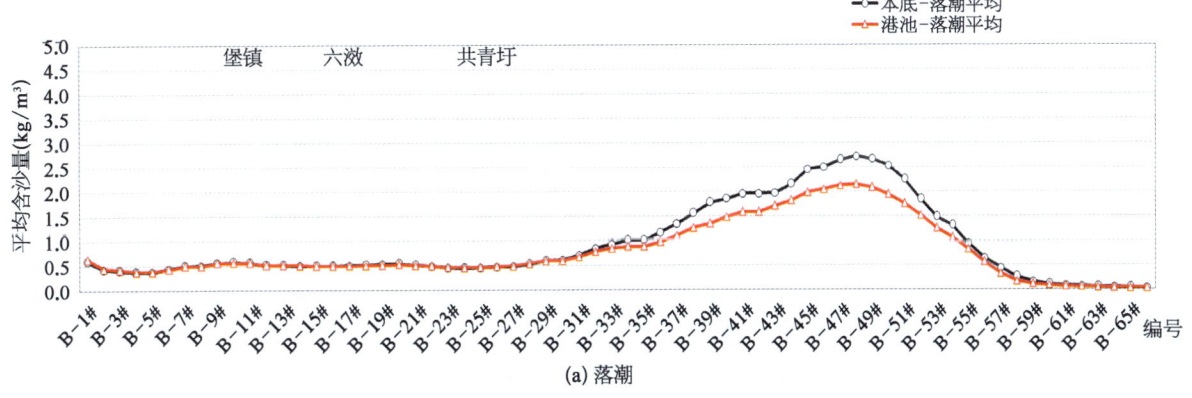

(a) 落潮

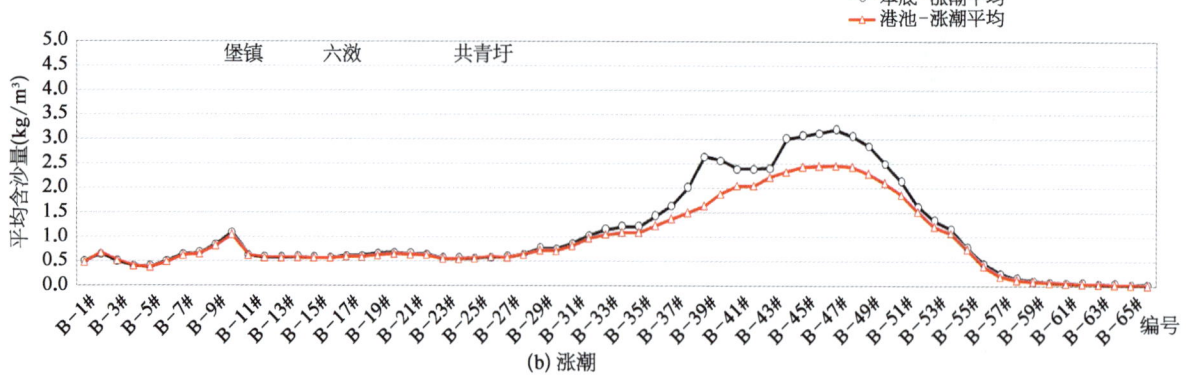

图 4-11 北港沿程平均含沙量变化

由于进港深水航道及港池口门区含沙量相对较低,挖入式港池形成后每年泥沙回淤总量约 1 000 万 m^3,对于这样大型的港区是可以接受的。因此,新横沙具备建设大型挖入式港池的水动力泥沙条件。

4) 防洪保障

课题组经过分析研究认为对新横沙进行开发利用,人口规模不超过 20 万人,按重要港口考虑,根据《防洪标准》(GB 50201—2014)和《城市防洪工程设计规范》(GB/T 50805—2012)要求以及与防洪规划的有机衔接,新横沙的防洪(潮)标准初定为 100～200 年一遇,可通过构筑目前上海城市通用的防汛工程解决新横沙的防洪(潮)问题。因此,新横沙的防洪(潮)是有保证的。

4.2 生态环境保障

课题组认为水利部即将颁发的《全国河口海岸滩涂开发治理管理规划》中已明确定义横沙岛为生态岛、横沙东滩为开发利用区、横沙浅滩为规划保留区。该规划中所指的生态岛仅是目前横沙本岛的 49 km^2 范围,并不包含尚未成陆的横沙两滩。课题组认为横沙两滩区位优势十分明显,成陆后形成的 480 km^2 新土地是国家的稀缺性资源,应该进行充分的开发和利用。

课题组在研究新横沙开发利用规划时按照国家有关规划将新横沙的总体规划分为横沙本岛为生态保护区、横沙东滩为生态农业区、横沙浅滩为港城发展区三个区域。这样的研究思路不仅符合国家《全国河口海岸滩涂开发治理管理规划》的要求,而且充分考虑了长江口作为国家重要的鸟类、鱼类生态自然保护区对环境保护的要求,因此,对长江口的生态环境保护是十分有利的。

课题组对新横沙的开发利用和深水新港的规划建设对环境和区域水域可能产生的影响进行了研究和分析。横沙两滩区域位置特殊,区域周缘北部和南部分布有崇明东滩湿地和长江口中华鲟湿地自然保护区两个国际重要湿地,崇明东滩鸟类自然保护区、长江口中华鲟自然保护区和九段沙湿地自然保护区三个自然保护区(图 4-12)。

近年来上海市环保部门研究表明,横沙东滩是鸻鹬类等候鸟停歇、补充能量的重要迁徙停歇地,对于候鸟完成长距离的迁徙活动具有不可替代的作用;深水新港建成后船舶运营进入水体中的大部分污染物质(如石油类、氮、磷等)对鱼类的生长繁殖都有一定的影响。因此,横沙吹填成陆和深水新港规划建设等人类活动对长江河口生态与环境可能带来一定影响。

图 4-12　上海市自然保护区及重要湿地分布

课题组在对新横沙的开发利用和深水新港的规划建设对环境和区域水域可能产生的影响经过允分研究分析后,对新横沙的环境功能(包括地表水、环境空气、噪声)定位提出了明确和具体的目标要求;对把深水新港建成绿色港口制定了具体的目标体系;对新横沙的污水处理提出了具体的排放要求和污水处理点的总体布置意见。并通过采用具体的生态工程或生态补偿措施降低影响的范围和程度。因此,新横沙的开发利用和深水新港的规划建设对该地区的生态环境影响是有限和可控的。

1) 在严格执行船舶废气排放法规、废水处理标准和实施区域总量控制方案的前提下,区域大气环境和水环境的容量能够支撑新横沙和深水新港的规划发展需求

课题组对新横沙和上海(横沙)深水新港的规划开发对环境和区域水域产生的影响进行了研究和分析,从河口区域的空气动力学及水动力学的角度看,长江口水域非常宽广,污染物稀释扩散能力非常强,在严格执行船舶废气排放法规、废水处理标准和实施区域总量控制方案的前提下,区域大气环境容量和水环境容量能够支撑新横沙和上海(横沙)深水新港的规划发展需要,容量的承载力不会对区域的发展出现实质性的约束。

新横沙和上海(横沙)深水新港的规划建设,必须坚持以区域生态功能不降低为目标,坚持环境容量不突破和生态承载力不超载两条发展红线,确保环保能力建设和生态产业引导两个优先保障,有计划、有步骤、系统地推进横沙生态岛的建设。

通过新横沙和深水新港的规划建设,将能调整上海部分老城区和老港区的功能,缓解上海本土的交通和生态环境的影响。因此,只要把新横沙和深水新港的规划、建设、运行和管理切实抓好落实到位,新横沙的开发利用和深水新港的规划建设,从生态环境保护的角度是可以接受的,而且对改善上海本土的环境质量起到一定的促进作用。

2) 加强横沙陆域湿地规划建设,严格控制生态用地和加强生态保护,缓解新横沙开发利用和深水新港规划建设对鸟类迁徙、鱼类洄游的影响

课题组经过研究认为,横沙两滩区域位置和地位特殊,区域周缘有多个自然保护区,这一区域是

亚太地区候鸟重要的栖息地,是中华鲟等水生珍稀濒危生物以及刀鲚、中华绒螯蟹等渔业资源的"三场一通道"。规划中的上海(横沙)深水新港位于崇明东滩鸟类自然保护区与九段沙湿地自然保护区中间,且与各保护区的空间距离较近,对湿地水鸟的迁徙形成一定干扰,且进一步阻断了长江口南港与北港之间水生动物的种群交流。

课题组经过研究认为,岛屿周缘保留一定的自然湿地,并种植盐沼先锋植物,有利于加速泥沙的沉降,高程的升高,稳定底质环境。同时,保持围垦湿地与自然水系的流通和保留部分潮间带,可缓冲工程施工对鱼类洄游通道的影响。大面积的盐沼也是鸟类重要的栖息地,并且可以在一定程度上起到净化水质的作用。

因此,课题组认为在规划开发新横沙和深水新港时加强管理并采取一些必要的措施,如课题组在研究新横沙的功能区划时,十分关注生态环境保护,按照国家有关的规划将横沙本岛仍然保留为生态岛,将横沙东滩规划为生态农业区,以使新横沙保持较高的水面率以利于鸟类迁徙,并保留若干条自然水道作为鱼类活动通道,这样的规划实际上基本保持了目前长江口自然保护区的生态环境,候鸟目前在横沙东滩栖息地得到了保留,完全满足了候鸟迁徙的通道要求,解决了候鸟的栖息地问题。同时在规划中保留了大量、成片的湿地和水系,加强增殖放流的力度等,尽量减小对自然保护区生态环境的影响,减少对候鸟迁徙通道与鱼类活动通道的干扰,缓解对长江口水生生物的影响,较好地解决开发利用与生态保护的问题。

3) 深水新港的规划建设和运行,对青草沙水源地的船舶溢油事故风险基本可控,但须关注和严格控制深水新港溢油事故对崇明东滩和九段沙等自然保护区的生态风险

课题组对青草沙水源地的环境风险问题进行了认真研究,认为新横沙(包括深水新港)开发利用后所产生的生活污水、工业废水和初期雨水,进港船舶的压舱水等必须根据国家对环境保护的要求,经过处理达标后才能排放处理,因此,青草沙水源地的环境风险主要来源于长江口南支(徐六泾至横沙通道江段),尤其是长江口北港航道船舶的突发性溢油事故。

上海市环境保护部门根据上海市近岸海域和长江口的主要海洋功能和环境、生态功能,将长江口杭州湾划为四个大片:长江口南支从徐六泾到新横沙的长江口水源安全敏感区,区域覆盖长江口三大集中式饮用水水源地;北支全部到南汇嘴以东区域为长江口自然生态敏感区,区域范围包括长江口崇明东滩鸟类自然保护区、九段沙湿地自然保护区等重要自然保护资源;南汇嘴以南沿岸区域为杭州湾城市生态敏感区,包括金山、奉贤城市旅游和大、小金山自然保护区;区域外围都是渔业捕捞为主的区域,设置为近岸海洋渔业敏感区(图4-13)。并针对不同区划类型和目标提出相应的应急需求和管理要求。

课题组经过研究认为,新横沙和上海(横沙)深水新港水域发生的突发性船舶溢油事故,通常不会波及青草沙水源地所在的长江口水源安全敏感区,因此,青草沙水源地的安全是有保证的。而将影响附近的崇明东滩鸟类自然保护区、长江口中华鲟自然保护区和九段沙湿地自然保护区,因此必须建立完善的港区及航道船舶污染事故应急预案,构建区域溢油事故联防联控机制,提高海域溢油应急反应和处置能力。

4.3 供水保障

课题组根据相关研究成果,经过研究认为新横沙和深水新港的供水可由长江口青草沙水源地提

图 4-13　长江口及杭州湾溢油风险控制区示意

供,供水设施通过新建或利用长兴岛现有设施改建扩能予以解决,因此,新横沙和深水新港的供水安全是有保障的。

1) 用水需求预测

课题组经过测算,新横沙用水量需求按照陆域用水和深水新港用水两部分进行估算。新横沙用水量预估为 10 万 m^3/d;深水新港用水量参照洋山深水港区和罗泾港区,预估需求量为 2 万~3 万m^3/d。综合以上预估分析,在假定 20 万人口规模下,预测新横沙和深水新港总需水量为 13 万m^3/d。

2) 供水水源保障

根据上海市水源地和原水系统规划以及青草沙水库供水潜能研究成果,由于长江口北支河势改善,北支咸潮倒灌减轻,以及规划北支将实施中缩窄工程、枯季三峡水库削峰补谷等有利因素,青草沙水库有较大的供水潜能,能够满足新横沙和深水新港的用水需求,可作为新横沙和深水新港的主要供水水源。

3) 供水系统布局安全保障方案

课题组通过研究,认为新横沙和深水新港的供水模式有供应原水和供应清水两种模式:

(1) 供应原水模式。在该模式下,规划在青草沙水库新建新横沙原水泵站,在长兴岛新建原水管道,输送原水至新横沙,根据新横沙的功能布局规划,择址建设新横沙水厂,再通过清水管网,满足区域内生活生产用水(图 4-14)。

(2) 供应清水模式。在该模式下,清水供应有两种方案可供选择。

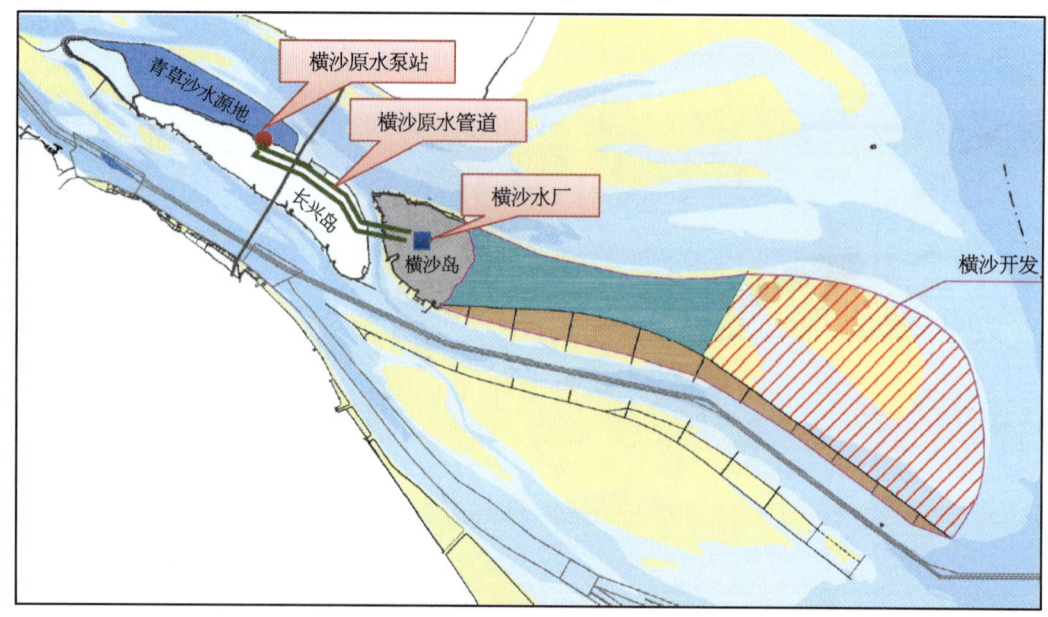

图 4-14　新横沙供应原水模式示意

供应清水模式(方案一)：扩建长兴原水支线(包括原水泵站及原水管道工程)及长兴水厂，在长兴岛新建清水管道，输送清水至新横沙，满足生活生产用水。根据新横沙的规模及功能布局规划，在长兴岛或新横沙建设清水增压泵站(图4-15)。

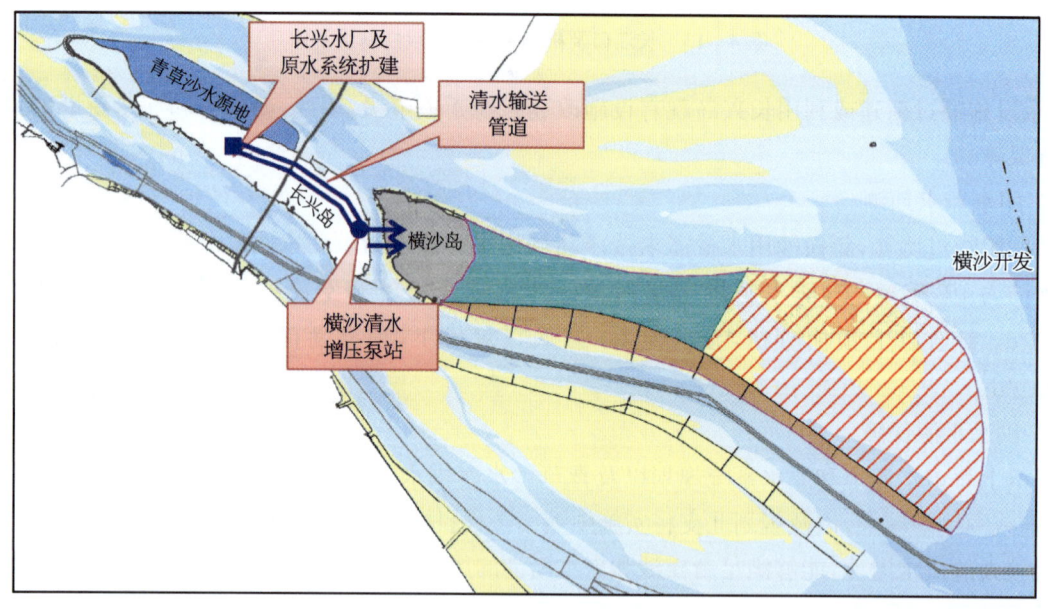

图 4-15　新横沙供应清水模式示意(方案一)

供应清水模式(方案二)：规划在长兴岛的东侧择址建设新水厂，过江后供应清水至新横沙，满足生活生产用水。该方案需在青草沙水库新建横沙原水泵站，在长兴岛新建原水管道，输送原水至长兴岛东侧的新水厂(图4-16)。

课题组认为根据长兴岛总体规划，其城镇及工业开发主要集中在南侧沿江区域，因此向新横沙供水的原水管道、清水输水管道的管位拟沿长兴岛北侧道路布置。现阶段若有条件应在长兴岛预

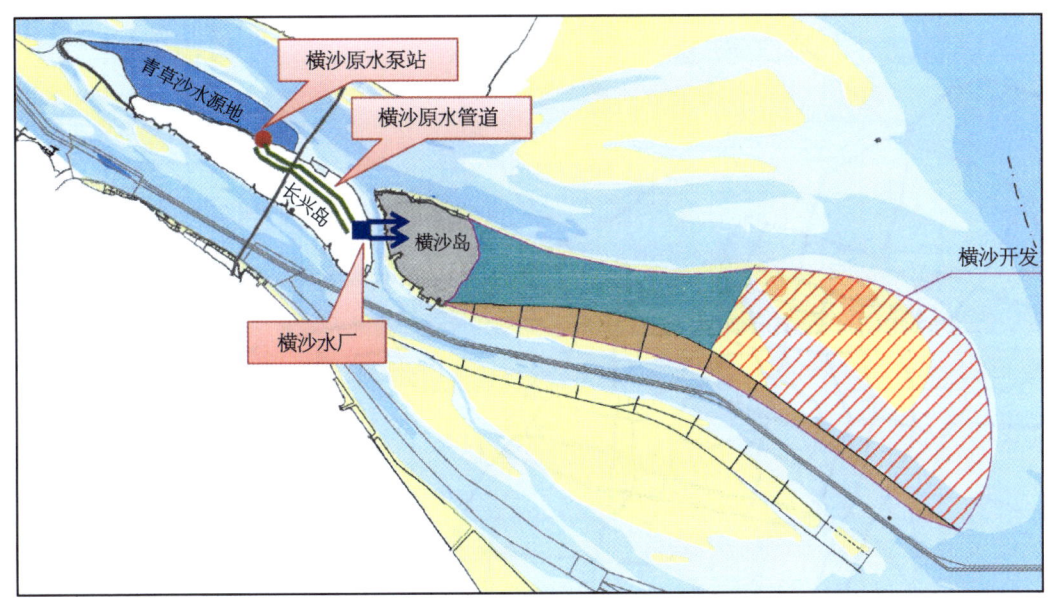

图 4‑16 新横沙供应清水模式示意（方案二）

留向新横沙供水的原水或清水管廊、水厂及泵站设施用地，以利于今后新横沙供水系统进行方案比选。

4.4 交通保障

课题组对新横沙的交通保障进行了全面深入的调查研究，总体结论是新横沙的内外交通在充分利用既有规划综合交通网络的基础上，适当增加新横沙的对外通道，能够实现与区域交通网络的有效衔接。课题组还提出了新横沙的交通体系发展目标和具体的交通通道方案。

1) 新横沙交通体系发展目标

新横沙距离上海市中心（人民广场）65 km，距离内环线不足 30 km。新横沙以发展绿色生态环保型、集约型、快速化的对外交通，构建一个与上海中心城和其他城镇快速连接，并快速融入长三角地区和全国的对外交通系统，最大限度减少进出区域内的各类机动车交通（包括小汽车交通和货运交通）。新横沙交通体系发展目标是：

目标一：实现从新横沙快速到达上海市中心。新横沙（包括人和物）与上海市中心之间 1 h 畅达。

目标二：打造绿色环保的生态型海洋新城交通体系。体现"三个 20％"，即进出区域内小汽车交通不超过 20％、港口公路集疏运比重不超过 20％、海洋新城小汽车出行不超过 20％。

2) 新横沙交通通道方案

新横沙交通通道方案以深水新港运作以水水中转主导模式、以水水主导水铁中转模式和以水水主导公铁混合中转模式三种模式的情况下，对新横沙的对外交通通道（包括公路、铁路）进行了多方案论证比较，并对所采用的每个方案进行了利弊分析，至于在具体实施时采用哪个方案或哪几个方案进行组合，需要在实际开发时进行权衡选择。总体设想是在充分利用上海市现有的市政道路（包括公路、铁路）基础上，根据合理、有效的原则，适当配套新道路（包括公路、铁路），形成新横沙的内外交通网络，与区域综合交通网络连接和融合（图 4‑17）。

图 4-17 新横沙对外交通通道方案示意

综合以上分析,课题组对新横沙今后在实施交通通道建设时需要综合考虑以下问题:

(1) 陆域通道如果有铁路引入,建议同时服务客货运输,即铁路同时为港城提供市郊客运服务和港口货运服务,并且铁路必须延伸到码头后方,方便作业,降低成本,提高海铁联运效率。

(2) 陆域通道如果仅为高速公路,建议实现客货运通道分离,即港城与上海陆域之间的客运交通与港口货运交通通道分别布置。

(3) 陆域通道建议新辟,以减少对长江隧道和上海市区交通压力。

4.5 开发技术保障

课题组研究认为,上海具有建设长江口深水航道和洋山深水港区的成功经验,亦具有在长江口促淤成陆和在外海建设深水新港的各项技术储备、建设施工队伍和具全球知名度的技术输出品牌。横沙前期开发建设期间所需要的科研人才,包括国内外的研究机构和专家队伍均已成熟,已经攻克了许多技术难题,积累了充分的技术经验,完全能够胜任新横沙和深水新港的建设重任。

第 5 章　研究结论与展望

5.1　研究结论

1）新横沙的开发利用将进一步拓展上海城市发展的新空间，收获上海自贸区成功的红利，是上海经济实现新飞跃的有效载体

在研究过程中，课题组关注到，目前上海城市发展的思路是资源约束条件下的转型发展，严格控制人口规模和建设用地规模，实现建设用地负增长，做到生态空间只增不减，建设用地只减不增。

课题组通过大量的调查研究和科学论证，新横沙的开发利用能够进一步拓展上海城市发展的新空间（新增土地面积 480 km^2），从而有效缓解上海城市发展空间不足的矛盾。新横沙的开发利用有利于上海产业布局的调整和新产业的发展，有利于上海老城区改造和城市布局的调整，有利于进一步提高上海城市土地的利用价值。因此，新横沙的开发利用对上海贯彻落实党中央、国务院提出的长江经济带发展和上海自贸区建设的国家战略，对上海建设国际经济、金融、航运和贸易四个中心和具有全球影响力的科技创新中心将发挥十分重要和积极的作用，是上海经济实现新飞跃的有效载体。

2）上海（横沙）深水新港的规划建设将进一步提高上海港的对外服务能级，更好地服务于长江经济带发展的国家发展战略

新横沙滨江临海，地理位置优越，在新横沙规划建设深水新港，有利于进一步提高上海港对外服务能级，满足国际航运船舶大型化发展趋势，提高上海港对国际航运业发展的适应程度，同时将使上海港真正成为江海直转的中转枢纽港，进一步降低长江流域物流成本，有效提高长江经济带企业的国际竞争能力。上海（横沙）深水新港的规划建设将使上海国际航运中心向更高能级迈进，使其更好地为国家长江经济带发展战略服务。

3）横沙成陆战略构想符合国家和上海市的相关规划要求

课题组对本课题研究的横沙成陆战略构想与国家和上海市颁发的相关规划进行了合规性分析，没有发现相悖之处。

经校核，课题组研究确定的横沙成陆的边界范围和深水新港的规划港区的边界范围均符合国务院批准颁发的《长江口综合整治开发规划》所确定的规划治导线范围。

课题组提出的横沙成陆战略构想的功能区划与国务院国函〔2012〕183 号文批复同意的《上海市海洋功能区划（2011—2020）》和水利部制定并即将颁发的《全国河口海岸滩涂开发治理管理规划》中对横沙本岛及横沙两滩的功能定位要求基本相符。

上海市编制的《崇明三岛总体规划（2005—2020）》中将横沙岛定位为休闲度假岛，其功能定位主要涉及横沙本岛 49 km^2 范围。本课题研究的横沙新陆域和上海（横沙）深水新港规划在上海既有的城市规划中均未涉及，建议在上海市新一轮规划中予以补充和完善。

4) 横沙吹填成陆方案和在新横沙规划建设23 m水深的上海(横沙)深水新港方案,在技术上是可行的

课题组研究认为在长江口众多滩涂资源中,横沙两滩是一个集"区位、土地、岸线、航道"等众多资源优势于一体的区域,吹填成陆后不仅地域广阔,而且具有滨江临海、四面环水的特点,区位优势明显,极具开发利用价值;尤其是新横沙不受长江口拦门沙的限制,具备开发23 m水深深水航道的条件,是规划建设上海深水新港的理想区域。

课题组经过大量的研究分析和科学论证,并通过建立长江口水动力数学模型和包括长江口、杭州湾的平面二维潮流泥沙数学模型,初步研究表明横沙两滩经过吹填形成新陆域方案和在新横沙规划建设23 m水深的深水新港方案,在技术上是可行的;同时这两个方案对长江口总体河势格局影响较小,对周邻水上工程(包括长江口12.5 m深水航道、青草沙水源地等)及相邻浅滩影响不大。因此,课题组研究认为横沙吹填成陆方案和在新横沙规划建设23 m水深的上海(横沙)深水新港方案具有可操作性。

5) 横沙成陆开发和上海(横沙)深水新港规划建设对长江口生态环境的影响是有限和可控的

课题组研究认为横沙成陆开发和上海(横沙)深水新港的规划建设对长江口生态环境会产生一定的影响,但这些影响在新横沙规划和实施开发建设时采取适当的环保措施是基本可以弥补的。新横沙和上海(横沙)深水新港水域发生船舶溢油事故,通常不会波及青草沙水源地所在的长江口水源安全敏感区。经过努力,在新横沙的开发及上海(横沙)深水新港的规划建设中减少对长江口生态环境的影响,力争达到开发利用和生态环境保护和谐共赢的结果。

6) 新横沙和上海(横沙)深水新港的水安全是有保证的

课题组经过研究论证认为,新横沙和上海(横沙)深水新港的防洪(潮)标准应依据国家颁发的规范要求以及与相关规划的有机衔接予以确定,并可以结合新横沙和上海(横沙)深水新港的实际选用上海目前常规采用的防洪(潮)工程措施予以实施。

课题组经过论证新横沙和上海(横沙)深水新港的主要供水水源可由长江口青草沙水源地供应,该水源地能够满足新横沙和上海(横沙)深水新港的用水需求。

7) 新横沙和上海(横沙)深水新港的内外交通与区域现有交通网能够实现有效衔接

课题组对新横沙和上海(横沙)深水新港的内外交通进行了大量深入的研究,进行了多方案的比较论证,结论是在充分利用既有规划综合交通网络的基础上,适当增加新横沙的对外交通通道,能够与目前区域现有的综合交通运输网络衔接和融合,满足新横沙和上海(横沙)深水新港的内外交通需求。

8) 横沙成陆可实现长江口疏浚土的有效利用

课题组通过调查分析,目前长江口航道每年将产生0.8亿~1.0亿 m^3 疏浚土,随着长江口北港航道和南槽航道的规划建设,今后长江口区域可以达到1.2亿 m^3 疏浚土,横沙两滩的吹填成陆工程可以就地取材,变废为宝,实现资源综合利用。这样既减少了疏浚土外运抛弃的运输费用,又节约了横沙成陆的造地成本,同时也消除了疏浚土外抛对生态环境产生的影响,一举多得。

5.2 下一步工作建议

1) 尽快成立政府层面的新横沙研究开发的组织机构

新横沙开发事关上海创新驱动、转型发展的全局,需要从国家发展战略的大局上统一认识,建议

由市领导挂帅、指定牵头部门负责,尽快成立相应的研究开发的组织机构,开展新横沙总体规划的研究和开发建设的前期工作,为实施启动新横沙的开发奠定基础。

2) 进一步深化新横沙和深水新港开发的研究工作

本课题的研究目前着重于战略研究,实施新横沙开发利用和深水新港规划建设还有大量深入的前期研究工作,建议有关方面将本课题由目前的战略层面的研究转入规划层面及工程可行性的研究,以保证研究工作的连续性,争取本课题研究能够早日取得实质性的成果。

3) 做好新横沙研究成果与上海市规划修编的衔接

鉴于目前上海新一轮城市规划(2040年)、上海新一轮港口航运发展规划(2040年)、上海市"十三五"发展规划都在修编过程中,建议做好新横沙研究成果与上述规划修编之间的衔接,提供基础性资料和技术支撑。

4) 启动深水新港的起步工程

为了使上海更好地服务于长江经济带发展国家战略的实施,充分利用长江口疏浚土吹填造陆,建议市相关部门结合上海市"十三五"发展规划的编制,加快横沙大道 26 km 延伸段的建设,及早启动上海(横沙)深水新港起步工程的建设。

第3部分
横沙建港基础条件研究
(2019年)

本部分为华东师范大学受上海市交通委员会委托开展"横沙建港基础条件论证"课题研究的成果报告。该课题于 2019 年 4 月立项，2019 年 11 月结题并通过上海市交通委员会验收。在此课题研究基础上，本部分还吸收了华东师范大学正在牵头开展的上海市科委"河口疏浚土资源利用和新横沙滩面生态培育研究及应用示范"课题研究的相关成果。课题负责人包起帆，报告执笔人徐一孚。

主要研究人员包括：

华东师范大学
包起帆　国际航运物流研究院院长、教授 上海国际港务集团原副总裁
徐一孚　国际航运物流研究院研究员 高级工程师
朱建华　兼职教授 原上海市交通运输和港口管理局巡视员 高级经济师
宗源远　兼职教授 上海航道局原董事长 高级经济师
王　祥　兼职教授 第三航务工程勘察设计研究院原院长 教授级高级工程师
周　海　兼职教授 上海航道勘察设计研究院原院长 设计大师
姚逸云　国际航运物流研究院研究员 上海航道勘察设计研究院原党委书记 高级经济师
彭德艳　国际航运物流研究院 助理研究员
任国华　国际航运物流研究院 副教授
孟　舒　国际航运物流研究院 中级经济师
江　霞　国际航运物流研究院 高级工程师

中交第三航务工程勘察设计院有限公司
王吉鸣　原副院长 高级工程师
黄明毅　副总工程师 教授级高级工程师
孙骁帆　高级工程师
孙士勇　主任 工程师 高级工程师

中交上海航道勘察设计研究院有限公司

季　岚　副院长 教授级高级工程师
楼　飞　高级工程师
鲍道阳　工程师
赵红萍　工程师

本研究报告部分内容引用了南京水利科学研究院窦希萍、曹民雄、徐群、罗小峰、韩玉芳、路川藤，中交水运规划设计研究院有限公司吴澎、曹凤帅、刘晓玲，上海发展改革研究院赵义怀、屠烜、陈静，上海城市规划设计研究院钱少华、李强、张璐璐、孙姗珊等在"河口疏浚土资源利用和新横沙滩面生态培育研究及应用示范"课题中相关专题的研究成果。

第 1 章 绪 论

1.1 研究背景

1.1.1 新时代国家重大战略实施对上海港可持续发展提出新要求

当前,我国正处于全面深化改革的关键时期,经济实力和国际地位快速上升。国家提出"一带一路"倡议,从产业体系、综合运输及物流服务体系等方面着手,构建全方位对外开放战略框架,旨在全面提升我国国际竞争力和影响力。根据上海"十三五"规划等发展导向,上海在"一带一路"倡议中的定位聚焦在:最大城市集群、服务业中心、制造业基地、交通枢纽中心、科技创新中心和人文合作交流中心。其中,上海国际航运中心是重要支点,是全方位对外开放的核心支撑力量。在此背景下,上海港必须进一步提升在服务全国对外开放中的地位和能力,提高国际影响力和竞争力。

"长江经济带发展"是当前国家着力推动的重大战略之一,涵盖长江沿线九省二市,以全国21%的土地、43%的人口完成全国41%的GDP、40%的外贸额,是我国综合实力最强、发展潜力最大的区域之一。长江经济带横跨东、中、西部三大区域,区域内发展阶段和水平各不相同。其中上海市正处在工业化后期向后工业化迈进的发展阶段,初步预计长三角地区将在2020年后进入后工业化阶段,长江中上游地区将在2030年后开始进入后工业化阶段。随着区域一体化发展的推进,中上游广阔腹地蕴含的巨大内需潜力将得到释放,要求以上海港为龙头的长三角港口群,必须充分满足未来较长一段时期内长江经济带对外运输需求持续增长的要求。另外,随着长三角区域一体化发展的推进,港口一体化发展是重点之一,对上海港发挥自身区位优势和高端服务业集聚特色,进一步强化枢纽地位也提出了新的要求。

党的十九大报告提出"交通强国"战略,成为今后我国交通运输发展的主要指引。2019年9月,中共中央、国务院印发《交通强国建设纲要》,提出依托京津冀、长三角、粤港澳大湾区等世界级城市群,打造具有全球竞争力的国际海港枢纽、航空枢纽和邮政快递核心枢纽,建设一批全国性、区域性交通枢纽,推进综合交通枢纽一体化规划建设,提高换乘换装水平,完善集疏运体系;大力发展枢纽经济;加大对外开放力度,协同推进自由贸易试验区、中国特色自由贸易港建设。2019年11月,交通运输部、发展改革委、财政部、自然资源部、生态环境部、应急部、海关总署、市场监管总局、国家铁路集团九部门联合发布《关于建设世界一流强港的指导意见》,提出以枢纽港为重点,建设安全便捷、智慧绿色、经济高效、支撑有力、世界先进的世界一流港口;到2025年,世界一流港口建设取得重要进展;到2035年,若干个枢纽港口建成世界一流港口;到2050年,全面建成世界一流港口,形成若干个世界级港口群,发展水平居世界前列。

综上,上海港是多重国家战略实施的重要载体,未来上海港在国家战略布局中的核心支点和门户枢纽地位将进一步得到强化。

1.1.2 国家全方位对外开放为上海发展自由贸易港创造机遇

党的十九大报告提出"赋予自由贸易试验区更大改革自主权,探索建设自由贸易港"。上海自由贸易试验区(以下简称"上海自贸区")是大陆境内批准的第一个自由贸易试验区,自运营至今已有5年多时间,在自由贸易试验区建设运营方面积累了十分丰富的经验,且其改革创新理念和制度创新成果已经分领域、分层次在全国复制推广。但对标香港、新加坡等世界一流港口,上海港对外开放水平有待进一步加深,未来上海港国际影响力和枢纽地位的提升、国际航运中心建设的实质性突破都需要自由贸易港政策的护航。上海港集装箱运输航线密集,集装箱吞吐量连续多年排名全球第一,具备发展成为自由贸易港的基础条件,建设自由贸易港是大势所趋。

1.1.3 上海"全球城市"建设要求上海港可持续发展

上海市正处于"经济转型升级、创新驱动发展"的关键时期。在 2020 年基本建成国际经济中心、国际金融中心、国际航运中心、国际贸易中心、全球科创中心和社会主义现代化国际大都市的基础上,上海提出建设"全球城市"的发展目标。上海要建成"全球城市"的根本支撑和核心竞争力之一还在于港口服务,在于上海港能够提供多大辐射范围、多强功能的持续服务,要求以上海港为主要载体的上海国际航运中心进一步提升在全球航运网络中的地位。

1.1.4 上海港既有短板日益显现,横沙新港将提供新的发展空间

上海港是腹地型港口,其地位的巩固和提升离不开硬件设施的支撑和保障。而上海港既有吞吐能力、港区布局和岸线资源、航道水深条件等,均难以适应集装箱船舶持续大型化的趋势,难以支撑上海港长远发展的需要。据测算,外高桥港区、洋山港区规划岸线资源总量的综合承载极限将在 2025 年前达到;洋山港区距离长江口较远,客观上并非长江流域进出海的最佳节点,无形之中增加了长江流域的综合物流成本。

横沙东滩是现横沙岛东侧的大型水下浅滩,东西长约 45 km,南北宽 4～11 km,滩涂面积约 460 km²。滩面东侧为自然滩地,滩面西侧已在进行促淤圈围,工程共分八期,目前一~七期工程已完工,八期工程 2020 年底完工。将横沙东滩和横沙浅滩吹填成陆,可新增土地约 480 km²,加上横沙岛原有土地 49 km²,将形成约 530 km² 的新横沙岛(简称"新横沙")。

横沙位于长江河口的江海连接处,所有长江内河地区进出长江口的航运必须路经此地,是国内、国际市场的极佳接轨点。在新横沙东部建设横沙深水新港,其东口门至外海不到 20 km,可以修建水深 20 m 的 20 万 t 级双向航道。通过布置挖入式港池,在港内形成总长 40 km 以上的岸线,可布置上至 20 万 t 下至 1 万 t 的不同等级的泊位 130 个以上。港池内水域东西贯通,通过人工运河将东侧深水航道、西侧长江黄金水道对接,江海中转可以在港内一次完成。

横沙东滩是上海市域范围内具备适应船舶持续大型化基本条件的唯一可能港址,也是腹地江海联运综合物流的最佳之地。

1.2 研究目的及意义

综合考虑新时代国家重大战略实施、腹地社会经济发展、上海"五个中心"建设对上海港的新要求,分析横沙深水新港建设的必要性和战略意义;结合新横沙的区域位置优势、上海港在新时代新形

势下的战略定位以及横沙深水新港对国家战略和上海可持续发展的重要意义,提出横沙深水新港的战略定位,挖掘横沙深水新港发展自由贸易港的潜力和优势,实现港口与后方物流、产业、城市一体化发展的目标;在此基础上,预测横沙深水新港货物运输需求和自由贸易港建设带动的产业发展需求,对横沙深水港港区做出初步规划和平面布置。本研究旨在为国家战略在上海的实现谋划着力点,为新横沙战略开发提供决策支撑,为上海港可持续发展提供备选方案。

1.3 研究内容

本专题主要研究内容包括以下五个方面:

1.3.1 客观分析现状和形势要求

客观分析新时代上海港发展面临的新形势、新要求,综合考虑国家战略、城市发展等需要,分析横沙深水新港开发的必要性。

1.3.2 合理定位横沙深水新港发展

结合外部形势要求和区域港口发展格局,分析提出新时代上海港应起到的战略作用。基于横沙深水新港的优势,综合考虑国际先进自由贸易港发展经验,提出将横沙深水新港建设成自由贸易港,从而提升整个上海城市发展水平和能级。

1.3.3 科学预测横沙深水新港需求

结合横沙深水新港的发展定位,预测横沙深水新港的货运需求,构建横沙深水新港建设自由贸易港的功能板块和产业体系。

1.3.4 规划横沙深水新港布局

结合功能和需求规模,初步提出横沙深水新港港区总平面布置方案,并对远期与后方物流、产业、城市联动开发建设新横沙自由贸易港的功能布局进行规划研究,提出布局建议。

1.3.5 初步探讨横沙深水新港对周边环境的影响

横沙地处崇明东滩鸟类国家级自然保护区、长江口中华鲟省级自然保护区位和九段沙湿地国家级自然保护区之间,位置比较敏感。探讨在横沙建设深水新港与周边环境和水源地的关系,并得出初步结论。

1.4 技术路线和研究方法

1.4.1 技术路线

本专题总体技术路线和横沙新港规划路线如图1-1和图1-2所示。

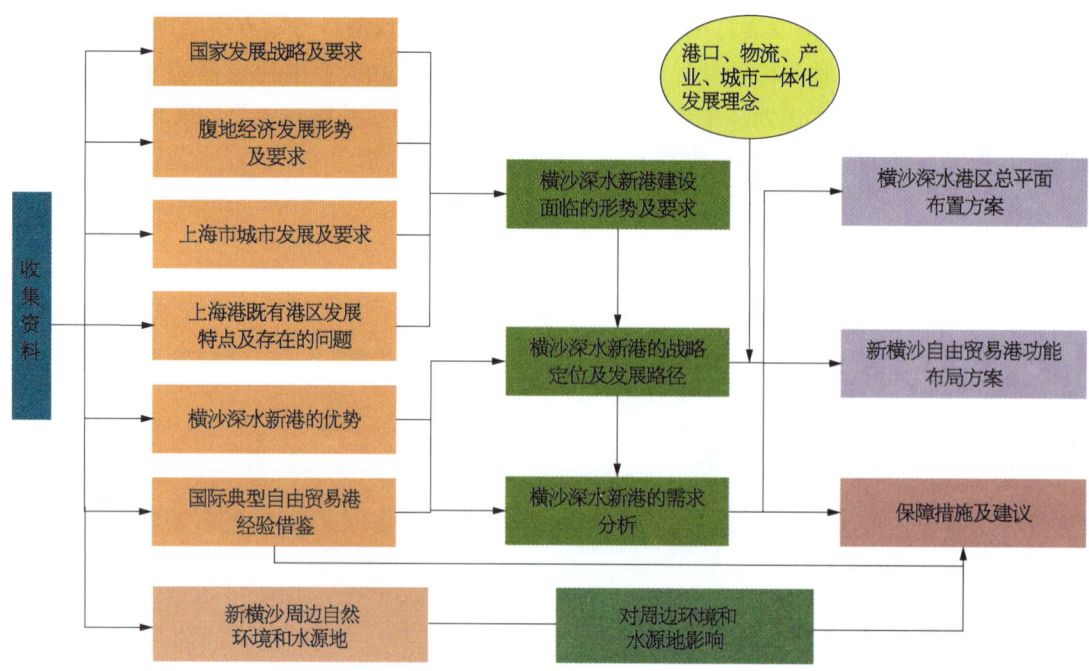

图 1-1　总体研究技术路线

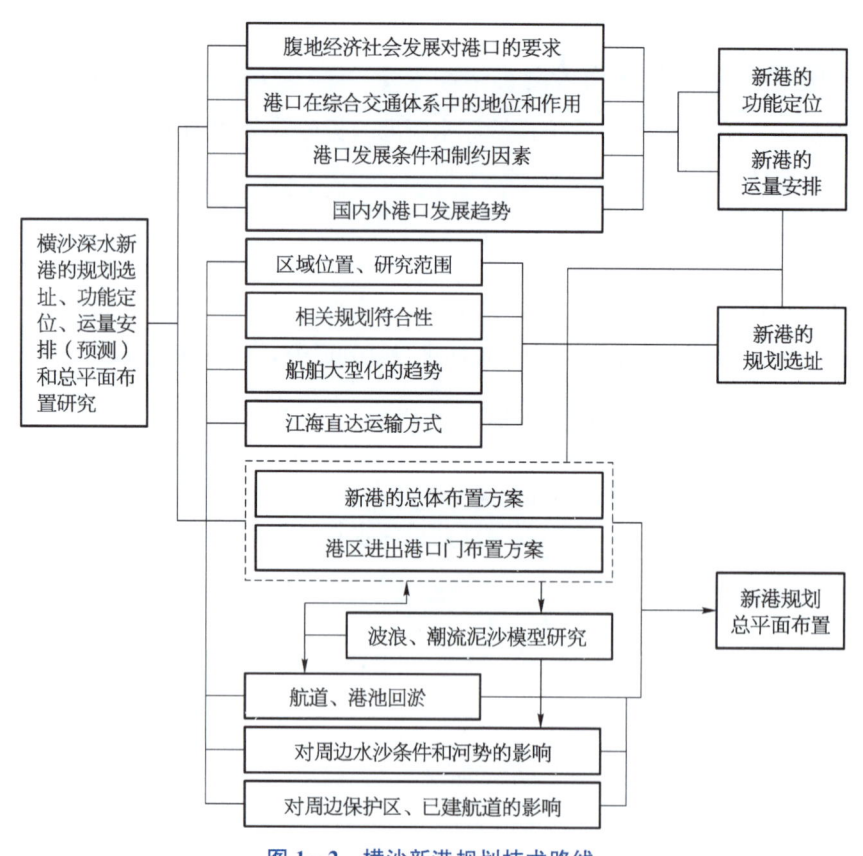

图 1-2　横沙新港规划技术路线

1.4.2 研究方法

1）调研、资料收集

中央对长江经济带、长三角地区和上海市的发展指导意见以及政策性支持文件,长三角地区一体化发展指导文件,长江经济带地区国民经济发展规划,上海市国民经济发展规划("十三五"规划、中远期发展规划),上海市产业发展及布局规划,上海土地资源开发指导性文件,上海市海洋功能区划,上海市城市发展总体规划,上海市及横沙岛市政配套设施专项规划,横沙岛土地利用规划及发展规划,上海市土地开发成本,上海市旅游发展规划,上海港总体规划(修编)、上海港航统计年鉴、上海市交通统计资料、长江航道发展规划等。

2）案例借鉴

对标国际先进自由贸易港,如新加坡港、香港港、汉堡港等,包括功能设置、发展规模、后方产业发展情况、政策和体制机制创新情况等,分析这些自由贸易港对横沙深水新港实现港口、物流、产业、城市一体化开发建设自由贸易港,以及自由贸易港应具备的功能和可发展产业所给予的启示。

3）运输系统分析

对横沙深水新港发展江海联运和国际中转主要涉及的货类,包括煤炭、铁矿石、石油、天然气及制品、汽车滚装、集装箱等主要货类分别进行综合运输系统分析,结合运输经济性比较,综合平衡既有港区通过能力以及相互关系,科学预测横沙深水新港货运需求。

4）综合分析

综合分析腹地经济社会发展对港口的要求、港口在综合交通体系中的地位和作用、港口发展条件和制约因素。依据相关港口布局规划,研究确定港口的性质,明确港口发展方向。结合腹地经济形态和发展特点,研究确定港口的功能。结合港口功能、港址基本建港条件,分析选址合理性和优势。

5）数学和物理模型

通过基础资料分析和数学或物理模型试验,分析影响港口规划布置的主要关键技术问题,确定港口的平面形态和岸线利用规划。

1.5 主要成果

本专题属于新横沙深水新港和自由贸易港建设的前瞻性研究,主要研究成果在于：

(1) 面向未来、面向国家战略,基于国家、区域、上海"全球城市"建设等各个层面,分析对上海港未来发展的需求,对新横沙发展港口功能、建设自由贸易港的需求。

(2) 结合当前经济形势和区域港口发展格局,对新横沙深水新港主要服务货类和规模进行前瞻性预测；对标国际先进自由贸易港,承接、提升现有自贸区功能,基于港口、物流、产业、城市一体化发展的理念,提出将新横沙深水新港建成自由贸易港,并对其功能和重点产业进行定位。

(3) 通过对长江经济带和长三角发展状况以及上海港现状的分析,分析规划新港的选址和功能定位。对长江口的地形、水文等建港基本条件进行整理分析,提出前瞻性的新港规划方案,通过模型试验,分析规划方案的可行性。

(4) 以河口疏浚土资源利用和新横沙滩面生态培育研究为切入点,探索在新横沙规划深水新港的战略研究,确定横沙新港的基本形态,满足上海港2040年以后的可持续发展,为上海港的未来拓展储备空间。

第 2 章　横沙深水新港对上海国际航运中心建设的重要性

2.1　上海港发展及上海国际航运中心建设

2.1.1　新时代国家重大战略实施对上海可持续发展提出新要求

当前,我国经济实力和国际地位快速上升,正处于全面深化改革的关键时期。国家提出"一带一路"倡议,从跨国产业体系、综合运输及物流服务体系等方面着手,构建全方位对外开放战略框架体系,旨在全面提升我国国际竞争力和影响力。根据上海"十三五"规划等发展导向,上海在"一带一路"倡议中的定位聚焦在:最大城市集群、服务业中心、制造业基地、交通枢纽中心、科技创新中心和人文合作交流中心。其中,根据交通枢纽中心要求,上海正在依托国际航运中心建设构建立体交叉的互联互通交通网络,使之成为"一带一路"最大的综合交通枢纽。

上海作为我国最重要的对外门户,拥有覆盖全球的航线网络、发达的基础设施和良好的配套服务,是海上丝绸之路航运枢纽的首选地。建设海上丝绸之路航运、物流枢纽,是国家对上海提出的要求,也是加速上海国际航运中心建设和城市转型升级的重要推手,对于进一步提升上海城市地位和国际影响力具有重要战略意义。建设海上丝绸之路航运枢纽,将直接拉动上海物流和贸易的发展,进而吸引商流、资金流聚集,有利于上海形成开放的经济结构、高效的资源配置能力和发达的国际交流网络,推动城市发展由"速度"向"质量"转变。未来,上海国际航运中心在国家战略布局中的核心支点和门户枢纽地位将继续得到强化。

"长江经济带发展"也是当前国家着力推动的重大战略之一,涵盖长江沿线九省二市,以全国21%的土地、43%的人口完成全国41%的GDP、40%的外贸额,是我国综合实力最强、发展潜力最大的区域之一。长江承担了全国80%左右的内河水运量,随着我国国民经济的快速发展和经济结构的深刻调整,长江干线内、外贸运量迅猛增长。2018年长江干线货运量达到26.9亿t,较2017年增长了7.6%。自2005年首次超过密西西比河和莱茵河以来,长江已连续14年蝉联世界上运量最大、运输最繁忙的通航内河第一位。

国家对长江经济带总体有四个定位:具有全球影响力的内河经济带、东中西互动合作的协调发展带、沿海沿江沿边全面推进的对内对外开放带、生态文明建设的先行示范带。上海地处沿江、沿海两条国家发展走廊交汇点,是中国经济最发达的城市之一,是长江经济带当之无愧的龙头,对促进长江流域经济发展具有无可替代的重要作用。长江经济带横跨东、中、西部三大区域,区域内发展阶段和水平各不相同,其中上海市正处在工业化后期向后工业化迈进的发展阶段,初步预计长三角地区将在2020年后进入后工业化阶段,长江中上游地区将在2030年后开始进入后工业化阶段。随着区域一体化发展的推进,中上游广阔腹地蕴含的巨大内需潜力将得到释放,要求以上海港为龙头的长三角港口群充分满足未来较长一段时期内长江经济带对外运输需求持续增长的要求(图2-1)。另外,随着长三角区域一体化发展的推进,港口一体化发展是发展趋势,对上海港发挥自身区位优势和高端服务业集聚特色,进一步强化枢纽地位也提出了更高要求。

党的十九大报告提出"交通强国"战略,成为今后我国交通运输发展的主要着力点。2019年9月,中共中央、国务院印发《交通强国建设纲要》,提出依托京津冀、长三角、粤港澳大湾区等世界级城市群,打造具有全球竞争力的国际海港枢纽、航空枢纽和邮政快递核心枢纽,建设一批全国性、区域性交通枢纽,推进综合交通枢纽一体化规划建设,提高换乘换装水平,完善集疏运体系;大力发展枢纽经济;加大对外开放力度,协同推进自由贸易试验区、中国特色自由贸易港建设。2019年11月,交通运输部、发展改革委、财政部、自然资源部、生态环境部、应急部、海关总署、市场监管总局、国家铁路集团九部门联合发布《关于建设世界一流强港的指导意见》,提出以枢纽港为重点,建设安全便捷、智慧绿色、经济高效、支撑有力、世界先进的世界一流港口;到2025年,世界一流港口建设取得重

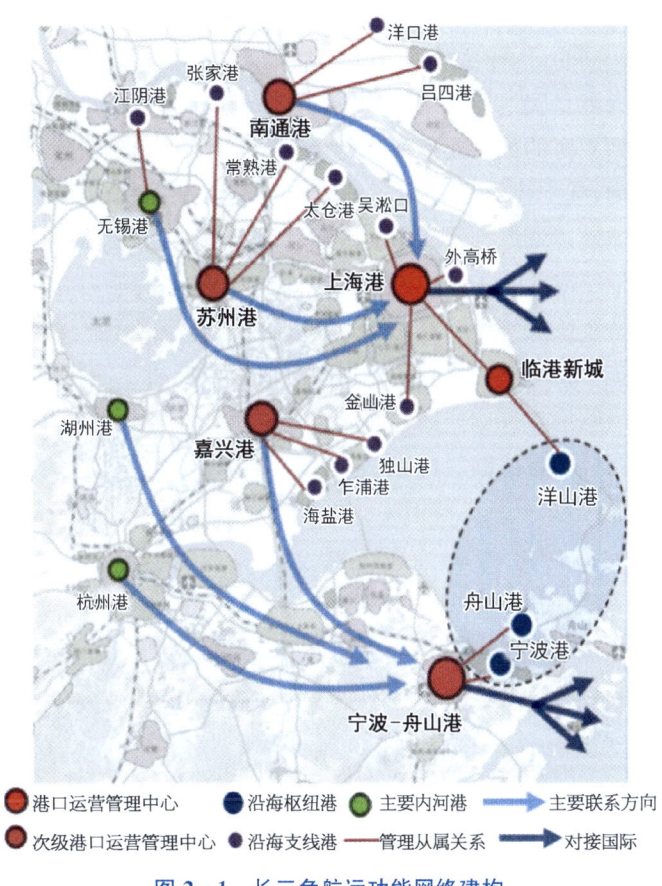

图2-1 长三角航运功能网络建构

要进展;到2035年,若干个枢纽港口建成世界一流港口;到2050年,全面建成世界一流港口,形成若干个世界级港口群,发展水平居世界前列。

上海市正处于"经济转型升级、创新驱动发展"的关键时期。在2020年基本建成国际经济中心、国际金融中心、国际贸易中心、国际航运中心、全球科创中心和社会主义现代化国际大都市的基础上,上海提出建设"全球卓越城市"的发展目标。纵观世界,沿海国家的经济比内陆国家的经济更为发达,这是因为拥有海岸线的国家具备有利的航运条件,相比于内陆国家拥有更强大的产业竞争优势。上海要建成"全球卓越城市"的根本支撑和核心竞争力还在于港口服务,在于上海港能够提供辐射范围大、功能强的持续服务,要求以上海港为主要载体的上海国际航运中心进一步提升在全球航运网络中的地位。

2.1.2 上海港是上海国际航运中心的主要支柱

随着"一带一路"倡议和长江经济带发展、长三角一体化等国家战略不断推进,上海"五个中心"建设迎来了战略机遇期。其中,国际航运中心建设又对贸易中心、金融中心、经济中心和科创中心的建设具有先导作用。

国际航运中心是港口城市的最高级形式,集国际经济、贸易、金融于一体,具有相当的人口和经济规模,拥有对国际金融和全球贸易的重要影响能力。当下,上海国际航运中心建设已经取得重大进

展,上海基本确立了国际航运枢纽的地位。作为上海国际航运中心的主要组成部分,2019年上海港集装箱吞吐量达到了4330.3万TEU,连续10年位居世界第一,始发的集装箱航班已经覆盖全球主要地区和港口,航线航班覆盖率水平全球第一。连通腹地的集装箱集疏运体系也有改善,现代航运服务体系建设得到有效推进。

同时,国际经贸和地缘政治形势日趋复杂,境内外航运资源分流加剧,上海港也面临较大压力。上海港是腹地型港口,港口的基础设施和服务能力,是吸引货流、船舶流、信息流、资金流、人才流等集聚到上海的最主要条件。到"十三五"期末,上海国际航运中心建设的总体目标是,进入世界航运中心前列,基本建成航运资源高度集聚、航运服务功能健全、航运市场环境优良、现代物流服务高效、具有全球航运资源配置能力的国际航运中心。而这些基本要素归根结底到一点,就是上海港必须确保国际枢纽港的领先地位,必须具备可持续发展的能力。上海港是上海国际航运中心的支柱,没有上海港可持续发展作为支撑,上海国际航运中心将名不副实,并将影响上海建成"五个中心"这个国家战略的实施。如果站位再高一点,眼光再远一点,将上海港和长三角港口群作为一个整体考虑,那么这个世界级的港口群如何同时面向长江流域腹地和世界广阔海洋,做好内外衔接、示范引领,成为国家形象的窗口和进出的门户,事关重大,意义深远。因此从这个意义上说,上海港在全球枢纽港之间的竞争力高低,关系到上海国际航运中心能级的高低,也影响上海全球卓越城市这个大目标的实现。

2.1.3 上海港及国际航运中心建设现状

1) 上海港已基本确立了国际枢纽港地位

目前,上海国际航运中心国际枢纽港建设继续保持了海港、空港、集疏运体系三箭齐发、共同推进的态势。

上海港位于长江经济带和沿海经济带的交汇处,是上海国际航运中心的主体、核心组成部分,是全球货物贸易集散中心和现代物流服务基地,也是国际集装箱枢纽港。2019年上海港集装箱吞吐量达到了4330.3万TEU,连续10年位居世界第一。上海港外贸口岸地位更加突出,外贸货物中转比例不断提高,对内进一步挖掘潜能,提高港口综合服务能力和效率,扩大港口腹地;对外进一步增加航线和扩大辐射范围,优化口岸环境,提高通关效率。上海港国际航运主业得到快速发展,已开辟遍布全球国际直达的班轮航线200多条,每月国际集装箱航班密度达到1166班,是中国大陆集装箱航线最多、航班密度最高、覆盖面最广的港口,航线航班覆盖率水平全球第一。全球最大的20家中外船公司已全部进驻上海,在上海设立子公司或办事处的外国航运公司逾80家。连通腹地的集装箱集疏运体系也有改善,现代航运服务体系建设得到有效推进,包括航运金融业务尤其是航运保险受到国家政策鼓励,得到了积极的拓展,邮轮产业发展趋势良好,港航装备制造业继续保持世界领先,区域合作不断加强。伴随着上海自由贸易新片区的设立、长江流域经济的发展、上海进博会的举办,上海港的吞吐量有望继续保持增长。

2) 港区布局现状

目前,上海港已形成了以外高桥港区、洋山深水港区为主,黄浦江两岸为补充的集装箱港区布局(图2-2)。其中,黄浦江港区装箱作业量正在逐步向洋山和外高桥转移。从总体发展形势来看,未来上海港集装箱码头将集中在洋山深水港区和外高桥港区这两个区域。2018年12月上海国际航运中心洋山深水港四期工程正式通过竣工验收,共建设7个集装箱泊位、集装箱码头岸线总长2350 m,设计年通过能力初期为400万TEU,远期为630万TEU。2018年,洋山港有国际航线75条,每月国际航班325班。

图 2-2　上海主要港区布局

3）上海港吞吐量

上海港全港货物吞吐量呈波动态势。近几年，受国际经济影响和部分货种主动向周边港口分流，全港货物吞吐量呈波动态势。但 2017 年以来，全球经济复苏态势趋于明朗，国内经济保持稳中有进、稳中向好走势。受此影响，2017 年上海港货物吞吐量 7.51 亿 t，实现四年来首次增长。2019 年上海港货物吞吐量 7.17 亿 t。

2019 年上海港完成集装箱吞吐量 4 330.3 万 TEU，连续 10 年位列世界第一，集装箱吞吐量再创新高，与上年同期相比，增速为 3.07%。从历年集装箱箱量增长幅度来看，2000—2007 年集装箱吞吐量处于快速发展阶段，基本保持 20%～30% 的增幅；2008 年受到全球金融危机的影响，集装箱吞吐量增幅有所下降（图 2-3）；在内贸市场发展的支撑下，2010 年吞吐量恢复增长；2011 年至今集装箱吞吐量步入稳定增长阶段。2020 年初新冠肺炎疫情发生继而在全球蔓延，预计对当年上海港的吞吐量会产生负面影响。但疫情过后，预计将有恢复性增长，原有发展轨迹会继续得到延续。

2019 年洋山港集装箱吞吐量达 1 980.8 万 TEU，同比增长 7.6%，占全港集装箱吞叶量的 45.7%。

4）上海港集装箱集疏运现状

2017 年上海港集装箱集疏运体系中，公路运输占 68%，水路运输占 31% 左右，铁路运输占 0.3%。

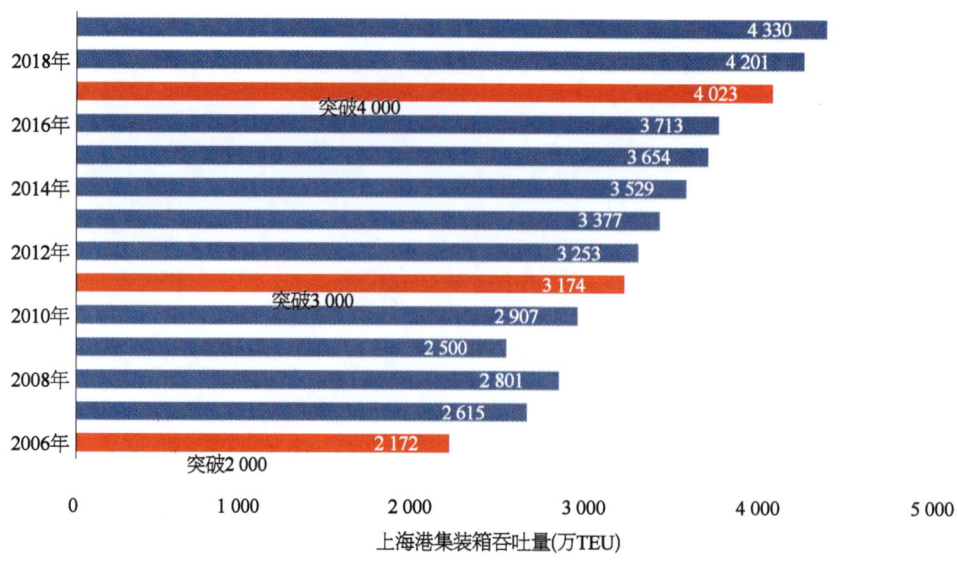

图 2-3　历年上海港集装箱吞吐量

"十二五"以来,公路和水路运量都呈现明显增长,但所占比重变化不大。因为上海铁路未进港区,因此铁路运输在上海港集疏运体系中所占比重一直很小,几乎可以忽略不计。

上海港公路集疏运系统经过多年的建设与发展,基本形成了以高速公路为主、干线公路为辅的布局。长江口港区主要通过外环线、郊环线的北段和西段对外相连,再通过省际高速公路与江苏、浙江对接。洋山深水港区主要通过东海大桥与郊环线、沪芦高速、外环线相连,再通过省际高速公路与江苏、浙江对接。

上海铁路系统是全国枢纽之一,有京沪、沪杭两条干线与全国铁路干线相连接。上海能够办理集装箱海铁联运业务的铁路车站主要有杨浦港站、芦潮港中心站和闵行站等,其中芦潮港中心站规模最大。洋山港区海铁联运集装箱由集装箱卡车经东海大桥驳运至芦潮港中心站,再从浦东铁路进入国家铁路网。外高桥港区海铁联运集装箱由公路短驳至杨浦货运站,经支线接入京沪、沪昆两大铁路干线。目前,沪通铁路预计 2020 年 7 月开通,建成后将伸入外高桥港区。随着沪通铁路、郊环的建成,铁路的集疏运比例将大幅增长,集疏运系统可支撑上海港吞吐量能力的进一步增长。

上海港内河集疏运系统是基于 2004 年规划"一环十射"的高等级内河航道分步建成的。目前,上海内河航道有 200 多条,航道里程超过 2 100 km。近年来,上海加大航道建设力度,连接江苏省的苏申外港线建成贯通,连接外高桥内河港区和芦潮港内河港区的赵家沟、大芦线一期工程建成,黄浦江上游泖港段整治完成,连接浙江省的杭申线、长湖申线、平申线等项目正有序推进。

5) 邮轮经济现状

吴淞口国际邮轮港于 2011 年 10 月 15 日正式开港以来,目标是力争在 2020 年之前进入全球邮轮母港的第一阵营,即前三甲。截至 2018 年底,吴淞口国际邮轮港已累计接待 2 000 多艘邮轮、1 300 余万人次。继续保持亚洲第一,同时成为全球第四的邮轮母港,并带动中国成为全球仅次于美国的第二大邮轮客源地。2015 年 6 月,为进一步提升吴淞口国际邮轮港接靠能力,邮轮港后续工程正式启动,项目投资了近 10 亿元,新建 2 个大型邮轮泊位、2 座客运大楼和 1 座引桥,码头岸线延伸至 1 600 m,拥有 4 个大型邮轮泊位,形成"四船同靠"、年接靠国际邮轮 800~1 000 艘次的运营能力。

2.2 上海国际航运中心建设面临的新挑战

2.2.1 港口行业发展态势及要求

对标世界一流港口建设指标和国外先进港口发展经验，港口行业发展主要呈现以下趋势：

1) 港口发展物流化

20世纪90年代以来，经济全球化步伐不断加快以及信息技术迅速发展、交通运输体系日益完善，都推动了现代物流的蓬勃发展。在国际物流链中，港口具有明显的区位优势，这就决定了港口在现代物流发展中具有重要的战略地位，物流业的发展也同时拓展了港口的功能。在当前现代物流业发展趋势下，国外港口纷纷调整在全球供应链中的角色，积极发展现代物流业，由港口物流向综合物流、供应链系统全面拓展。

加入物流业角逐成为大型港口发展的目标，欧美等发达国家的港口为适应现代物流的发展，都纷纷在港口周围建起先进的物流中心或分拨中心，积极发展以港口为中心的物流业。

以港口为基础的物流园区成为金融、贸易、出口加工等产业发展的重要依托。德国采取多种形式的港口物流联盟，促进港口与铁路的"港铁联盟"、港口与船运公司的"港航联盟"等模式；充分发挥国际现代物流服务业的集成创新优势，推动港口物流发展，走在了欧洲乃至全球的前列。法国的勒哈佛尔、马赛，西班牙的巴塞罗那，美国的诸多港口，意大利的热那亚、里窝那等，都兴建了物流中心或物流园区。新加坡在20世纪90年代就建成了东南亚商品销售分配中心。

2) 港口功能更加多元化

发展港口功能多元化，已引起世界港口行业的高度重视，是当今世界港口发展的必然结果。港口不仅提供装卸运输服务，同时提供卓有成效的产业发展、物流增值、海洋开发和城市社区等多功能服务，使大型港口以及港口所在城市成为以港口为中心、集成多种运输方式综合发展的运输枢纽，成为航运、商业和贸易、产业信息、综合服务中心。

港口企业已由计划经济时期的点式思维方式、改革开放初期的线性思维方式转变为市场经济的立体思维方式，将传统的港口装卸、堆存的单一功能，发展为港口装卸、仓储、运输、工业、商贸、旅游、房地产开发等多元化的功能，提高了经济效益和社会效益。

3) 港口产业高端化

随着第三代和第四代港口的出现和发展，以仓储装卸为主的港口服务已不能满足经济活动日益多样化的需求，物流、金融、保险、信息等高端生产性服务业快速发展，由此带来相关产业如贸易、船舶融资、海上保险、海事法律、航运交易、航运经纪等各种现代服务业的发展；通过前向与后向关联效应的作用，最终形成完整的港航业产业链条；港口由单一的运输中心转变为航运服务中心，航运服务产业的发展成为衡量港口服务质量的重要标准和吸引货源的关键因素。如何创新性地提供方便快捷高效的服务，是实现港口转型升级的必由之路。

4) 港口更加开放化

自由贸易区在深化国际分工的同时，又能促进港口所在区域的进一步扩大开放和全球化进程。目前，全球很多地方力图依托港口这个重要的门户，建设自由贸易园（港）区，期望提供税收优惠和投资、贸易、金融等相关政策创新，吸引企业进驻，实现政策创新和管理、体制创新，更好地与国际市场接轨，进一步融入全球化发展。

港口往往在港口内部或邻近地区建设自由贸易区,积极发展高附加值的物流服务。早在1992年,日本主要港口已设有自由贸易区,集装箱码头附近建有多功能进口货物中心,提供一系列服务,包括配送、加工、展览、销售等。香港凭借自由贸易港的政策优势,成为世界最自由和最开放、功能最多的自由贸易港。

5) 港产城一体化

优越的港口条件会带来城市、产业发展的加速度,城市、产业反过来又能扩大、增强港口的规模和功能。从国内外港口城市发展战略来看,依托港口发展临港产业日益成为"以港兴城、以城促港"的关键举措,以港口为中心龙头,大力发展临港产业,摆脱港口单纯作为交通枢纽的一元化发展模式,促使港口的多功能效应充分发挥,辐射、带动整个城市的发展。越来越多的港口发展更加注重港产城的融合,促进港口、产业、城市共同繁荣。

6) 国际竞争更加激烈

集装箱船舶持续大型化和航运联盟化进一步加剧全球范围内对集装箱枢纽港地位的激烈竞争。国际竞争力是衡量世界一流港口建设的重要指标。伴随着全球航运要素逐步东移,特别是亚太地区主要城市纷纷依托港口争夺国际航运中心的地位,目前新加坡、鹿特丹、釜山等港口相继启动20万t级集装箱码头的建设,亚太地区主要集装箱干线港、枢纽港的竞争将尤为激烈。

面对港航业发展的新形势,要求上海港继续深入推进"港口+"战略,进一步加强能力保障,完善、提升港口功能,加大开放水平,加强对物流链的控制能力,强化对内、对外枢纽地位,整合提升港口价值链,实现货物、产业、航运、贸易、金融等要素的集聚和融合发展,提升国际竞争力。

综上所述,上海国际航运中心必须拥有深水航道、航线密集的集装箱核心枢纽港、良好的多途径集疏运一体化网络等硬件基础设施,还必须具备与现代航运业服务相匹配的贸易、信息、金融等软实力的港口城市。具体表现在:首先是上海国际航运中心必须拥有大型的、现代化的深水港,为核心枢纽港口群和良好的航运业服务体系提供支撑;其次是拥有覆盖面广、全球性的国际性航线网络体系,具备调动全球航线的港口服务功能;此外,支撑国际航运中心的运行,不但需要具备全球性的航运业,还必须依靠巨大的腹地市场需求、强大现代物流网络体系,加强以加工制造、信息、多样化联动的集疏运等服务体系的建设,为国际航运中心整体运行提供最强劲的发展动力。

2.2.2 国际船舶大型化趋势

全球贸易需求在未来仍将保持增长,这使得船舶大型化的趋势成为必然,班轮公司也在不断顺应这个大趋势。从长远来看,联合国预计未来人口会激增,全球人口增长意味着消耗加大,从而导致贸易量也随之攀升。各行各业也正在通过调整其贸易货物的规格等形式,使其适应集装箱运输方法,即贸易集装箱化。总体来看,未来货量增长的潜力仍十分巨大,贸易需求的增长使得贸易集装箱化和船舶大型化的趋势成为必然。

近年来,在全球班轮公司追逐规模经济和国际海事节能减排法规日益严格的双重推动下,集装箱船大型化趋势显著加快。短短几年时间,超大型集装箱船航运市场已从1.8万TEU时代迈入2.2万TEU时代(图2-4)。

英国海运咨询公司Ocean Shipping Consultants(OSC)发布的一项研究成果表明,2.4万TEU集装箱船的航行成本,比1.25万TEU集装箱船低23.1%,比1.6万TEU集装箱船低17.4%,规模优势显而易见。因而,成本成为各班轮公司之间激烈竞争的推动力,这加剧了船舶大型化趋势,超大型集装箱船不断刷新纪录。

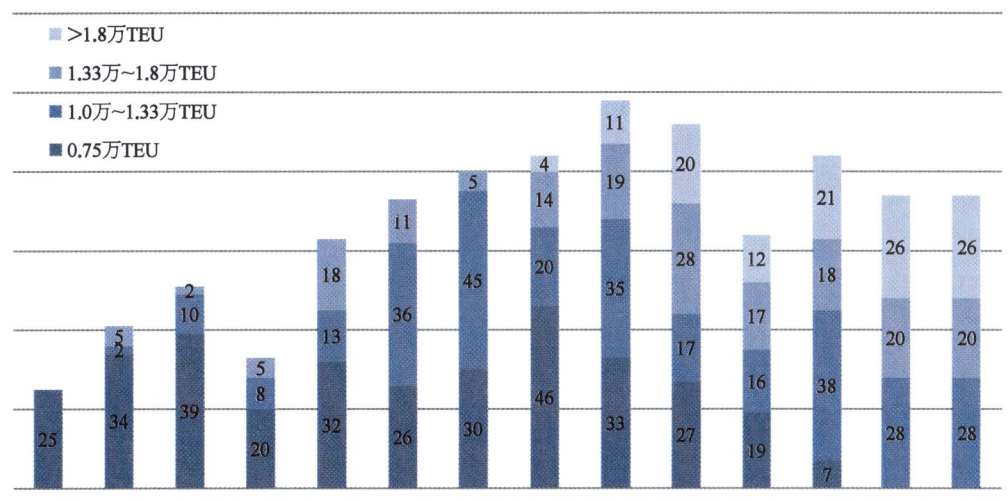

图 2-4　集装箱船舶大型化趋势

20世纪90年代初,世界集装箱船队最大集装箱船载箱量仅为4 814 TEU,发展到21世纪初,世界集装箱船队最大集装箱船载箱量是9 600 TEU。2017年9月,东方海外旗下的东方香港轮以21 413 TEU的载箱量被确认为世界最大的集装箱货轮。2018年11月,中远集运订造的2万TEU超大型集装箱船"中远海运星云轮""中远海运宇宙轮""中远海运人马座"投入营运。2018年12月,共有91艘运力超过1.8万TEU的船舶投入了亚欧航线。2019年7月,2.3万TEU的"地中海古尔松轮"靠港天津,再次刷新世界最大集装箱船舶纪录。"地中海古尔松轮"船长400 m,宽61.5 m,可装载20英尺集装箱24行,最大载箱量达23 356 TEU,是1990年最大集装箱船型的4.8倍,是第一代集装箱船的32倍多。除了地中海航运的11艘2.3万TEU型船外,现代商船订造的12艘2.3万TEU型船,也将从2020年上半年开始陆续交付,赫伯罗特和长荣海运也分别计划订造6艘和11艘2.3万TEU型大船。

新交付的超大型集装箱船,基本都投放在了亚欧航线。到2020年,亚欧航线上的最小船型,也将达到1.3万TEU这一级别,1.2万～1.8万TEU成为主力船型。3 000～5 000 TEU船型则只会在支线运输上保留。

超大型集装箱船舶的投入运营,直接对港口提出了更高要求。1.8万TEU集装箱船满载吃水达16.5 m,需要的航道通航水深在19 m左右。在1.8万TEU集装箱船的推动下,国际干线集装箱枢纽港的航道通航水深将开始向20 m迈进。未来,只有箱源充足而稳定、航道与泊位水深满足大型船舶需要的港口,才能保持住洲际海运航线中的干线港地位。而不具备航道水深条件的港口,将可能降级为区域性支线港口。

2.2.3　航运联盟升级

随着船舶大型化一同升级的还有航运联盟。船舶大型化使市场环境更加严峻,全球班轮公司加快结盟,超大型集装箱船已成为班轮公司合作和班轮联盟竞争的基础。一个航次要保证2万多TEU的货源组织,对任何一家航运企业而言都不是容易的事情,因此班轮公司试图通过联盟化的方式共享舱位,提升船舶装载率。

联盟化大船的运营模式下,要求精简挂靠港,船舶将减少挂靠港口数量,干线船只在少数箱源充足、稳定并有深水泊位的港口之间航行，每个区域将逐渐诞生一个或几个主要港口作为枢纽港，长距离运输的货物将越来越集中到某个枢纽港。因此，干线枢纽港的竞争将日趋激烈，现有的国际枢纽港面临重新布局的竞争与挑战，应对稍有迟缓，便可能丧失良机，遭到淘汰。

2.2.4 周边国家和地区港口竞争激烈

在亚洲/欧洲、亚洲/北美、欧洲/北美三大东西向航运主干线上，基于船舶大型化，航运业日渐联盟化、网络化、枢纽化，班轮公司要求精简挂靠港口，不断完善其在全球航运网络上的战略布局。因此，经济发达、腹地广阔、箱源丰富、港口自然条件良好、贸易外汇结算方便、航运服务等软环境优越，就成为各港口竞争的重点。由于"马太效应"，强者恒强，一些重要港口的航线航班密度迅速增加，从而成为全球干线网络中为数不多的重要节点。

当前全球围绕超级枢纽港地位的竞争越来越激烈。成为国际超级枢纽港的所有条件中，航道、泊位水深是硬指标。因此新加坡、伦敦、鹿特丹等港口纷纷启动20万t级集装箱码头和深水航道的建设。上海周边国家和地区也纷纷加紧了夺取东北亚航运中心的进程。如韩国釜山和光阳提出建设"21世纪环太平洋中心城市港"的目标，计划建设30~40个水深为16~20 m的大型集装箱专用泊位，形成2 000万TEU的吞吐能力。高雄提出要建设"亚太营运中心"。

新加坡更是提出了雄心勃勃的超级港口项目大士港计划。2000年6月，新加坡西部的大士地区海域启动成陆工程，2019年10月3日，大士港码头正式破土动工，李显龙总理出席了动工仪式。李显龙意味深长地说，大士港将加强新加坡国际海运枢纽的地位，新加坡必须尽一切努力确保前路航行顺利。大士港将分四个阶段建成一个年吞吐量达6 500万TEU的集装箱码头。首期计划先建设20个泊位，年吞吐量达到2 000万TEU，预计在2021年建成投入运营。而到2040年全部建成之后，包括自动引导运输车、自动化场地起重机、自动存储与截取系统等高科技的应用，将使大士港成为世界上规模最大的真正的全自动化集装箱码头，其集装箱吞吐量能力将是现在整个上海港的1.5倍。

2.2.5 国内沿海各港口能力不断提升

上海港曾经在货物吞吐量和集装箱吞吐量方面双双位居世界第一，但在2012年货物吞吐量被宁波-舟山港超越。2017年宁波-舟山港成为世界上唯一货物吞吐量超过10亿t的港口，2019年其吞吐量超过了11亿t（图2-5）。上海港虽排名第二，但吞吐量仅为宁波-舟山港的70%，增速只有1.4%，且近几年呈总体下降趋势。

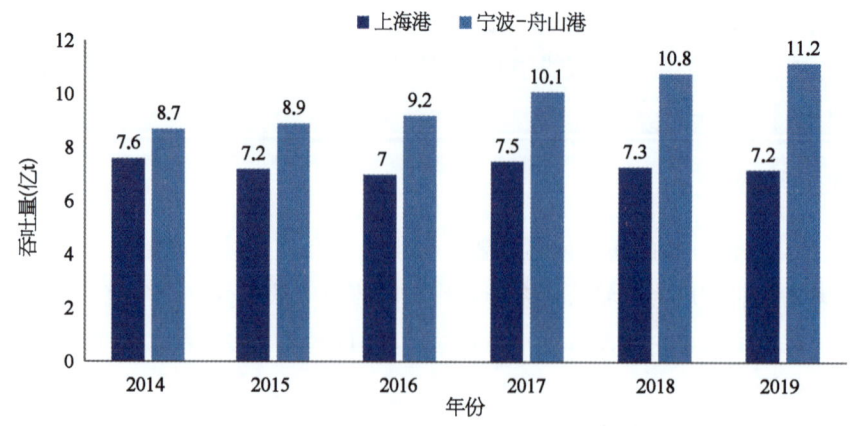

图2-5 2014—2019年上海港、宁波-舟山港吞吐量对比

在集装箱吞吐量方面,宁波-舟山港得益于与 2M、OCEAN、THE 等航运联盟的合作,与各大航运联盟在航线布局、腹地拓展等方面加强业务合作,截至 2018 年底,已拥有各类航线共 246 条。2019 年上半年宁波-舟山港集装箱吞吐量达到 1 486.1 万 TEU,比上年同期增长了 6%,7 月增长率甚至达到了 13.4%。2019 年全年宁波-舟山港集装箱吞吐量达到 2 753 万 TEU,比上年增长 4.50%。而上海港 2018 年比 2017 年增长了 4.40%,2019 年全年比 2018 年仅增长了 3.10%,与 2017 年 8.30%的增速相比显著下降,与宁波-舟山港等国内外主要港口相比,增速明显不及(图 2-6、表 2-1)。

图 2-6　上海港、宁波-舟山港集装箱吞吐量增长率对比

表 2-1　2019 年全球主要港口集装箱吞吐量　　　　　　　　　　　　　　　　　　(万 TEU)

排　名	港　口	国　家	2018 年	2019 年	增长率
1	上　海	中　国	4 201	4 330	3.1%
2	新加坡	新加坡	3 660	3 720	1.6%
4	宁波-舟山港	中　国	2 635	2 753	4.5%
3	深　圳	中　国	2 574	2 577	0.1%
5	广　州	中　国	2 187	2 283	5.7%

2.2.6　挑战

按照既定规划,2020 年是上海国际经济、金融、航运、贸易中心基本建成之年,是科技创新中心形成基本框架之年。当前已是"五个中心"的冲刺阶段,而航运中心在"五个中心"中又被视作关键一环和重要支撑。面对国家发展战略对上海提出新的要求,面对船舶大型化、航运联盟化的趋势越演越烈,面对世界其他国家和周边地区港口的激烈竞争,要想确保上海国际枢纽港的地位,就必须正视目前存在的问题。

1)港口能力不足

洋山港区、外高桥港区和罗泾港区是上海港的三大主力港区,目前这三大港区的吞吐量均已超过其设计能力,呈超负荷运营状态。近年上海港超核定通过能力如图 2-7 所示。

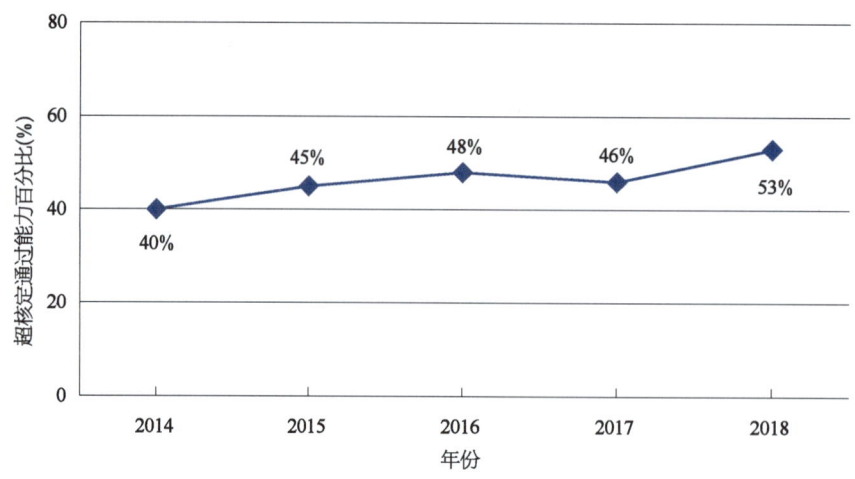

图2-7　上海港近年来集装箱吞吐量超核定通过能力百分比

近20年来,上海港码头设施能力持续滞后于箱量的增长,导致超负荷状态无法改善(图2-8)。由于常年超负荷运营,近年来上海港拥堵的现象频频发生,国内外媒体对此多有报道。例如,2017年4月上海港出现严重拥堵,就曾引起国际港航界、贸易界的高度关注。《财新周刊》《劳氏海运周刊》、路透社等媒体纷纷以"长期超负荷运营,上海港陷持续拥堵"等标题进行了报道。

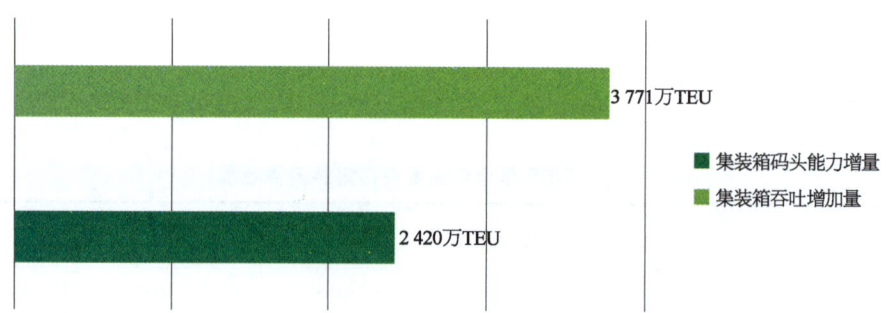

图2-8　近20年上海港集装箱吞吐量与码头能力增量对比

在上海港,船舶平均等泊时间较长已经对其声誉造成影响。上海国际航运研究中心在专稿分析中指出:"上海港码头拥堵导致作业装卸效率下滑,同时港口拥堵引发原本拉往上海港的集装箱量分流至周边不拥堵的港口,对上海港全年的吞吐量造成了比较大的影响。"

理论上,腹地型的港口设施应该适度超前建设,港口设施能力应该适当大于实际需求,保持一定的裕量,以应对货流的不均衡,这样才能增加港区对船公司的吸引力,取得双赢。但自洋山港四期之后,上海港没有进一步扩充码头设施的计划,而集装箱装卸量仍将继续保持温和增长。因此可以预计,上海港码头拥堵的现象不会缓解,只会加剧。长此以往,上海港的声誉、地位将不可避免受到严重影响。

2) 深水航道资源严重不足

上海港目前没有20 m的深水航道。外高桥港区航道为12.5 m,洋山港区航道为16.5 m,难以适应船舶大型化发展的要求和趋势。与国内宁波-舟山港33 m、天津港22 m、青岛港21 m、连云港港20 m的水深条件相比,差距很大,与上海国际航运中心的定位与任务严重不匹配。目前长江口深水航道水深为12.5 m,仅可满足第三、四代集装箱船和5万t级船舶的全潮双向通航要求,兼顾第五、六代集装箱船和10万t级满载船舶乘潮通过长江口。且长江口深水航道回淤较为严重,每年航道维护量较大。

超大型集装箱船舶的投入运营,将引发洲际海运航线发生根本性变革,1.8万TEU集装箱船满载吃水达16.5 m,需要的航道通航水深在19 m左右,而未来2.2万TEU集装箱船吃水还可能进一步增加。在1.8万TEU集装箱船的推动下,国际干线集装箱枢纽港的航道通航水深已开始向20 m迈进。未来,只有航道与泊位水深条件满足的港口,才能保住洲际海运航线中的干线港地位,不具备航道水深条件的港口,将可能降级为区域性支线港口。在这种情况下,上海港深水航道资源严重不足的问题越发凸显。

3) 深水岸线资源严重匮乏

上海市岸线北起沪苏交界的长江浏河口,南至沪浙交界的杭州湾金丝娘桥,总长约597 km(大陆岸线313.1 km,岛屿岸线长283.5 km),目前规划港口岸线总长229 km(大陆岸线占154.9 km,岛屿岸线占74.2 km),其中深水岸线142 km,分布在黄浦江16 km、长江口南岸39 km、杭州湾北岸26 km和崇明三岛61 km,码头前水深为10~15 m。

经过多年的快速发展,上海市港口规划中具备开发条件的深水岸线资源已利用殆尽,剩余的深水岸线主要集中在3处。其中,由于崇明岛定位为生态岛,不宜开发,杭州湾北岸规划设计了城市生活岸线和临港产业,因此目前可供建设公共港区的岸线仅剩下金山作业区2.3 km和长江口南岸五号沟2.8 km。但由于两处岸线都太短,水深也不符合船舶大型化趋势的要求,开发意义不大。

4) 港口缺乏陆域发展空间

上海港现有港区腹地纵深不够,陆域狭小。外高桥、罗泾等港区紧邻市区,相邻土地早已规划它用;洋山港区依靠填海造陆形成的港区陆域面积仅7.2 km^2,也已开发完毕。

在上海土地资源紧约束和环境紧约束进一步强化的背景下,根据新一轮城市总体规划,上海建设用地总规模将继续负增长。2018—2020年,全市每年减量化任务不低于15 km^2,其中工业用地减量不低于12 km^2。因此,要想拓展上海港现有陆域发展空间,既受到规划的约束,也受到建设用地总规模的影响。上海港的进一步发展受到土地资源的掣肘。

5) 集疏运过度依赖公路,江海联运有待加强

在集装箱运输规模经济驱动集装箱船舶大型化的背景下,大型集装箱船通常选择在少数几个货源充足的干线枢纽港挂靠,其他港口以支线形式与干线港连接,形成"轴辐式"网络体系。因此干线港的集疏运体系显得尤为重要。随着长江沿线集装箱运输规模的不断扩大,江海联运在长江集装箱运输体系中的地位和作用将不断增强(图2-9和图2-10)。

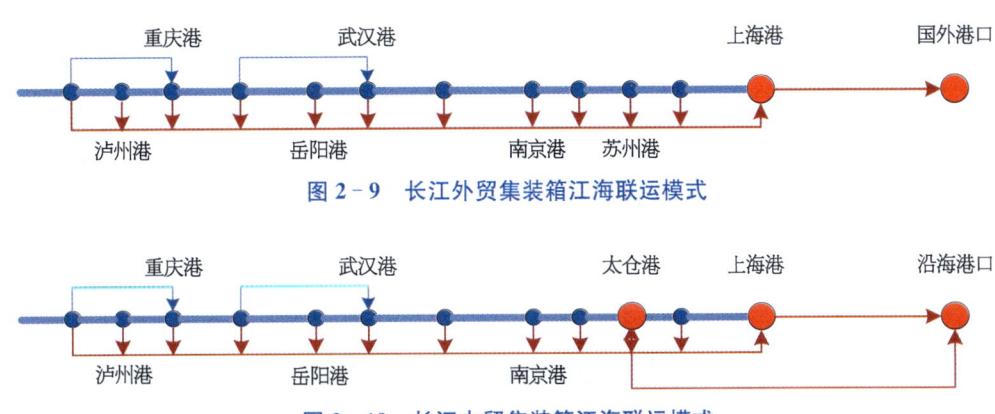

图2-9 长江外贸集装箱江海联运模式

图2-10 长江内贸集装箱江海联运模式

据2018年数字，上海港集装箱集疏运系统以公路为主，占港口集装箱输运量的三分之二以上；水路次之，占31%左右。由于铁路至今未能进入上海港的主要港区，因此铁路集疏运比例非常小，占比不到0.3%。

上海港水路运输中，其突出问题是，长江沿线尤其是中上游地区，只有少部分小型集装箱海船或江海直达船可以直接往返于洋山港和武汉、九江之间，大部分内河船舶受江船、海船标准体系不同等制约，无法直接停靠洋山港。长江中上游武汉、重庆、长沙、九江、宜宾等地与沿海或其他国家和地区港口间的运输，只能通过"五定"班轮至外高桥，然后再通过穿梭巴士到洋山港。近年来，因为外高桥港区本身作业繁忙，无暇他顾，因此现在长江中上游的集装箱逐步转移到太仓港集并、中转。二程中转必然增加运输直接成本，也增加了交通和环境负担等社会成本。即使是少量能够靠泊洋山港的小型海船或江海直达的江船，为了给大船让位，也不得不长时间等待靠泊，甚至反复靠泊。这样，洋山港有限的深水岸线没能得到充分利用，也大大影响了船公司的效率。

陆路运输比重过大，对交通和环境的压力更是显而易见。进出外高桥港区的大型货车常年扎堆排队，行驶缓慢，造成外高桥和浦东周边地区的道路拥堵，成为上海有名的道路拥堵节点。陆上进出洋山港区的集装箱，首先要行驶30 km才能进入上海周边的道路体系，陆运距离过长，费时费力，还污染环境。而且随着洋山港吞吐量不断上升，东海大桥也开始有拥堵出现。这样的以公路为主的港口集疏运模式，弊端十分明显。

2.3 上海国际航运中心建设的趋势与要求

2.3.1 国家战略及发展的要求

党中央提出的"一带一路"倡议和"长江经济带发展""长三角一体化发展""上海自贸试验区建设""上海五个中心建设"等国家战略在给上海发展带来重大机遇的同时，随着国际经贸和地缘政治形势更加复杂，境内外航运中心资源分流作用的加剧，上海建设国际航运中心也面临较大压力。上海港作为上海经济发展的重要引擎，理所当然地要肩负起服务于国家战略的使命和任务。

上海是长江经济带、海上丝绸之路内外通道的转换枢纽，需要从多方面对接"一带一路"倡议、长江经济带发展、长三角一体化发展、上海国际航运中心建设等国家战略的客观需求，以及上海建设卓越的全球城市的发展目标。

2.3.1.1 "一带一路"建设

在"一带一路"倡议中，上海要成为交通枢纽中心，其中上海港要成为世界最大的海河组合港口，以构建起立体交叉的互联互通交通网络。海上丝绸之路从其分布来看，正是整个上海港航线密度最广的区域，覆盖了亚欧航线、中东航线、非洲航线、东南亚航线。从上海始发的航线，绝大部分都是在海上丝绸之路的轨迹上。上海港是海上丝绸之路航运枢纽的首选港。随着海上丝绸之路进一步打通，必然需要上海港进一步提高对外贸易航线航班的密度与效益。

2.3.1.2 长江经济带发展

上海是腹地型航运中心，长江流域的广阔腹地是上海国际航运中心建设的重要依托。上海地处沿海、沿江两条国家发展走廊交汇点，通过长江黄金水道，大力发展水水中转，可以不断适应产业向中西部转移、物流链向长江沿线延伸。但只有进一步提升上海港的能级，才能更好地为全国服务，助力长江经济带的发展。

水运具有运能大、成本低、能耗少等特点,当前长江黄金航道的运力开发还不到二成;集装箱江海直达的比例更低,具有很大的市场空间和需求。因此长江经济带及长江黄金水道的集装箱江海直达运输将在很大程度上提升长江航道整体的运输效能,增长潜力巨大,并且符合长江经济带绿色发展的要求。

2.3.1.3 长三角一体化发展

1) 长三角一体化发展的需求

2018年11月5日,国家主席习近平在首届中国国际进口博览会开幕式发表演讲时提到,将支持长三角一体化发展并上升为国家战略,着力落实新发展理念,构建现代化经济体系,推进更高起点的深化改革和更高层次的对外开放,同"一带一路"倡议、京津冀协同发展、长江经济带发展、粤港澳大湾区建设相互配合,完善中国改革开放空间布局。

长三角城市群以上海为核心,与周边的江苏、浙江、安徽共同组成,共包含26座城市,常住人口2.2亿人,是全国的六分之一,2019年经济总量约24万亿元,是全国的近四分之一,是我国经济增长的重要引擎,在我国经济社会发展建设中具有举足轻重的影响和地位(表2-2)。

表2-2 2019年长三角各省市GDP

省 市	GDP(亿元)	GDP增速比上年(%)	常住人口(万人)	人均GDP(万元)
上 海	38 155	6	2 418	15.8
江 苏	99 631	6.1	8 029	12.4
浙 江	62 352	6.8	5 657	11
安 徽	37 114	7.5	6 254	5.9

2018年12月,经上海市人民政府、江苏省人民政府、浙江省人民政府、安徽省人民政府同意,交通运输部发布了《关于协同推进长三角港航一体化发展六大行动方案》,提出要"协同推进港航一体化发展、绿色发展、率先发展,完善上海国际航运中心'一体两翼'格局,推动形成上海国际航运中心、舟山江海联运服务中心和南京长江区域性航运物流中心联动发展的格局,努力实现长三角港航更高质量一体化发展,更好发挥示范引领作用,更好服务交通强国建设和长江经济带发展"。

六大行动方案中就包括了"区域港口一体化行动",行动计划从多方面强调了要进一步优化港口功能布局,完善江海直达、江海联运配套港口设施,加强港口资源整合,提升港口资源利用效率。

在进一步优化港口功能布局方面提出要"促进集装箱港口合理布局,以市场化为导向,优化近洋、远洋集装箱航线布局……完善分工协作、运转高效的干散货江海联运系统和集装箱、干散货江海直达系统……基本形成大宗散货江海直达和江海联运协调发展格局"。在完善江海直达、江海联运配套港口设施方面提出要"根据航道条件改善和运输发展需要,加强江海直达、江海联运配套港口设施建设"。

在此背景下,一方面,上海港口要贯彻落实"一带一路"倡议,加快推进长江经济带建设,助力长三角经济圈协同发展,降低区域物流成本、做强上海国际航运中心北翼;另一方面,要基本形成以上海为中心,以江浙为两翼,以长江流域为腹地,与国内其他港口合理分工、紧密协作的国际航运枢纽港。

因此，新横沙对于上海在长三角港口群中发挥作用的重要性，需要从长三角港口合理分工的新视角重新加以考虑。

2) 长三角一体化与世界级港口群建设

2018年和2019年习总书记做出了"经济强国必定是海洋强国、航运强国""经济要发展，国家要强大，交通特别是海运首先要强起来""要志在万里，努力打造世界一流的智慧港口、绿色港口"等重要指示。交通运输部出台了一系列港口转型升级的指导意见，大力推动区域港口一体化改革发展，促进区域内港口合理分工、错位发展；积极推进平安港口、绿色港口、智慧港口建设，取得了明显成效。但与世界先进港口相比，我国港口在综合运输体系的枢纽功能有待强化；在多式联运，特别是集装箱铁水联运方面也有较大差距。

为加快世界一流港口建设，2019年11月，国家发展改革委、交通运输部联合财政部、自然资源部、生态环境部、应急部、海关总署、市场监管总局和国家铁路集团联合印发了《关于建设世界一流港口的指导意见》。提出的主要目标是："到2025年，世界一流港口建设取得重要进展，主要港口绿色、智慧、安全发展实现重大突破，地区性重要港口和一般港口专业化、规模化水平明显提升。"

2019年12月，中共中央、国务院印发了《长江三角洲区域一体化发展规划纲要》，提出了要协同推进港口航道建设，港航资源整合，优化港口布局，健全一体化发展机制，增强服务全国的能力，形成合理分工、相互协作的世界级港口群。围绕提升国际竞争力，加强沪浙杭州湾港口分工合作，以资本为纽带深化沪浙洋山开发合作，做大做强上海国际航运中心集装箱枢纽港，加快推进宁波-舟山港现代化综合性港口建设。在共同抓好长江大保护的前提下，深化沪苏长江口港航合作，苏州（太仓）港建设上海港远洋集装箱运输的喂给港，发展近洋航线集装箱运输。加强沿海沿江港口江海联运合作与联动发展。加快建设长江南京以下江海联运港区、规划建设南通通州湾长江集装箱运输新出海口、小洋山北侧集装箱支线码头。完善区域港口集疏运体系，推进重点港区进港铁路规划和建设。加强内河高等级航道网建设，提高集装箱水水中转比重。

2020年，国家发展改革委、交通运输部又联合印发《长江三角洲地区交通运输更高质量一体化发展规划》（发改基础〔2020〕529号）。规划期至2025年，展望到2035年。规划以专节内容提出要推动港口群更高质量协同发展，到2025年，以一体化发展为重点，加快构建长三角地区现代化综合交通运输体系。一是优化区域港口功能布局，推动港航资源整合，健全一体化发展机制，布局形成以上海、宁波-舟山港为核心，南京、杭州、苏州、镇江、芜湖、南通、徐州、无锡、淮安、连云港、温州、嘉兴内河、湖州、合肥、马鞍山、安庆为骨干，其他港口共同发展的总体格局。二是协调推动江海河联运发展，构建国际一流的江海河联运枢纽港、航运服务基地和国际大宗商品储运加工交易基地。三是协同提升航运服务功能，大力发展航运金融、航运信息、航运交易、海事仲裁等现代高端航运服务业，全面提升全球航运资源组织配置能力。

长三角港口群是中国沿海港口分布最密集、吞吐量最大的港口群。推动长三角港口资源整合是国家战略，以上海港为核心、江苏、浙江港口为两翼的"一体两翼"港口群已基本形成（图2-11）。总体来看，长三角地区港口一体化发展的方向是优化格局、各取所长、联动发展。上海、宁波-舟山等海港主要侧重于远洋航线，且上海港更侧重于发展集装箱，宁波-舟山港更侧重于发展干散货，兼顾集装箱；长江南京及以下沿江港口主要侧重近洋航线的江海直达，远洋航线以与上海港、宁波-舟山港联动发展为主。在航运中心的建设上，上海更突出高端航运服务，舟山和南京更突出国际航运综合服务。可见，一体化发展对上海港发展的总体定位都是进一步提高外向型发展能力和内引外联的能力,提升在世界航运体系中的地位、在全球资源配置网络中的地位,货类上也更倾向于更高端的集装箱。

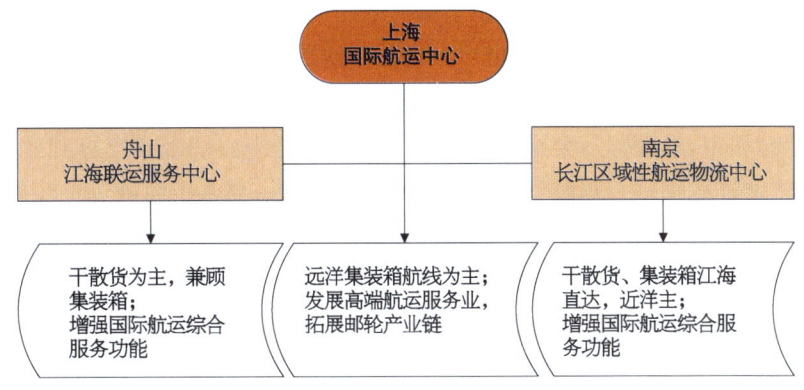

图 2-11 上海国际航运中心"一体两翼"分工

但长三角港口一体化发展还存在一些问题,主要集中在区域港口结构性矛盾仍然突出,区域港口发展合理分工格局尚未形成。不论是硬件设施建设方面,如新航线的开辟、集装箱码头的建设等,还是软件环境建设方面,如信息共享、运营管理经验的借鉴等,尚未形成优势互补、合理分工的局面,结构性矛盾依然突出,抑制了长三角港口群整体效应发挥。长三角区域范围内的港口在水深等方面还存在硬件和软件短板,无法很好地满足未来枢纽港的需求,尤其是布局上主要港口都在长江以南,急需建设新的具备货物江海直转的深水枢纽港。

2.3.2 上海城市发展的需求

1) 建设卓越的全球城市

《上海市城市总体规划(2017—2035)》中提出上海要对标国际一流,建成卓越的全球城市。上海"五个中心"建设过程中,航运中心建设对贸易中心、金融中心、经济中心和科创中心建设具有先导作用,上海国际航运中心的可持续发展则是前提要素。

随着港口自身功能的不断升级,港口的作用已经超越了传统交通运输,而汇集了金融、信息、产业等更多的功能,成为拉动金融业发展的重要引擎。一方面,港口可以直接带动与航运相关的融资、租赁、交易、保险等金融业务的集聚和繁荣;另一方面,港口的发展直接促进贸易的增长,进而催生大量的贸易金融服务(图 2-12)。根据伦敦金融城《国际金融中心指数 2012》,全球前 10

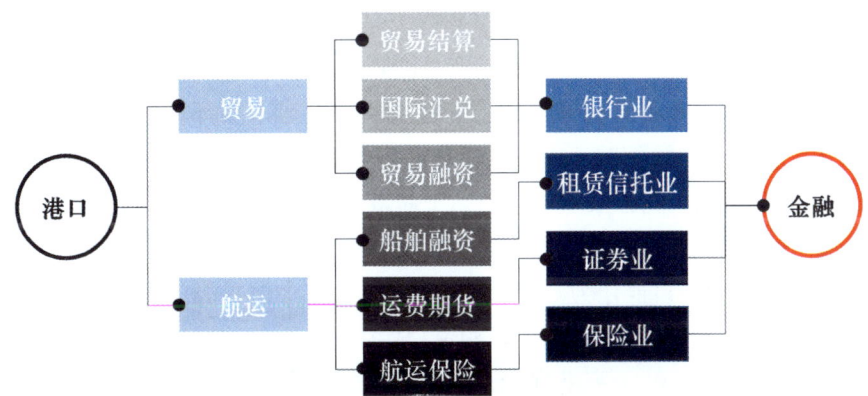

图 2-12 港口对金融业的促进机制

大金融中心（伦敦、纽约、香港、新加坡、东京、苏黎世、芝加哥、上海、首尔、多伦多）中有 8 个为港口城市。

全球城市的基本内涵又是全球资源配置、全球网络的关键节点，需要发挥全球资源配置的特殊功能，引导与其相连接的其他城市、地区进入世界市场的枢纽通道。

可见，上海港在上海建设全球城市、国际金融中心、贸易中心、航运中心中发挥不可或缺的支撑作用。上海要建成全球城市，建设国际金融中心、贸易中心、航运中心的根本支撑和核心竞争力在于港口服务，在于上海港能够提供多大辐射范围、多强持续功能服务，要求上海港进一步提高对内、对外的枢纽作用和辐射、保障能力，提升高端服务水平，提升在全球航运网络中的地位。

2) 建设更加开放的国际枢纽门户

2019 年 8 月，国务院印发《中国（上海）自由贸易试验区临港新片区总体方案》，标志着临港新片区正式设立。新片区将建立洋山特殊综合保税区，小洋山岛被划入了临港新片区范围，实施更高水平的贸易自由化、便利化政策和制度。

2.3.3 满足国家战略和上海城市发展需求的国际航运中心

国际枢纽港是指区位优越、港口泊位条件好、经济腹地广阔、能接纳大型集装箱船舶、干支航线密集、航班集中、以中转贸易为中心、有良好基础条件的集疏运网络、连接区域性集装箱运输的深水港。

国际航运中心主要有三种类型：以市场交易和提供航运服务为主，如伦敦；以腹地货物集散服务为主的腹地型国际航运中心，如鹿特丹和纽约；以中转为主的中转型国际航运中心，如香港和新加坡。

伦敦作为市场交易和提供航运服务为主的国际航运中心，凭借的是特殊历史时期的机遇以及配套软条件的长期积累，而现实情况是大多数国际航运中心的形成与枢纽港的地位有着十分紧密的联系，枢纽港可以说是成为国际航运中心的基础条件之一。枢纽港必然是物流中心和贸易中心，而枢纽港又是国际航运中心的必备条件之一。因此，国际航运中心其他部分的运行必须在枢纽港的物流和贸易功能基础上才能真正得以实现。

腹地型国际航运中心与区域性枢纽港和干线港关系密切。腹地型国际航运中心拥有区域性枢纽港和干线港，这样才能对其所辐射地区进出的货物提供集散服务，或者说区域性枢纽港和干线港是提供腹地货物集散服务的必要条件。只有大力发展高标准枢纽港和完善的集疏运服务，使腹地型国际航运中心成为辐射地区所进出货物最好的选择，才能带动国际航运中心的建设。

上海港是腹地型港口，港口的基础设施和服务能力是吸引货流、船舶流、信息流、资金流、人才流等集聚到上海的最主要条件。到"十三五"期末，上海国际航运中心建设的总体目标是，进入世界航运中心前列，基本建成航运资源高度集聚、航运服务功能健全、航运市场环境优良、现代物流服务高效、具有全球航运资源配置能力的国际航运中心。而这些基本要素归根结底，就是上海港必须确保国际枢纽港的领先地位，必须具备可持续发展的能力。上海港是上海国际航运中心的支柱，没有上海港可持续发展作为支撑，上海国际航运中心将名不副实，并将影响上海建成"五个中心"这个国家战略的实施。如果将上海港和长三角港口群作为一个整体考虑，那么这个世界级的港口群如何同时面向长江流域腹地和世界广阔海洋，做好内外衔接、示范引领，成为国家形象的窗口和进出的门户，事关重大，意义深远。因此从这个意义上说，上海港在全球枢纽港之间的竞争力高低，关系到国家战略的实施，也影响上海全球卓越城市这个大目标的实现（图 2-13）。

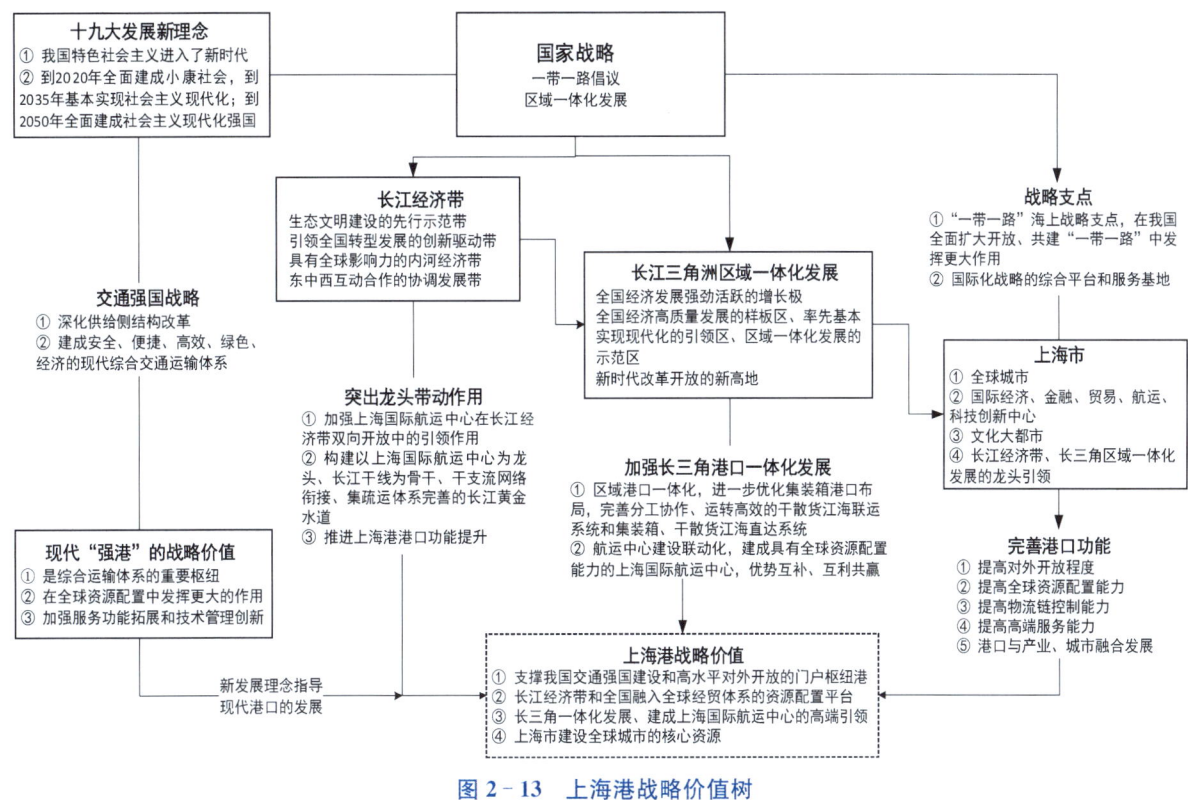

图 2‑13　上海港战略价值树

2.4　在新横沙建设深水新港的优势及前景

2.4.1　横沙深水新港在实施国家三大战略背景下的优势

综上，国家三大战略的实施为上海提供了难得的战略机遇，同时也对上海提出了新的要求。国际枢纽港的服务对象是全球性的，因此必须积极、主动适应世界航运船舶大型化、班轮联盟化的发展潮流，在港口设施方面，必须适度超前建设，提前准备。上海港要更好地服务于国家发展战略，要继续保持国际枢纽港的地位，就必须立即抓紧弥补目前存在的短板，将择地建设深水新港提上议事日程。以战略眼光加紧谋划未来的发展，是关乎上海港能否继续保持长三角港口群的龙头地位、能否继续保持世界领先地位、能否助力上海国际航运中心建成的头等大事。

上海港地位的巩固和提升离不开硬件设施的支撑和保障，而基于上海城市和港口发展对岸线、空间的共同需求，上海港腹地和岸线资源极为稀缺，难以支撑长远发展的需要。据测算，外高桥港区、洋山港区规划岸线资源总量的综合承载极限将在 2025 年前达到，并且洋山港区距离长江口较远，客观上并非长江流域进出海的最佳节点，无形之中增加了长江流域的综合物流成本。上海港既有港区除能力不足以外，水深条件也有限，难以适应集装箱船舶持续大型化的趋势，上海港的发展亟须拓展新的发展空间，否则其枢纽港的地位将面临威胁。

与横沙岛相连的横沙东滩和横沙浅滩（简称"横沙两滩"）是集区位、土地、岸线、航道等众多优势资源于一体的区域。经过论证，将横沙两滩吹填成陆，可新增土地约 480 km²，加上横沙岛原有土地 49 km²，将形成约 530 km² 的新横沙岛。

国家战略对新横沙的开发有不可低估的影响。从可持续发展角度来看，尤其是在面临资源紧约束、上海需要寻求新的发展动力和战略空间的背景下，新横沙对上海未来的战略重要性不言而喻不为过。新横沙成陆后所占面积几乎相当于上海现有面积的 8%，这对寸土寸金的上海来说，实在是不容错过的机遇。

新横沙处于长江口界面，是上海市域范围内适应船舶大型化基本条件的唯一可能港址，也是腹地江海联运综合物流成本较低的港址(图 2-14)。随着长江口深水航道建设和横沙东滩促淤圈围工程的实施，现有的技术手段和工程措施已能够大大推动横沙浅滩成陆。其突出优势是，成陆费效比低(滩地较高、泥沙资源丰富、工程条件较好，挖入式港池挖掘的泥沙可以成陆，基本不用进行软基处理等)，形成工业用地(吹填高程 5.5 m，吴淞)也仅需 225～300 元/m²，且用地成本低(无动、拆迁等)。由于土地开发不占用农业用地，不涉及动、拆迁，地块面积大，便于总体规划、分步实施。

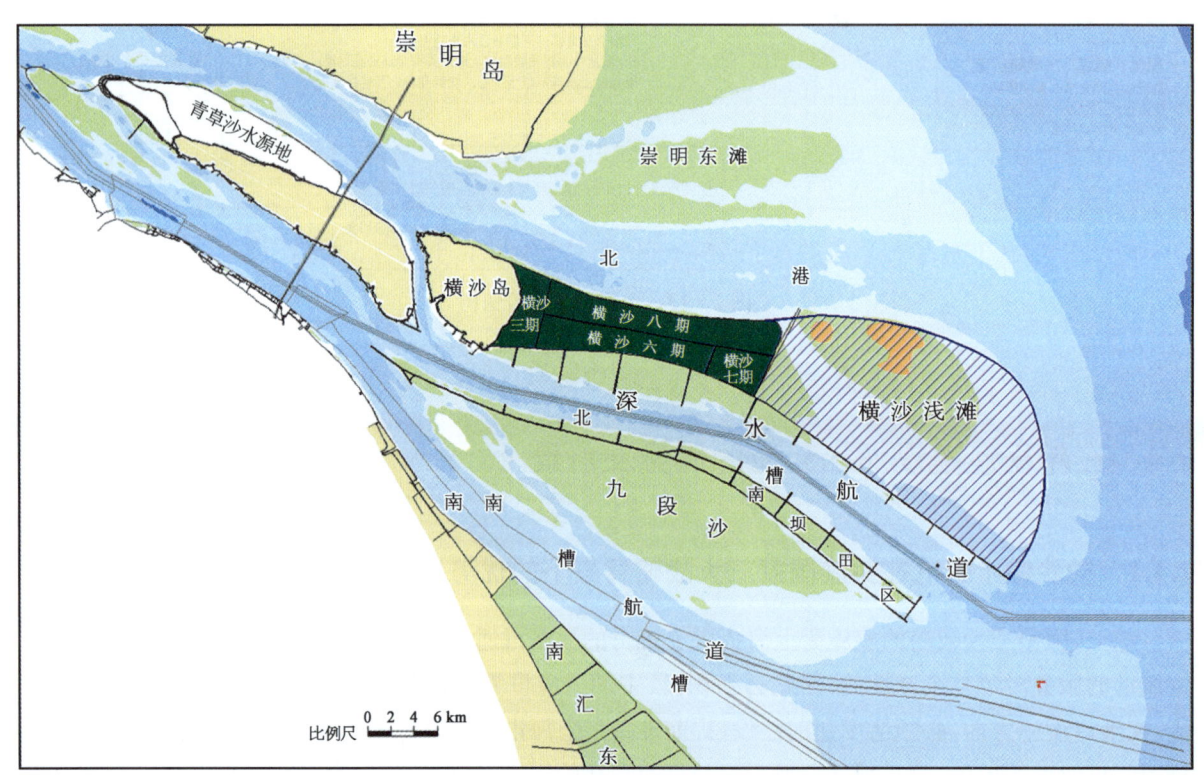

图 2-14 横沙两滩区域位置

利用疏浚土成陆的模式，充分体现了环境友好型和资源节约型的理念。横沙东滩目前已形成了较为稳定的沙体形态，加上横沙浅滩成陆后，新横沙宽裕的土地资源，结合气象、水文、航道等条件，十分适宜港口规划建设。

更难得的是，在新横沙建港可获得深水岸线近 100 km，其南北两侧紧贴长江口的两条最大通航水道，东侧直接面临外海深水区，有条件建设水深达 20 m 的深水大港，出海进江、江海转运极为方便。目前长三角海港群内没有一个港口具备可以兼顾深水、江海联运和后方产业带等腹地型港口的基本要素，而横沙深水新港的建设弥补了这一缺陷，这将使长三角海港群分布更加均衡，功能更加完整，分工更趋合理。

新横沙新增土地 480 km²，预估建港用地 80～100 km²，剩余还有 400 km² 左右可以做其他用途。由于其独特的地理位置，并且距离上海市区很近，其用途具有很大的想象空间。

新横沙地处整个长江经济带的战略要地,它既为上海提供了极其稀缺的土地资源,可以成为上海对接国家战略的备用空间,又能建设优良的深水大港,成为上海乃至长三角地区直接服务"一带一路"沿线国家和对接长江内陆港口的桥头堡。在未来,新横沙不但为上海提供了难得的发展空间,而且其优势必将使之成为紧密对接国家战略要求的着力点。

2.4.2 横沙深水新港独特的区位优势

1) 横沙深水新港是最佳的江海联运枢纽

上海处于"一带一路"与长江经济带的交汇点,新横沙位于长江入海的咽喉要冲,面向太平洋,背靠180万 km^2 的长江流域,具有对内、对外双向辐射的功能。随着"一带一路"与长江经济带发展等国家战略的实施和推进,我国产业布局将加快从沿海向长江中上游等中西部梯度转移,同时,长江流域的大量物资也需运往东部沿海和海外,长江黄金水道的航运功能将更加凸显。作为长江流域门户的上海,所有长江内河地区的航运都必须路经新横沙。新横沙位于长江口,但又不受拦门沙的限制,距离外海20 m深水区只有不到20 km,距离国际航路近,是国内、国际两个市场的最佳接轨点。因此,横沙深水新港将最有条件成为长江经济带内外连接的枢纽,更好地服务于国家战略。

由于上海港的地理位置,集装箱水水中转的需求不断上升。近年来,上海港这方面虽有所改善,但在其整个集疏运体系中,还是以公路为主。主要原因是,上海目前满载6 000 TEU以上的集装箱船舶只能停靠洋山港区作业,而长江内河大部分船舶受航区限制,无法直接出海停靠洋山港区,因此只能依靠外高桥港区或太仓港和洋山港区之间的穿梭巴士进行二次中转,长江流域的铁矿石等大宗散货甚至需要经过三次中转。洋山港区距离长江口较远,客观上并非长江流域进出海的最佳节点,无形之中增加了长江流域的综合物流成本。而横沙深水新港则可以成为最佳的江海联运枢纽,它外接20 m深水航道,可以靠泊2万 TEU以上大船,内接长江A级航区的长江航道,内河船舶可以直接驶入,彻底扭转了目前超大型海运船舶无法进长江、长江内河船舶无法出海的尴尬局面,实现真正的江海对接。

水运物流成本的经济性是公路和铁路无法与之相提并论的。以重庆为例,水运吨公里仅为0.03元,而铁路为0.16元,公路为0.50元。横沙深水新港为长江流域地区水运带来的优势,必定会影响相关产业的梯度转移,横沙深水新港开发建设将会有力提升长江流域的国际竞争力,让更多产业向长江经济带内陆地区集聚,使得产业迭代升级在国内完成,以避免相关产业流向境外。此外,上海国际航运中心的政策优势,上海港航线密度大、覆盖全,再加上在横沙深水新港江海联运可以直接连接外贸干线航线,都使得横沙深水新港能够更好地服务于长江经济带中上游省份。

集装箱江海直转价值主要体现在中转所产生的港口成本以及江海船水运成本上。具体而言,长江中上游地区的外贸集装箱运往洋山港和横沙港的运输费用差距主要在:一是在太仓港中转所产生的二次装卸费;二是在太仓港中转所引起的江船换海船运费差距。而长江下游地区的外贸集装箱运往洋山港和横沙港的运输费用差距则主要体现为:一是由江船或海船直达各港区的运费差距;二是在外高桥港区中转所引发的二次装卸费;三是在外高桥港区中转所引起的江船换ATB船的运费差距。经测算,在横沙深水新港开通后,以重庆为代表的长江上游港口来箱,综合转运成本相比于洋山港节约356元/TEU;以武汉为代表的长江中游港口来集装箱,综合转运成本相比于洋山港节约346元/TEU;以南京为代表的长江下游港口来集装箱,综合转运成本相比于洋山港节约310元/TEU。

横沙深水新港江海直转集疏运体系,除了成本和时间上的优势,在环保等方面的优势也显而易见。江海直转是低碳经济要求下最理想的环保选择。最明显的是减少了大型货车运输量,从而大量节省能源和减少碳排放。据相关研究估算,如果转移公路部分运量到水路运输,每TEU可节省能耗减少排放 88%,降低 33% 的运输成本;建设同等规模的运输能力,水路运输可节约大量的土地资源,节省至少 67% 的投资。

此外,从公路运输组织的角度来看,横沙岛更靠近上海市区和长江口,相比洋山港具有更短的陆路运输距离。据测算,无论是苏北方向还是苏南方向来的集装箱,经公路到横沙新港比到洋山港距离缩短 60 km 左右,单箱可节约 300 元的费用。

因此,在横沙建设新港,既节省运输费用,又减少了排放,且将大大促进长江经济带各省份的出海便利,其社会意义十分巨大。

2) 建设横沙深水新港有利于上海城市结构的优化

(1) 建设横沙深水新港,可以大大减轻外高桥港口的压力。现在外高桥港区超负荷运转,进出港的大型集装箱货车大排长龙,行驶缓慢,给周边地区交通带来了很大的压力,使外高桥周边成为上海有名的拥堵节点。随着洋山港吞吐量的提升,东海大桥也开始出现拥堵。横沙深水新港吞吐能力的逐步形成,可以大大缓解外高桥道路交通常年紧绷的状态,也可以在一定程度上缓解东海大桥的交通压力,从而为周边地区交通改善创造条件。

(2) 横沙深水新港的建设,由于其体量巨大,泊位众多,码头、航道条件优越和江海联运的独特优势,还为上海港原有港区的布置调整创造了机会。黄浦江内的港口,如军工路、张华浜、龙吴、朱家门,甚至外高桥码头等,都可以视情况逐步迁移、退出,这样既有利于上海港提升对外服务的能级,又可以腾出原有靠近市区的沿江优质地块,为上海市调整产业结构、优化城市布局、建设全球卓越城市提供十分稀缺的黄浦江沿岸土地资源,同时也十分有利于整个上海市区道路交通的优化和大气环境的保护。

(3) 横沙深水新港的建设,还将带动整个横沙岛,乃至长兴岛的发展。目前长兴岛已无余地供临江产业进一步发展,而新横沙土地面积比长兴岛更大,新横沙有机会承接长兴部分产业,成为上海又一个现代化海港新城,成为上海国民经济发展的新动力。

(4) 上海正致力于建设自由贸易区,横沙深水新港地处四面环水的新横沙,具备天然的独立监管条件,十分有利于开展国际集装箱等货物的国际中转和江海直接中转业务,完全有条件将横沙打造成东北亚物流中心和类似香港的自由港。同时,由于横沙深水新港拥有相对充裕的码头岸线和陆域资源,可以大力发展船舶交易、船舶管理、航运经济、航运咨询、船舶技术等各类航运服务机构,拓展航运服务产业链,延伸发展现代物流等关联产业,从而不断完善上海国际航运中心的服务功能。同时,"一线放开,二线严格管住"的自由港政策将有利于吸引更多的加工、制造、贸易和仓储物流企业在新横沙集聚,支撑航运业、制造业、贸易业、物流业以及金融业的良性发展,从而加快上海五个中心的建设,推动上海城市能级的提升。因此,完全可以借鉴新加坡、香港等类似港口的成功经验,在建设横沙深水新港时就将自由贸易港作为目标,那么横沙深水新港将来有可能成为中国第一、世界著名的自由贸易港。

(5) 横沙深水新港的建设,还十分有利于长江口航路航线资源的优化。大型船舶通过长江口外 20 m 深水航道直达横沙深水新港,减少了驶往外高桥的船次,可以缓解长江北槽航道的压力,十分有利于疏解长江口深水航道拥挤,从而提升长江口的航运安全保障。长江口航道拥挤的缓解,也为江海直转的内河船舶通航腾出了空间,提供了条件。

3) 横沙深水新港可以完全弥补上海港目前存在的短板

上海港是腹地型港口,在基础设施方面理应超前建设,港口应该有更深的航道、更高等级的泊位、容量更大的货物堆场,更便捷的集疏运体系,以满足世界航运发展的需要。但目前上海港没有 18 m

以上深水航道;生产能力不足,港区长期超负荷运转,导致港口拥堵时有发生;集疏运体系不够合理,受现有条件限制,无法江海直接联运,水水中转比重很难进一步提高等。

横沙深水新港将改变这一切。横沙深水新港东接外海 20 m 深水航道,目前在建的最大集装箱船可以顺利直航、靠泊;新港预计可建 130 个各类大小泊位,可将上海港现有生产能力提高 60% 以上;新港建在我国黄金海岸和长江黄金水道的交叉点,是江海联运的最佳节点。可以说,横沙深水新港的建设几乎弥补了上海港目前所有的短板,增强了其核心竞争力,使得上海港能够在未来继续保持全球领先地位,成为世界瞩目的国际航运中心。

4) 横沙深水新港有利于清洁能源运输系统的重构

目前,由于我国长江沿线地区 LNG 码头接收站发展刚刚处于起步阶段,因此,长江沿线地区所需外海调运的 LNG 处于公路运输和水路运输并存、并以公路运输为主的格局。

横沙深水新港的开通将重构长江中下游地区 LNG 的运输格局。通过横沙深水新港中转,进口 LNG 通过江船直接运往长江中下游地区将成为最佳选择,改变了目前通过宁波和如东 LNG 接收站转公路或水路运输的单一渠道。需说明的是,目前政府有关部门正在积极研究制定 LNG 内河运输的相关标准规范。标准规范一旦出台,可以预见的是,江船 LNG 运输必定会蓬勃发展。毕竟,相比公路运输,船舶运输具有运量大、成本低、占地少、能耗小、污染轻、更安全的优势。与进口铁矿石等类似,横沙深水新港 LNG 的水运中转价值体现在一程大船直接转到江船上,这是宁波等海外 LNG 接收站所不具备的条件。

综上所述,横沙深水新港开通后,长江中下游地区 LNG 转运价值主要体现在两方面:一是同为水运方式下的海船换江船的运输费用节约;二是不同种运输方式下的水路运输相比公路运输的费用节约。

5) 横沙深水新港有利于长三角海港群平衡发展

在中国,长三角港口群地处经济发达地区,扼中国水道南北干线和长江干线交叉点,孕育了上海港和宁波-舟山港这样世界数一数二的大港。但是,要真正实现长三角港口一体化发展,还存在一些问题,包括区域港口结构性矛盾仍然突出,区域港口合理分工格局尚未形成,软件环境尚未做到优势互补等。其中比较突出的矛盾是,长三角主要海港位处偏南,北翼偏弱;宁波-舟山港和洋山港都是有海无江,大部分江船不能直接靠港,江船与海船之间的换装无法直接完成,需要经过外高桥中转,甚至到太仓港中转,江海联运名不副实,无法更好地服务于长江中上游地区。

长三角城市群以上海为中心,南面越过杭州湾,有杭州、宁波等浙江发达城市和地区,西面有苏州、无锡等江苏发达城市和地区,而上海的北部偏弱。目前,长三角地区已形成以上海港和宁波-舟山港为干线港,其他港口为支线港和喂给港的分层次外贸集装箱运输基本格局。根据各自区位和集疏运条件,上海港主要服务于本地及长江沿线地区和浙江省部分地区,江苏沿江港口主要以喂给上海港为主。据统计,江苏省外贸集装箱生成量中,约 85% 通过陆路和内支线中转经上海港运输。而宁波-舟山港以服务浙江本省为主、少量服务长江沿线地区。浙江省外贸集装箱生成量中,约 70% 通过宁波-舟山港运输,该比例较 2005 年提升 18 个百分点,约 27% 左右通过陆路经上海港运输,但该比重较 2005 年下降了约 20 个百分点。

以长三角一体化为背景,如果在新横沙建设深水港得以实现,其与上海港外高桥港区水域距离约 60 km,与洋山港区水域距离约 100 km,可重新构筑上海国际航运中心的港口群,形成三足鼎立,功能互补,遥相呼应。不但有利于江海联运,服务于长江经济带沿线城市,使得港口群布置格局显得更加均衡,同时也十分有利于长三角区域的均衡发展。

第 3 章　新横沙建设自由贸易港前瞻研究

3.1　国际典型自由贸易区和自由贸易港发展经验

自由贸易区一般指设区国为达到特定经济目的、通过特殊的经济政策和手段而开辟的与其他地区隔离的特别经济区域,涵盖了自由港、自由区、对外贸易区、出口加工区、自由工业区、自由边境区等多种类型的经济区域。

纵观自由贸易区发展历史,其发展历程可大致分为三个阶段。

雏形期:早在 16 世纪至二战前。全球范围内累计设立了约 50 个自贸区。意大利热那亚湾雷格亨港、威尼斯、法国马赛、丹麦哥本哈根、德国不来梅和汉堡等地区,依托港口,相继设立自由港或自贸区,其目的在于发展转口贸易或加强资本输出。

现代自由贸易区探索期:二战结束至 20 世纪 60 年代。出口加工型自贸区开始出现,其目的在于吸引外国投资、提供就业岗位、促进经济增长。

快速成长期:20 世纪 60 年代至今。全球已有 3 500 多个自贸区,集中于发展中国家(发达国家约占 35%,发展中国家约占 65%)。自贸区的功能日益复合,包含贸易、仓储、商品展销、加工制造等。

随着自由贸易区功能的日渐复合,其与空间结合的方式也日益多样,可分为园区型、城市型、集群型自贸区三种。

园区型自由贸易区大多设置在一个城市临近港口、机场或附近区域,以独立园区的形式存在,有明确的围栏区。代表地区包括巴拿马科隆自贸区、意大利热那亚自由区、爱尔兰香农自贸区、菲律宾的 15 个出口加工区、美国的大部分自贸区等。

城市型自由贸易区虽然也临近港口、机场或附近区域,相当于一个独立的城市,功能复合,没有围栏,是尖端产业和高端居住的发展促进区。代表地区包括韩国仁川机场自贸区、韩国釜山·镇海自贸区等。以韩国釜山·镇海自贸区为例,其五大片区的功能不仅局限于尖端综合物流,而包含休闲养生、高科技产业、高端居住等(图 3-1)。

集群型自由贸易区主要针对离岸金融业务的发展,无明确的空间范围限定,指定的机构获得政策许可经营离岸金融业务,而这些机构出于发展需求自发在一定地域内集聚,形成专业性产业集群。代表地区包括上海的陆家嘴自贸区片区。

三种类型自由贸易区的特征比较如图 3-2 所示。

自由贸易港的根源则是经济全球化,作为一种践行自由贸易政策的平台,从性质上来说是基于贸易自由的制度供给,具体体现见表 3-1。

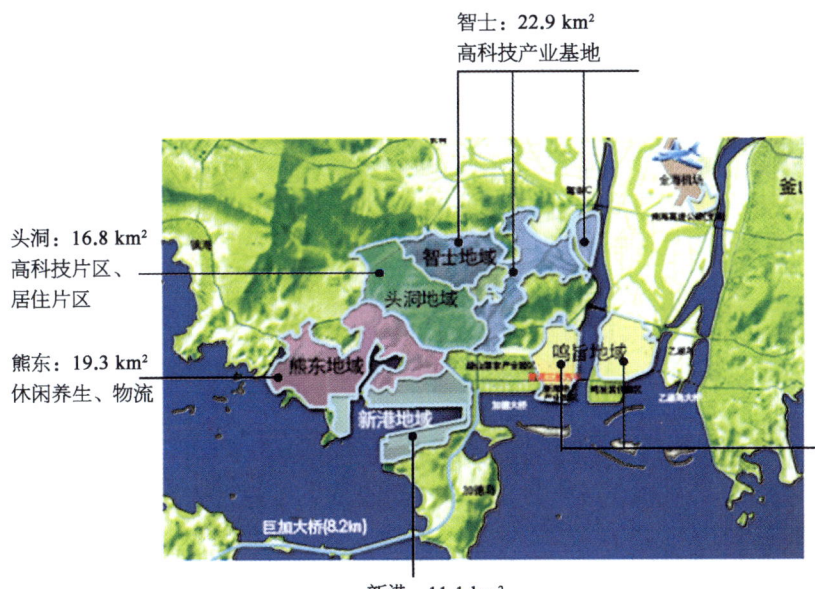

图 3-1　韩国釜山·镇海自贸区分区及功能示意

项　目	园　区　型	城　市　型	集　群　型
规　模	相对较小,几平方千米到十数平方千米不等	可达到 20 万～50 万人口的中等城市规模	—
区　位	依托港口、机场等枢纽性的交通设施,且紧邻城市片区	依托港口、机场等枢纽性的交通设施,但与城市相脱离,独立成片	金融基础设施完善、信息通达、国际金融业务活跃的城市中心区
功　能	贸易、加工制造、现代服务等,但排斥生活服务	"独立城市"般的综合功能,包括物流、尖端制造、生产服务、休闲旅游、品质居住、高端生活配套等	离岸金融
形成原因	人为划定地域、导入功能		市场自发形成
监管方式	地域与机构双监管	地域相对开放,监管机构与货物	不限定地域,监管机构

⇩　　　　　　　　　　⇩

出现最早、建设实施最为普遍　　　　近 10 年出现的新型自贸区类型
初衷:为进出口贸易、转口贸易服务　　初衷:为带动地区经济发展
开始出现功能提升与调整　　　　　　规模更大、功能更加综合

图 3-2　三大自由贸易区类型的特征比较

表 3-1　自由贸易港制度供给情况

制度供给	主要说明
进出自由	自由贸易港作为单独的封闭区域,在海关监管上实行境内关外模式,通俗地说是"一线放开、二线管制、区内自由"。一线放开,是指对国境之内、关境之外的区域,运入货物免于常规的海关监管,除了禁止和受管制货物与服务外,其他货物与服务往来一律开放、免征关税和其他税;二线管制,是指设置隔离设施与国内其他区域严密分开,自由贸易港外,实行常规的海关监管;区内自由,指货物在区内自由流通、储存、加工、使用以及直接出境,免征增值税等中间环节税。国际上成熟的自由贸易港一般实行如下具体的海关监管制度:一是货物入区备案;二是分类监管;三是简化通关手续;四是以企业为监管单元;五是港区互动、一体运作;六是信息化监管

(续表)

制度供给	主要说明
投资自由	产业高度开放,对外商投资经营、股比不做很大的限制,理论上,自由贸易港没有一个行业是完全禁止私人和外来投资者参与的,但涉及政府和非政府垄断行业、事关国家经济安全、战略性、敏感性行业及产能过剩行业、其他特殊行业等,也存在一定程度的开放限制。 政府采取"负面清单"管理模式。相比较而言,发达国家设立的自由贸易港较多地直接在条款中列出不被列入开放领域的负面清单,还有的除在条款中列出之外,专门规定不符措施条款,并采用附件加附录形式列出负面清单;发展中国家设立的自由贸易港,一般以正面清单规定准入领域,再以负面清单的方式保留相关项目。 对外商投资监管简单高效。推行事中事后监管,健全服务体系,实行最便捷的企业注册登记制度;推动企业自律约束,重点监管国家安全审查和反垄断
贸易自由	对货物贸易和服务贸易实行特殊的优惠政策,在一些发展转口贸易、离岸贸易的自由港尤为明显
金融自由	外汇管制宽松,没有任何形式的外汇管制,外汇可以自由兑换;资金进出没有任何限制,企业和个人的外汇及各种形式的合法收入都可以自由进出;开放对外资银行的准入,支持金融服务创新,推动离岸金融业务的发展
航运自由	实行海上通行自由的制度供给,是推动投资便利化和贸易自由化的一个基础性政策

自由贸易港最早在欧洲出现。1547年,意大利正式将热那亚湾的里南那港定名为世界上第一个自由贸易港,从事单一的转口贸易。17世纪开始,欧洲一些贸易大国相继将主要港口和城市辟为自由贸易港,如法国的敦刻尔克港、德国的汉堡港和不来梅港、丹麦的哥本哈根港等。随着大航海时代航运业的快速发展以及二战之后世界经济的高速复苏,全球自由贸易港的数量在持续增加,功能也不断拓展,并随着世界经济一体化的发展,从其发源地欧洲传到了世界各地。目前全球有100多个自由贸易港。实行自由贸易港政策,已成为分享全球自由贸易权利、提升国际竞争力的有效手段。香港、新加坡、鹿特丹、迪拜等都是比较典型的自由贸易港。

特殊的制度供给是确保自由贸易港建设的必要条件,但并不是有了区别于其他区域的特殊制度供给,自由贸易港建设就一定能够成功。总结国际典型自由贸易港发展特点,主要有以下发展规律:

1) 选择合适的产业发展

选准产业是自由贸易港发展的根本。总结美国纽约港、巴拿马科隆港、德国汉堡港、荷兰鹿特丹港、韩国釜山港、中国香港港、新加坡港、阿联酋迪拜港等全球典型自由贸易港,其主导产业见表3-2。

表3-2 全球典型自由贸易港的产业发展情况

典型自贸港	成立时间	区位	主导产业
美国纽约港	1979	美国东北部纽约州,濒临大西洋西侧	综合型自由贸易港,美国面积最大的自由贸易港之一,以转口和进出口贸易为主的自由贸易区和以出口加工为主的自贸区融合发展。自贸区包括9个活跃的子区域:制造业、制药业、石油产品、特种化学品、香水和手表等
巴拿马科隆港	1948	科隆市东北部,巴拿马运河大西洋入海口	主要发展转口贸易,典型的转口集散型自由贸易港。允许企业从事各种商品、制成品、原材料、容器的运入、储存、展出、开包、制造、包装、装配、精制、净化、混合、改型、调配等业务,并带动外资银行及分支机构40多家。商品大多发自亚洲,采购商来自中、南美,是全球第二大转口站

(续表)

典型自贸港	成立时间	区位	主导产业
德国汉堡港	1888	中欧,途经基尔运河可达到整个波罗的海地区	第二、三产业融同发展,主要发展货物商业性加工、物流(货物集散转运)、船舶建造等产业,同时发展金融、保险、商贸、中介等第三产业和服务贸易。汉堡自由港是欧洲发展最快的物流基地,在汉堡约有5700家物流企业;自由贸易港内大量的加工企业生产加工咖啡、茶叶、纸张、可可等高附加值产品;临港工业包括航空工业、电子、精密机械与光学仪器、机械制造和化工等高科技产业
荷兰鹿特丹港	—	莱茵河和马斯河汇合处	转运港、保税仓储物流业务,欧洲最重要的石油、化学品、集装箱、铁矿、食物和金属的运输港口,大力发展物流园区和配给中心,进行储运、再加工和配送;工业联合体,拥有一条以炼油、石油化工、船舶修造、港口机械、食品等工业为主的临海沿河工业带;金融、贸易、保险、信息、代理和咨询等服务业也很发达
韩国釜山港	2003	欧亚大陆横穿列车的终点站和始发站,通向太平洋、印度洋和大西洋的东北亚关口	目标是发展成为东北亚商业中心,分区域发展港湾物流产业、观光休闲产业、教育与医疗产业;物流产业方面,不仅具备简单的货物处理功能,还与组装、分类、包装、加工等多种产业相结合,创造产业高附加值
中国香港港	1841	珠江河口、南邻东南亚、东临太平洋、西通印度洋,处于欧洲、非洲和南亚通向东南亚航运要道	全域性综合型自由贸易港,目前主要发展金融、旅游、贸易与物流、专业服务四大产业,近几年来,又推动文化及创意产业、创新科技、检测和认证、环保产业、医疗服务、教育服务等产业发展
新加坡港	1969	马六甲海峡沿岸,扼太平洋及印度洋之间的航运要道	全域性综合型自由贸易港,亚洲最大的中转贸易港,具备中转和储备功能、展示和交易功能、调整和加工功能;坚定不移发展制造业,在石化、机械制造等传统制造业的基础上,致力于高科技战略,发展生物制药、电子及精密工程等新兴产业;服务业方面,在发展金融服务业、旅游服务业、零售批发业、运输及物流业、资讯通信业等的基础上,积极发展医疗保健服务业、教育服务业、会展、创意、法律服务等
阿联酋迪拜港	1985	波斯湾海湾地区中心,临近霍尔木兹海峡,亚欧非三大洲交汇点	典型的拓展版自由贸易港,"1+N"型自由贸易港。"1"即围网内的自由贸易港,N 即周边的几个产业城"迪拜金融城、迪拜互联网城、迪拜媒体城"。自由贸易港定位为低投资、低运营成本的工贸结合型自由贸易港,专注于物流贸易供应链管理、加工制造再出口等相关业务,自由贸易港内75%的公司从事仓储、物流和分销业务,22%的公司从事工业生产,3%的公司从事服务行业

世界自由贸易港在不同时期承担了不同的功能定位。从典型自由贸易港的发展演变历程可以看出,自由贸易港是享受全球化利益的平台,其内涵在不断发展,从转口贸易、出口加工走向现代服务业,从单一功能走向综合功能。世界上成功的自由贸易港一般都选择服务业,特别是国际服务贸易和离岸贸易,是自由贸易港发展的重点。

2) 利用地缘政治优势

从广义来说,设立自由贸易港本身就是地缘政治斗争的内容之一,以投资便利化、贸易自由化的名义,对资源、贸易、市场、运输线、领土、海洋等关键地理要素进行占有、控制、利用,从而获得政治、经济等多方面利益,增强国家和地区的竞争力。

一般而言,自由贸易港或自由贸易园区,都具有比较明显的地缘政治优势,具体表现为:区域重要或特殊,临近广袤的市场腹地,与大国、强国具有特殊关系或在本国(地区)中具有特殊的战略地位,等等。

3) 具备港口、边境条件

从世界上比较成熟的自由贸易港、自由贸易园区的现状来看,并不是所有的地方都可以设立。基于自由贸易港主要发展国际服务贸易和国际投资加工,一般需要开放口岸,因此对自然环境的要求是具有深水海港资源,可以建设国际海港,以方便货物、人员往来。如果远离海洋,没有海港建设条件,则需要具有建设国际航空港的条件,或可以将自由贸易园区设在公路、铁路等陆路交通形式可以直接进行国际货物、人员往来的边境区域。自由贸易港顾名思义是以港口为基础建设起来的。

4) 坚持国际文化融同

自由贸易港、自由贸易园区是顺应国际贸易和投资自由化、便利化的产物,必然需要有与之相适应的文化形态。这种文化形态既包括对经济制度、法律的认同,也包括对各种民族、文化的认同,也就是最大限度地做到了文化包容。

5) 港-产-城融合发展

自由贸易港不断扩大腹地的产业类型,引入综合性的商业配套,逐步形成自由贸易港、产业、城市融合发展的局面。这种"港-产-城"融合发展的模式也成为许多新自由贸易港开发的新理念,有的国家把"港区与周边城市"进行整体的经济区发展规划,如韩国釜山;有的是全域性的自由贸易港,本身就将港口与城市的发展融为一体,如香港、新加坡等。

3.2 中国自由贸易区的设立和发展

在风云多变的世界格局及经济全球化的背景下,中国自由贸易区的设立和发展,是希望以自贸区试验有力牵引中国进入改革开放的第三阶段。第一阶段始于 1978 年,"补市场经济课"。第二阶段始于 2002 年,"赶全球经济考"。第三阶段始于 2013 年,主动参与高水准、全覆盖、无例外的国际经济秩序重构,改写游戏规则,希冀在不远的将来,引领贸易便利化、投资自由化和金融国际化。

3.2.1 中国自由贸易区的空间格局

2013 年 9 月 27 日,中国(上海)自由贸易实验区批准设立。自此,中国迎来自由贸易区时代。至今,中国已批复五批自由贸易区,形成"1+3+7+1+6"的空间格局。

3.2.2 中国自由贸易区的功能演进

第一批——改革试验田。于 2013 年 9 月 27 日批准设立,仅中国(上海)自由贸易试验区一家。

上海自贸区是一个试点,重点实行政府职能转变、金融制度、贸易服务、外商投资和税收政策等多项改革措施,并大力推动上海市转口、离岸业务的发展,为自由贸易区模式在其他地区的推广积累可复制的经验。

第二批——功能差异化。于 2015 年 4 月 20 日批准设立,分别是广东、天津、福建 3 个自由贸易区。天津、福建和广东三个东部沿海省(市)在借鉴了上海自贸区成功经验的同时,也发展出自己特色的功能和定位。

天津：主要定位于京津冀一体化的高水平对外开放平台，促进环渤海经济带产业转型升级。

广东：主要以深化粤港澳合作为重点，进一步推动粤港澳服务贸易自由化，同时加快经贸规则与国际对接，形成国际经济合作竞争新优势。

福建：主要立足于深化两岸经济合作，对接台湾自由经济区，增强两岸经济关联度，另外作为21世纪海上丝绸之路的核心区，将服务于"一带一路"倡议，积极拓展海上丝绸之路沿线国家和地区的经贸合作。

第三批——深入推进。于2017年3月31日批准设立，分别是辽宁、浙江、河南、湖北、重庆、四川、陕西7个自由贸易区。第三批7个自贸区中，有5个省份均位于内陆，在发展模式上，有了前两批自由贸易区的成熟范本，第三批的定位更加成熟化、差异化。

第四批——自由贸易港。2018年4月13日，习近平在庆祝海南省建设经济特区30周年大会上宣布，党中央决定支持海南全岛建设自由贸易试验区，支持海南稳步推进中国特色自由贸易港建设，分步骤、分阶段建立自由贸易港政策和制度体系。要努力使海南成为中国新时代全面深化改革的新标杆，以供给侧改革、结构性改革为主线，建设自由贸易试验区和中国特色自由贸易港，着力打造中国全面深化开放试验区、国家生态文明试验区、国际旅游消费中心、国家重大战略服务保障区。

第五批——全面开花。于2019年8月26日批准设立，分别是山东、江苏、广西、河北、云南、黑龙江共6个自由贸易区。第四批6个自由贸易区中，在发展模式上，同样延续了前三批自由贸易区的成熟范本，时隔两年，国家重大战略随着国际形势的不断变化而发生变化，因此在第四批的定位上深入全面承接了国家多个重大战略。

中国五批自由贸易区设立时间及战略定位见表3-3。

表3-3 中国五批自由贸易区设立时间及战略定位

自由贸易区	时间	国家层面战略定位
上海	2013年8月	面向全球，侧重金融中心。"上海自贸区是中国第一个自贸区，且面向全球，当时的使命是给全国积累可复制的经验；其次上海是中国金融中心，上海自贸区更多考虑怎样与其金融中心的地位衔接，以及打造人民币的离岸中心。"
天津	2014年12月	面向东北亚，促进京津冀制造业升级。"天津自贸区主要着眼京津冀的协同发展，服务于北方经济，促进环渤海经济带的产业结构调整，并且面向东北亚。"
广东	2014年12月	面向港澳，侧重服务贸易自由化。"广东自贸区更加突出同香港澳门的合作，特别是加强对香港澳门服务业的开放和衔接。"
福建	2014年12月	面向台湾，侧重两岸经贸合作。"福建自贸的特点和任务在于促进两岸经贸活动自由化便利化。"
四川	2016年8月	落实中央关于加大西部地区门户城市开放力度以及建设内陆开放战略支撑带的要求，打造内陆开放型经济高地，实现内陆与沿海沿边沿江协同开放
河南	2016年8月	落实中央关于加快建设贯通南北、连接东西的现代立体交通体系和现代物流体系的要求，着力建设服务于"一带一路"建设的现代综合交通枢纽
辽宁	2016年8月	落实中央关于加快市场取向体制机制改革、推动结构调整的要求，着力打造提升东北老工业基地发展整体竞争力和对外开放水平的新引擎
浙江	2016年8月	落实中央关于"探索建设舟山自由贸易港区"的要求，就推动大宗商品贸易自由化，提升大宗商品全球配置能力进行探索

(续表)

自由贸易区	时间	国家层面战略定位
湖 北	2016年8月	落实中央关于中部地区有序承接产业转移、建设一批战略性新兴产业和高技术产业基地的要求,发挥其在实施中部崛起战略和推进长江经济带建设中的示范作用
重 庆	2016年8月	落实中央关于发挥重庆战略支点和连接点重要作用、加大西部地区门户城市开放力度的要求,带动西部大开发战略深入实施
陕 西	2016年8月	落实中央关于更好发挥"一带一路"建设对西部大开发带动作用、加大西部地区门户城市开放力度的要求,打造内陆型改革开放新高地,探索内陆与"一带一路"沿线国家经济合作和人文交流新模式
海 南	2018年4月	落实中央关于发挥海南作为面向太平洋和印度洋的重要对外开放门户作用,对标国际规则,持续深化改革探索,以高水平开放推动高质量发展,加快建立开放型生态型服务型产业体系
山 东	2019年8月	落实中央关于增强经济社会发展创新力、转变经济发展方式、建设海洋强国的要求,加快推进新旧发展动能接续转换、发展海洋经济,形成对外开放新高地
江 苏	2019年8月	落实中央关于深化产业结构调整、深入实施创新驱动发展战略的要求,推动全方位高水平对外开放,加快"一带一路"交汇点建设,着力打造开放型经济发展先行区、实体经济创新发展和产业转型升级示范区
广 西	2019年8月	落实中央关于打造西南中南地区开放发展新的战略支点的要求,发挥广西与东盟国家陆海相邻的独特优势,着力建设西南中南西北出海口、面向东盟的国际陆海贸易新通道,形成21世纪海上丝绸之路和丝绸之路经济带有机衔接的重要门户
河 北	2019年8月	落实中央关于京津冀协同发展战略和高标准高质量建设雄安新区要求,积极承接北京非首都功能疏解和京津科技成果转化,着力建设国际商贸物流重要枢纽、新型工业化基地、全球创新高地和开放发展先行区
云 南	2019年8月	落实中央关于加快沿边开放的要求,着力打造"一带一路"和长江经济带互联互通的重要通道,建设连接南亚东南亚大通道的重要节点,推动形成我国面向南亚东南亚辐射中心、开放前沿
黑龙江	2019年8月	落实中央关于推动东北全面振兴全方位振兴、建成向北开放重要窗口的要求,着力深化产业结构调整,打造对俄罗斯及东北亚区域合作的中心枢纽

3.2.3 中国自由贸易区的内涵实质

随着中国自由贸易区的不断设立,自由贸易区的内涵不断外延。大致可以分为三代自由贸易区。

第一代,指上海最早批复的第一批自由贸易区,面积28.78 km^2,是全面深化改革和扩大开放的试验田——探索新途径、积累新经验,空间相对独立和封闭。

第二代,包含上海第一次扩区后120 km^2的自由贸易区及第二、三、五批自由贸易区。这一代自由贸易区的特点,除了试验田作用外,第一,开始承担国家战略(京津冀协同发展、粤港澳深度融合、对台开放、中部崛起、西部开发等),是国家战略在国土空间层面的响应;第二,开始逐渐明确产业导向,比如舟山是推动大宗商品贸易自由等;第三,除了封闭的围网区域外,开始出现不设围网的区域,更加注重城市融合型发展。

第三代,包含海南自由贸易港及上海第二次扩区的上海临港片区。第三代自由贸易区是自由贸易港,它不再是独立功能片区而是综合城市,是与城市一体化发展相结合,体现政府职能转变、体现自由港综合城市职能。

几代自由贸易区的内涵不断丰富,从最基本的港航、贸易功能不断扩充,已包含科创(上海张江片区等)、金融(上海陆家嘴片区等)、生态旅游(海南自由贸易港)等,为建立全域开放的自由贸易区(FTA)做准备。

在美日欧等意图在未来世界贸易格局中以TPP(跨太平洋伙伴关系协议)和TTIP(跨大西洋贸易与投资伙伴协议)撇开中国的情形下,国家希望用高标准的FTA来逼促新一轮的改革开放,通过自由贸易区的试验,推动新一轮高水平的开放、高标准的改革、高质量的发展。

3.3 上海自贸区体系

上海自贸区建设是中国政府基于国家经济转型的战略需要,顺应全球经济发展新趋势和国际经贸关系新规则,争取在全球经济发展中的主导权而采取的一项主动开放、积极改革的重大国策。迄今为止,上海自贸区经历了三轮发展。

3.3.1 "自贸区1.0版"

2013年9月29日,上海自贸区正式挂牌成立。涵盖原上海综合保税区的4大区域(图3-3),包括外高桥保税区、外高桥保税物流园区、洋山保税港区和浦东机场综合保税区,总面积28.78 km²。

1) 外高桥片区

区位及规模:自贸区外高桥片区位于上海市中心城区东北部,浦东新区北部,临近高桥森兰和金桥北部地区。外高桥片区包括原外高桥保税区和原外高桥保税物流园区,总用地面积约13.07 km²。总建筑面积控制在19.13 km²左右。

功能定位:外高桥及周边地区已形成的城市功能和已有的产业基础,根据自贸区的发展要求和趋势,充分利用外高桥片区的产业发展优势,联动高桥、森兰、金桥北部区域,依托区域先发优势,促进外高桥片区逐步融入上海市北部地区(尤其是浦东新区北部城区)功能,将外高桥片区打造成为以国际贸易服务、金融服务、专业服务功能为主,商业、商务、文化多元功能集成的国际贸易功能区。

产业功能:外高桥片区在保留提升原来的工业生产、仓储物流的基础上,重点发展服务经济,包括总部经济、国际贸易、金融服务、保税展示交易、离岸服务外包(研发外包、离岸数据服务)等;工业生产向高端制造、生产性服务业等功能业态转型提升;同时积极培育文化产业、专业服务业和社会服务业等功能业态。

2) 浦东机场片区

区位及规模:浦东机场片区是浦东中部地区重要组成部分。规划总用地面积约404.34 hm²。总建筑面积控制在452万 m²左右。

功能定位:浦东机场片区充分依托浦东国际机场的亚太航空枢纽地位,发挥客流、商流、物流密集的独特优势,考虑与周边旅游度假区、商飞基地等区域的联动发展,在强化国际航空服务功能的同时,拓展高端商务、贸易等功能,打造成为具有全球竞争力和吸引力的国际航空服务和现代商贸功能区。

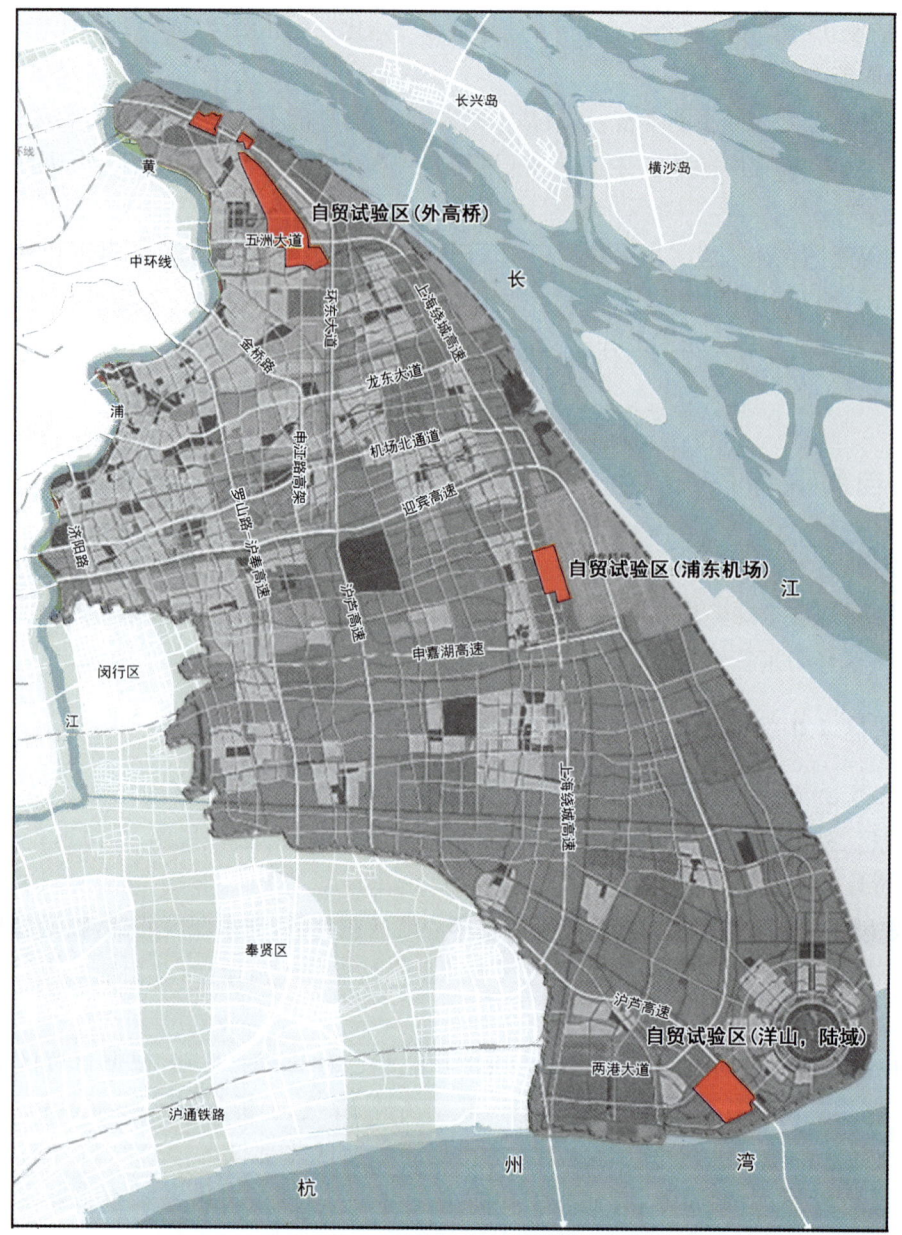

图 3-3　2013 年上海自贸片区范围

产业功能：在国际分拨配送、国际航空配套产业（保税仓储、检测维修、教育培训）的基础上，重点发展航空服务业，包括航空总部、航空金融（融资租赁、离岸结算、航运保险、贸易融资等业务）、国际分拨配送、航空专业服务、高端消费品保税展示交易、免税购物及时效性强、附加值高的产业类型，如生命科学、生鲜冷冻等。

3）洋山片区

区位及规模：自贸区洋山片区位于浦东新区临港物流园区南部，其东侧为临港地区中心区、西侧为重装备制造和物流园区。规划总用地面积约 694.46 hm^2。总建筑面积控制在 645 万 m^2 左右。

功能定位：洋山片区应积极利用凭借毗邻临港地区中心区、重装备产业区和物流园区的区位优势，加强与临港地区各功能区之间的联动发展，充分利用洋山深水港得天独厚的深水岸线和航道条件，依托上海自贸区和国际航运发展综合试验区的政策叠加优势，将洋山片区打造成为以航运服务、专业服务、国际贸易、金融服务为核心的具有全球竞争力的国际航运服务功能区。

产业功能：洋山片区的产业发展重点是以国际航运为核心的航运服务、专业服务、国际贸易、金融服务产业。其中国际航运服务包括国际船舶运输与管理、国际中转集拼等物流服务；专业服务包括离岸服务（离岸云海数据、国际维修检测等）；国际贸易包括大宗商品交易、转口贸易、国际分拨配送；金融服务包括融资租赁、金融交易市场、期货保税交割、跨境电子商务等。

3.3.2 "自贸区 2.0 版"

2014 年 12 月 28 日全国人大常务委员会授权国务院扩展上海自贸区区域，将面积扩展到 120.72 km²。扩展区域包括陆家嘴金融片区、金桥开发区片区和张江高科技片区（图 3-4）。截至 2015 年 6 月，上海自贸区共聚集 2.6 万家企业，其中挂牌后新设企业 1.95 万家。新设企业中，内资企业 1.59 万家，外

图 3-4　2014 年上海自贸区扩区后范围

资企业 4 000 多家,共汇集了近 30 万从业人员。新增企业中,贸易类 47.3%,服务类 40.8%。2014年,上海自贸区实现工商税收 570 亿元,完成进出口总额 7 600 亿元(占上海的 1/4,其中进口超过上海的 1/3),完成商品销售额 13 800 亿元,工商税收、商品销售额占全国 113 个海关特殊监管区域总额的比重超过 50%。

3.3.3 "自贸区 3.0 版"

2015 年,上海自贸区完成扩区以后,党中央、国务院提出了"继续积极大胆闯、大胆试、自主改""探索不停步、深耕试验区"的要求,主张上海自贸区要继续深化完善以负面清单管理为核心的投资管理制度、以贸易便利化为重点的贸易监管制度、以资本项目可兑换和金融服务业开放为目标的金融创新制度、以政府职能转变为核心的事中事后监管制度,形成与国际投资贸易通行规则相衔接的制度创新体系,充分发挥金融贸易、先进制造、科技创新等重点功能承载区的辐射带动作用,力争建设成为开放度最高的投资贸易便利、货币兑换自由、监管高效便捷、法制环境规范的自由贸易园区。

2019 年 7 月 27 日,《国务院关于同意设立(上海)自由贸易试验区临港新片区的批复》正式公布,该批复同意设立上海自贸区临港新片区,明确先行启动区域面积为 119.5 km²。其中临港地区南部区域 76.5 km²,小洋山岛区域 18.3 km²,浦东国际机场南侧区域 24.7 km²。

3.4 新横沙自由贸易港功能定位和产业体系构建

3.4.1 横沙深水新港是上海建设自由贸易港的最佳选择地

国家三大战略的实施为上海提供了难得的战略机遇,尤其是世纪之交国家赋予的"五个中心"为上海指明了发展方向,但同时也对上海提出了新的要求。上海要迈向全球卓越城市,其中国际航运中心乃是核心功能之一,是"五个中心"中的引领因素。而航运中心的着力点又在上海港,无论是货运量、辐射面、涉及的行业种类、对外贸的影响、对城市国际声誉的提升、对 GDP 的拉动等,其作用都无可比拟,上海港为上海的发展提供了源源不断的动力。

上海自贸区历史全国最长,创造了许多可在各地推广的经验,但缺陷是地处分散,虽几经扩展,但总面积仍不够大,其结果是管理跨度大,管理成本高,无法最大程度发挥上海先行先试、管理规范的优势。在新横沙建设深水新港,由于其优越的地理位置,是内、外贸最佳结合点;又由于其四面环水,非常便于监管;更由于新横沙形成的广阔腹地可以一步到位,实现最优规划和利用,离现有外高桥、浦东机场和临港新片区也比较近,容易整合,因此是上海建设自由贸易港的绝佳选择地。

在新横沙建设深水新港,既是上海港弥补短板、克服瓶颈、提升上海港在全球航运体系中的竞争力和影响力、始终保持在全球港口中的引领地位的必要举措,也是上海承担国家使命、建设"五个中心"的战略进取点。拥有横沙深水新港后的上海港,不仅可以为区域对内、对外贸易提供运输保障,而且可以吸引贸易活动及相关服务产业向上海集聚,从而在自由贸易港的形成和地位提升中发挥关键积极作用。反之,从全球贸易中心发展轨迹来看,自由贸易港的发展,又必将促进航运及其相关产业的发展,使得上海港更加生机勃勃,自然而然成为全球举足轻重的航运中心。这样,横沙深水新港和新横沙自由贸易港的建设互相影响,互为促进,优势叠加,1+1 大于 2,从而形成良性循环。

3.4.2 新横沙自由贸易港功能定位

横沙深水新港地处四面环水的新横沙,与上海本土隔水相望,具备天然的独立监管条件,十分有利于开展国际集装箱等货物的国际中转和江海直接中转业务,完全有条件将新横沙打造成为类似香港的自由贸易港。未来上海港国际影响力和枢纽地位的提升、国际航运中心建设的实质性突破,都需要自由贸易港建设的激励和推动。新横沙可以作为上海市进一步扩大开放水平、建设自由贸易港的重要载体,对接国家战略要求、巩固拓展既有上海自贸区功能,以期进一步提升上海自贸区开放水平和发展能级。

建议新横沙自由贸易港的功能定位如下:

1) 打造世界级贸易枢纽

利用新横沙自由贸易港的区位和制度优势,对内打造进口产品集散基地,服务长江经济带、辐射全国;对外打造服务亚太地区、辐射全球的贸易枢纽,建设在全球具有话语权的资源配置中心,构建全球经济一体化的制度平台、反对贸易保护主义的开放平台、深化经济技术交流的合作平台。

2) 打造世界级航运枢纽

大力提升集装箱中转业务水平和能力,突出新横沙自由贸易港对"21世纪海上丝绸之路"的战略支撑作用,服务于"21世纪海上丝绸之路"沿线国家和地区之间的贸易往来;加强高端航运要素集聚,构建与国际接轨的现代航运服务体系,打造世界级航运枢纽,突出新横沙自由贸易港在全球航运体系中的地位。

3) 打造世界级自由经济基地

借助投资贸易自由化、便利化制度体系的进一步开放和创新,加速新横沙自由贸易港高端制造业、服务业发展,吸引总部经济集聚,吸引国内外经营群体涌向横沙,打造全球新兴自由经济基地。

3.4.3 新横沙自由贸易港产业体系构建

根据国际典型自由贸易港发展经验,对接上海市和现有自贸区产业发展定位,综合考虑新横沙自由贸易港的特点,新横沙自由贸易港适合发展综合型自由贸易港,第二、三产业协同发展,建议重点发展产业如下:

1) 国际物流

打造国家进口商品集散中心,高水平开展国际仓储、国际中转、国际物流配送、国际采购、供应链管理、配套精制造加工等高附加值业务,全面拓展和提升国际物流增值功能水平,服务上海港国际集装箱中转业务的开展和商贸功能的升级。

用足自贸区政策,大力拓展物流增值业务。

(1) 国际中转业务。积极引进航运公司、第三方物流企业等拓展国际中转功能,提供集装箱堆存、拆拼、综合处理等系列服务,实现集装箱综合处理与货物分拨、分销、配送等业务的联动,成为支线箱源和国际中转箱源的集散地。

(2) 国际配送业务。积极引进国际配送企业,或吸引跨国企业在横沙岛设立分拨配送中心,开展零售商品分拨配送或零部件分拨等业务,不断拓展国际配送功能。

(3) 国际采购业务。积极引进从事国际采购服务的第三方物流企业(国际采购商),或吸引跨国公司在横沙岛设立国际采购中心,以批量采购、集中供应、接单加工、电子商务等为主要经营方式,以物流为基础打造国际采购及展示交易平台。

（4）国际转口贸易业务。积极发展转口贸易,吸引贸易企业进入港区开展转口贸易经营活动,构建集交易、展示、出样、订货等于一体的转口贸易服务体系,推动高附加值贸易的发展。

（5）出口加工业务。充分利用政策优势,开展对外加工装配、进料加工贸易和中小型补偿贸易等加工贸易。由于横沙岛对生态环境保护的要求较高,这一点在加工贸易项目的选择上应予以充分考虑,重点选择无污染、高附加值的出口加工项目。

2）国际贸易

针对我国居民境外消费旺盛、消费市场供需错配现实问题,建设国家进口商品贸易基地、跨境电商平台,创新生产性设备、关键零部件、人民群众生活用品等进口贸易；开展国际分销、展示、交易,发展壮大国际转口贸易、离岸贸易、服务贸易（数字贸易、医疗服务、文化服务、技术产品、信息通信等）新型业态和功能。

3）国际航运衍生服务

（1）国际航运服务。注重改善航运和港口业务方面的开放程度,提升国际航运公司和国际船舶管理公司的港口注册登记率,放宽中外合资、中外合作国际船舶运输企业的外资股比限制,允许设立外商独资国际船舶管理企业,简化国际船舶运输经营许可流程,形成高效率的船籍登记制度。探索沿海捎带、国际航权放开,提高对国际航线、货物资源的集聚和配置能力；建设完善国际航运补给服务体系,开展航运融资、航运保险、航运结算、航材租赁、船舶交易、船舶检验、航运仲裁、航运信息等业务,吸引国际航运衍生服务集聚。

（2）金融。开放发展国际结算、外汇交易、保险、融资租赁、证券、基金、离岸金融等业务,提升人民币跨境金融服务能力；配套发展国际物流金融、保险等高附加值业务,提升国际物流业务高端服务能力和水平。

（3）信息服务。借助云计算、物流网、车联网、互联网＋等新一代信息技术应用,不断提高技术手段、完善信息系统,建设电子管理平台、跨境电商平台、数据交换平台、公共服务平台等,提供软件信息、数据服务等专业化信息服务,保障新横沙自由贸易港庞大的信息处理需求和境内外数据流动需求,运用科技手段提升新横沙自由贸易港服务水平和监管能力。

（4）专业性服务。包括法律、咨询、检测、认证及其他配套服务等。

4）高端制造及研发

一方面,配套国际物流、贸易的开展,发展流通加工、高附加值制造加工；另一方面,发展壮大集成电路、人工智能、生物医药、民用航空、环保、数控机床、发电及输变电设备、大型物流装备及工程机械、再制造等高端制造和前端研发产业,吸引跨国公司设立离岸研发和制造中心,建设前沿技术高地。

3.5 新横沙自由贸易港功能布局初探

3.5.1 国际典型自由贸易港布局案例

1）香港自由贸易港

1841年英国占领香港后,宣布香港为"自由港"。迄今为止,香港自由港已有接近180年的历史。经过百年的发展,从一个单一的转口贸易港发展成为综合型、多样化的自由贸易港,香港已经连续25

年被美国传统基金会评为全球最自由经济体。香港能成为国际贸易和国际金融中心之一,得益于其优越的地理环境。香港北靠中国内地,面向太平洋,毗邻东南亚,地处亚太地区的要冲,是欧洲、非洲通往东南亚的通道,也是中国内地通往世界的重要桥梁。

香港港是中国天然良港,是全球最繁忙和最高效率的国际集装箱港口之一,也是全球供应链上的主要枢纽港。香港港有 15 个港区,其中维多利亚港区最大,条件最好,其平均水深超过 10 m 的港内航道,使大型远洋货轮可随时进入码头和装卸区,为世界各地船舶提供方便又安全的停泊地。

2018 年香港港口货物吞吐量为 25 850 万 t,其中集装箱 1 960 万 TEU。葵青货柜码头在维多利亚港西北部,共有 9 个码头和 24 个泊位,深水岸线总长 7 694 m,码头占地约 279 hm^2,包括货柜场和货运站,9 个码头的总处理能力每年超过 2 000 万 TEU。

香港自由贸易港的发展经历了三次转型、四个阶段,分别为转口贸易型、加工贸易型、综合型、跨区域综合型。其中,第一次转型为转口贸易型向加工贸易型转变。传统转口贸易受 20 世纪 50 年代国际对华禁运打击,香港凭借劳动力成本与低地价优势承接产业转移,由转口贸易转向加工贸易。第二次转型为加工贸易型向综合型转变。香港借助内地对外开放、亚太区域经济一体化等机遇,向珠三角转移劳动密集型制造业,发挥管理、技术、资金等优势,发展为航运、贸易、旅游、金融中心。第三次转型为综合型向跨区域综合型转变。香港回归,借助全球贸易自由化浪潮,积极缔结双边自由贸易协定,促进区域经济一体化。与之相伴,香港的空间结构也从港口型、港口与工业区结合的港区型、与城市结合的港城型,向跨区域一体化发展。香港自由贸易港范围覆盖全域,包括整个香港地区,由香港岛、九龙和新界组成,逐步由单一的转口贸易港发展成为经济结构多元化的自由港。

2) 新加坡自由贸易港

新加坡地理位置优越,扼守马六甲海峡的咽喉地带,被誉为"世界十字路口"。1969 年,新加坡在裕廊工业区裕廊码头建立了第一个自由贸易区。裕廊海港自贸区属于转口贸易为主、加工为辅的综合型自由贸易港。目前,新加坡逐渐成为一个高度开发的自由贸易港口,是亚洲地区重要的金融、贸易和航运中心。新加坡毗邻港口和机场共设立了 8 个"自贸区",分别由 3 家企业经营管理。其中,新加坡港务集团(PSA)负责管理位于 Brani 码头、Keppel 物流园、Pasir Panjang 码头、Sembawang 码头和 Tanjong Pagar 码头的 5 个"自贸区";樟宜机场集团负责管理位于机场物流园和樟宜机场货物中心的 2 个"自贸区";裕廊港公司负责管理位于裕廊港的 1 个"自贸区"(图 3-5)。

新加坡自由贸易港非常重视基础设施建设,拥有全球最繁忙的集装箱码头、服务最优质的机场以及亚洲最广泛宽频的互联网体系和通信网络。稳定的政治环境、优越的地理位置、完善的基础设施、高效的通关服务、开放的投资环境,使得新加坡以贸易发展带动产业优化,实现自由贸易港和所在区域的协调发展,成为亚洲地区重要的金融、贸易和航运中心。

3) 案例小结

香港、新加坡自由贸易港的发展经验表明,当今自由贸易港的功能日趋"综合化",除了运输枢纽、加工制造等传统功能外,正逐步发展成为国际贸易和物流信息的资源配置中心,成为商品流动、人才往来、信息交换、资金融通和技术转换的快速通道,提高了全球贸易开放程度。自由贸易港逐渐由早期的单一转口贸易枢纽,发展为加工制造的园区,到目前已经形成了集贸易、工业制造、科技研发、服务等于一体的综合性功能区。

总结国际典型自由贸易港发展经验,主要有以下启示:

(1) 空间结构及用地规划。有效利用土地资源,满足不同用地类型的需求,集"生活、工作、娱乐"于一体的总体理念。

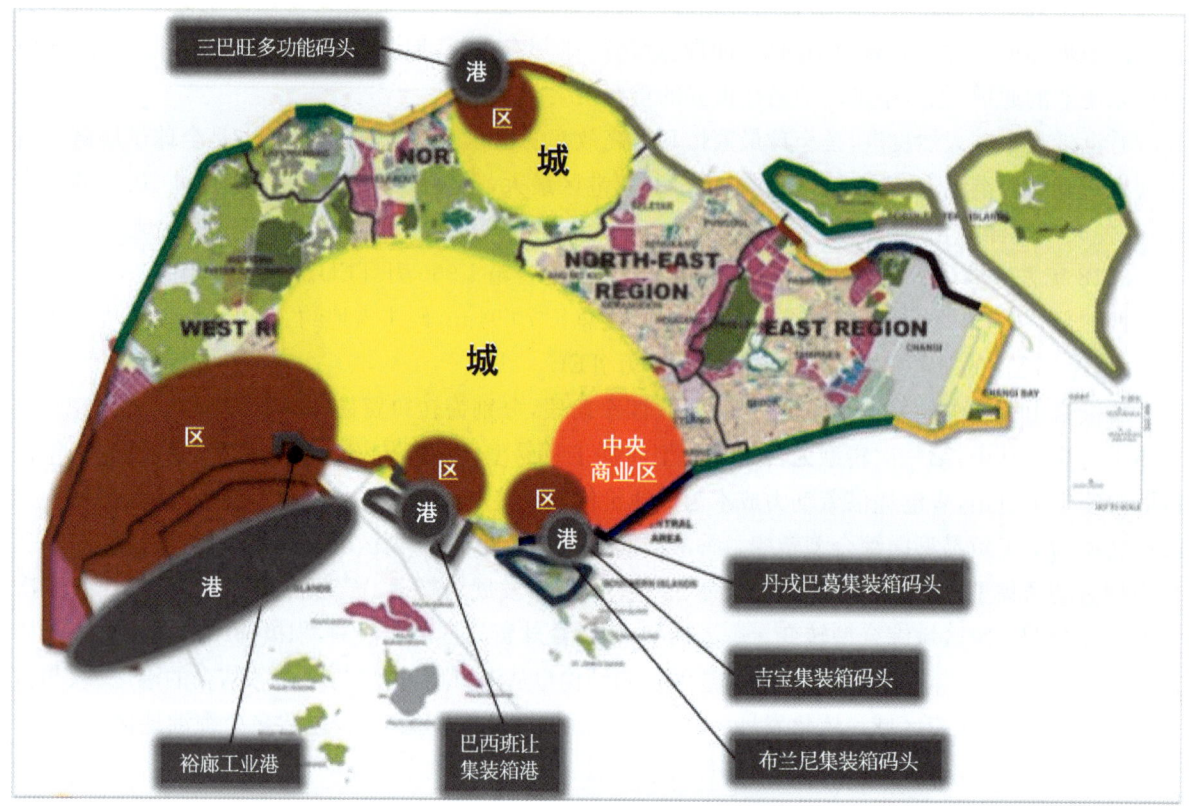

图 3-5 新加坡自由贸易港分布示意

（2）岸线利用。结合自然条件及后方用地性质等因素统筹考虑港口、工业、生活、商业、生态、旅游休闲等对岸线的要求，对适宜做港口的深水岸线应重点保留。

（3）产业布局。主导产业突出，集群组团布置且特色鲜明，依托海港及空港重点打造和发展临港产业，并重视生产性服务业和高科技产业的配套发展。同时预留土地为未来主要产业的增长服务。

（4）功能布局。以港口为中心龙头，大力发展临港产业，摆脱港口单纯作为交通枢纽的一元化发展模式，促使港口的多功能效应充分发挥，实现港区城联动发展或港产城协调发展。

3.5.2 新横沙自由贸易港功能布局初探

自由贸易港不断扩大腹地的产业类型，引入综合性的商业配套，逐步形成了自由贸易港、产业、城市融合发展的局面。这种"港-产-城"融合发展的模式也成为许多新自由贸易港开发的新理念。其中，"港"是窗口，为产业和城市提供必要的通道；"产"是核心，是动力系统，可促进城市经济发展；"城"是载体，反过来能为港口和产业发展提供更为优良的服务和持久支撑。新横沙自由贸易港可以作为上海市进一步扩大开放水平、建设自由贸易港的重要载体，定位为世界级贸易枢纽、世界级航运枢纽和世界级自由经济基地。

横沙深水新港的格局布置可以有多种方案，现仅就深水新港南方案进行初步探讨。结合新横沙自由贸易港的定位和产业体系，按照港口、产业、城市一体化发展的思路，提出新横沙港城片区的"一港、两带、三片区"总体功能布局，形成港口建设、产业发展、新城崛起的综合发展示范区。其中，一港指横沙深水新港区；两带指生态湿地景观带和深水航道景观带；三片区指国际贸易区、高端服务区、高端制造及研发区（图 3-6）。

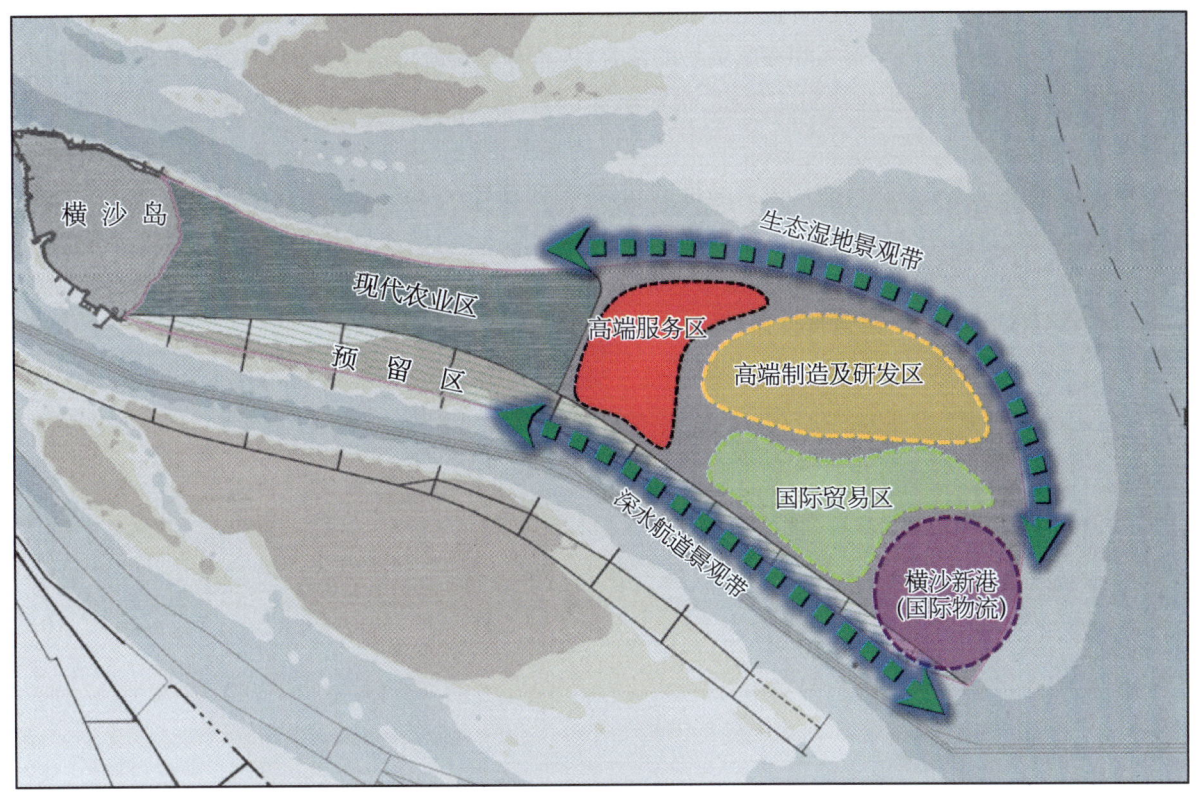

图 3-6　新横沙自由贸易港功能布局初探

3.6　小结

上海自贸区从 1.0 版本的贸易便利化发展到 2.0 版本的投资自由化、金融国际化,再升级为 3.0 版本的创新要素跨境配置,聚焦金融、投资、贸易、科创等专业领域的制度创新,对上海国际航运中心和国际枢纽港建设产生深远影响。上海自贸区建设注重改善航运和港口业务方面的开放程度,提升国际航运公司和国际船舶管理公司的港口注册登记率,并出台放宽中外合资、中外合作国际船舶运输企业的外资股比限制,允许设立外商独资国际船舶管理企业,简化国际船舶运输经营许可流程,形成高效率的船籍登记制度,积极发展航运金融、国际船舶运输、国际船舶管理、国际航运经纪等产业。同时上海自贸区还在保税区功能完善方面不断创新,伴随着各项贸易便利化优惠条件的落实,上海自贸区的保税区功能将从简单的"保税仓储、初级加工、转口贸易"进一步拓展到"商品储存和转运,以及相关工业、贸易、运输、金融及旅游多位一体业务"。

未来上海应积极探索在新横沙建设自由贸易港的可能,利用新横沙广阔腹地,进一步依托自贸区政策,重点发展国际物流中转、国际配送、国际采购、国际转口贸易。一方面发展出口加工、流通加工、高附加值制造加工;另一方面发展壮大集成电路、人工智能、生物医药、民用航空、环保、数控机床、发电及输变电设备、大型物流装备及工程机械、再制造等高端制造和前端研发产业,吸引跨国公司设立离岸研发和制造中心,建设前沿技术高地。

应充分利用自由贸易港的优势,大力发展软件服务业,为国家航运、物流和制造业提供支持及配套的各类服务,如商务服务、船代货代、报关报验、运输、法律、资讯、旅游等业务。在政策层面上,应发挥新横沙自由贸易港在离岸贸易和在岸贸易的结合、内贸和外贸统筹运作方面的优势,在政策创新上更多向物流方面倾斜,如外汇管制的放松、融资租赁、期货保税交割业务的开展、保税仓单的质押融资等。

  横沙深水新港是建设新横沙自由贸易港的载体,面向通往全球大海的横沙深水新港可建成内涵最丰富的自由贸易区,没有深水新港,自由贸易港"毛将焉附"。而横沙自由贸易港则是深水新港能级提升的着力点,自由贸易港将为深水新港带来源源不断的人流、物流、船流、资金流等。两者必将互相影响,互为促进,效应叠加,形成良性循环。

第 4 章 横沙深水新港的规划选址、功能定位、运量预测和总平面布置

4.1 选址条件分析

4.1.1 区域位置

上海处于"一带一路"与长江经济带的交汇点,是国家战略连接的枢纽。上海港位于我国海岸线的中部,长江入海的咽喉要冲,面向太平洋,背靠 180 万 km^2 的长江流域,具有对内、对外双向辐射的功能,是江海联运的重要枢纽,也是长江流域对外贸易的门户。随着"一带一路"倡议与长江经济带发展等国家战略的实施和推进,我国产业布局将加快从沿海向长江中上游等中西部内陆地区进行梯度转移,同时,长江流域的物资也将大量运往东部沿海和海外,长江黄金水道的航运功能将更加凸显。作为长江流域门户的上海,不仅可以发挥自身优势,实现对中西部经济发展的辐射影响,还将成为长江经济带经济发展的龙头和内外连接的枢纽,肩负起更为重要的实现货物江海直接中转联运枢纽港的作用,更好地参与和服务于国家战略(图 4-1)。

横沙东滩是横沙岛东侧的大型水下浅滩,也是长江口三大拦门沙浅滩之一,是北港与北槽的主要水沙交换区域。横沙东滩由西向东呈舌状分布,东西长约 45 km,南北宽 4~11 km,滩涂面积约 460 km^2,其北侧为北港水道,南侧为长江口深水主航道所在的北槽水道。滩面上以 N23 护滩堤为界,东侧为自然滩地,北高南低,滩面高程为 -5~+1.6 m(吴淞基面,下同);西侧滩面已在进行促淤圈围工程,获批的促淤圈围面积为 17 万亩。其中,横沙东滩工程自 2003 年开工实施,共分八期,目前一~七期工程已完工,累积成陆面积 64 km^2;八期工程正在施工,成陆面积 42 km^2,整个工程将于 2020 年底完工,成陆高程为 +3.0 m。

横沙东滩位于长江出海口,处在我国海岸线中部与长江的交汇点,出海可直接与我国南北航线和国际航线相接,沿长江可连接我国中西部和长江流域,通江达海,具有良好的江海联运的运输条件,是发展国际物流中转枢纽的理想港址。横沙新港选址于横沙东滩,上段利用尚未开发的北港水道,下段利用长江口外深水海域,实现江海联运直达运输,具有优良的、不可替代的区位优势(图 4-2)。

4.1.2 气象条件

横沙东滩位于长江口海域,属亚热带季风气候区,四季分明、温暖潮湿、光照充足、雨量充沛;夏季受太平洋暖气团控制,盛行东南风;冬季受欧亚大陆冷气团控制,盛行西北风;春末夏初为梅雨期,秋初多阴雨。多年平均气温约 17.1℃,平均降水量约 1 160.7 mm。

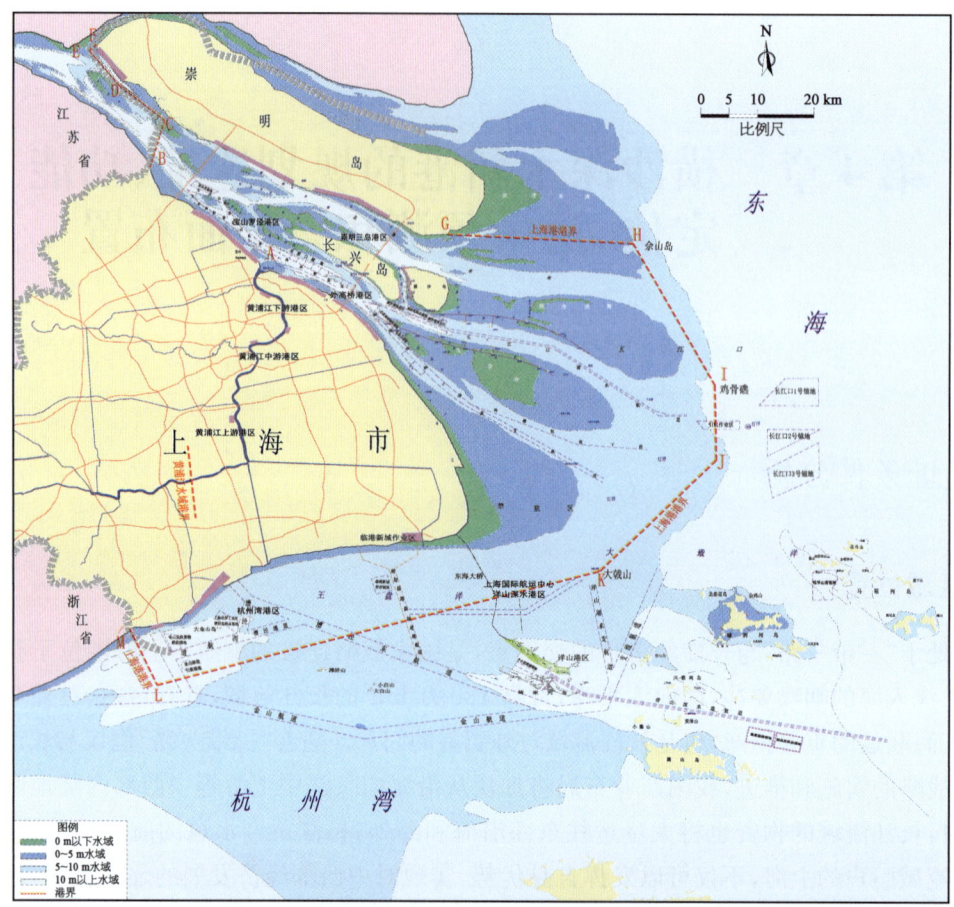

图 4-1 上海港水域规划

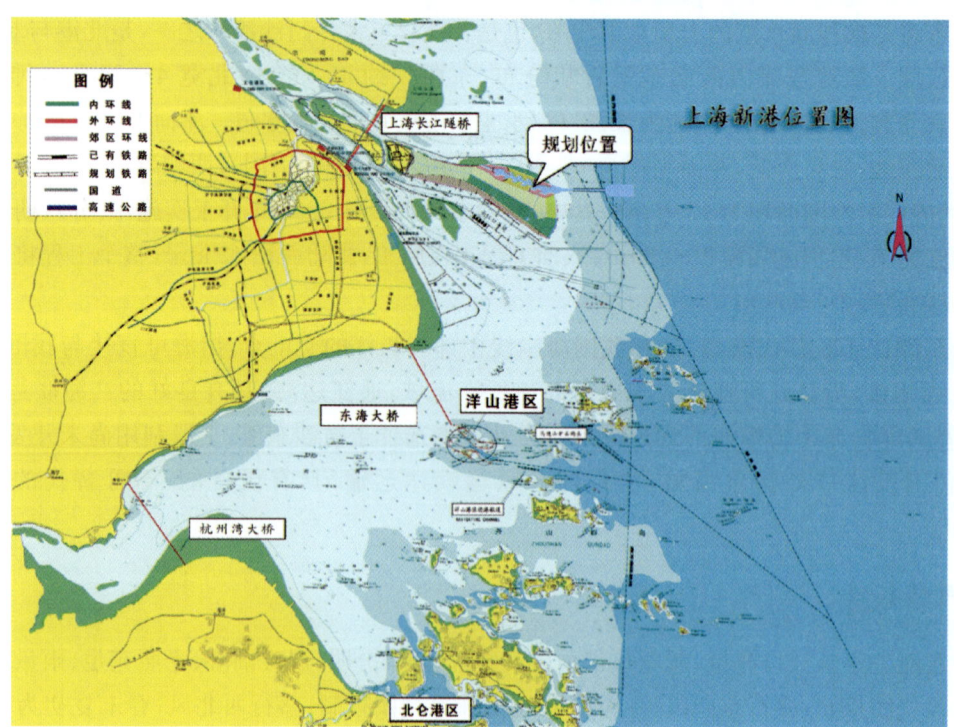

图 4-2 横沙新港区域位置

4.1.2.1 气温

累年最高气温: 39.7℃

累年最低气温: −9.7℃

多年平均气温: 17.1℃

累年最热月平均气温: 28.5℃(7月)

累年最冷月平均气温: 4.9℃(1月)

4.1.2.2 降水

累年最大降水量: 1 729.1 mm

累年最小降水量: 667.1 mm

多年平均降水量: 1 160.7 mm

累年日最大降水量: 394.5 mm

降水量≥25 mm 的日数: 10.5 d

降水量≥50 mm 的日数: 3.0 d

4.1.2.3 风况

本区常年 3—5 月常风向为 SE 向,6—8 月常风向为 SE~SSE 向,9—11 月常风向为 NE~ENE 向,12月—翌年 2 月常风向为 NNW~NNE 向,其中以偏 N 向为强风向。全年常风向为 NNE 向,强风向为 N 向(图 4-3)。

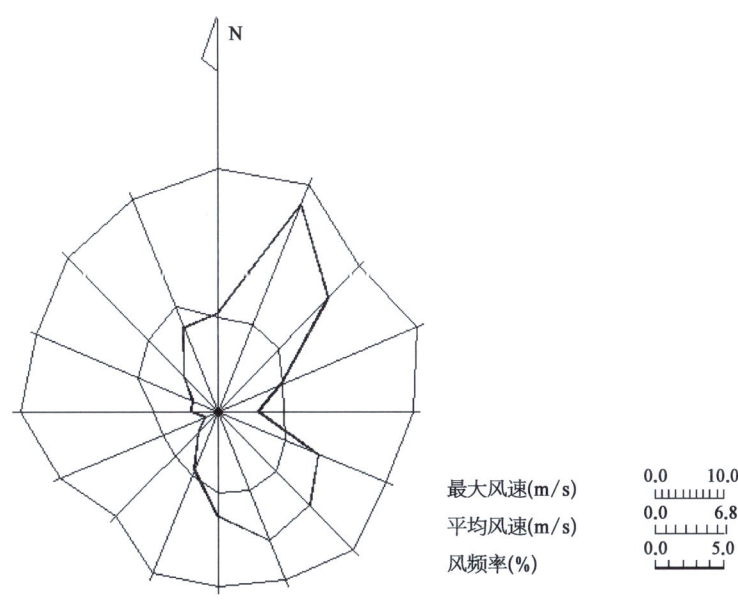

图 4-3 本区风玫瑰图

上海地区每年 5—11 月均可能受到热带气旋影响,其中 7—9 月为热带气旋活动频繁期。根据上海市气象台 1884—1993 年统计资料,共计受到 233 次热带气旋影响,平均每年 2 次,极大风速 44 m/s(3 s 平均),发生于 1915 年 7 月。据统计,受热带气旋影响,持续吹 ENE~NNW 向的大风过程有 91 次,占总数的 39%。据热带气旋影响延时统计,50% 的大风过程持续时间在 6~12 h,28% 的大风过程持续时间在 18~36 h,21% 的大风过程持续时间在 42 h。

2010—2015 年间对长江口影响较明显的热带气旋过程共 17 次,平均每年 2~3 次,以东侧洋面经过的为主,过境中心最大风力在 8~16 级不等,2015 年"灿鸿"距长江口最近距离 100 km,其余距离在

150 km以上。对上海影响最大的一次台风是1997年的11号台风"芸妮",上海市出现8~10级的大风,并普遍出现50 mm以上暴雨,局部地区最大雨量超过150 mm,长江口、黄浦江沿线潮位均超历史纪录。

另外,上海地区每年的12月—翌年2月常遭遇寒潮大风的影响,根据1997—2003年资料统计,共有15次达到寒潮强度,平均每年2.2次。在15次寒潮大风过程中有12次风力为7级,1次达8级。

上海市工程建设规范《滩涂促淤圈围造地工程设计规范》(DG/TJ08-2111—2012)中列出了本区附近的各向重现期风速(表4-1),可供参考。2018年主要台风路径如图4-4所示。

表4-1 崇明东(堡镇以东及长兴横沙)各方向特征风速表　　　　　　　　　　(m/s)

重现期(年)	N	NE	E	SE	S	SW	S	NW
5	20.4	20.9	19.9	19.1	18.2	16.5	20.1	21.0
20	26.7	27.5	24.9	23.6	23.4	21.9	26.3	27.2
50	30.6	31.5	28.0	26.4	26.6	25.2	30.1	31.1
100	33.5	34.6	30.3	28.5	29.1	27.6	32.9	33.9

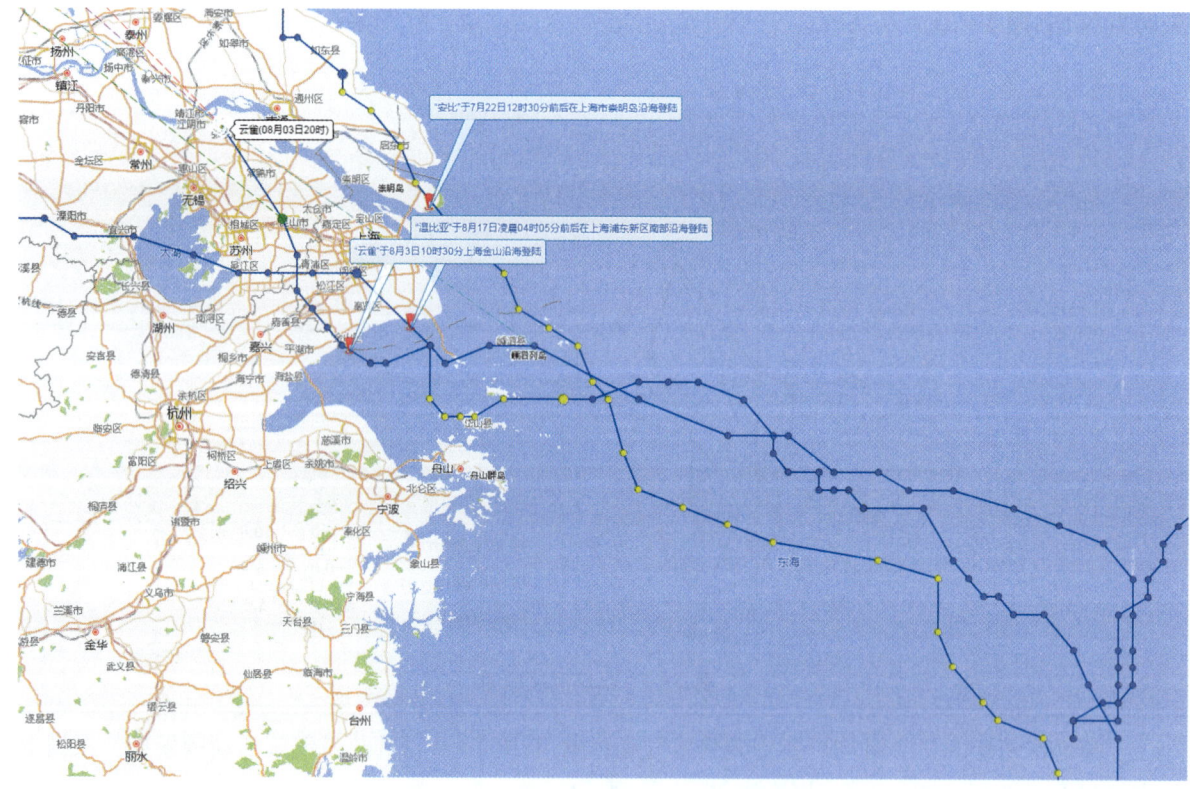

图4-4 2018年10、12、18号台风路径

4.1.2.4 雾

累年最多雾日数:42 d

累年最少雾日数:3 d

多年平均雾日数:12.6 d

4.1.2.5 雷暴

累年最多雷暴日数:48 d

累年最少雷暴日数:15 d

多年平均雷暴日数:23.7 d

4.1.2.6 湿度

多年平均相对湿度为75%。

4.1.3 水文条件

4.1.3.1 径流

根据大通站1950—2017年资料统计,多年平均径流量约为8 959亿 m^3,年际间波动大,无明显的趋势变化(图4-5)。近年来,2011年为特枯水年,年径流量为6 668亿 m^3,是1950年以来径流量最小的一年;2010年、2012年、2016年为丰水年,年径流量分别为10 220亿 m^3、10 030亿 m^3 和10 470亿 m^3。径流年内分配不均匀,5—10月为洪季,径流量占全年的68%(2003—2017年),7月最大;11月—翌年4月为枯季,占全年的32%(2003—2017年),2月最小。

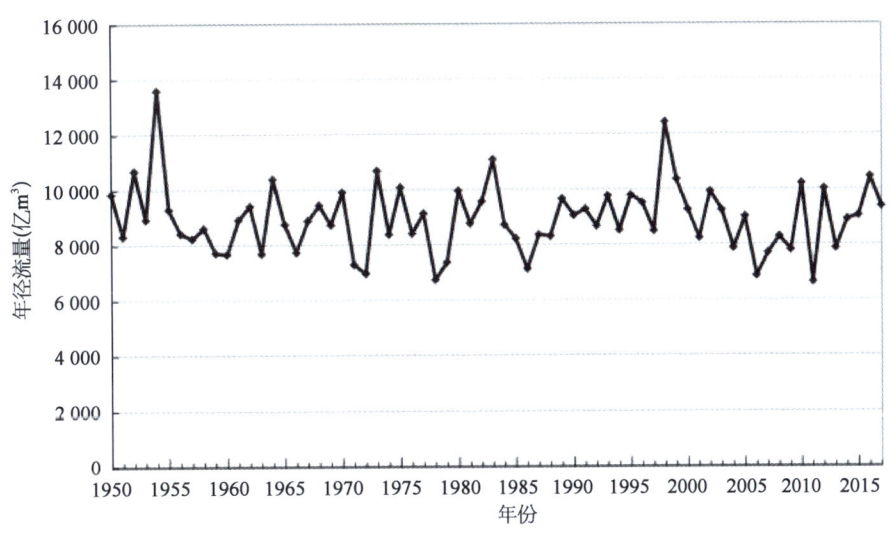

图4-5 大通站的年径流量变化(1950—2017年)

4.1.3.2 潮汐

长江口水域以半日分潮为主,M_2 分潮占优,浅水分潮也较明显,潮汐类型属非正规半日浅海潮型。口外鸡骨礁,以及绿华山、佘山三站的 $(H_{K1}+H_{O1})/H_{M2}$ 在0.34~0.37。根据横沙附近牛皮礁站资料,本海域潮汐特征如下:

历史最高潮位:5.27 m(吴淞零点,下同)

历史最低潮位:−0.77 m

最大潮差:5.17 m

平均潮差:2.77 m

平均高潮位:3.45 m

平均低潮位:0.65 m

平均海平面:2.05 m

平均涨潮历时: 6 h 16 min

平均落潮历时: 6 h 8 min

4.1.3.3 潮流

长江口口门附近区域潮流运动主要受制于东海前进潮波系统。2004年长江口北槽深水航道南北导堤工程后,实测潮流资料显示,导堤口门外站点显示出一定的旋转流特性,各站表层旋转率在 $-0.4\sim-0.7$,底层则更大(图4-6、表4-2)。各站洪季表层最大涨、落潮流速分别在 $1.4\sim1.9$ m/s 和 $1.7\sim2.5$ m/s,对应流向分布较散。横沙浅滩区南北侧潮流强度主要受北港、北槽潮流的影响,涨潮时浸滩流为主,落潮流则顺滩面地形,流向深水区呈归槽性质。

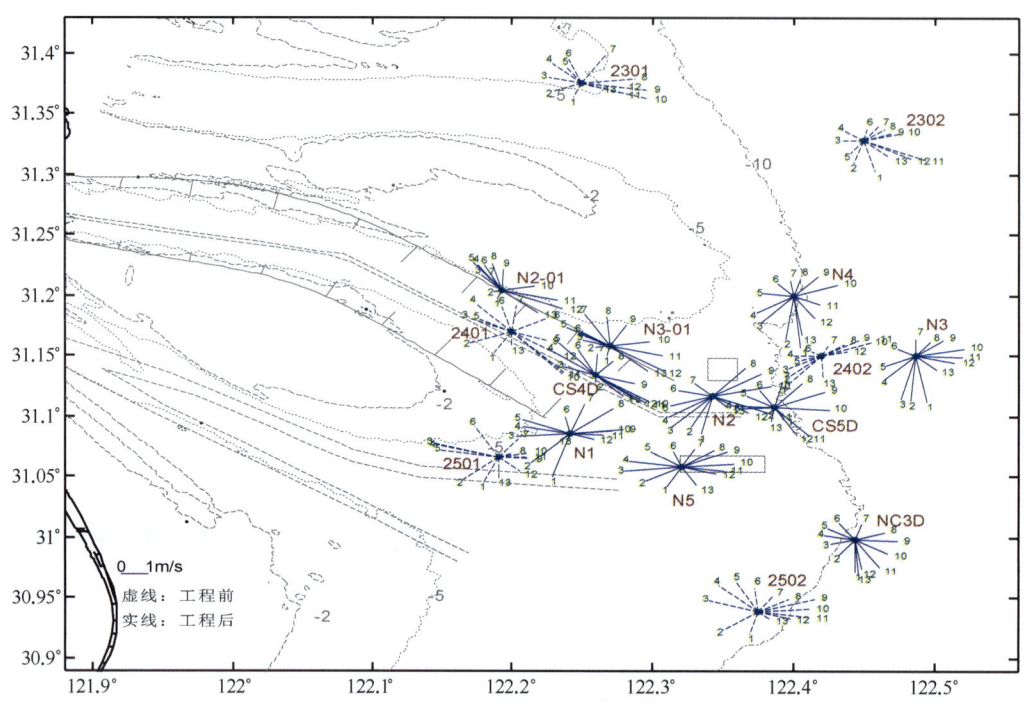

图4-6 长江口洪季大潮表层矢量图(2004年)

表4-2 长江口口门外潮流特征值

站位	层次	前 潮				后 潮			
		落 潮		涨 潮		落 潮		涨 潮	
		最大	平均	最大	平均	最大	平均	最大	平均
CS4D	表	259 (116°)	147 (108°)	180 (313°)	147 (308°)	222 (120°)	138 (168°)	212 (108°)	170 (303°)
	底	117 (113°)	66 (113°)	93 (291°)	65 (287°)	138 (114°)	73 (114°)	148 (291°)	91 (294°)
CS5D	表	218 (92°)	149 (93°)	145 (271°)	94 (282°)	196 (94°)	157 (89°)	178 (273°)	273 (122°)
	底	98 (95°)	69 (95°)	116 (275°)	71 (277°)	97 (95°)	61 (98°)	121 (267°)	76 (280°)

(续表)

站位	层次	前潮				后潮			
		落潮		涨潮		落潮		涨潮	
		最大	平均	最大	平均	最大	平均	最大	平均
N_2	表	203 (149°)	134 (120°)	191 (229°)	153 (241°)	222 (114°)	165 (86°)	145 (262°)	111 (253°)
	底	107 (148°)	68 (115°)	83 (280°)	65 (264°)	122 (96°)	71 (81°)	94 (276°)	65 (279°)
N_3	表	190 (168°)	97 (134°)	183 (185°)	136 (218°)	175 (80°)	119 (88°)	123 (188°)	82 (234°)
	底	45 (160°)	38 (123°)	57 (242°)	49 (257°)	57 (71°)	37 (84°)	50 (235°)	37 (311°)
N_4	表	258 (124°)	124 (157°)	182 (189°)	122 (247°)	167 (169°)	123 (102°)	135 (184°)	84 (240°)
	底	168 (88°)	61 (109°)	74 (197°)	53 (262°)	61 (74°)	44 (91°)	68 (277°)	53 (284°)

长江口地区近年已积累了一定的实测潮流资料,但主要位于北槽深水航道及其口门外侧附近,而横沙东侧及北侧的北港水道资料较缺乏,为进一步研究横沙新港平面形态、口门布置等,下阶段有必要补充更新潮流资料。

4.1.3.4 波浪

1) 波浪概况

长江口地区以风浪为主,涌浪次之。常浪向为NNE向,频率为10.25%,次常浪向为SE和N向;涌浪主要出现在NE~SE向,占涌浪出现频率的57.5%。长江北槽口外九段沙浅滩东侧的引水船站多年实测资料显示,该站波浪主要集中于NE~ESE向,最大波高3.0 m,发生在WNW向。横沙浅滩相邻的崇明东滩东侧佘山岛东侧短期资料显示,该站常浪向为NNE向,占17%,实测最大波高3.5 m。根据2010—2016年资料统计,南槽东站常浪向为SE向,频率为9.5%,次浪向为E向,其频率为8.6%(图4-7);南槽东站多年平均波高为0.66 m。

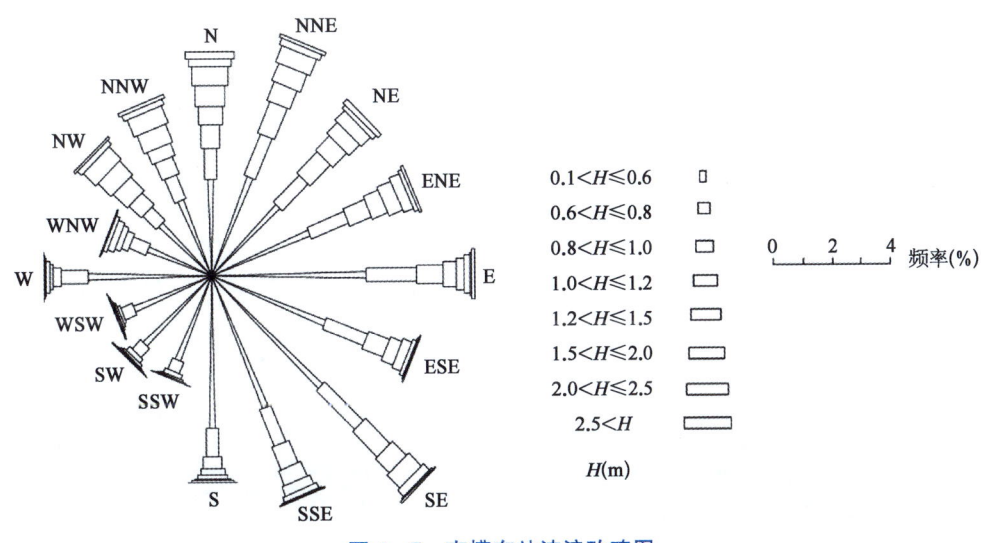

图4-7 南槽东站波浪玫瑰图

长江口地区的强浪向在 NNE~ENE 之间,且大浪出现在台风影响期间。风浪与浪向的季节性变化十分明显,冬季以 NW 向浪为主;夏季则以 SSE 向浪为主;春季则以 NE 向浪为多,频率为 18%。

根据波浪模型推算,北港水道主要受 NE~ENE~E 向浪控制,常风天最大 $H_{13\%}$ 波高基本在 1.0 m 以内,6 级风上限条件下最大 $H_{13\%}$ 波高基本在 2.2 m 以内;横沙浅滩东侧水域主要受 ENE~E 向浪控制,常风天最大 $H_{13\%}$ 波高在 1.3~1.4 m,6 级风上限条件下最大 $H_{13\%}$ 波高在 2.5~2.8 m;北槽北侧边滩水域主要受 E~ESE 向浪控制,常风天最大 $H_{13\%}$ 波高在 0.5~1.2 m,6 级风上限条件下最大 $H_{13\%}$ 波高在 1.0~2.5 m(表 4-3、图 4-8、图 4-9)。

表 4-3 工程前各区域最大 $H_{13\%}$ 波高分布特征

区 域	常 风 天		6 级风上限	
	H_s(m)	控制波向	H_s(m)	控制波向
北港水道上段	0.5~0.6	E	1.2~1.4	E
北港水道中段	0.6~1.0	NE~ENE	1.4~2.0	NE~ENE
北港水道下段	1.0~1.3	NE~ENE	2.0~2.6	ENE~E
横沙浅滩东侧	1.3~1.4	ENE~E	2.5~2.8	ENE~E
北槽北侧边滩	0.5~1.2	E~ESE	1.0~2.5	E~ESE

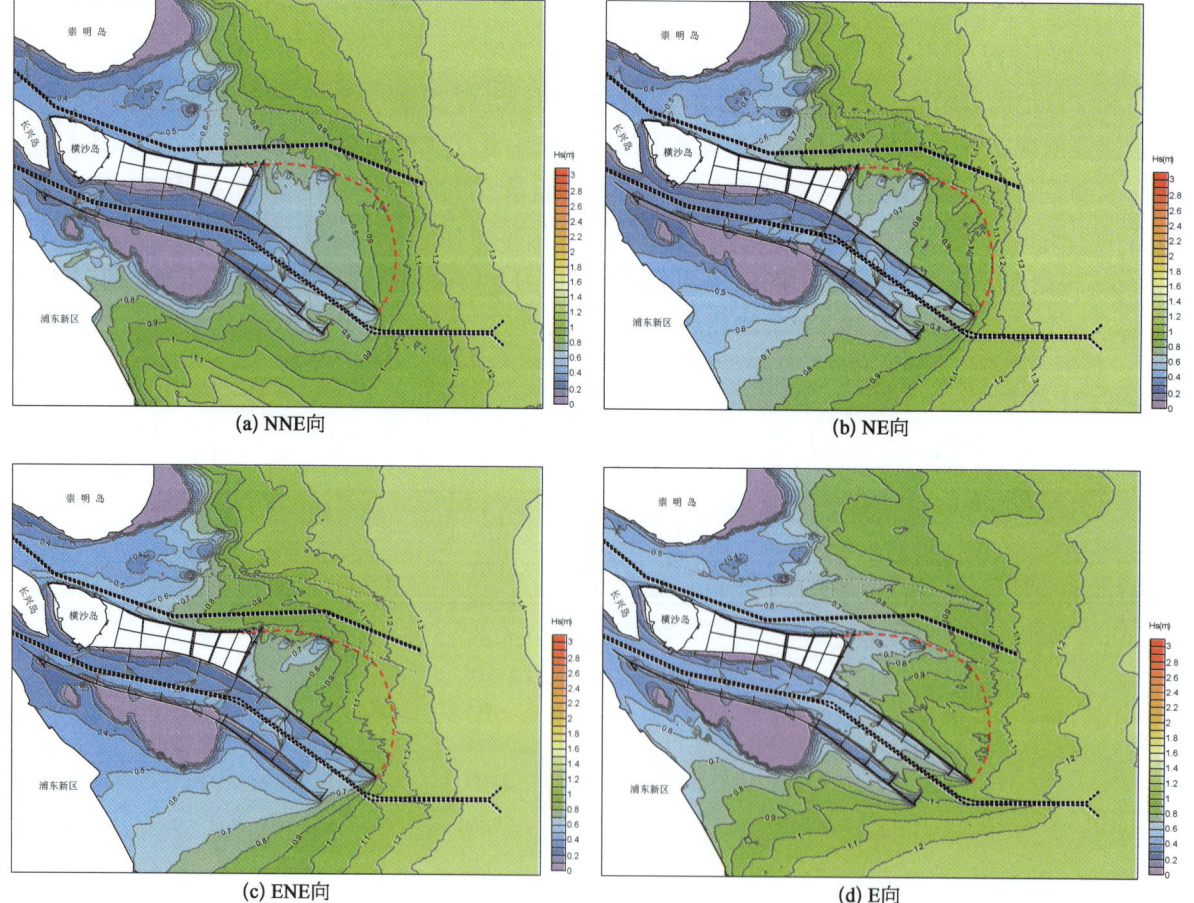

(a) NNE向　　(b) NE向　　(c) ENE向　　(d) E向

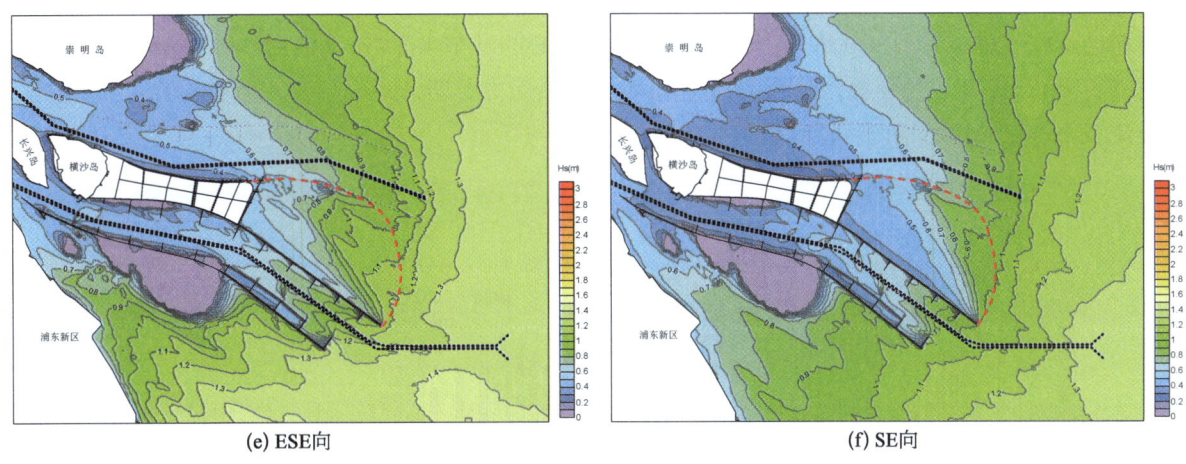

(e) ESE向　　　　　　　　　　　　　　　　　　(f) SE向

图 4-8　常风天平均水位下主要波向 $H_{13\%}$ 波高分布

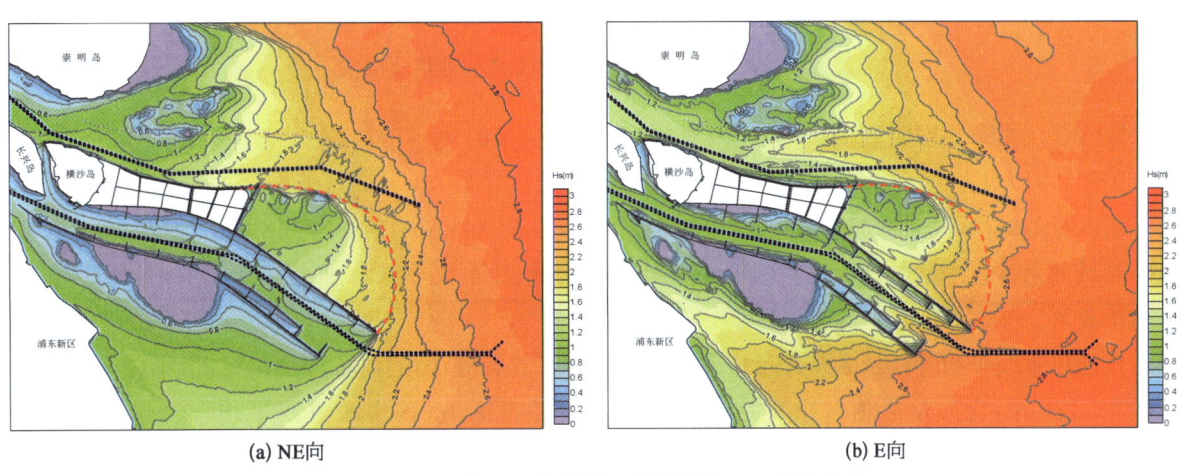

(a) NE向　　　　　　　　　　　　　　　　　　(b) E向

图 4-9　6 级风+平均水位下主要波向 $H_{13\%}$ 波高分布

2) 港区外侧深水波要素

南京水利科学研究院 2012 年 10 月《沿海部分水域设计波浪参考值研究》结合周边测站波浪、风场资料，综合推算了长江口－20 m 等深线位置的重现期波要素（表 4-4），该成果同时也是列入《港口与航道水文规范》（JTS 145—2015）的推荐参考值。

表 4-4　长江口（－20 m）重现期波要素

波　向	50 年一遇		25 年一遇		5 年一遇	
	$H_{1/10}$(m)	$\overline{T}$(s)	$H_{1/10}$(m)	$\overline{T}$(s)	$H_{1/10}$(m)	$\overline{T}$(s)
NNE	8.9	8.1	8.0	7.8	5.9	7.1
E	9.0	8.9	7.9	8.6	5.2	6.9

4.1.3.5　泥沙

大通站多年平均输沙量为 3.61 亿 t（1951—2017 年），自 20 世纪 80 年代中叶开始输沙量就呈减小趋势（图 4-10）。以葛洲坝工程和三峡工程的蓄水为节点，呈现明显的三阶段变化特点，输沙量呈现逐渐减小的趋势。其中 1951—1985 年平均年输沙量为 4.71 亿 t；1986—2002 年平均年输沙量为3.40亿t,已减少27.8%。自2003年后长江三峡水库围堰蓄水,2010—2013年三峡上游金沙江沿线又相继实施了多个大型水电站,建成以三峡水库为核心的巨型水库群,下泄泥沙被大量拦截。受此影响,2010—2017年平均年输沙量为1.28亿t,不到剩余历史时期(1951—2000年)的30%。据预测,这种流域来沙量减少的情况将持续数百年。

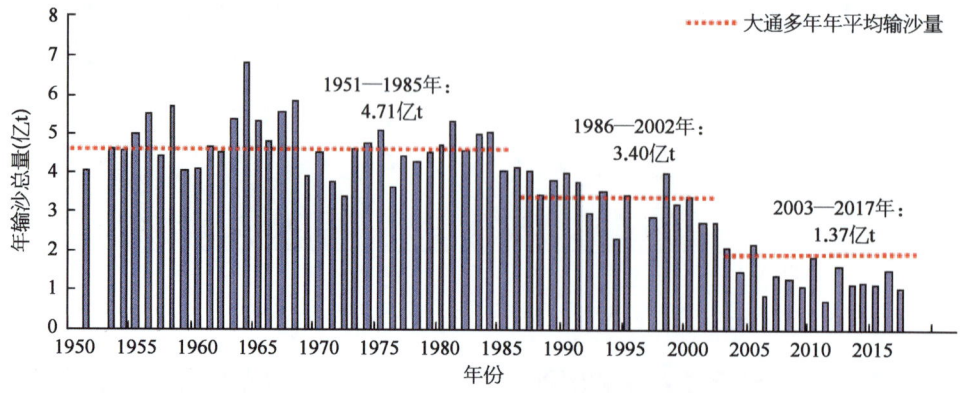

图4-10 1950—2017年大通站年输沙量分布

输沙量洪枯季差别明显,洪季(5—10月)输沙量占全年的80.5%左右(2003—2012年),枯季(11月—翌年4月)只占19.5%左右(2003—2012年);7月输沙量最大,1—2月最小。

输沙量的减少,同时引起水体中含沙浓度的降低,以及含沙量中值粒径的细化。总体而言,长江口外海域的悬沙含沙量分布特征是:西高东低、南高北低、浅水大于深水、底层大于表层、冬高夏低、季节变化显著。

长江口垂线平均含沙量纵向分布呈现"低—高—低"的态势,南港河段含沙量较低,垂线平均值多小于0.5 kg/m³;含沙量高值区出现在拦门沙最大浑浊带区域,该水域垂线平均含沙量大多高于1.0 kg/m³;口外水域含沙量较低,除南槽口外略高以外,其余区域垂线平均含沙量均小于0.5 kg/m³。

1) 南港

根据南港固定垂线NG0站监测,2010年以来洪季含沙量持续减少,涨潮和落潮平均含沙量从原来的0.4~0.6 kg/m³减小至0.2 kg/m³左右,枯季含沙量变动幅度往往较大,但2012年后落潮含沙量也稳定于较低水平(图4-11)。

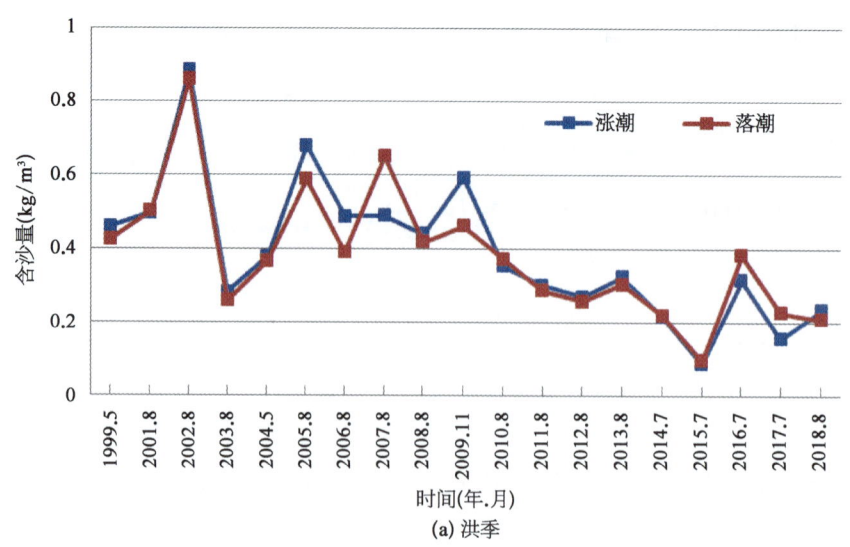

(a) 洪季

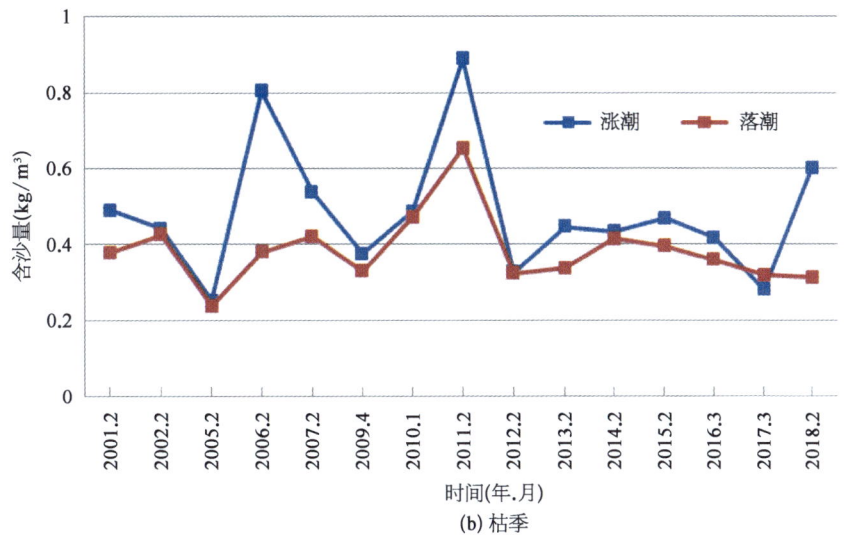

(b) 枯季

图 4-11　南港 NG0 涨、落潮平均含沙量变化

2）北港

根据北港 BG0 固定垂线监测,上游来沙量的减少同样对北港洪季含沙量有明显的影响,2010 年后洪季含沙量基本在 0.2～0.4 kg/m³,处于较低水平(图 4-12)。

3）北槽

对北槽拦门沙河段洪季沿程落潮含沙量统计分析,2016 年后北槽沿程含沙量沿程普遍降低(图 4-13)。

4.1.3.6　沉积物和地质

1）表层沉积物

规划横沙新港挖入式港池位于长江北港和北槽口门之间的横沙浅滩,属河口拦门沙浅滩区,是现代长江水下三角洲的顶部,其沉积具有三角洲平原相沉积的特征。挖入式港池外航道在现代长江水下三角洲的前缘,其沉积具有水下三角洲前缘相沉积的特征。

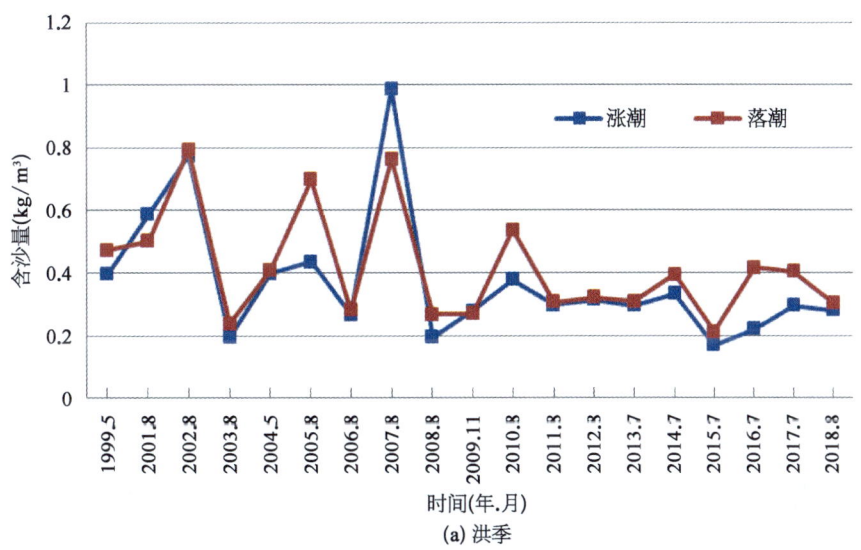

(a) 洪季

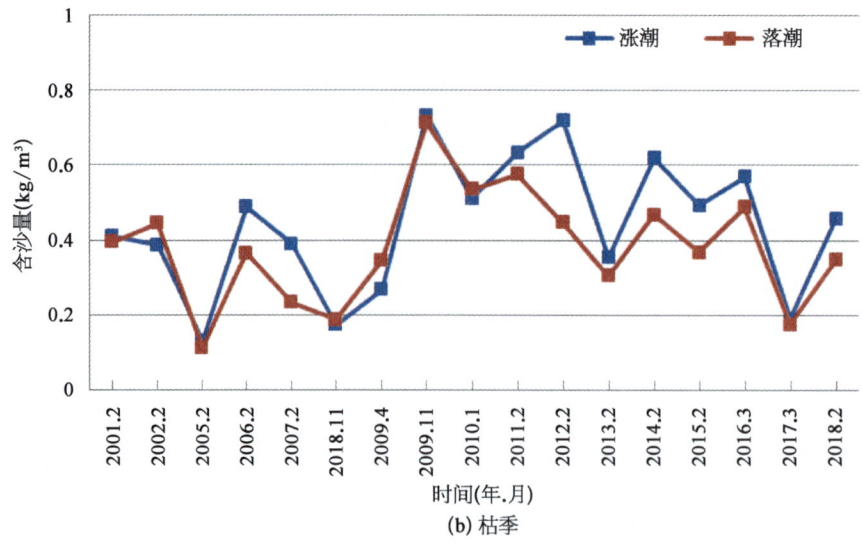

图 4-12 北港 BG0 涨、落潮平均含沙量变化

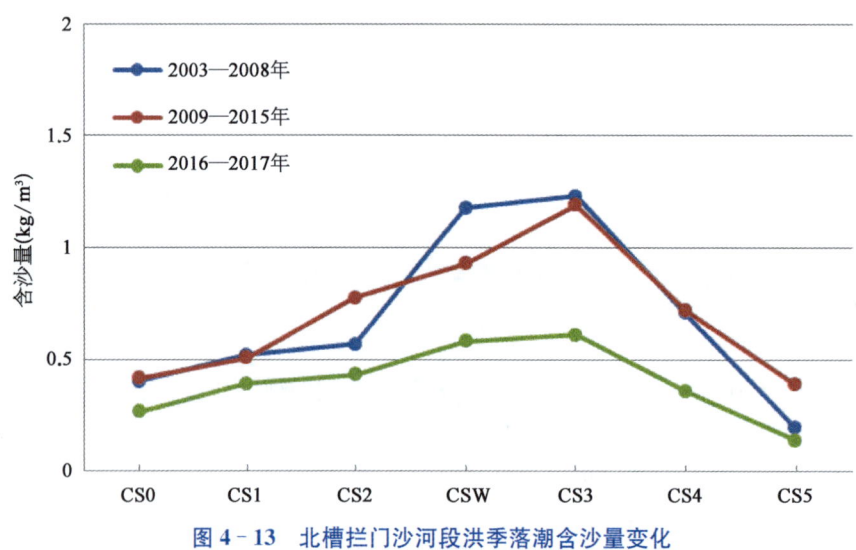

图 4-13 北槽拦门沙河段洪季落潮含沙量变化

规划深水外航道位于横沙浅滩东侧，该海域海底表层沉积物是长江入海泥沙的扩散沉积区，沉积物多以细颗粒物质为主，一般为黏土质粉砂（图 4-14 和图 4-15）。

2) 地质

长江口深水航道工程多次勘探表明，本区均为第四纪全新世近代冲海～滨海相的黏散堆积物，无岩基出露，工程属软土地基，规划深水航道可挖性好。另根据在 23♯ 丁坝北港水道处和规划的挖入式港池口门－5 m 处的钻孔资料，港池和外航道边底面均处于淤泥质黏土层，可挖性好。

4.1.4 长江口近期总体河势情况

长江河口出徐六泾节点以后，呈"三级分汊、四口入海"之势，其中一级分汊由崇明岛将长江河口分为南支和北支，南支多水下沙洲和浅滩；二级分汊由长兴岛、横沙岛将南支分为南港和北港，形成于 19 世纪；三级分汊由九段沙将南港分为南槽和北槽。

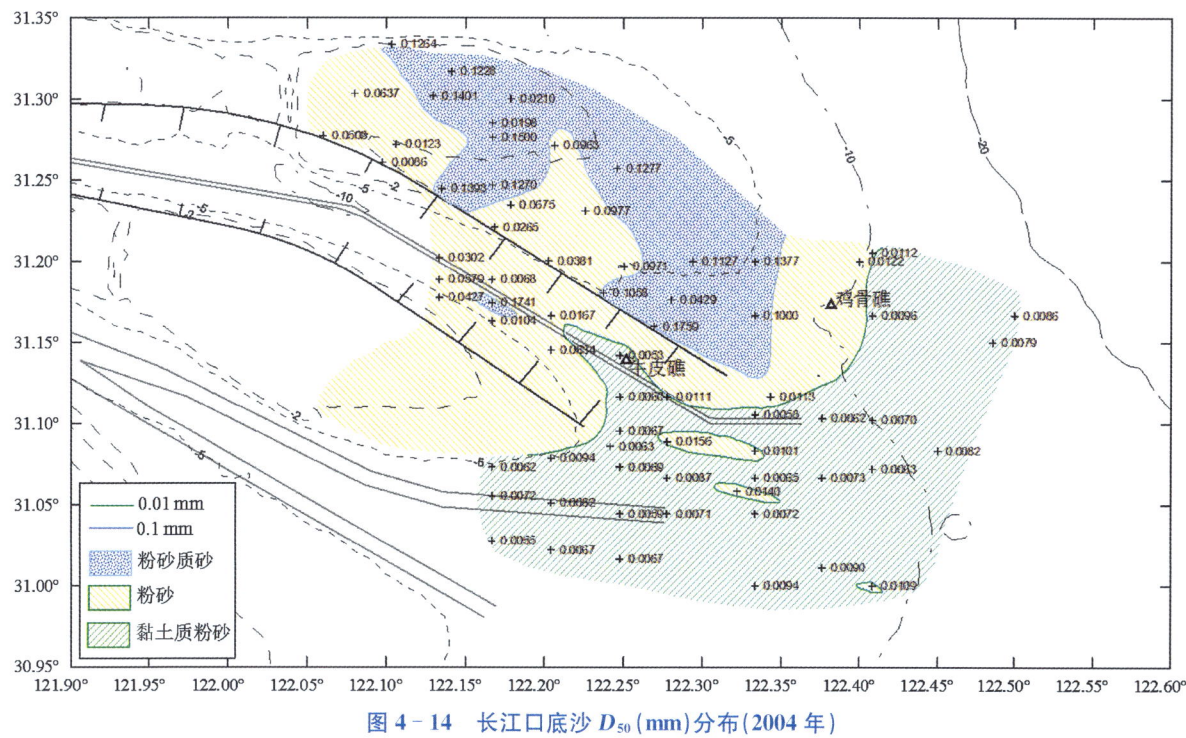

图 4-14 长江口底沙 D_{50}(mm)分布(2004 年)

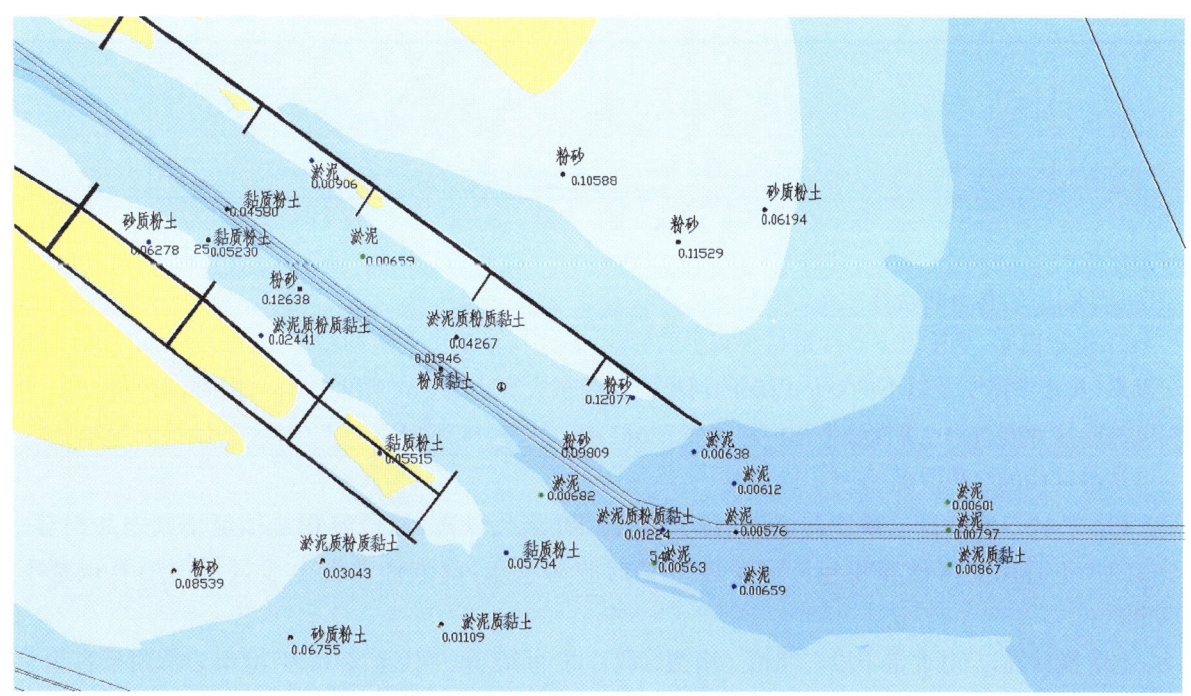

图 4-15 北槽口门底沙 D_{50}(mm)分布(2016 年)

历史上长江口河势变化复杂,沙体变动频繁、汊道更替、主泓摆动,上游河势变动直接影响下游河势的稳定。

21 世纪以来,长江口实施了大规模的河口整治工程和围垦工程,自上而下包括白茆沙护滩工程、南北港分流口系列工程、长江口深水航道治理工程,加上横沙东滩促淤圈围工程、南汇边滩促淤圈围工程等,这些人工工程既依次控制了南支进口、南北港分流口、南北槽分流口的节点河势,也进一步束窄了河口宽度,大幅削减了滩槽变动的自由度,使得近期长江口河势格局总体稳定。但与此同时,长江下泄沙量持续减少的影响作用在长江口区域逐渐显现,使得当前长江河口开始呈现冲刷态势,河槽容积扩大,部分滩涂侵蚀(图 4-16)。

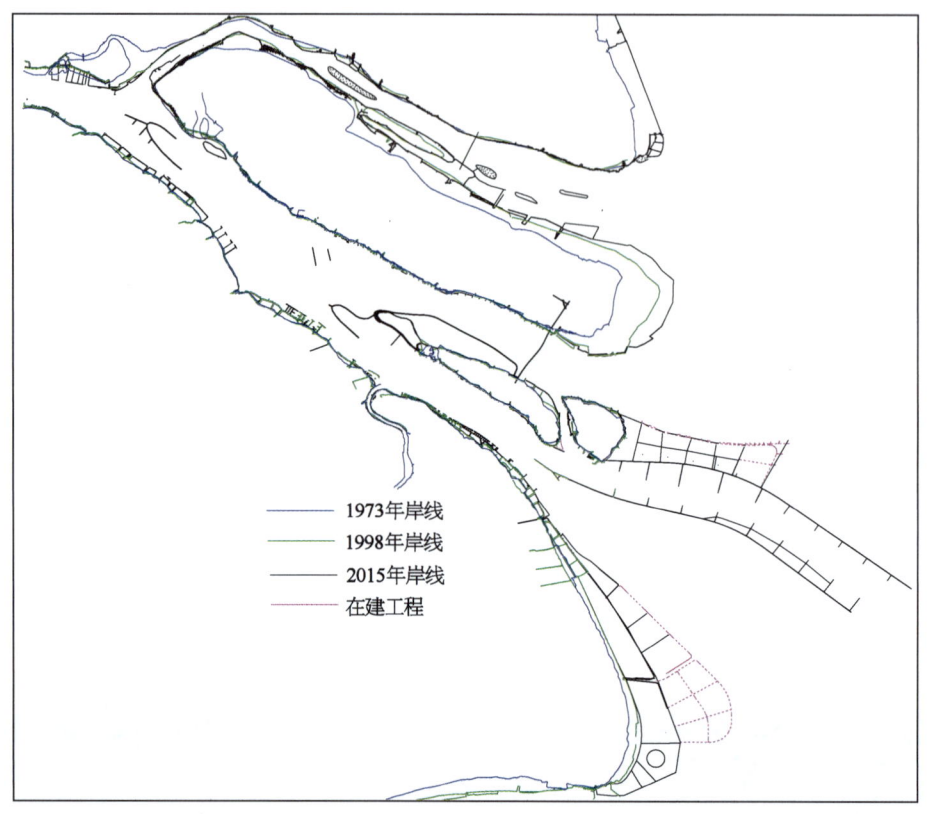

图 4-16 长江口岸线变迁

4.1.4.1 总体河槽情况

21 世纪以来,受长江下泄沙量持续减少的影响,长江口呈现出一定冲刷态势(图 4-17)。自 2003 年以来,长江口南支及以下的 0 m 以深的河槽容积已扩大了 16 亿 m³(图 4-18),同时,口外水下三角洲区域明显冲刷,15 m 等深线平均内移了 1.7 km。

从各区段的容积情况(图 4-19)看:

(1) 长江口徐六泾至横沙岛区段,自 20 世纪 90 年代以来,河槽容积总体呈不断增加趋势;至 2012 年后南支河槽容积年际间呈较平稳的波动状态,南港和北港上段区域河槽容积基本稳定。

(2) 横沙岛以东(北港下段—北槽—南槽区段),20 世纪 80 年代至 2012 年,0 m 以深槽容积总体以减小为主,尤其是在 2003—2007 年,0 m 以深河槽容积减幅明显,2007—2012 年该段河槽容积基本稳定,2012 年后开始冲刷扩大。

综上,2003 年以来长江口整体河槽容积冲刷增大,同时这种冲刷影响自上而下递进,至 2012 年后在口门拦门沙区段开始逐步显现。

4.1.4.2 各河段情况

在人工工程控制下,长江口总体河势稳定性增强,上游对下游河势变动的影响程度有所减弱。

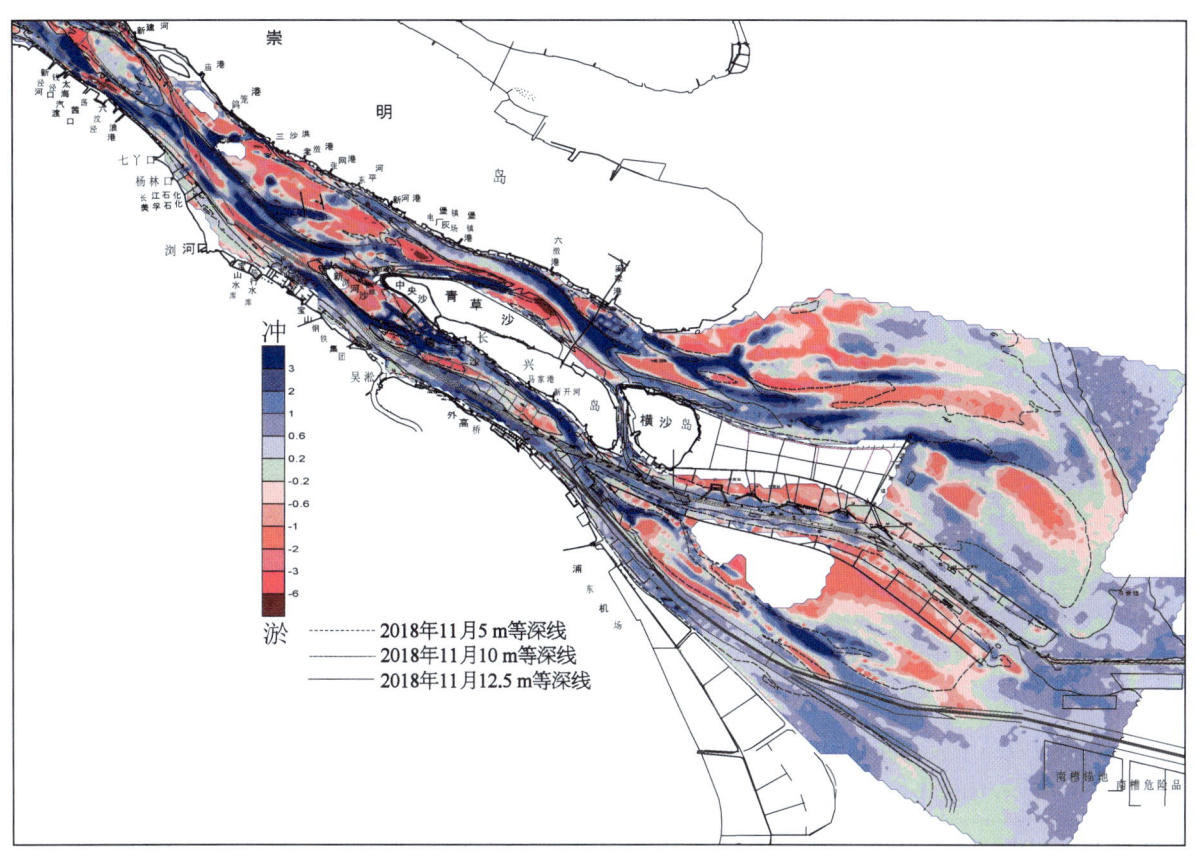

图 4‑17　长江口近期地形冲淤(2010—2018 年)

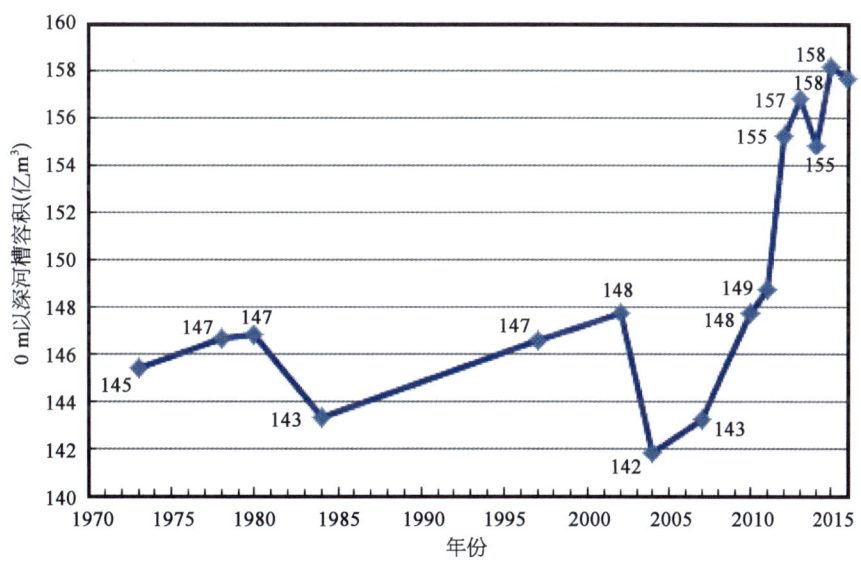

图 4‑18　长江口(南支—口门 10 m 等深线)0 m 以深河槽容积变化

1) 南支河段

21 世纪以来,上游徐六泾河段的节点控制作用进一步加强,长江口两岸边界也已基本稳定。2005 年后,南北港分流口区域实施了一系列人工工程,包括中央沙圈围、新浏河沙护滩及南沙头限流潜堤工程、青草沙水源地工程,这些工程的实施基本稳定了南北港分流口格局,遏制了扁担沙体的淤

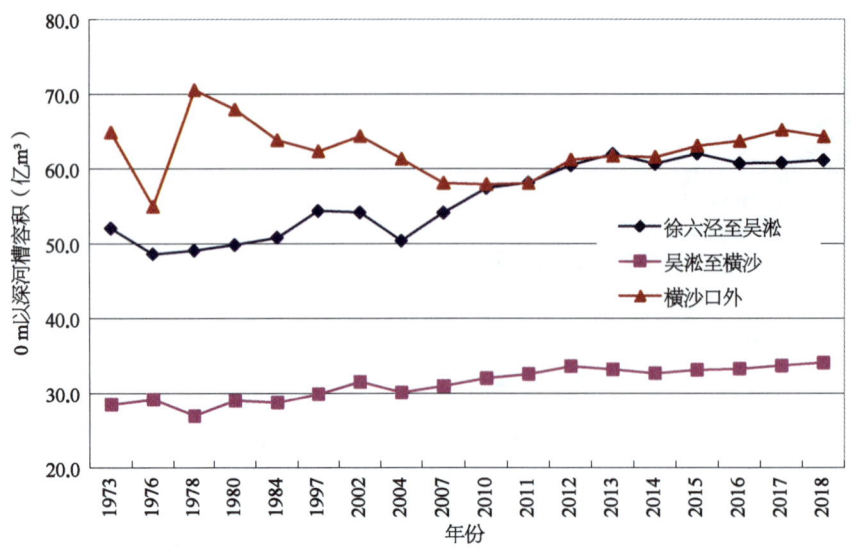

图 4-19　长江口(南支—口门 10 m 等深线)0 m 以深河槽容积变化

涨;2014 年后,南支上段又实施了白茆沙护滩工程,稳定了白茆沙沙体位置,消除了白茆沙变动引起南支河势动荡的可能,南支整体河势进一步趋稳。目前,南支主槽在平面上是一条顺直向南微弯的河槽,10 m 深槽宽约 4 km,最大水深可达 20 m 以深,且涨落潮流路基本一致,落潮流占优势,深槽稳靠南岸,深泓位置基本稳定。

2) 北港河段

目前,该区域进入北港的汊道主要为新桥水道和新桥通道。其中,新桥水道位于扁担沙和崇明岛之间,河槽位置长期稳定;新桥通道位于南北港分流口区域,是南支主槽分流进入北港的主要泄流通道,对北港主泓走向的稳定性起着重要影响。

2005—2007 年中央沙实施圈围工程,2007—2010 年新浏河沙护滩工程、南沙头限流潜堤工程以及青草沙水源地工程实施,这一系列工程实施后,为下游北港河势稳定带来了积极的作用。北港出横沙岛后河槽平面上向外海逐渐展宽,且略呈微弯形态。至拦门沙区域,河槽水深减小,滩顶水深基本稳定在 5~6 m(图 4-20)。

目前北港河势格局基本稳定,河槽总体呈现中上段冲刷发展、口门段有所淤积。其中,堡镇沙尾切割沙体的持续下移及由此引起的沿途岸滩冲刷是北港下段近期河势变动的主要体现。

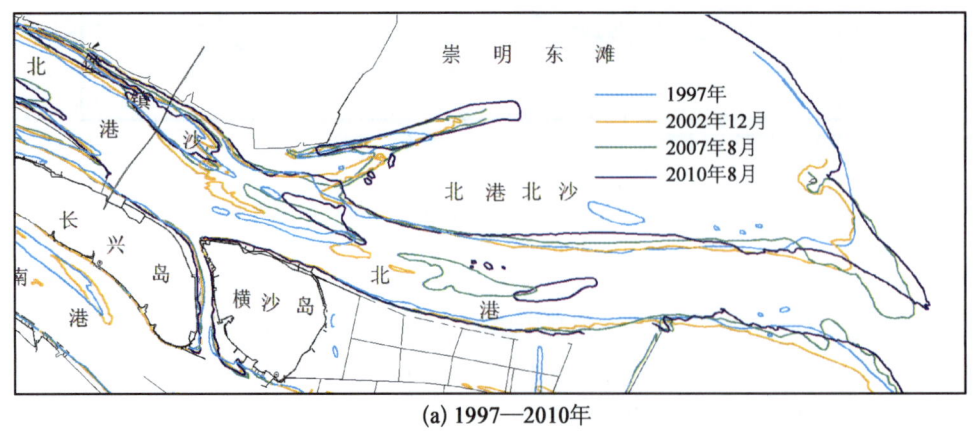

(a) 1997—2010年

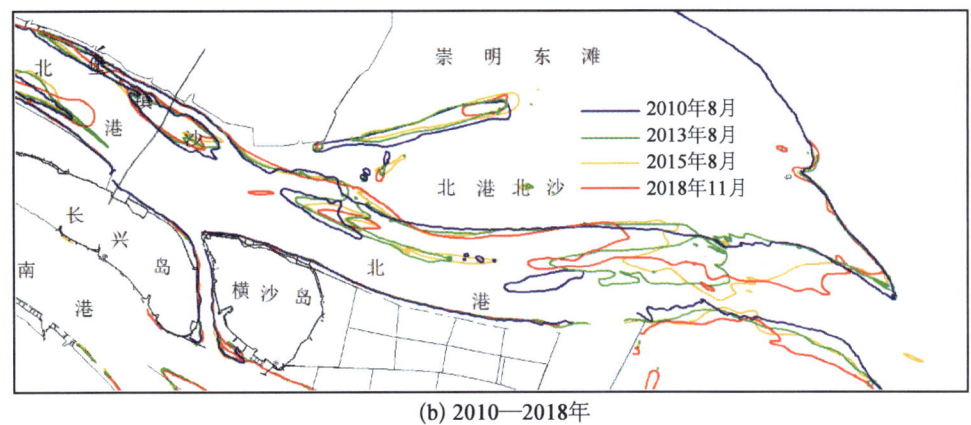

(b) 2010—2018年

图4-20 北港河段5 m等深线变化

3) 南港河段

南港河段上承南北港分流口,下接南北槽分汊口,全长25 km。南港河段中央发育有瑞丰沙沙体,沙体以南是南港主槽,以北是长兴水道。历史上,南港河槽一直为W形河槽。21世纪以来,瑞丰沙不断冲刷,2001—2006年,下沙体冲刷殆尽。2010年后,上沙体开始出现南沿切割,2015年后,切割态势日益加剧。在这过程中,南港主槽河槽冲刷,河床向宽浅态势发展(图4-21、图4-22)。

4) 南、北槽

南港口外至拦门沙区段,经九段沙分隔为北槽和南槽。其中,北槽全长约60 km,其北侧为横沙东滩、南侧为九段沙,是长江口深水航道治理工程的主要整治段。1998年后,在双导堤和丁坝群的作用下,北槽河床发生了明显的冲淤调整,总体上呈现整治段"主槽河床冲刷、丁坝坝田淤积"的特点,河床断面形态向窄深方向发展。目前,北槽形成了一条上下段平顺相接、具有相当宽度的覆盖航道的微弯深泓(图4-23)。10 m深槽已覆盖航道沿线,深槽宽已达700~1 800 m(图4-24)。

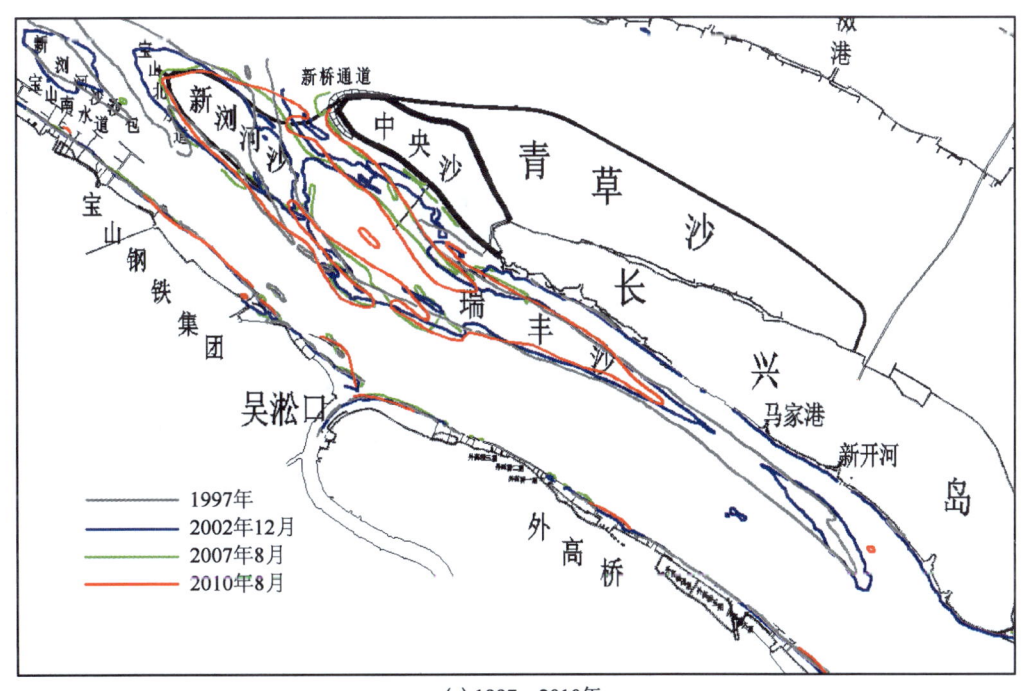

(a) 1997—2010年

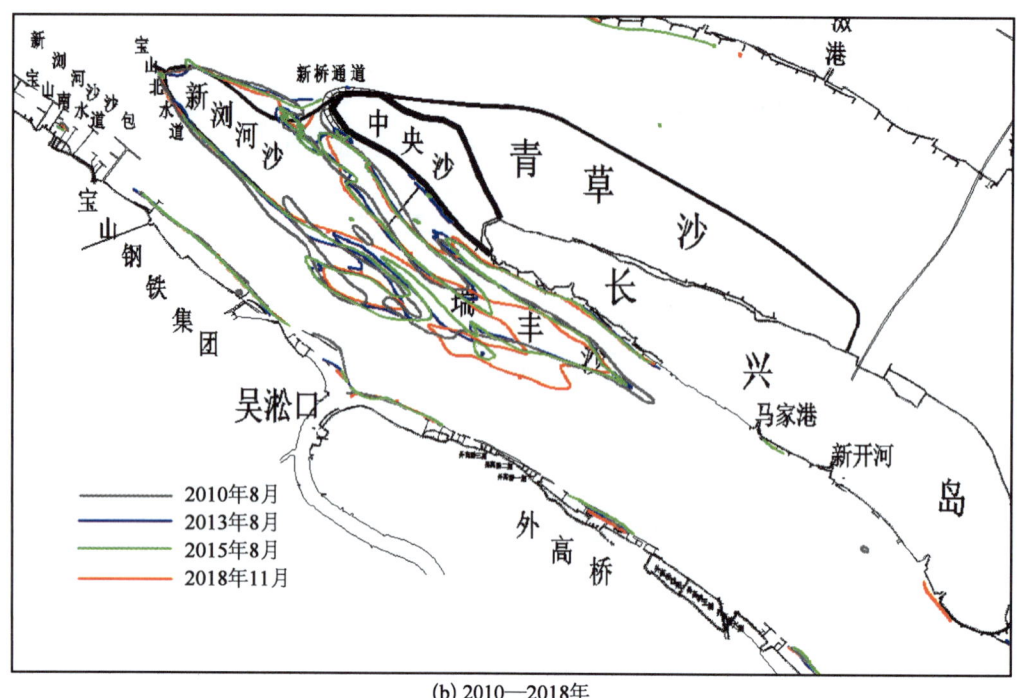

(b) 2010—2018年

图 4-21 南港河段 5 m 等深线变化

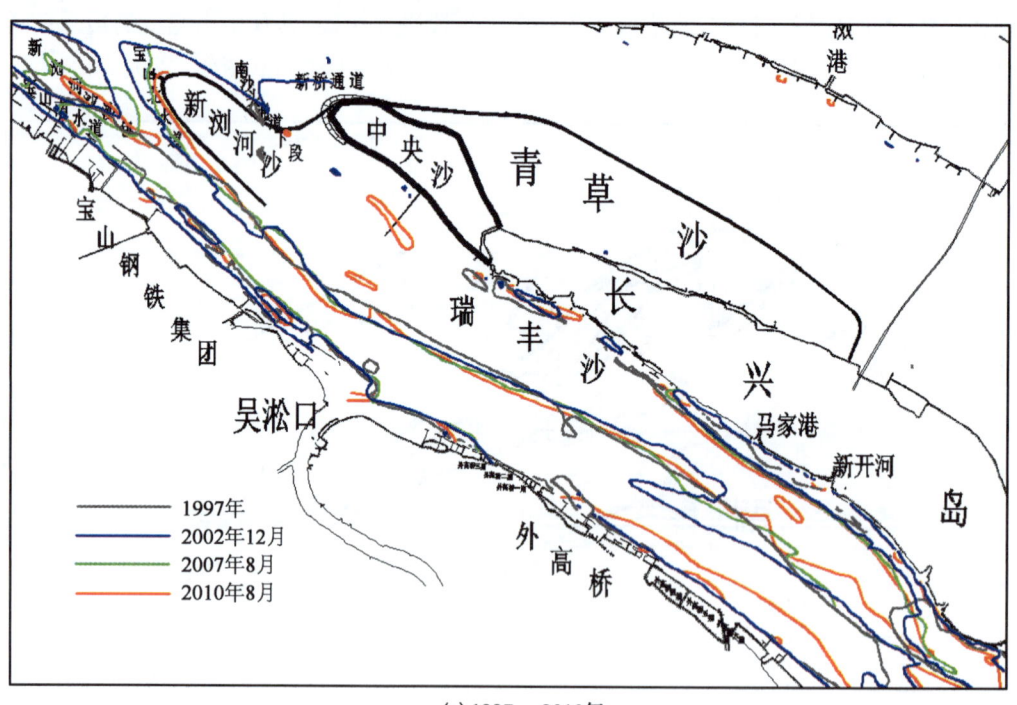

(a) 1997—2010年

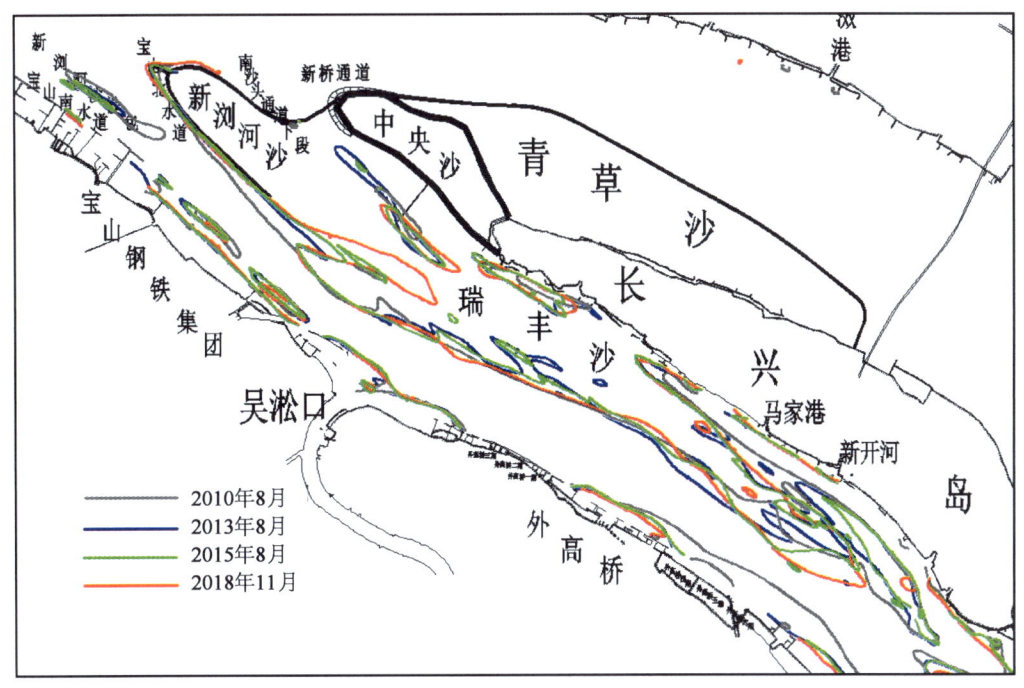

(b) 2010—2018年

图 4-22　南港河段 10 m 等深线变化

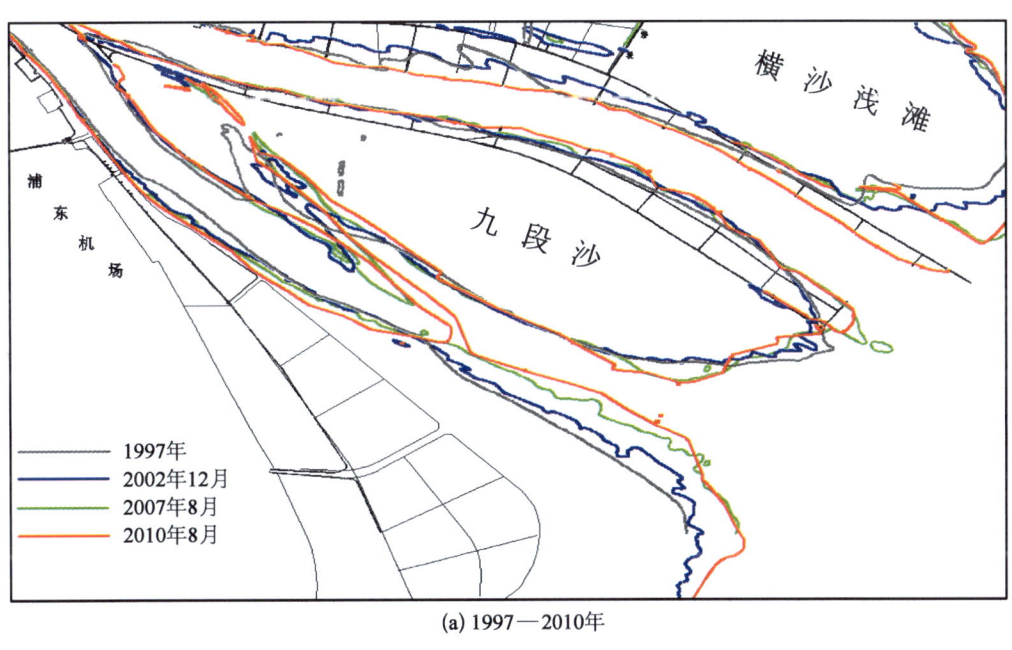

(a) 1997—2010年

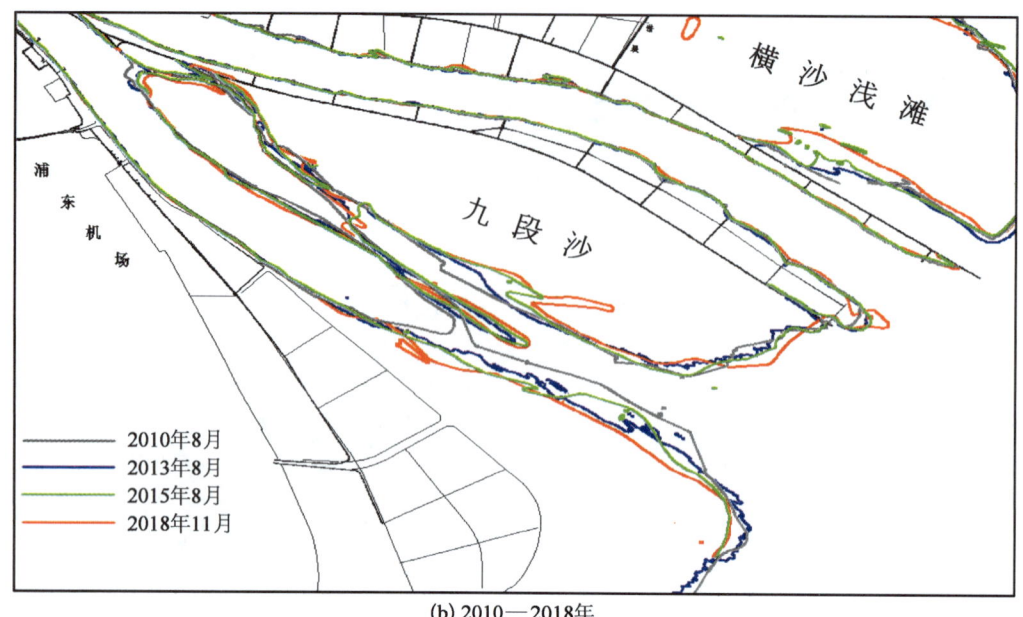

(b) 2010—2018年

图 4-23　南、北槽 5 m 等深线变化

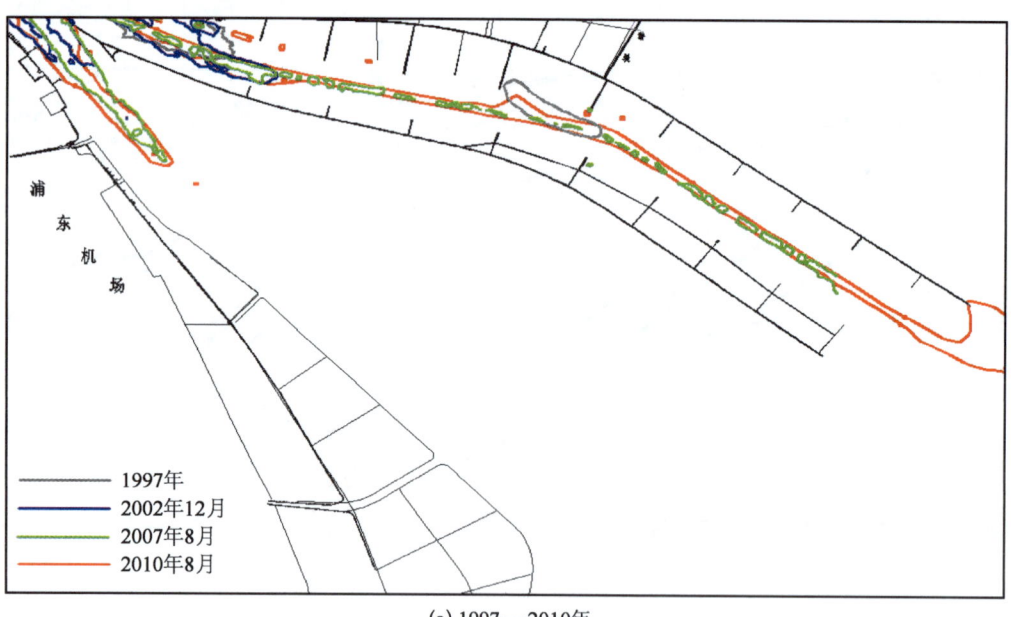

(a) 1997—2010年

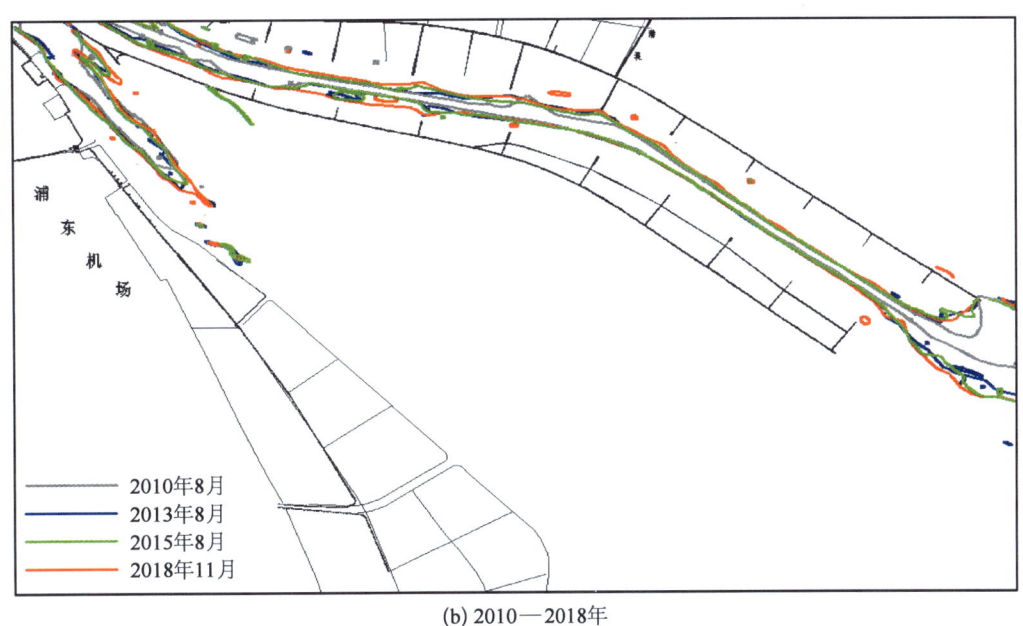

(b) 2010—2018年

图 4-24 南、北槽 10 m 等深线变化

随着导堤丁坝工程的实施,南北坝田区滩面不断淤高,加上 2009—2011 年横沙大道实施,2016 年南坝田挡沙堤加高至 3.5 m,在这些工程作用下,5 m 等深线已基本稳定在丁坝坝头区域,其中北槽上段两侧坝田区滩面淤高幅度较大,1998 年滩面高程仅 $-7\sim-4$ m,目前已基本至 0 m 以浅,局部达 3.0 m 以浅。

南槽全长约 58 km,其北侧为九段沙、南侧为南汇东滩。长江口深水航道整治工程的实施稳定了江亚南沙沙头和南北槽分汊口河势,南北槽由多级分流调整为单级分流。同时,1998 年以来,伴随着北槽落潮分流比的减小,南槽落潮分流比有所增大,南槽上段主槽发生冲刷,10 m 深槽累计下延约 13 km,江亚南沙沙尾淤涨下延明显;下段主槽及南汇边滩有所淤积,拦门沙滩顶水深保持在 5.0 m 左右。2013 年,南槽航道实施疏浚工程,航槽维护水深增加到 5.5 m。

4.1.5 横沙东滩区域及河势情况

1) 横沙东滩的演变特性

自 19 世纪 60 年代横沙岛形成及横沙东滩成为独立沙体后,受北港和北槽的动力环境影响明显,主要体现在横沙东滩窜沟以及沙体形态的演变特性上。

(1) 横沙东滩窜沟曾是北港拦门沙段的泄流补充。

20 世纪 70 年代初,横沙东滩窜沟形成。其动力因素是北港上游河势的变化使得北港主流顶冲点位置由横沙岛北侧下移至横沙东滩北侧,同时,崇明岛东南端的团结沙大幅南淤,束窄北港河槽,一方面造成北港落潮水流过流不畅,另一方面也使得北港与北槽间潮位差加剧,导致滩面窜沟的形成(1971—1973 年),如图 4-25 所示。

之后,由于北港上游进口通道发生变迁,大量水沙冲刷下泄,团结沙也被切割南移,北港出口段淤浅,至 1976 年,北港拦门沙河段滩顶水深由 6.3 m 减至 4.8 m,口门段泄流能力大幅减弱。由此,部分水流转经东滩窜沟下泄,造成横沙东滩窜沟快速发展(1976 年),如图 4-26 所示。

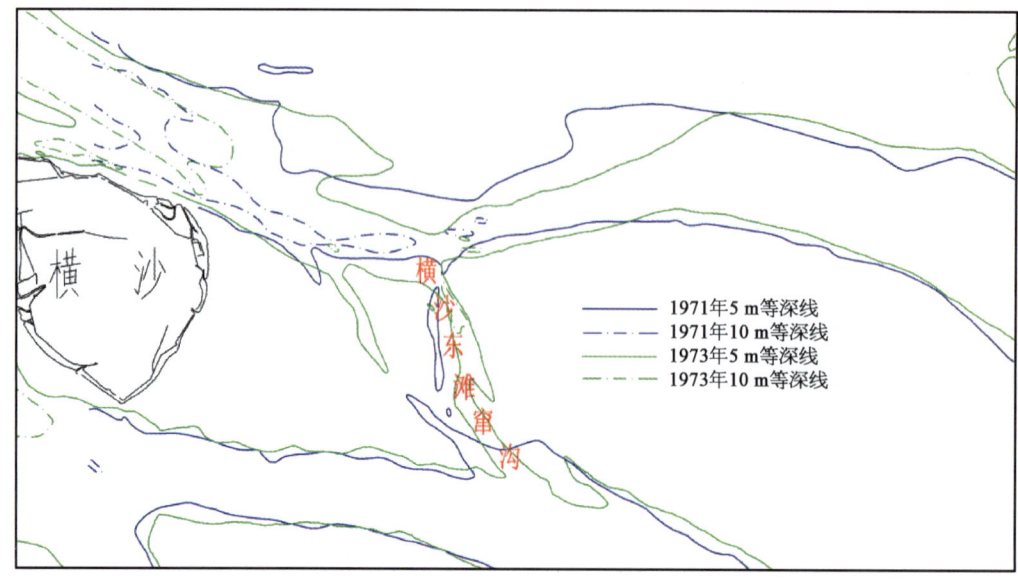

图 4-25　横沙东滩窜沟形成(1971—1973 年)

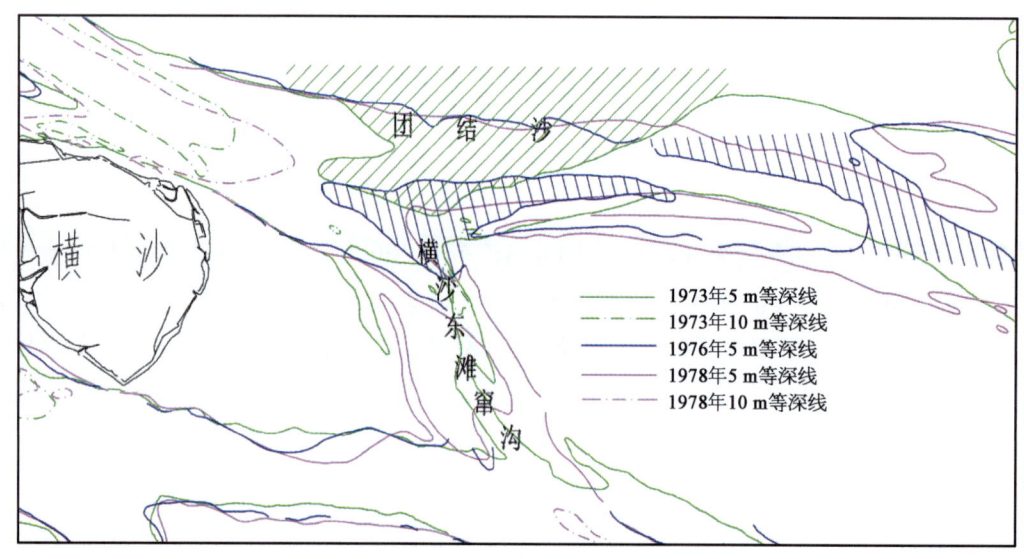

图 4-26　横沙东滩窜沟形成(1973—1978 年)

随着北港拦门沙段淤积泥沙的不断输移出境,北港泄流能力逐渐增加,横沙东滩窜沟分流量减少,加之北港与北槽始终存在涨落潮的相位差,因此,横沙东滩窜沟在不断萎缩的同时发生顺时针偏转。至 80 年代,窜沟 5 m 深槽中断;至 90 年代,窜沟与南北两水道基本呈垂直走向(图 4-27)。至 2000 年,随着北槽深水航道工程北导堤的实施,横沙东滩窜沟被封堵,至此,该窜沟趋于消亡。

(2) 横沙岛至横沙东滩中上段北沿滩线基本稳定,中下段北沿滩线相对活动,北港拦门沙段主泓摆动是造成横沙东滩中下段北沿不稳定的直接因素。

北港主槽为反 S 形的微弯河槽,上游弯顶为北港进口通道至北港主槽段间,位于现堡镇沙头部,深泓位于主槽北侧,下游弯顶在横沙岛附近,深泓位于主槽南侧。而在拦门沙段,在横沙东滩窜沟西侧,深泓紧贴横沙北沿,因此该段滩线多年来基本保持稳定。至窜沟以东,主槽又较易走弯,深

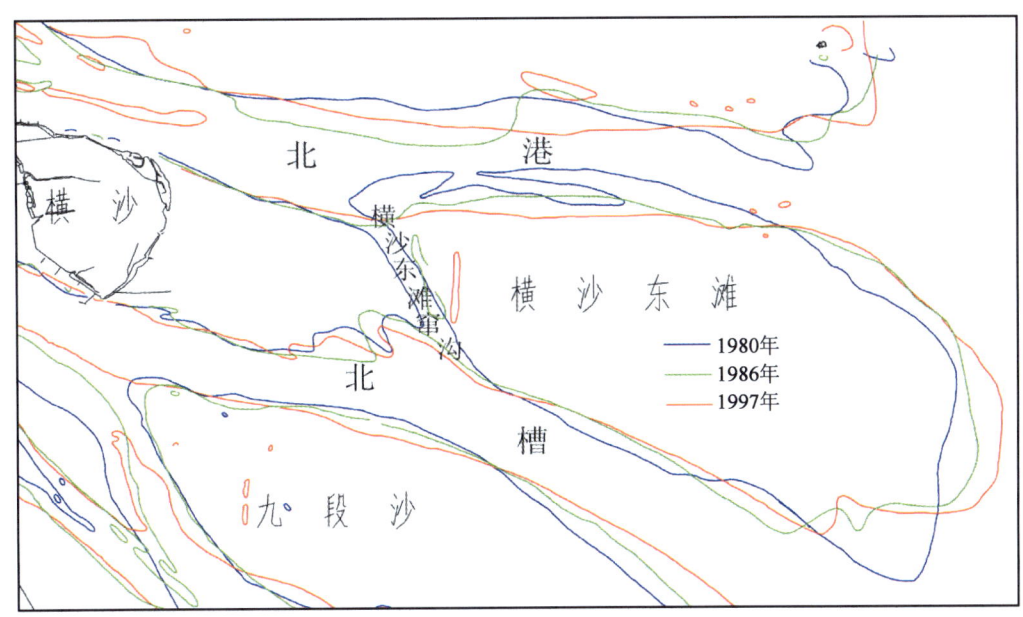

图 4-27　1980—1997 年 5 m 等深线

泓易逐渐北偏,由此引起东滩北沿滩面线发生相应变动。

受此影响,上游下泄泥沙易在河槽凸岸堆积。当北港不断走弯,上游有大量下泄泥沙时,北港北侧沙体淤涨,如 70 年代初的团结沙;而当北港受上游进口通道变迁影响造成拦门沙段主泓大幅北移时,北港北侧淤涨的沙体受到切割,堆积在横沙东滩北沿及北港下段,造成东滩窜沟以东区域的沙体大幅北淤,如 1976—1978 年。此后,随着北港微弯河势的发展,东滩窜沟以东主泓南移,东滩北沿淤涨的沙体也逐渐被冲刷,沙体等深线后退。

(3) 横沙东滩滩面北高南低,沙体形态呈东南向不断拉长。

北港与北槽涨落潮历时的差异造成横沙东滩上漫滩水沙以自北向东南向输移为主,因此滩面北高南低,沙体形态呈东南向不断拉长。

2) 横沙东滩近期稳定性分析

横沙浅滩区域既受北港与北槽两大水道涨落潮水流的漫滩影响,又有口门强劲风浪作用,长期以来沙体演变与南北两大水道的发展变化息息相关,而沙体滩面高程则历来维持在 0 m 水深以下,难以淤高。N23 护滩堤东侧为横沙浅滩,目前为自然滩涂区域,北高南低,滩面高程为 −5～0 m,5 m 水深以浅滩涂面积约为 300 km²(图 4-28)。滩面上东南—西北向窜沟发育,窜沟上段水深 2～5 m,下段水深 7～8 m。近年来,横沙浅滩有所变化,滩面窜沟及 2～5 m 水深区域冲刷明显,浅滩北沿 5 m 等深线逐年后退(图 4-29、图 4-30)。

1998—2010 年,长江口深水航道整治建筑物工程陆续实施,2003 年后,横沙东滩西侧的滩涂整治工程陆续实施。随着工程的推进,横沙东滩沙体形态渐趋稳定。同时,北港与北槽间的涨落潮水沙交换作用减弱,漫滩水流主要集中于东侧的横沙浅滩区域,滩面窜沟发育,同时,周边工程也为横沙浅滩造成了一定的掩护作用。因此,1998—2010 年,横沙浅滩滩地面积一度有所增加。在横沙东滩南侧,导堤丁坝工程对其坝田区域产生了掩护作用。其中,北导堤的高程为 +2.0 m(吴淞基面)、丁坝高程则坝根 +2.0 m 过渡至坝头 0 m。受其影响,坝田区滩面快速淤高,平均淤厚幅度基本在 3 m 以上,局部区域淤高达 6 m 以上(图 4-31)。

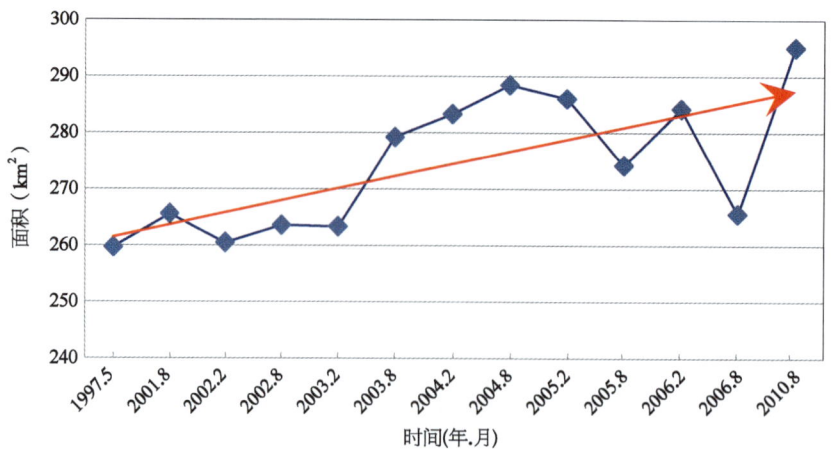

图 4-28　横沙浅滩 5 m 滩涂面积统计（1997—2010 年）

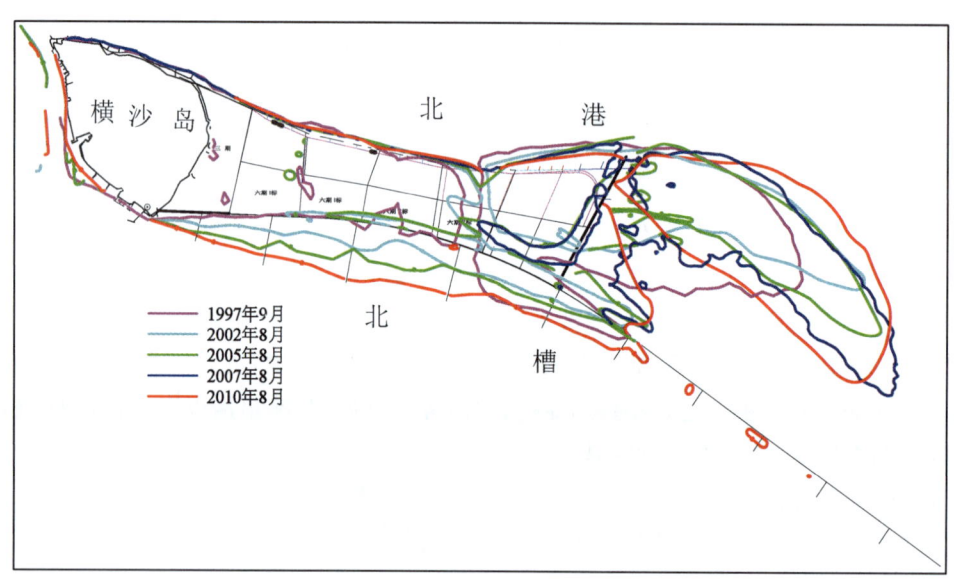

图 4-29　横沙浅滩 2 m 等深线变化（1997—2010 年）

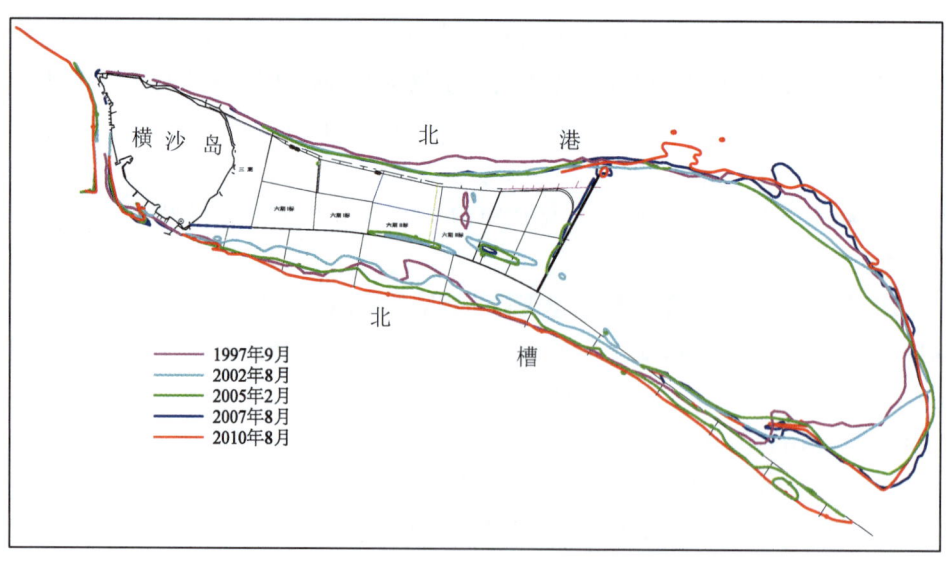

图 4-30　横沙浅滩 5 m 等深线变化（1997—2010 年）

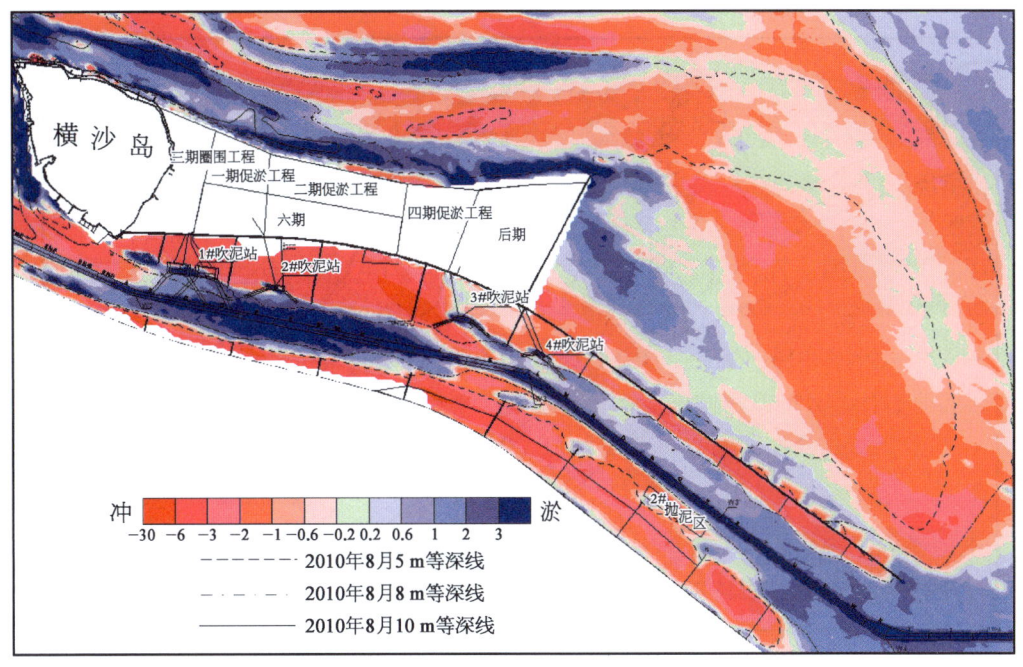

图 4-31 横沙浅滩冲淤（1997—2010 年）

2010 年后，由上游来沙量持续减少造成的河床冲刷、水体含沙量降低的影响在长江口区域开始逐步显现（图 4-32、图 4-33）。2013 年后，横沙浅滩区域出现滩面窜沟进一步发育、北沿滩面冲刷、5 m 以浅浅滩面积减少等现象（图 4-34～图 4-37）。其中，2010—2018 年 5 m 以浅滩涂面积减少了 32 km², 2013—2018 年 5 年间减少了 26 km²。

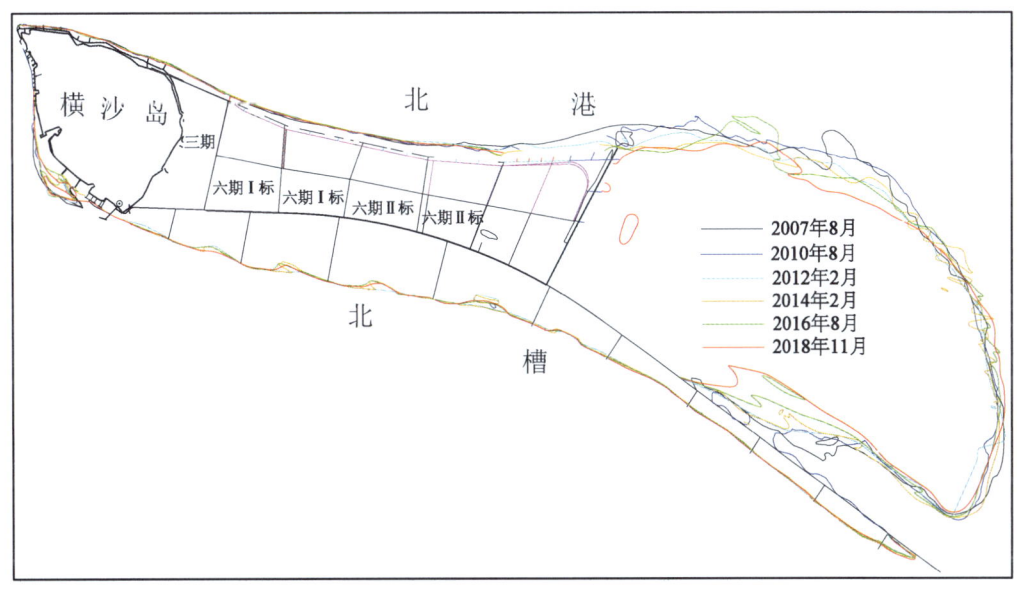

图 4-32 横沙浅滩 5 m 等深线变化

3）横沙东滩滩涂演变趋势分析

横沙东滩的沙体形态受制于北港与北槽的河势变化，目前沙体形态稳定。在周边工程作用下，西侧滩面已受横沙东滩促淤圈围工程控制；南侧受北槽深水航道北导堤及丁坝工程掩护作用，已淤

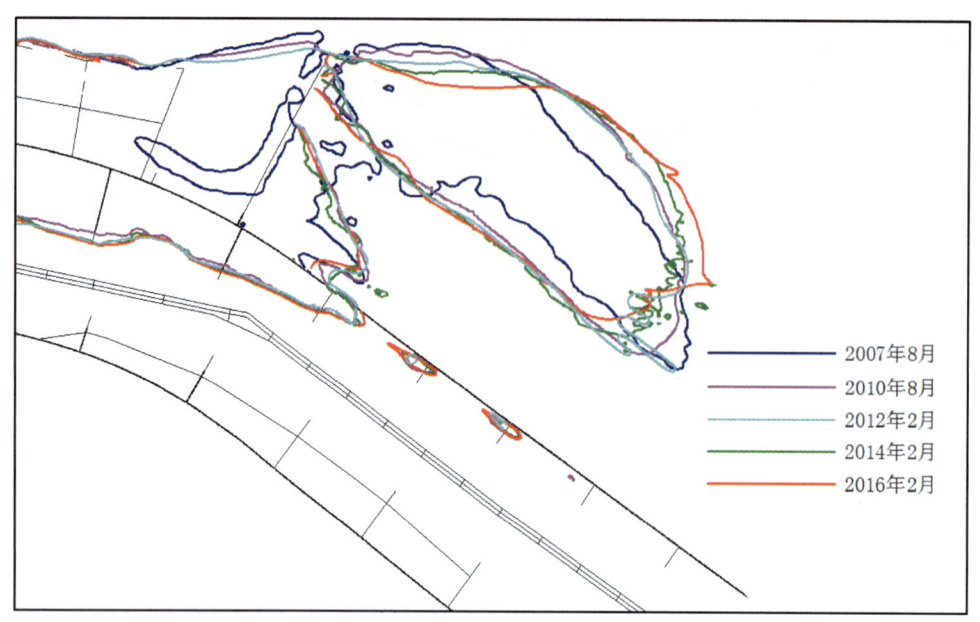

图 4-33　横沙东滩 2 m 等深线变化

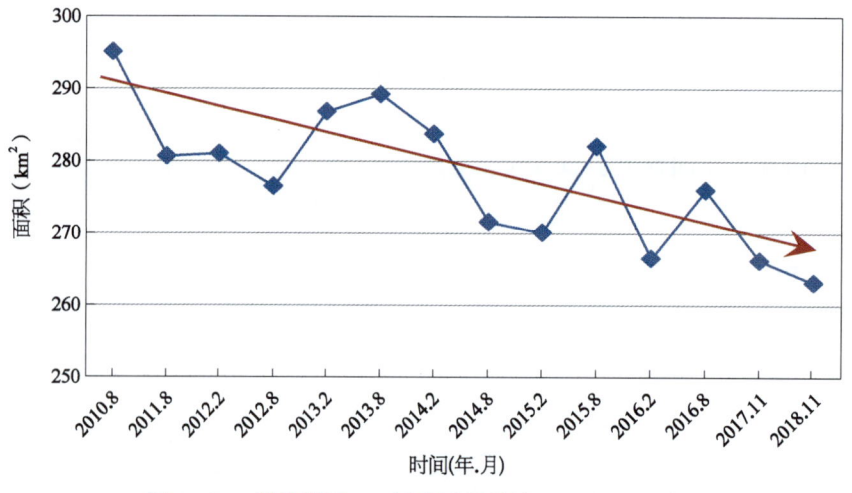

图 4-34　横沙浅滩 5 m 滩涂面积统计（2010—2018 年）

涨形成较为稳定的滩坡形态，淤涨的程度受控于周边工程。东侧横沙浅滩区域仍处于自然状态，受长江口流域来沙量持续减少影响，目前滩面已出现冲刷，主要表现在窜沟发育和北沿滩面冲刷。未来较长时期内，由于长江口的来沙量仍将处于较低状态，因此横沙浅滩滩面依然将处于侵蚀态势。

4.1.6　新横沙周边相关工程及自然保护区

1) 长江口深水航道工程

长江口深水航道工程自 1998 年开工至 2005 年完成整治建筑物工程，形成长 48 km 的南导堤和 9 条南侧丁坝、长 49 km 的北导堤和 10 条北侧丁坝。至 2010 年 3 月完成三期疏浚工程，实现 12.5 m 深水航道贯通。其中，北导堤及丁坝工程的实施为横沙东滩提供了稳定的南边界。

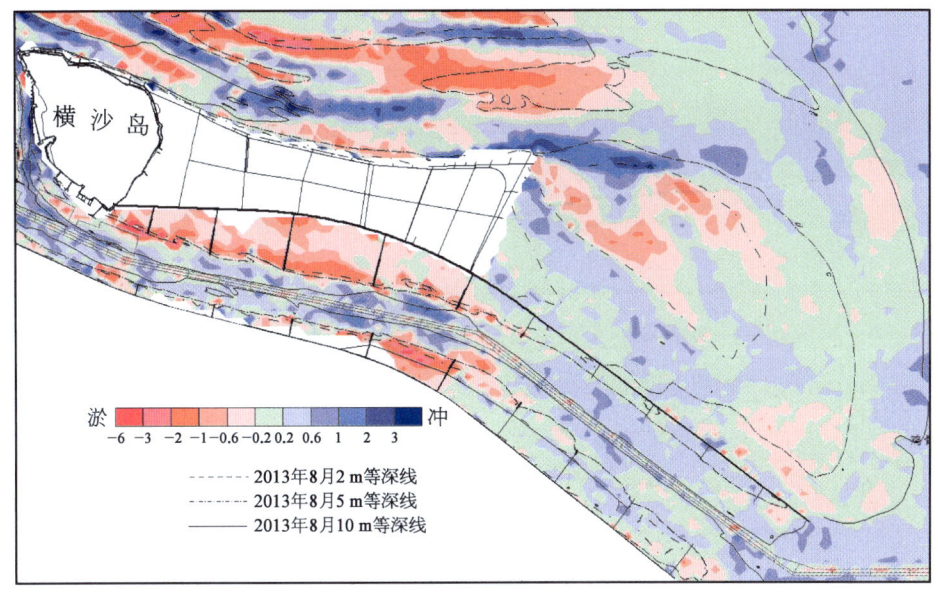

图4-35 横沙浅滩冲淤(2010—2013年)

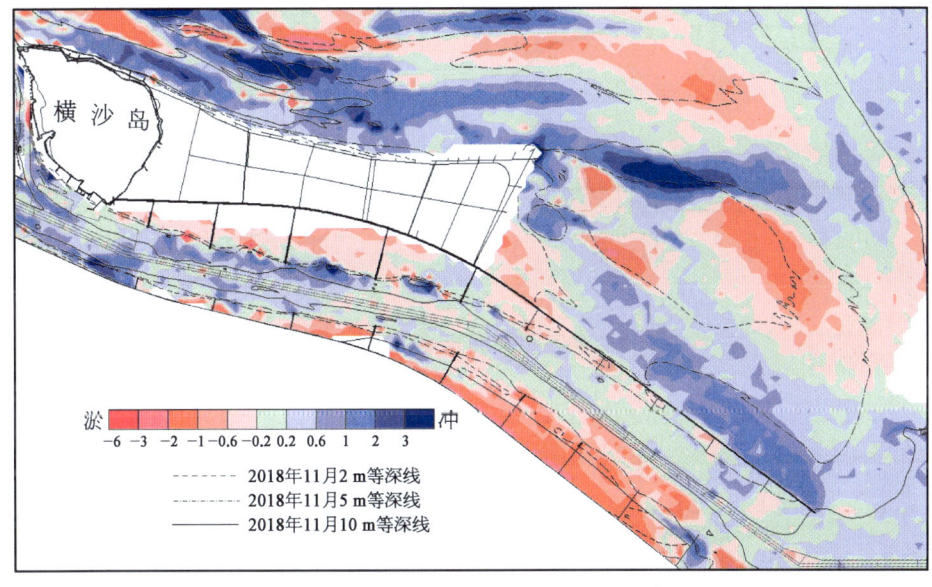

图4-36 横沙浅滩冲淤(2013—2018年)

2) 横沙东滩在建工程区域

2003年,横沙东滩N23护滩堤以西区域获批实施工程,获批面积为112 km²(17万亩)(图4-38)。工程共分八期,至2013年,已实施一~六期工程,成陆50 km²(7.5万亩);七期工程于2017年底完工,成陆面积14 km²(2.0万亩);八期工程于2016年9月开工,拟成陆面积42 km²(6.4万亩),预计于2020年底完工。

3) 保护区情况

2018年6月上海市发布了《上海市生态保护红线》(图4-39)。其中,长江口区域列入保护范围的主要包括:崇明东滩区域的崇明东滩鸟类国家级自然保护区、长江口中华鲟自然保护区;九段沙区域的九段沙湿地国家级自然保护区;青草沙区域的青草沙饮用水水源一级保护区;扁担沙区域的东风西沙饮用水水源一级保护区、长江刀鲚国家级水产种质资源保护区核心区;南槽口外的1号、2号捕捞区。

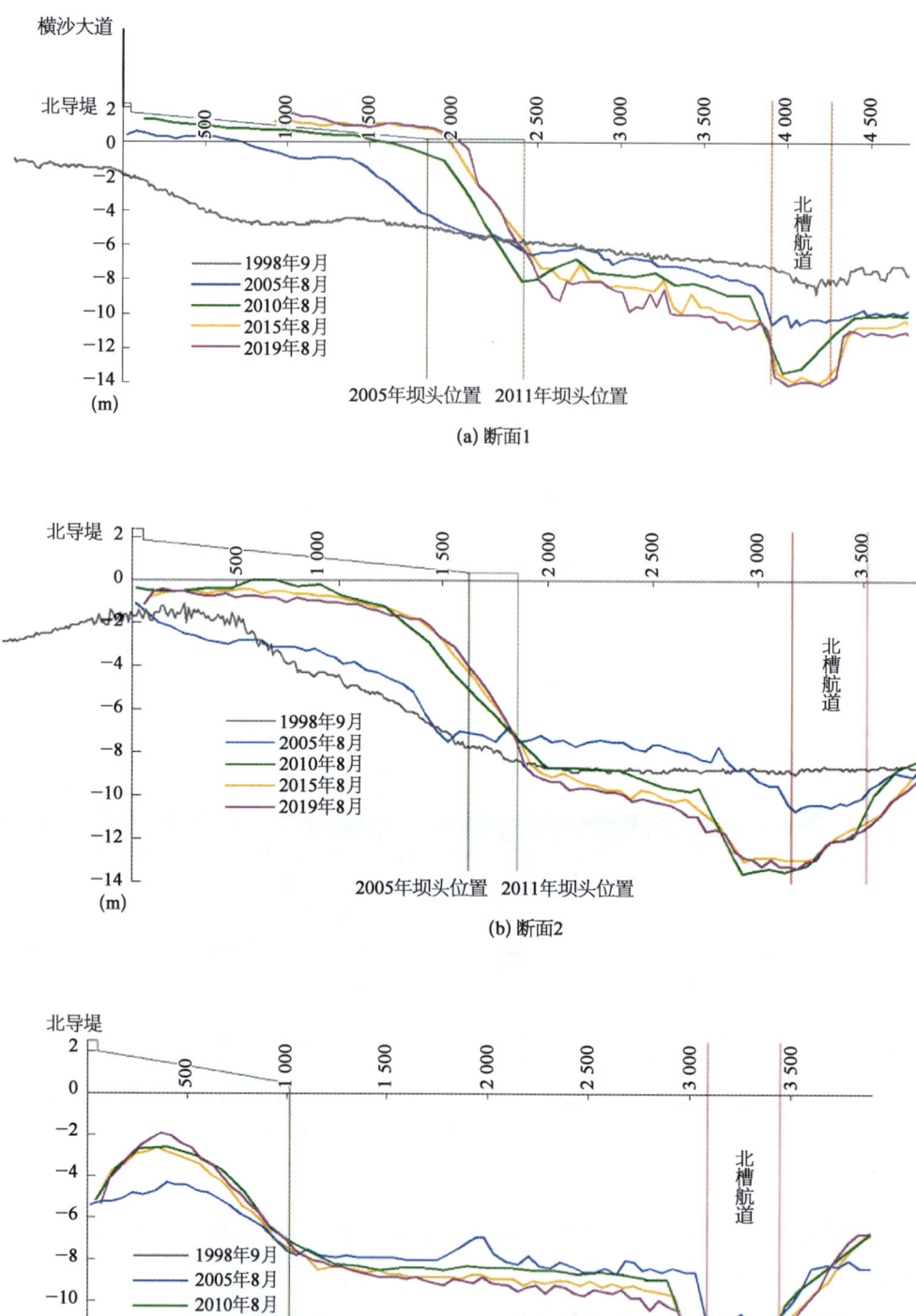

图 4-37 坝田断面变化

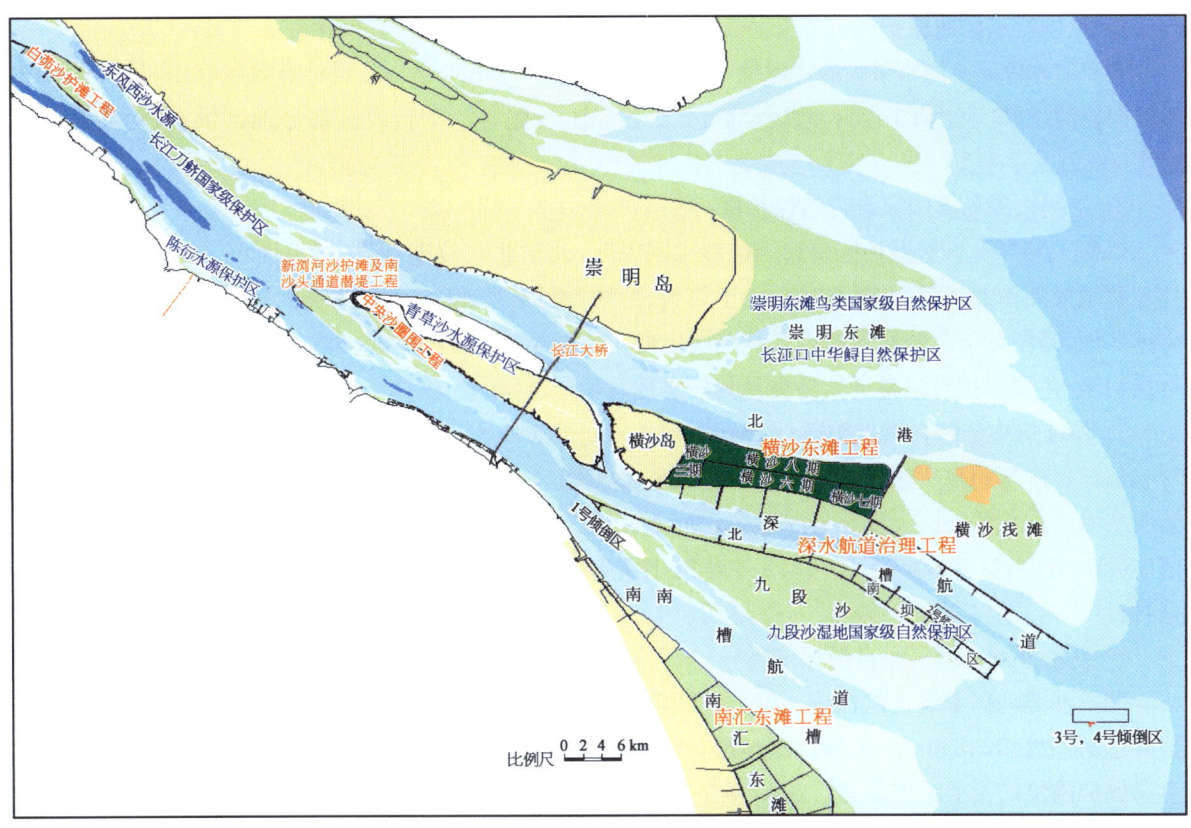

图 4-38 横沙东滩周边相关工程分布

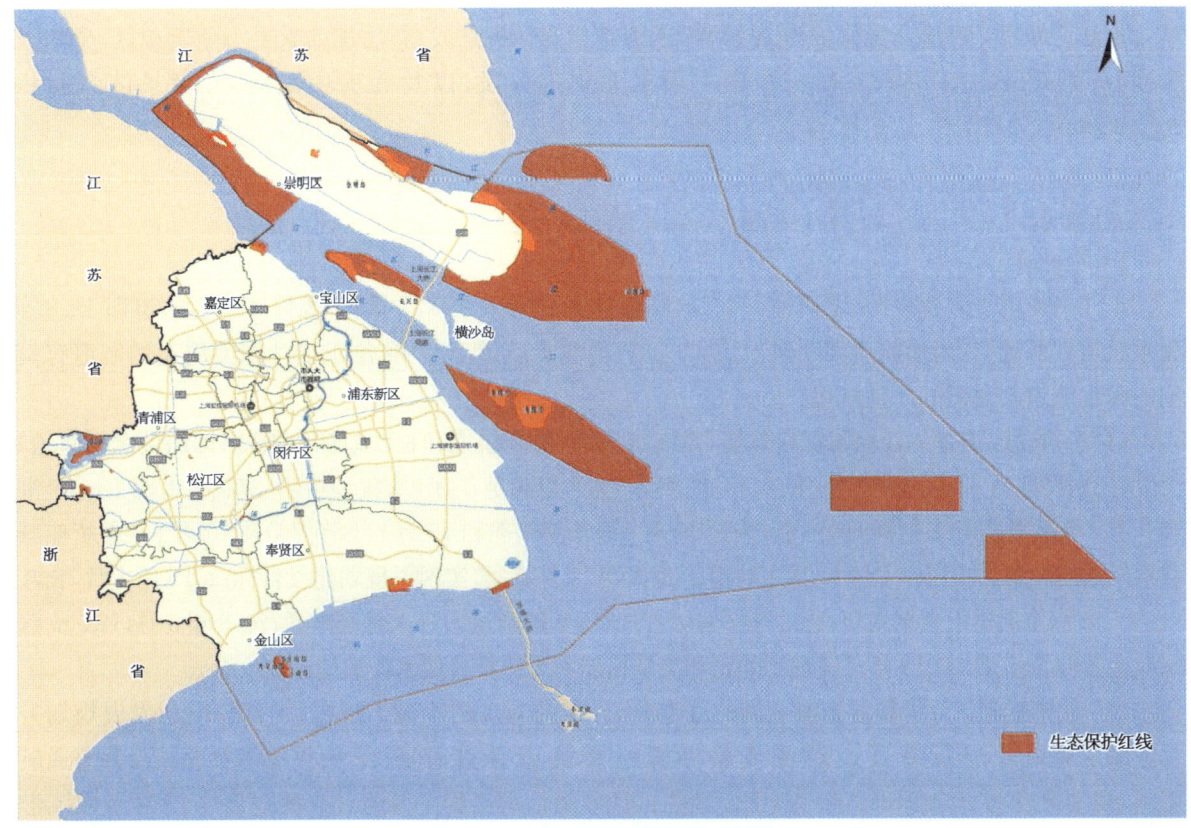

图 4-39 上海市生态保护红线分布

1) 青草沙水源地保护区

青草沙水库是上海市最大的水源地。目前最大有效库容 5.53 亿 m^3，设计有效库容 4.35 亿 m^3，2010 年已向杨浦、虹口等上海 10 个行政区全部区域及宝山、普陀等 5 个行政区部分地区供水，受益人口超过 1 300 万人。

2) 崇明东滩鸟类国家级自然保护区

崇明东滩鸟类自然保护区南起团结沙水闸以西，北至北八效港，保护区总面积 242 km^2。该区域处于我国候鸟南北迁徙的东线中部，由于饵料、植被资源丰富，既是候鸟迁徙的集散地，又是水禽的重要越冬地，是国际著名的候鸟亚太迁徙路线上的重要驿站，2005 年被国家林业局批准为国家级鸟类自然保护区，主要保护对象是迁徙鸟类及其栖息地。

3) 长江口中华鲟自然保护区

长江口中华鲟自然保护区位于上海市崇明岛东南端——东滩水域，北起八效港，南起奚家港，由崇明东滩已围垦的外围大堤与吴淞标高 5 m 等深线围成，总面积 276 km^2，其中核心区 166 km^2，缓冲区 45 km^2，实验区 65 km^2。长江口是中华鲟生活史中的重要驿站，在入海前需要在此水域停留 3～4 个月。

4) 九段沙湿地国家级自然保护区

九段沙湿地国家级自然保护区位于长江口南、北槽之间，东西长 46.3 km、南北宽 25.9 km，自然保护区总面积为 423.2 km^2。九段沙湿地是长江口地区唯一基本保持原生状态的河口湿地，系中国自然生态保护网络的重要组成部分。2005 年 7 月 23 日，国务院批准建立"上海九段沙湿地国家级自然保护区"。

5) 长江刀鲚国家级水产种质资源保护区

长江刀鲚水产种质资源保护为 2018 年《上海市生态保护红线》新增加的重要渔业资源区，分两大区域，分别位于长江口南支扁担沙中上段至北支进口段，以及北支中段区域，保护区总面积 257.61 km^2。

4.1.7 横沙东滩周边通航情况

1) 周边航道

长江口航道规划建设"一主两辅一支"的航道体系（图 4 - 40），"一主"指长江口主航道即 12.5 m 深水航道，"两辅"指南槽航道和北港航道，"一支"指北支航道。其中，位于横沙东滩周边的航道有南侧的深水航道与北侧的北港航道。

（1）主航道：自徐六泾至长江口灯船，由南支航道、南港航道和长江口深水航道（即南港北槽航道）组成，规划尺度为 12.5 m×（350～460）m（水深×航宽），以满足 5 万 t 级集装箱船（实载吃水 11.5 m）全潮和 5 万 t 级散货船满载乘潮双向通航，兼顾 10 万 t 级集装箱船和 10 万 t 级散货船及 20 万 t 级散货船减载乘潮通航要求。长江口 12.5 m 深水航道于 2010 年 3 月贯通，实现了规划建设目标；2011 年 1 月，长江口 12.5 m 深水航道上延至太仓；2015 年 7 月，12.5 m 深水航道进一步上延至南通；2018 年 5 月，12.5 m 深水航道延伸至南京。2018 年又实现了邮轮和集装箱船利用边坡自然水深实施超宽交会。

（2）北港航道：位于横沙东滩北侧的北港航道，目前为自然水道。根据《长江口航道发展规划》，北港航道规划为：满足 3 万 t 级集装箱船（实载吃水 11 m）乘潮通航及 5 万 t 级散货船减载乘潮通航要求，规划尺度为 10 m×300 m。其中北港拦门沙航道治理工程主要通过兴建双导堤、丁坝及限流潜堤等整治建筑物与疏浚工程相结合，增深北港航道。

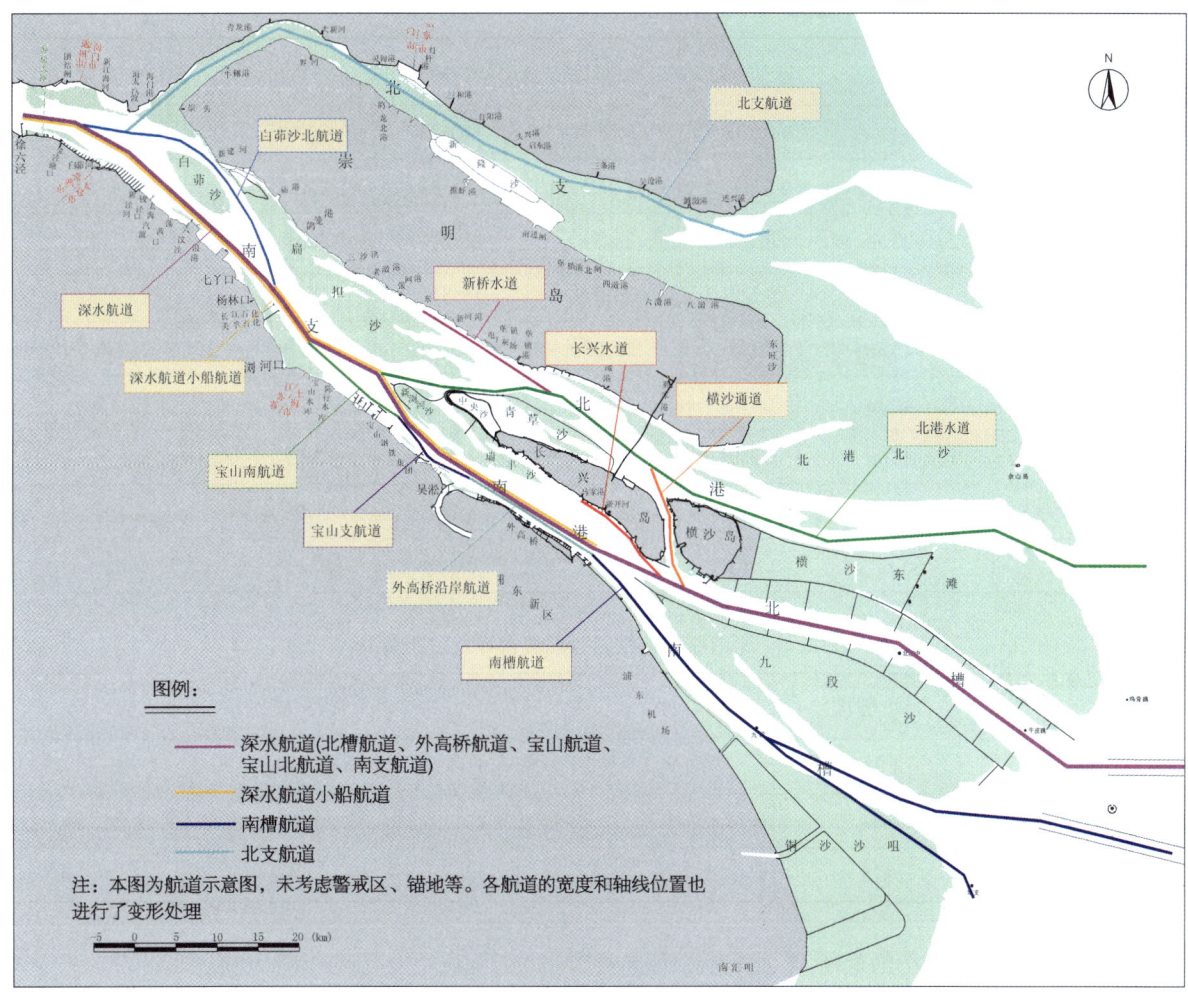

图 4-40 长江口航道示意

（3）南槽航道：南槽航道目前为 5.5 m 水深航道。2018 年底，南槽航道治理一期工程已开始实施，建设水深 6 m、宽度 600 m（口内段）/1 000 m（口外段）的人工航道，满足 5 000 t 级船舶满载乘潮双向通航（同向多线），兼顾 1 万～2 万 t 级船舶减载乘潮通航，兼顾大型空载船舶下行乘潮通航。南槽航道规划航道水深为 8 m，以满足万吨级船乘潮通航要求。

（4）口外的国内沿海定线航路：外海 20 m 水深的国际航路位于横沙东滩东侧，距横沙东滩 5 m 滩地约 16 km。

2) 航道通航环境

根据海事局 AIS 数据统计资料，自 2010 年以来，北槽深水航道内 3 万 t 以上船舶占比逐年增加，船舶大型化趋势明显。2017—2018 年（2017 年 7 月—2018 年 6 月），长江口深水航道通过船舶总量 69 160 艘次，日均 189 艘次，船舶流量很大。从通航船舶载重吨位结构来看，船舶吨级集中在 1 万～7 万 t 级，1 万～2 万 t 级占比最大，约占 26.1%；其次为 3 万～5 万 t 级船舶，占比约 21.32%；5 万～7 万 t 级的船舶占比也近 15%；7 万 t 级以上船舶艘次数占比超过了 10%；20 万 t 级及以上的船舶约有 415 艘次（表 4-5）。

北港航道尚未正式开通航道，目前仅有一些渔船和渡船通航，2015 年船舶流量约为 800 艘次。2017 年 7 月—2018 年 6 月，北港下段总的船舶流量为 4 277 艘次（折算约 12 艘次/天）（表 4-6）。

表4-5 北槽深水航道船舶分吨级船舶情况

载重吨	船宽	2010年	2012年	2014年	2015年	2017—2018年
合计(艘次)		60 153	62 867	65 673	70 625	69 160
≤1万t	≤20 m	26.7%	23.7%	23.4%	21.2%	11.6%
1万~2万t	20~25 m	29.7%	28.5%	25.2%	25.0%	26.1%
2万~3万t	25~30 m	20.5%	20.0%	18.3%	18.4%	15.8%
3万~5万t	30~35 m	16.2%	20.9%	24.7%	25.7%	21.3%
5万~7万t	35~40 m	0.6%	0.8%	1.4%	1.8%	14.8%
7万~10万t	40~45 m	4.4%	3.6%	3.4%	3.7%	5.2%
10万~20万t	45~50 m	1.6%	2.0%	3.2%	4.0%	4.6%
≥20万t	≥50 m	0.2%	0.5%	0.3%	0.3%	0.6%

表4-6 北港断面各段吨位船流合计及占比情况

吨位(t)	合计(艘次)	占比	吨位(t)	合计(艘次)	占比
<1 000	3 384	79.1%	5 000~1万	118	2.7%
1 000~3 000	367	8.6%	≥1万	80	1.9%
3 000~5 000	328	7.7%			

4.1.7.3 横沙沿线岸线条件

根据近几年横沙区域地形监测情况,横沙东滩沿线的岸线水深情况如图4-41所示。

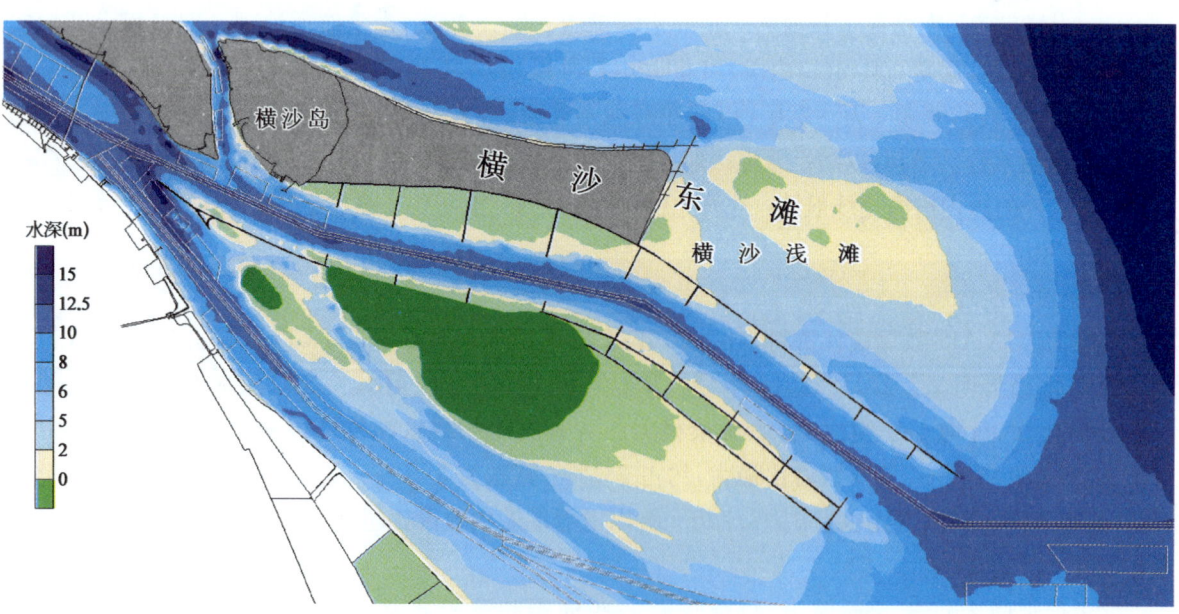

图4-41 横沙沿线水深条件(2019年)

横沙东滩南侧为北槽北导堤的丁坝区域,目前各丁坝坝田区水深较浅,N6丁坝以上的坝田区水深基本在2 m以浅,N6以下坝田水深在5 m以浅。坝头前沿水深基本在5～8 m。

横沙东滩北侧,西段区域随着横沙东滩工程区的推进,目前已形成约25 km长岸线。其前沿水深在5～11 m。东段为横沙浅滩区域,目前其北沿水深在5 m左右。

东侧横沙浅滩目前仍为大片水下浅滩,水深基本在0～5 m,直接面向外海,既受南北两侧涨落潮流的漫滩影响,受外海风浪影响也大,因此滩面的自然淤高淤涨能力有限。但横沙东滩东侧,直接面向外海,且离口外20 m等深线距离仅20 km左右。

在长江口内横沙沿程岸线水深基本在5～10 m,受拦门沙制约,横沙两侧航道水深分别为12.5 m和10 m(规划)。因此,在口内建设20 m深水港的岸线和通航条件不足。但在横沙东侧可采取建设挖入式港池的模式,避开长江口拦门沙,存在实现超20 m深水港建设和维护的可能。港区的东西两侧可通过布设进港深水航道和人工运河实现与周边航道的对接。

4.1.8 横沙深水新港建设基础条件小结

1) 自然条件

(1) 气象条件：横沙港址所处区域属亚热带季风气候区,四季分明、温暖潮湿、光照充足、雨量充沛；夏、冬季可能受台风、寒潮影响。但从全年来看,影响港口作业的大风天气所占的比例仍是较小的,影响不大。气象条件特征属常规类型,适宜港口规划建设。

(2) 水文条件：长江口区域,潮汐类型属非正规半日浅海潮型,河口受径、潮流共同作用,口内为往复流,口外以旋转流为主；含沙量纵向分布呈现"低—高—低"的态势,含沙量高值区出现在拦门沙最大浑浊带区域；横沙港址水域相对开阔,易受NNE～ENE向强浪影响,且大浪出现在台风影响期间。采用挖入式港池方式,通过防波堤掩护,减小航道轴线与本区常风向、常浪向的夹角,减小口门区域的横流影响,提升航道的适航性,缓解波浪对港区的影响。

(3) 地质、泥沙：泥沙及海床稳定性对新港建设后港池、航道稳定性有较大影响,同时也关系到新港建设后对周边海床冲淤变化影响,是新港总体布局所需考虑的重要因素。从现有泥沙资料及海床稳定性分析成果来看,横沙总体适应于大型挖入式港池及深水外航道的建设,但由于长江口地区潮流泥沙场的复杂性,有必要对新港平面方案下周围的水沙条件开展专题研究,以深入分析新港建设的可行性。

2) 横沙东滩周边通航环境

横沙东滩南侧为长江北槽航道,是长江口的主要深水航道。目前,长江口船舶流量与货运量持续增长,长江口深水航道船舶日均189艘次,船舶流量大。2018年底开始施工的长江口南槽航道治理一期工程,将使长江口深水航道之外新增一条长86 km、水深6 m、宽度600～1 000 m的辅助航道。该航道可满足5 000 t级船舶满载乘潮双向通航。完工后长江口将形成北主南辅的局面,总体通过能力将得到全面提升。横沙东滩北侧是北港航道,尚未正式开通,目前仅有一些渔船和渡船通航。

3) 港区可选位置

长江口内横沙沿程岸线水深基本在5～10 m,受拦门沙制约,横沙两侧航道水深分别为12.5 m和10 m(规划)。因此,在口内建设20 m深水港的岸线和通航条件不足。但在横沙东侧可采取建设挖入式港池的模式,避开长江口拦门沙,存在实现超20 m深水港建设和维护的可能。港区的东西两侧可通过布设进港深水航道和人工运河实现与周边航道的对接。

综上,拟选的横沙深水新港区域气象条件总体较良好,潮汐、潮流、波浪和泥沙等条件也基本符合开辟深水港区的基本要求,总体适宜建设港口。

4.2 功能定位和规划意义

4.2.1 横沙深水新港功能定位

横沙深水新港位于我国"黄金海岸"和"黄金水道"交汇处,距离外海国际习惯航线 20 m 深水区仅 20 km 左右,出海进江和江海转运极为便利,是国内、国际市场的极佳接轨点。横沙新港港址无论是在自然条件还是区位上优势都十分明显,是上海港拓展新的发展空间的绝佳之地。

为充分利用深水新港的区位和自然条件优势,适应国家发展战略和上海国际航运中心对上海港的新要求,突破上海港发展瓶颈,深水新港应重点发展大型集装箱的集疏运,成为外贸货物中转基地和长三角江海联运的主要枢纽。

1) 超大型集装箱船远洋运输网络中的重要节点

近年来,集装箱船舶大型化的趋势愈演愈烈,2.2 万 TEU 的集装箱船也已投入运营。上海港现有港区和航道无法满足这种水深要求。横沙深水新港可以凭借良好的自然条件优势和腹地量大且稳定的箱源量,适应 2 万 TEU 以上集装箱船靠泊及装卸作业的需求,保持国际干线集装箱枢纽港和世界第一大集装箱港的国际地位。

2) 清洁能源等重要战略物资的国家储备基地

深水新港建成后可满足大型散货船的靠泊需求,由于上海港占据"黄金海岸"和"黄金水道"交汇的地域优势,可建设清洁能源、原材料等重要战略物资的国家储备基地,直接服务于长江沿线和沿海地区。

3) 江海运输的重要换装节点

由于长江内河船舶大多不能适应航海区,目前除特批航线外,长江内河船舶无法直达洋山港区,中间需要通过穿梭巴士转运,增加了长江货物转海运的时间和运输成本。而横沙深水新港既可为 2 万 TEU 甚至更大型的集装箱船提供深水泊位服务,又可为各类长江中小型船、驳船和内河集装箱支线船提供服务,能够更方便快捷地实现江海联运的零距离对接,避免了洋山港现在必须通过穿梭巴士进行两次转运,大大降低了江海转运的成本和时间,上海港的河口区位优势能够得到充分发挥。

4.2.2 横沙深水新港规划的意义

上海港经过多年来的发展,已建设成为具有超大规模吞吐能力、高服务水平的国际一流大港,但受限于资源瓶颈,还面临着无深水航道和泊位、吞吐能力饱和、岸线用尽、土地资源短缺、影响市内交通拥堵等困难。在现有情况下,提出在横沙东滩规划深水新港,并开展相应的前瞻性研究,具有以下重要意义:

1) 为上海港的未来发展拓展和预留新空间,以适应国家发展战略的要求

近年来,国家相继提出"一带一路"倡议和"长江经济带发展""长三角一体化发展"等战略,对上海城市和港口的发展提出了更高的要求。为进一步提升上海城市地位和国际影响力、增强上海国际航运中心服务水平、巩固上海在长江经济带发展中的龙头示范作用、适应长江黄金水道集疏运体系的要求、引领长三角区域港口群的发展,需要突破现有资源瓶颈,寻求新的港口发展空间。横沙新港从其

区位条件来看,是一个较为理想的可选港址,可作为上海港和长三角区域未来港口优质发展的储备资源,同时也可成为上海自贸区的拓展区。

2) 适应近、远期船舶进一步大型化发展的趋势,保障上海港在未来国际港口中的竞争力

超大型集装箱船舶投入运营,将引发洲际海运航线发生根本性变革。要保持洲际海运航线中的枢纽港地位,港口航道与泊位水深条件必须满足超大型集装箱船舶的运营条件。横沙新港港址位于长江口,邻近外海,具备规划建设 20 m 深水航道和挖入式港池的技术可能性,将从根本上满足国际航运船舶大型化对港口航道的需求,并发挥江海直转的优势,有助于保持上海港的国际集装箱枢纽港地位,推动上海国际航运中心向更高能级发展。

3) 实现长江口疏浚土资源的充分利用,实践长江大保护和绿色发展理念

长江口深水航道每年维护疏浚产生大量的疏浚土,如直接抛海,不仅对生态环境造成影响,也是宝贵资源的浪费。在横沙东滩规划深水新港,利用疏浚土形成港区陆域,实现资源化、生态化利用疏浚土的目标。

4) 合理布局港口岸线,缓解港城矛盾

随着上海港集装箱吞吐规模的不断扩大,港口集疏运重度依赖的集卡运输将给城市交通、城市环境带来巨大的压力和影响。上海目前的外环线拥堵,大量的集卡车流是一个主要的原因。港口与城市的矛盾越来越突出,上海需要优化港口布局来推进经济结构升级和优化城市功能布局。通过规划布置横沙深水新港,实现港口岸线位置的外迁,并置换和释放旧港岸线,也符合世界各主要港口发展过程中由内河至河口、由河口至外海拓展、迁移的一般规律。

4.3 运量及船型预测

4.3.1 腹地经济及社会发展

港口与腹地相辅相成,港口发展以腹地范围的开拓和腹地经济的发展为后盾,腹地是港口赖以生存和发展的基础;港口是腹地的门户,港口的发展反过来刺激腹地经济的发展。上海是一个以港兴市的城市,也是一个典型的腹地型港口,因此必须正确判断上海服务腹地的范围和需求,才能更好地明确上海港和整个城市的发展方向。

港口腹地范围是根据港口地理位置及其与腹地交通运输情况而划分的,其大小受自然、社会、经济因素的影响。一个港口的腹地范围不是静止的,随着社会经济和物流的发展而不断变化。通常,影响港口腹地范围的主要因素包括:

(1) 港口的硬件条件,包括港口的设施、港口布局、港口条件、港口仓储、港口信息服务等。
(2) 港口的服务水平,包括集装箱和货物装卸效率、口岸服务、航运服务、船舶船员服务等。
(3) 港口集疏运系统,包括水水中转条件、水陆联运方便性、区域交通系统构架等。
(4) 港口所在的城市,包括城市自身经济社会发展水平、城市产业实力、城市战略地位等。
(5) 腹地的货物需求,包括腹地城市产业发展和生活需求的物品和结构、资源、中转运输工具等。

横沙深水港的直接腹地主要是以长三角城市群为主的江浙皖三省,这三个地区支撑了上海港所有货物的 70% 以上,其集疏运方式主要以公路为主、辅以水路,铁路所起作用不大。

间接腹地,主要是以长江流域中上游地区为主,包括江西、湖北、湖南、四川、重庆、云南、贵州等经

济腹地。这些地区的货物主要是通过水路集疏运,铁路和公路为辅。

影响地区,主要是长江经济带发展战略和"一带一路"倡议中,相对联系不是很紧密的地区,包括河南、陕西、青海、甘肃、宁夏、新疆等地。

4.3.1.1 直接腹地

1)上海市

上海位于中国华东地区,地处长江入海口,东隔东中国海与日本九州岛相望,南濒杭州湾,北、西与江苏、浙江两省相接,总面积达 6 340.5 km²。经过多年发展,上海已成为我国经济、金融、贸易、航运、科技创新中心。

(1) 发展现状。2019 年,上海市实现生产总值(GDP)38 155.32 亿元,比上年增长 6.0%,继续处于合理区间(图 4 - 42)。按常住人口计算,上海市人均生产总值为 15.7 万元。

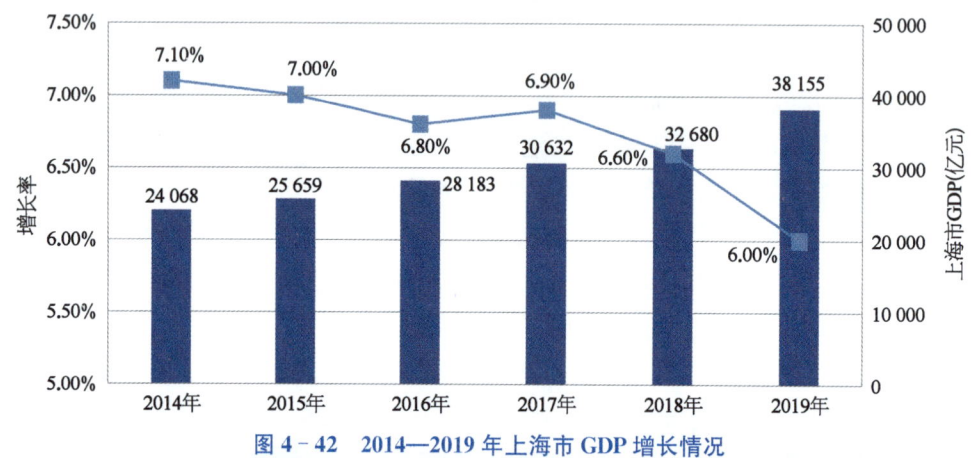

图 4 - 42　2014—2019 年上海市 GDP 增长情况

① 工业生产有所好转,工业战略性新兴产业领先增长。2018 年全市规模以上工业总产值 34 427 亿元,比上年下降 0.4%。分行业看,六个重点行业工业比上年增长 0.1%。其中,生物医药制造业增长 7.3%,石油化工及精细化工制造业增长 8.6%,全年工业战略性新兴产业总产值 11 163.86 亿元,比上年增长 3.3%,增速高于规模以上工业总产值 3.6 个百分点。主要行业中,新能源总产值增长 17.7%,生物总产值增长 7.3%,新材料总产值增长 5.7%,高端装备总产值增长 2.8%,新能源汽车总产值增长 2.2%。

② 对外贸易小幅增长,利用外资增势良好。据上海海关统计,2018 年全市货物进出口总额 34 046.82 亿元,比上年增长 0.1%。其中,出口总额 13 720.91 亿元,增长 0.4%;进口总额 20 325.91 亿元,下降 0.1%。

全年全市外商直接投资合同项目 6 800 个,比上年增长 21.5%;外商直接投资合同金额 502.53 亿美元,增长 7.1%;外商直接投资实际到位金额 190.48 亿美元,增长 10.1%。

③ 居民收入增势良好。2018 年全市居民人均可支配收入 69 442 元,比上年增长 8.2%,扣除价格因素,实际增长 5.6%。分城乡看,城镇常住居民人均可支配收入 73 615 元,比上年增长 8.2%,扣除价格因素,实际增长 5.6%;农村常住居民人均可支配收入 33 195 元,增长 9.3%,扣除价格因素,实际增长 6.6%。

(2) 发展规划。"十三五"时期上海经济社会发展的奋斗目标是:到 2020 年,形成具有全球影响力的科技创新中心基本框架,走出创新驱动发展新路,为推进科技创新、实施创新驱动发展战略走在全国前头、走到世界前列奠定基础。适应社会主义市场经济发展,建立健全更加成熟、更加定型的国际化、市场化、法治化制度规范,基本建成国际经济、金融、贸易、航运中心和社会主义现代化国际大都市,在更高水平上全面建成小康社会,让全市人民生活更美好。

① 基本建成与我国经济实力和国际地位相适应、具有全球资源配置能力的国际经济、金融、贸易、航运中心。

② 基本建成社会主义现代化国际大都市。到2020年,基本建成经济活跃、法治完善、文化繁荣、社会和谐、城市安全、生态宜居、人民幸福的社会主义现代化国际大都市,市民对"城市,让生活更美好"的感受度进一步提升。

③ 形成具有全球影响力的科技创新中心基本框架。到2020年,基本形成符合创新规律的制度环境,基本形成科技创新中心的支撑体系,基本形成大众创业、万众创新的发展格局,创新人才和成果不断涌现,基本形成科技创新中心城市辐射能力,张江国家自主创新示范区加快进入国际高科技园区先进行列。

主要目标是:创新驱动整体提速,发展质量和效益持续提高,全市生产总值预期年均增长6.5%以上,一般公共预算收入与经济保持同步增长,到2020年人均生产总值达到15万元左右,全员劳动生产率达到24.5万元/人左右;服务业增加值占全市生产总值比重达到70%左右,战略性新兴产业增加值占全市生产总值比重达到20%左右;全社会研发经费支出相当于全市生产总值的比例保持在3.5%以上,每万人口发明专利拥有量达到40件左右,主要劳动年龄人口受过高等教育的比例达到40%。

2)长三角地区

长三角地区是长江入海之前的冲积平原,中国第一大经济区,中央政府定位的中国综合实力最强的经济中心、亚太地区重要国际门户、全球重要的先进制造业基地、中国率先跻身世界级城市群的地区。长三角地区包括上海市、江苏省、浙江省和安徽省,区域面积36万km²,占国土面积的3.74%。

(1) 发展现状。长三角地区是我国沿海经济发达地区,也是外向型经济活跃的地区之一。"十一五"以来长三角地区GDP持续快速增长,2018年达到211 479亿元,经济总量占全国比重五分之一以上;外贸进出口总额年均增长15%以上,占全国的40%左右,其经济在全国占有举足轻重的地位(表4-7)。

表4-7 2018年长三角地区经济发展主要指标

经济指标	单位	上海市	浙江省	江苏省	安徽省	全国	长三角占比
土地面积	万km²	0.63	10.55	10.72	14.1	963.41	3.74%
常住人口	万人	2 424	5 737	8 051	6 255	139 538	16.1%
GDP	亿元	32 680	56 197	92 595	30 007	900 309	23.5%
第一产业增加值	亿元	104	1 967	4 142	2 638	64 734	13.7%
第二产业增加值	亿元	9 733	23 506	41 249	13 842	366 001	24.1%
第三产业增加值	亿元	22 843	30 724	47 205	13 527	469 575	24.3%
人均GDP	元/人	135 000	98 643	107 189	47 900	64 644	
社会消费品零售额	亿元	12 669	25 008	34 244	12 100	380 987	22.1%
固定资产投资额	亿元	7 623	33 336	55 915	29 186	645 675	19.5%
外贸进出口额	亿元	34 010	28 519	43 802	4 400	305 050	36.3%
其中:出口	亿元	13 667	21 182	26 658	2 530	164 177	39.0%

随着经济全球化的进一步发展和我国对外开放进程的加快,长江三角洲地区成为承接国际产业转移的热点区域,外向型经济实现了超常规的高速发展。目前,上海、江苏、浙江实有三资企业超过8万家,世界500强企业中已有400多家进入这一地区,落户跨国公司地区总部300多家,外贸依存度高达79%。

(2) 发展规划。长江三角洲地域幅员辽阔、人口众多、城镇密集、经济发达,是今后我国经济发展的重点区域,随着工业化、城市化进程不断推进,未来将继续在我国经济社会发展中发挥十分重要的作用。

国务院《关于进一步推进长江三角洲地区改革开放和经济社会发展的指导意见》提出,到2020年或再用更长一段时间,率先基本实现现代化。并对长江三角洲地区对外贸易发展提出了"健全开放型经济体系,全面提升对外开放水平;加快转变外贸增长方式,进一步优化进出口结构"的要求。

"十二五"以来,长江三角洲在保持较快增长的同时,充分发挥工业基础雄厚、外向型经济活跃的经济优势和通江达海的区位优势,以上海"两个中心"建设、沿江多个改革试验区建设和区域战略规划实施为契机,注重转换经济发展方式,优化产业结构,调整区域经济布局,积极推进工业化进程,健全开放型经济体系,依托沿江大中型城市,逐步形成一条横贯东西、连接南北的综合型经济带,形成以上海为中心的高新技术产业圈,以沿江、沿海为轴线的基础产业带,以高速公路、铁路为依托的加工工业、制造业产业带。

4.3.1.2 间接腹地

间接腹地涵盖了江西、湖北、湖南、重庆、四川以及贵州等长江中上游地区,具体发展情况如下:

1) 发展现状

"十三五"期以来,江西、湖北、湖南、重庆和四川等长江中上游地区国民经济发展迅速,2019年七省市共实现地区生产总值220 552亿元,经济总量占全国的22%左右。

从国内贸易来看,近年来七省市取得了长足发展,2018年江西、云南、贵州、四川、重庆、湖南、湖北的社会消费品零售总额分别为7 566亿元、7 136亿元、4 495亿元、18 255亿元、8 769亿元、15 638亿元和18 333亿元(表4-8),同比分别增长11.0%、11.1%、8.2%、11.1%、8.7%、10.0%和10.9%,除贵州省和重庆市外,其余5省均高于全国9.0%的平均增速。

表4-8 2018年七省市主要经济指标

省 市	GDP(2019年)(亿元)	人均GDP(元)	社会零售品总额(亿元)	进出口总额(亿美元)
江西省	24 757	47 434	7 566	473
云南省	23 224	34 545	7 136	290
贵州省	16 769	41 244	4 495	76
四川省	46 615	44 651	18 255	885
重庆市	23 606	65 933	8 769	790
湖南省	39 752	52 949	15 638	466
湖北省	45 828	66 530	18 333	527
合 计	220 552		80 192	3 507

从外贸来看，近年来七省市也得到了快速发展。2018年江西、云南、贵州、四川、重庆、湖南、湖北的外贸进出口总额分别为473亿美元、290亿美元、76亿美元、885亿美元、790亿美元、466亿美元和527亿美元，同比分别增长5.1%、增长24.7%、下降9.1%、增长29.2%、增长15.9%、增长26.5%和增长11.2%，但外贸依存度仍然较低。

2）发展规划

"十三五"时期，各省市的经济发展目标如下：

（1）江西省。"十三五"时期，要紧紧围绕与全国同步全面建成小康社会，努力实现以下主要目标：一是综合经济实力迈上新台阶。保持年均经济增速明显高于全国平均水平，与2010年相比，地区生产总值和城乡居民人均收入提前实现翻一番。二是转型升级取得突破性进展。战略性新兴产业和先进制造业加快发展，服务业比重明显提高，农业现代化取得明显进展；投资效率和企业效益不断提高，消费对经济增长贡献度大幅提高；城乡区域结构进一步优化，户籍人口城镇化率明显提高；创新能力不断增强，迈向创新型省份行列。

（2）云南省。"十三五"期间力争实现全省经济年均增速8.5%左右，人均地区生产总值与全国平均水平的差距明显缩小，经济总量和质量效益全面提升，城乡居民收入增长幅度高于经济增长幅度，农村居民收入增长幅度高于城镇居民收入增长幅度。

（3）贵州省。贵州省"十三五"的社会经济发展目标是：力争经济发展和结构调整实现新跨越，在提高发展平衡性、包容性、可持续性的基础上，地区生产总值年均增长10%左右，发展空间格局得到优化，投资效率和企业效率明显上升，工业化和信息化融合发展水平进一步提高，产业迈向中高端水平，先进制造业加快发展，新产业新业态不断成长。

（4）四川省。四川省"十三五"的社会经济发展目标是：到2020年地区生产总值和城乡居民人均收入比2010年翻一番以上，人均地区生产总值与全国平均水平的差距进一步缩小。加快建成经济总量大、经济结构优、创新能力强、质量效益好的经济强省。

（5）重庆市。重庆市"十三五"的社会经济发展目标是：到2020年，全市地区生产总值迈上新台阶，城乡居民人均收入同步提升并力争达到全国平均水平。转变经济发展方式和经济结构战略性调整取得重要进展，加快建设国家重要现代制造业基地、国内重要功能性金融中心、西部创新中心和内陆开放高地，充分发挥西部开发开放战略支撑功能和长江经济带西部中心枢纽功能，基本建成长江上游地区经济中心。

（6）湖南省。湖南省"十三五"的社会经济发展目标是：保持经济中高速增长，增速继续保持高于全国平均水平，2020年前在中部地区率先实现地区生产总值和城乡居民人均收入比2010年翻一番，人均地区生产总值与全国平均水平的差距明显缩小，主要经济指标平衡协调。

（7）湖北省。湖北省"十三五"的社会经济发展目标是：经济保持又好又快发展，在结构优化、转型提质基础上，全省地区生产总值和城乡居民人均可支配收入比2010年提前翻一番，产业迈向中高端水平，基本建成"四基地一枢纽"，新型城镇化水平明显提升，开放型经济发展水平进一步提高，区域发展更趋协调。

长江经济带国民经济主要指标预测见表4-9。

4.3.2 货类定位

从工业化进程来看，长三角地区大部分城市正处在工业化后期向后工业化迈进的发展阶段，初步预计长三角地区将在2020年后进入后工业化阶段；长江中上游地区将在2030年后开始进入后工业化阶段。随着工业化建设和区域一体化发展的推进，尤以中上游地区广阔腹地蕴含的巨大内需潜力将得到释放，货运需求在未来较长一段时期内仍将保持增长趋势，但增速将逐步放缓。

表 4-9 长江经济带国民经济主要指标预测

指标	2018 年现状			2020 年预测			2035 年预测		
	沪苏浙	皖赣湘鄂川渝	滇黔	沪苏浙	皖赣湘鄂川渝	滇黔	沪苏浙	皖赣湘鄂川渝	滇黔
GDP(亿元)	181 472	188 826	32 687	200 000	225 000	36 000	400 000	540 000	90 000
第一产业比重(%)	3.4	8.9	14.3	3	9	12	2	7	9
第二产业比重(%)	41	42	38.9	42	45	42	38	42	44
第三产业比重(%)	55.5	49	46.9	55	46	46	60	51	47
外贸额(亿美元)	16 062	3 787	375	18 600	5 500	700	23 000	8 500	1 300
城镇化率(%)	73.5	56.5	47.7	75	60	50	83	70	60
人均GDP(万元)	11.2	5.4	3.9	12	6.1	4.4	15.9	11.0	8.6

同时,需求结构也将发生明显变化。根据《长江经济带生态环境保护规划》,长江经济带将以供给侧结构性改革为契机,倒逼钢铁、造纸、纺织、火电等高耗水行业化解过剩产能,严禁新增产能;上海、江苏、浙江将实现煤炭消费总量负增长。长江经济带今后发展重点在于推动传统产业转型升级、延伸产业链条、发展高附加值产业,先进制造业、新兴产业成为许多地区发展的主要着力点。由此将对货运需求结构产生深刻影响,煤炭、矿石等大宗散货运输需求增长空间有限,集装箱、件杂货、LNG 等货类将成为增长的主要动力。

腹地经济社会发展的新特点、新需求,要求以上海港为龙头的长三角港口群进一步提高能力和服务水平、优化结构、完善布局,充分满足长江经济带对外运输需求增长的新要求。

横沙深水港作为上海港新建港区,理应秉承国家、地方政府的发展思路,结合时代所赋予的发展特色,在开展运输服务的同时,也要在带动工业开发、促进贸易发展、支撑腹地工业化与国际化等方面发挥重要作用。对此,结合当前上海港主要货种运输情况,对横沙深水港的货类定位设想如下:

1) 集装箱仍具温和增长空间

进入 2000 年以来,上海港集装箱吞吐量稳步增长,除 2009 年受金融危机影响有所下降外,其他年份集装箱吞吐量增长趋势明显。2000—2018 年集装箱吞吐量年均增速高于 10%,2019 年集装箱吞吐量达到 4 330.3 万 TEU,连续 10 年保持世界第一。受集装箱业务占比的快速提升、长江沿线地区集装箱运输需求的快速增长、集装箱班轮航线的持续扩张等利好因素驱动,上海集装箱吞吐量也将进一步提升。

现阶段,我国对外贸易形势严峻,面临外部需求不振、传统竞争力有所弱化、外部限制措施增多等诸多挑战,尤其是 2020 年初以来新冠疫情暴发所产生的影响不可低估。但这一境况有望在新冠疫情得到有效控制、进一步实施对外开放、内部需求强劲增长等因素下逐步扭转。从自贸协定推进进程来看,我国正在积极开展与世界各国签订自由贸易协定,以释放我国内外部需求,推动国家对外贸易的发展。目前,中国在建自贸区 19 个,已签署自贸协定 14 个,涉及 22 个国家和地区。上海港作为我国对外贸易的重要口岸,尤其是上海自贸区建立对于上海港吞吐量增长有显而易见的影响。从腹地经济发展动力来看,国家先后颁布了"长江经济带发展"战略和"一带一路"倡议等来促进内部经济发展、外部开放融合,实现西部地区经济快速崛起、长江流域开放程度提升、对外贸易保持中高速增长等目标的协同发展,腹地旺盛的经济发展需求将推动上海港集装箱的快速发展。

2) 铁矿石总体趋势呈逐步下降

总体来看，我国钢铁产业产能过剩，特别是一些小型钢厂，能耗高、污染大，已经不符合经济发展的总体要求。因此，"十二五"期间，各级政府与企业通力协作，已经开始了淘汰落后产能的工作。根据钢铁行业的"十三五"规划，未来面对进一步化解产能严重过剩矛盾、综合防治大气污染的新形势，化解产能过剩的工作将是重点之一。此外，进行大型企业结构性重组、遏制行业无序竞争、加大产品创新、促进绿色发展，以及鼓励企业走出去也是未来的重点。因此，从整体看，未来全国港口的铁矿石吞吐总量已经"见顶"。

对上海港而言，随着宝钢搬迁、铁矿石中转业务的转移，铁矿石吞吐量基本将处于逐步下降的趋势。首先，宝钢将借助上海产业结构调整的契机，利用湛江钢铁项目和八一钢铁南疆项目新建的机会，迁出上海地区的部分产能。从长远看，冶金等高污染、高能耗的产业，从上海搬迁出去是大趋势。其次，上海港目前还为腹地中转部分铁矿石，但铁矿石港口中转业务单位面积土地产出的效益较低，环境压力大，不符合上海港发展的阶段和要求。因此，虽然从运输价值的角度看，横沙十分适合进行铁矿石中转业务（可以将原先长江中上游地区进口铁矿石三程运输格局简化为二程），但综合考虑钢铁产业发展趋势、上海城市发展阶段和要求，横沙新港货种定位不考虑将铁矿石中转作为主要业务。

3) 煤炭稳中有降

与铁矿石类似，煤炭未来的总吞吐量也将"见顶"。近年来，国家为限制煤炭消耗总量，先后印发了《关于促进煤炭行业平稳运行的意见》《大气污染防治行动计划》《煤电节能减排升级与改造行动计划》《关于煤炭行业化解过剩产能实现脱困发展的意见》等多个指导性文件，对煤炭行业改革发展做出了一系列重大决策和部署。根据最新"十三五能源发展规划"，未来煤炭消费量控制的重点将落到经济发达省份，长江沿线地区将淘汰落后产能1 700万吨，占全国比重的22%。此外，清洁能源替代效应初显，随着国家大力倡导清洁能源的普及与应用，清洁能源发展深入民心。根据国务院办公厅发布的《能源发展战略行动计划（2014—2020）》，要求加大清洁能源消费占比，到2020年非化石能源占一次能源消费比重达15%。目前诸多企业将发电行业的重点由石化能源向非化石能源发电转移，这导致煤炭重点消费行业电力、冶金和建材对于煤炭的需求呈现减弱态势，预计未来非化石能源对煤炭的替代规模将进一步加大。

从上海港煤炭运输的角度看，自2008年开始，上海就利用世博会契机，加快煤炭中转业务的外迁，主要转移到嘉兴港等周边港口，自此，除本地发电所需煤炭以外，中转煤炭吞吐量下滑趋势明显。而且横沙港中转煤炭的优势并不明显，因此本报告不建议横沙新港规划煤炭的中转运输。

4) 原油不会成为主要货种，但船舶燃料供应有发展余地

从长三角地区外贸原油的运输路径来看，目前，外贸进口原油主要通过宁波-舟山港接卸，再通过甬沪宁管道运往上海，部分经宁波-舟山港、青岛港二程中转进入上海及长江沿线地区炼厂。经过多年发展，华东地区原油运输格局已形成以宁波-舟山港为进口转运的格局，再要打破整体格局，重新构建原油疏运管网，从经济性和必要性来看，意义都不大。此外，近年来中国经济增速放缓影响了石油需求的增长，随着未来清洁能源逐步替代传统能源，原油需求总量预计不会有快速增幅。

但考虑横沙深水新港的总体定位、发展层次以及区域内港口群一体化发展关系，经停船舶的燃料供应大有发展余地。2017年，我国船供油总量1 755万t。其中，保税油供应量1 090万t，仅为新加坡港的1/5。其中香港占到将近70%，其余主要分布在上海、舟山、青岛、深圳、天津、大连。相对新加坡、日本、韩国等港口来说，我国沿海港口保税燃供业务规模小，总体还处于起步阶段。

内贸油供应量665万t,为已开票统计量,与实际结果有一定偏差。内贸船加油市场主要分布在环渤海、长三角、东南沿海、珠三角、西南沿海和沿长江区域。

由于税收及生产工艺等问题,国内炼厂基本不愿意生产船舶燃料油,市场上内贸资源供应以民营调和商家为主,保税基本靠进口。资源供应的现状造就了内贸市场上经营主体良莠不齐,船用燃料油品质堪忧的问题难以根除。进口的保税油成本又远远高于新加坡,这就使得国际航行船舶在国内不加油或少补油,制约了国内船舶燃料油行业的发展。

未来,在环保政策推动下,船舶燃料油中低硫油使用要求越来越高,低硫油市场需求将持续扩大,我国部分炼油企业已明确表示将投入船用低硫油生产,如能实现国产燃料油供应,加之保税燃供市场政策的不断开放、行业管理逐步规范,结合自贸港建设,横沙新港保税燃料供应市场必定大有发展余地。

5) 汽车滚装业务发展潜力较大

上海港第一个专业汽车滚装码头于2003年投产开业,其码头泊位长219.4 m,前沿水深12 m,能停靠第五、第六代大型滚装船舶,陆域面积27万m^2,拥有可同时停放7 000辆汽车的专用停车场。外高桥六期滚装码头于2010年投产,建成拥有长度为513 m的2个5万总吨级汽车滚装泊位,以及长度为217 m的2个长江泊位,拥有63万m^2堆存场地,吞吐能力可达到100万辆。外高桥六期码头是中国第一个最具规模的汽车物流港区,占全国四大港口装卸量的40%以上。2018年上海港乘用车吞吐量达到143.8万辆。

受中国经济快速增长、汽车消费跃居全球第一、汽车进口量持续火爆等利好因素影响,我国已经成为各高端品牌汽车最重要的战略市场,但进口汽车在国内市场占有率较低,维持在5%左右的低水平,并未对国内汽车市场形成冲击。国家"十二五"发展规划也明确指出,实施积极的进口促进战略,鼓励引进先进的技术设备等,以适应国内结构调整和产业升级需要,实现汽车进口市场健康发展;在市场、网络、售后服务等方面采取多种鼓励措施,促使汽车企业走出去,加快汽车产业国际化的步伐。因此可以期待,汽车滚装业务发展前景较好。

6) 清洁能源LNG发展前景广阔

为推进长江经济带持续发展,国务院颁布《关于依托黄金水道推动长江经济带发展的指导意见》,明确指出长江经济带主要以"打造沿江绿色能源产业带"为主,即"积极开发利用水电,加快水电基地和送出通道建设,扩大向下游地区送电规模。加快内蒙古西部至华中煤运通道建设,在中游地区适度规划布局大型高效清洁燃煤电站,增加电力、天然气等输入能力。研究制定新城镇新能源新生活行动计划,大力发展分布式能源、智能电网、绿色建筑和新能源汽车,推进能源生产和消费方式变革。稳步推进沿海液化天然气接收站建设,统筹利用国内外天然气,提高居民用气水平"。此外,国家发改委发布的《天然气利用政策》同样指出"鼓励优先类发展天然气燃料汽车(包括液化天然气车)、天然气燃料船舶(尤其是液化天然气船舶)以及允许类中提到用于调峰和储备的小型天然气液化设施"。清洁能源LNG作为上海港新兴货种之一,随着国家对于环保意识的崛起,将大力推进清洁能源项目建设定位为国家发展的重要目标,结合上海港对于LNG码头开发与建设的积极探索,清洁能源LNG将是未来长江经济发展的主打产业,也将成为上海港的发展重点。

综上所述,以响应国家产业结构调整号召、满足腹地经济运输需求、符合上海城市发展阶段等为目标,上海横沙新港的运输货类确定为:集装箱、清洁能源LNG和汽车滚装,并发展船舶保税燃料供应,矿石、煤炭等其他散杂货暂不作主要考虑。

4.3.3 吞吐量预测

4.3.3.1 集装箱

1) 腹地外贸集装箱生成量预测

(1) 外贸集装箱生成机制。集装箱生成量是由生成基础和生成条件两大类因素决定的。因此,集装箱生成量(Y)是集装箱生成基础(X_1)和生成条件(X_2)的函数,即

$$Y = f(X_1, X_2)$$

其中,生成基础是指一个地区的经济发展水平、产业结构特点和与之相适应的外贸进出口结构,它是产生集装箱生成量的基础,并且直接决定了集装箱货物的规模;生成条件主要是指货物的集装箱化水平,它在集装箱货物规模的基础上决定最终的箱量规模。

具体而言,外贸集装箱生成基础是由外贸进出口总额、适箱货比重、适箱货单位(金额)重量三个因素构成的;而生成条件是由箱化率、重箱平均货重和重箱比重三个因素决定的(图4-43)。

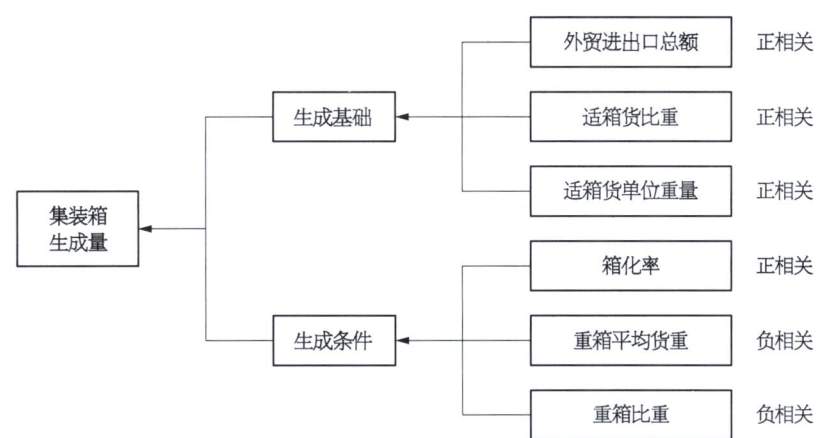

图4-43 外贸集装箱生成决定因素

其生成量测算公式如下

装箱货重=外贸进出口总额×适箱货比重×适箱货单位重量×箱化率

重箱量=装箱货重/重箱平均货重

集装箱总量=重箱量/重箱比重

因此得到

外贸集装箱生成量=外贸进出口总额×适箱货比重×适箱货单位重量
×箱化率/重箱平均货重/重箱比重

(2) 相关因素取值。

① 外贸进出口总额:2018年长江沿线(九省二市)外贸进出口总额为2.02万亿美元,其中长三角地区为1.56万亿美元。根据长江沿线各省市的发展规划,预计到2035年以及2050年长江沿线地区的外贸进出口总额分别达到3.8万亿美元、4.60万亿美元。

② 适箱货比重:由于各省市产业结构各有侧重、外向型经济发展程度不同,因此,外贸商品构成也略有不同,但适箱货中都以机电、轻工为主。根据对海关数据的整理分析,目前腹地外贸商品适箱货比重为81%左右,较2010年略有下降。"十三五"期间,腹地各省市都将先进制造业和高新技术产业作为发展

重点,先进制造业和高新技术产业的发展将会促进外贸适箱货比重的提高,同时,从中远期看,随着长江中上游省市的工业化进程不断深入,大宗原材料进出口需求还将增长,适箱货比重将略有回落。

③ 适箱货水运比重:目前腹地适箱货按金额计算采用水运方式的比重为68%左右,其余主要为航空运输,近年来航空运输比例持续上升。随着产业升级,特别是电子信息产业的发展,进出口产品货值都将明显提高,时效性要求也越来越高,外贸适箱货采用航空运输方式的比例还将继续提高。但各省市之间有明显差异,进出口以机电产品为主的上海市和江苏省最高,浙江省和长江中上游地区则明显低于前者。预计2050年腹地适箱货水运方式比重下降至60%左右。

④ 集装箱箱化率:水运适箱货并非全部装箱,但随着集装箱运输方式的进一步推广,外贸适箱货的箱化率呈上升趋势。目前,外贸适箱货的箱化率超过80%,近年来增长较为缓慢,预计2035年以后将维持在85%左右。

⑤ 单位外贸额适箱货重量:目前,腹地每亿美元外贸额产生的适箱货重量约为3.5万t。单位外贸额适箱货重量与适箱货物构成有直接关系,未来腹地产业结构的升级将会影响对外贸易中商品构成的变化,预计未来适箱货仍以机电、轻工产品为主,其中机电类产品的比重将保持稳步上升趋势,因此,单位外贸额适箱货重量将呈现下降的趋势,预计到2035年维持在3万t/亿美元左右。

⑥ 重箱平均载重量:重箱平均载重量的水平与本地区装箱货物的产品结构相关。近年来,这一地区外贸重箱平均载货量保持在10 t左右。预测2035年后腹地的重箱平均载重量仍维持在9 t左右。

⑦ 重箱比重:目前,长三角港口外贸集装箱重箱比重约为63%。重箱比重与进出口贸易的平衡有着直接的关系。我国进出口贸易不平衡以及进出口商品结构的差异造成往返运输箱量的不平衡。随着我国进出口逐渐向平衡方向发展,腹地集装箱运输体系的逐步完善,集装箱运营管理更加高效合理,预计重箱比重将会提升至75%左右。

(3) 腹地外贸集装箱生成量预测结果。2018年长三角及长江中上游地区外贸集装箱生成系数约为0.248 TEU/万美元。根据对腹地外贸集装箱生成机制及各影响因素的变化趋势分析,预测到2035年及2050年腹地外贸集装箱生成量分别为7 005万TEU、7 590万TEU,生成系数由0.248 TEU/万美元降为2050年的0.165 TEU/万美元,见表4-10。

表4-10 长三角及长江沿线外贸集装箱生成系数预测

项 目	2018年	2035年预测	2050年预测
外贸进出口总额(亿美元)	20 224	38 000	46 000
适箱货比重(%)	81	80	78
适箱货金额(亿美元)	16 381	30 400	35 880
水运比例(%)	68	61	60
综合生成系数(万t/亿美元)	3.5	3	2.8
装箱比(%)	81	85	85
水运适箱货重量(万吨)	38 988	47 287	51 237
平均箱重(t/TEU)	10	9	9
集装箱重箱数(万TEU)	3 158	5 254	5 693
重箱比重(%)	63	75	75
集装箱生成量(万TEU)	5 010	7 005	7 590
外贸集装箱生成系数(TEU/万美元)	0.248	0.184	0.165

地区经济发展的不平衡导致集装箱生成量地区分布的不平衡,腹地内经济发达程度呈现由东至西依次递减趋势。长三角地区是我国外向型经济发展的热点地区之一,目前外贸集装箱生成量占长江经济带总生成量的比重达90%以上。但随着经济发展方式及产业结构的转变,内陆地区增长提速,外贸集装箱生成量的分布也将出现相应调整:未来浙江省仍将是腹地中生成量最大的省份,江苏省紧随其后,预计占比将小幅增长;上海市比重将有所下降;长江中上游省市基数较小但增长较快,未来比重将稳定增长(图4-44)。

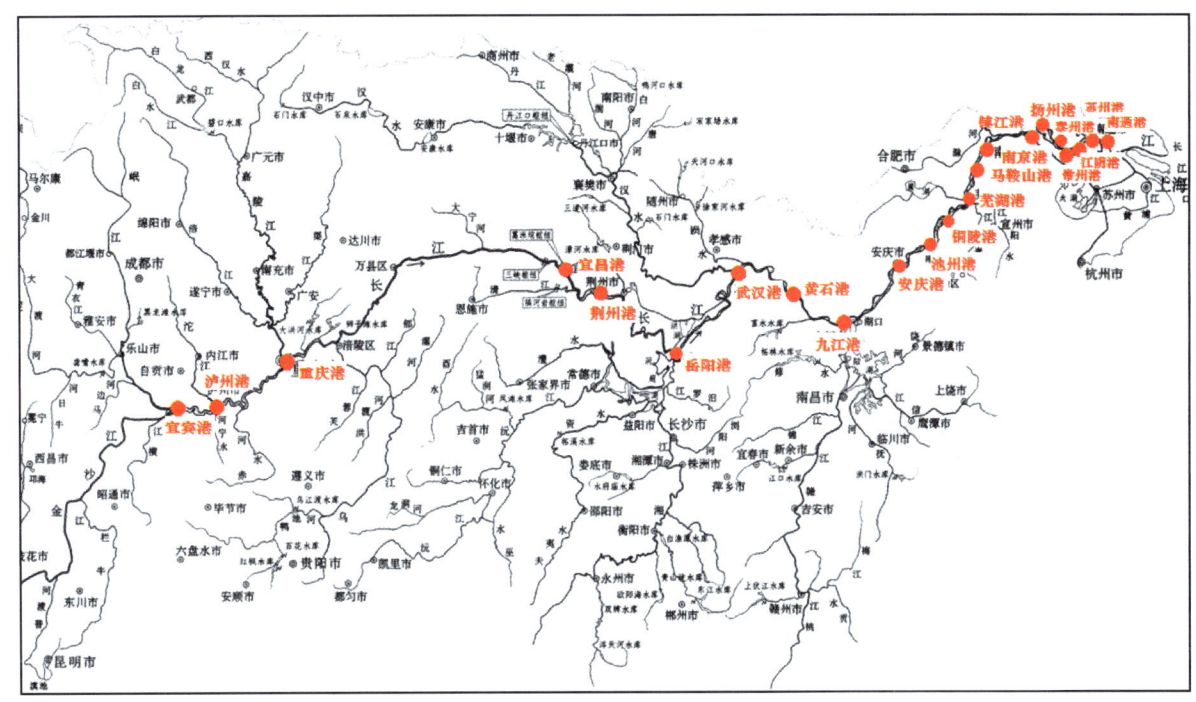

图4-44 长江干线集装箱业务规模以上港口分布

长三角及长江中上游沿线集装箱生成量预测见表4-11。

表4-11 长三角及长江中上游外贸集装箱生成量预测 （万TEU）

项　　目	2018年	2035年预测	2050年预测
生成量总计	5 010	7 005	7 590
长江三角洲小计	4 460	5 200	5 200
长江中上游小计	550	1 805	2 390

2) 腹地外贸集装箱运输格局

目前,长三角地区集装箱运输仍主要以分工协作为主,并逐步形成了以上海、宁波-舟山两港为干线港,太仓港区及其他沿江、沿海港口为支线港和喂给港的运输格局。根据各自区位和集疏运条件,上海港主要服务于长江沿线地区和浙江省部分地区,宁波-舟山港以服务浙江本省为主、少量服务长江沿线地区,江苏沿江港口主要以喂给上海港为主、少量近洋航线直达运输,江苏沿海的连云港港主要服务于陇海线沿线地区。

根据历史数据,腹地外贸集装箱生成量中,上海大约占15%,浙江大约占42%,江苏大约占33%,安徽及长江中上游地区大约占10%。从总体格局看,依托上海港和宁波-舟山港两大集装箱干线港,长三角港口群在腹地外贸集装箱生成量运输中占据主导地位。以历史数据为依据,长三角及长江沿线地区九省二市外贸集装箱生成量中,由长三角地区港口承运的约占95%以上。其中,上海港承担了大约55%,宁波-舟山港承担了腹地集装箱总量的35%左右,还有少量集装箱走江苏沿海港口,长江中上游地区有部分集装箱量走腹地外港口(主要是广东,少量山东),但总的占比不超过10%。

从各主要腹地外贸集装箱生成量运输路径看:

(1) 上海市外贸集装箱生成量中,约96%通过上海港运输,其余少量通过公路、内支线等经宁波-舟山港等港口运输。

(2) 江苏省外贸集装箱生成量中,约9%通过江苏省沿海、沿江港口直达运输,85%通过陆路和内支线中转经上海港运输,约5%通过区域外港口进出,少量通过宁波-舟山港运输。

(3) 浙江省外贸集装箱生成量中,约68%通过浙江省沿海港口运输,该比例较2010年提升16个百分点,约27%通过陆路经上海港运输,但该比例较2010年下降了约17个百分点,其余少量通过深圳和青岛等港口运输。

(4) 长江中上游的安徽、江西、湖南、湖北、四川、重庆等省市地处我国中西部内陆地区,运输路径上既可选择南下,也可选择东进。因此,长江中上游(特别是湖南、重庆、四川等地)地区外贸集装箱运输由铁路、公路、水路共同承担,铁路、公路运输优势相对较大。长江中上游地区外贸集装箱生成量中超过一半通过长三角地区港口进出口,其余通过铁路、公路集疏到广东等港口进出。近年来经过多方努力,目前四川、重庆、武汉等地通过中欧班列向欧洲外贸出口也渐成气候,预计未来还将进一步发展。

随着横沙深水港建成,预计上海港外贸集装箱市场份额将略有提升。对此,预测上海港、宁波-舟山港承担的长江沿线地区外贸集装箱量见表4-12。

表4-12 长江沿线地区外贸集装箱运输量预测 (万TEU)

区 域	2018年	2035年	2050年
上海港	3 040	3 500	3 600
宁波-舟山港	2 172	2 500	2 700
其他港口	355	1 005	1 290
合 计	5 567	7 005	7 590

3) 上海港集装箱吞吐量预测

根据上海港集装箱箱源结构,由国际航线、内支线和内贸航线三部分构成,对各部分分析及预测如下。

(1) 国际航线。上海港是我国重要转运港口,也是国际知名大港,对此,上海港能够吸引腹地内外沿海港口乃至国外港口的集装箱在此中转。因此,上海港国际航线集装箱吞吐量将由如下几部分构成:

① 腹地外贸集装箱生成量经上海港进出量。根据腹地外贸集装箱运输现状的分析,并通过对腹地外贸集装箱运输系统论证,预计2050年腹地外贸集装箱生成量中经上海港进出的箱量为3 600万TEU。

② 腹地以外外贸集装箱生成量经上海港中转箱量。除长三角和长江中上游地区外,上海港还为部分其他地区外贸集装箱提供中转运输服务,主要是我国北方沿海地区,多数通过内支线运输至上海

港中转,中转量约为 110 万 TEU,其中约 50% 通过洋山深水港区中转,洋山深水港区的建设增强了上海港的辐射能力。从区域发展格局来看,随着宁波-舟山港等长三角沿海其他港口的发展,上海港承担腹地外外贸集装箱运输的份额将有所下降,但其干线港地位和枢纽作用不会动摇,预测 2050 年上海港吸引腹地外中转的外贸集装箱量将维持在 100 万 TEU 左右。

③ 国际中转集装箱。洋山深水港区建设以来,上海港国际中转集装箱吞吐量也实现了快速增长。2005 年上海港承担国际中转集装箱吞吐量为 40 万 TEU,2018 年增长为约 368 万 TEU。洋山深水港区的建设显著提升了上海港在国际航运体系中的地位,使上海港逐步成为东北亚地区重要的集装箱中转港之一。

但与新加坡港(85% 中转比例,下同)、釜山港(50%)、香港港(60%)等国际知名中转大港相比,上海港国际中转比例 8.5% 左右仍然偏低。随着政策环境的改善和进一步放开,以及自贸区甚至横沙自由贸易港的建设发展,上海港对国际集装箱中转的吸引力将进一步增强,优势航线在于远东地区与欧洲、美洲地区的交流以及东亚地区与美洲地区的交流,按照这些航线的 3%~5% 估算,产生的集装箱国际中转需求也是相当可观的,预计到 2050 年上海港国际中转集装箱量可能达到 800 万 TEU。

(2) 内支线集装箱。目前,上港集团已与武汉、九江、南京、江阴、长沙、太仓等港口进行战略合资合作或参与集装箱码头的建设与经营。上海港集团还提出了打造以长江为中轴纵深 500 km 的大物流圈。内支线集装箱运输已显示了快捷、优质、便利的优势,成为沟通长江沿线地区和沿海地区商品外贸进出口"绿色通道"。2018 年上海港内支线集装箱吞吐量 535 万 TEU。

上海港内支线集装箱吞吐量主要来自长江沿线港口和江苏省邻近沿海港口。根据对长江经济带外贸集装箱生成量和上海港在内支线运输市场中市场份额的预测,考虑长江航道等级和能力提升对集装箱运输发展的正向促动作用以及沿线港口集装箱发展规划,预计 2050 年上海港内支线集装箱吞吐量为 1 100 万 TEU。

(3) 内贸集装箱吞吐量。内贸集装箱的生成量主要与国内贸易和地区产业结构有关。目前,腹地内贸集装箱运输主要是与华南、华北沿海之间的贸易往来,货源构成主要为建材、化工原料及制品、机械设备、轻工医药、农林牧渔及其他件杂货。腹地沿江地区的产业结构以重化工、轻工、电子等产业为主,这种产业结构决定了沿江地区下行的内贸集装箱货源以化工原料、轻工产品、五金机械为主。水运内贸集装箱运输以低值货为主。随着地区产业结构的调整及地区间的分工与协作加强,高科技、高价值产品贸易的比重将增加,再加上长江航道集装箱运输市场潜力的释放,预计长江经济带对内贸集装箱运输的需求将快速增长。

内贸运输短距离小规模的特性使得内贸集装箱直达运输占据较大比重。上海港内贸集装箱运输主要服务于长三角地区和部分长江中上游地区内贸水水中转需求,2018 年上海港内贸集装箱吞吐量为 626 万 TEU,但从未来的发展趋势看,上海港内贸集装箱吞吐量的发展有赖于国内宏观经济和贸易形势的发展及长江经济带产业结构差异性的变化,并同内贸集装箱运输发展的外部环境密切相关:

① 经济结构调整的持续推进将有力促进内需的进一步释放,带动腹地内贸集装箱运输需求较快增长。

② 长江经济带特别是长江中上游地区产业的协调发展将为腹地内贸集装箱运输提供坚实支撑。长江经济带逐步承接区域内部产业转移和其他区域产业转移,经济和产业结构的差异性逐渐形成,长江经济带内部和与其他地区间的分工与协作加强,地区间物资交流将不断增加。

③ 水路内贸集装箱的竞争优势为腹地内贸集装箱运输带来发展机遇。内贸水路集装箱运输所具有的货运量大、成本低、占地少、效率高、能耗小且安全环保等的比较优势，符合"低碳经济"和"绿色交通"的发展方向。随着港口基础设施建设、综合配套设施与后方集疏运系统的不断完善，以及长江航道等级和能力的提升，长江经济带内部或与其他地区之间的物资交流采用集装箱运输的比重将有所提升。

基于上述发展形势，预计上海港2050年内贸集装箱吞吐量为1 000万TEU。

（4）上海港集装箱吞吐量预测结果。综上所述，预测上海港2050年集装箱吞吐量达到6 500万TEU，具体构成见表4-13。

表4-13 上海港集装箱吞吐量预测 （万TEU）

年份	总吞吐量	国际航线 合计	国际航线 其中国际中转	内支线	国内航线
2017年	4 023	2 905		513	605
2018年	4 201	3 040	340	535	626
2019年	4 330				
2035年（预测）	5 850	4 050	550	900	900
2050年（预测）	6 500	4 400	800	1 100	1 000

4）横沙深水港集装箱吞吐量预测

目前，上海港现有集装箱专业化泊位49个，核定通过能力2 585万TEU，实际作业能力约为4 200万TEU。综合考虑相关港区集装箱码头建设规划（如小洋山北港区等），在不考虑港区搬迁的条件下，未来上海港集装箱作业能力极限预计5 000万TEU左右，因此到2050年，上海港集装箱作业能力缺口可能高达1 500万TEU左右。产生的缺口将只能由横沙新港承担。若考虑上海港城发展矛盾冲突，黄浦江沿岸甚至外高桥等港区搬迁，以及为应付需求波动，腹地型港口的港区作业能力相对实际吞吐量应该有一定裕度，上海港集装箱处理能力缺口将进一步扩大，预计达1 500万～3 500万TEU。

对此，综合考虑横沙港建港优势以及未来上海港的发展趋势，预计到2050年横沙港集装箱吞吐量为1 500万～3 500万TEU。

4.3.3.2 清洁货种LNG

1）我国天然气供需情况

由于天然气作为化石能源的清洁属性，以及我国致力于环境保护和降低二氧化碳等温室气体排放的努力，近年来我国天然气供给与需求量实现大幅增长。液化天然气（LNG）以其安全储存和易于运输的优势，成为整个天然气产业链中的重要环节，进一步促进了天然气全球贸易的发展。

（1）天然气消费情况。纵观我国天然气过去20年消费量数据，2000—2013年是我国天然气消费增长的黄金时代，除个别年份外基本都维持了10%以上的增速，其中2005—2011年维持了年均20%以上的增长（图4-45）。但自2014年我国经济发展步入"新常态"，以及原油价格下跌，天然气消费增速大幅回落，2015年增速仅为3.4%。自2017年以来，受宏观经济向好、环保政策实施力度加大、替代能源价格上涨、供给侧结构改革及煤改气大力推进等因素叠加影响，天然气消费量不断增长。2019年我国天然气消费总量已达到3 100亿m^3左右，同比增长8.6%。

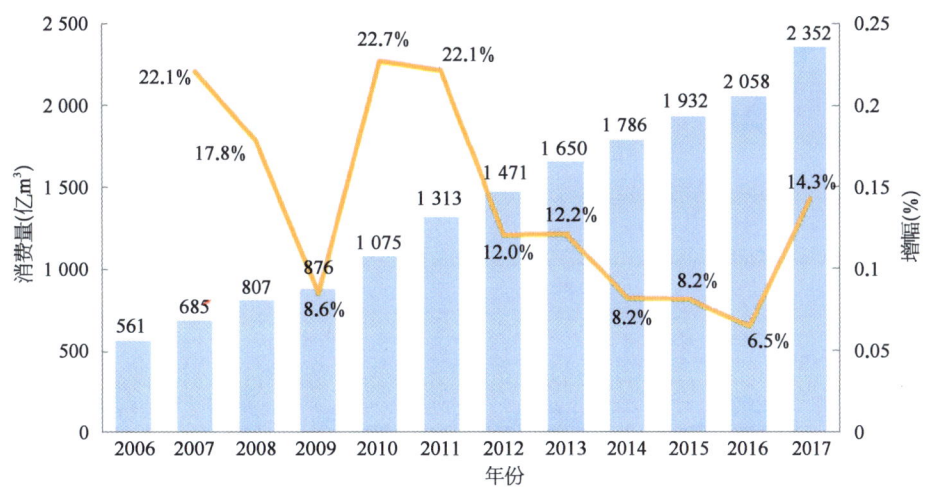

图 4-45　2006—2017 年我国天然气消费量

目前,我国天然气消费主要集中在环渤海、长三角、东南、中南地区,消耗量占全国消费量的 63%(图 4-46),根据各地发展情况,预计环渤海地区天然气消费量在 2020 年达 680 亿 m^3,占全国消费量的 19%;长三角、东南、中南地区紧随其后,分别消耗全国消费量的 16%、15%、13%。西南、西北、中西部地区天然气需求量较少,而东北地区需求量最少,仅占全国消费量的 6.9%。

(2) 天然气供给情况。天然气作为一种实物能源资产,我国天然气供应由国产气和进口气两部分组成,其中进口气根据输送方式分为管道进口气和 LNG 进口气两种。

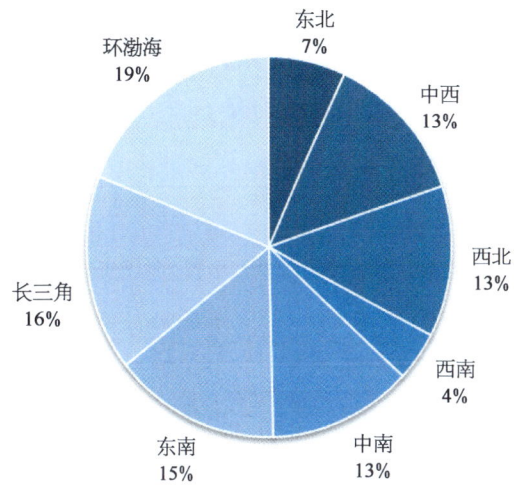

图 4-46　大经济区天然气消费比例

国产气方面,我国天然气产量在过去十年经历了较快的增长,天然气产业投资力度大,但自 2014 年以来,受下游需求不振以及进口气挤压,天然气产量增长逐渐显露疲态,根据国家统计局数据,2016 年实现天然气产量 1 368 亿 m^3,同比仅增长 1.6%,2017 年天然气产量略有回升,达到 1 474 亿 m^3。

进口气方面,自 2006 年我国引入进口天然气以来,我国天然气进口量逐年增加(图 4-47),2019 年达到 1 332 亿 m^3。随着更多 LNG 合同进入执行期以及管道运输能力的提升,预计未来我国天然气进口气量将持续快速发展,对外依存度将继续攀升,据国际能源署预测,到 2023 年中国天然气进口量将达 1 710 亿 m^3,其中大部分为 LNG 进口。

2) 我国 LNG 接收站建设及规划情况

2017 年底,我国共建成 LNG 站 20 座,其中已投运 17 座,分布在沿海的 11 个省市。2017 年新增并投运 2 座 LNG 站,分别是中海油粤东 LNG 和广汇集团的启东 LNG,共计增加接收能力 260 万 t/a。截至 2017 年末,我国共计形成 LNG 进口接收能力为 5 390 万 t/a(表 4-14)。

我国 LNG 站建设呈现爆发趋势。其主要有两个特点:一是进入门槛降低,建设、投资主体将更加多元,市场竞争将愈发激烈;二是 LNG 接收站运营模式将更加灵活,更加与市场贴合。据相关专家

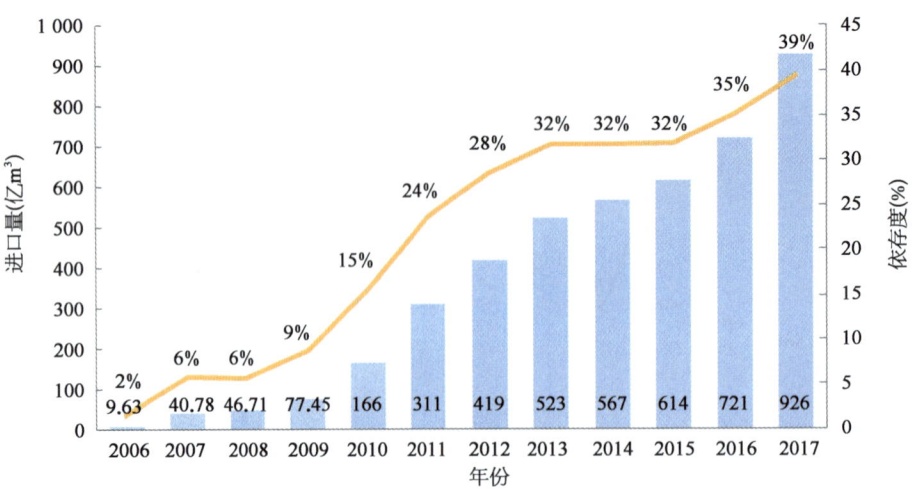

图 4-47 2006—2017 年我国天然气进口量及依存度

估计,到 2020 年,我国将形成 LNG 进口接收能力约 7 000 万 t,而到 2030 年或将超过 1 亿 t。目前,我国在建和计划建设 LNG 站项目多达 37 个(尚不含已暂定项目 7 个),其中已开工 6 个,项目申请核准 7 个,规划筹建中的有 24 个。

表 4-14 全国 LNG 建设现状

项目名称	所属公司	状　态	设计能力(万 t/a)	投产时间
江苏如东	中石油	投运	650	2011
辽宁大连	中石油	投运	300	2012
河北曹妃甸	中石油	投运	650	2013
海口 LNG	中石油	投运	20	2014
山东青岛	中石化	投运	300	2014
广西北海	中石化	投运	300	2016
天津 LNG	中石化	完建	300	2018
广东大鹏	中海油	投运	680	2006
福建 LNG	中海油	投运	630	2008
浙江宁波	中海油	投运	300	2012
珠海金湾	中海油	投运	350	2013
天津浮式	中海油	投运	220	2013
海南 LNG	中海油	投运	300	2014
粤东 LNG	中海油	投运	200	2017
深圳 LNG	中海油	完工	400	2018
上海 LNG	申能	投运	300	2008
上海五号沟	申能/上燃	投运	30	2008
广汇启东	广汇集团	投运	60	2017
九丰 LNG	九丰集团	投运	100	2013
深燃 LNG	深圳燃气	完工	80	2017

3) 横沙深水港 LNG 吞吐量预测

自 2013 年我国发布《大气污染防治行动计划》,到 2018 年国务院发布《打赢蓝天保卫战三年行动计划》,大幅减少主要大气污染物排放总量,明显改善环境空气质量已成为我国推进大气污染防治工作的重要任务与方向,而天然气作为清洁能源之一,其具有不可替代的优势,对此,推进全国天然气消费,尤其是推进长江沿线地区的"煤改气""油改气"消费,将是未来我国打好环境保卫攻坚战的重要方向。

据了解,我国正逐步放开长江沿线地区 LNG 接收站的建设,并计划在湖北、湖南、江西、安徽、江苏等省市的长江沿岸建设 LNG 接收站,以改善内河地区 LNG 供应。未来随着长江沿线地区 LNG 接收站布局的逐步完善,长江沿线地区天然气消费将呈现快速增长态势。根据当前我国天然气的消费趋势,保守预计到 2050 年,长江沿线地区天然气消费量将达到 3 000 亿~3 500 亿 m^3(占全国天然气消费总量的 40%~45%),其中天然气进口量预计达到 1 800 亿~2 300 亿 m^3,并以 LNG 进口形式为主。

考虑到我国天然气主要从澳大利亚、卡塔尔、马来西亚、印度尼西亚等国家进口,国际主流船型逐步向舱容为 15 万 m^3 以上的大型 LNG 船转移,结合长江航道水深情况,横沙深水港位于长江入海口处,具备为长江中上游地区开展 LNG 转运的优势与条件。对此,综合考虑横沙深水港的功能定位,长三角沿海地区 LNG 接收站建设现状及规划,预计到 2050 年横沙深水港的 LNG 吞吐量为 500 亿~800 亿 m^3(折合重量 3 500 万~6 000 万 t)。

4.3.3.3 汽车滚装

1) 我国汽车市场情况

(1) 汽车销售情况。经过十多年的高速增长,我国汽车年销量从不到 1 000 万辆增长到接近 3 000 万辆,汽车年销量十年累计增长 209.2%。2018 年,国内汽车销量达 2 808 万辆,同比下降 2.76%。

其中,新能源汽车是全国汽车销售增长最快的车型之一。自 2009 年补贴政策试点推广以来,新能源汽车累计销量由 2011 年的 7 577 辆快速增长到 2017 年的 77.7 万辆,尤其在 2013 年中央及各地优惠政策密集出台后,新能源汽车年销量持续走高,2017 年产销均超过 75 万辆,全球市场占有率超过 50%。随着补贴政策的逐步退出,新能源汽车行业将由政策推动转换为市场驱动,产品结构持续向上突破,2019 年新能源汽车销量达到 120 万辆。

(2) 汽车整车进出口。2017 年,汽车整车进口结束 2015 年以来连续下降趋势,呈较快增长。数据显示,2017 年汽车整车累计进口 124.68 万辆,同比增长 15.77%。其中,越野车进口依然占最大比重,共进口 52.86 万辆,同比增长 13.49%;轿车进口 44.77 万辆,同比增长 18.65%;小型客车进口增速略低于行业,共进口 22.48 万辆,同比增长 9.02%。2017 年,上述三大类汽车品种共进口 120.11 万辆,占汽车进口总量的 96.33%,比上年下降 1.10 个百分点。

2017 年,汽车整车出口表现也明显好于上年,出口量继 2012 年后再超百万,共出口 106.38 万辆,同比增长 31.37%。在汽车整车出口主要品种中,轿车出口增速比上年大幅提升,共出口 50.79 万辆,同比增长 52.03%,增速比上年提升 43.56 个百分点。

2) 汽车滚装运输情况

汽车滚装是以汽车滚装运输为依托和主体,向陆路运输、港口装卸、仓储配送、信息处理、增值服务等环节延伸服务的水陆一体的整车物流服务方式。目前,汽车滚装运输已成为我国汽车物流的重要方式之一。

(1) 发展现状。2017 年全国汽车滚装行业吞吐总量达 734 万辆,全年实现 20.72% 的快速增长(图 4-48)。纵观全年,受益于经济复苏、公路运输合规治理等外部有利条件,驱动以口岸汽车物流供应链为基础的现代化口岸汽车物流服务快速发展,同时依托主业逐步开展多元化经营,推动滚装口岸企业由传统码头经营者向现代口岸物流运营商转型。

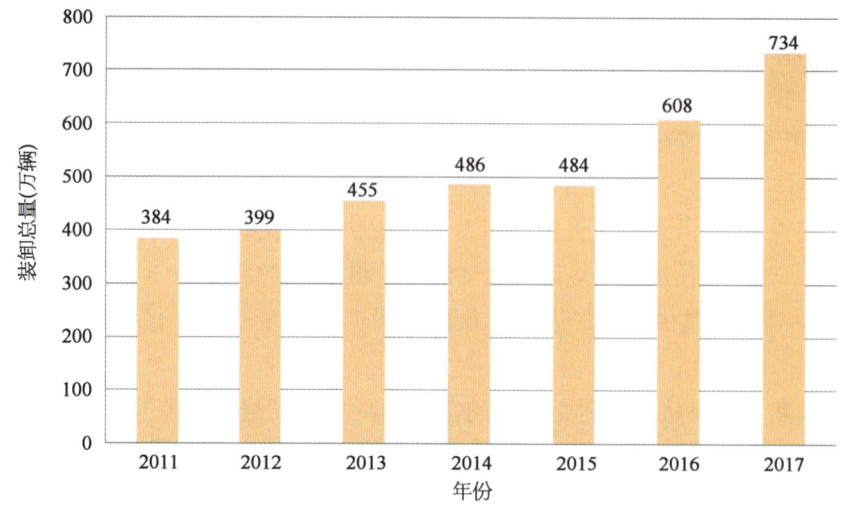

图 4-48 全国滚装码头装卸总量

2017 年全国滚装外贸进出口汽车总量达到 159 万辆,其中,外贸进口汽车总量达到 115 万辆,较上年增长 20%,增长点主要集中于新进国外汽车品牌进入中国市场,从长远来看,外贸进口市场将逐步趋稳,市场定位将从"量化经营"逐步回归到"市场补充"为主。外贸出口汽车总量为 44 万辆,较 2016 年同期增长 42%。受益于外部经济复苏、政策放宽与国内合资品牌出口需求释放等因素影响,国内汽车出口势态已出现回暖迹象。同时由于主要目标市场对于汽车进口政策管制与产业保护,整车出口形式在出口总量中的规模进一步降低。

(2) 发展趋势。目前,行业正在经历结构性变化,内贸兴起成为行业未来主要的支撑。随着外贸进出口的业务总量下滑,行业的发展重心正逐步从外贸转向内贸市场。随着内贸滚装物流运输方式逐步被市场认可,同时受益于整车厂商将制造重心向内陆前移与长江沿线口岸的产能释放,内贸持续保持快速增长。因此内贸滚装航运市场已逐步成为目前行业发展重心。

对于整车外贸进口业务,经历了过去 10 年的高速发展,随着中国汽车市场已逐步饱和,需求趋稳,爆发式增长已不复存在。而受到市场需求端减弱、过往的进口量供给过剩、库存高企、量产车型国产化等因素综合叠加,进一步推动市场从"量化经营"逐步回归到"市场补充"为主的定位。

对于整车外贸出口业务,随着全球经济逐步复苏,地区贸易保护政策有所松动,加之中国推动"一带一路"建设,国内汽车外贸出口逐步回暖,有效消化了国内过剩汽车产能。

总体而言,中国滚装行业历经 10 年发展已基本实现了国外先进滚装码头近 60 年的发展历程,未来行业发展将从模仿学习步入全方位超越的发展阶段。整个行业市场发展逐步从投资旺盛、水平良莠不齐回归理性、规范化的良胜竞争态势。港口发展理念从粗放扩张型向资源集约、绿色环保、运营智能、管理精益高效型的创新型方向转变。尤其是随着技术变革、汽车消费市场、国家产业政策规划与行业自身能力建设需要等方面因素影响,将驱动港口汽车滚装市场转型升级。对此,受益于汽车产业增长与物流运输结构的合理优化配置,预计到 2035 年全国港口汽车滚装吞吐量规模将达到 1 200 万辆。

3) 横沙深水港汽车滚装吞吐量预测

目前,我国汽车千人保有量为 158 辆,但与美国的 797 辆、日本的 591 辆以及韩国的 376 辆仍有较大差距,与发达国家相比,我国汽车普及度仍较低,尤其是中小城市,长期来看我国汽车消费市场仍然存在巨大发展空间。结合产业生命周期发展理论,经过多年两位数快速增长,汽车保有量基数持续攀升,我国汽车市场将从发展期进入成熟期,进而带来增速逐步放缓,预计未来我国汽车年销量将长期保持个位数增长。

考虑到我国汽车产销的不平衡性,以及居民日益增长的收入水平对于高端进口汽车的消费需求,未来我国汽车行业仍将存在较大的物流运输需求。其中,滚装运输具有批量大、费用低廉、效率高、破损率低和污染轻等优点,仍将占据我国汽车物流运输重要的市场份额,预计到2050年我国汽车滚装运输的车辆将达到2 000万～3 000万辆,占全国汽车销量的15%～20%。

综上所述,横沙深水港位于我国南北沿海港口的地理中心,具备面向全国,打造全国汽车分拨与配送的区位条件,尤其是具备开展对接长江沿线地区,为长江中上游地区提供汽车中转运输的优势。对此,结合汽车滚装运输的发展趋势,以及我国沿海滚装汽车码头建设现状及规划,预计横沙深水新港汽车滚装吞吐量为500万～800万辆(折合重量1 000万～1 600万t)。

4.3.3.4　船舶燃料供应

1) 我国主要外贸海上航线情况

我国外贸航线主要涉及煤炭、原油、铁矿石、集装箱几大货类。其中,进口煤炭主要来自澳大利亚(32%)、印度尼西亚(45%)、俄罗斯(9%)。通过对我国主要燃供企业的调研,目前三条航线上船舶的加油规律为:澳大利亚航线大多选择沿线的我国内地沿海港口和香港;印度尼西亚航线大多选择沿线的香港、新加坡(返程加油)和我国内地沿海港口;俄罗斯航线大多选择沿线的俄罗斯港口和釜山港。

外贸进口铁矿石主要来自澳大利亚(60%)、巴西(25%)、南非(5%)。三条航线上主要加油规律为:澳大利亚航线大多选择沿线的香港、我国内地沿海港口和新加坡(返程加油);巴西航线大多选择沿线的新加坡、香港和我国内地沿海港口;南非航线大多选择沿线的新加坡、香港和我国内地沿海港口。

外贸进口原油主要来自中东(46%)、非洲(21%)、南美(15%)。各条航线上船舶加油规律为:中东航线大多选择沿线的富扎伊拉、新加坡港;非洲、南美、欧洲航线大多选择沿线的新加坡港。

外贸集装箱航线主要包括东向北美线(21%)、日韩线(15%)、南美东线(5%),大多选择起始港、目的港及途经港(釜山、洛杉矶港等);西向欧线(20%)、东南亚(17%)、非洲(5%)、中东(5%)、南美西线(3%)等,大多选择新加坡港;南向澳线(3%),大多选择起始港、目的港、新加坡港。

2) 上海港燃供市场分析及预测

从国际航线来看,横沙深水新港直接挂靠船舶以集装箱船为主,具有吸引集装箱船舶加油的难得优势,又处于北方地区大多数外贸航线的必经之地,具备吸引途经船舶加油的条件。因而,分析横沙深水新港保税燃供的优势市场主要在于:一是直接挂靠上海港的国际航线航行船舶;二是途经横沙深水新港,且不经过新加坡港的国际航线航行船舶,主要是以长三角港口、东北亚港口为目的港的澳大利亚铁矿石进口航线和煤炭进口航线等,集装箱航线大部分都需要经停上海港,因而没有特别考虑途经航线这一部分需求,也符合集装箱航线对时间的要求极高、途经港加油较少的现实情况。可开拓市场主要在于:途经横沙深水新港,但也经过新加坡的航线,主要是以长三角港口、东北亚港口为目的港的巴西、南非铁矿石进口航线和原油进口航线,这部分市场长期以来是新加坡港的核心市场,随着上海港政策的突破和国内船用油供给保障的提升,存在可开拓的空间。

从服务内贸船舶燃料供应来看,横沙深水新港内贸燃供优势市场主要在于长江沿线、长三角地区经停航线。

从燃料供应种类来看,仍将维持以燃料油为主的结构,随着LNG动力船的推广,LNG燃料占比将有所提升,目前国家已经在推进内河LNG船舶的推广,内河LNG燃料比例提升将更为明显。横沙深水新港分内外贸、分市场燃料供应量构成预测见表4-15、表4-16。经过测算,预计2050年横沙深水新港燃料供应量低预期为2 000万t,高预期为3 500万t,其中预计燃料油分别约1 620万t、2 110万t,预计LNG分别约380万t、1 390万t。

表4-15 2050年横沙深水新港燃料供应量预测(低预期)

项 目	外贸保税燃供			内贸燃供	合 计
	直接挂靠航线	途经航线、但不经新加坡港	途经航线、也经过新加坡港	长江沿线、长三角地区经停	
总加油需求量(万t)	900	1 630	830	2 500	5 860
横沙新港供应比例	50%	40%	10%	30%	
横沙新港供应量(万t)	450	670	105	775	2 000
其中:燃料油(万t)	400	600	95	525	1 620
LNG(万t)	50	70	10	250	380

注:低预期远洋航线和内贸沿海航线船舶按LNG动力船占10%考虑,长江内河航线船舶按LNG动力船占30%考虑。

表4-16 2050年横沙深水新港燃料供应量预测(高预期)　　　　　　　　　　(万t)

项 目	外贸保税燃供			内贸燃供	合 计
	直接挂靠航线	途经航线、但不经新加坡港	途经航线、也经过新加坡港	长江沿线、长三角地区经停	
总加油需求量	1 200	1 630	860	2 800	6 490
横沙新港供应比例	70%	60%	30%	50%	
横沙新港供应量	860	940	260	1 440	3 500
其中:燃料油	580	640	180	710	2 110
LNG	280	300	80	730	1 390

注:高预期远洋航线和内贸沿海航线船舶按LNG动力船占30%考虑,长江内河航线船舶按LNG动力船占50%考虑。

综上所述,结合横沙深水新港自身条件,到2050年横沙深水新港总吞吐量预计为20 000万~42 600万t,具体见表4-17。

表4-17 2050年横沙深水新港吞吐量预测

货 类		低预期	高预期
集装箱	箱量(万TEU)	1 500	3 500
	重量(万t)	13 500	31 500
LNG	体积(亿m³)	500	800
	重量(万t)	3 500	6 000
汽车滚装	车辆(万辆)	500	800
	重量(万t)	1 000	1 600
船舶燃供	重量(万t)	2 000	3 500
合计(万t)		20 000	42 600

4.3.4 船型发展预测

4.3.4.1 世界船舶发展现状及趋势

1) 集装箱船

全球集装箱贸易的三大主干航线分别是太平洋航线、大西洋航线、亚欧航线。从规模来看,太平洋航线和亚欧航线相对较大,其中亚欧航线在经历了 2015 年的负增长后,在 2017 年实现了可观增速 4.50%;太平洋航线海运量则保持 5.49% 的高增速,与 2016 年同期增速基本持平。

(1) 发展现状。截至 2018 年底,世界集装箱船队已发展到 5 265 艘、2 201.2 万 TEU。受船舶大型化趋势影响,2005 年以来,世界集装箱船队构成发生了很大变化。其中,1 万 TEU 以上大型船舶增长势头较为强劲,由 2010 年的 61 艘、75.4 万 TEU 增长到 2018 年的 505 艘、709.8 万 TEU,箱位所占比重由 5.4% 增至 32.2%;更为引人注目的是,1.25 万 TEU 以上超大型船舶已达到 358 艘、552.1 万 TEU,箱位占比 25.1%(表 4-18 和图 4-49)。

表 4-18 世界集装箱船队构成发展现状

船舶箱位(TEU)	2018 年	
	艘 数	万 TEU
<2 000	2 267	236.1
2 000~3 000	655	166.5
3 000~5 300	908	384.9
5 300~10 000	930	703.9
10 000~12 500	147	157.7
>12 500	358	552.1
合 计	5 265	2 201.2

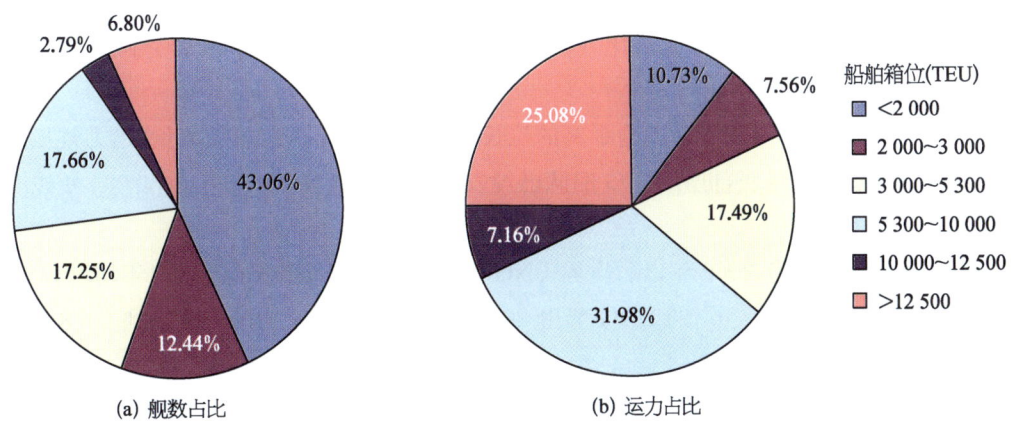

图 4-49 2018 年世界集装箱船队艘数及运力分布

(2) 发展趋势。截至 2018 年底,世界集装箱船订购量为 428 艘、285.9 万 TEU,订购船舶以 1 万 TEU 以上大型船舶为主,订购总量 143 艘、231.2 万 TEU,占订购运力的比例高达 80.9%(表 4-19 和图 4-50)。订购船舶大多在三年内交付,届时,集装箱船队构成中大型船舶所占的比重将进一步增加。目前，已知订购的世界最大集装箱船载箱量达 2.2 万 TEU，由 MSC 和 CMA CGM 持有，预计于 2021 年交付使用。

表 4-19 截至 2018 年底世界集装箱船订单情况

船舶箱位 (TEU)	合 计		2019 年交付		2020 年交付		2021 年后交付	
	艘 数	万 TEU	艘 数	万 TEU	艘 数	万 TEU	艘 数	万 TEU
<2 000	157	21.1	94	11.6	60	9	3	0.5
2 000~3 000	110	27.7	35	8.8	54	14	21	4.9
3 000~5 300	17	5.4	7	2.4	10	3	0	0
5 300~10 000	1	0.5	0	0	1	0.5	0	0
10 000~12 500	34	38.3	7	8.4	14	15.6	13	14.3
>12 500	109	192.9	47	81.5	42	82	20	29.4
合 计	428	285.9	190	112.7	181	124.1	57	49.1

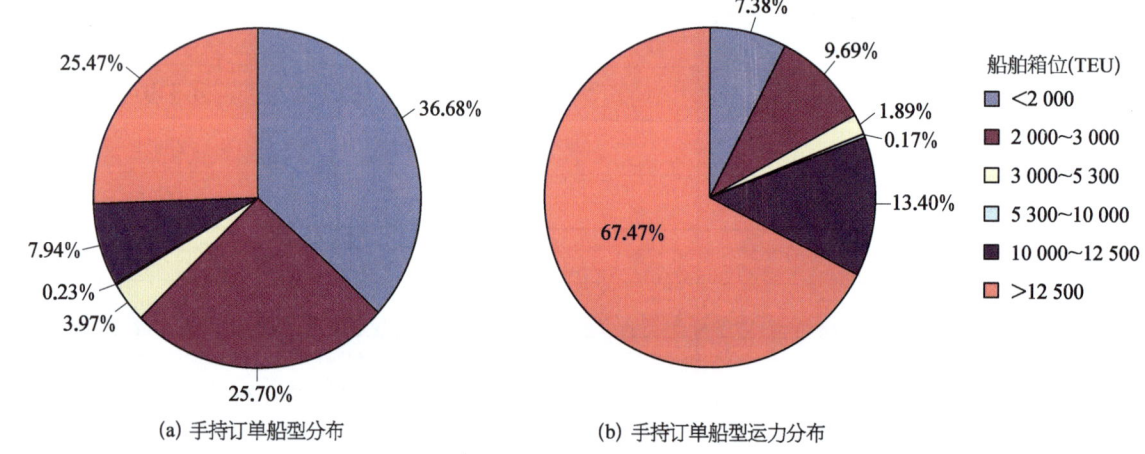

图 4-50 世界集装箱船队不同船型订单艘数和运力分布情况

2) LNG 船

LNG 船是在 −163℃低温下运输液化气的专用船舶。LNG 船舶尺寸通常受到港口码头和接收站条件的限制。

随着 LNG 国际贸易量的发展和运输距离的拉长，世界 LNG 船队在船舶数量、运力规模上快速增长（图 4-51）。截至 2018 年底，世界 LNG 船队已经发展到 525 艘、7 763.2 万 m³，2004 年以来运力年均增幅约 10.02%。

由于受到金融危机影响，2009 年以后世界 LNG 船队规模扩张步伐放缓，运力年均增幅约 4.32%。具体从船型来看，15 万~20 万 m³ 的 LNG 船由 2008 年的 20 艘、309 万 m³ 增长到 2018 年底的 224 艘、3 707.2 万 m³，运力年均增速 28.21%；20 万 m³ 以上 LNG 船由当年的 24 艘、532.5 万 m³ 增长到 2018 年底的 45 艘、1 033.5 万 m³，运力年均增速 6.9%（表 4-20）。

此外，从 LNG 船队平均舱容量来看，2004 年底，全世界 LNG 船队共计 172 艘，总舱容量 2 037.6 万 m³，平均舱容 11.85 万 m³；到 2018 年底，LNG 船队增至 525 艘，总舱容量 7 763.2 万 m³，平均舱容 14.79 万 m³，单船舱容运力较 2004 年增长 24.82%（表 4-21）。2018 年底世界 LNG 船队艘数及运力分布情况如图 4-52 所示。

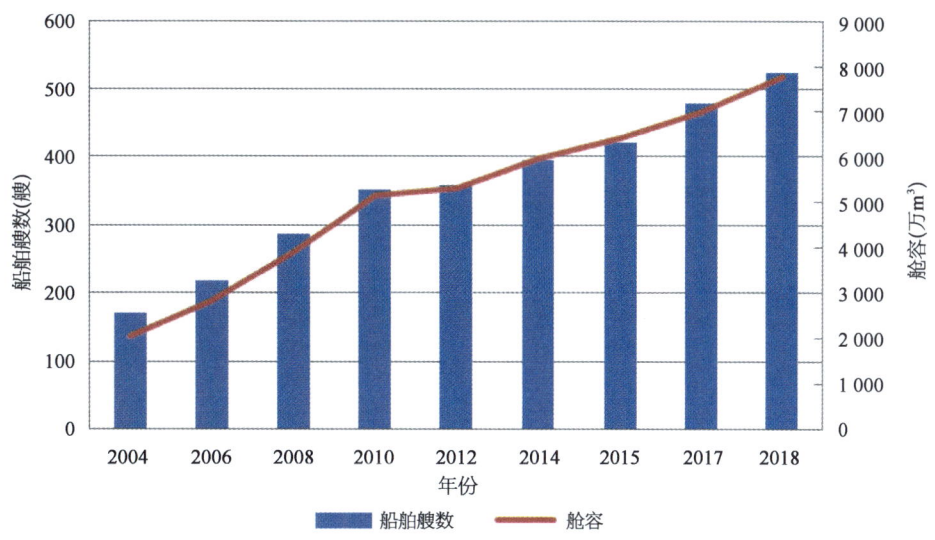

图 4-51　2004—2018 年 LNG 船队运力规模发展情况

（注：该统计不包括 1.8 万 m³ 以下小型 LNG 船）

表 4-20　2008 年与 2018 年世界 LNG 船队构成发展情况

舱容量	2008 年		2018 年	
（万 m³）	船舶艘数（艘）	万 m³	船舶艘数（艘）	万 m³
0~5	12	35.2	40	56.2
5~15	231	3 061.3	216	2 966.3
15~20	20	309	224	3 707.2
>20	24	532.5	45	1 033.5
合　计	287	3 938	525	7 763.2

表 4-21　2004—2018 年世界 LNG 船队发展总体情况

年　份	2004	2006	2008	2010	2012	2014	2015	2017	2018
船舶艘数	172	218	287	352	359	395	422	480	525
舱容（万 m³）	2 037.6	2 830.2	3 938	5 142.4	5 319.9	5 961.6	6 420.9	7 001.5	7 763.2
平均舱容（万 m³）	11.85	12.98	13.72	14.60	14.81	15.09	15.21	14.58	14.79

3）汽车滚装运输船

汽车滚装运输船（pure car carrier，PCC）是以滚上-滚下的装卸作业方式专门用于汽车整车运输的"船舶"。汽车运输船的载车能力通常用换算轿车车位数（car equivalent unit，CEU）来表示。该类船舶结构的主要特点是具有多层全通装车甲板，并有可收放的跳板与码头。

（1）发展现状。2004 年以来，运力年平均增幅为 4.5%，截至 2018 年上半年，PCC 船队总计 786 艘，总载车量 400.2 万 CEU（表 4-22、图 4-53）。其中，载重吨 17 500 DWT 以上船型占据绝对主力，艘数达到 399 艘、总载重量达 839 万 t。

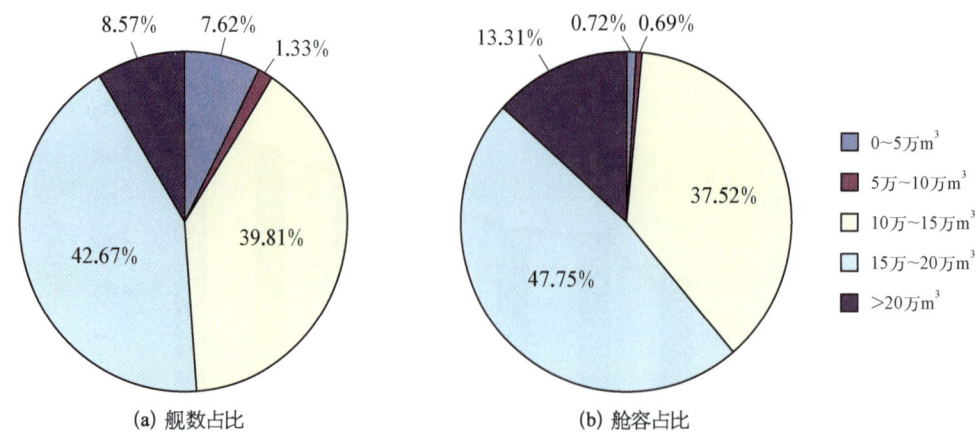

(a) 艘数占比　　　　　　　(b) 舱容占比

图4-52　2018年底世界LNG船队艘数及运力分布情况

表4-22　2018年上半年PCC船队规模

船型(DWT)	船舶艘数(艘)	载重吨(百万t)	艘数占比(%)	载重吨占比(%)
＜5 000	79	0.23	10.05	1.84
5 000～10 000	63	0.42	8.02	3.36
10 000～12 500	72	0.84	9.16	6.71
12 500～15 000	70	0.96	8.91	7.67
15 000～17 500	103	1.67	13.10	13.35
＞17 500	399	8.39	50.76	67.07
总　计	786	12.51	100.00	100.00

图4-53　PCC运力规模发展趋势

其中,从单船载车能力来看,2004年底全世界PCC船队共计520艘,总载车量207.6万CEU,平均载车量为3 992 CEU;到2018年上半年,PCC船队艘数增至786艘,总载车量400.2万CEU,平均载车量为5 092 CEU,单船载车能力较2004年提高27.6%(表4-23)。

(2) 发展趋势。汽车生产地区化虽然造成汽车贸易的增长率出现一定的下降,但全球汽车交易量仍在增长,预计今后15年全球汽车贸易量每年将增长3%～4%,而汽车运输船订购量较少、即将投入运营的新船数量有限,增加的汽车运输运力不会造成运力利用率的大幅下降。随着在建中的汽车运输船不断投入运营,2014年供不应求的市场局面在2015年以后逐步达到平衡。

表 4-23　2004—2018 年上半年世界 PCC 船队发展总体情况

年　份	船舶艘数（艘）	载车量（万 CEU）	平均载车量（CEU）
2004	520	207.558	3 992
2005	554	226.121	4 082
2006	593	247.241	4 169
2007	640	274.000	4 281
2008	700	310.722	4 439
2009	651	299.955	4 608
2010	679	317.423	4 675
2011	722	343.592	4 759
2012	749	361.483	4 826
2013	753	362.082	4 809
2014	759	367.981	4 848
2015	728	364.784	5 011
2018.6	786	400.224	5 092

2018 年上半年数据显示，船东新订单以载重吨 17 500 DWT 以上船型居多，大型化趋势依然明显，全球 PCC 船队手持订单情况见表 4-24。新巴拿马运河扩张工程于 2015 年底竣工，可通过的船舶最大宽度将达 48.8 m，针对巴拿马运河拓宽，主要船公司将来订造的 PCC 船载车辆将明显提升，又进一步加快大型化。

截至 2018 年上半年，PCC 船手持订单 28 艘，总载车量 178 511 CEU。其中，载重吨 17 500 DWT 及以下的 PCC 船型艘数合计 10 艘，计 43 600 CEU，分别占总订单的 35.71% 和 24.42%；载重吨 17 500 DWT 以上船型手持订单 18 艘，计 134 911 CEU，分别占订单总量的 64.29% 和 75.58%。

表 4-24　世界 PCC 船队订单汇总

船型（DWT）	船舶艘数（艘）	载车量（CEU）	艘数占比（%）	载车量占比（%）
<5 000	0	0	0	0
5 000~10 000	4	9 000	14.29	5.04
10 000~12 500	2	7 000	7.14	3.92
12 500~15 000	0	0	0	0
15 000~17 500	4	27 600	14.29	15.46
>17 500	18	134 911	64.29	75.58
总　计	28	178 511	100.00	100.00

4.3.4.2　船型分析

1）集装箱船

目前，我国不同航线上集装箱船运输情况如下：

（1）内贸运输。内贸运输主要是指距离较近的国内集装箱运输，以 3 000 TEU 以下集装箱船为主。

(2) 内支线运输。内支线运输主要是指到集装箱干线港进行中转的集装箱运输,分为内河支线和沿海支线两种。其中,内河支线主力船型以 500 TEU 以下集装箱船为主,沿海支线主力船型以 2 000 TEU 以下的船舶为主。

(3) 近洋运输。近洋运输是指以日本、韩国、东南亚、我国台湾地区为目的地的集装箱运输,由于航线距离较短,该航线主力船型以 5 000 TEU 以下船舶为主。

(4) 远洋运输。远洋运输以北美洲、欧洲航线为主,该航线主力船型以 6 000 TEU 以上大型集装箱船为主。但近年来,随着集装箱船大型化发展趋势愈加明显,美西、欧地、中东航线均出现一定数量的超大型集装箱船。

考虑到横沙深水港将是上海国际航运中心的重要组成部分,主要承担上海港远洋航线的集装箱运输。由于水深条件好,横沙港区的集装箱船型最大可到 2 万 TEU。当然,到欧美航线的运输船型仍将以 6 000 TEU 以上的大型集装箱船为主,1.8 万 TEU 的超大型集装箱船也会快速增加;到日本、韩国、东南亚等近洋航线的集装箱运输船型将以 1 000～3 000 TEU 集装箱船为主;长江内支线船型除向大型化发展外,将逐步向系列化、标准化发展,船型以 200～500 TEU 为主。

2) LNG 船

当前,国际上 LNG 运输航线上的主流船型是 12.5 万 m^3 以上船舶,以 17.5 万 m^3 船舶为主力船型,大多数服务于海运距离较远的中东卡塔尔至欧洲、亚洲航线。7.5 万 m^3 以下的 LNG 船常用于由马来西亚、文莱等产地运至日本、韩国、中国等海运距离相对较近的航线。相对于大型 LNG 船而言,5 万 m^3 以下的 LNG 运输船舶,一般用于沿海、近海乃至内河范围内的 LNG 运输。

从当前世界 LNG 运输的特点来看,LNG 运输航线突破传统的三大区域,向全球化发展,例如韩国、日本开始从中东甚至北非购买 LNG 货物。综合以上因素,无论从世界现有 LNG 运输船舶的船型还是从船型发展的趋势来看,设计船型宜考虑大型 LNG 船舶。此外,我国进口 LNG 气源主要来自非洲、大洋洲等地,相关至中国的航线上投入运营的 LNG 船的主流船型也是舱容量为 10 万～20 万 m^3 LNG 大型船舶,最大为 26.6 万 m^3 船舶,主力船型为 17.5 万 m^3 船舶。

本项目的气源及航线也不例外,综合考虑横沙深水港的功能定位及水深情况,横沙深水港 LNG 码头的最大设计靠泊船型宜按 26.6 万 m^3 LNG 船考虑,即考虑 Q-max 系列 LNG 船型,主力船型为 17.5 万 m^3 LNG 船。此外,考虑到长江航道建设情况,以及近年来长江沿线地区 LNG 接收站码头布局规划,长江内河 LNG 船以 5 000 m^3 为主。

全球 14 艘 Q-max 型 LNG 船的基本信息见表 4-25。

表 4-25 Q-max 型 LNG 船基本信息

船 名	舱 容 (m^3)	载重吨 (DWT)	船 长 (m)	总 吨	吃 水 (m)	船 宽 (m)	交船时间 (年.月)
Mozah	267 335	152 600	345.33	163 922	12.2	53.8	2008.12
Umm Slal	267 335	152 600	345.33	163 922	12.2	53.8	2008.12
AlGhuwairiya	263 249	154 940	345.00	168 189	13.72	55.0	2008.12
Bu Samra	267 335	152 600	345.33	163 922	12.2	53.8	2008.12
Lijmiliya	261 700	154 940	345.00	168 189	13.72	55.0	2009.1
Al Samriya	261 700	154 940	345.00	168 189	13.72	55.0	2009.2

(续表)

船　名	舱　容 (m³)	载重吨 (DWT)	船　长 (m)	总　吨	吃　水 (m)	船　宽 (m)	交船时间 (年.月)
Al Mayeda	267 335	130 298	345.33	163 922	12.2	53.8	2009.2
Mekaines	267 335	130 298	345.33	163 922	12.2	53.8	2009.3
Al Mafyar	267 335	130 298	345.33	163 922	12.2	53.8	2009.6
Al Dafna	267 335	130 298	345.33	163 922	12.2	53.8	2009.10
Shagra	267 335	130 298	345.33	163 922	12.2	53.8	2009.11
Zarga	267 335	129 851	345.33	163 922	12.2	53.8	2010.3
Aamira	267 335	130 026	345.33	163 922	12.2	53.8	2010.5
Rasheeda	267 335	130 298	345.33	163 922	12.2	53.8	2010.8

3) 汽车滚装船

目前，国际汽车滚装航线主要有亚洲—欧洲航线、亚洲—北美航线、大洋洲—亚洲航线等，由于运输距离较远，国际汽车滚装运输航线上的主力船型是 50 000 总吨以上船舶，单船载车量在 6 000 CEU 以上。此外，由于我国汽车生产集中在沿海和长江流域，形成了长三角（苏浙沪）、东北三省、长江中上游地区、珠三角（粤桂）、环渤海湾地区（京津鲁）五大汽车产业聚集区，而我国主要汽车消费地在东部沿海地区，汽车生产和消费格局产生了特殊的内外贸运输需求：南北对流的水路运输需要和进出口贸易产生的国际航运需要，促使我国汽车滚装运输船队的发展及码头的建设与汽车生产、消费同步发展，据了解，当前我国国内运输主流船型单船载车量在 3 000 CEU 以下。

结合当前国际汽车滚装航线主流船型的发展情况，以及国内沿海汽车滚装的发展趋势，横沙深水港作为我国滚装汽车中转基地，其最大设计靠泊船型按 7 万总吨考虑，其中，国际航线以 5 万总吨船舶为主，国内沿海航线以 1 万～3 万总吨为主，内河航线以 3 000～5 000 总吨船舶为主。

4.3.4.3　新港规划代表船型

综上所述，横沙深水港集装箱设计船型为 20 万 t 级，LNG 船舶为 26.6 万 m³ Q‑max 型船，汽车滚装船舶为 7 万总吨。遵循海港总体设计规范，代表船型设计尺度详见表 4‑26。

表 4‑26　规划代表船型尺度一览表

船舶 类型	船舶吨级 DWT/GT	设计船型尺度(m)				载箱量(TEU)/ 载车数(辆)/ 总容量(m³)
		总　长 L	型　宽 B	型　深 H	满载吃水 T	
集装 箱船	200 000(175 001～225 000)	400	61.5	33.5	17.0	15 501～22 000
	150 000(135 001～175 000)	367	51.2	29.9	16.0	11 001～15 500
	100 000(85 001～115 000)	346	45.6	24.8	14.5	9 501～11 000
	50 000(45 001～65 000)	293	32.3	21.8	13.0	3 501～5 650
	20 000(15 501～27 500)	183	27.6	14.4	10.5	1 501～1 900
	10 000(7 501～12 500)	141	22.6	11.3	8.3	701～1 050
	5 000(4 501～7 500)	121	19.2	9.2	6.9	351～700
	3 000(2 501～4 500)	106	17.6	8.7	5.8	201～350

(续表)

船舶类型	船舶吨级 DWT/GT	设计船型尺度(m)				载箱量(TEU)/载车数(辆)/总容量(m³)
		总长 L	型宽 B	型深 H	满载吃水 T	
汽车滚装船	70 000(65 001～85 000)	262	32.3	32.5	11.8	—
	50 000(45 001～65 000)	200	32.3	32.0	10.0	5 401～6 500
	20 000(12 501～27 500)	196	30.0	23.2	8.9	1 151～3 200
	10 000(7 501～27 500)	130	21.0	17.7	7.2	801～1 150
	5 000(4 501～7 500)	129	20.0	11.8	6.0	501～800
	3 000(1 501～4 500)	117	20.0	11.7	5.7	≤500
LNG 船	150 000(125 001～175 000)	345	53.8	27.0	13.6	155 001～262 000
	100 000(85 001～125 000)	298	48.0	27.5	12.3	140 001～155 000
	80 000(65 001～85 000)	281	42.0	27.5	11.7	84 301～140 000
LNG 船（实船）	50 000*	239	40	26.8	11.0	80 000
	30 000*	204	30	17	9.0	40 000
	10 000*	128	19.8	11.0	6.0	10 000
	3 000*	110	16.0	8.0	4.5	5 000

注：1. 集装箱船为 DWT 吨级，其余为 GT 总吨级。
2. 现行海港规范中 LNG 最大船型为 15 万 GT，吃水为 13.6 m，参照当前 Q-max 型 LNG 船设计情况，其中 3 艘满载吃水为 13.7 m，其余吃水均为 12.2 m。
3. 现行海港规范中缺少 5 万 GT 以下 LNG 船型，带 * 为参考实船船型。

4.4 新港规划方案

4.4.1 总体规划思路

（1）符合国家"一带一路"倡议、"长江经济带发展"战略、"长三角一体化发展"战略对上海港未来发展的要求。

（2）符合《上海市城市总体规划(2015—2040)纲要概要》的指导原则，符合水利部《长江口综合整治开发规划》和上海市《崇明三岛总体规划》。

（3）充分利用长江口疏浚土资源形成港区陆域，减少向外海倾倒疏浚土对海洋环境的污染。

（4）利用横沙浅滩的滩涂资源形成新横沙陆域，利用总体成陆面积的一部分作为港域，规划挖入式港池，形成大型深水港区。

（5）利用长江口外深水资源，避开河口拦门沙，规划具有 20 m 以上水深条件的进港航道，利用北港水道规划进长江航道，形成具备江海直转条件的水水中转集疏运体系。

（6）确保规划方案对周边保护区的影响可控，确保长江口河势稳定和河口安全，确保长江口深水航道正常运行。

4.4.2 横沙沿线建港条件及港口可开发程度分析

4.4.2.1 南侧岸线

1) 岸线状况

横沙东滩南侧为北槽北导堤的丁坝区域，目前各丁坝坝田区水深较浅，N6丁坝以上的坝田区水深基本在2 m以浅，N6以下坝田水深在5 m以浅。坝头前沿水深基本在5～8 m。

2) 可开发程度

现阶段，N5丁坝上游的坝头线附近水深基本在5～8 m，下游的坝头线附近水深在8～9 m，因此，若完全利用自然水深设置的码头，则上段不宜超过5 000 DWT，下段不宜超过10 000 DWT；考虑12.5 m深水航道，对顺岸式码头进港航道辅以适当的疏浚工程，则顺岸式码头可达到30 000 DWT。

4.4.2.2 北侧岸线

1) 岸线状况

横沙岛北侧：约8.5 km区域为成熟岸线，可直接开发利用。

横沙东滩区域：三期圈围区北侧为2008年新形成的岸线，长约3.5 km；至2020年底，横沙八期圈围工程完工后可新增21 km岸线。目前其前沿水深7～10 m，而横沙浅滩北沿目前水深为5～6 m。随着横沙圈围成陆向东推进，以及北港10 m航道治理工程的实施，可形成10 m的水深岸线。

2) 可开发程度

横沙岛北侧：该区域水深槽宽，深槽长期稳定，岸线前沿水深基本可达12～16 m以深，10 m深槽宽在1 km以上，紧贴岸线，该段可满足5万～10万t级码头的布设需求。

横沙东滩圈围成陆区北沿：北港10 m航道治理工程实施后，结合局部边滩疏浚，该区段水深可达10 m左右，可满足2万t级码头的布设需求。

横沙浅滩区域：位于北港拦门沙段，目前水深仅在4.5～6.5 m，北港实施双导堤加丁坝的治理工程后，水深将有所增加，但由于该段岸线将依托北港南导堤，岸线前沿为坝田区，岸线的利用很大程度上受制于北港治理工程，开发难度较大。

4.4.2.3 东侧岸线

1) 现状

横沙东滩现促淤区以东目前仍为大片水下浅滩，水深基本在2～5 m，直接面向外海，既受南北两侧涨落潮流的漫滩影响，受外海风浪影响也大，因此滩面的自然淤高淤涨能力有限。但随着北港治理工程的实施，北槽北导堤与北港南导堤将对该片浅滩形成包围之势，有利于该区域圈围成陆。

2) 可开发程度

横沙东滩东侧直接面向外海，且离口外20 m等深线距离仅20 km左右，含沙量低、含盐度高，泥沙不易落淤，可建设为大型挖入式深水港，则既可摆脱受北槽、北港两侧航道水深、通航环境等的束缚，更可以充分发挥出横沙区域的众多优势，为上海新一轮发展提供空间。

在东侧口门区域做适当的防波挡沙堤工程后在很大程度上可避免泥沙对港池的影响，外海的大型船舶可直接由东侧20 m深水航道驶入港池。由此可形成大片可高效利用的人工深水岸线。

4.4.2.4 小结

在长江口内横沙沿程岸线水深基本在5～10 m，受拦门沙制约，横沙两侧航道水深分别为12.5 m和10 m(规划)。因此，在口内建设20 m深水港的岸线和通航条件不足。但在横沙东侧可采取建设挖入式港池的模式，避开长江口拦门沙的作用，存在实现20 m深水港建设和维护的可能。港区的东西两侧可通过布设进港深水航道和人工运河实现与周边航道的对接。

4.4.3 规划规模指标

根据上海港发展现状和存在的问题、腹地经济社会发展、货类和运输需求等情况,包括现有港口岸线功能调整的可能性,对横沙深水新港进行了初步的货类定位和运量预测,预计横沙深水新港未来主要发展集装箱、清洁能源 LNG、船舶燃料供应、汽车滚装等货物运输,预测 2050 年横沙深水港总吞吐量为 20 000 万～42 600 万 t。

结合新横沙开发的水陆域空间条件,规划布置满足上述发展预测的港口岸线和相应的码头泊位、进出港航道。

4.4.4 总体规划布置方案

4.4.4.1 挖入式港池布置

根据对新横沙开发的整体规划安排,预计 2020 年可完成成陆面积 106 km^2(不含横沙本岛的 49 km^2,下同),2020 年后可规划成陆 303 km^2,后者现主要为高程 -5 m 以上的滩地,东西长约 47.4 km、南北宽约 10.4 km,构成了横沙深水新港规划布置的主要纵深空间。利用横沙东滩尚未成陆区域 303 km^2 面积的 1/4～1/3,规划布置横沙新港的挖入式港池,利用其较封闭的特点,有效防止波浪、泥沙的入侵,保证港区装卸作业所需的泊稳条件。具有水域平稳、泥沙回淤少、航行安全、施工条件好、工程投资少、工期短、年作业天数多、对周围环境影响小、有利于环境保护等特点。

挖入式港池的码头平面布置采用突堤式布置,可充分利用岸线资源,布置更多的码头泊位。并考虑按照到港的船型大小,将港池自外海至长江口内方向(东至西)划分为 20 m、15 m、10 m 左右不同水深的三部分,即东港池、中港池和西港池。

挖入式港池的港内水域东西贯通,以便与东侧深水航道、西侧进长江航道对接。

此外,根据横沙东滩未来成陆的范围和形态,横沙新港挖入式港池的布置位置具有多种可能,初步提出以下几种位置选择:

1) 平面位置方案一(北方案)

挖入式港池(港区水陆域港界范围)布置于整个横沙东滩的偏北侧区域,港区北边界与横沙成陆范围的北边界留有一定的距离(可作为生态湿地),港池东口门与南侧现有的长江口深水航道之间距离大于 12 km,西口门与北港水道相接(图 4-54)。

2) 平面位置方案二(南方案)

挖入式港池布置于整个横沙东滩的偏南侧区域,港区南边界与横沙成陆的南边界重合,但不含坝田区,港池东口门与南侧现有的长江口深水航道之间距离 5 km 左右,西口门与北港水道相接(图 4-55)。

3) 平面布置方案三和四(东南角方案)

此外,将挖入式港池布置于整个横沙东滩的东南角也是可选方案之一。如果人工运河只考虑与北港航道相连(图 4-56),口门可设置在北槽 N23 潜堤附近,运河的总长度约 17 km,航道设计尺度为 350 m×7.5 m(航宽×航深)。

也可同时考虑与北槽航道的衔接(图 4-57),则该运河口门可设置在北槽 N6～N8 丁坝间,运河长度约为 9 km。同时,为避免占用北槽深水主航道有限的通航资源,可利用北槽主航道北侧现 1 km 以宽、6～10 m 水深区域布设专用航道,满足万吨级以下内河船舶进出本港区的通航需求。

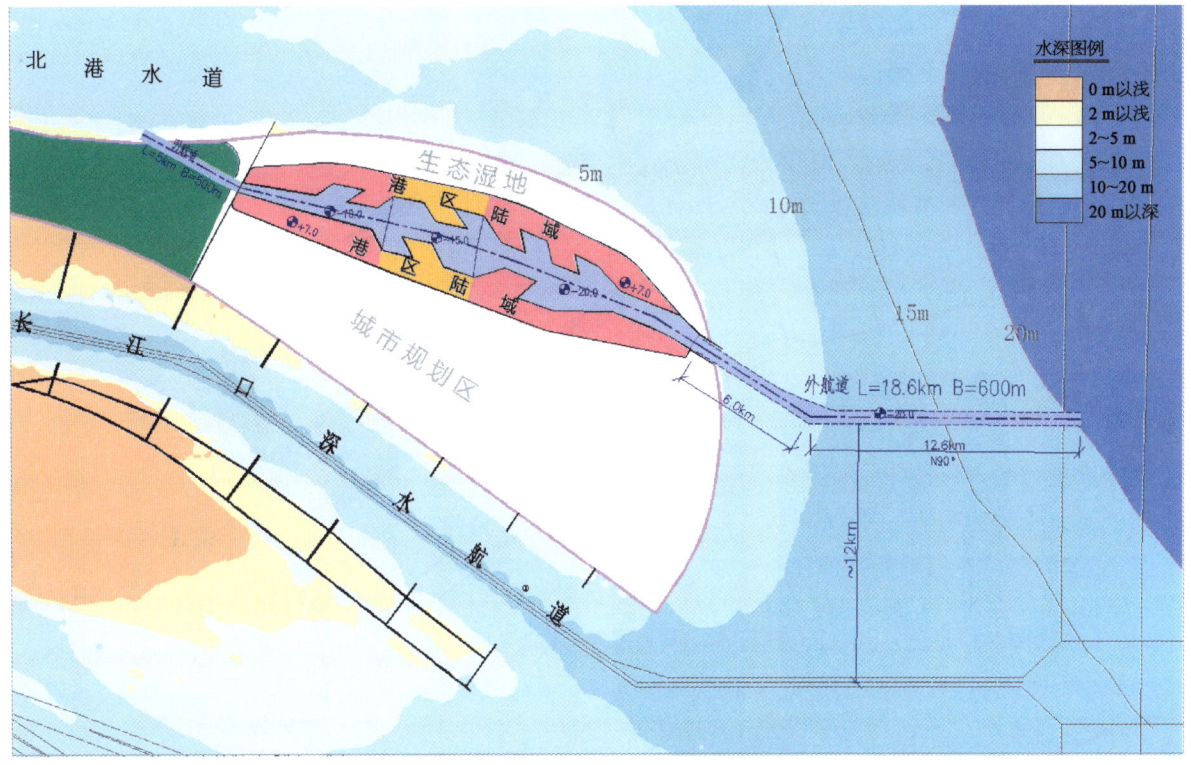

图 4-54 规划挖入式港池平面位置一(北方案)

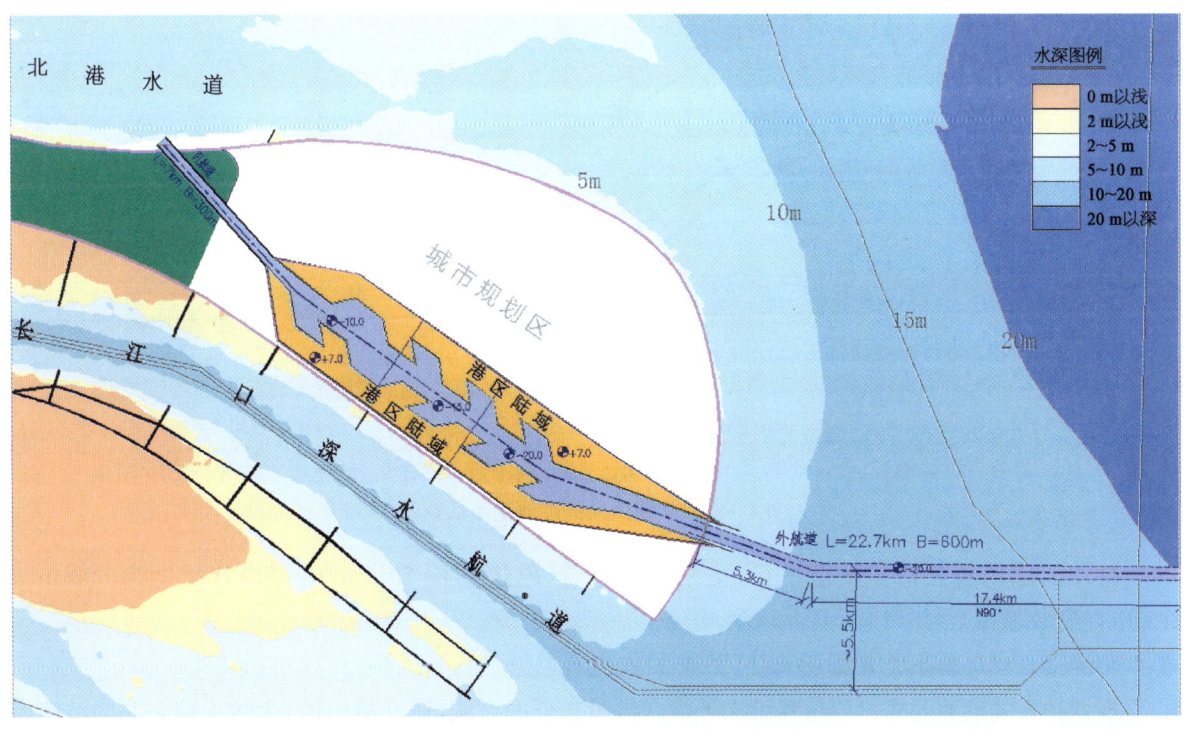

图 4-55 规划挖入式港池平面位置二(南方案)

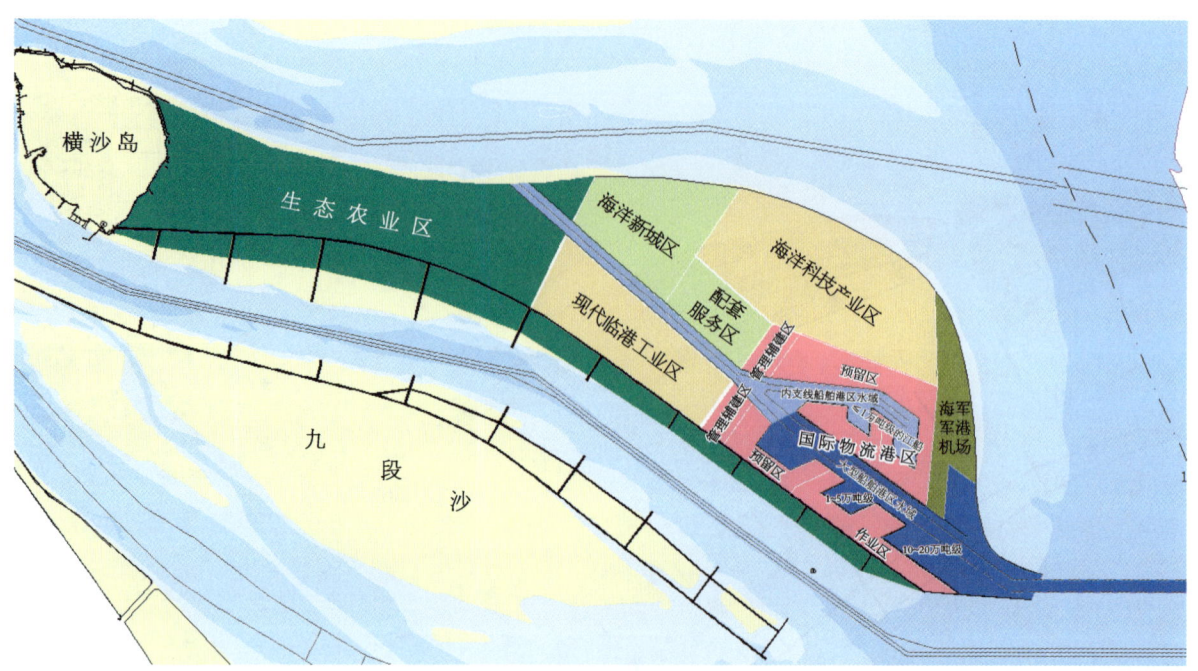

图 4-56 规划挖入式港池平面位置三

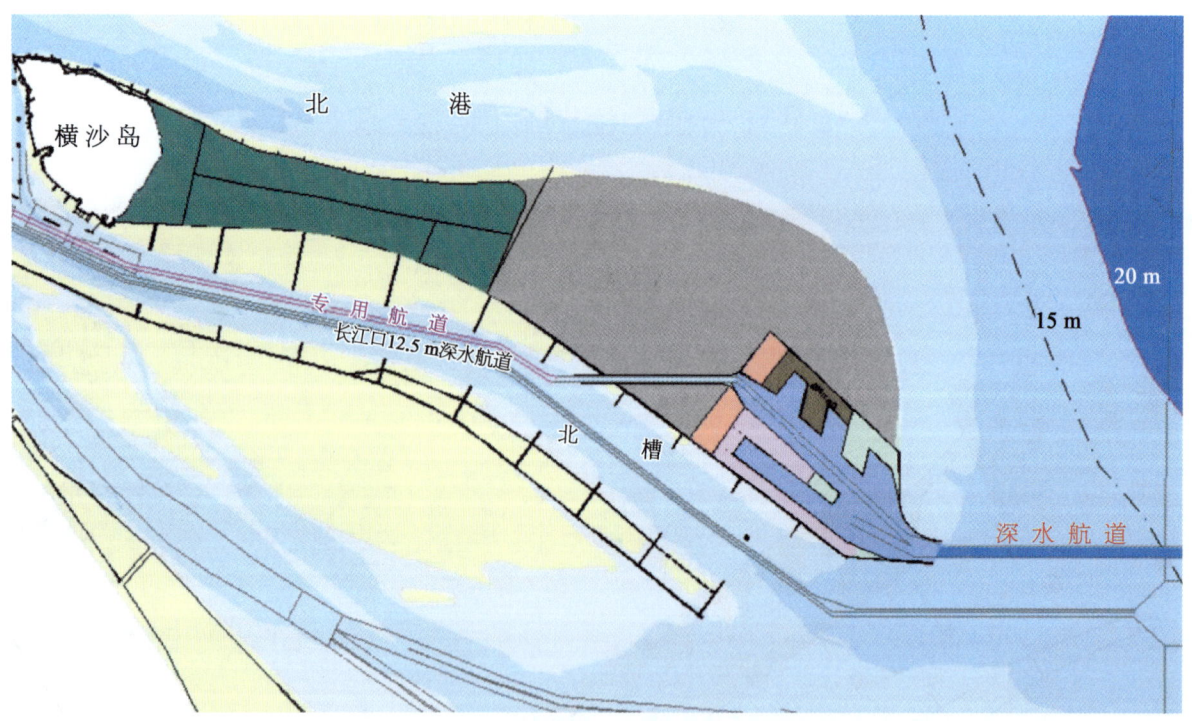

图 4-57 规划挖入式港池平面位置四

口外航道与长江口主航道平行,呈东西向布置,航道总长 20 km,航道设计尺度为 600 m× 20 m(航宽×航深)。

4.4.4.2 口门和导堤布置

规划挖入式港池的东口门位置设在外海含沙量较低的海域,避开拦门沙,为防止偏东北向波浪掀沙作用,减少港池的泥沙回淤,同时归顺口门航道的水流、减小横流影响,在东港池外侧与深水航道相接的口门区域设置一定长度规模的导堤(挡沙堤),将口门位置按东南向延伸至 $-8\sim-5$ m 处。

规划挖入式港池的西口门可设置在北槽 N23 潜堤附近,如同时考虑与北槽航道连接,可设置在北槽 N6～N8 丁坝间。

4.4.4.3 进出港航道布置

1) 东向深水航道

横沙深水新港东口门位置需设在外海含沙量较低的海域,避开拦门沙,同时为防止偏东北向波浪掀沙作用,减少港池的泥沙回淤,归顺口门航道的水流,可在口门区域设置一定长度的导堤(挡沙堤),可将口门位置按东南向延伸至 5～10 m 水深处。考虑口外进长江口深水航道船舶需候潮编队,为减少横沙深水新港区进港船舶对长江口口外深水航道船舶的影响,进港深水航道宜呈东西向布设。

(1) 航道深度。横沙深水港的建港目的之一是满足国际航运中集装箱船舶不断大型化的需求。

根据有关预测分析,2020 年,世界港口集装箱吞吐量 9.5 亿 TEU(海运量 2.48 亿 TEU),集装箱船将以 1.2 万～1.8 万 TEU 船为主流船型,船舶大型化将以出现 2.2 万 TEU 级为标志。2040 年,世界港口集装箱吞吐量 29.2 亿 TEU(海运量 7.6 亿 TEU),集装箱船将以 1.8 万～2 万 TEU 船为主流船型,2.4 万 TEU 级将出现,有可能出现 2.8 万 TEU 的船型。2060 年,世界港口集装箱吞吐量 73.8 亿 TEU(海运量 19.2 亿 TEU),集装箱船将以 2.2 万～2.8 万 TEU 船为主流船型,进而向 3 万 TEU 的船型发展。

目前,2 万 TEU 集装箱船的最大吃水为 16 m 左右,同时,根据交通运输部 2019 年对港口规范船型的修订,20 万 t 级集装箱船(15 501～22 000 TEU)尺度为 400 m×61.5 m×17.0 m(长×宽×高);远期预计 3 万 TEU 的集装箱船满载吃水可能达到 17～18 m。

考虑到国际航运中,苏伊士运河是连通欧亚非三大洲的主要国际海运航道,也是国际海运发展中的咽喉,其运河深度 22.5 m,并将规划增深至 23 m。据此分析,横沙深水港要满足船舶大型化,则港区需满足的通航水深宜达到 23 m 左右,考虑乘潮通航,则横沙深水港进港航道需满足的航道设计深度为 20 m。

(2) 航道宽度。现阶段,规划东向深水航道规模按 20 万 t 级集装箱船双向通航考虑。

根据《海港总体设计规范》(JTJ 165—2013),双向航道宽度计算式为

$$W = 2A + b + 2c$$

单向航道宽度计算式为

$$W = A + 2c$$

$$A = n(L\sin\gamma + B)$$

式中:W 为航道有效宽度(m);A 为航迹带宽度(m);B 为设计船型船宽(m);L 为设计船型船长(m);n 为船舶漂移倍数;γ 为风、流压偏角(°);b 为船舶间富裕宽度(m),取设计船宽 B;c 为船舶与航道底边间的富裕宽度(m),船舶按 8 节航速进港。航道宽度计算见表 4-27。

表 4-27 航道宽度计算表

船舶等级	船型参数				航道参数							
DWT (t)	总长 (m)	型宽 (m)	型深 (m)	满载吃水(m)	γ (°)	n	c (m)	b (m)	L (m)	A (m)	$W_{单向}$ (m)	$W_{双向}$ (m)
200 000	399	59	30.3	16	14	1.45	44.3	59	399	226	314	599
150 000	398	56.4	30.2	16	14	1.45	42.3	56.4	398	221	306	584
100 000	346	45.6	24.8	14.5	14	1.45	34.2	45.6	346	187	256	489
70 000	300	40.3	24.3	14	14	1.45	30.2	40.3	300	164	224	428
50 000	293	32.3	21.8	13	14	1.45	24.2	32.3	293	150	198	

综上所述,规划港区东口门至外海的深水航道,宽度取 600 m,底高程取 −20 m。其中,航道与港池相接的口门航段,走向 N110°～123°,长 4～6 km;靠外海处航段,走向 N90°,长 13～18 km,与长江口主航道平行;航道总长为 19～22 km。

2) 西向连接航道(人工运河)

港区西口门规划布置西向人工运河与长江航道连接,实现横沙深水新港的江海联运直转功能。应用 2016 年全年实测风浪资料进行模型推算,在横沙区域附近,5%保证率有义波高基本不超过 2.0 m 的区域主要分布在北港水道 505 灯浮、横沙浅滩 4 m 等深线、北槽水道 D11 灯浮、南槽航道下段 S7 灯浮、南槽 7 m 等深线连线以内的水域。口门区域有义波高小于 2.0 m 范围内,内河船舶可安全通航。

因此,人工运河的出口既可考虑设置在北港,也可考虑设置在北槽。人工运河的出口需尽量设置在横沙浅滩的偏西侧区域。人工运河若考虑与北港航道相连,则人工运河口门可设置在横沙浅滩西侧,紧邻现成陆区附近;若与北槽航道相连的人工运河方案,则其出口位置可位于 N6～N8 丁坝间,或延伸人工运河至横沙本岛附近。

(1) 航道宽度。按复式双向航道计算,有

$$A = n(L\sin\gamma + B)$$

复式双向航道宽

$$W = (2A + b + 2c) + 2(c + A + b)$$

计算得 1 万 t 级船舶复式双向航道宽度取值为 250 m。因此,为满足万吨级以下船舶的通航需求,先期人工运河宽度可取 250 m 左右,同时需为未来 3 万 t 船舶通航需求预留拓宽富裕。

(2) 航道深度。航道设计底高程 Z 计算式为

$$Z = H_{nav} - D$$

航道设计水深 D 计算

$$D = kT$$

式中:T 为设计船型满载吃水;k 为系数,有掩护水域可取 1.15～1.20;H_{nav} 为设计通航水位。

计算结果见表 4 - 28。

表 4 - 28 设计船型通航水深及设计水深计算表

船舶等级		吃水 H(m)	通航深度 D(m)	设计低水位 (m)	航道设计深度(m)	航道设计深度取值(m)
集装箱船	3 000 DWT	5.8	6.8	0.4	6.4	6.2
集装箱船	5 000 DWT	6.9	7.9	0.4	7.5	
江海直达船	10 000 DWT	6.0	6.9	0.4	6.4	7.5
LNG 船	10 000 m³	6.7	7.9	0.4	7.5	

结合周边航道情况,以及进长江的船型情况,为充分发挥规划港区的中转能力,近期考虑满足 1 万 t 级以下船舶双向通航,人工运河宽度取 350 m,底高程取 −7.5 m;远期规划为满足 2 万 t 级以下船舶双向通航,则按北港航道规划底高程取值 −10 m,主要宽度取 500 m。

4.4.4.4 水上集疏运体系和人工运河布置

横沙深水新港向东对接外海深水区的沿海、国际航线,外海大型船舶由口外 20 m 深水进港航道进出

横沙深水新港;向西对接长江航线、长三角内河航线。其中,远洋航线大吨级集装箱船挂靠横沙深水新港装卸补给后继续沿国际远洋航线运输。这部分船舶均通过口外 20 m 深水航道进出横沙深水新港。

近洋、沿海航线集装箱船,大部分在横沙深水新港转载后,由适应于长江航线或长三角航线的内河船舶运输进江;但同时,小部分船舶也存在于横沙深水新港挂靠后需继续进江的需求。因此,万吨级以上船舶,即吃水大于 7.5 m 船舶,可自港区东侧口门进出与长江口深水航道对接通航;万吨级以下船舶,则根据人工运河的不同出口方案形成不同的对接方式。

1) 对接长江沿线航道

路径方案 1:横沙深水新港人工运河与北港规划航道对接。万吨级以下船舶通航路径为:横沙新港—人工运河—北港航道—新桥通道—南支及其上游航道(图 4 - 58)。

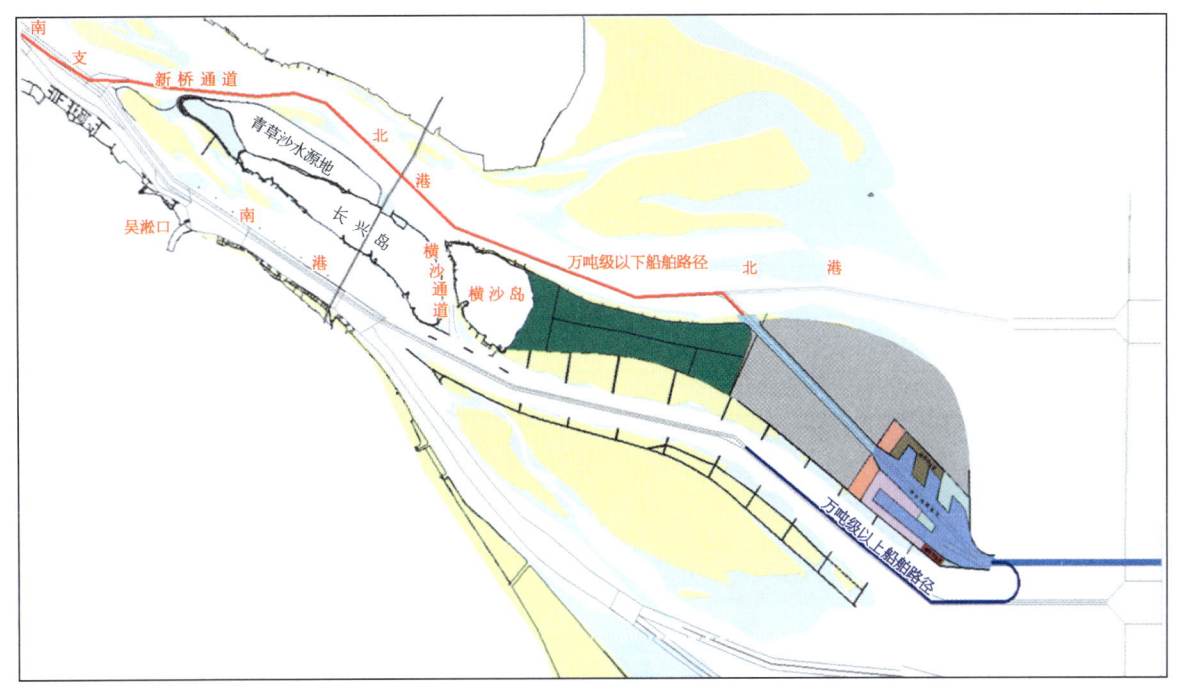

图 4 - 58 路径方案 1 示意

路径方案 2:横沙深水新港人工运河与北港规划航道对接。万吨级以下船舶通航路径为:横沙新港—人工运河—北港航道—横沙通道—南港航道—南支及其上游航道(图 4 - 59)。

路径方案 3:横沙深水新港人工运河与北槽对接。为避免占用北槽深水主航道有限的通航资源,利用北槽主航道北侧现 1 km 以宽水深区域布设专用航道,与深水航道北边线相隔 500 m,专用航道宽度取 250 m。船舶通航路径为:横沙新港—人工运河—北槽专用航道—南港航道—南支及其上游航道(图 4 - 60)。根据 2019 年 8 月地形监测图,专用航道内沿线水深达 8~10 m,满足万吨级以下船舶的通航水深需求。专业航道需经北槽进口段的三个锚地(横沙锚地西区、游轮危险品锚地、横沙锚地东区),届时需考虑相关锚地的调整问题。

路径方案 4:为进一步降低对北槽通航、维护的影响,人工运河可考虑自横沙岛附近出口与北槽进口段航道对接。则船舶通航路径为:横沙新港 人工运河 北槽进口段专用航道—南港航道—南支及其上游航道(图 4 - 61)。

2) 对接长三角内河网

目前长三角腹地集装箱货源主要通过内河船经长三角高等级航道网进入上海市高等级航道网。

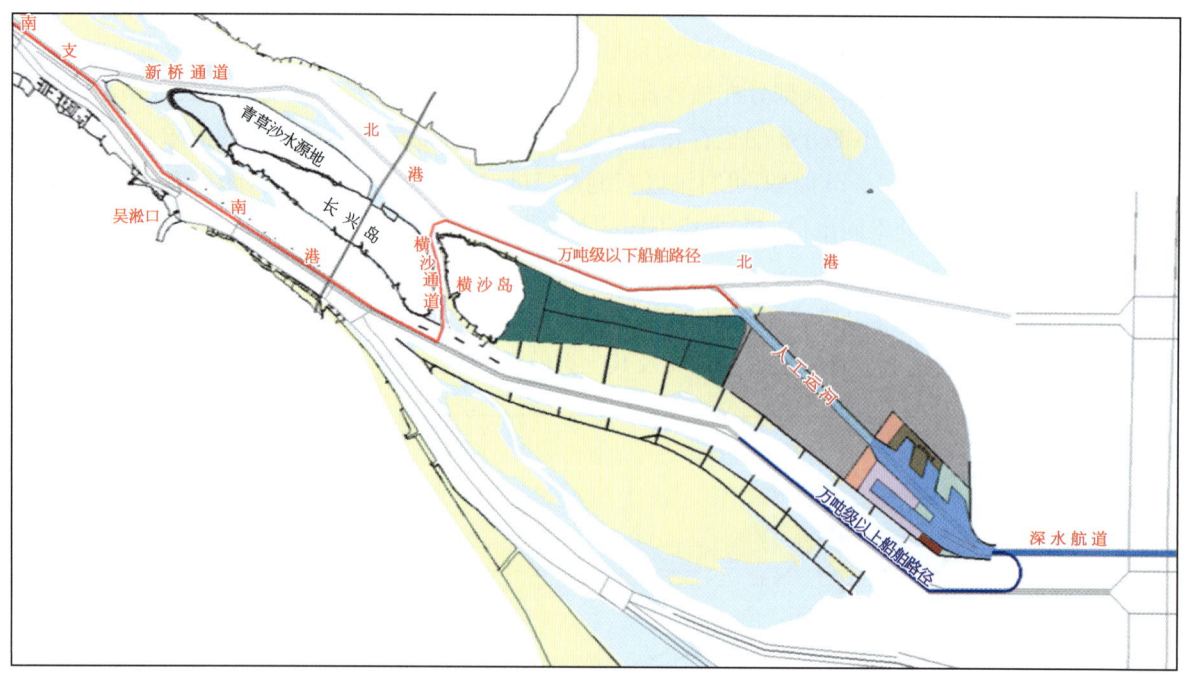

图 4-59 路径方案 2 示意

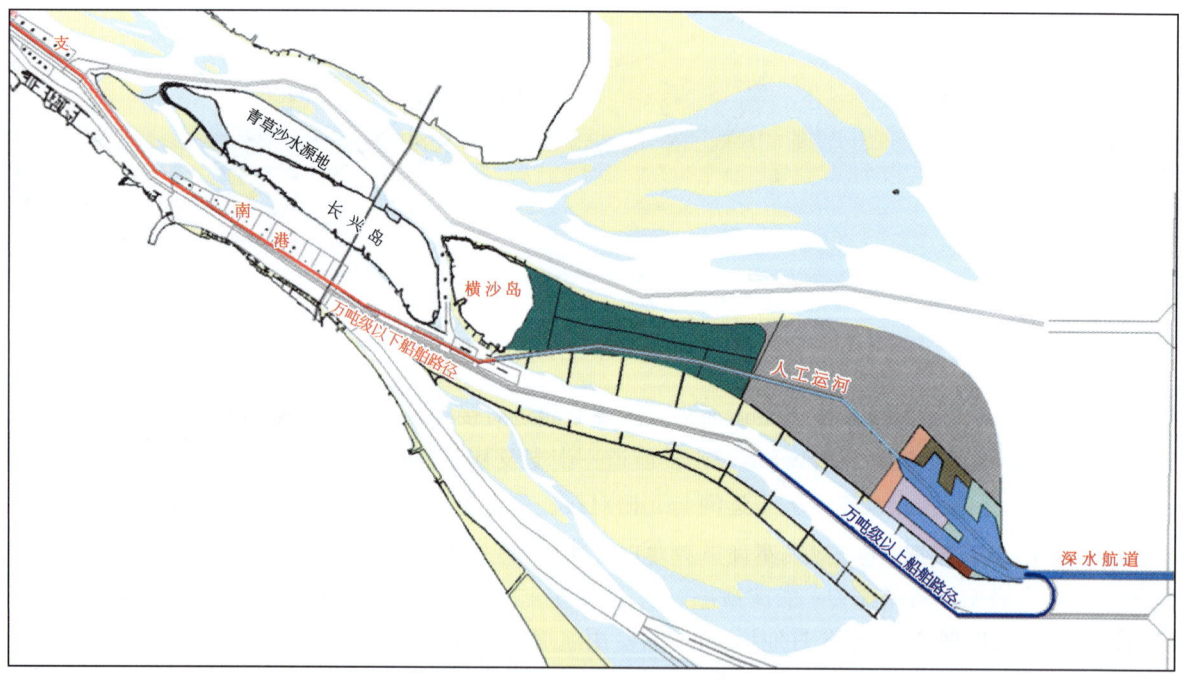

图 4-60 路径方案 3 示意

根据上海内河"一环十射"内河高等级航道规划,未来可与长江联通,供内河船舶进出通航的主要为两大出口,一是黄浦江航道经吴淞口进入南港水域;二是经罗蕴河进入宝山南水道。因此,横沙新港与长三角内河网的对接方式为:若横沙深水新港人工运河出口在北港侧,则船舶出横沙新港后,沿北港航道上行,过上海长江大桥,经新桥通道至宝山南水道进入罗蕴河;或通过横沙通道、南港水道后经吴淞口进入黄浦江(图 4-62)。

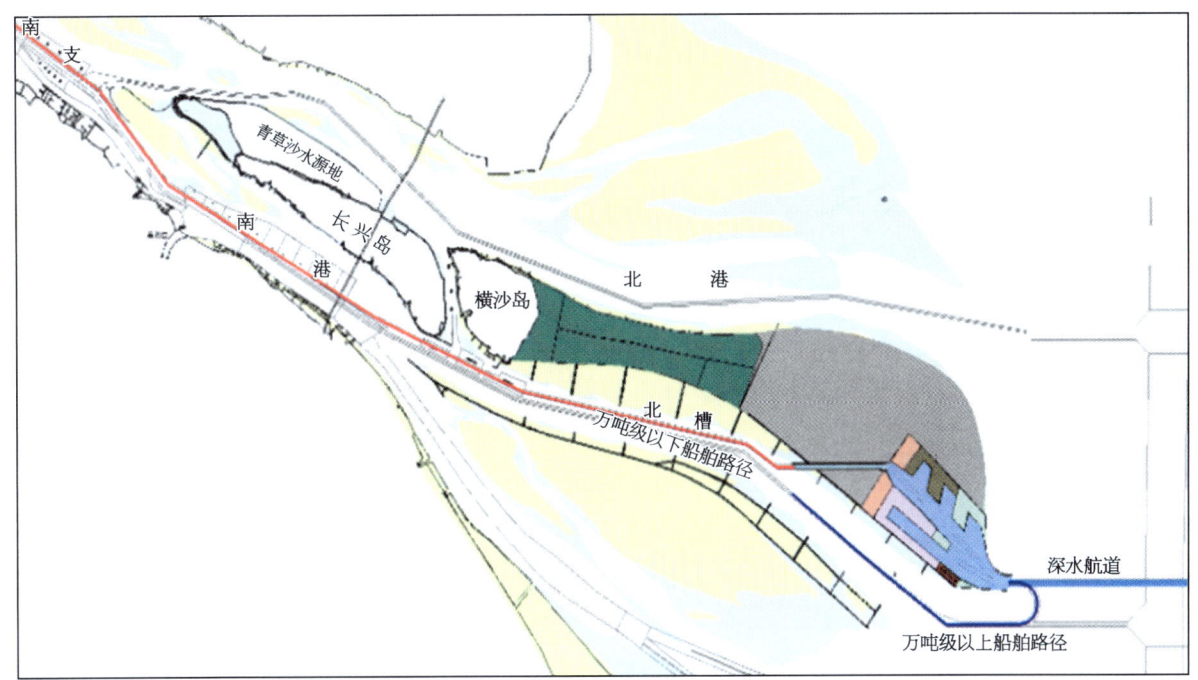

图 4-61　路径方案 4 示意

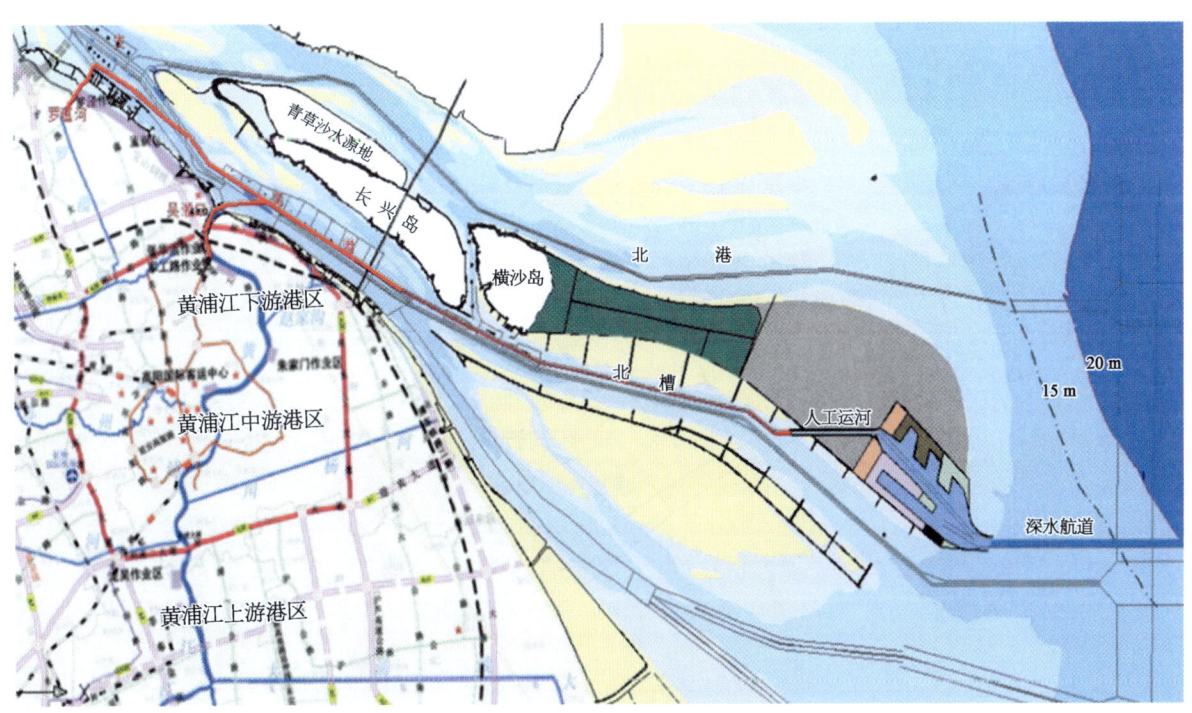

图 4-62　长三角内河网对接方案一

若横沙深水新港人工运河与北槽航道对接,则出横沙新港的内河船舶沿北槽专用航道上行,过南港后分别进入黄浦江吴淞口、罗蕴河(图4-63)。

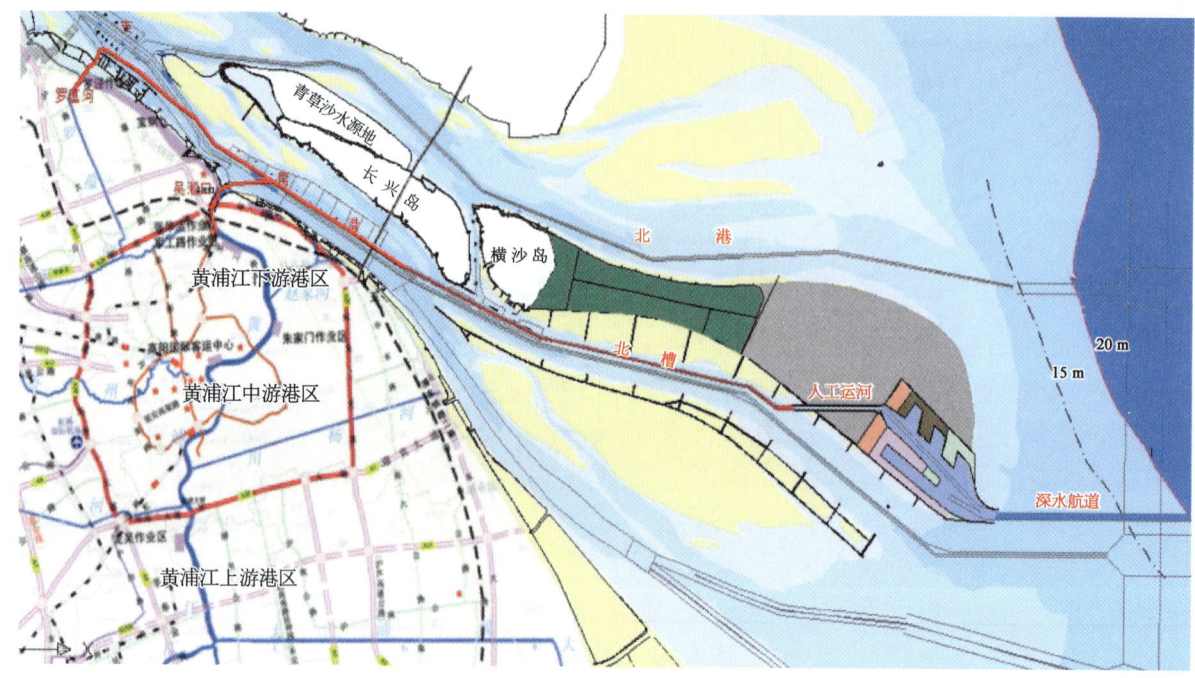

图4-63 长三角内河网对接方案二

从服务于长江沿线港区、长三角内河沿线港区等需求出发,横沙深水新港人工运河布设亦可考虑与北港及北槽航道同时衔接,如图4-64和图4-65所示。

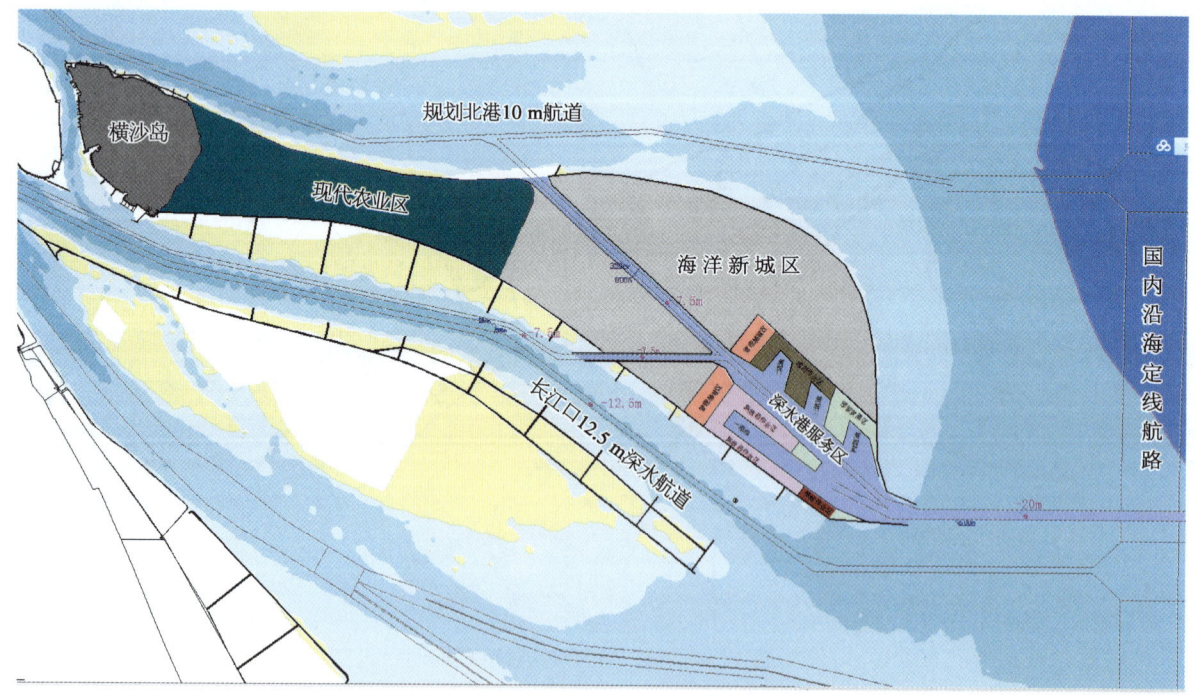

图4-64 横沙深水新港水上集疏运航路布置(一)

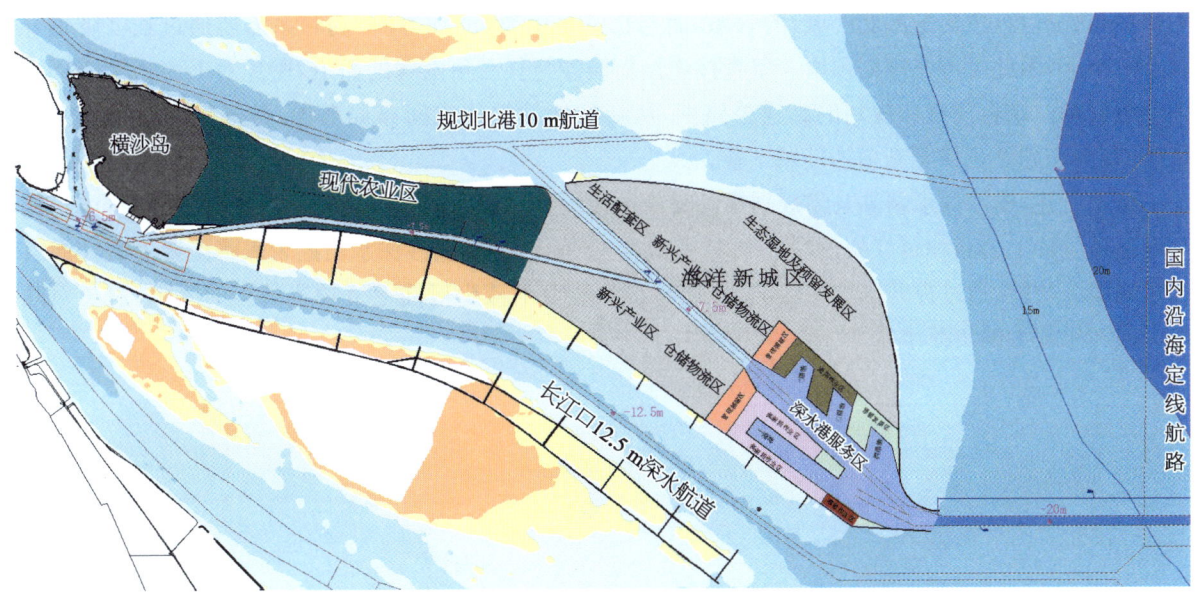

图 4-65　横沙深水新港水上集疏运航路布置(二)

集疏运航路及其尺度见表 4-29。

表 4-29　集疏运航路及其尺度

船舶类型		通航路径	航道尺度(设计深度×设计宽)
海船	外海进出港船舶	口外进港航道	20 m×600 m
	万吨级以上的船舶	东口门—北槽深水航道	12.5 m×(350～400 m)
江船及江海联运船舶		人工运河	7.5 m×250 m
		北港航道	规划 10 m 航道
		北槽专用航道	7.5 m×250 m

4.4.5　公路集疏运体系

规划横沙深水新港的核心功能之一是江海直转功能,因此集疏运量以水路为主,但也将产生一定的陆上集疏运需求,包括港口货运和市郊之间的客运需求。

目前横沙岛对外无公路交通,现有公路规划中,横沙与长兴岛之间有横沙大道主干公路,并与连接上海与崇明三岛的长江隧桥衔接。根据上海市城乡建设和交通发展研究院的相关研究成果,横沙区域的现有公路规划可能难以适应横沙深水新港的开发建设,新横沙与上海市区之间的陆岛交通至少需规划预留一条新通道。

(1) 横沙岛内通道。为满足新横沙港区及城市陆域发展的需要,考虑将原规划的横沙大道干线公路提升为高速公路,路线由原规划的老横沙岛向东顺延,形成新横沙范围的轴线大道(疏港公路),并作为新横沙对外联系的通道,与长江隧桥衔接。

(2) 横沙与上海市区的联系通道。除利用现有长江隧道以外,考虑规划预留一条连接新横沙与浦东新区龙东大道的越江通道,即规划预留龙东大道向东越江连接至新横沙陆域与横沙大道衔接,为新横沙与上海市区提供快速联系,以疏解未来新增交通量对长江隧道产生的交通压力。

(3) 横沙与长三角区域的联系通道。从长三角范围来看,现有的沪陕高速(崇启通道)可以直接作为横沙与长三角(主要是苏北区域)的联系,而与长三角南翼(浙江方向)的联系需要通过长江隧道穿越上海市区,因此可考虑规划预留一条直接连接新横沙与长三角南翼的通道,避免对上海市区交通产生不利影响。结合现有和规划的高速公路网,从新横沙的整体空间布局考虑,可规划预留申嘉湖高速(S32)向东越江延伸至新横沙陆域东端。

综上所述,横沙深水新港共需规划横沙岛内主通道、接长江隧桥通道、接上海市区通道、接申嘉湖高速通道等陆上公路和越江隧道(图4-66和表4-30)。同时,横沙深水新港未来将主要发展江海直转运输服务功能,通过提升水水中转的比例,将很大程度上减少对陆上货物集疏运的要求,避免对陆上交通产生较大的负荷增量。

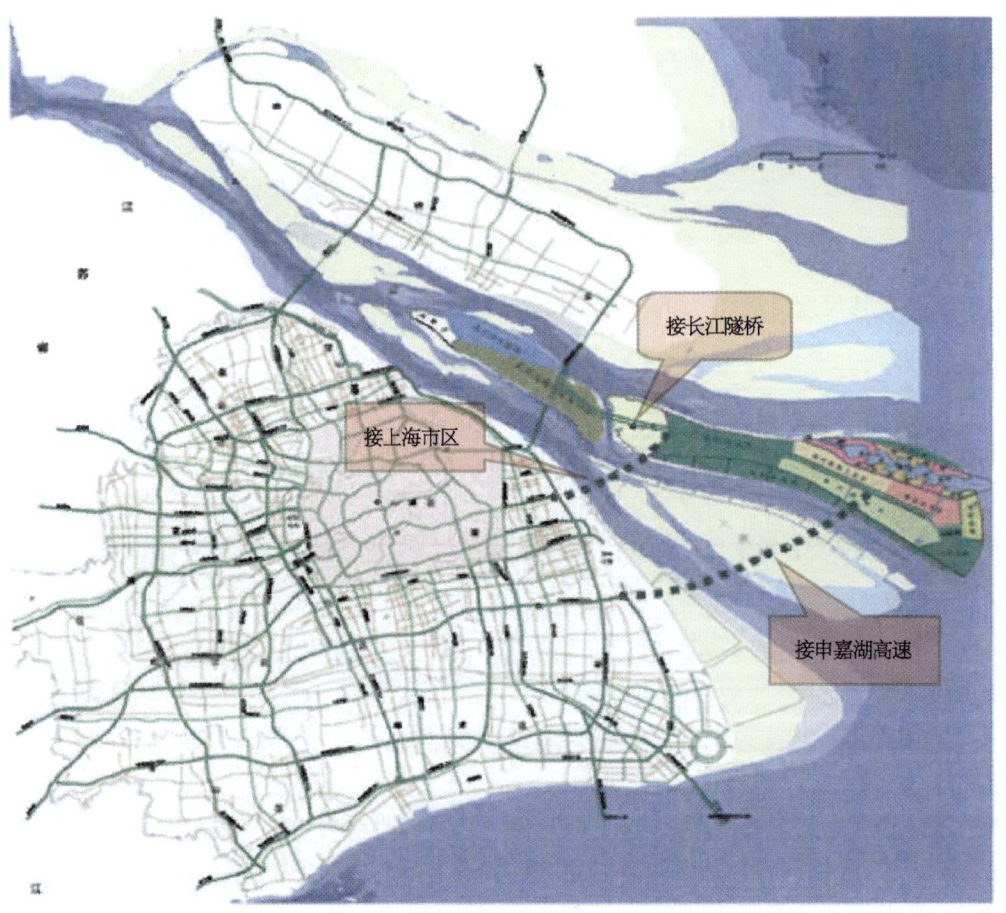

图4-66 横沙深水新港对外通道规划

表4-30 横沙深水新港规划陆上通道一览表

陆上通道名称	总长(km)	其中隧道长度(km)	等 级
岛内主通道	28		高速公路
接长江隧桥	12	5	高速公路
接上海市区	18	14	高速公路
接申嘉湖高速(远期)	(39)	(35)	高速公路
合　计	58(97)	19(54)	

4.4.6 铁路集疏运体系

2019年7月,上海市政府第46次常务会议审议通过了《上海市推进海铁联运发展工作方案》,远期目标至2035年完成海铁联运箱量175万~300万TEU,占上海港集装箱吞吐量的3.18%~5.5%。结合《中长期铁路网规划》,考虑两个方向的衔接:向南至上海,与即将开通的沪通铁路对接;向北与崇明、启东方向对接,汇入"八纵八横"体系(图4-67)。

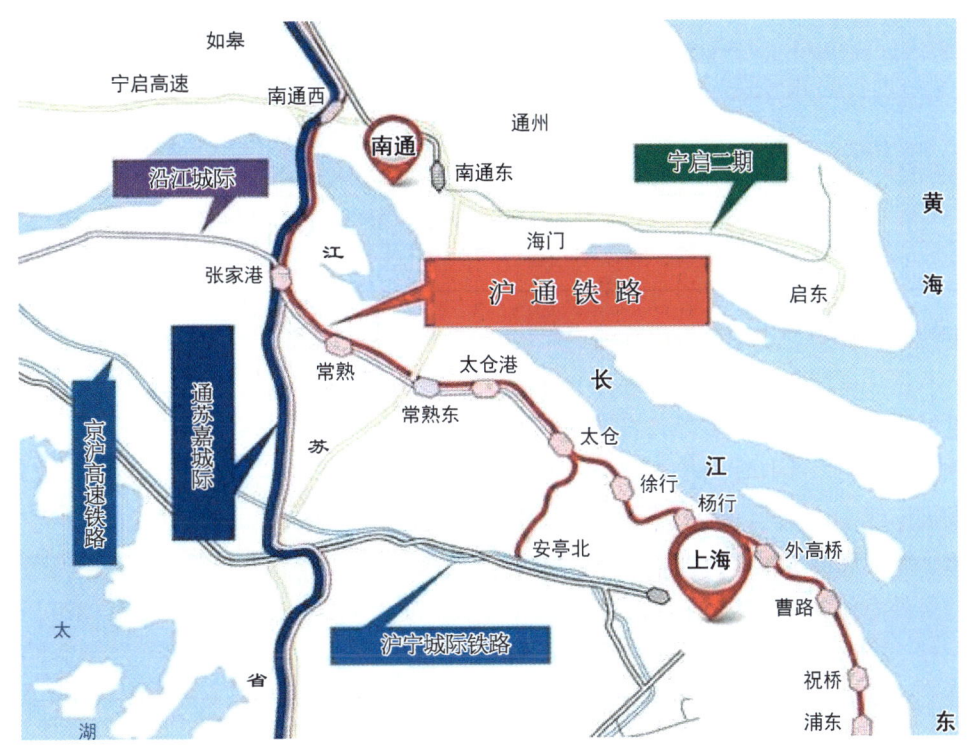

图4-67 沪通铁路规划示意

发展海铁联运主要受限于铁路的经济运距、自身基础设施等方面,建议今后就其经济性、可行性进行专门的评估分析。

4.4.7 规划总体指标

4.4.7.1 水陆域面积

根据对新横沙开发的整体规划安排,预计2020年可完成成陆面积106 km²(不含横沙本岛的49 km²,下同),2020年后可规划成陆303 km²,东西长约47.4 km、南北宽约10.4 km。

规划横沙新港仅考虑利用横沙东滩的部分面积,结合初步的运量、船型预测安排及水陆域布置的需要,港区水陆域面积规划在80~100 km²,其余可作为城市规划用地。

4.4.7.2 岸线长度和泊位等级、数量

通过挖入式港池布置,在港内形成人工岸线总长40~50 km,约可布置不同等级泊位130个以上,岸线长度空间基本可满足吞吐量发展预测的需要,并适当留有预留发展空间(表4-31)。其中:

东部港池主要规划为大型、超大型码头泊位的深水岸线,长14~18 km,水深20 m左右,初步考虑布置10万~20万t级泊位26个,占用岸线长度约12 km,剩余2~6 km岸线可作为预留发展岸线,其中考虑我国东部沿海海防的需要,预留一定的军港岸线。

表 4-31 横沙新港规划岸线、泊位一览表

分　区	岸线长度(km)		功能分区	泊位等级 (万吨级)	泊位个数
东港池	14～18	12	集装箱、LNG	10～20	26
		2～6	军港岸线		
			预留发展岸线		
中港池	8～11	7	集装箱、汽车滚装	2～7	20
		1～4	预留发展岸线		
西港池	18～21	17	集装箱、LNG、汽车滚装	1	84
		1	支持系统岸线		
		0～3	预留发展岸线		
总　计	40～50				130

中部港池主要规划为中型等级码头泊位岸线，长 8～11 km，水深 15 m 左右，可布置 2 万～7 万 t 级泊位 20 个，占用岸线长度约 7 km，剩余 1～4 km 岸线可作为预留发展岸线。

西部港池主要规划为中小型等级码头泊位岸线，长 18～21 km，水深 10 m 左右，可布置 1 万 t 级左右泊位 84 个，占用岸线长度约 17 km，并考虑 1 km 左右的港口支持系统岸线，剩余 0～3 km 岸线可作为预留发展岸线。

4.4.7.3　航道规模

东口门至外海的深水外航道：规模为 20 万 t 级双向航道，水深 20 m 左右(表 4-32)。

表 4-32　横沙新港规划航道一览表

航道名称	总长(km)	水深(m)	宽度(m)	通航标准
东向深水外航道	18～22	20	600	20 万 t 级双向全潮
西向连接航道	5～15	10	500	1 万 t 级双向全潮 兼顾 2 万 t 级乘潮
西向连接航道(近期)	5	7.5	350	<1 万 t 级双向全潮

西口门进长江航道：结合北港航道规划，规模定为 1 万～2 万 t 级双向航道，水深 10 m (同北港航道规划)，近期可按 1 万 t 级以下船舶考虑，水深取 7.5 m。

4.4.7.4　规划总体指标

横沙新港规划总体指标见表 4-33。

表 4-33　横沙新港规划指标一览表

序　号	项　目	指　标
1	港区规划总面积 (挖入式港池，km^2)	80～100
1.1	陆域面积(km^2)	45～55
1.2	水域面积(km^2)	35～45
2	港内岸线总长(km)	40～50

(续表)

序　号	项　　目	指　　标
2.1	东部岸线长度/水深(km/m)	14～18/约20
2.2	中部岸线长度/水深(km/m)	8～11/约15
2.3	西部岸线长度/水深(km/m)	18～21/约10
3	规划泊位数(个)	130
4	外航道总长(km)	18.6
4.1	航道等级(吨级)	20万
4.2	航道水深(m)	20

4.4.8　规划平面方案的初步论证

横沙新港规划将是洋山深水港后又一个特大型外海港口工程,地处长江口外的开敞海域,建设条件具有其特殊性和复杂性。港区规划方案的最主要关键技术问题是挖入式港池、航道的泥沙回淤问题及规划方案实施后对周边的水动力、海床冲淤影响。由于口外海域的基础资料较少,目前只能借助南京水利科学研究院和上海河口海岸科学研究中心两家科研单位的数学模型研究成果,初步分析深水新港规划方案的技术可行性。

4.4.8.1　南京水利科学研究院成果

南京水利科学研究院《波浪、潮流、泥沙及台风等极端环境条件对建港、航道的影响及关键技术研究》建立了包括长江口杭州湾在内的平面二维潮流泥沙数学模型,研究了横沙港区方案形成后对相邻水域的水动力影响,并进行了回淤分析。

1) 新港建设后的流场变化

本底方案的流速玫瑰图如图4-68所示,现状条件下,横沙浅滩东侧海域潮流场呈明显的旋转流特征,北侧—西北侧的北港水道内,呈一定的往复流特征,而浅滩5 m等深线一定范围内略呈旋转流特征。

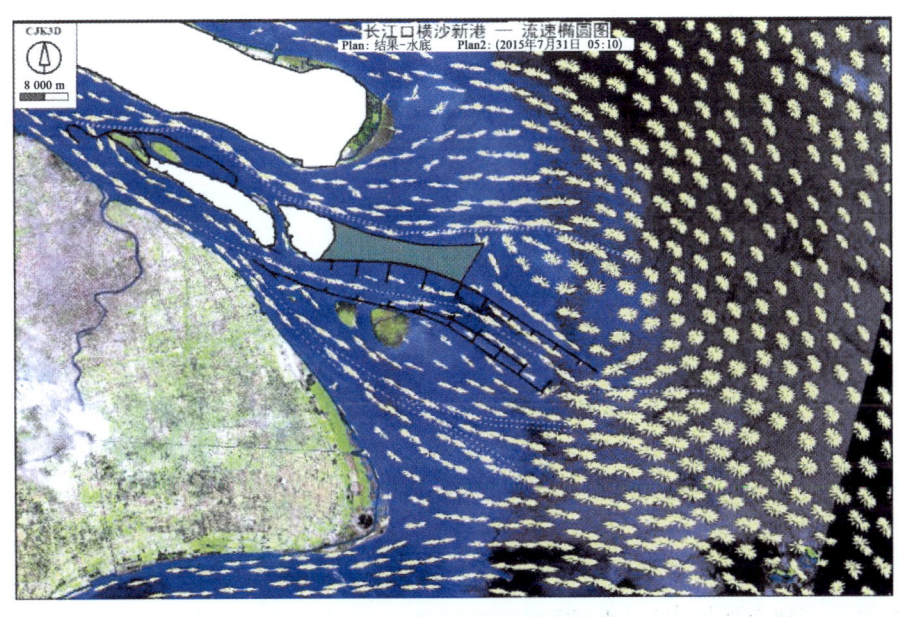

图4-68　本底(现状)流场分布

横沙新港方案形成后,即圈围和港区均形成后,相对本底方案的涨、落急流速在一定范围内发生了变化(图4-69)。从落急流速差值图(图4-70)中可以看出,方案对长江口动力场的影响区域主要集中围填区(城市规划区)和港区附近,对其他河段的影响较弱。

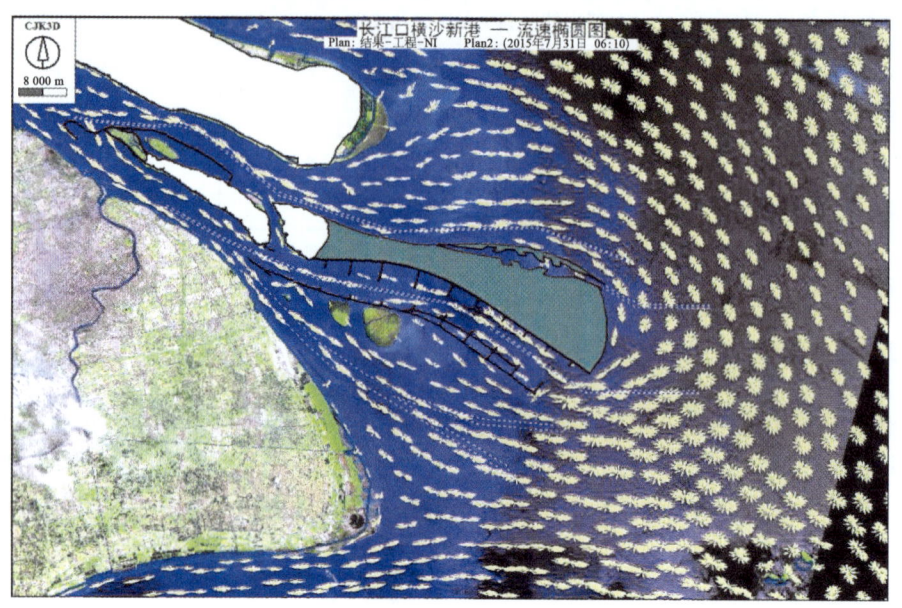

图 4-69　新港建设后流场分布

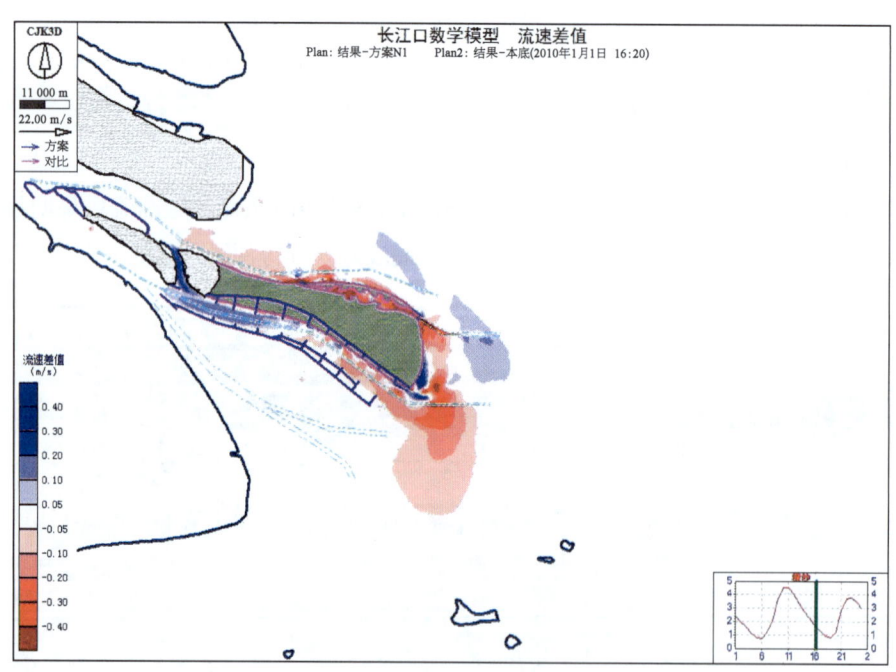

图 4-70　落急流速变化(新港建设后与圈围前的差值)

(1) 涨急: 工程实施后北槽中上段涨急流速不同程度增加,大部分区段流速增幅 5～15 cm/s,北槽下段涨急流速略有减小,减幅 5～10 cm/s。受工程影响横沙东滩涨急流速整体减小,最大减幅超过 50 cm/s,青草沙水库尾部至北港拦门沙区域涨急流速不同程度减小,减幅 5～10 cm/s,北港拦门沙外侧沿防波堤涨急流速有所增大(图 4-71)。

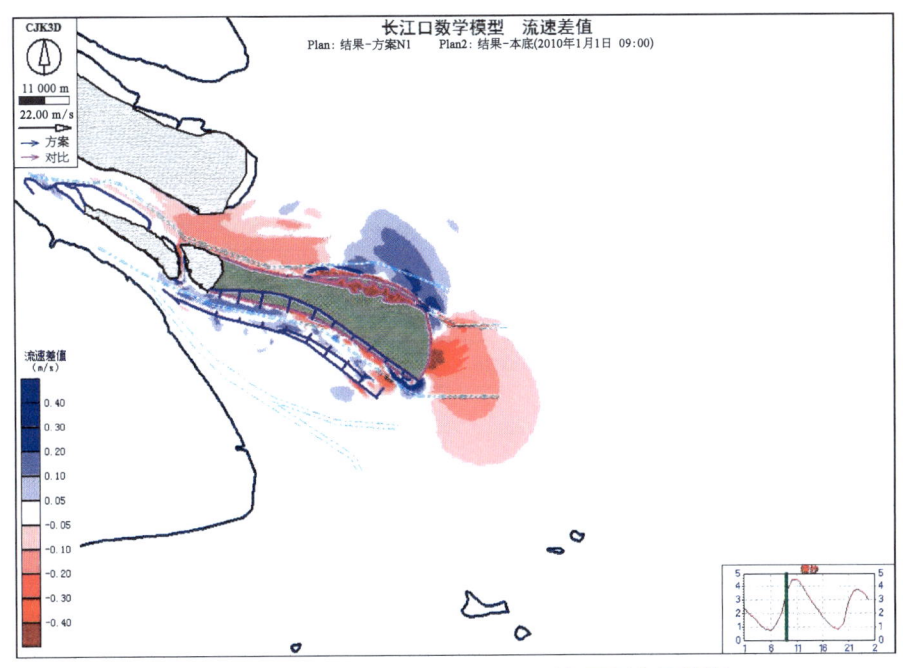

图 4-71 涨急流速变化(新港建设后与圈围前的差值)

(2) 落急：工程实施后北槽中上段落急流速不同程度增加，增加幅度 5~10 cm/s。北槽下段之口门外落急流速不同程度减小，减小幅度在 5~30 cm/s。防波堤外侧沿程落急流速略有减小。

2) 外航道及口门横流

规划方案实施后，港池口门至 10 m(理论基面)等深线处，受航道开挖作用，旋转流性质不强，如图 4-72 所示，1~8#采样点涨、落潮横流基本在 0.3 m/s 左右；10 m 等深线以外处，流速旋转流特性强，最大横流在 0.4~0.7 m/s(表 4-34)。

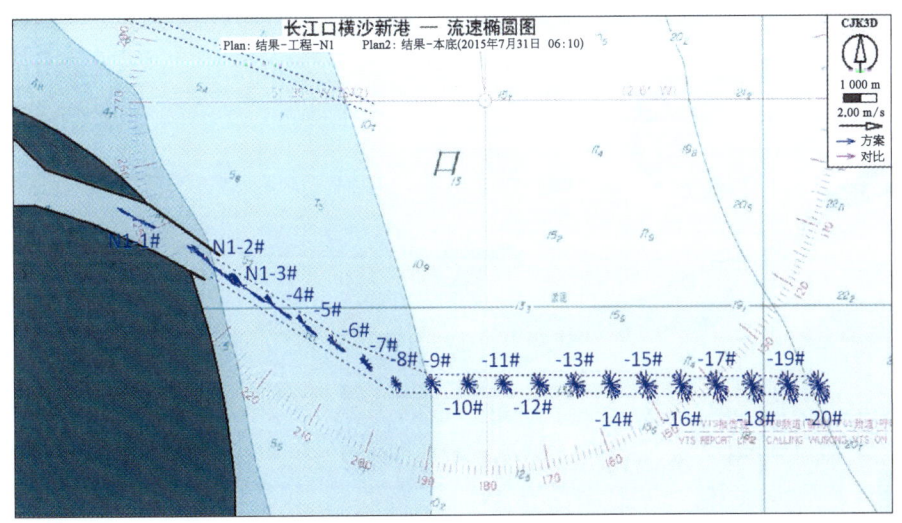

图 4-72 外航道及口门流态分布

3) 回淤预测

规划方案实施后，港池口门区平均含沙量比工程前微幅增加 0.2~0.3 kg/m³，出海航道向外侧逐渐减小，20 m 等深线附近含沙量约 0.05 kg/m³。挖入式港池所在位置工程前为横沙浅滩，工程前平均含沙量为 0.3~0.6 kg/m³，工程实施后港池内平均含沙量明显减小至 0.05~0.15 kg/m³(图 4-73)。

表 4-34 外航道及口门横流

采样点	位 置	横流值(m/s)			最大横流流向(°)
		涨 潮	落 潮	最大值	
N1-1	口门内	0.16	0.13	0.16	294
N1-2	5 m 线	0.37	0.14	0.37	317
N1-3	距口门 2 km	0.26	0.14	0.26	324
N1-4	距口门 3 km	0.29	0.14	0.29	331
N1-5	距口门 4 km	0.28	0.19	0.28	336
N1-6	距口门 5 km	0.29	0.21	0.29	339
N1-7	距口门 6 km	0.31	0.28	0.31	353
N1-8	距口门 km	0.26	0.25	0.26	352
N1-9	10 m 线	0.40	0.40	0.40	359
N1-10	距口门 9 km	0.36	0.41	0.41	6
N1-11	距口门 10 km	0.42	0.47	0.47	191
N1-12	距口门 11 km	0.50	0.55	0.55	357
N1-13	距口门 12 km	0.55	0.62	0.62	1
N1-14	距口门 13 km	0.63	0.69	0.69	358
N1-15	距口门 14 km	0.62	0.74	0.74	359
N1-16	距口门 15 km	0.68	0.82	0.82	358
N1-17	距口门 16 km	0.68	0.85	0.85	356
N1-18	距口门 17 km	0.68	0.86	0.86	356
N1-19	距口门 18 km	0.67	0.87	0.87	357

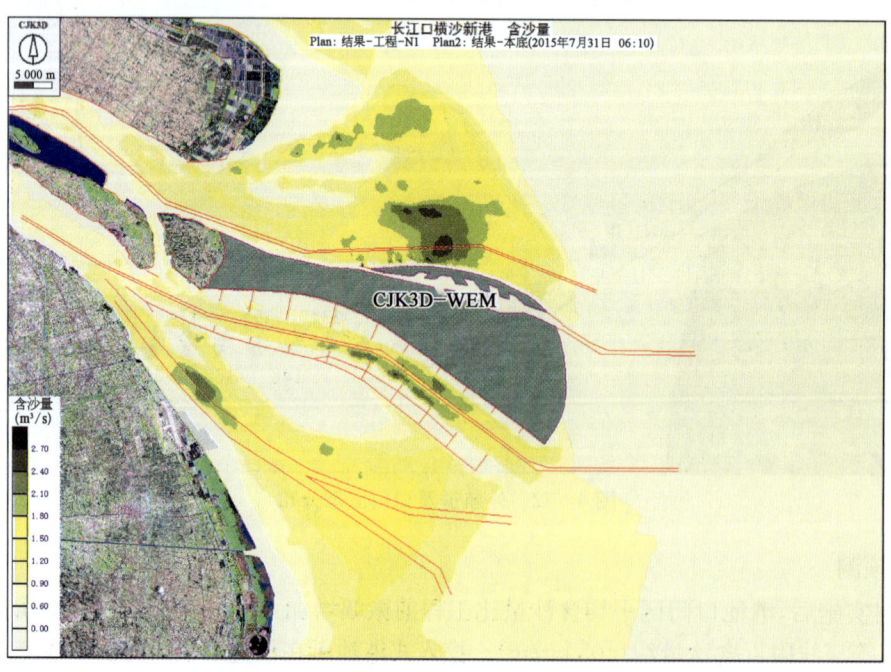

图 4-73 规划实施后平均含沙量场

结合潮流和泥沙场模拟情况,利用经验公式对港池、航道正常天气下的回淤进行分析估算,并对一次大风过程(7级风作用0.5天、10级风作用0.5天、7级风作用0.5天)航道骤淤进行了估算。成果见表4-35。

表4-35 横沙新港港池及外航道回淤强度与回淤量统计

港池	港池面积(亿 m²)		年回淤强度(m/a)	年回淤量(万 m³)
	0.36		0.38	1 380.86
航道	底标高(m)	航道长度(km)	年回淤强度(m/a)	年回淤量(万 m³)
	−20	18.75	0.50	470.32
航道外段（骤淤）	底标高(m)	航道长度(km)	年回淤强度(m/a)	年回淤量(万 m³)
	−20	17.9	0.55	492.3

4) 主要结论及建议

(1) 横沙港区方案实施后,分流比变化均在1%以内,工程的影响范围主要在南北港分流口以下的工程附近区域。总体而言,横沙港区方案实施后对长江口总体格局未产生明显不利影响。

(2) 横沙港区方案实施后,南港河段、北槽中上段涨落急流速均有不同程度增加,北槽下段涨、落急流速略有减小5~10 cm/s;南港—北槽航道的落潮优势流变化在5%以内,仍表现为明显的落潮优势。横沙港区方案实施后北槽深水航道除下段流速略有减小,其余区段无不利影响。

(3) 北港沿程落急流速变化较小,涨急流速北港口外段增加幅度5~15 cm/s,其余区段减小5~10 cm/s。横沙港区方案实施后北港深水航道除口段流速略有增加,其余区段均有所减小,需加以关注。

(4) 青草沙水库沿线高潮位影响在2 cm以内,低潮位影响均在1 cm以内,青草沙水库所处的北港河段落急流速增加2~4 cm/s,涨急流速减小幅度3~8 cm/s;从水动力角度来看,横沙港区方案对青草沙水库影响相对较小。

(5) 港区方案外航道10 m等深线内,横流值较小,10 m等深线外水域旋转流特征明显。

(6) 各方案工程实施后港池水域平均回淤强度0.33~0.38 m/a;外航道平均回淤强度0.50~0.57 m/a。一次大风过程,外航道骤淤强度0.55~0.63 m/a。

4.4.8.2 上海河口海岸科学研究中心成果

上海河口海岸科学研究中心《横沙大道延伸和浅滩成陆对长江口深水航道影响和对策研究》报告中,除对现有方案进行潮流泥沙场的研究外,另根据模拟结果提出了口门布置的优化方案,即将口门顺堤外延至8 m等深线附近,并进行了对比。

1) 新港建设后的流场变化

根据模拟结果,横沙新港建设后,与现状条件相比,周边潮流场的涨、落急流速相对变化情况如图4-74和图4-75所示。其中,涨落潮流速的增大区域主要位于成陆范围的东南、东北侧及北槽上段,流速的减小区域主要位于港内和北港上段。

2) 外航道及口门横流

横流采样点位置如图4-76所示,外航道及口门横流具体见表4-36。

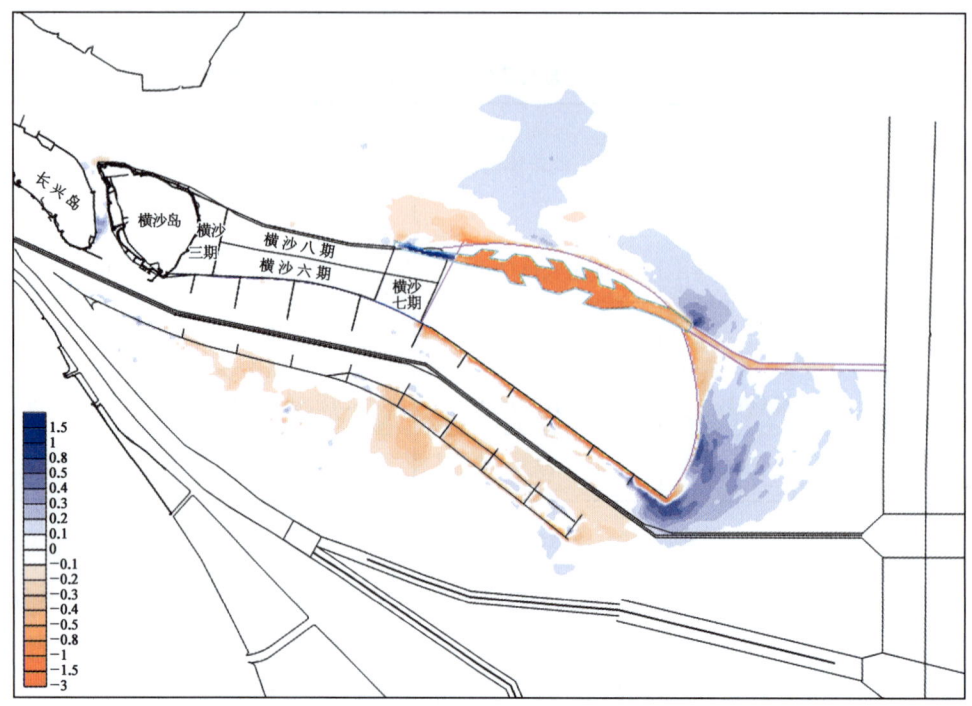

图 4-74　落急流速变化(新港建设后与圈围前的差值)

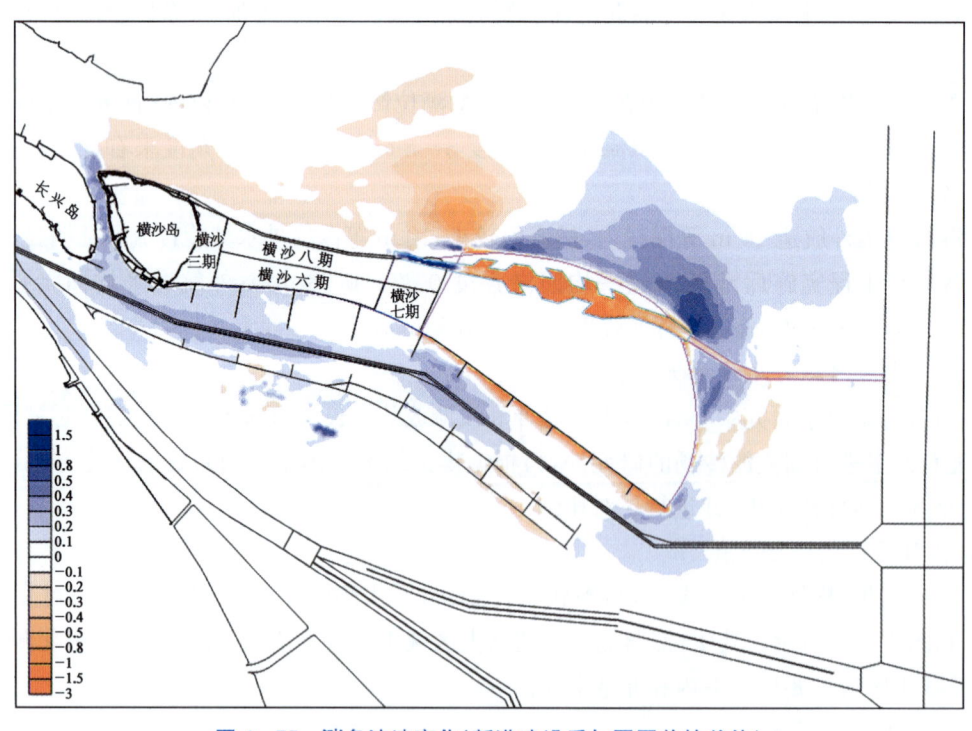

图 4-75　涨急流速变化(新港建设后与圈围前的差值)

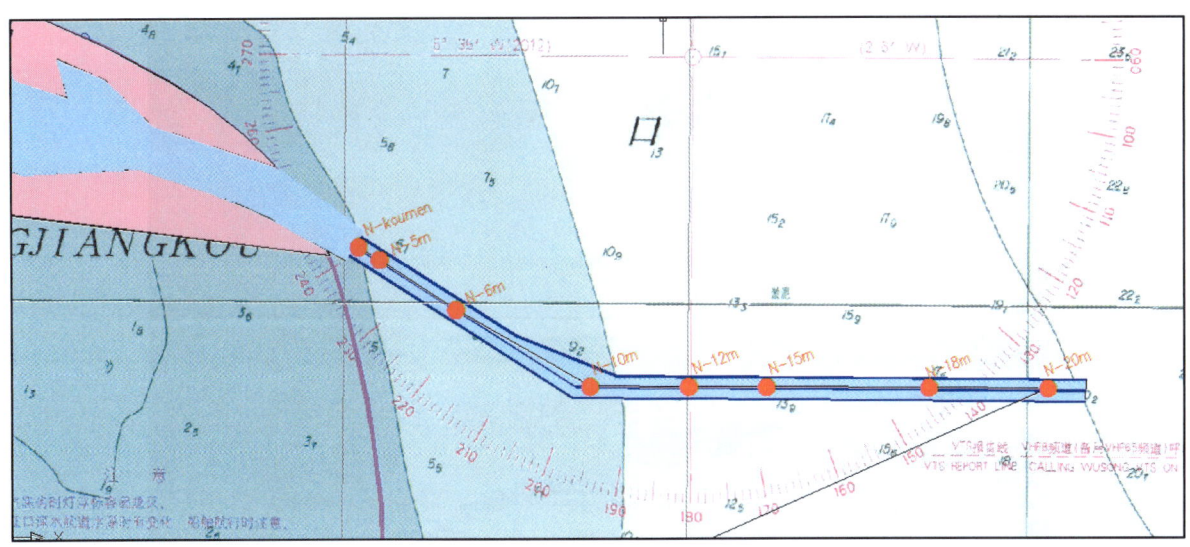

图 4-76 横流采样点位置示意

表 4-36 外航道及口门横流

位置		口门	5 m	6 m	10 m	12 m	15 m	18 m	20 m
原方案	落潮最大横流（m/s）	0.55	0.76	0.84	0.75	0.77	0.84	0.82	0.84
	涨潮最大横流（m/s）	0.17	0.17	0.47	0.36	0.46	0.47	0.53	0.58
优化方案	落潮最大横流（m/s）	0.34	0.36	0.56	0.80	0.79	0.82	0.84	0.85
	涨潮最大横流（m/s）	0.16	0.16	0.27	0.36	0.51	0.53	0.54	0.60

注：优化方案考虑将外航道口门延伸至 8 m 等深线位置。

3）回淤预测

由含沙量场分布的模拟结果（图 4-77 和图 4-78）来看，横沙新港北侧的高含沙量区对航道口门有一定影响，口门延伸后可减轻该影响。原方案及优化方案下，通常天气回淤量及大风期骤淤量见表 4-37 和表 4-38。

4）主要结论及建议

（1）目前的计算结果显示口外航道所在位置的横流略大，由于往外延伸的顺流堤可以起到减弱圈围堤沿堤流强度的作用，因此，可以综合考虑减弱沿堤流和外航道横流来进一步优化深水港布置方案。

（2）方案优化思路主要考虑：适当往口外延伸顺堤至 8 m 等深线位置，以实现减小口门处局部横流的目的；另外，口门处顺堤外延也可起到减小出口航道及港区常态回淤量的作用。顺堤外延方案的港区及航道的常态回淤量分别为 1 073 万～1 361 万 m^3/a 和 21 万～31 万 m^3/a，平均淤积强度分别为 0.24～0.31 m/a 和 0.02～0.03 m/a，其中常态回淤分布以港区为主，外航道量较小。

（3）口门外顺堤外延基本可以实现顺流和挡沙的优化目的，并可减少港区及外航道的回淤量，因此随着河势变化及周边工程的实施影响，建议在后续研究对口外顺堤延长的位置（延伸至 5 m 或 8 m 等深线）进行进一步的研究论证。

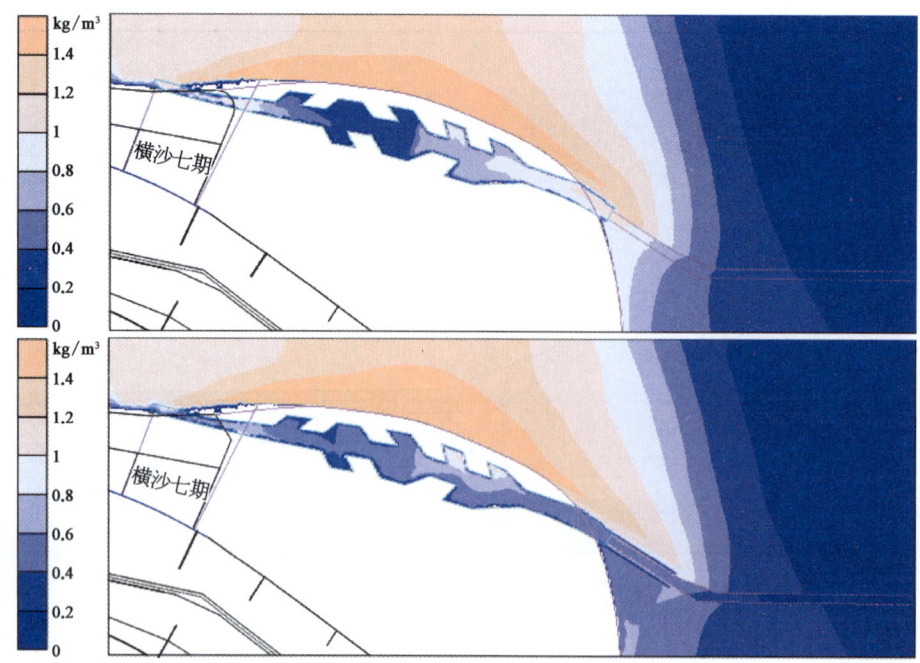

图 4-77　方案实施后的潮周期泥沙场分布(原方案/优化方案)

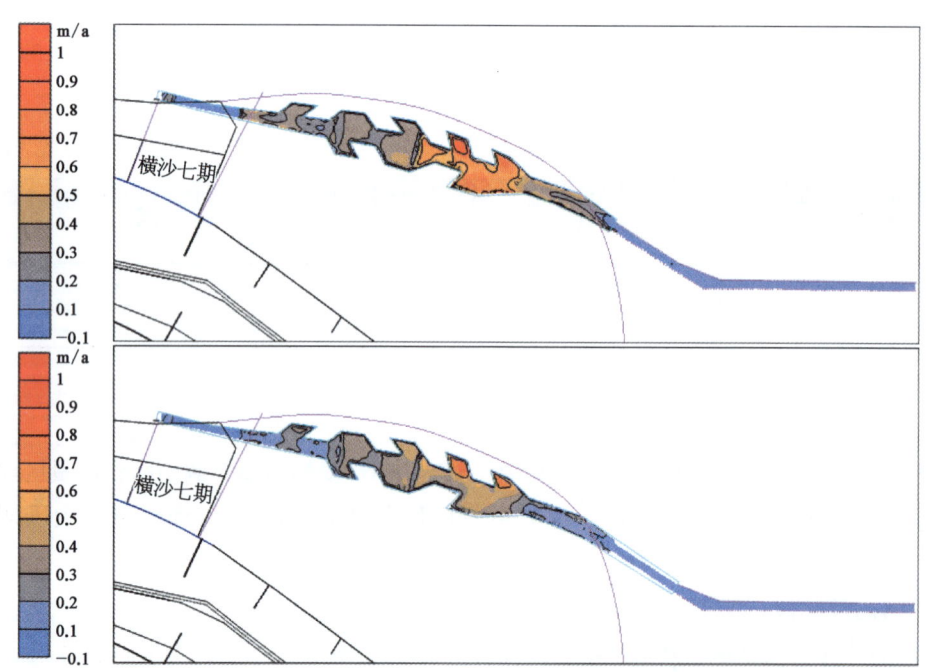

图 4-78　方案实施后的淤积分布(原方案/优化方案)

表 4-37　方案实施后的港区及外航道年回淤量及年平均淤积统计

方　案	港　区			外航道		
	年回淤总量（万 m^3）	平均淤积强度(m/a)	最大淤积强度(m/a)	年回淤总量（万 m^3）	平均淤积强度(m/a)	最大淤积强度(m/a)
原方案	1 361	0.31	1.03	30.6	0.03	0.31
优化方案	1 073	0.24	0.87	21.0	0.02	0.16

表 4-38　方案实施后的港区及外航道骤淤统计

方案	港区			外航道		
	一次回淤总量（万 m³）	平均淤积强度（m/a）	最大淤积强度（m/a）	一次回淤总量（万 m³）	平均淤积强度（m/a）	最大淤积强度（m/a）
原方案	559	0.13	0.83	730	0.72	2.41
优化方案	447	0.10	0.65	456	0.45	1.88

（4）极端天气条件下的骤淤对港池及外航道均有一定的影响，其中外航道的回淤量主要以极端天气下的骤淤为主，一次台风的平均淤积强度可以达到 0.45～0.72 m，港池内的平均淤积强度较小，为 0.10～0.13 m。

4.4.8.3　小结

1）规划实施对周边的水动力、海床冲淤的影响

根据现有数学模型试验成果，横沙新港规划实施后，其所在周边的长江口水域一定范围内的潮流动力将发生不同程度的变化，并产生相应的泥沙冲淤影响。

港址周边需重点关注的对象包括：长江口深水航道、规划北港航道、青草沙水源地保护区、崇明东滩鸟类国家级自然保护区、长江口中华鲟自然保护区、九段沙湿地国家级自然保护区等重要工程项目、保护区和生态敏感区等。初步的模型试验显示，横沙新港实施对相关区域的水动力和泥沙影响程度总体可控。

此外，规划实施所产生的上述影响，主要为新横沙成陆所产生的影响，而在成陆的基础上实施挖入式港池、深水航道等港口规划，与仅圈围成陆的情况差异不大。

2）规划新港自身的泥沙淤积影响

横沙深水新港的挖入式港池、东向深水航道的泥沙回淤问题，是本规划方案技术可行性的关键问题。根据初步的数学模型试验成果，规划深水外航道的通常年淤积量约 560 万 m³，挖入式港池的通常年淤积量约 1 080 万 m³，该淤积量对于超大规模的横沙新港而言，总体是可接受的。

此外，根据本规划南侧已建长江口深水航道外段（口门转向点外）2010—2015 年的水深资料和疏浚方量资料，分析了该航段历年的维护疏浚情况，其平均年回淤强度为 0.4 m，平均年回淤量为 327 万 m³，回淤量总体不大。该航道段所处位置、含沙量水平与本规划深水外航道具有一定的相似性，可作为本规划参考，从侧面验证横沙深水新港规划深水外航道的可行性。

4.5　新横沙建港成本分析

4.5.1　横沙深水新港规划内容概述

规划横沙深水新港的港内水陆域面积为 80～100 km²，根据初步提出的总体布置方案（方案一），其陆域面积约 48 km²，需通过吹填形成（含围堤、地基处理），水域面积约 36 km²，港池（包括泊位停泊水域、船舶回旋水域、港内航道、连接水域等在内）需通过疏浚形成。

规划港内码头泊位约 130 个，等级在 1 万～20 万 t 级不等，除码头、接岸水工构筑物外，还包括码头和场区配备的装卸设备等。

港外东向深水航道长约 18.6 km,宽 600 m,水深 20 m;西向连接航道(进长江航道)长约 5 km,宽 500 m,水深 10 m;为人工疏浚航道。

此外,规划港区内还需建设港区配套道路、水电和通信设施、消防设施、生产辅助建筑物等,港区外还需建设陆上通道与周边区域进行衔接。

4.5.1.1 疏浚和成陆工程

(1) 疏浚工程。规划航道、挖入式港池的疏浚工程量合计约 5.5 亿 m^3,土方量可满足规划陆域回填的需要。

(2) 围堤。规划方案南、北两侧围堤(外围堤)总长约 50 km,天然泥面高程约 -5 m,港内围堤(驳岸)总长约 52 km。

(3) 陆域形成。利用规划航道、挖入式港池的疏浚土进行成陆,总陆域面积约 48 km^2,并进行必要的地基加固,满足场区承载力要求。

4.5.1.2 码头工程

横沙深水新港共规划各类码头泊位约 130 个(表 4-39),其中大、中型泊位 46 个、小型泊位 84 个,根据其不同功能、等级,码头和接岸结构等水工构筑物可采用不同的平面布置和结构形式。

表 4-39 横沙深水新港规划泊位一览表

泊位等级(万 t)	集装箱泊位	液化天然气泊位	汽车滚装泊位	合　计
10～20	20	6		26
2～5	10		10	20
1	48	14	22	84
合　计	78	20	32	130

4.5.1.3 装卸和储运设施

码头和陆域场区需配备必要的装卸设备和储运设施。

4.5.1.4 其他配套设施

为满足规划港区生产需要,需配套建设港内道路、供水、供电、暖通、通信、排涝、消防、环保设施,以及相关的生产辅助建筑物和绿化等。

4.5.1.5 陆上通道

为满足规划港区未来可能发生的陆上交通要求,初步规划横沙岛内主通道、接长江隧桥通道、接上海市区通道等公路,合计里程约 63 km,其中越江隧道长约 20 km。

4.5.2 横沙深水新港建设的成本预估

4.5.2.1 估算说明

(1) 根据初步规划的建设规模和单项工程进行测算,仅计列工程费用,不含其他费用、预留费用等。

(2) 由于本研究暂未涉及港区内部的详细平面布置方案,本估算暂未包含 LNG 罐区及生产辅助建筑物等内容。

(3) 地基处理仅按照常规堆载预压和强夯碾压考虑。

(4) 因缺少本区基础资料,成本匡算按照类似工程经验和造价指标进行测算。

(5) 本匡算按整个港区一次建成估算,可以按需分批建设,以减轻一次投入过大的负担。

4.5.2.2 建设成本匡算

横沙深水新港建设成本匡算见表4-40,港外通道建设成本预估见表4-41。

表4-40 横沙深水新港建设成本匡算

序号	单项工程或费用名称	估算价值(亿元)	占总投资(%)	备 注
1	疏浚和吹填(含航道、港池疏浚)	88	8.9	约5.5亿m^3
2	围堤	168	16.9	
2.1	外围堤	85		约50 km
2.2	隔堤	5		约7 km
2.3	港内驳岸	78		约52 km
3	地基加固	144	14.5	总陆域约48 km^2
4	防波堤和挡沙堤	16	1.6	约9 km
5	码头水工建筑物	180	18.1	130个泊位
6	装卸设备	142	14.3	
7	LNG储罐	(暂不计入)		
8	生产辅助建筑物	(暂不计入)		
9	水电等辅助设施	74	7.5	
10	港内道路和堆场	180	18.1	
	总 计	992	100	

表4-41 港外通道建设成本预估

序 号	工程名称	估算(亿元)	长度(km)
1	陆上公路	43	43
2	接龙阳路越江隧道	140	14
3	接S32越江隧道	400	40
	合 计	583	97

4.6 小结

4.6.1 主要结论

4.6.1.1 横沙新港规划选址分析

横沙东滩位于长江口海域,东临外海,具有良好的区位优势,是江海联运直达运输的理想枢纽点;利用横沙浅滩及疏浚土资源,可形成较大规模的陆域,总体上兼具土地资源、港口岸线和深水航道资源的优势。同时,由于港址的波浪、潮流泥沙环境相对复杂,深水新港的规划需重视相关的技术问题,重点解决波浪泊稳条件、航行水流条件、航道和港池泥沙回淤、规划实施对周边的水动力和海床冲淤影响等问题。

4.6.1.2 横沙新港的功能定位

充分利用深水新港的区位和自然条件优势,重点发展大型集装箱的集疏运,成为外贸货物中转基地和长三角江海联运的主要枢纽:① 超大型集装箱船远洋运输网络中的重要节点;② 清洁能源等重要战略物资的国家储备基地;③ 江海运输的重要换装节点。

4.6.1.3 横沙新港的运量安排

结合港口发展现状和运输需求预测,横沙深水新港作业货种包括集装箱、清洁能源 LNG、汽车滚装和船舶燃料供应,结合新横沙成陆的进展计划,预测到 2050 年横沙深水港总吞吐量预计为 20 000 万～46 100 万 t。

4.6.1.4 横沙新港的规划布置方案

1) 挖入式港池(港内水域)

利用新横沙 2020 年后成陆总面积(303 km^2)的 1/4～1/3,规划布置横沙深水港区。通过挖入式港池布置,在港内形成人工岸线总长 40～50 km,可分期布置不同等级泊位 130 个以上,岸线长度空间基本可满足吞吐量发展预测的需要,并适当留有预留发展空间。其中:

东部港池主要规划为大型、超大型码头泊位的深水岸线,长 14～18 km,水深 20 m 左右,初步考虑布置 10 万～20 万 t 级泊位 26 个,占用岸线长度约 12 km,剩余 2～6 km 岸线可作为预留发展岸线,其中考虑我国东部沿海海防的需要,预留一定的军港岸线。

中部港池主要规划为中型等级码头泊位岸线,长 8～11 km,水深 15 m 左右,可布置 2 万～7 万 t 级泊位 20 个,占用岸线长度约 7 km,剩余 1～4 km 岸线可作为预留发展岸线。

西部港池主要规划为中小型等级码头泊位岸线,长 18～21 km,水深 10 m 左右,可布置 1 万 t 级左右泊位 84 个,占用岸线长度约 17 km,并考虑 1 km 左右的港口支持系统岸线,剩余 0～3 km 岸线可作为预留发展岸线。

2) 口门和导堤布置

规划挖入式港池的东口门位置设在外海含沙量较低的海域,避开拦门沙,为防止偏东北向波浪掀沙作用,减少港池的泥沙回淤,同时归顺口门航道的水流、减小横流影响,在东港池外侧与深水航道相接的口门区域设置一定长度规模的导堤(挡沙堤),将口门位置按东南向延伸至-8～-5 m 处。

3) 进出港航道

规划港区东口门至外海的深水航道,宽 600 m,底高程-20 m,满足 20 万 t 级集装箱船全潮双向通航。口门航段走向 N110°～123°,长 4～6 km;靠外海处航段走向 N90°,长 13～18 km,与长江口主航道平行;航道总长为 19～22 km。

规划人工运河西向连接航道与北港航道相接,近期考虑满足 1 万 t 级以下船舶双向通航,先期宽度取 250 m,底高程取-7.5 m,远期可参照北港航道规划进一步提高等级。

4) 规划平面方案的主要优势和效果分析

横沙新港规划拟采用东、西两侧布置口门的挖入式港池布置方案,该方案自身的优点包括:

(1) 规划布置 20 m 水深的东向深水航道和连接长江航道的西向航道,充分满足未来船舶大型化的发展要求,并实现江海直转运输服务功能,有利于提升未来上海港的核心竞争力。

(2) 形成较封闭的港内水域,提供良好的波浪掩护,港内航行、装卸作业的泊稳条件好,有利于提升港口作业天数和安全性。

（3）通过合理的口门导堤布置，以期减小泥沙的入侵，控制港内回淤，有利于港内水深的维护。

（4）东向外航道布置于长江口外含沙量相对较低的海域，使深水航道的回淤量总体可控。

（5）有效利用挖入式港池、深水航道自身的疏浚土，回填形成港区陆域，避免疏浚土外抛对自然环境的影响，避免资源的浪费。

在具有以上基本优点的同时，本规划方案的可行性还受到一定问题的制约，包括需对挖入式港池和深水航道的回淤问题、总体布置方案对周边已有工程和保护区的影响等问题进行深化研究。

5）规划平面方案的关键技术问题初步研究

横沙新港规划的关键技术问题是 20 m 深水航道和挖入式港池的泥沙回淤问题。由于长江口外的基础资料较少，目前借助南京水利科学研究院和上海河口海岸科学研究中心两家科研单位的数学模型研究成果，并结合对长江口深水外航道开挖后（2010—2015 年）水深变化观测资料的分析，初步研究认为，规划深水航道和港池开挖后泥沙回淤量总体可控，水深条件基本具备可维护性。

4.6.2 拟深入研究的问题与建议

1）横沙新港规划方案的技术可行性复杂

横沙深水新港规划技术可行性的关键问题（主要技术风险之一）是挖入式港池和深水航道建设的可维护性。规划在横沙东滩的东、西两侧分别布置东向深水航道和西向连接长江的航道，并在中部布置挖入式港池，挖入式港池的东、西两个口门既为港池仅有的两个对外水沙交换通道，也作为两侧航道的起点，是规划总体布置的两个关键节点。口门位置的选取，以及口门航道导堤的布置等，对口门航道处的水流条件、港内泥沙的回淤有较大影响。确保航道、港池开挖后的回淤可控，是规划方案成立的必要条件。

本研究基于相关初期的模型试验，在概念规划的层面上，初步提出了挖入式港池口门布置的基本形态，今后仍有必要对规划港区的潮流泥沙问题进行深化研究，开展相关的动力、泥沙、地形观测，积累允分的基础资料，并进行更为精细的模型试验工作，为规划方案提供更充分的科学依据。

此外，港区规划方案还存在以下几方面有待深入研究的问题：

（1）港内的波浪泊稳问题。通过挖入式港池布置，通常可为港内提供较好的波浪掩护条件，码头水域的泊稳条件预计将较理想，但仍有必要开展具体波浪条件的研究论证工作。

（2）航道及港内水域的通航安全问题。规划横沙新港码头泊位数量和船型等级跨度均较大，远期进出港船舶艘次多、交通流量大，对进出港航道、港内水域的通航交通组织带来较高的要求。此外，目前长江 A 级航区还未延伸到横沙岛以东。因此，需针对规划方案的通航安全问题进行专题研究，作为规划方案的支撑。

2）建港基础资料尚不完备，技术可行性研究有待深化

横沙新港规划方案相关的波浪、潮流泥沙等技术问题，下阶段有必要针对规划范围海域开展相关的气象、水文泥沙、地形观测，积累充分的研究基础资料，并进一步开展物理模型试验，结合数学模型，进行深化研究，为规划方案的可行性提供科学依据。建议包括：

（1）整合长江口海域现有气象、波浪等测站资料，并评估其应用于下阶段港口规划方案研究的适应性，对不足的部分，进一步开展必要的观测。

（2）在横沙东滩东侧和北侧进行波浪观测（利用现有测站，或建立新测站），为港址的波浪条件分析，以及西向水域江船的适航性分析提供基础资料。

(3) 对横沙东滩及周边海域,包括长江口内、横沙以东外海区域进行适时的水下地形监测,关注相关水域的水深变化情况,并为港址的海床演变分析提供基础资料。

(4) 针对上述水域,进行大范围的潮流、悬沙、底质泥沙观测工作,并包括不同的代表季节和潮汛,充分调研规划港址周边的全局潮流泥沙特征,并为下阶段的规划方案布置、模型试验的深化研究提供基础资料。

(5) 基于更充分的基础资料,分阶段开展规划方案的波浪、潮流泥沙数学模型试验、整体物理模型试验工作,为规划方案的技术可行性提供支撑,在此基础上,对规划布置方案进行科学、合理的比选优化。

(6) 深化新港规划方案对周边生态环境影响的专业性评估。

3) 横沙新港的陆路交通规划需结合相关规划进行统筹

横沙深水新港重点发挥江海直转优势,主要发展水水中转运输,但也必然发生一定陆路运输需要。横沙岛目前与外界无陆路交通,与上海市区隔江相望,需新建隧桥进行连接。基于现有交通规划和相关研究资料,可考虑横沙新港向西与长江隧桥、向西南与上海市区进行连接。同时,从整个新横沙的布局来看,横沙新港规划面积只占其中一部分,未来横沙对外交通流量的增长还包括城市规划部分,建议下阶段结合城市总体规划对新横沙的整体陆上交通规划进行研究。

第 5 章 横沙深水新港对周边影响的研究

5.1 横沙深水新港对周边潮、波动力环境的影响

5.1.1 对周边水动力的影响

横沙深水新港建设后周边流场有所调整,综合看各港区方案对周边的影响基本相仿,主要集中在横沙深水新港工程区域(图 5-1 和图 5-2)。根据数学模型计算,方案实施后,由于方案阻挡了水流通过横沙浅滩从南至北的通道,涨潮流沿着浅滩外围向上输运,导致工程东北边缘外侧涨潮流速增

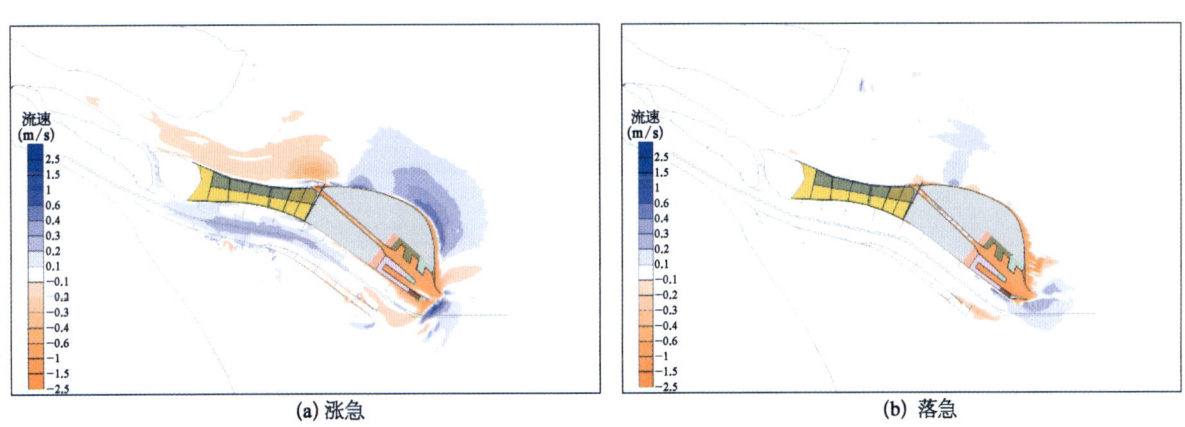

图 5-1 南线方案实施后涨急流速变化

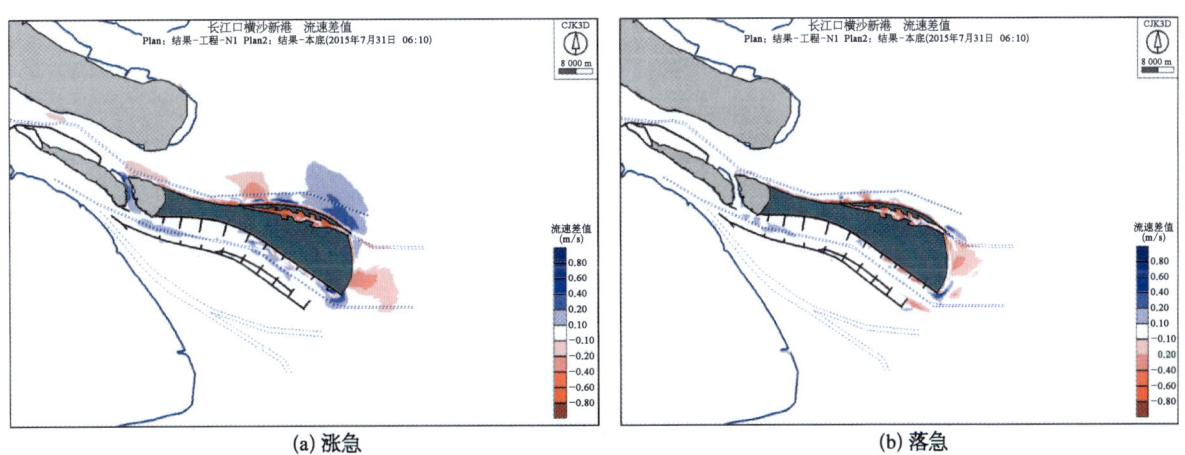

图 5-2 北线方案实施后涨急流速变化

大,北港涨潮流速减小;而北槽区域由于涨潮期间流场的归顺,流速有所增加。落潮期间,方案造成的影响不大,仅造成工程附近局部区域流速变化,变化量值不大。

总体而言,新港建设对流场的影响仅限于工程附近区域,对长江口整体潮流流态没有显著影响。

5.1.2 对周边波浪场的影响

从波浪计算结果来看,横沙深水新港建设后,引起东侧水域波能集中,波高有所增加,但对北港水道、北槽波浪基本无影响。常风天条件下,横沙浅滩东侧水域 $H_{13\%}$ 波高增加 0.07~0.13 m,增幅 5.2%~10.1%(图 5-3 和图 5-4)。6 级风上限条件下,横沙浅滩东侧水域 $H_{13\%}$ 波高增加 0.04~0.06 m,增幅 1.4%~2.4%。

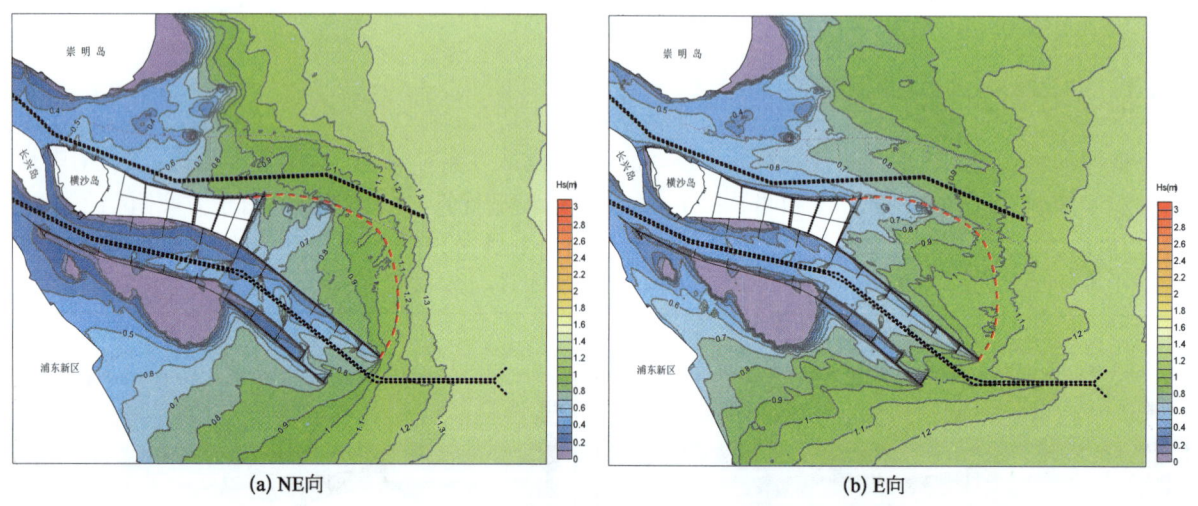

图 5-3 常风天平均水位下主要波向 $H_{13\%}$ 波高分布(工程前)

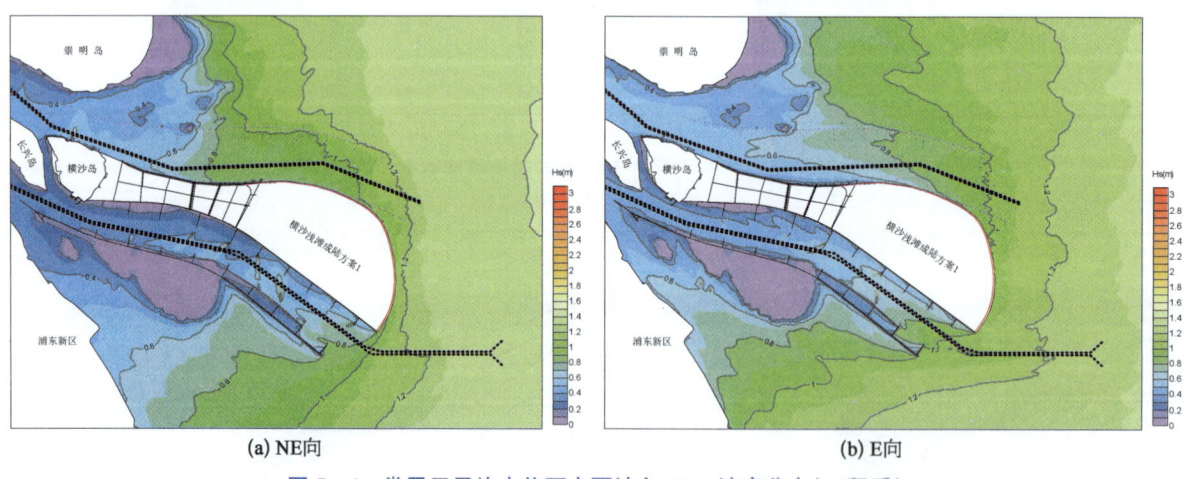

图 5-4 常风天平均水位下主要波向 $H_{13\%}$ 波高分布(工程后)

5.1.3 对长江口纳潮量、河势格局的影响

从各汊道潮量情况看,北港涨潮潮量减小,北槽、南槽和南港涨潮潮量均略有增加,新港对各断面落潮潮量影响不大(表 5-1)。

表 5-1 方案前后潮量变化 (亿 m³)

名 称	本 底			横沙建港方案		
	落潮量	涨潮量	净泄量	落潮量	涨潮量	净泄量
南支下口	45.6	35.8	9.8	45.9	36.2	9.7
北 槽	17.4	14.1	3.3	17.0	16.5	0.5
南 槽	22.2	21.7	0.5	23.5	21.9	1.6
南 港	23.2	20.6	2.6	23.8	22.6	1.2
北 港	25.7	18.7	6.9	25.4	17.2	8.2

从各水道的分流比情况看,建港后北槽落潮分流比减小,涨潮分流比增大;北港涨落潮分流比均减小。各断面分流比变幅均在5%以内(表5-2)。

表 5-2 方案前后涨落潮分流比变化

断 面	落潮分流比			涨潮分流比		
	工程前	工程后	变 幅	工程前	工程后	变 幅
北 槽	43.88%	41.94%	−1.94%	39.37%	42.91%	3.54%
南 槽	56.12%	58.06%	1.93%	60.63%	57.09%	−3.54%
南 港	47.47%	48.38%	0.91%	52.40%	56.74%	4.34%
北 港	52.53%	51.62%	−0.91%	47.60%	43.26%	−4.34%

因此,从潮量和分流比的变化可以看出,横沙建港后虽对口门河槽有所束窄,但长江口的整体纳潮量并未减少,南北水道的分配比例略有调整,南侧水道纳潮量有所增加,北侧北港水道纳潮量略有减少。同时,各水道的分流比变幅有限,不会对整体河势格局产生明显影响。

5.1.4 对长江防洪排涝的影响

建港方案实施后,潮位的变化主要集中在工程附近的口门区域,对长江沿岸的潮位影响较小。其中,高潮位有所抬高,低潮位进一步降低,潮差加大(表5-3)。高潮位虽有所抬高,对高潮期长江行洪会有一定影响,但潮差加大,低潮位的进一步降低则利于长江行洪,同时更利于内河排涝。

表 5-3 主要潮位站点高、低水位变化 (m)

名 称	潮 位 站 点	高水位			低水位		
		工程前	工程后	变 幅	工程前	工程后	变 幅
沿岸	南 门	3.36	3.44	0.08	−0.50	−0.50	0
	石洞口	3.39	3.46	0.07	−0.31	−0.32	−0.01
	吴 淞	3.20	3.26	0.06	−0.46	−0.47	−0.01

(续表)

名 称	潮 位 站 点	高水位			低水位		
		工程前	工程后	变 幅	工程前	工程后	变 幅
口门	北槽中	2.80	2.96	0.16	−1.15	−1.23	−0.08
	中 浚	2.81	2.97	0.16	−1.33	−1.37	−0.04
	牛皮礁	2.72	2.84	0.12	−1.57	−1.64	−0.07
口外	鸡骨礁	2.65	2.60	−0.05	−1.38	−1.28	0.10

5.2 横沙深水新港对周边航道的影响

5.2.1 对长江口深水航道的影响

横沙深水新港建设后,固定了北槽北边界,进一步归顺了北槽的潮流,深水航道的涨落潮流速、流向随之产生变化。

流速方面,航道落潮流速有所增加,增幅 0～0.05 m/s(图 5-5);上、中段涨潮流速有所增加,最大增幅可达 0.30 m/s,下段略有减小,减幅在 0.05～0.10 m/s(图 5-6)。

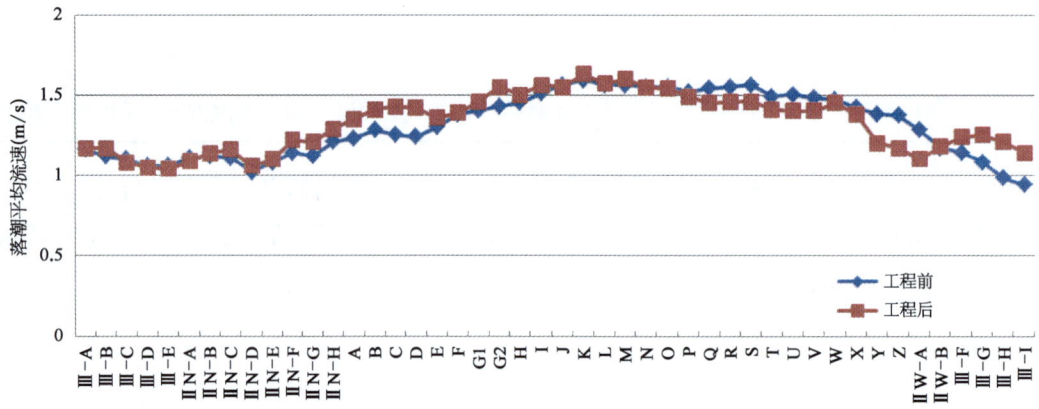

图 5-5 工程前后深水航道航槽沿程落潮平均流速分布

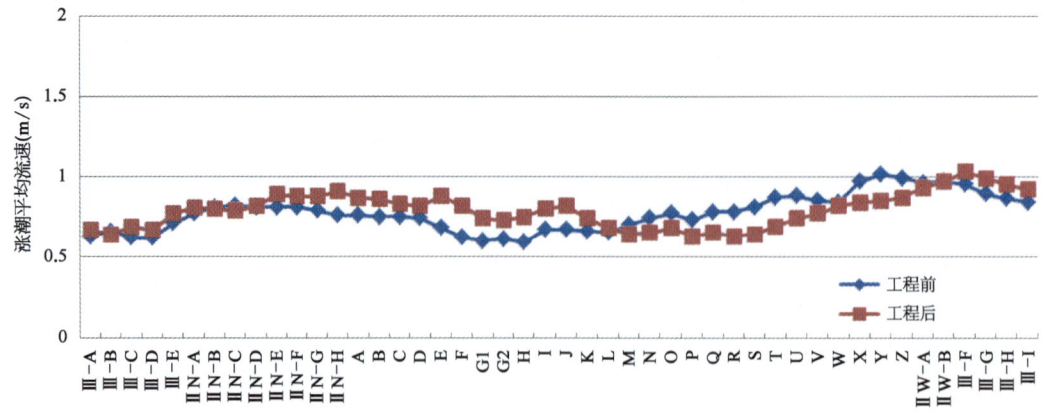

图 5-6 工程前后深水航道航槽沿程涨潮平均流速分布

流向方面,落急时刻水流与航道交角变化较小(图5-7),涨急时刻北槽中下段(O单元以下)交角减小幅度在5°以上(图5-8),水流得到归顺,有利于航道回淤的控制。

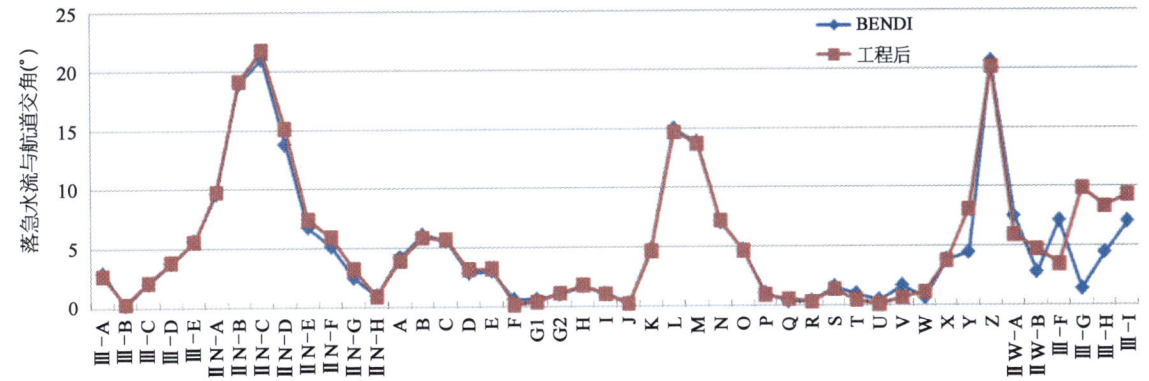

图5-7 工程前后深水航道落急水流与航道交角沿程变化

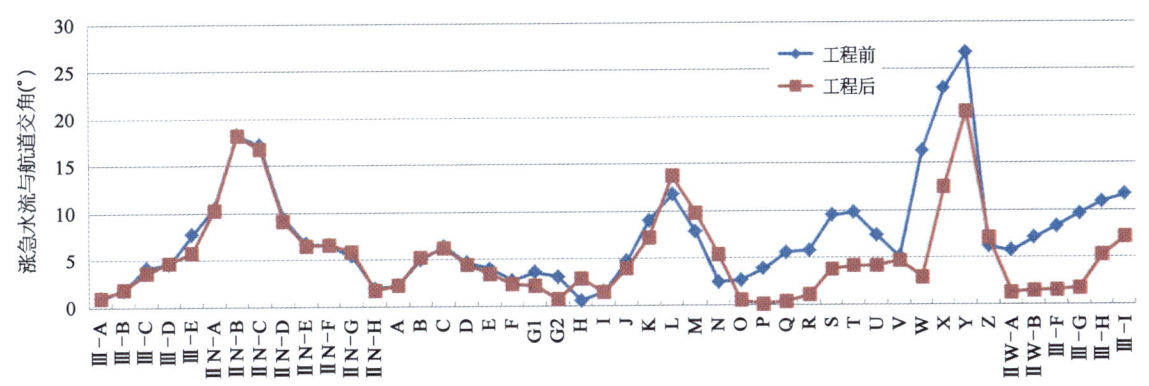

图5-8 工程前后深水航道涨急水流与航道交角沿程变化

优势流方面,航轴线优势流有增有减,总体变化幅度在7%以内,北槽中上段(Ⅲ-A~O单元)落潮优势最大减小6%,北槽下段(O单元以下)最大增大7%(图5-9)。

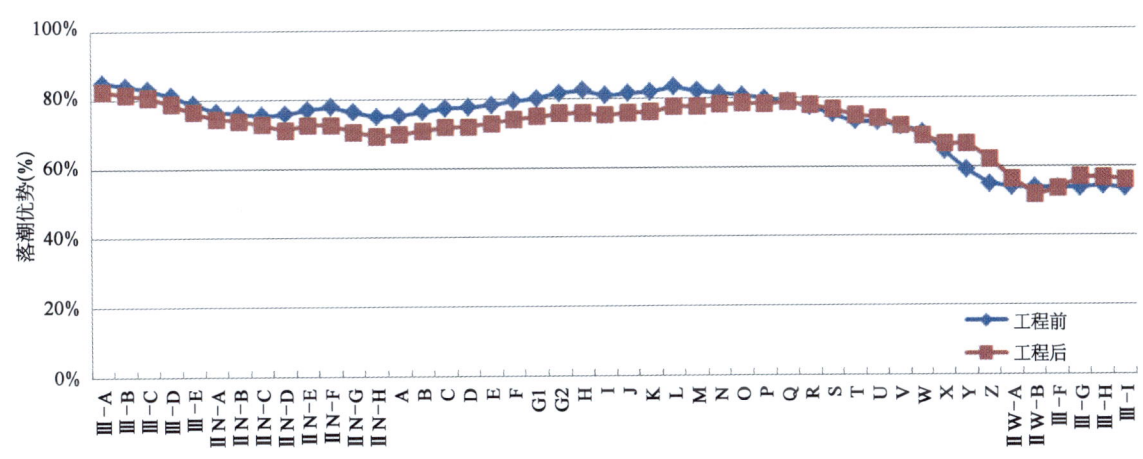

图5-9 工程前后深水航道落潮优势沿程变化

深水航道淤积方面,计算本底深水航道年回淤量5 334万 m^3,方案实施后年回淤量4 926万 m^3,减少408万 m^3,减幅为7.6%,主要减淤区段在北槽中J~L单元(图5-10)。

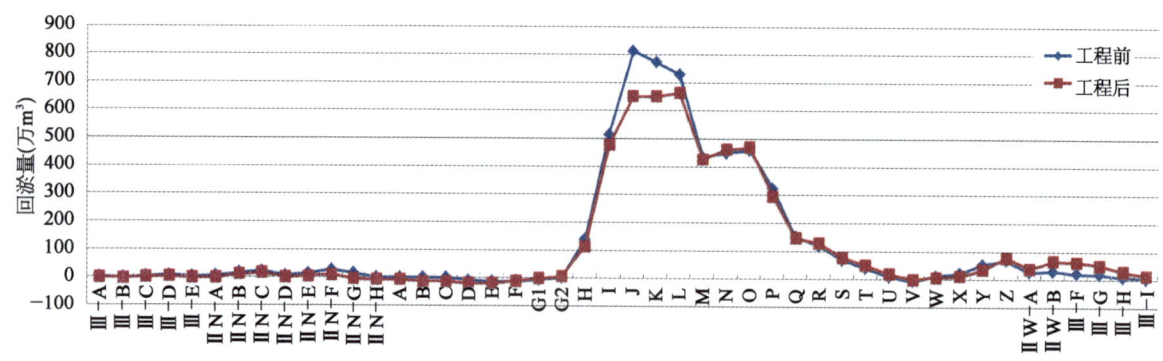

图 5-10　工程前后深水航道回淤沿程变化

5.2.2　对北港航道的影响

横沙深水新港建设后，固定了北港的南边界，原随涨落潮流从横沙浅滩与北港的水体交换，沿着新港北边界从北港口门进出北港。北港上段至拦门沙河段涨落潮流速最大减小约 0.15 m/s；下段流速略有增大，增幅在 0.05～0.20 m/s(图 5-11)。

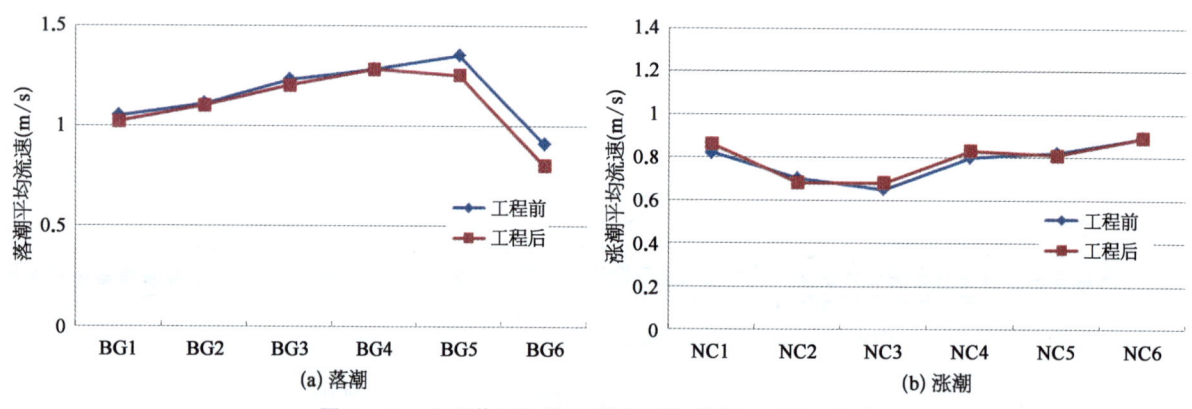

图 5-11　工程前后北港航道沿程涨、落潮平均流速分布

5.2.3　对南槽航道的影响

横沙深水新港位置在北槽与北港之间，与南槽航道有一定距离，且中间又有北槽航道南北导堤相隔，所以建港后南槽航道流速变化不大，幅度不超过 0.10 m/s(图 5-12)。

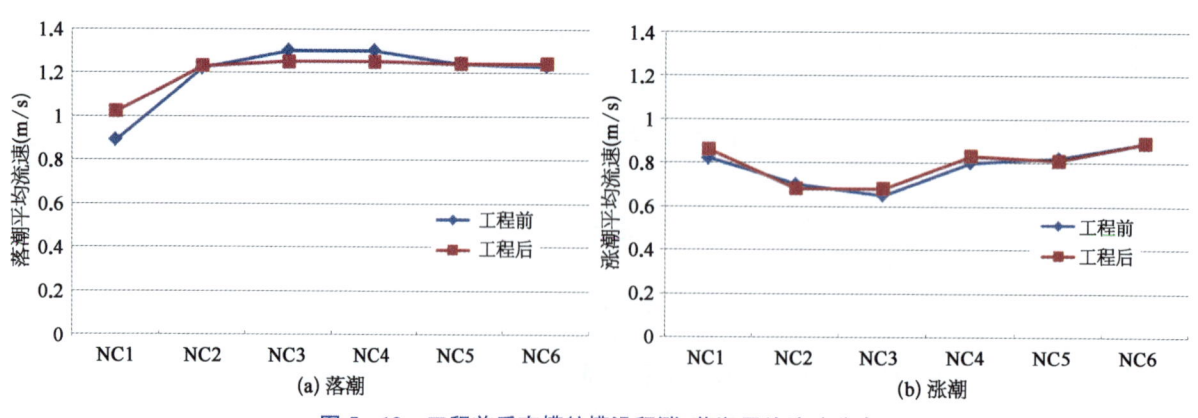

图 5-12　工程前后南槽航槽沿程涨、落潮平均流速分布

5.3 横沙深水新港对长江口通航环境的影响

5.3.1 对长江沿线港口集装箱航运模式的影响

横沙深水新港可接纳超大型集装箱、散货船和长江内河船,可成为超大型集装箱船远洋运输网络中的重要节点、清洁能源等重要战略物资的转运和储备基地、江海运输的重要换装节点。

1) 长江沿线航运模式

在长江沿线现航运中,南京以下 12.5 m 深水航道贯通,外海 5 万 t 级集装箱船舶进长江口后可直达南京港;武汉是江海直达铁水联运的综合枢纽点,1 140 TEU 江海直达船可由武汉直接至上海洋山港。横沙深水新港建设后,长江沿线港口集疏运模式将发生改变,具体如图 5-13～图 5-15 所示。

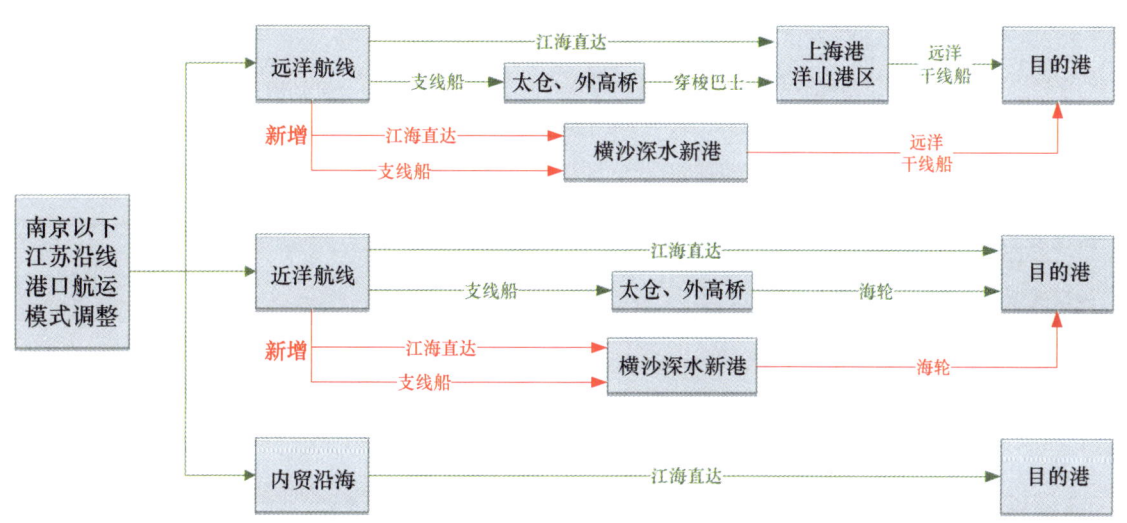

图 5-13　南京以下江苏沿线港口航运模式调整

由于横沙深水新港较洋山港距离长江沿线港口更近,可以缩短远洋航线集装箱的中转运距约 80 km;对于非江海直达的集装箱船,因人工运河满足长江 A 级航区的要求,可直接在内河港通过内河船运至深水新港,减少了一次穿梭巴士中转流程,实现江、河、海联运的"零距离"对接,大大降低水水转运的成本,上海河口港的优势得以充分发挥(图 5-16)。

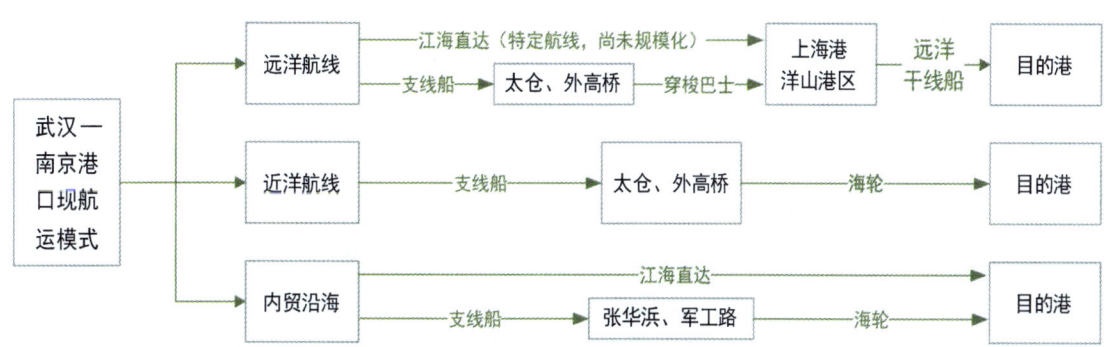

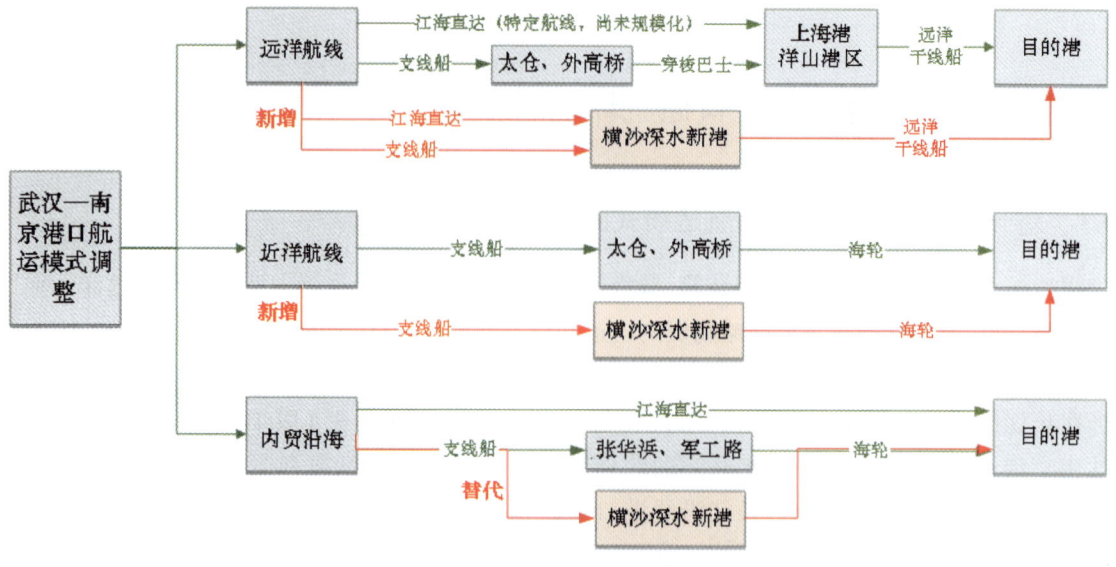

图 5-14 武汉—南京港口航运模式调整

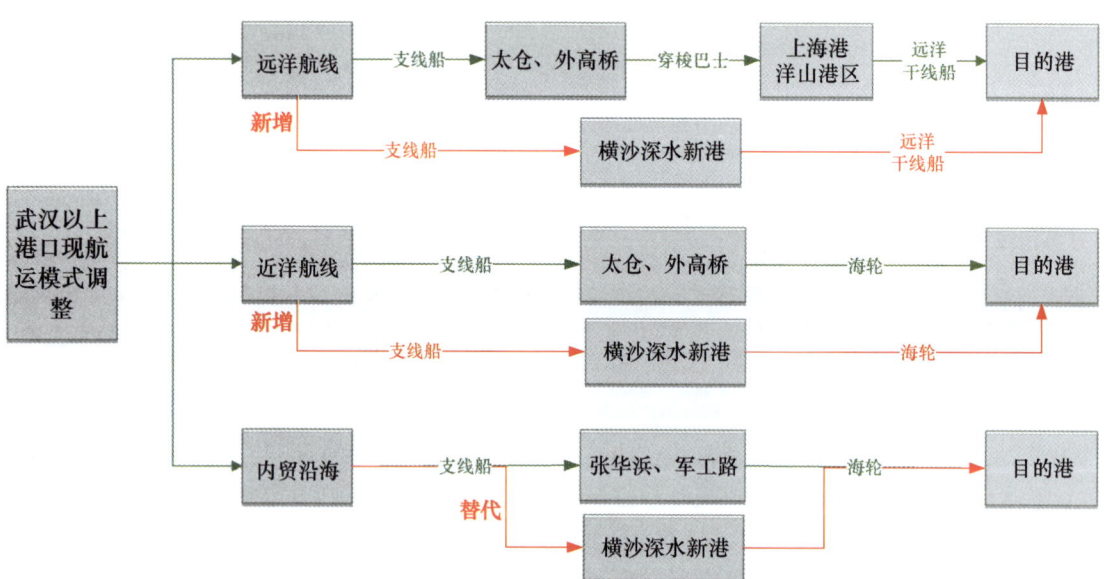

图 5-15 武汉以上沿线港口航运模式调整

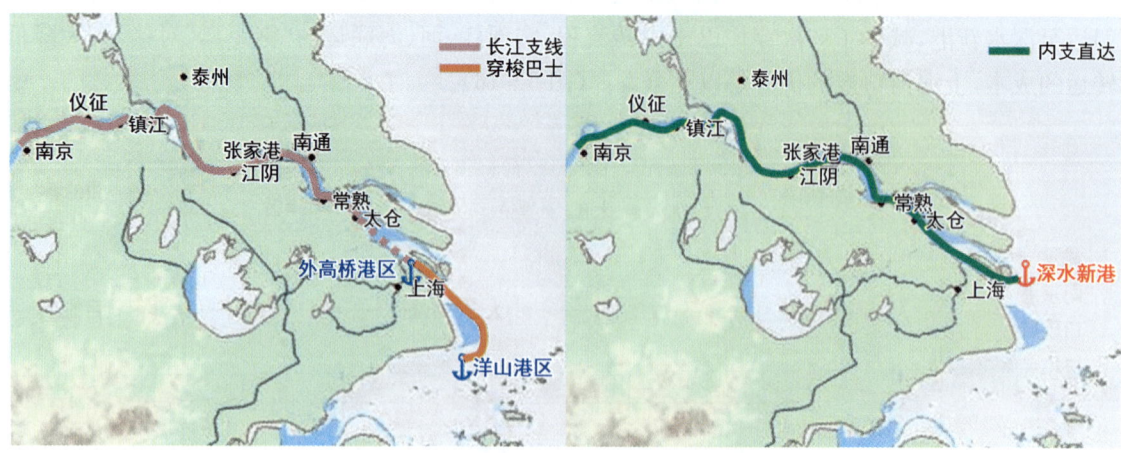

图 5-16 南京以下远洋干线集装箱航运模式对比

2) 上海市内河及长三角腹地内河水运模式

目前长三角腹地集装箱货源主要通过内河船经长三角高等级航道网进入上海市"一环十射"高等级航道网,其中部分内河船直接通往外高桥港区,另一部分抵达黄浦江上共青码头后转穿梭巴士通往洋山港区;同时,近年来随着120 TEU、124 TEU集装箱河海直达船型投入运营,部分长三角腹地货源也直接由河海直达船型经吴淞口进长江后通往洋山港区。

目前,上海市内河航道连接长江的通道仅有吴淞口,根据长三角内河网规划,未来存在打通罗蕴河连通长江口门的可能。

因此,未来横沙深水新港建设后,长三角腹地内河集装箱船可经黄浦江(吴淞口)进入横沙深水新港;罗蕴河开通后,则苏锡常地区集装箱货源可通过苏申内港线(蕴藻浜)—罗蕴河进入长江口,通往横沙深水新港(图5-17)。

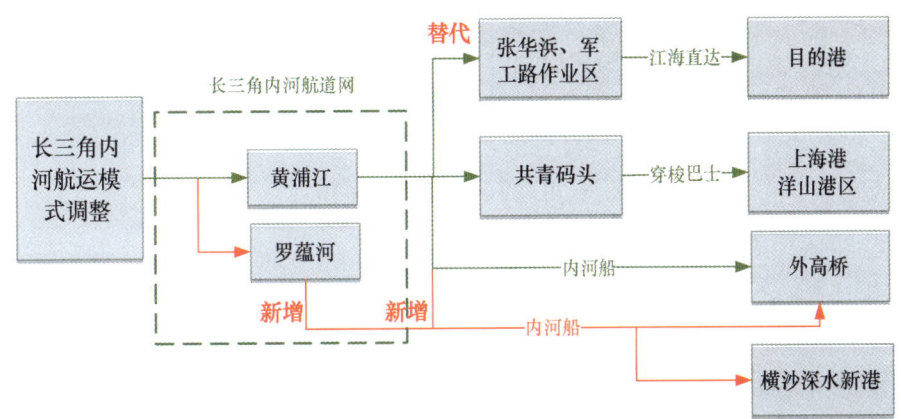

图5-17 长三角内河航运模式调整

5.3.2 横沙深水新港航运模式及流量预测

5.3.2.1 航运模式

1) 外贸航线

(1) 远洋航线:远洋航线大吨级集装箱船挂靠横沙深水新港装卸补给后继续沿国际远洋航线运输(图5-18)。

(2) 近洋航线:或点对点直达,再由横沙深水新港水水中转至各目的港;或在横沙深水新港挂靠装,而后船舶继续沿既定航线运输(图5-19)。

2) 内贸沿海航线

上海港内贸集装箱主要在张华浜、军工路等黄浦江港区中转,未来横沙深水新港可能承担部分内贸集装箱量。航运模式同近洋航线,或以点对点直达,或挂靠后沿沿海航线运输(图5-19)。

另外,对于近洋、沿海航线集装箱船,存在横沙深水新港挂靠后沿北槽深水主航道进江的可能。但考虑集装箱船需要充足的箱量支撑船舶的规模效益,一般不减载航行。因此5万t级以上集装箱船进江不经济,5万t级以下集装箱船在深水新港挂靠后继续进江的比例不高。

5.3.2.2 船舶通过量预测

1) 外海航道船舶通过量预测

根据横沙深水新港的功能定位和吞吐量预测,以及前期长江口通航船型预测相关成果,经计算,外海航道船舶通航密度远期2050年为19.6艘次/天,其中LNG船为2.7艘次/天(表5-4)。

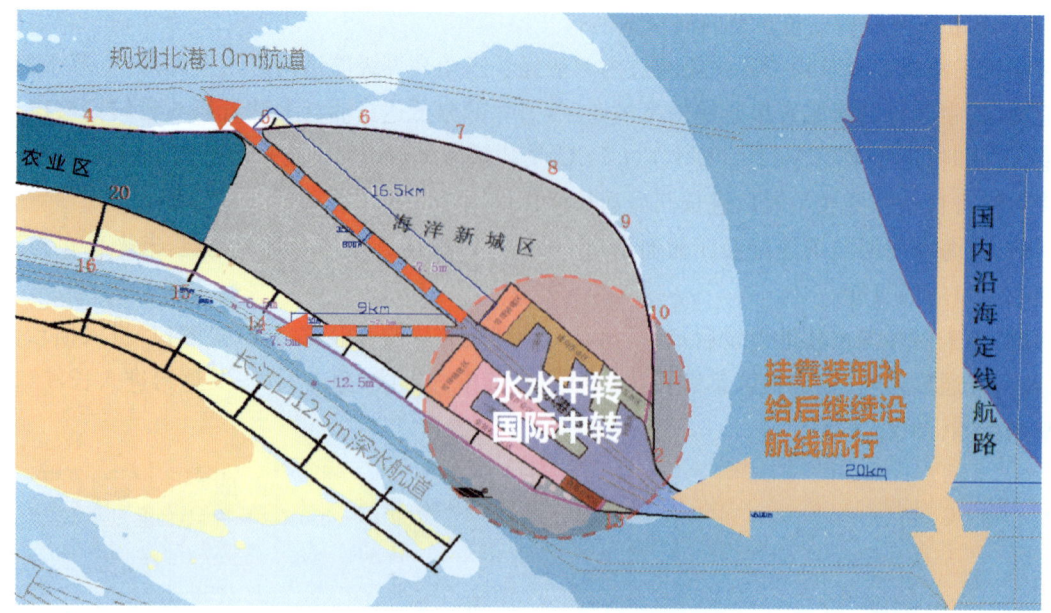

图 5-18　横沙深水新港远洋航线挂靠示意

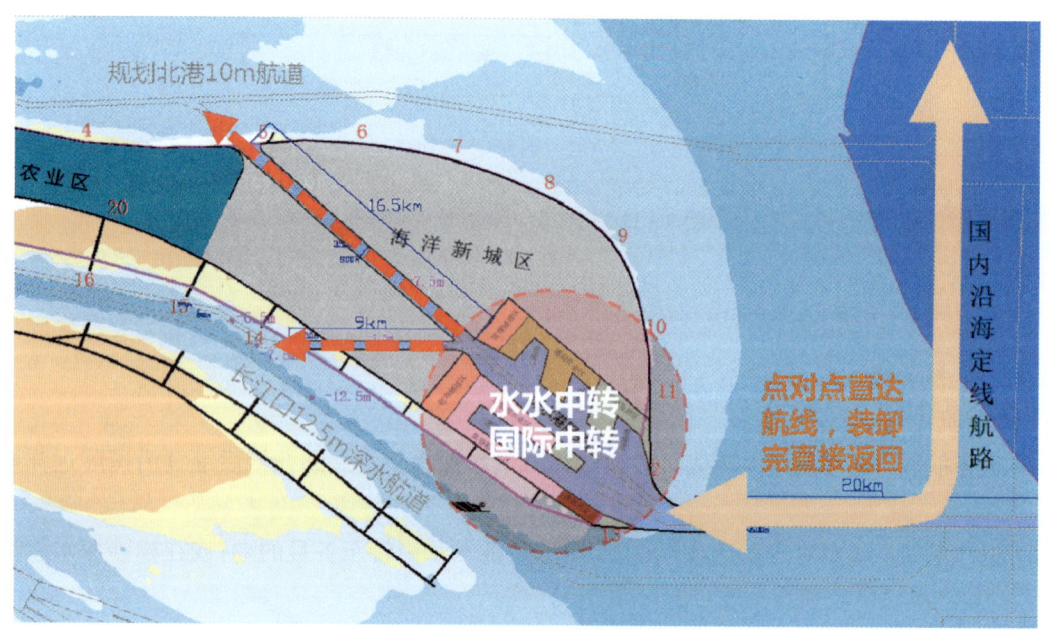

图 5-19　横沙深水新港近洋、沿海直达航线示意

表 5-4　横沙深水新港外海航道远期通航船型预测

船　型	DWT(t)	单船载箱量 (TEU)/总容量(m³)	年艘次数 (艘)	通航密度 (艘次/天)
内贸 集装箱船	10 000	875	411	3.24
	20 000	1 480	462	3.64
	30 000	2 700	111	0.87
	50 000	4 575	72	0.57

(续表)

船　型	DWT(t)	单船载箱量(TEU)/总容量(m^3)	年艘次数（艘）	通航密度（艘次/天）
近洋集装箱船	20 000	1 480	274	2.16
	30 000	2 700	177	1.39
	50 000	4 575	85	0.67
	70 000	6 130	20	0.16
	100 000	8 065	15	0.12
远洋集装箱船	120 000	10 000	208	0.819
	150 000	13 000	213	0.839
	200 000	18 000	231	0.910
	200 000	20 000	208	0.819
	200 000	22 000	189	0.745
LNG 船	80 000	84 301～140 000	243	0.96
	100 000	140 001～155 000	181	0.71
	150 000	155 001～262 000	256	1.01
合　计			3 356	19.7

2) 人工运河船舶通过量预测

根据横沙深水新港的功能定位和吞吐量预测，以及前期长江口通航船型预测相关成果，经计算，人工运河船舶通航密度远期 2050 年为 317.8 艘次/天，其中 LNG 船为 178.5 艘次/天（表 5-5）。

表 5-5　横沙深水新港人工运河远期通航船型预测

航　线	DWT(t)	载箱量(TEU)/总容量(m^3)	年艘次数（艘）	通航密度（艘次/天）
内河集装箱船	1 000	90	3 654	28.79
长江沿线集装箱船	3 000	280	7 751	61.07
	5 000	525	4 009	31.59
	10 000	875	2 255	17.77
LNG长江支线船	2 000	2 000	10 664	84.02
	3 000	3 000	5 332	42.01
	3 000	5 000	3 199	25.20
	10 000	10 000	2 133	16.81
	20 000	20 000	800	6.30
	20 000	30 000	534	4.21
合　计			40 331	317.8

5.4 横沙深水新港对长江口航道通航的影响

5.4.1 对船舶通航类型的影响

1)集装箱

2018年上海港集装箱吞吐量约为4 201万TEU,根据《上海市城市总体规划(2017—2035)》,至2035年,上海港集装箱吞吐量保持4 000万~4 500万TEU。而横沙深水新港远期2050年3 000万TEU吞吐量的预测结果,是基于上海港实施相关港区集装箱码头建设规划及码头实际作业能力与预测总需求的部分缺口。根据前述分析,在该情况下,远期2050年通过横沙深水新港中转后,实际进入长江口航道的自然箱量约为1 320万TEU,近期2035年约900万TEU。

而《上海市城市总体规划(2017—2035)》中预测的高位数4 500万TEU,与上海港现有岸线资源下能适应港城和谐发展的3 900万TEU作业能力本身就存在600万TEU的差距,即至2035年建设横沙深水新港实际仅在4 500万TEU的基础上增加300万进入长江口的标准集装箱量。折合年通航艘数为4 030艘,日均通航艘次为32艘次,这部分水水中转船舶在上述人工运河北港方案、横沙通道方案、北槽方案和横沙岛人工运河方案四个方案中,船舶通航最终均通过南港,但因艘次数不大、船舶吨级较小,总体对长江口航道通航影响较小。

2)LNG

《交通运输部关于推进长江航运高质量发展的意见》(交水发〔2019〕87号)中明确提出,"到2025年,基本形成长江干线船用LNG加注站网络",横沙深水港位于长江入海口,具备为长江中上游地区开展LNG转运的优势与条件,预计到2050年横沙深水港的LNG吞吐量为500亿~800亿m^3(折合重量3 500万~6 000万t)。预计2035年,水水中转后进出长江口航道的LNG船年通航艘数为15 501艘,日均通航艘次为122艘次;至2050年,日均通航艘次为179艘次。

本项目横沙深水新港人工运河液化天然气船舶代表船型最大舱容量为3万m^3,对应的船舶吨级为2万总吨,根据《液化天然气码头设计规范》(JTS 165-5—2016)规定,属于小型液化天然气船舶。

根据《液化天然气码头设计规范》规定,液化天然气船舶在海港进出港航道航行时,应设置移动安全区。参照国内外液化天然气码头运营管理经验,LNG船舶在进出港航道航行时,移动安全区尺度如下:

(1)LNG船舶与其他同向行驶船舶的移动安全区尺度为船首和船尾各1~2海里。

(2)穿越航道的船舶与LNG船舶的移动安全区尺度为船首1.5海里、船尾0.5海里。

在严格的安全要求下,LNG船舶无论走北港航道、北槽深水航道,还是南港航道,对航道通航能力均会产生一定的影响。

5.4.2 对周边航道通航的影响

本项目船舶通航方案设计有四个,走北港航道的有两个,走南港航道的有两个。其中,走北港航道的方案中,一方案船舶航经上海长江大桥;另一方案船舶通过横沙通道进出南北港航道。走南港航道方案中,一方案船舶为走北槽北侧水域设置的专用航道;另一方案船舶走横沙岛内部设置的人工运河。长江口航道船流现状见表5-6。

表 5-6 长江口航道船流现状

航　　道	年船流量(艘)	日均船流量(艘)	航道情况
北港上段	5 396	15	航道未正式开通
北港下段	4 278	12	
北　槽	69 160	189	集中于 350 m 宽的深水航道区域通航
南　港	263 849	723	含深水航道及外高桥沿线 航道,航道总宽 1 100 m
新桥通道	8 615	24	水道狭窄,可通航宽度＜1 000 m
南支下口	278 688	764	水域开阔,航道宽 1 300 m
南支上口	259 195	710	水域开阔,通航宽度较宽
横沙通道	20 182	55	通道狭窄,可通航宽度＜500 m

注:统计时间 2017 年 7 月—2018 年 6 月。

根据预测,至 2050 年,横沙深水新港新增船流中:万吨级以上的部分船流需要通过长江口深水航道进出长江,该部分船流每天增量约 19 艘次,流量较小,现南港、北槽深水航道能满足其通航需求。万吨级以下的船流通过人工运河进入长江口,该部分船舶流量至 2050 年为 317.8 艘次/天,其中 LNG 船为 178.5 艘次/天。对长江口部分航道通航可能产生影响的将是这部分船舶。具体如下:

1) 人工运河北港出口方案——路径方案 1

路径方案 1 船舶需航经上海长江大桥(图 5-20),主要分析对上海长江大桥及北港航道的通航影响。

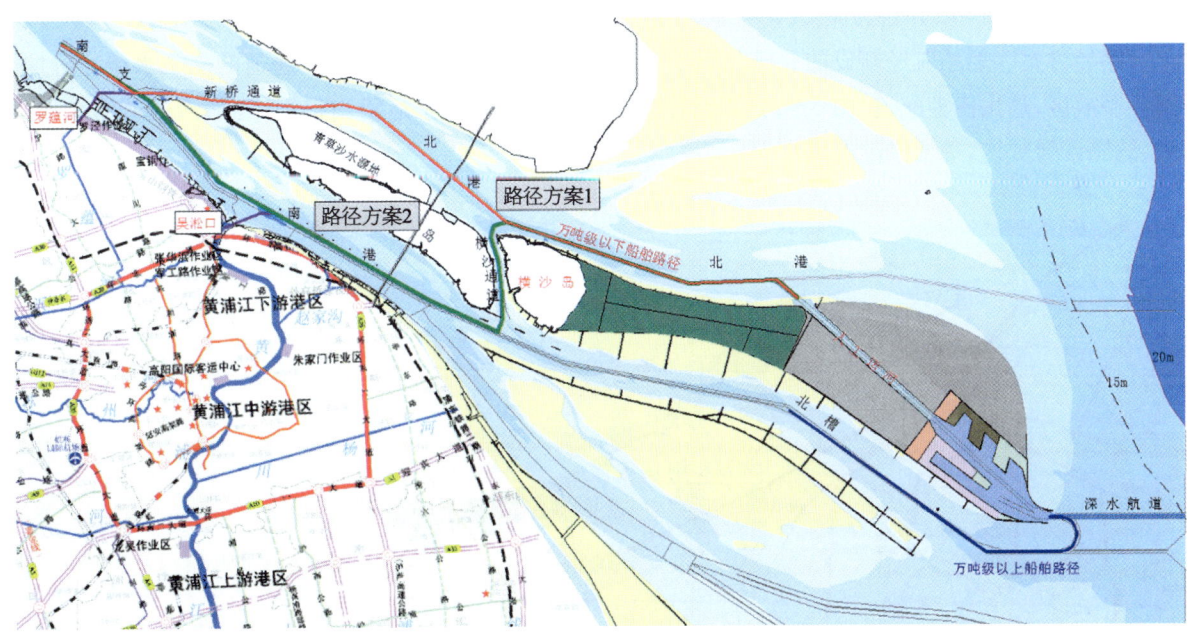

图 5-20 路径方案 1、2 汇总

(1) 对上海长江大桥的通航影响。根据上海长江大桥通航孔和通航孔航道通航技术要求,上海长江大桥共设通航孔 5 处,其中,主航道区域 2 号通航孔可满足 3 万 t 级集装箱及 5 万 t 级散货船通航要求单孔双向通航,通航净空宽度 585 m,航经 2 号通航孔的船舶,其水面以上最大高度加上过大桥时的当地潮位应小于 54.2 m。

本项目横沙深水新港走人工运河的最大液化天然气船舶为 2 万总吨,根据《海轮航道通航标准》(JTS 180-3—2018)规定,其水线以上高度为 50.2 m,小于上海长江大桥 2 号通航孔所要求的 54.2 m,大桥通航孔在净空高度上满足横沙深水新港新增液化天然气船舶的通航要求。同时,大桥 2 号通航孔可以满足 3 万 t 级集装箱及 5 万 t 级散货船通航要求,因此,大桥通航孔在净空宽度上也满足横沙深水新港新增集装箱船舶的通航要求。

(2) 对北港航道—新桥通道的通航影响。根据预测,横沙深水新港通过人工运河进入北港的船舶,至 2050 年为 317.8 艘次/天,其中 LNG 船为 178.5 艘次/天。根据长江口航道通航现状,港区人工运河—北港航道—新桥通道能满足通航需求。但该通航路径途经青草沙水源地北侧,确保船舶安全通航,保障青草沙水源地的取水安全是关键。

2) 人工运河北港出口方案——路径方案 2

路径方案 2 船舶从与北港航道相连的人工运河出来,沿北港航道航行至横沙通道与北港航道交叉口,通过横沙通道进入南港航道,由南港航道进出长江。

(1) 对横沙通道通航的影响。路径方案 2 船舶需经过横沙通道与北槽深水航道交叉口和横沙通道与北港航道交叉口两个航道交叉口,在航道交叉口位置存在多股船流交叉会遇,船舶之间存在相互影响。由于横沙通道内设有渔港,同时又是长江口船舶避风区域,小型船舶众多,因此,不适合 LNG 船通航。此外,就集装箱船舶而言,每天新增约 140 艘的通航船舶对横沙通道的通航压力也较明显。

(2) 对南港航道通航的影响。路径方案 2 船舶从圆圆沙警戒区进出南港航道,万吨级以下船舶每天新增 317.8 艘次,对南港航道的通航秩序、通航安全和通航效能会存在一定影响。

3) 南港方案——路径方案 3、4

路径方案 3 船舶航经新设的北槽北侧专用航道,通过该专用航道经横沙通道的交叉水域,经过圆圆沙警戒区,进出南港航道(图 5-21)。路径方案 4 船舶则自人工运河出口后,经横沙通道的交叉水域、圆圆沙警戒区,进出南港航道。

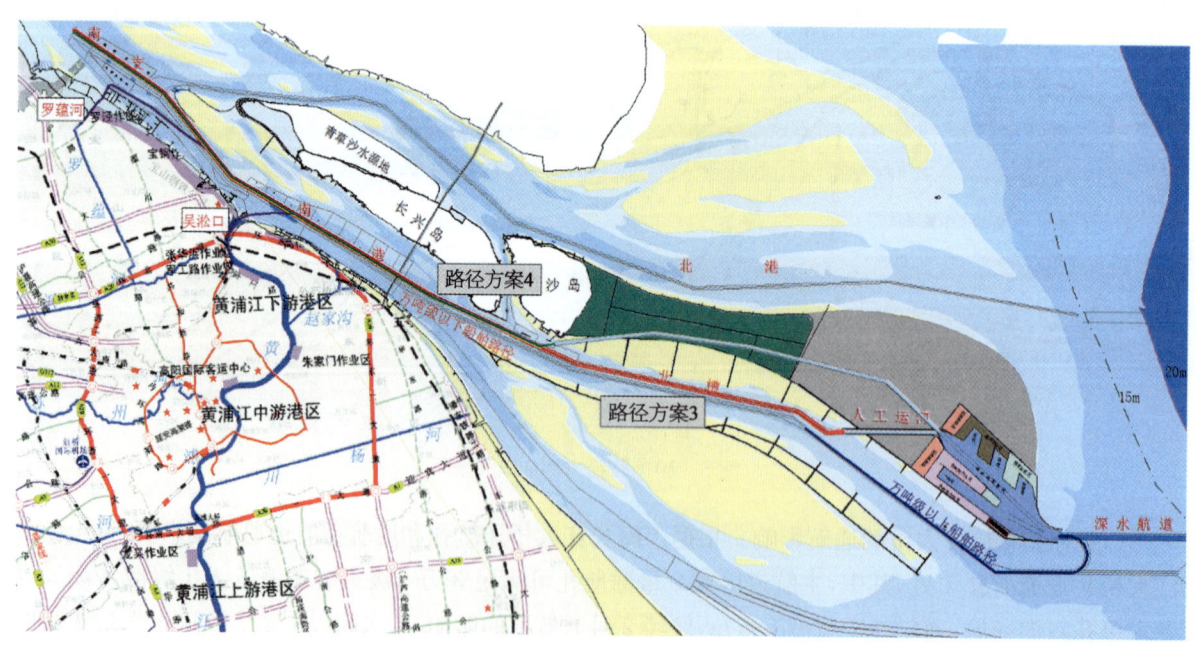

图 5-21 路径方案 3、4 汇总

(1) 对北槽深水航道通航的影响。路径方案3船舶走北槽北侧专用通道,不占用北槽深水航道有限的通航资源,且新设的专用航道与长江口深水航道北侧边界距离约500 m,可以避开对北槽段深水航道的通航影响。同时,为确保北槽深水航道安全、高效通航,采取了严格的管控模式,辅航道的开通必定会对通航管理提出更高的要求。此外,北槽段深水航道需常年维护,专用航道的设置对维护作业的开展也需提出更高的管理要求。而路径方案4则避开了北槽段航道,可以进一步避免对北槽航道的影响。

(2) 对北槽进口段锚地的影响。路径方案3、4在北槽进口段设置专用航道,需经横沙锚地西区、游轮危险品锚地、横沙锚地西区,则将涉及锚地的调整问题。

(3) 对南港航道通航的影响。路径方案3、4对南港航道的影响与路径方案2相同。

5.5 横沙深水新港建设运营对周边自然保护区的影响

长江河口湿地是全球生物多样性集中分布的热点区域,是候鸟重要的栖息地,是中华鲟、刀鲚、中华绒螯蟹等渔业资源的"三场一通道"。长江口上海市境内分布有崇明东滩鸟类国家级自然保护区、九段沙湿地国家级自然保护区、长江口中华鲟省级自然保护区3个自然保护区,上海吴淞炮台湾国家湿地公园、崇明西沙国家湿地公园2个国家湿地公园。

如图5-22所示,横沙周边生态环境较为敏感,北面为崇明东滩鸟类自然保护区及中华鲟自然保

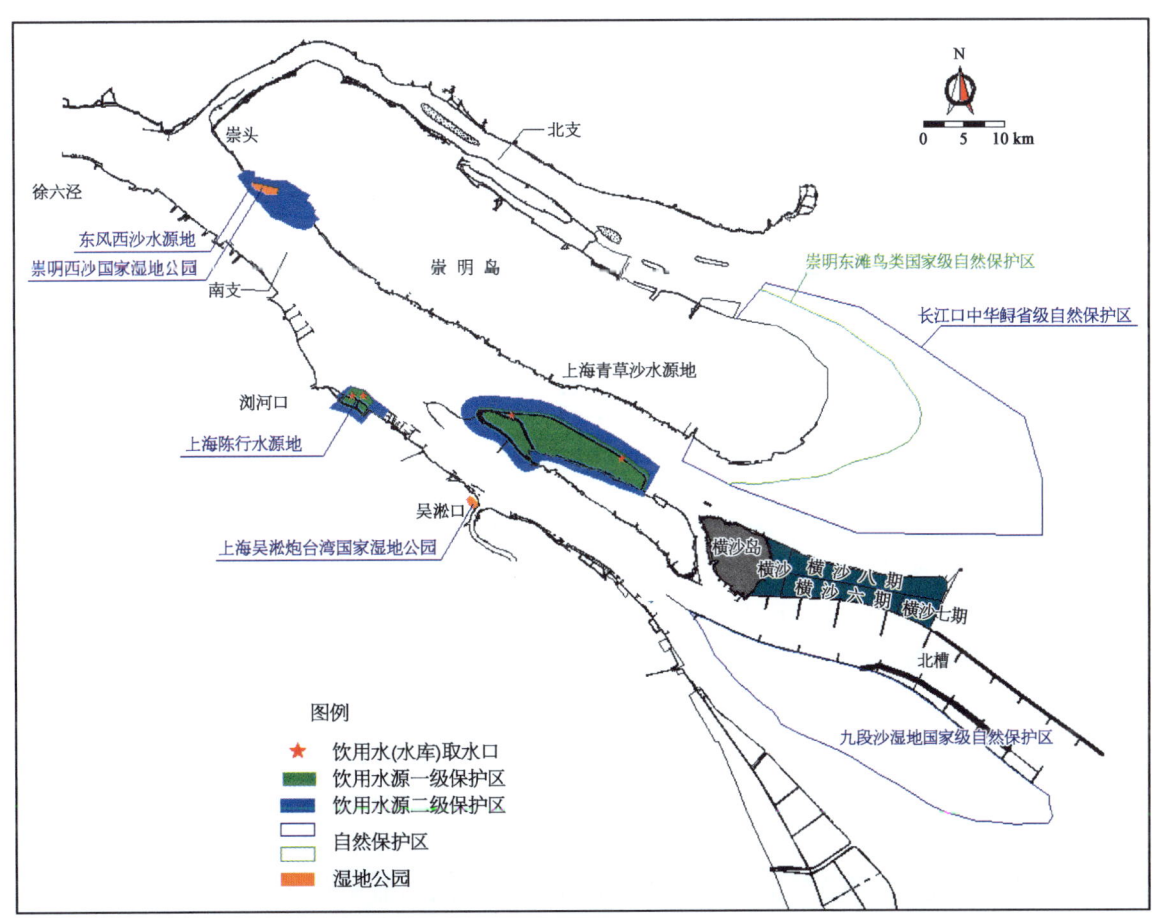

图5-22 横沙深水新港周边生态敏感区域分布

护区,主要保护对象包括鸟类、中华鲟及其赖以栖息生存的自然生态环境;南面为九段沙湿地自然保护区,主要保护对象为河口型新生湿地生态系统、水生动物产卵和育肥生境、重要经济水产动物种质资源、珍稀濒危的水生动物和鸟类种群、发育早期的河口沙洲地貌及其发育过程。

横沙东滩浅滩拥有丰富的底栖动物和植被资源,该区域主要物种有 11 种,其中绯拟沼螺、河蚬、黑龙江河篮蛤、谭氏泥蟹和无齿螳臂相手蟹为主要物种。主要经济物种有泥螺、中华绒螯蟹和脊尾白虾 3 种,其中泥螺为常见种,中华绒螯蟹和脊尾白虾为稀有种。

东滩及浅滩区域内鱼类主要有 8 目 10 科 33 种,其中河口鱼类 8 种,淡水性鱼类 25 种,近海性鱼类 1 种,洄游鱼类 2 种,优势种为刀鲚。该区域是一些溯河性和降海性游泳动物洄游的必经之路,包括珍稀水生生物(如中华鲟)和经济水生生物(如中华绒螯蟹、日本鳗鲡、松江鲈鱼),是许多优良水产生物的繁衍栖息地、产卵场和育肥场,如日本鳗鲡、中华绒螯蟹、刀鲚、凤鲚和长吻鮠等(图5-23)。

图 5-23 长江河口水产生物索饵、产卵、洄游路线

长兴岛和横沙岛周缘湿地共记录到 108 种 11 551 只鸟类,其中水鸟 61 种 10 957 只,主要以迁徙旅鸟为主。横沙岛东滩及浅滩为大量雁鸭类、鸻鹬类提供觅食栖息地,包括留鸟 19 种、旅鸟 40 种、冬候鸟 35 种、夏候鸟 14 种、国家二级保护动物 7 种,IUCN 濒危级动物 1 种、易危级 3 种、近危级 2 种。鸟类主要集中在横沙岛东部围垦区和滩涂区域。由于横沙围垦区人为干扰相对较少,2012 年夏季每个月可以发现黑脸琵鹭亚成鸟种群在此栖息。

从图 5-24 可以看到,新横沙本身处于上海三级生态保护空间内,并未列入保护红线区域。但其北面隔着北港与位于一级生态保护空间的崇明东滩鸟类国家级自然保护区和位于二级生态保护空间内的长江口中华鲟省级自然保护区相望,南面隔着长江口北槽深水航道与位于一级生态保护空间内的九段沙湿地国家级自然保护区相望,因此位置比较敏感,有关研究论证有待于日后进一步深入。

图 5‑24 上海市域生态保护控制线规划

横沙深水新港与其他生态环境保护目标距离相对较远,对其影响不大。

横沙深水新港建设后,对周边的流场影响主要集中在工程周边北港及北槽水域。根据潮流数学模型计算,崇明东滩在靠近北港水道的南沿区域,涨、落急流速最大变幅不足 0.2 m/s,其余滩面则基本不受影响。九段沙保护区受长江口深水航道南导堤及南坝田挡沙堤工程掩护,目前挡沙堤的高程达+3.5 m,九段沙自身滩面已相对较高,横沙新港建设后,对九段沙滩面流速基本不会产生明显影响。潮流数模计算结果显示,滩面涨落急流速最大变幅不足 0.1 m/s。因此,横沙深水新港建设在水动力上对周边自然保护区不会产生影响。

5.6 横沙深水新港对长江口水源地的影响

根据《上海市主要饮用水水源保护区范围及保护要求》,长江口上海境内有 3 个饮用水水源保护区,自西向东分别为东风西沙饮用水水源保护区、陈行饮用水水源保护区、青草沙饮用水水源保护区(图 5‑25)。

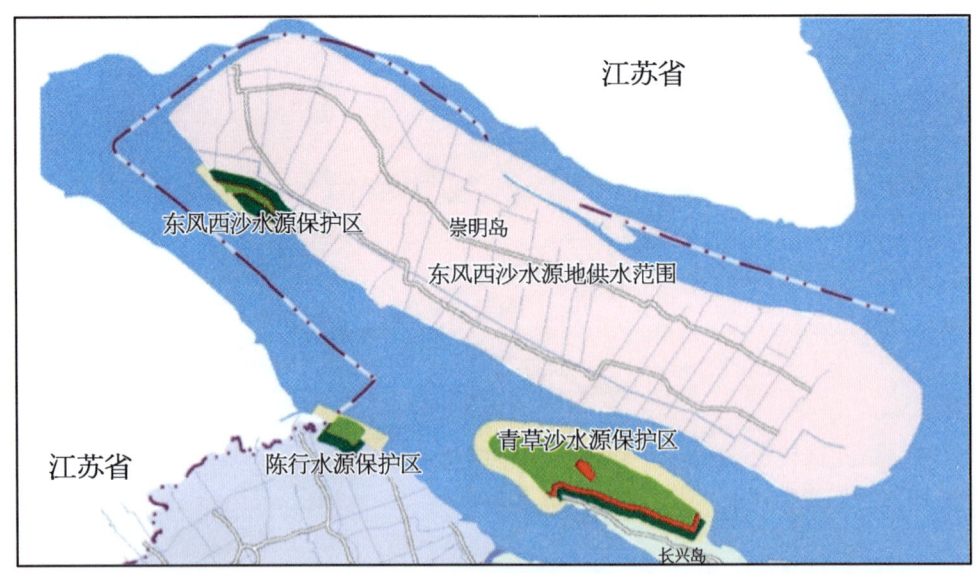

图 5‑25　长江口水源保护区范围示意

5.6.1　上海水源地概况

5.6.1.1　青草沙水源地

以改善上海城市供水原水水质和扩大长江原水供应规模为目标的上海青草沙水源地原水工程，是上海市"十一五"期间重大基础设施工程，供水范围为上海市中心城区、浦东新区、南汇区的全部和宝山区、普陀区、崇明县、青浦、闵行区的部分区域，受益人口超过 1 000 万人，其规模占全市原水供应总规模的 50% 以上。

青草沙水源地（水库）位于长江口江心，南北港分流口下方，由长兴岛西侧的中央沙和北侧的青草沙以及北小泓、东北小泓等滩涂和水域构成（图 5‑26），水库库容 4.35 亿 m^3，建设总面积约 70 km^2，

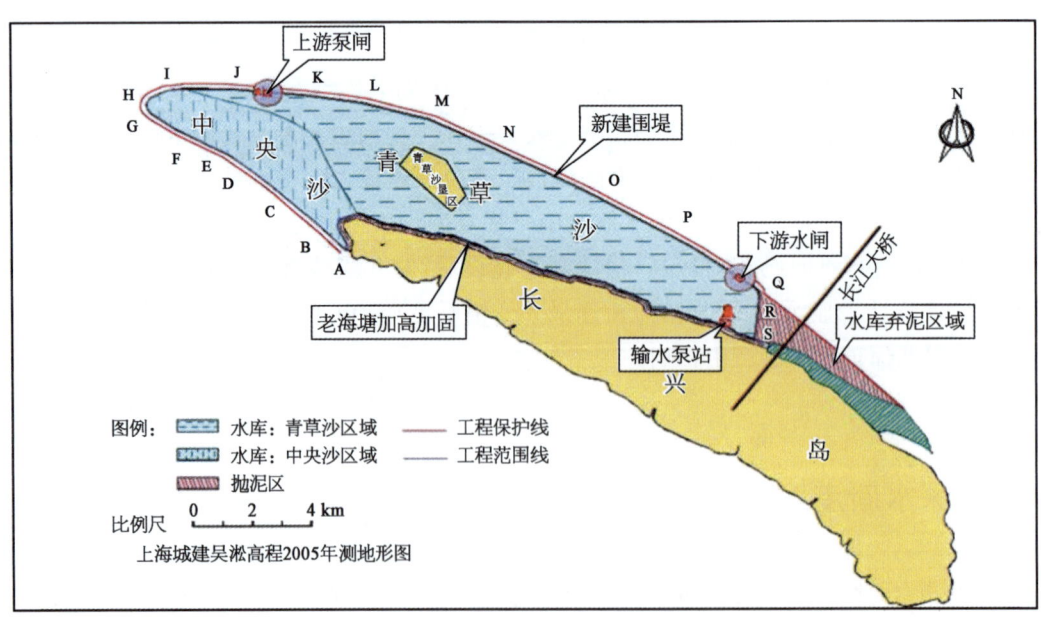

图 5‑26　青草沙水库平面示意

工程设计总规模 719 万 m^3/d，在咸潮期最长可确保 68 天连续供水。

近 20 年的水质监测资料显示，青草沙水域水质优良稳定，总体为 Ⅱ 类，是目前上海境内最好的地表水水源地之一。由于长江青草沙段为长江末端，已临近入海口，承载了上游地区经济发展对水质的各种复合影响，而且流动水体转变为避咸蓄淡水库，使青草沙原水具有独特的水质特征。

按照《地表水环境质量标准》(GB 3838—2002)，对 2011—2015 年青草沙取水口 24 项基本项目和 5 项补充项目的年均值进行评价，青草沙水源除总氮为 Ⅴ 类以下，汞为 Ⅲ 类外，高锰酸盐指数、总磷和粪大肠菌群为 Ⅱ 类，其余水质指标为 Ⅰ 类。5 项补充项目全部合格。

5.6.1.2 陈行水源地

陈行水源地（水库）位于长江口南支南岸宝山罗泾镇，西接宝钢水库，东邻罗泾港区。水源地由两座取水泵站、一座调蓄水库和两个输水泵站组成。水库面积约 133.6 万 m^2，调蓄水库库容约 960 万 m^3，设计最高水位 7.25 m，最低水位 0.50 m，常水位 5.50 m，经过扩容改造后陈行水库有效库容为 950 万 m^3。

对陈行水库 2010—2014 年取水口 24 项基本项目和 5 项补充项目年均值进行分析评价，除总氮为 Ⅴ 类及以下，汞、总磷为 Ⅲ 类外，溶解氧、高锰酸盐指数、氨氮和粪大肠菌群为 Ⅱ 类，其余水质指标为 Ⅰ 类。5 项补充项目全部合格。

但陈行水库建于 20 世纪 80 年代，位于浏河口下游，属于长江边滩水库。一旦咸潮来袭，海水连续倒灌易影响原水水质，加上陈行水库库容容量较小，在现有条件下供水能力存在严重缺口，此外，还存在避咸蓄淡、避污蓄清能力不足的问题。

5.6.1.3 东风西沙水源地

崇明东风西沙水库及配套原水系统（图 5 - 27）于 2014 年 1 月建成通水，为提高崇明岛域供水水质，满足岛内居民及企业的日常生产生活用水需求，有效推进供水集约化建设，进一步落实崇明生态岛建设的具体要求，起到了很大的推动作用。

东风西沙水库工程位于长江口南支上段，崇明岛西南侧。上口与白茆沙北水道相接，下游出口与庙港口门相邻。水库由东风西沙与崇明岛之间的夹泓形成，库体呈狭长形，上宽下窄，呈西北—

图 5 - 27　东风西沙水库平面图

东南轴向,库体面积约 3.74 km², 近期水库最小调蓄库容为 478.5 万 m³, 远期水库最小调蓄库容为 890.2 万 m³。工程设计近期供水规模 21.5 万 m³/d, 远期供水规模 40 万 m³/d, 配套输水泵站规模 40 万 m³/d。

上海市供水状况如图 5-28 所示。

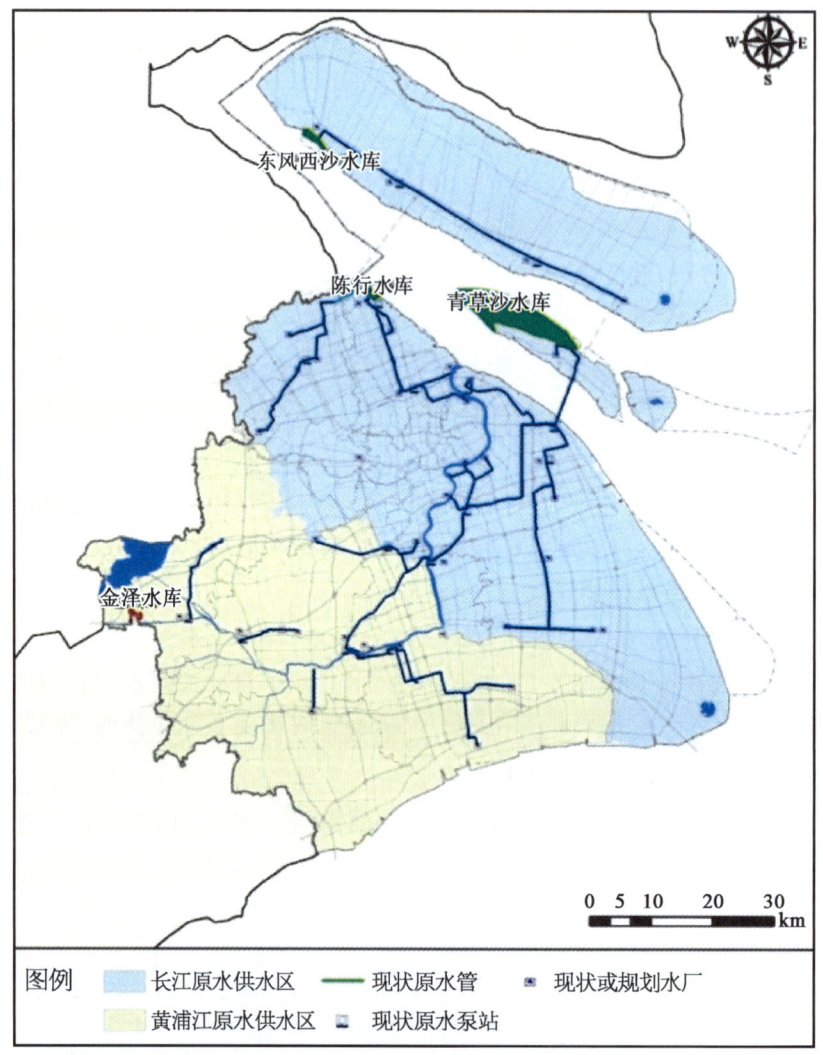

图 5-28　上海市供水状况示意

5.6.2　对上海水源地的影响

5.6.2.1　青草沙饮用水水源保护区

青草沙饮用水水源地是上海市饮用水重点保护区域。横沙深水新港未纳入上海市饮用水水源地一级保护区和二级保护区中,但与之距离较近。

1) 青草沙水域潮位变化

根据数学模拟计算结果,横沙建港方案后,对青草沙水域附近高低潮位基本没有影响。图 5-29 和图 5-30 给出了横沙港区方案实施前后青草沙水库上下游泵闸位置水位变化过程,沿着青草沙水库北堤上游泵闸至下游泵闸间布置了 10 个采样分析点。

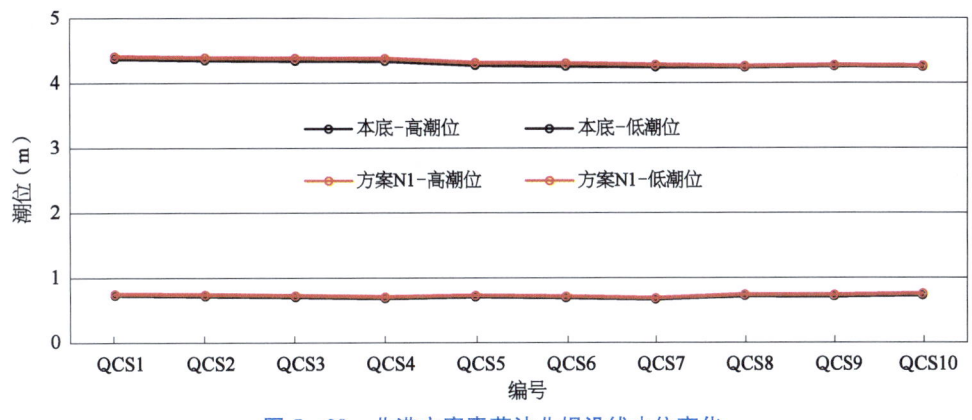

图 5‑29　北港方案青草沙北堤沿线水位变化

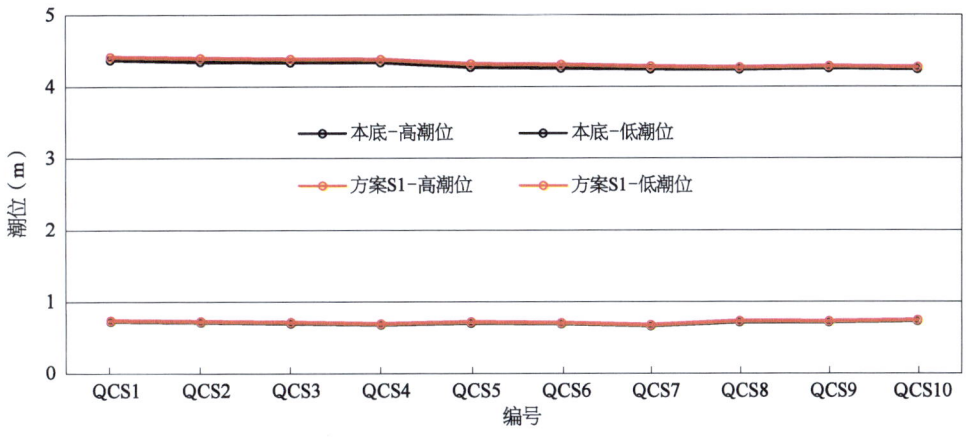

图 5‑30　南港方案青草沙北堤沿线水位变化

2) 青草沙水域流场变化

图 5‑31 给出了横沙北港方案实施前后青草沙水域涨落急流场对比,图 5‑32 给出了横沙南港方案前后涨落急流速差值分布。

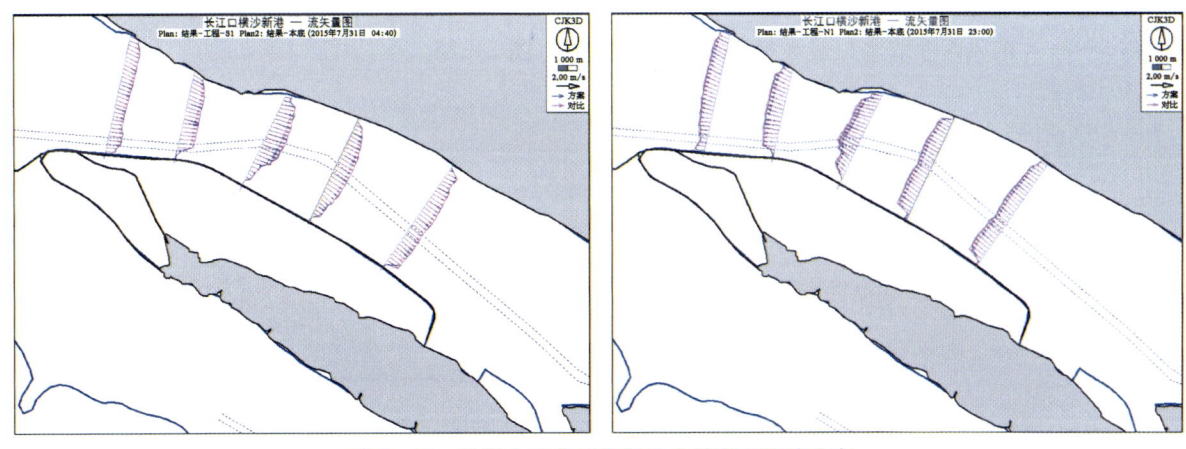

图 5‑31　北港方案前后青草沙水域断面流速分布

根据计算结果分析,北港方案与南港方案对青草沙水域的影响基本一致。工程实施后,青草沙所处的北港河段落急流速变化甚微,涨急流速表现为减小趋势,减小幅度为 3～5 cm/s,主要由横沙陆域形成后北港河段阻力增强涨潮量有所减小引起。

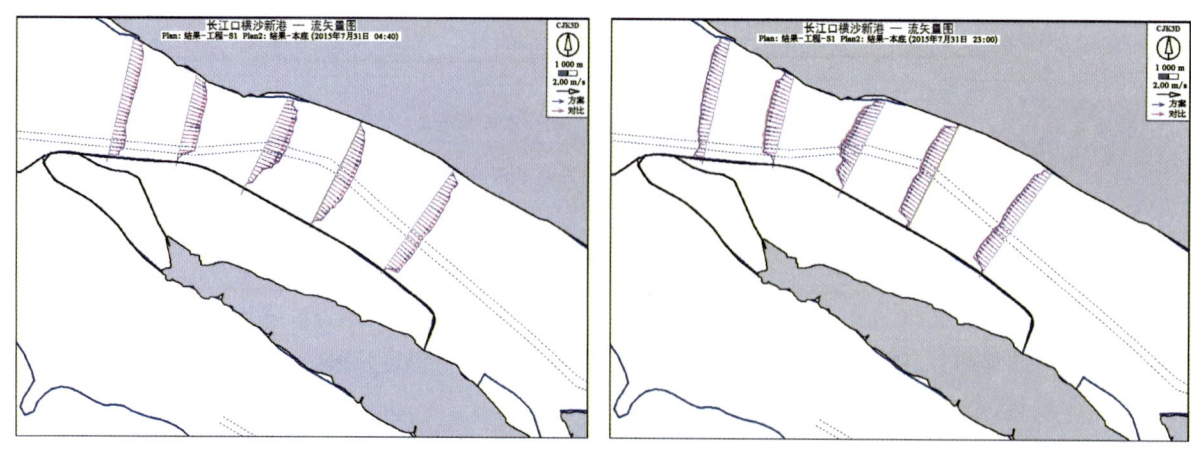

图 5‑32　南港方案前后青草沙水域断面流速分布

3) 青草沙水域盐度变化

由于涨潮纳潮量减少,水源地的水体盐度降低。根据对在极端气候强盐水入侵条件模拟,青草沙取水口最大盐度减小 1‰左右(图 5‑33)。

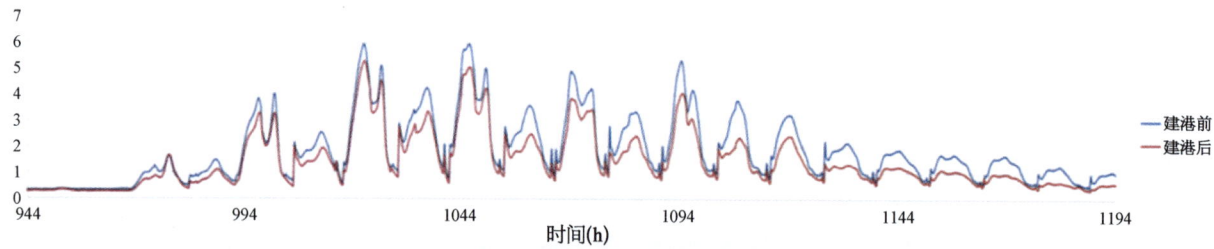

图 5‑33　青草沙水库取水口盐度变化

5.6.2.2　东风西沙饮用水水源保护区、陈行饮用水水源保护区

横沙深水新港距离东风西沙饮用水水源保护区大约 100 km,距陈行饮用水水源保护区也将近 80 km,距离较远,新港建设基本不会对之造成流速、水位变化。陈行取水口最大盐度减小 0.1‰左右(图 5‑34),东风西沙取水口最大盐度减小 0.1‰左右(图 5‑35)。

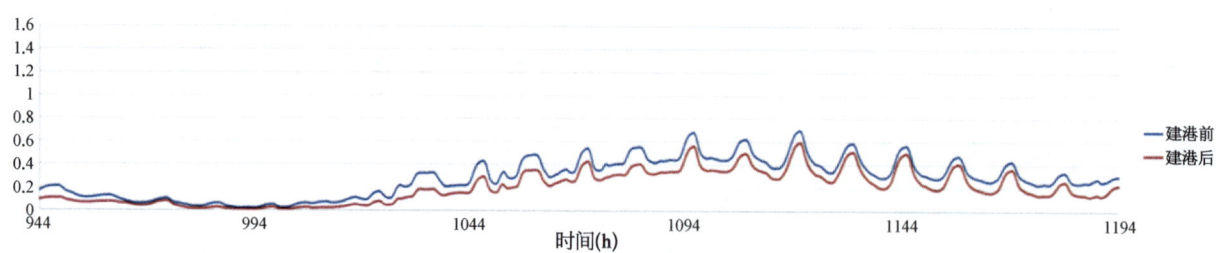

图 5‑34　陈行水库取水口盐度变化

5.6.3　突发溢油对长江口水源地的影响

根据横沙深水新港功能定位及集装箱吞吐量预测,综合考虑长江口水源地风险源所处的区域位置、历史上污染事件的发生概率、潜在污染事故的可能污染强度等因素,将长江口水源地风险源分为固定源和移动源两大类。固定源主要包括 LNG 装卸码头和石油储备库等基本固定的风险源,

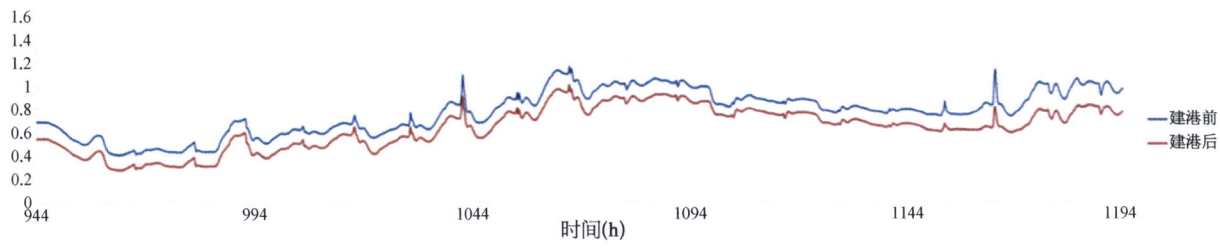

图 5‑35 东风西沙水库取水口盐度变化

移动源主要包括水体中的航运船舶碰撞溢油等风险源,见表 5‑7。

表 5‑7 横沙深水新港建设后对长江口水源地风险识别

类 别	具体风险源	污染特征
固定源	LNG 装卸码头	由点及面,从局部扩散,多为化学性污染
	石油储备库	
移动源	航运船舶	由点及面,或带状污染,主要为油品及化学性污染

根据上述长江口水源地风险识别结果,采用美国 ASA 开发的溢油 OilMap 专业模型软件,开展横沙深水新港突发溢油事故的案例多情景模拟计算,分析 LNG 装卸码头和石油储备库等固定源和船舶事故移动源引发的突发溢油事故对长江口水源地的影响。

5.6.3.1 方案设计

1) 固定源

以横沙深水新港平面布置北方案为例,假定在横沙深水新港出口处发生突发溢油事故,如图 5‑36 所示。

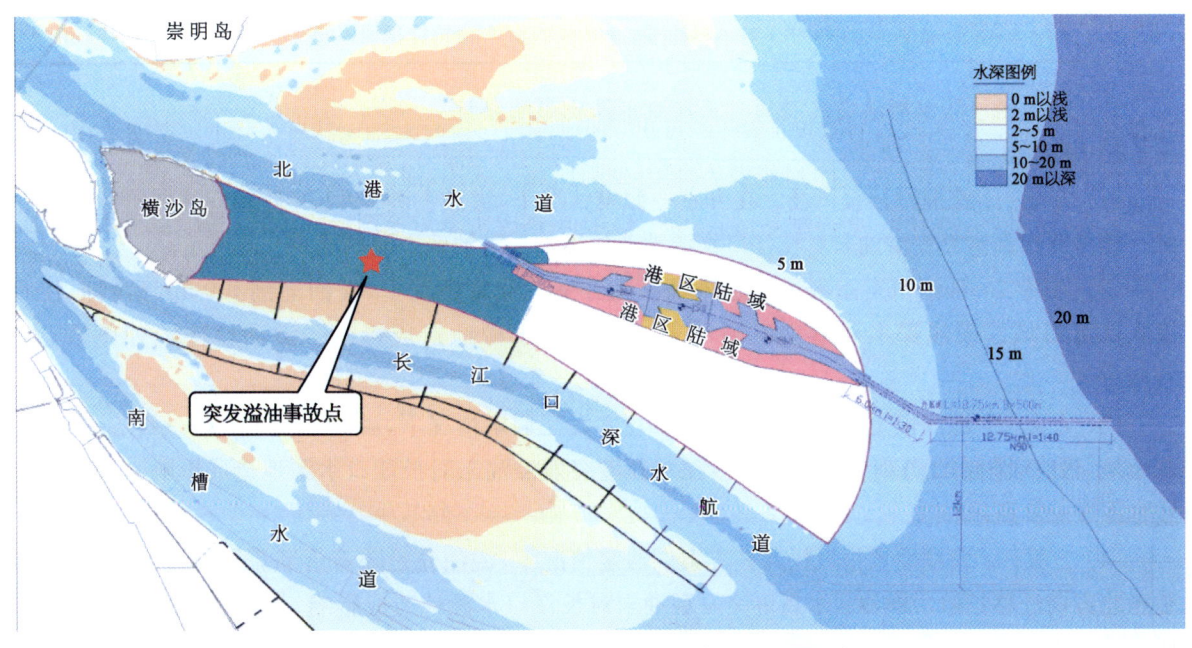

图 5‑36 横沙深水新港突发溢油事故点位置示意

在方案选取时,分别考虑涨潮期和落潮期,风场考虑采用全球预报系统原预报风场、假定恒定不利常态风场(5.5 m/s)和假定恒定不利风向风场(10 m/s)时发生溢油事故模拟,共设置6个方案,详见表5-8。

表5-8 横沙深水新港固定源突发溢油事故方案

编号	计算方案名称	开始时间	模拟时长(h)	风　　场	溢　油	计算期大通平均流量(m³/s)
方案一	涨潮原预报风场	2016年6月17日12点	108	全球原预报风场	1 500 t 原油	49 400
方案二	涨潮恒定东南风常态风场	2016年6月17日12点	108	5.5 m/s 东南风	1 500 t 原油	49 400
方案三	涨潮恒定东南风不利风场	2016年6月17日12点	108	10 m/s 东南风	1 500 t 原油	49 400
方案四	落潮原预报风场	2016年6月17日18点	108	全球原预报风场	1 500 t 原油	49 400
方案五	落潮恒定东南风常态风场	2016年6月17日18点	108	5.5 m/s 东南风	1 500 t 原油	49 400
方案六	落潮恒定东南风不利风场	2016年6月17日18点	108	10 m/s 东南风	1 500 t 原油	49 400

2) 移动源

以2016年7月13日实际发生的长江常熟附近水域溢油为例,进行实际风速和流场条件下的模拟,横沙深水新港移动源突发溢油事故方案见表5-9。

表5-9 横沙深水新港移动源突发溢油事故方案

编号	计算方案名称	开始时间	模拟时长	风　　场	溢油量	大通流量
方案七	"7·13"常熟溢油	2016年7月13日2点	72 h	全球原预报风场	1 000 t	69 800 m³/s

5.6.3.2 横沙深水新港突发溢油对长江口水源地影响分析

1) 固定源

(1) 方案一:涨潮原预报风场。在方案一假定情况下,溢油上溯5.8 km后转向往北进入江苏海域。横沙深水新港突发溢油未对长江口水源地造成影响。溢油轨迹线如图5-37所示。

(2) 方案二:涨潮恒定东南风常态风场。在方案二假定情况下,溢油上溯5.9 km后转向往北进入江苏海域。横沙深水新港突发溢油未对长江口水源地造成影响。溢油轨迹线如图5-38所示。

(3) 方案三:涨潮恒定东南风不利风场。在方案三假定情况下,溢油上溯7.4 km后往北进入江苏海域,最终吸附在江苏南通岸边。横沙深水新港突发溢油未对长江口水源地造成影响。溢油轨迹线如图5-39所示。

(4) 方案四:落潮原预报风场。在方案四假定情况下,溢油先是随着落潮流往外海方向,并继续往东北方向迁移扩散。横沙深水新港突发溢油未对长江口水源地造成影响。溢油轨迹线如图5-40所示。

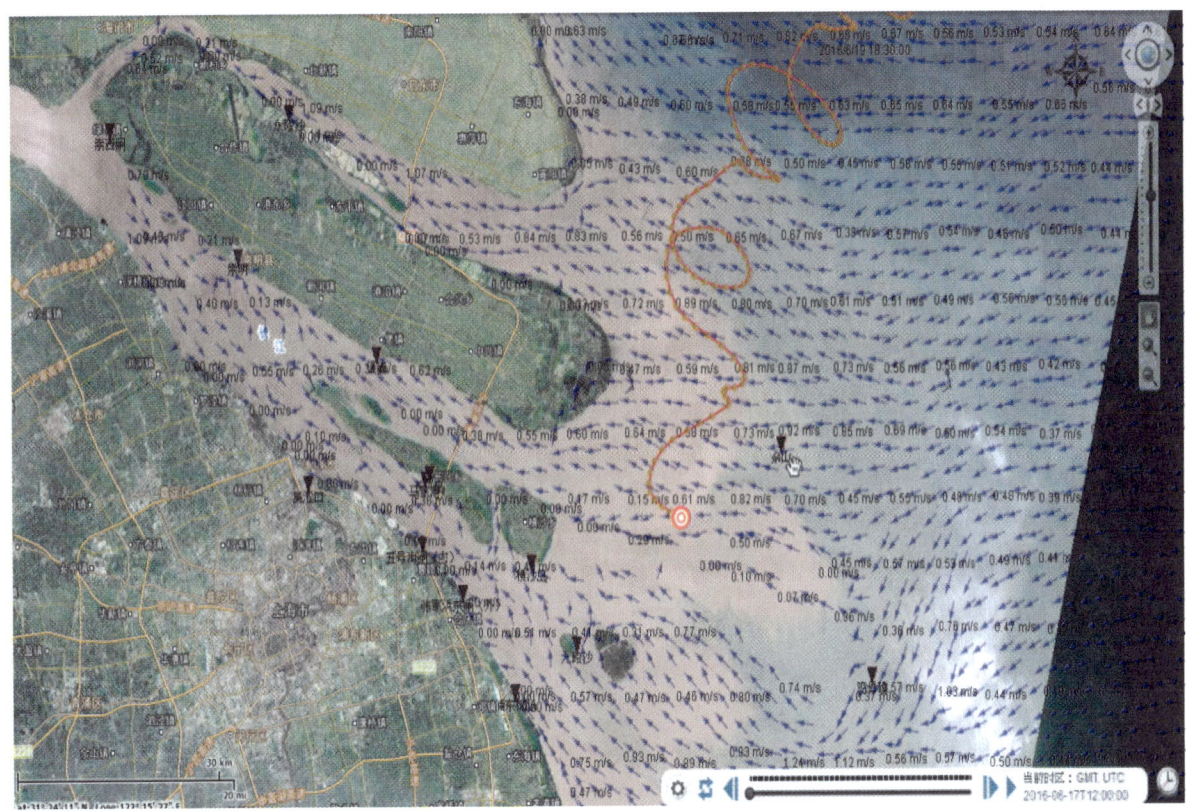

图 5-37　方案一溢油轨迹线示意

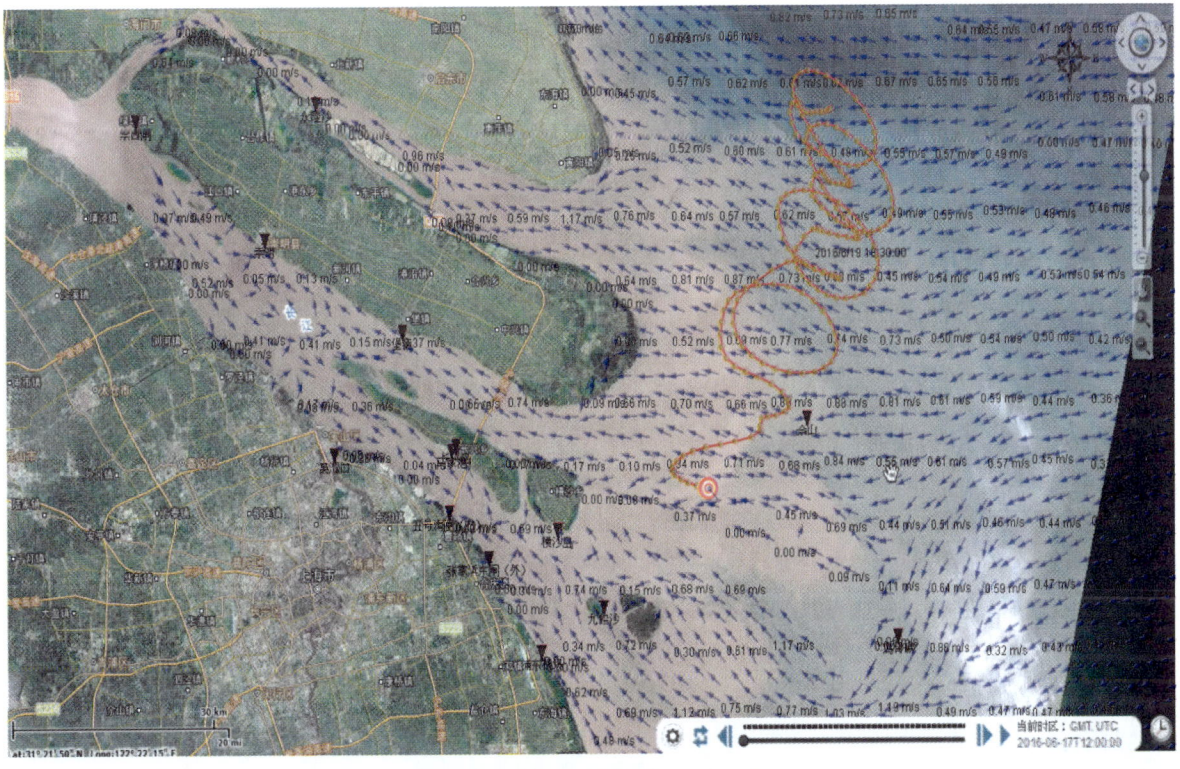

图 5-38　方案二溢油轨迹线示意

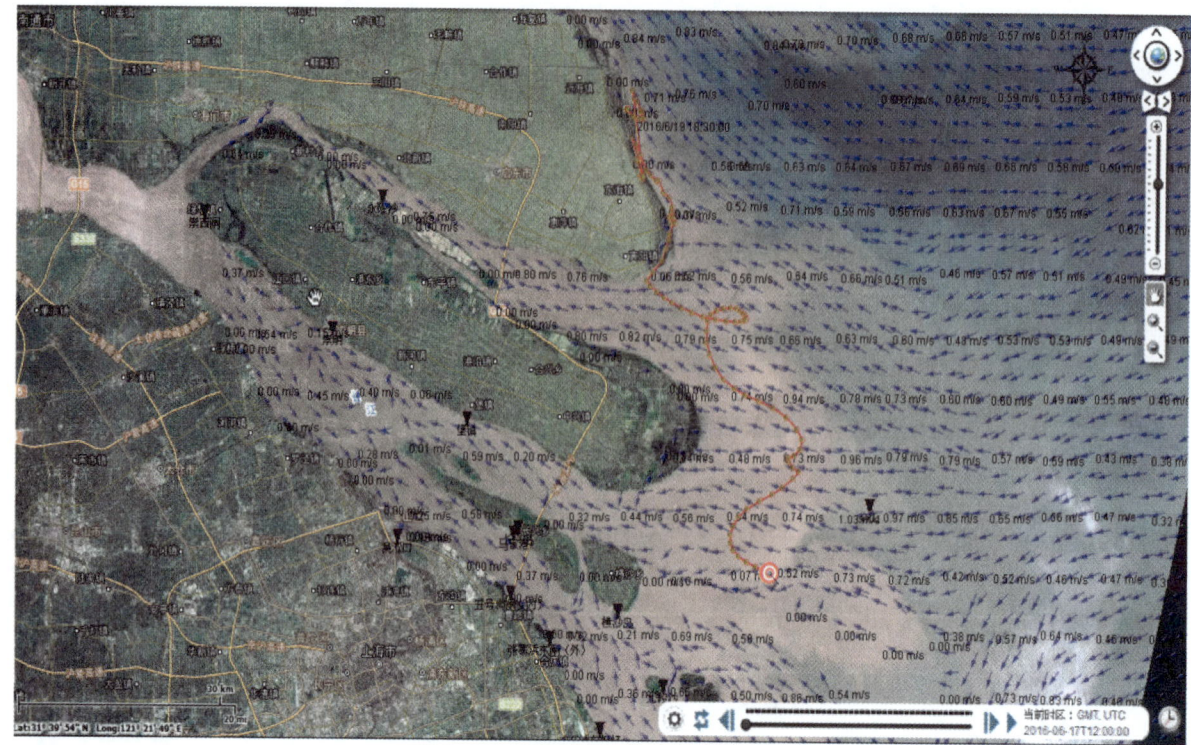

图 5-39　方案三溢油轨迹线示意

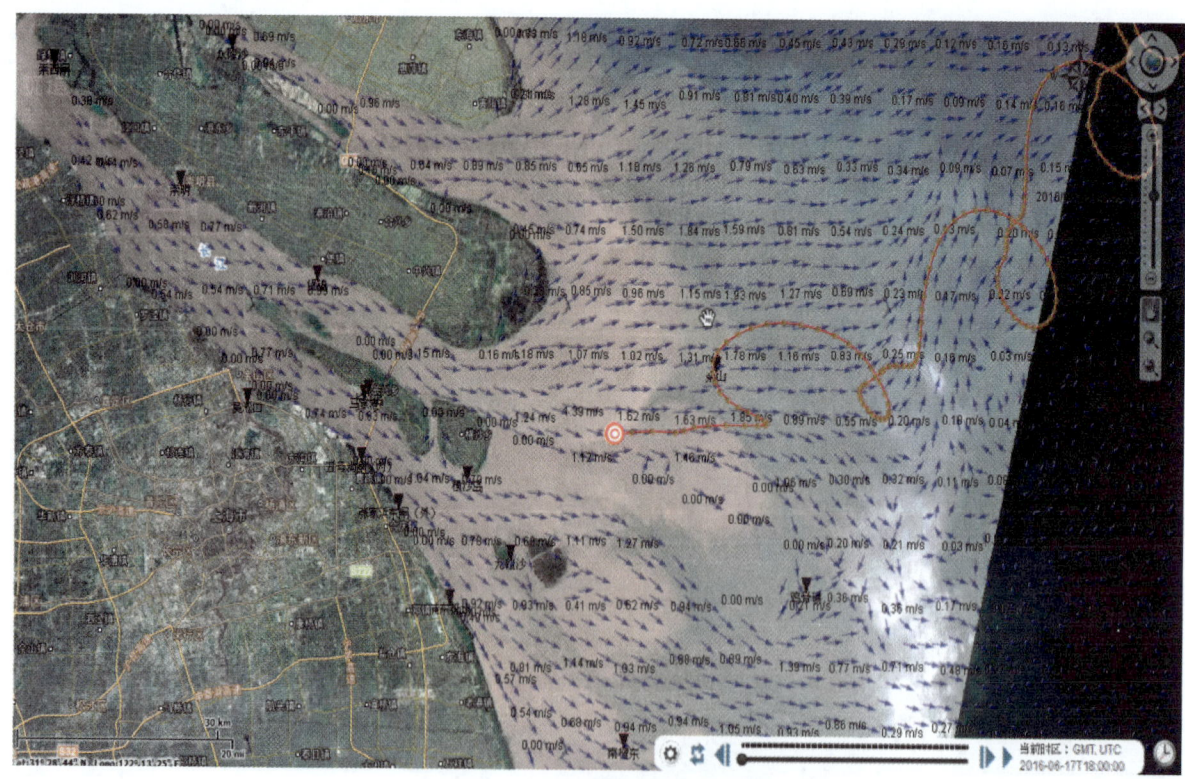

图 5-40　方案四溢油轨迹线示意

(5)方案五:落潮恒定东南风常态风场。在方案五假定情况下,溢油先是随着落潮流往外海方向,并受潮流和风场的共同影响在崇明东部海域往东北方向迁移扩散。横沙深水新港突发溢油未对长江口水源地造成影响。溢油轨迹线如图5-41所示。

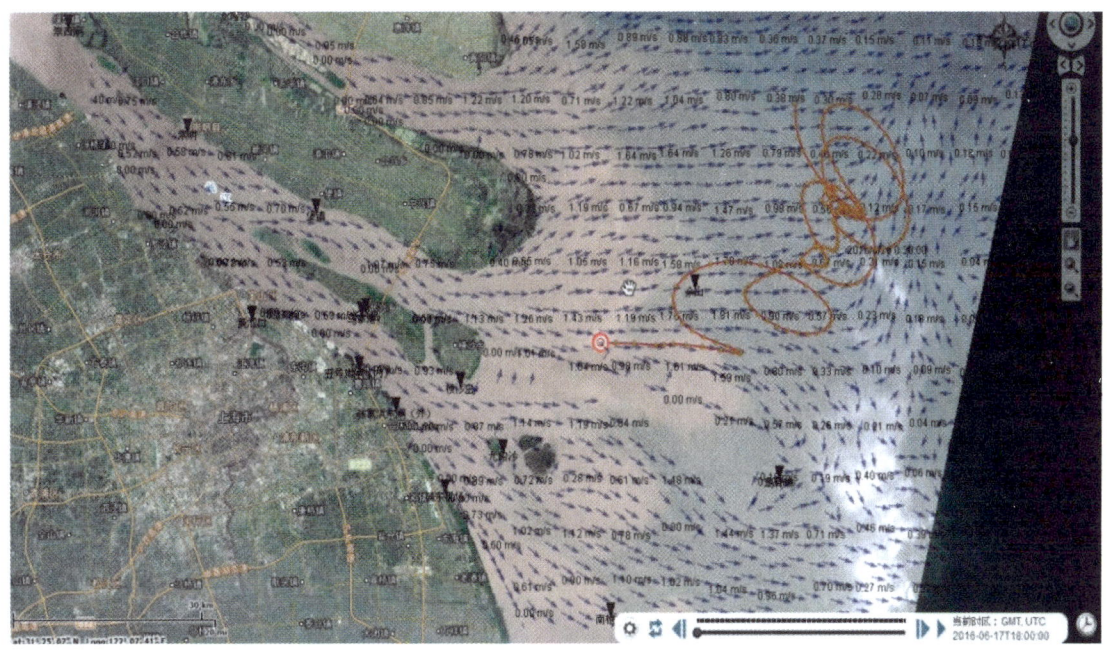

图 5-41 方案五溢油轨迹线示意

(6)方案六:落潮恒定东南风不利风场。在方案六假定情况下,溢油先是随着落潮流往外海方向,并受潮流和风场的共同影响,逐渐向江苏海域迁移扩散。横沙深水新港突发溢油未对长江口水源地造成影响。溢油轨迹线如图5-42所示。

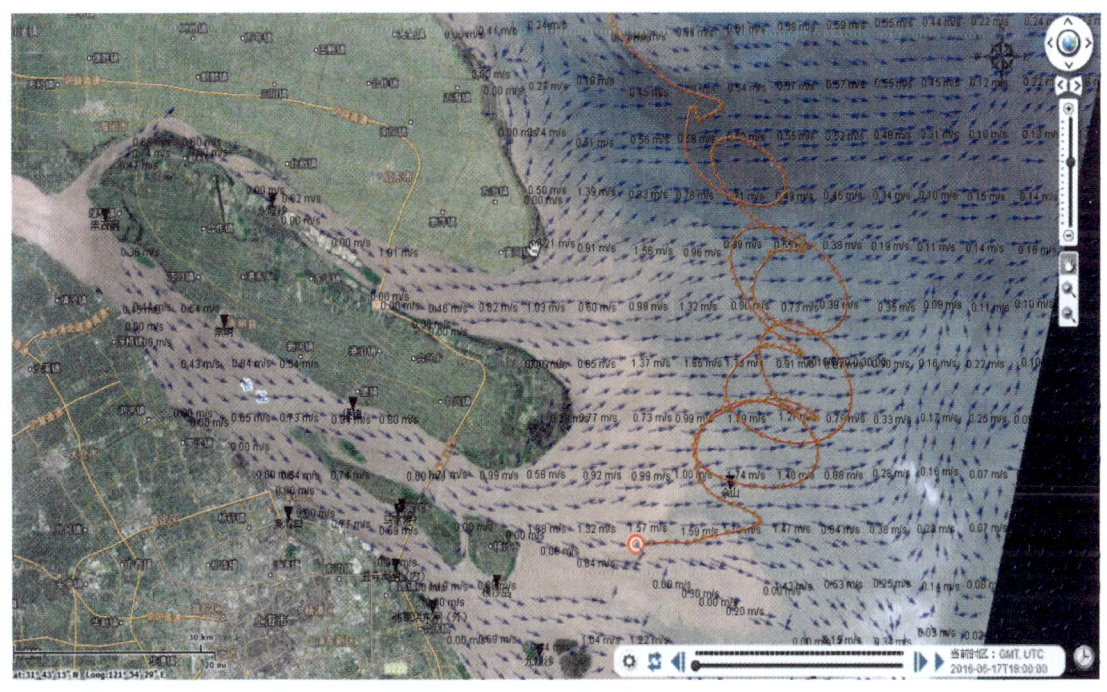

图 5-42 方案六溢油轨迹线示意

2) 移动源——方案七:"7·13"常熟溢油

"7·13"常熟溢油事故发生后,溢油沿着南支进入南港,之后进入南槽和北槽,部分被吸附在长江南岸、九段沙、横沙岛等岸边,对陈行水库、九段沙湿地等影响较大。溢油轨迹线如图5-43所示。

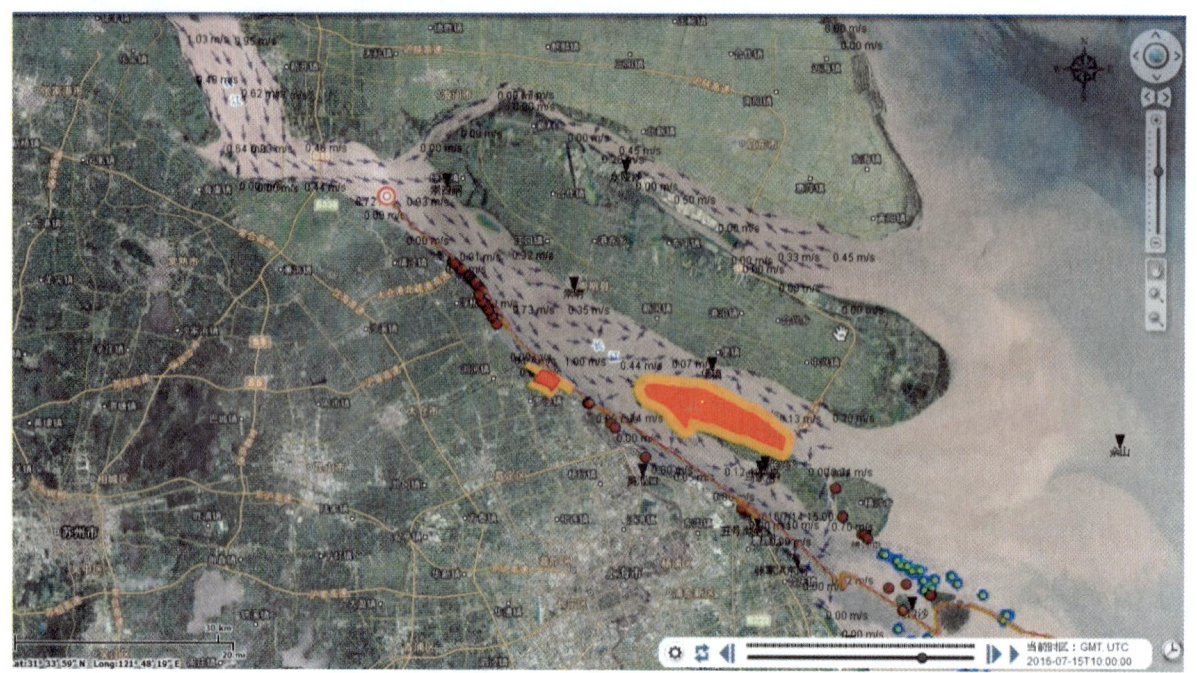

图5-43 "7·13"常熟溢油轨迹线示意

5.6.4 新港建设营运中的生态环境保护对策

5.6.4.1 优化主体功能区规划

(1) 新港周边尽可能营造自然滩涂湿地,保留一定宽度的潮间带,大范围种植海三棱藨草等原生盐沼植物,加速泥沙沉降,稳定底质环境。潮沟环境的修复可缓冲工程施工对鱼类洄游通道的影响,大量的盐沼可为鸟类提供重要的栖息地。

(2) 在岛屿的南部和北部,通过营造水域、裸地、植被生境单元,保护区域的生态廊道,维护鸟类栖息场所,有效提升生态服务功能。

(3) 航道两侧和岛屿边缘布置100 m绿化隔离带,有效阻隔船只运行所产生的噪声污染,通过优化植物种植结构,进一步提高绿地生态效益(图5-44)。

5.6.4.2 加强船舶航运安全管理,防止突发性水污染事故发生

(1) 分类分级修订船舶及其设施、设备的相关环保标准,强制报废超使用年限的船舶。推进长江危险化学品运输船舶结构调整,淘汰长江单壳危险化学品船舶,引导安全技术标准高、符合节能减排要求的双壳危险化学品船舶投入运输市场。

(2) 加强船舶污染处理系统建设。对航行于我国水域的国际航线船舶,要实施压载水交换或安装压载水灭活处理系统。

(3) 实施危险化学品水上适运性评估制度,对新进入水运领域的危险化学品开展适运性评估,强化对危险化学品运输船舶的监督检查。

(4) 推动长江危险化学品运输企业转型升级,严格航运市场准入管理。落实《国内水路运输管理

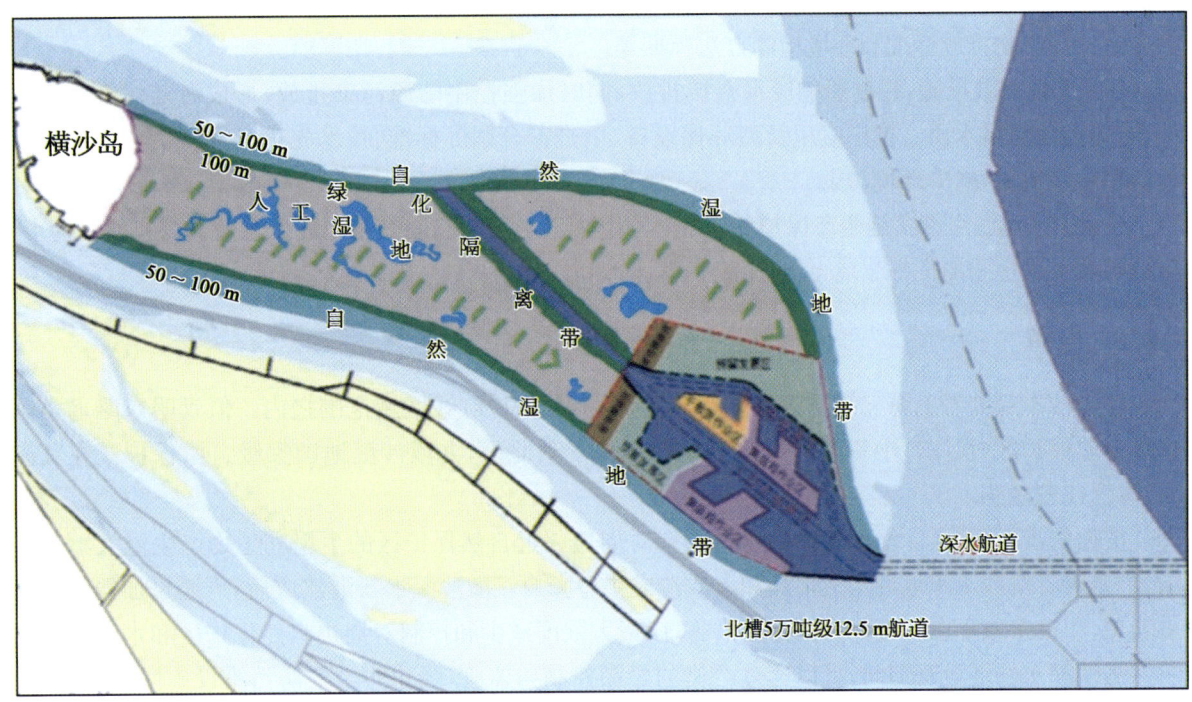

图 5-44　工程区生态功能区域初步构想

条例》，提高危险化学品运输市场准入门槛，鼓励现有危险化学品运输企业通过兼并重组实现规模化经营，提高企业安全生产管理水平。

（5）加强航运警示标建设和通航安全管理，进一步优化航道航线。

5.6.4.3　注重主动防范风险，发挥工程性措施防控水质效益

（1）加强长江口水源地取水口设置防拦油污设施建设。为了提高长江口水源地安全取水和避污引清能力，有必要在取水口及岸边水闸引水口周围一定区域设置防拦油污设施，有效防止水上漂浮物或油污进入水库取水蓄水系统。

（2）加强输水口泵站安装应急处理装置建设。粉末活性炭因其具有孔隙结构发达、比表面积大、吸附性能强、库层阻力小、化学性能稳定、易再生等优点，对非极性、弱极性和水溶性差的有机物和一些无机物具有较好的吸附作用。借鉴国内外应急处置突发性水污染事件的净水效果和成功经验，在输水口泵站安装粉末活性炭投加装置，可有效缓解突发性水污染事件的污染影响和原水中典型致臭味物质含量的上升。

5.6.4.4　注重应急能力建设，完善水源地安全应急保障体系

（1）着力健全应急组织体系，提高组织保障能力。设立长江口水源地水质灾害事故应急工作小组，负责水源地突发公共事件应急管理工作。要加强应急抢险物资装备的储备、补充、更新、维护保养，以满足突发事件应急抢险需要。加强通信技术与信息技术融合应用，确保应急事故处理处置联络畅通。

（2）着力完善应急处置预案，提高应急响应能力。从完善组织指挥体系，规范突发事件分级、监测预警、应急响应和信息发布等机制，细化应急响应措施，明确后期工作和应急保障能力建设等方面，不断完善适用于长江口水源地突发事件的应急处置预案。

5.6.4.5　采取生态环境保护和修复措施

（1）构建环境管理体系，配以健全的环境管理信息系统以及强大的资金、技术、管理和人才等资源保证。在环境管理制度建设中,要重点制定一套符合新横沙成陆开发深水新港发展的环境标准体系,主要包括污染物排放标准和环境检测方法标准等。

(2)采取有效措施,控制船舶废水直接排放,同时加强控制陆源污染排放,形成海陆污染控制联动,改善港池海域水质。推广应用新型环保设备,引进符合国际标准、技术先进、经济安全、节能环保的新型港口机械,减少环境污染。

(3)加强对海岸带实施生态保护和修复,运用生态航道建设理念,采用新工艺、新材料、新结构,营造植被及水生生物的良好生境,促进生物种群保护和恢复。

5.6.5 小结

新横沙本身处于上海三级生态保护空间内,并不在保护红线区域范围之内。但崇明东滩鸟类国家级自然保护区、长江口中华鲟省级自然保护区位于其北面,九段沙湿地国家级自然保护区在其南面,位置比较敏感。

根据初步研究,横沙深水新港的建设不会对周边邻近自然保护区的生境和生物产生重大不利影响,不会对青草沙水源地的水文情势和水质造成明显影响。横沙深水新港建成后,可通过加强生态环境管理,积极采取生态环境保护和修复措施,以最大限度减少和控制对周边自然保护区和水源地的影响。横沙深水新港运营期间,可以通过严格的船舶控制与监管,强化防溢油防污染设施配备,做好安全防范和应急预案,避免和控制对周边生态环境产生明显不利影响。

第6章 结论及建议

6.1 研究结论

6.1.1 对标所承担的历史使命，上海港仍存短板

"一带一路"倡议和长江经济带发展、长三角一体化发展等国家战略均对上海城市发展、上海国际航运中心及港口建设起到了直接作用。作为中国经济中心城市，上海承载着多重国家战略和任务，尤其是在世纪之交国家赋予的"五个中心"准确地找准了上海的发展定位。当前，上海提出要迈向全球卓越城市，其中国际航运中心仍是核心功能之一，而国家战略给予了最强有力的保障，为上海城市发展提供了源源不断的动力。

上海港是上海市承担国家战略使命的核心资源之一，承载了国家战略、区域经济、城市发展的重要使命。无论是国家战略、区域经济和城市发展的要求，还是上海港自身转型升级的需要，都要求上海港继续保持世界一流大港、强港地位，进一步强化对外国际竞争力和对内辐射带动能力的塑造，提高全球影响力和话语权。

对标国家战略、区域经济和城市发展的要求，上海港仍有较大差距，存在明显短板。加强优势整合和短板提升，是上海港实现规划目标的首要任务。

6.1.2 横沙深水新港是建设上海国际航运中心的最优选择

与横沙岛相连的横沙东滩和横沙浅滩是集"区位、土地、岸线、航道"等众多优势资源于一体的区域。经过论证，将横沙两滩吹填成陆，可新增土地约 480 km²，加上横沙岛原有土地 49 km²，将形成约 530 km² 的新横沙岛。

新横沙地处长江入海口，是整个长江经济带的战略要地，它既为上海提供了极其稀缺的土地资源，成为上海对接国家战略的备用空间，又能建设优良的深水大港，成为上海乃至长三角地区直接服务"一带一路"沿线国家和对接长江内陆港口的桥头堡。

横沙东滩是上海市域范围内具备适应船舶持续大型化基本条件的唯一可能港址，其地理位置优越，距离国际习惯航线近，水深条件好，且出海进江、江海转运极为方便，可以兼顾深水、江海联运和后方产业带等腹地型港口的基本要素，是国内、国际市场的极佳接轨点。其独特的区位优势，既能节省运输费用，减少排放，带动长三角地区乃至长江经济带联动发展，弥补上海港现有短板，又有利于上海城市结构的优化，有利于上海自贸区的扩大和升级，还十分有利于长三角海港群平衡发展，有利于长江中下游地区运输格局的优化，有利于长江口航路航线资源的优化。

未来上海应积极探索在新横沙建设自由贸易港的可能，利用新横沙广阔腹地，进一步依托自贸区

政策，重点发展国际物流中转、国际配送、国际采购、国际转口贸易。一方面发展出口加工、流通加工、高附加值制造加工；另一方面发展壮大高端制造和前端研发产业，吸引跨国公司设立离岸研发和制造中心，建设前沿技术高地。应充分利用自由贸易港的优势，大力发展软件服务业，如商务服务、船代货代、报关报验、运输、法律、资讯、旅游等业务。在政策层面上，应发挥新横沙自由贸易港在离岸贸易和在岸贸易的结合、内贸和外贸统筹运作方面的优势，在政策创新上更多向物流方面倾斜，如外汇管制的放松、融资租赁、期货保税交割业务的开展、保税仓单的质押融资等。

横沙深水新港是建设新横沙自由贸易港的载体，面向通往全球大海的横沙深水新港可建成内涵最丰富的自由贸易港，而自由贸易港将为深水新港带来源源不断的人流、物流、船流、资金流等。两者必将互相影响，互为促进，效应叠加，形成良性循环。

6.1.3 横沙深水新港吞吐量预测和港区、航道规划布置

初步预测 2050 年横沙深水新港总吞吐量为 20 000 万～41 900 万 t，主要货类为集装箱 1 500 万～3 500 万 TEU，液化石油气 3 500 万～6 000 万 t，船舶燃料供应 2 000 万～3 500 万 t，汽车滚装 500 万～800 万辆。

在新横沙东部区域建设深水新港，其东侧直接面临外海深水区，有条件建设水深达 20 m 的深水航道，20 万 t 级船舶可以双向通航。根据初步论证，横沙深水新港港区水陆域面积规划为 80～100 km^2，通过挖入式港池布置和突堤式的人工岸线布置，在港内可形成总长 40～50 km 的港口岸线。港区东部可以规划布置 10 万～20 万 t 级泊位 26 个，中部可以规划 2 万～7 万 t 泊位 20 个，西部可以布置 1 万 t 级泊位 84 个，泊位总数 130 个以上。开挖人工运河，将深水新港和长江黄金水道连接起来，这样长江下来的江船可以直达港区西部码头，使江海直接转运成为现实。

6.1.4 横沙深水新港建设对周边环境没有颠覆性不利影响

初步研究表明，建设横沙深水新港对周边水文、河势格局没有明显不利影响。

长江北槽是长江现有主要深水航道，船舶进出频繁。借鉴北槽的已有经验，采取一定的生态环境保护措施，横沙深水新港对周边自然保护区不会产生重大不利影响。

根据数学模拟计算，建港后青草沙水库涨急流速略有减小，高低水位变化很小，不会对水质造成明显影响。横沙深水新港离东风西沙和陈行两个饮用水水源保护区距离较远，没有影响。

研究表明，若横沙新港港区内发生溢油，不会对长江口水源地产生影响。流动源发生溢油事故，根据不同的地点、风速和流场条件，则可能会对周边海域产生影响。

6.2 研究建议

6.2.1 尽早实施横沙两滩成陆

横沙深水新港建设的前提条件是横沙两滩成陆，目前横沙东滩八期工程即将进入尾声，至 2020 年底完工后，成陆面积 42 km^2，成陆高程为＋3.0 m（吴淞基面）。但现在横沙浅滩仍为自然滩涂，而长江上游来沙量减少趋势明显，如不能抓紧将横沙浅滩成陆，横沙深水新港规划也就无从谈起。建议有关部门尽快抓紧横沙两滩成陆工程，将土地实实在在地拿到手，为上海增添战略储备土地，为未来发

展提供战略空间。

6.2.2 尽早确定新横沙未来发展方向

新横沙发展具有较大的复杂性,既要考虑当前的战略重点,也要结合中长期经济发展趋势、航运市场形势和产业发展特点,要根据远近结合的原则分阶段制定目标。建议新横沙发展可以分阶段推进,在尽早实施两滩成陆工程的基础上,可以前瞻性地布局基础设施和产业项目,进一步加强横沙岛交通、市政和公共事业等设施建设。

新横沙的功能定位在一定程度上是对空间开发战略的再思考,必须结合国家战略、国内外发展趋势、上海发展的定位,以及上海发展的现状、布局、需求及成本收益等方面,进行综合全面考虑。

6.2.3 横沙新港的规划布置需与海洋功能区划进行协调

《上海市海洋功能区划(2011—2020)》于2012年11月获得国务院批复,根据该规划,横沙东滩的海洋基本功能区类型属于一级类"农渔区"的二级类"农业围垦区",横沙浅滩属于一级类"保留区",作为海域后备空间资源。

目前,横沙东滩的功能定位主要依据是《长江口综合整治开发规划》和《上海市土地利用总体规划(2006—2020)》。两个规划均将横沙东滩定位为农用地促淤圈围,为实现城市建设用地占补平衡提供支撑,未明确横沙浅滩的开发利用,一般倾向于将其作为上海市未来发展的战略储备空间。

随着横沙东滩促淤圈围工程的不断推进,上海城市的快速发展和上海国际航运中心的加快建设,新横沙区域的功能定位需进一步研究论证,并与以上相关规划协调。

第4部分
横沙深水新港建设可维护性数学模型研究

(2019年)

本部分为课题组开展的"横沙建港基础条件论证"研究的数学模型报告。在撰写过程中还吸收了华东师范大学牵头开展的上海市科委"上海城市发展新空间和深水新港战略研究""新横沙成陆开发和深水新港建设可行性关键技术研究""河口疏浚土资源利用和新横沙滩面生态培育研究及应用示范"等课题研究中与数学模型相关的成果。报告执笔人楼飞。

主要研究人员包括：

中交上海航道勘察设计研究院有限公司
楼　飞　　高级工程师
曹慧江　　高级工程师
王大伟　　高级工程师
王志强　　工程师

中交第三航务工程勘察设计院有限公司
孙骁帆　　高级工程师
孙士勇　　主任工程师 高级工程师

南京水利科学研究院
罗小峰　　教授级高级工程师
韩玉芳　　教授级高级工程师
路川藤　　高级工程师

上海河口海岸科学研究中心
顾峰峰　　数模室副主任 副研究员
沈　淇　　副研究员

中交水运规划设计研究院有限公司
曹凤帅　　部门副总经理 高级工程师

第1章 数学模型介绍

1.1 二维水动力数学模型

1.1.1 控制方程

在笛卡儿直角坐标系下,根据静压和势流假定,沿垂向平均的二维潮流基本方程可表述为

$$\frac{\partial z}{\partial t} + \frac{\partial (Hu)}{\partial x} + \frac{\partial (Hv)}{\partial y} = 0 \tag{1-1}$$

$$\frac{\partial u}{\partial t} + u\frac{\partial u}{\partial x} + v\frac{\partial u}{\partial y} + g\frac{\partial z}{\partial x} - fv + g\frac{u\sqrt{u^2+v^2}}{C^2 h} = N_x \frac{\partial^2 u}{\partial^2 x} + N_y \frac{\partial^2 u}{\partial^2 y} \tag{1-2}$$

$$\frac{\partial v}{\partial t} + u\frac{\partial v}{\partial x} + v\frac{\partial v}{\partial y} + g\frac{\partial z}{\partial y} + fu + g\frac{v\sqrt{u^2+v^2}}{C^2 h} = N_x \frac{\partial^2 v}{\partial^2 x} + N_y \frac{\partial^2 v}{\partial^2 y} \tag{1-3}$$

$$\frac{\partial S}{\partial t} + u\frac{\partial S}{\partial x} + v\frac{\partial S}{\partial y} = \frac{\partial}{\partial x}\left(D_x \frac{\partial v}{\partial x}\right) + \frac{\partial}{\partial x}\left(D_y \frac{\partial v}{\partial x}\right) + \frac{F_s}{h+z} \tag{1-4}$$

式中:z 为潮位;h 为水深;H 为总水深,$H=h+z$;u、v 为流速矢量V沿x、y方向的速度分量;t为时间;f 为科氏系数($f=2w\sin\varphi$,w 是地球自转的角速度,φ 是所在地区的纬度);g 为重力加速度;C 为谢才系数;N_x、N_y 为x、y向水流紊动黏性系数;S 为含沙量;D_x、D_y 为x、y方向泥沙扩散系数;F_s 为泥沙源汇函数。

1.1.2 模型建立

本次平面二维水动力模型包括整个长江口和杭州湾在内(图1-1)。长江潮区界位于安徽大通,大通以上水域水位基本不受潮波影响,作为模型的上边界;长江口外 50 m 等深线处受径流影响可忽略不计,作为模型外边界,模型东西向总长超过 700 km。模型北至江苏盐城港附近,南至浙江宁波,南北向接近 600 km。

模型长江口江阴至口外 20 m 等深线范围内地形采用实测地形,江阴以上至大通地形采用概化地形,其余地形采用最新海图拼接。

模型采用三角形网格,共计划分单元 138 281 个,节点总数 70 587,网格边长平均 150 m 左右,工程区最小网格 38 m(图1-2)。

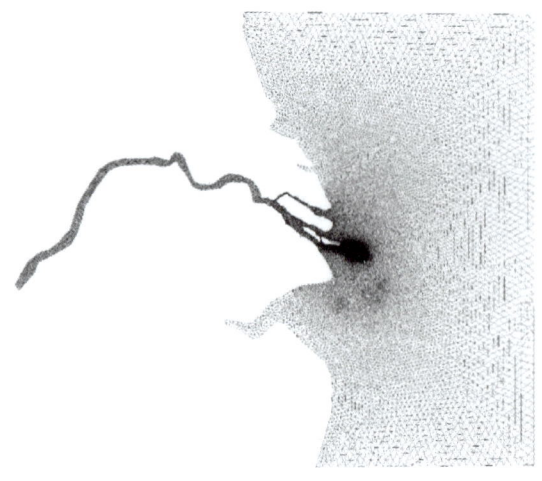

图 1-1 长江口整体模型网格示意

图 1-2 长江口横沙东滩模型局部网格示意

1.2 三维潮流泥沙数学模型

1.2.1 控制方程

在流体不可压缩、Boussinesq 和静力近似下，引入水平非正交曲线和垂向 σ 坐标系：$\xi = \xi(x, y)$，$\eta = \eta(x, y)$，$\sigma = \dfrac{z-\zeta}{H+\zeta}$，河口海岸海洋控制方程组（包括动量、连续、温度、盐度和密度方程）为

$$\frac{\partial DJu_1}{\partial t}+\frac{\partial DJ\hat{U}u_1}{\partial \xi}+\frac{\partial DJ\hat{V}u_1}{\partial \eta}+\frac{\partial J\omega u_1}{\partial \sigma}-Dh_2\hat{V}\left[v_1\frac{\partial}{\partial \xi}\left(\frac{J}{h_1}\right)-u_1\frac{\partial}{\partial \eta}\left(\frac{J}{h_2}\right)+Jf\right]$$

$$-Dh_2 u_1 v_1 \frac{\partial}{\partial \xi}\left(\frac{h_3}{h_1 h_2}\right)$$

$$=-h_2 gD\frac{\partial \zeta}{\partial \xi}+\frac{gh_2 D}{\rho_0}\frac{\partial D}{\partial \xi}\int_\sigma^0 \sigma\frac{\partial \rho}{\partial \sigma}\mathrm{d}\sigma-\frac{gh_2 D^2}{\rho_0}\frac{\partial}{\partial \xi}\int_\sigma^0 \rho \mathrm{d}\sigma+\frac{1}{D}\frac{\partial}{\partial \sigma}\left(K_m\frac{\partial Ju_1}{\partial \sigma}\right)+DJF_x \quad (1-5)$$

$$\frac{\partial DJv_1}{\partial t}+\frac{\partial DJ\hat{U}v_1}{\partial \xi}+\frac{\partial DJ\hat{V}v_1}{\partial \eta}+\frac{\partial J\omega v_1}{\partial \sigma}+Dh_1\hat{U}\left[v_1\frac{\partial}{\partial \xi}\left(\frac{J}{h_1}\right)-u_1\frac{\partial}{\partial \eta}\left(\frac{J}{h_2}\right)+Jf\right]$$

$$-Dh_1 u_1 v_1 \frac{\partial}{\partial \eta}\left(\frac{h_3}{h_1 h_2}\right)$$

$$=-h_1 gD\frac{\partial \zeta}{\partial \eta}+\frac{gh_1 D}{\rho_0}\frac{\partial D}{\partial \eta}\int_\sigma^0 \sigma\frac{\partial \rho}{\partial \sigma}\mathrm{d}\sigma-\frac{gh_1 D^2}{\rho_0}\frac{\partial}{\partial \eta}\int_\sigma^0 \rho \mathrm{d}\sigma+\frac{1}{D}\frac{\partial}{\partial \sigma}\left(K_m\frac{\partial Jv_1}{\partial \sigma}\right)+DJF_y \quad (1-6)$$

$$\frac{\partial \zeta}{\partial t}+\frac{1}{J}\left[\frac{\partial}{\partial \xi}(DJ\hat{U})+\frac{\partial}{\partial \eta}(DJ\hat{V})\right]+\frac{\partial \omega}{\partial \sigma}=0 \quad (1-7)$$

$$\frac{\partial JD\theta}{\partial t}+\frac{\partial JD\hat{U}\theta}{\partial \xi}+\frac{\partial JD\hat{V}\theta}{\partial \eta}+\frac{\partial J\omega\theta}{\partial \sigma}=\frac{1}{D}\frac{\partial}{\partial \sigma}\left(K_h\frac{\partial J\theta}{\partial \sigma}\right)+DJF_\theta \quad (1-8)$$

$$\frac{\partial JDs}{\partial t}+\frac{\partial JD\hat{U}s}{\partial \xi}+\frac{\partial JD\hat{V}s}{\partial \eta}+\frac{\partial J\omega s}{\partial \sigma}=\frac{1}{D}\frac{\partial}{\partial \sigma}\left(K_h\frac{\partial Js}{\partial \sigma}\right)+DJF_s \tag{1-9}$$

$$\rho_{\text{total}}=\rho_{\text{total}}(\theta,s) \tag{1-10}$$

其中
$$\omega=w-\sigma\left(\hat{U}\frac{\partial D}{\partial \xi}+\hat{V}\frac{\partial D}{\partial \eta}\right)-\left[(1+\sigma)\frac{\partial \zeta}{\partial t}+\hat{U}\frac{\partial \zeta}{\partial \xi}+\hat{V}\frac{\partial \zeta}{\partial \eta}\right] \tag{1-11}$$

式中：u、v 为 x、y 方向速度分量；J 为雅可比函数，表示为 $J=x_\xi y_\eta-x_\eta y_\xi$，下标符号（$\xi$ 和 η）表示微分运算。坐标变换后的因子 h_1 和 h_2 定义为 $h_1=\sqrt{x_\xi^2+y_\xi^2}$，$h_2=\sqrt{x_\eta^2+y_\eta^2}$，$\hat{U}=\frac{1}{J}\left(h_2u_1-\frac{h_3}{h_1}v_1\right)$，$\hat{V}=\frac{1}{J}\left(h_1v_1-\frac{h_3}{h_2}u_1\right)$，其中，$h_3=y_\xi y_\eta+x_\xi x_\eta$；$\theta$ 为位温；s 为盐度；f 为科氏参数；g 为重力加速度；K_m 为垂向涡动黏滞系数；K_h 为热力垂向涡动扩散系数；F_x、F_y、F_θ 和 F_s 分别代表水平动量、热量和盐度扩散项；ρ 和 ρ_0 为扰动和参考密度，它们满足 $\rho_{\text{total}}=\rho+\rho_0$ 关系。F_x、F_y、F_θ 和 F_s 由 Smagorinsky 公式（1963）计算，其中水平扩散系数和水平网格元大小成正比。

在上述方程中，式（1-5）和式（1-6）分别是 ξ 方向和 η 方向的动量方程，式（1-7）是连续方程，式（1-8）和式（1-9）分别为温度和盐度方程。

垂向坐标 σ 从海底 $-1(z=-H)$ 变至海表面 $0(z=\zeta)$，其中 x、y 和 z 为向东、向北和向上的笛卡儿坐标轴；ζ 为海表面波动；H 为静止状态下的水深。ξ 和 η 方向速度分量（定义为 u_1、v_1）可表示为

$$u_1=\frac{h_2}{J}(x_\xi u+y_\xi v), \quad v_1=\frac{h_1}{J}(x_\eta u+y_\eta v) \tag{1-12}$$

动量方程中水平扩散项由下式表示

$$F_x=\frac{\partial}{\partial x}\left(2A_m\frac{\partial u}{\partial x}\right)+\frac{\partial}{\partial y}\left[A_m\left(\frac{\partial u}{\partial y}+\frac{\partial v}{\partial x}\right)\right] \tag{1-13}$$

$$F_y=\frac{\partial}{\partial x}\left[A_m\left(\frac{\partial u}{\partial y}+\frac{\partial v}{\partial x}\right)\right]+\frac{\partial}{\partial y}\left(2A_m\frac{\partial v}{\partial y}\right) \tag{1-14}$$

其中水平扩散系数 A_m 由下式确定

$$A_m=Ah_1h_2\sqrt{\left[\left(2\frac{\partial u}{\partial \xi}\right)^2+\left(2\frac{\partial v}{\partial \eta}\right)^2+2\left(\frac{\partial u}{\partial \eta}+\frac{\partial v}{\partial \xi}\right)^2\right]} \tag{1-15}$$

其中常数 A 取为 0.02。垂向涡动黏滞系数 K_m 和扩散系数 K_h 由 Mellor 和 Yamada（1974，1982）2.5 阶湍流闭合模型计算，湍流动能输运方程为

$$\frac{\partial(q^2JD)}{\partial t}+\frac{\partial}{\partial \xi}(q^2JD\hat{U})+\frac{\partial}{\partial \eta}(q^2JD\hat{V})+\frac{1}{D}\frac{\partial}{\partial \sigma}(q^2JD\omega)$$
$$=J\left\{\frac{2k_M}{D}\left[\left(\frac{\partial u_1}{\partial \sigma}\right)^2+\left(\frac{\partial u_2}{\partial \sigma}\right)^2\right]+\frac{2g}{\rho_0}K_H\frac{\partial \rho}{\partial \sigma}-\frac{2q^3D}{B_1l}\right\}$$
$$+\frac{\partial}{\partial \xi}\left(\frac{h_2}{h_1}A_HD\frac{\partial q^2}{\partial \xi}\right)+\frac{\partial}{\partial \eta}\left(\frac{h_1}{h_2}A_HD\frac{\partial q^2}{\partial \eta}\right)+\frac{1}{D^2}\frac{\partial}{\partial \sigma}\left(K_q\frac{\partial q^2JD}{\partial \sigma}\right) \tag{1-16}$$

上式中分别为湍流动能切变产生项、浮力产生项、耗散项、水平扩散项和垂向扩散项。$q^2 = \frac{1}{2}(u'^2 + v'^2)$ 为湍流动能，l 为湍流混合长度，湍流混合长度输运方程为

$$\frac{\partial(q^2 lJD)}{\partial t} + \frac{\partial}{\partial \xi}(q^2 lJD\hat{U}) + \frac{\partial}{\partial \eta}(q^2 lJD\hat{V}) + \frac{1}{D}\frac{\partial}{\partial \sigma}(q^2 lD\omega)$$

$$= J\left\{\frac{lE_1 K_M}{D}\left[\left(\frac{\partial u_1}{\partial \sigma}\right)^2 + \left(\frac{\partial u_2}{\partial \sigma}\right)^2\right] + \frac{lE_1 g}{\rho_0}K_H\frac{\partial \rho}{\partial \sigma} - \frac{q^3 D}{B_1}\widetilde{W}\right\}$$

$$+ \frac{\partial}{\partial \xi}\left[\frac{h_2}{h_1}A_H D \frac{\partial(q^2 l)}{\partial \xi}\right] + \frac{\partial}{\partial \eta}\left[\frac{h_1}{h_2}A_H D \frac{\partial(q^2 l)}{\partial \eta}\right] + \frac{1}{D^2}\frac{\partial}{\partial \sigma}\left(K_q \frac{\partial q^2 lJD}{\partial \sigma}\right) \quad (1-17)$$

式中：$\widetilde{W}$ 是壁近似函数（wall proximity function），定义为

$$\widetilde{W} = 1 + E_2\left(\frac{l}{KL}\right) \quad (1-18)$$

式中：K 为冯卡门常数。

$$(L)^{-1} = (\zeta - Z)^{-1} + (H + Z)^{-1} \quad (1-19)$$

$$K_M = qlS_M, \quad K_H = qlS_H, \quad K_q = qlS_q \quad (1-20)$$

式中：S_M、S_H、S_q 为稳定函数，它们满足

$$\begin{cases} S_M(6A_1 A_2 G_M) + S_H(1 - 2A_2 B_2 G_H - 12A_1 A_2 G_H) = A_2 \\ S_M(1 + 6A_1^2 G_M - 9A_1 A_2 G_H) - S_H(12A_1^2 G_H + 9A_1 A_2 G_H) = A_1(1 - 3C_1) \\ S_q = 0.20 \end{cases} \quad (1-21)$$

其中

$$G_M = \frac{l^2}{q^2}\left[\left(\frac{\partial u}{\partial z}\right)^2 + \left(\frac{\partial v}{\partial z}\right)^2\right] \quad (1-22)$$

$$G_H = \frac{l^2}{q^2}\left(\frac{g}{\rho_0}\frac{\partial \rho}{\partial z}\right) \quad (1-23)$$

经验常数

$$(A_1, A_2, B_1, B_2, C_1, E_1, E_2) = (0.92, 0.74, 16.6, 10.1, 0.08, 1.8, 1.33) \quad (1-24)$$

q^2，$q^2 l$ 在海表面和海底边界条件为

$$(q^2, q^2 l) = (B_1^{2/3} u_\tau^2, 0), \quad \sigma = 0 \quad (1-25)$$

$$(q^2, q^2 l) = (B_1^{2/3} u_\tau^2, 0), \quad \sigma = 1 \quad (1-26)$$

式中：u_τ 为表面和底部摩擦速度。

基于明确的悬沙输运物理机制，在三维水动力模式中耦合了泥沙输运模块，模块中涉及的悬沙输运方程为

$$\frac{\partial S_c}{\partial t} + u\frac{\partial S_c}{\partial x} + v\frac{\partial S_c}{\partial y} + \frac{w - w_s}{H}\frac{\partial S_c}{\partial \sigma}$$

$$= \frac{\partial}{\partial x}\left(K_h\frac{\partial S_c}{\partial x}\right) + \frac{\partial}{\partial y}\left(K_h\frac{\partial S_c}{\partial y}\right) + \frac{\partial}{\partial H^2 \partial \sigma}\left(K_v\frac{\partial S_c}{\partial \sigma}\right) \quad (1-27)$$

式中：S_c 为悬浮泥沙浓度；w_s 为泥沙沉降速度。

在 σ 坐标系下海表面垂向流速为 $0(w=0)$，因而方程的海表面边界条件有

$$-w_s S_c - \left(\frac{K_v}{H}\frac{\partial S_c}{\partial \sigma}\right) = 0, \ \sigma = 0 \tag{1-28}$$

在海底处，由于水动力随时间变化，底沙与水体中悬沙发生交换，方程的海底边界条件可用下式表示

$$-w_s S_c - \left(\frac{K_v}{H}\frac{\partial S_c}{\partial \sigma}\right) = F, \ \sigma = -1 \tag{1-29}$$

式中：F 为源汇项，即单位时间单位面积由海底进出水体的净物质通量，包括河床的冲刷和淤积，$F = q_{ero} - q_{dep}$，q_{ero}、q_{dep} 分别为海底的侵蚀通量和泥沙的沉积通量，计算如下

$$q_{ero} = \begin{cases} 0, \ \tau < \tau_e \\ M\left(\dfrac{\tau}{\tau_e} - 1\right), \ \tau \geqslant \tau_e \end{cases} \tag{1-30}$$

$$q_{dep} = \begin{cases} 0, \ \tau > \tau_d \\ \alpha' w_s S_c \left(1 - \dfrac{\tau}{\tau_d}\right), \ \tau \leqslant \tau_d \end{cases} \tag{1-31}$$

式中：τ 为海底拖曳力；τ_e 为临界冲刷切应力；τ_d 为临界淤积切应力。

在不考虑波浪对底部切应力影响时，τ 按下式计算

$$\tau = \rho C_b (U_b^2 + V_b^2) \tag{1-32}$$

波流共同作用下的底部切应力可以用下式表示

$$\begin{aligned}\tau_m = |\tau_{wm} + \tau_c| &= \sqrt{(\tau_{wm} + \tau_c|\cos\varphi_{wc}|)^2 + (\tau_c \sin\varphi_{wc})^2} \\ &= \tau_{wm}\sqrt{1 + 2\frac{\tau_c}{\tau_{wm}}|\cos\varphi_{wc}| + \left(\frac{\tau_c}{\tau_{wm}}\right)^2}\end{aligned} \tag{1-33}$$

式中：φ_{wc} 表示水流与波浪传播方向之间的夹角；τ_{wm} 为波周期内的最大波浪切应力；τ_c 为潮流切应力。

1.2.2 模型建立

模型计算范围上游起自大通，下游至绿华山以东约 250 km，北至大丰港附近，南侧包括整个杭州湾。为了准确反映工程区的潮流场，模型网格很好地拟合了深水航道工程及长江口自然岸线，并在工程区局部加密，工程附近网格空间步长最小约为 20 m（图 1-3），计算网格单元为 741×755，垂线分 10 层，时间步长采用变时间步长，为 10~30 s。

水动力边界：模型外海开边界由 16 个调和常数分布插值给出，上游由大通流量控制，水、沙、盐验证取验证时段流量过程，回淤量验证取验证年份洪、枯季平均流量。

盐度开边界：受台湾暖流、径流等持续影响，洪枯季口外盐度分布仍存在较大的差别，为此洪枯季海外盐度初始场和开边界条件，根据季节典型分布选取。

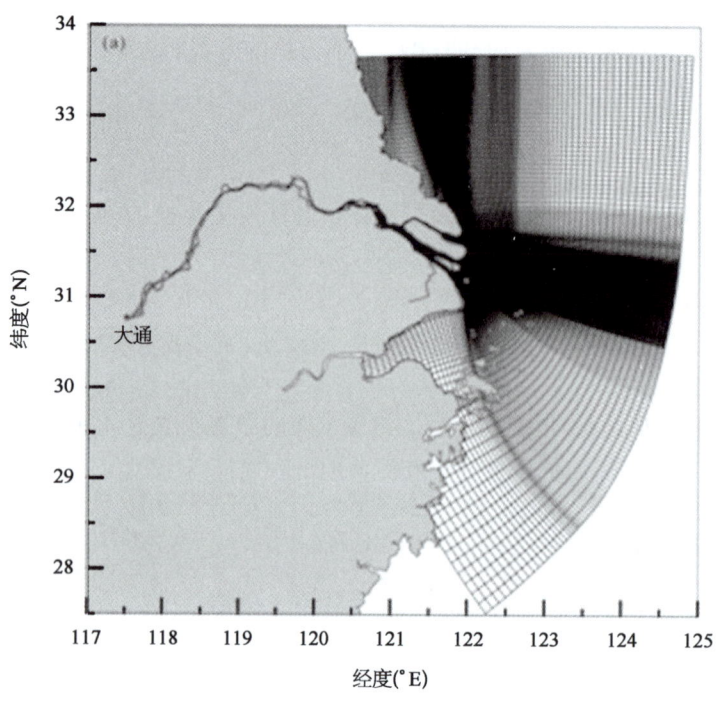

图1-3 模型计算范围及网格剖分

泥沙含量开边界：由于洪枯季上游来水来沙不同，泥沙边界分洪枯季分别给出。

1.3 极端条件下的数学模型

1.3.1 控制方程

1.3.1.1 三维水动力模块

模型采用的水动力三维控制方程如下

$$\frac{\partial \eta}{\partial t} + \nabla \cdot \vec{Q} = 0 \quad \vec{Q} = \int_{-k}^{\eta} \vec{U} \mathrm{d}z \tag{1-34}$$

$$\begin{aligned}\frac{\mathrm{d}}{\mathrm{d}t}(D\vec{U}) &= -\frac{D}{\rho_0}\nabla p_a - gD\nabla\eta - \frac{gD^2}{\rho_0}\int_{\sigma}^{0}\left(\nabla\rho - \frac{\sigma'}{D}\frac{\partial\rho}{\partial\sigma'}\nabla D\right)\mathrm{d}\sigma' - D\vec{f}\times\vec{U} \\ &+ \nabla\cdot[DA_H(\nabla\vec{U}+\nabla^T\vec{U})] + \frac{\partial}{\partial\sigma}\left(\frac{A_V}{D}\frac{\partial\vec{U}}{\partial\sigma}\right)\end{aligned} \tag{1-35}$$

$$\frac{\mathrm{d}}{\mathrm{d}t}(DS) = \nabla\cdot(DK_H\nabla S) + \frac{\partial}{\partial\sigma}\left(\frac{K_V}{D}\frac{\partial S}{\partial\sigma}\right) \tag{1-36}$$

$$\frac{\mathrm{d}}{\mathrm{d}t}(DT) = \nabla\cdot(DK_H\nabla T) + \frac{\partial}{\partial\sigma}\left(\frac{K_V}{D}\frac{\partial T}{\partial\sigma}\right) + D\frac{\dot{Q}}{\rho_0 C_p} \tag{1-37}$$

$$\rho = \rho(S, T) \tag{1-38}$$

式中：η 为自由水面；$\vec{U}=(u,v)$ 为流速矢量；$\vec{f}$ 为科氏参数；ρ_0 为参考密度；ρ 为水的密度；p_a 为自由水面的大气压强；A_H、A_V 分别为水平涡黏系数、垂直涡黏系数；S 为盐度；T 为温度；K_H、K_V 分别为水平扩散系数、垂直扩散系数；$\dot{Q}$ 为太阳辐射吸收率（W/m²）；C_p 为水体比热[J/(kg·K)]；算子 $\nabla=\left(\dfrac{\partial}{\partial x},\dfrac{\partial}{\partial y}\right)$；$\sigma$ 定义为 $\sigma=\dfrac{z-\eta}{H+\eta}=\dfrac{z-\eta}{D}$。

σ 坐标系的垂向流速方程为

$$\omega = w - \vec{U}\cdot\nabla(\sigma D+\eta)-\frac{\partial(\sigma D+\eta)}{\partial t} \tag{1-39}$$

式中：w 为 z 坐标系下的垂向流速。

Smagorinsky 亚格湍流模型（1963）得到水平涡黏系数 A_H 和水平扩散系数 K_H，定义如下

$$A_H = c_H \delta a\left[\left(\frac{\partial u}{\partial x}\right)^2+\frac{1}{2}\left(\frac{\partial v}{\partial x}+\frac{\partial u}{\partial y}\right)^2+\left(\frac{\partial v}{\partial y}\right)^2\right] \tag{1-40}$$

为使上述方程收敛，应给出垂向边界条件。在水面，引入风应力使得动量方程的边界条件收敛

$$\rho_0 A_V \frac{1}{D}\left(\frac{\partial u}{\partial \sigma},\frac{\partial v}{\partial \sigma}\right)=(\tau_{wx},\tau_{wy}),\quad \sigma=0 \tag{1-41}$$

水面风应力由下式得到

$$(\tau_{wx},\tau_{wy})=\rho_a C_{DS}|\vec{W}|(W_x,W_y) \tag{1-42}$$

式中：ρ_a 为空气密度；C_{DS} 为风拖曳系数；$\vec{W}(x,y)$ 为水面以上 10 m 处的风速，$|\vec{W}|$ 为其量值，W_x、W_y 为其分量。拖曳系数 C_{DS} 可由下式计算得出

$$C_{DS}=10^{-3}(0.61+0.063|\vec{W}|),\quad 6\leqslant|\vec{W}|\leqslant 50 \tag{1-43}$$

当风速量值超出范围时，C_{DS} 为一常量。

水底摩阻应力由下式所示

$$\rho_0 A_V \frac{1}{D}\left(\frac{\partial u}{\partial \sigma},\frac{\partial v}{\partial \sigma}\right)=(\tau_{bx},\tau_{by}),\quad \sigma=-1 \tag{1-44}$$

底部应力由下列二次方程给出

$$(\tau_{bx},\tau_{by})=\rho_a C_{Db}\sqrt{u_b^2+v_b^2}(u_b,v_b) \tag{1-45}$$

假定边界，且流速呈对数分布，底部拖曳系数 C_{Db} 可由下式得到

$$C_{Db}=\max\left\{\left(\frac{\kappa}{\ln(\delta_b/z_0)}\right)^2,C_{Db\min}\right\} \tag{1-46}$$

式中：κ 为冯卡门常数，$\kappa=0.4$；$z_0=k_s/30$，k_s 为局部底摩阻；δ_b 为底部计算网格的半厚；$C_{Db\min}$ 通常取值为 0.002 5。

SWEM 3D 模型的无结构网格变量分配如图 1-4 所示。

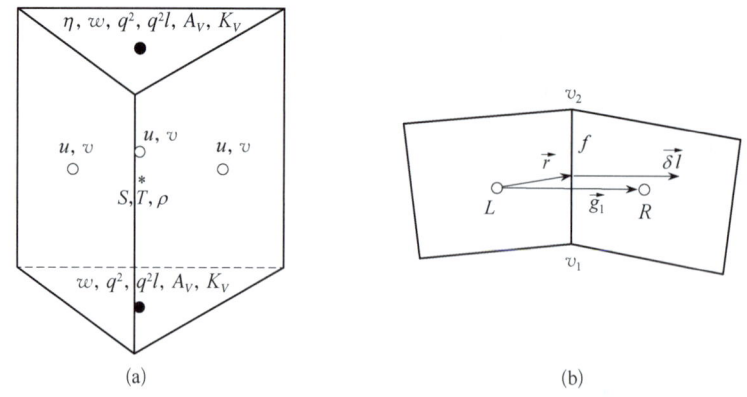

图1-4 SWEM 3D模型的无结构网格变量分配示意

1.3.1.2 泥沙模块

考虑研究区域的悬沙及底沙运动特性,建立工程水域全沙数值模型,分别按悬沙及底沙控制方程进行控制。

1) 悬沙控制方程

悬沙输移是由对流扩散方程决定的,悬沙输移方程则提供平衡状态下的泥沙浓度,模式用沿水深平均的悬沙浓度由下式决定

$$C_s = \frac{1}{H}\int_0^H c(\zeta)\,\mathrm{d}\zeta \qquad (1-47)$$

式中: $c(\zeta)$ 是悬沙浓度的垂向分布; ζ 是垂向上的坐标,悬沙对流扩散方程可以表达为

$$\frac{\partial hC_s}{\partial t} + \frac{\partial}{\partial x}\left(huC_s - \varepsilon h \frac{\partial C_s}{\partial x}\right) + \frac{\partial}{\partial y}\left(hvC_s - \varepsilon h \frac{\partial C_s}{\partial y}\right) = F_s \qquad (1-48)$$

式中: ε 为 x 和 y 方向的泥沙扩散系数,通常取同一值; F_s 为泥沙源汇函数或床面冲淤函数,由下式确定

$$F_s = \omega_s(\alpha_2 S - \alpha_1 S_*) \qquad (1-49)$$

式中: α_1 为泥沙冲刷概率; α_2 为泥沙淤积概率; ω_s 为悬沙沉速; S_* 为水体挟沙力,一般采用经验公式或半理论方法确定,这里参照窦国仁公式且只考虑水流作用,水流挟沙力计算公式可表示为

$$S_{c*} = \alpha \frac{\gamma \gamma_s}{\gamma_s - \gamma} \frac{u^3}{C^2 h \omega_s} \qquad (1-50)$$

式中: S_{c*} 为水流挟沙力; γ、γ_s 分别为水流和泥沙容重; C 为谢才系数; u 为水流速度; h 为水深; α 为待定参数。

床面泥沙的交换将导致床面高程的变化,在忽略推移质输沙的情况下,床面变化直接决定于泥沙的淤积通量和起悬通量,可由下式计算

$$\gamma' \frac{\partial z_b}{\partial t} = F_s \qquad (1-51)$$

式中: z_b 为河床高程; γ' 为泥沙干容重,一般来说,表层淤泥的干容重主要与淤积物的粒径有关,可近似由下式计算

$$\gamma' = 1\,750 d_{50}^{0.183} \tag{1-52}$$

式中：γ' 为表层淤积物干容重（kg/m³）；d_{50} 为淤积物中值粒径（mm）。

河床变化方程为

$$(1-\varepsilon_{por})\frac{\partial z_b}{\partial t} = (E-D) \tag{1-53}$$

式中：D 为沉降通量；E 为上扬通量；ε_{por} 为孔隙率。

2) 推移质输沙控制方程

窦国仁推移质不平衡输沙方程式为

$$\frac{\partial(HN)}{\partial t} + \frac{\partial(HNv_x)}{\partial x} + \frac{\partial(HNv_y)}{\partial y} + \alpha_b \omega_b (N-N^*) = 0 \tag{1-54}$$

式中：N 为单元体积内推移质泥沙量；v_x 和 v_y 为流速分量；α_b 为推移质沉降系数；ω_b 为推移质颗粒沉速；N^* 可由下式确定

$$N^* = \frac{q_b^*}{Hv} \tag{1-55}$$

式中：q_b^* 为推移质在单位时间内的单宽输沙能力，其用窦国仁公式可以由下式给定

$$q_b^* = \frac{k_2}{c^2}\frac{\gamma\gamma_s}{\gamma_s-\gamma}m\frac{(u^2+v^2)^{3/2}}{\omega_b} \tag{1-56}$$

$$m = \begin{cases} \sqrt{u^2+v^2} - V_k, & V_k \leqslant \sqrt{u^2+v^2} \\ 0, & V_k > \sqrt{u^2+v^2} \end{cases}$$

式中：V_k 为推移质颗粒的临界启动流速。

由推移质引起的河床变形方程为

$$\gamma_0 \frac{\partial \eta_b}{\partial t} = \alpha_b \omega_b (N-N^*) \tag{1-57}$$

所以，由悬移质和推移质引起的河床冲淤厚度为

$$\eta = z_b + \eta_b \tag{1-58}$$

式中：η_b 为推移质引起的冲淤厚度。

1.3.2 模型建立

本次数学模型采用局部加密的非结构网格，图 1-5 为本次模型计算采用的大范围网格及局部加密网格示意图，横沙深水新港水域局部网格密度达 50 m。模型的地形插值结果能较好地反映出工程河段水下地形的分布特征。

1.4 波浪数学模型

采用 SWAN 波浪数学模型推算了长江口大范围波浪场。该模型由荷兰 DELFT 理工大学在第三代海浪模型 WAM 的基础上发展起来，用于计算由风生成的随机短峰波在沿海地区或内陆水域中

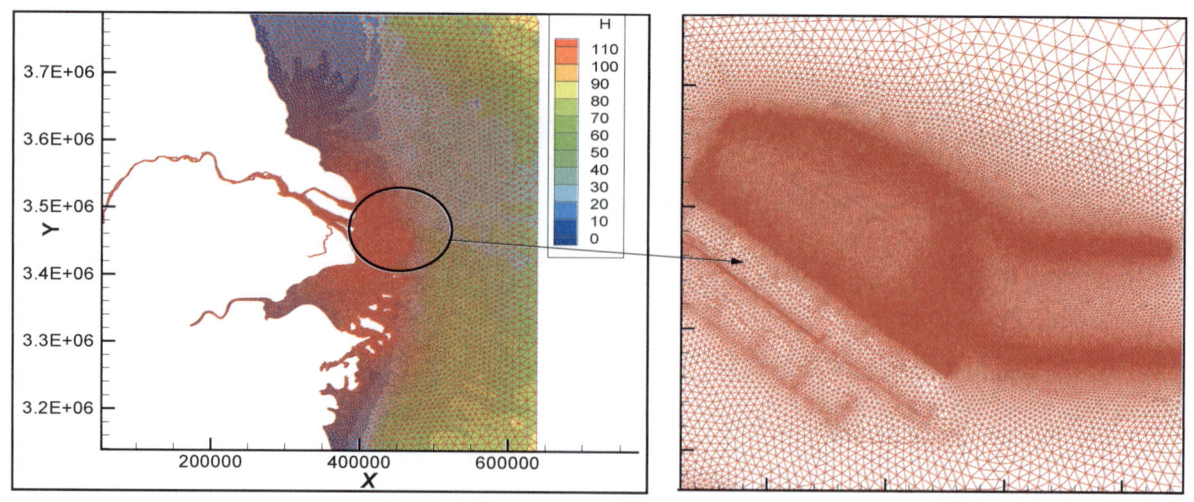

图1-5　模型计算网格

的传播,可以模拟近岸海域复杂地形上波浪传播的多种变形情况,在国内已成功应用于海岸、河口及近海水域的波浪预报。

波浪模型的计算范围约为240 km×240 km,包括整个长江口水域(图1-6)。不同颜色的线框代表不同浪向的计算范围,英文字母表示入射边界位置。模型采用三角形网格,较好地拟合了工程海域岸线、长江口深水航道工程、横沙东滩促淤圈围工程及拟建横沙成陆工程,工程区局部加密,充分体现了长江口水下地形的变化,网格步长最小为20 m,网格单元数目约为23万(图1-7)。

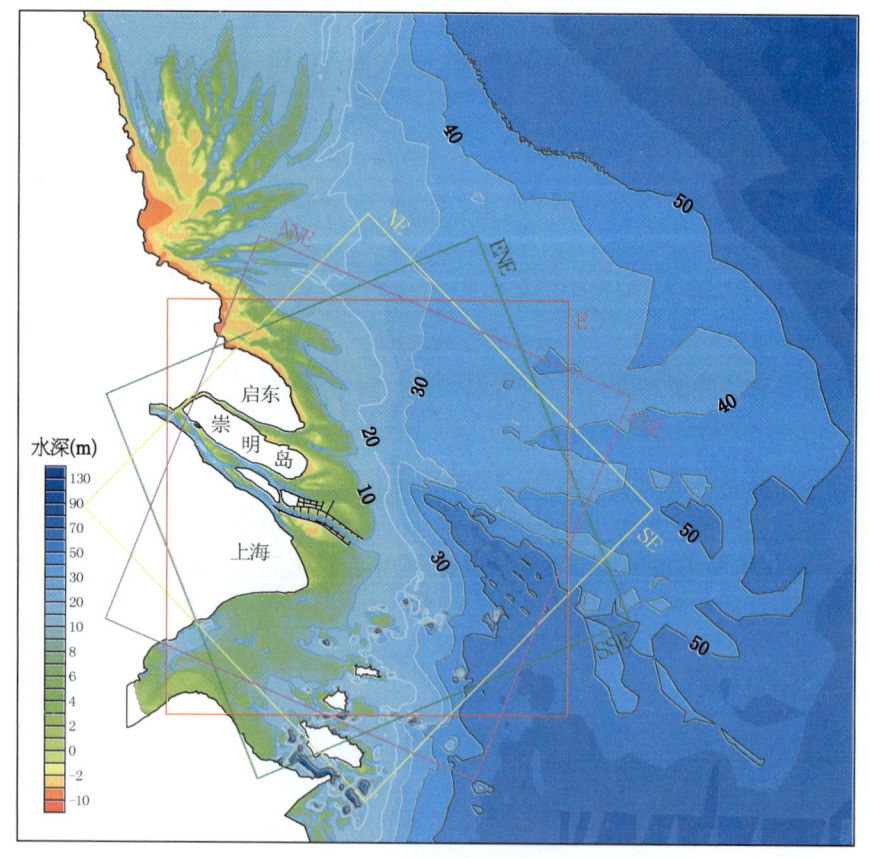

图1-6　模型计算范围示意

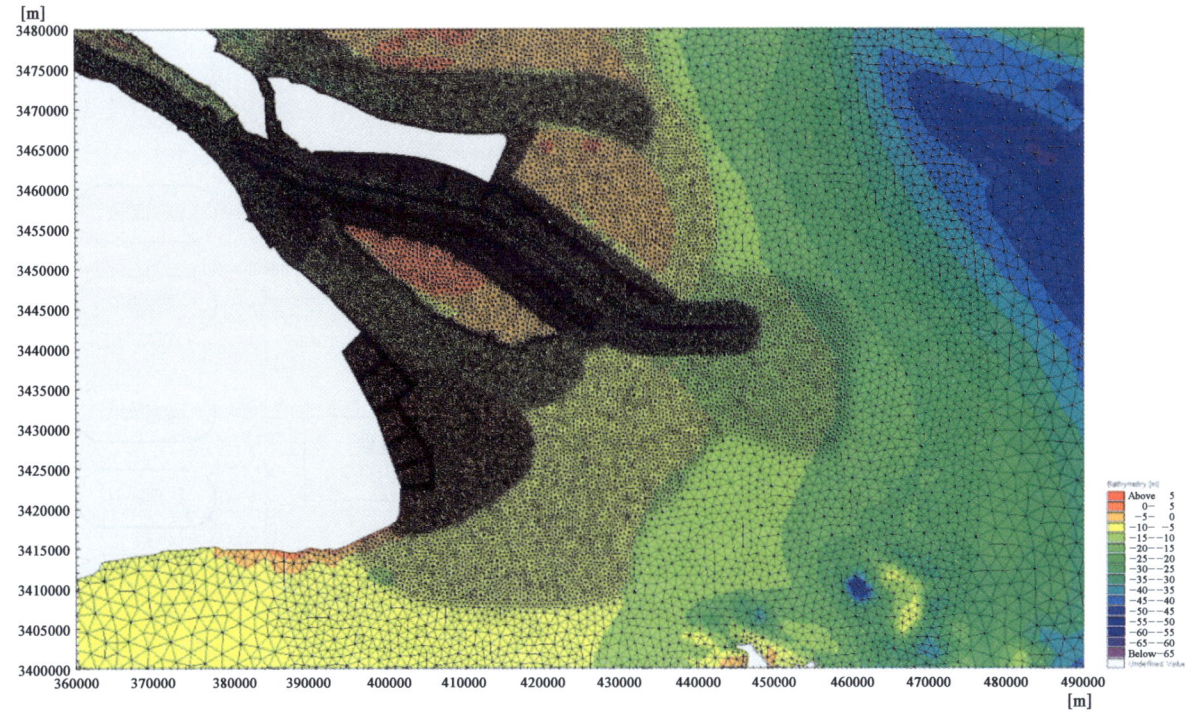

图 1-7 网格剖分

1.5 模型成果动态可视化

大型的河口海岸潮流泥沙数值模拟研究中往往计算结果数据量很大,需通过图表、图片、动画等方式直观形象地表示才有意义,这就需要采用可视化技术来实现。模型结果可视化包括地形可视化、水流运动可视化、泥沙运动可视化等。本次研究基于 Cinema 4D 视频制作软件利用 Python 语言开发了三维流场、泥沙场的可视化软件包,实现了数模流场的拉格朗日演示、浓度场拉格朗日粒子追踪的三维空间效果展示。开发的模型可视化系统,应用于横沙东滩建港条件分析,可视化系统动态形象地展示了数学模型模拟的横沙建港方案实施后水流、泥沙运动的整个过程,具有较高的应用价值。

1.5.1.1 软件功能设计框架

软件功能主要展示功能包含三维流场矢量场(需要从模型中欧拉结果转化为拉格朗日运动),三维标量浓度场(插值构面),三维粒子追踪显示展示。软件的通用功能(包括放大、缩小、平移、摄像机、渲染参数等),数据标准化、界面设计等。可视化系统设计框架如图 1-8 所示。

1.5.1.2 空间场演示中矢量拉格朗日运动轨迹的实现方法

1) 矢量位置的确定

数学模型成果为欧拉场数据,动态可视化矢量需要转化为拉格朗日运动矢量,通常,数学模型基于欧拉场网格节点的计算建立,而要描述流场中拉格朗日质点的运动,则需要采用拉格朗日的数据要素,数学模型成果可视化则需要将欧拉场中的流速结果转换为拉格朗日的质点位移,对任意流矢的欧拉速度可表示为

$$V = V(x, y, z, t) \tag{1-59}$$

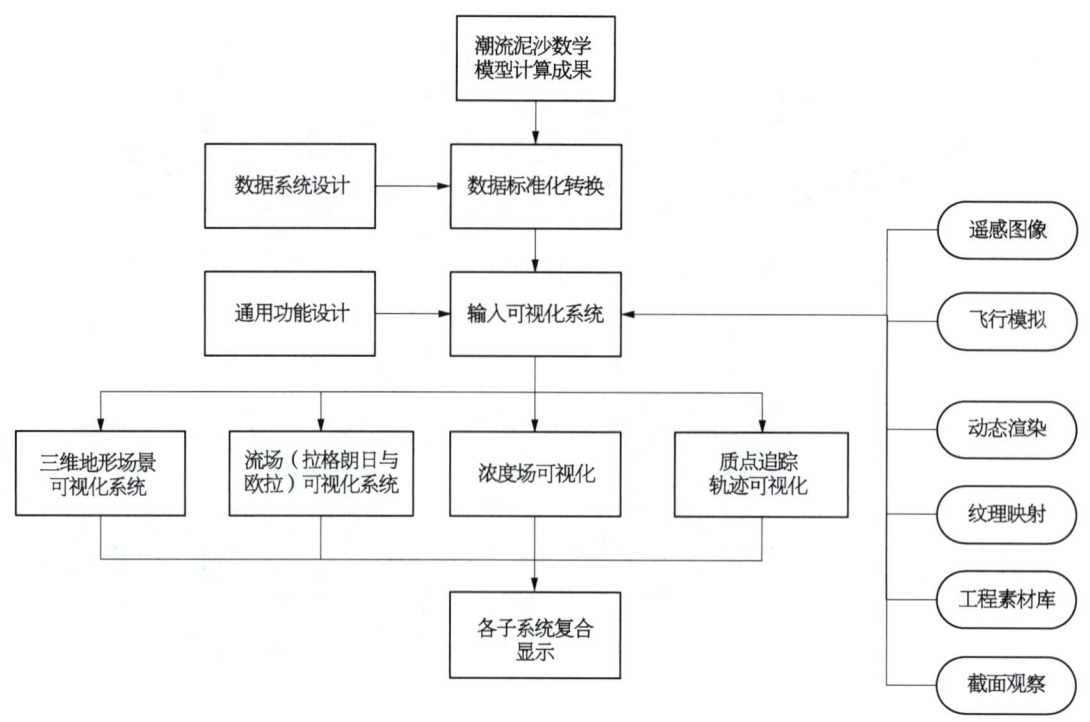

图 1-8 可视化系统设计框架

采用拉格朗日的表示方法,矢量的速度可以表示为

$$V_l = V_l(x, y, z, t) = \frac{dx}{dt} \tag{1-60}$$

式中实际上建了求解质点位移的一阶常微分方程。改写式(1-60),质点的运动轨迹(位移)可通过如下积分得到

$$X = X_0 + \int_{t_0}^{t} V_l \, dt \tag{1-61}$$

若已知每一时刻的 V_l,可通过数值积分的方法由式(1-61)求出质点运动的轨迹,系统采用标准的四阶龙格库塔积分公式保持积分的精度。

2) 矢量瞬时速度的确定

确定质点 A 的位置后,需确定该位置矢量瞬时速度,步骤如下:

(1) 确定 A 所处的网格。

(2) 以 A 所处网格顶点的物理量,以及 A 本身的物理坐标,对 A 的物理量进行拟合插值。

采用如下算法确定 A 的网格归属(图 1-9):给定一个初始网格顶点 O,以该点为圆心,选取其周围 8 个顶点,① 判断并选取出 8 个顶点中距离 A 最近的顶点 O';② 以 O' 为圆心,重复操作①。在该算法循环中,每当选取出新的基准点 O 时,会判断目标质点是否在 O 所属的 4 个网格中。

考虑到问题中地形网格并不规则,并且采样数据较大,而利用已有的流体力学方程则所需的边界条件过于复杂,计算难度也会加大。因此综合考虑采取极小曲面插值的方法。

可以将极小曲面看作某个不规则四边形到矩形的透视变换(图 1-10)。一旦求解该变换的矩阵,便可以知道拟合点在矩形中的相对位置,并求解其对应的物理量。

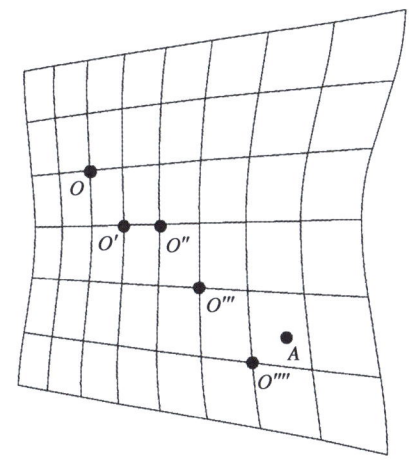

图 1-9 网格归属判断算法示意

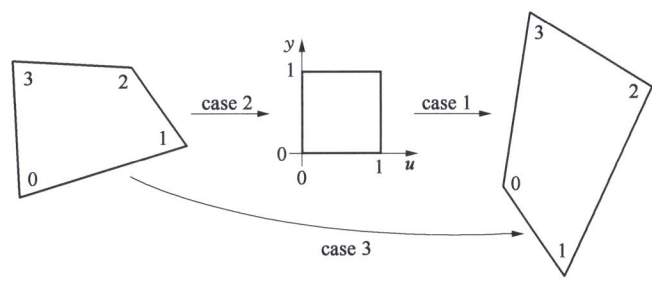

图 1-10 插值过程中的投影变换

透视变换是将图片投影到一个新的视平面,也称为投影映射。通用的变换公式为

$$[x', y', w'] = [u, v, w] \begin{bmatrix} a_{11} & a_{12} & a_{13} \\ a_{21} & a_{22} & a_{23} \\ a_{31} & a_{32} & a_{33} \end{bmatrix} \tag{1-62}$$

式中：u,v 是原始图片左边,对应得到变换后的图片坐标 x,y,其中 $x=x'/w'$,$y=y'/w'$。

经过透视变换的网格通常不是平行四边形,重写之前的变换公式可以得到

$$x = \frac{x'}{w'} = \frac{a_{11}u + a_{21}v + a_{31}}{a_{13}u + a_{23}v + a_{33}} \tag{1-63}$$

$$y = \frac{y'}{w'} = \frac{a_{12}u + a_{22}v + a_{32}}{a_{13}u + a_{23}v + a_{33}} \tag{1-64}$$

1.5.1.3 截面场演示实现方法

借用 Cinema 4D 软件中选择需观测的任意截面,实现拼接图渲染功能,通过软件的二次开发组合各层的面对象、截面部分,而后根据时间参数线性插值截面标量值,以透明曲面显示水面的升降起伏、漏滩漫滩,实现了三维截面的空间展示(图 1-11)。

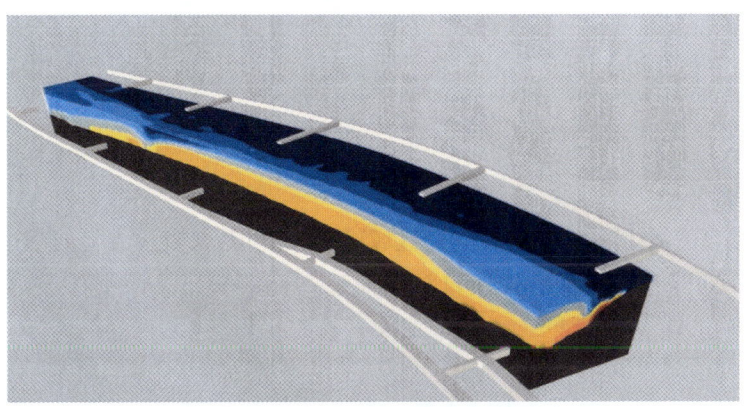

图 1-11 三维立体界面截取

第 2 章　横沙深水新港方案介绍

根据横沙东滩未来成陆的范围和形态，横沙深水新港挖入式港池的布置考虑了多种方案。

1) 方案一

挖入式港池（港区水陆域港界范围）布置于整个横沙东滩的偏北侧区域，港区北边界与横沙成陆范围的北边界留有一定的距离（可作为生态湿地），港池东口门与南侧现有的长江口深水航道之间距离大于 12 km，西口门与北港水道相接（图 2-1）。

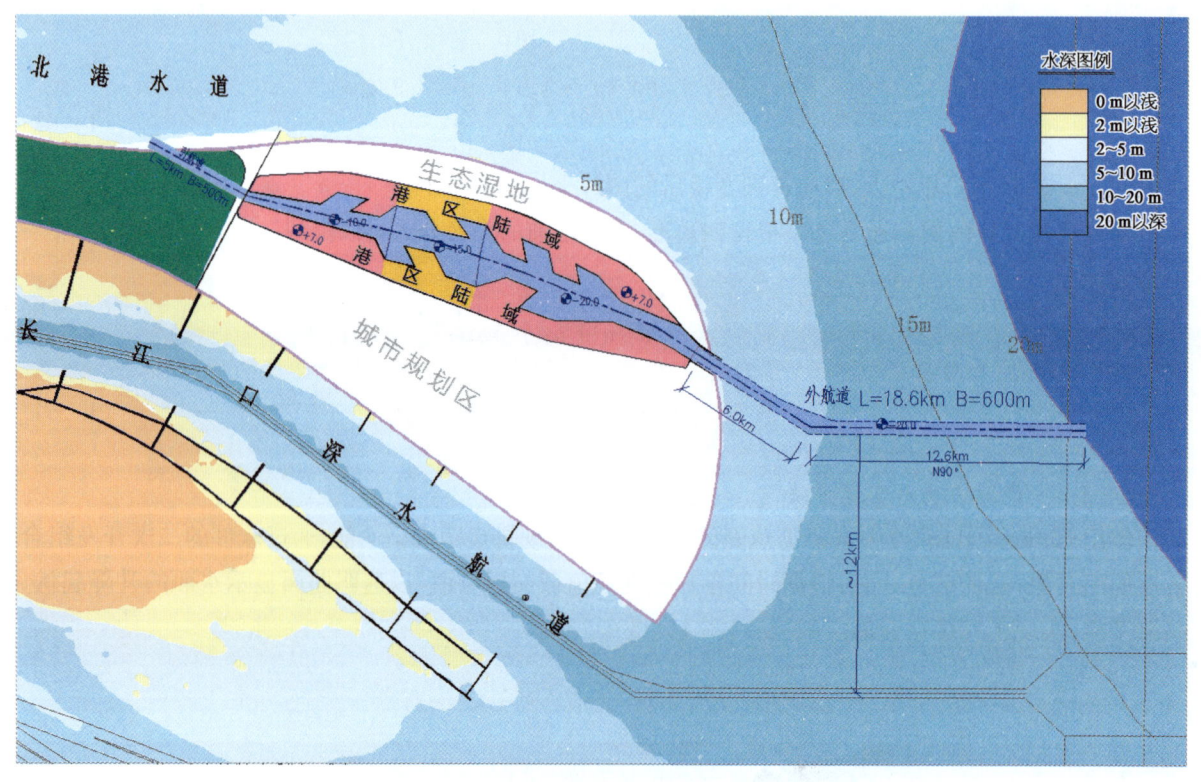

图 2-1　方案一示意

2) 方案二

挖入式港池布置于整个横沙东滩的偏南侧区域，港区南边界与横沙成陆的南边界重合，但不含北槽坝田区，港池东口门与南侧现有的长江口深水航道之间距离 5 km 左右，西口门与北港水道相接（图 2-2）。

3) 方案三

此外，将挖入式港池布置于整个横沙东滩的东南角也是可选方案之一。如果人工运河只考虑与北港航道相连（图 2-3），口门可设置在北槽 N23 潜堤附近，运河的总长度约 17 km。

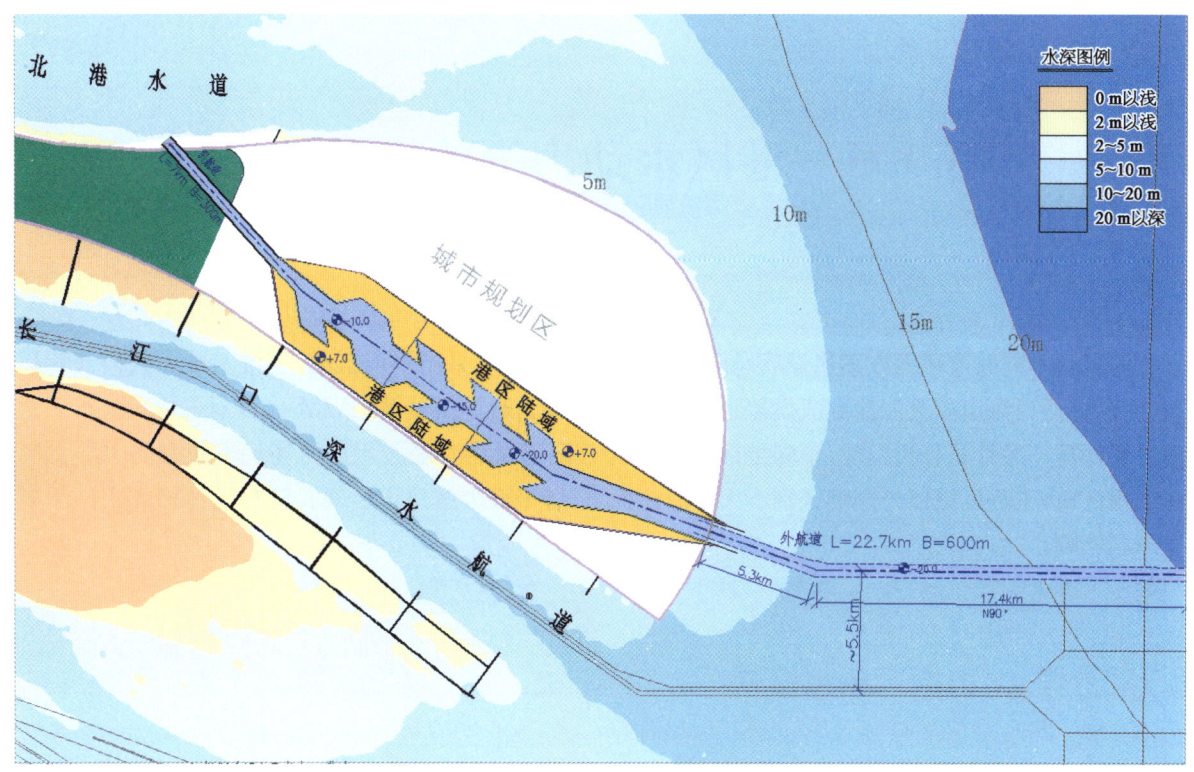

图 2-2 方案二示意

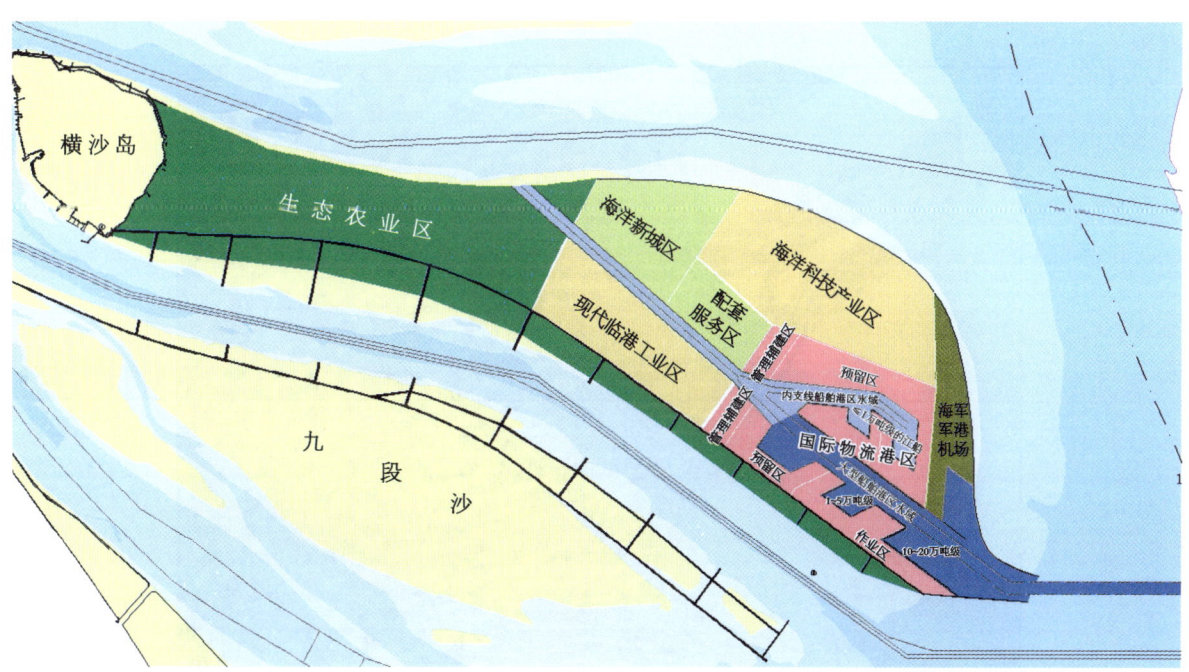

图 2-3 方案三示意

第 3 章 港区水动力场的模拟结果

为了解不同建港平面方案建设后对区域水动力场的影响,采用平面二维、三维水动力数值计算模型"南科院河口海岸潮流泥沙数值模拟系统"和三维水动力数学模型 SHIWM-3D 对各方案进行了水动力场计算。经计算分析发现,不同港区平面布局方案建设后对区域水动力场的不同影响主要集中在工程区域,工程区域以外影响区别不大。总体而言,各平面方案建设后对长江口总体格局未产生明显不利影响。

3.1 方案一、方案二模拟结果

3.1.1 港区流场

港区形成后流速玫瑰图如图 3-1～图 3-3 所示。

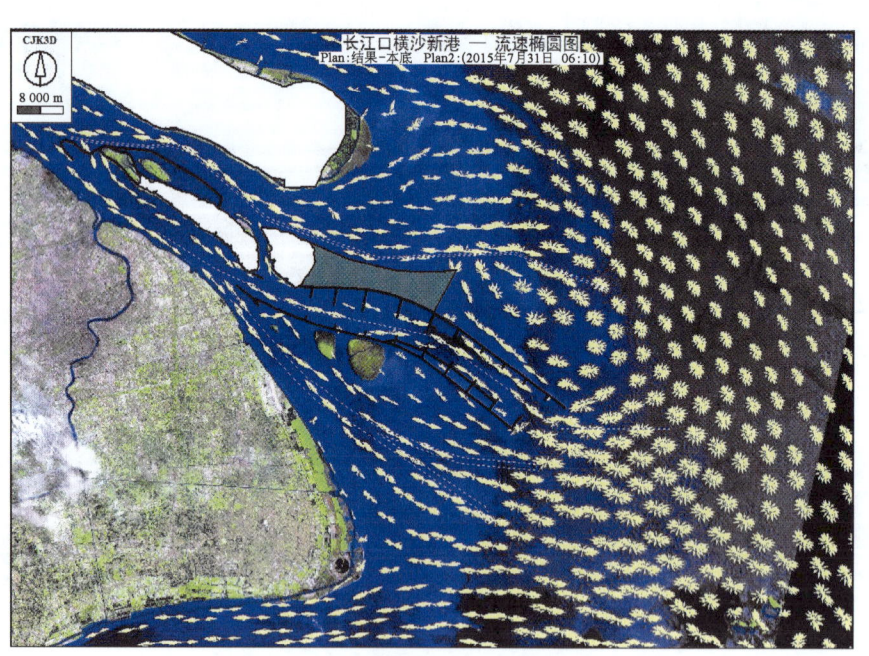

图 3-1 现状长江口流速矢量图

港区工程前后涨落急流速差值变化如图 3-4 和图 3-5 所示。

从落急流速差值图中可以看出,方案实施后,港区内流速有所减小。对周边动力场的影响区域主要集中在北港河段以及南港、北槽区段,对其他河段的影响较弱。

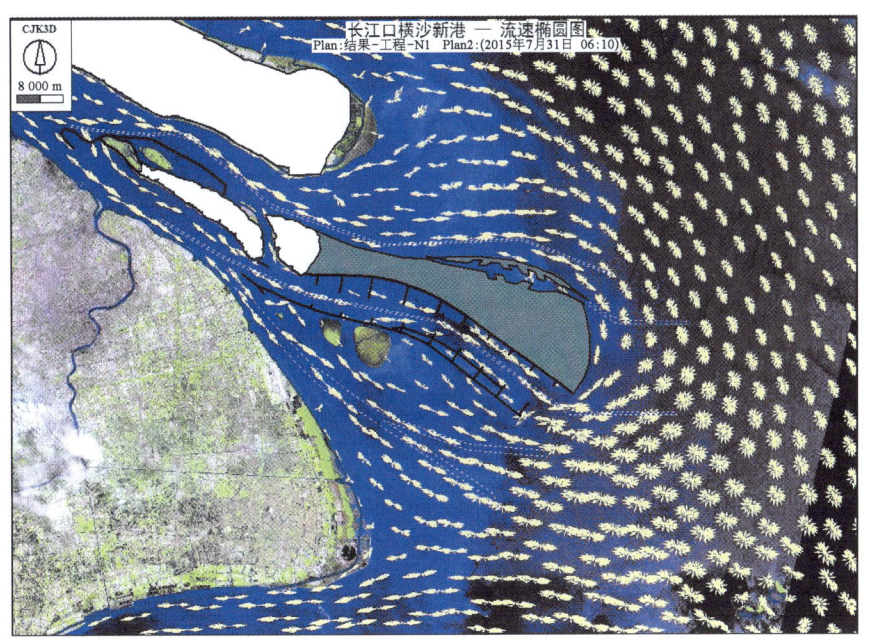

图 3-2　方案一实施后长江口流速玫瑰图

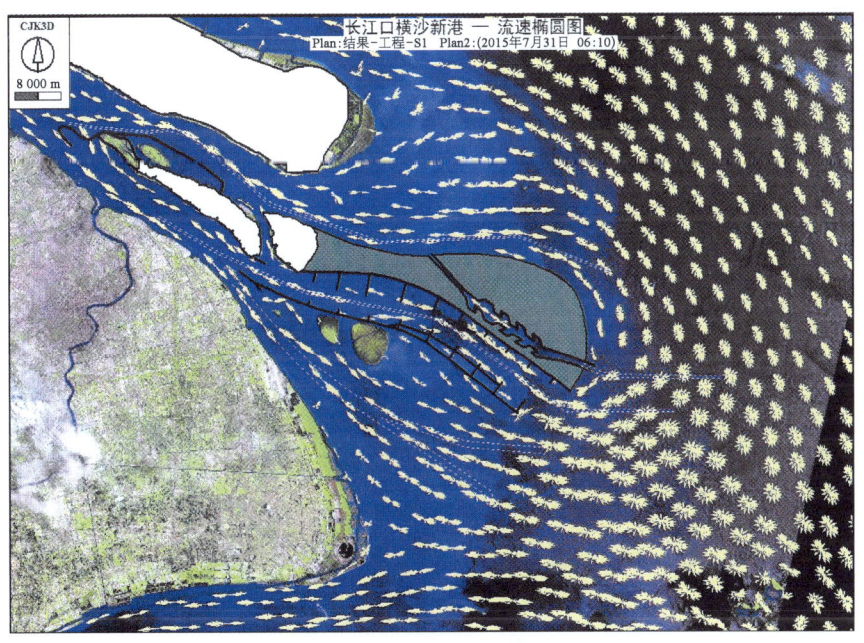

图 3-3　方案二实施后长江口流速玫瑰图

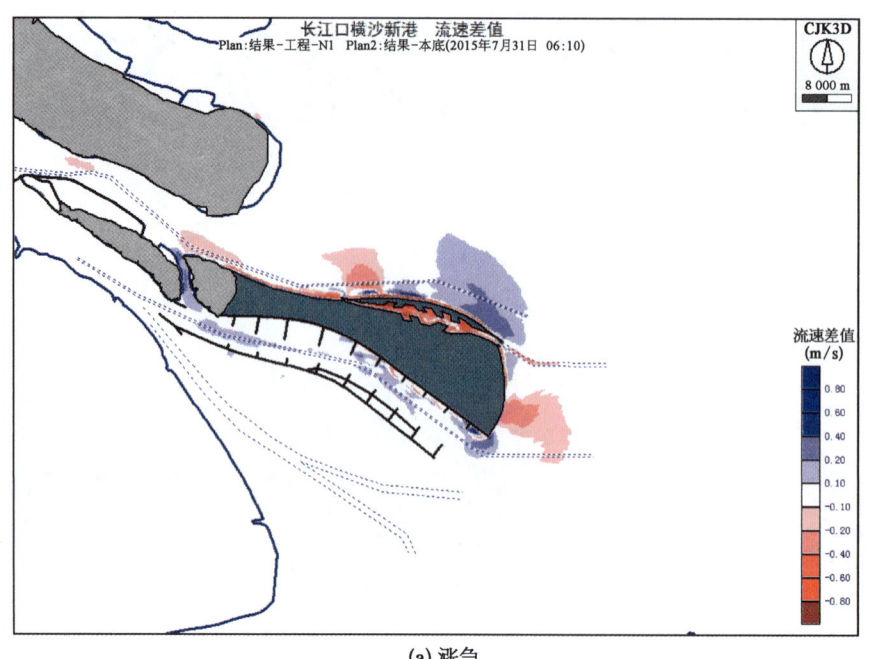

(a) 涨急

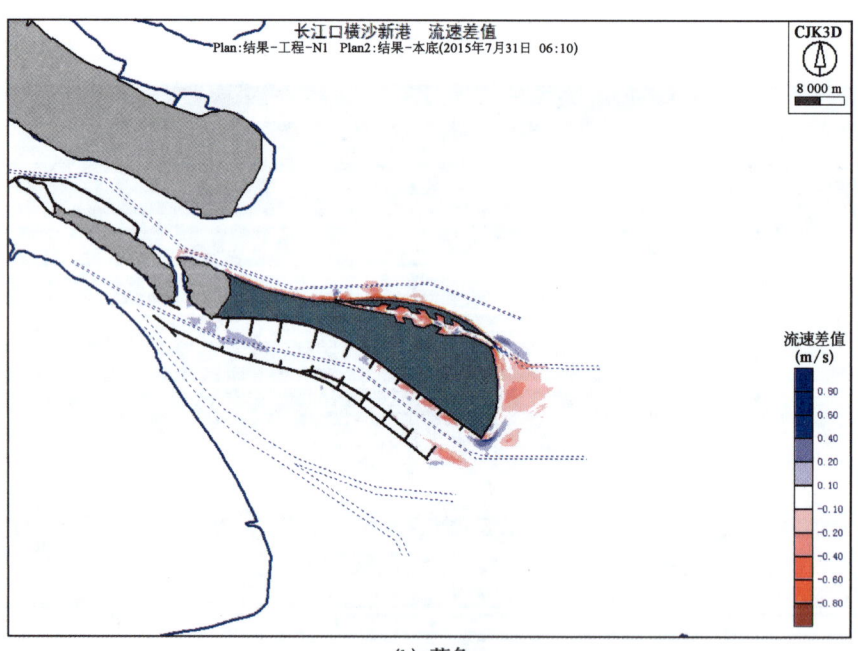

(b) 落急

图 3-4 方案一形成后涨落急流速差值

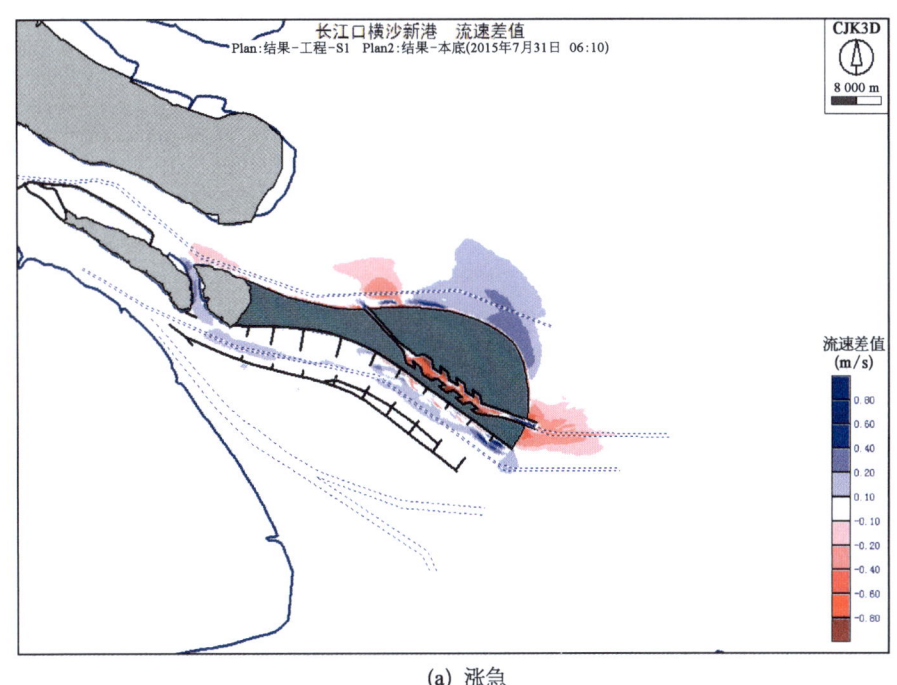

(a) 涨急

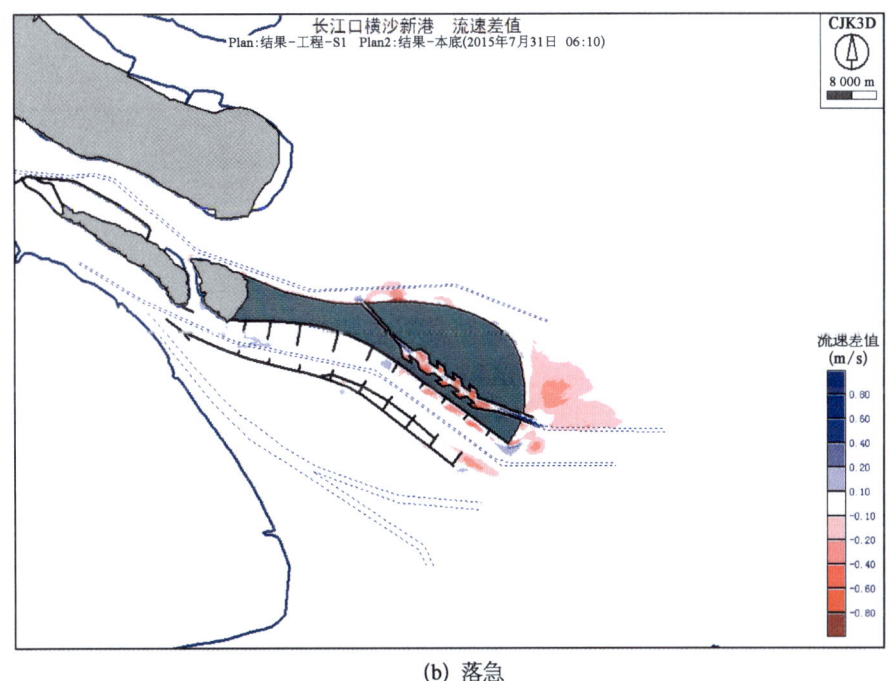

(b) 落急

图 3-5　方案二形成后涨落急流速差值

从流速玫瑰图来看,受港区布置的影响,港内航道及港内水域内的流态以往复流为主,港区周边也以往复流为主要形态。北港水道下段流态由旋转流向往复流转变,其他区域变化不大。

3.1.2　口外航道的流态与横流

3.1.2.1　航道流态

方案一、方案二航道流态分别如图 3-6、图 3-7 所示。

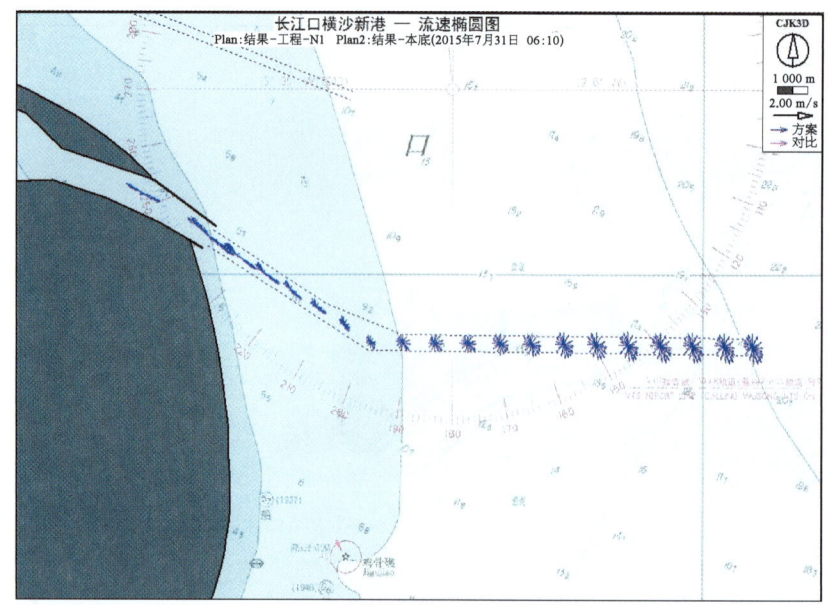

图 3-6　方案一航道流态

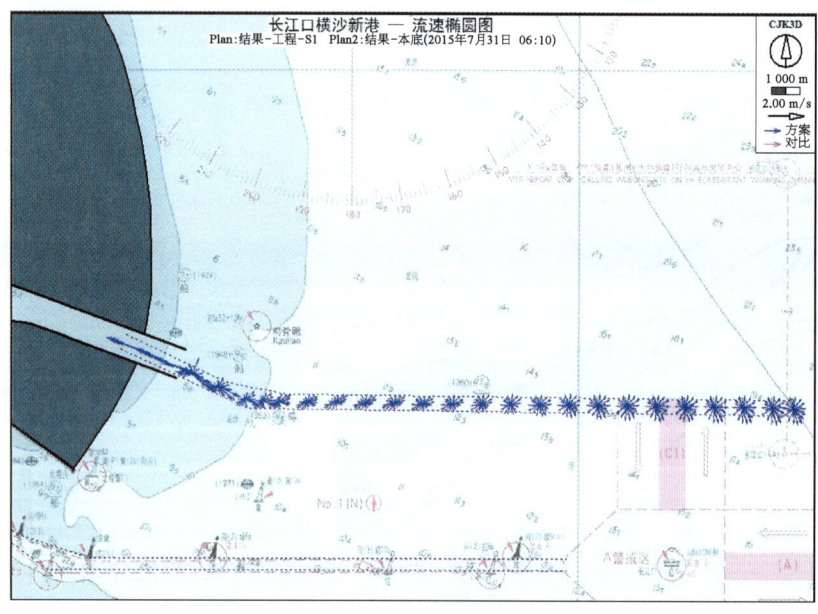

图 3-7　方案二航道流态

3.1.2.2　航道最大横流值

方案一、方案二实施后涨落潮航道最大横流值统计分别见表 3-1 和表 3-2。

表 3-1　方案一实施后涨落潮航道最大横流值统计

方案一	位　置	横流值（m/s）			最大横流流向(°)
		涨　潮	落　潮	最大值	
N1-1	口门内	0.16	0.13	0.16	294
N1-2	5 m 等深线	0.37	0.14	0.37	317
N1-3	距口门 2 km	0.26	0.14	0.26	324

(续表)

方案一	位　置	横流值(m/s)			最大横流流向(°)
		涨　潮	落　潮	最大值	
N1-4	距口门 3 km	0.29	0.14	0.29	331
N1-5	距口门 4 km	0.28	0.19	0.28	336
N1-6	距口门 5 km	0.29	0.21	0.29	339
N1-7	距口门 6 km	0.31	0.28	0.31	353
N1-8	距口门 7 km	0.26	0.25	0.26	352
N1-9	10 m 等深线	0.40	0.40	0.40	359
N1-10	距口门 9 km	0.36	0.41	0.41	6
N1-11	距口门 10 km	0.42	0.47	0.47	191
N1-12	距口门 11 km	0.50	0.55	0.55	357
N1-13	距口门 12 km	0.55	0.62	0.62	1
N1-14	距口门 13 km	0.63	0.69	0.69	358
N1-15	距口门 14 km	0.62	0.74	0.74	359
N1-16	距口门 15 km	0.68	0.82	0.82	358
N1-17	距口门 16 km	0.68	0.85	0.85	356
N1-18	距口门 17 km	0.68	0.86	0.86	356
N1-19	距口门 18 km	0.67	0.87	0.87	357

表 3-2　方案二实施后涨落潮航道最大横流值统计

方案二	位　置	横流值(m/s)			最大横流流向(°)
		涨　潮	落　潮	最大值	
S1-1	口门	0.16	0.07	0.16	290
S1-2	5 m 等深线	0.10	0.10	0.10	284
S1-3	距口门 2 km	0.78	0.95	0.95	7
S1-4	距口门 3 km	0.44	0.57	0.57	194
S1-5	距口门 4 km	0.52	0.57	0.57	223
S1-6	10 m 等深线	0.46	0.45	0.46	204
S1-7	距口门 5 km	0.45	0.43	0.45	213
S1-8	距口门 6 km	0.46	0.43	0.46	207
S1-9	距口门 7 km	0.39	0.48	0.48	207
S1-10	距口门 8 km	0.41	0.44	0.44	5
S1-11	距口门 9 km	0.41	0.46	0.46	4
S1-12	距口门 10 km	0.42	0.41	0.42	346
S1-13	距口门 11 km	0.47	0.48	0.48	4
S1-14	距口门 12 km	0.53	0.55	0.55	10

(续表)

方案二	位　置	横流值(m/s)			最大横流流向(°)
		涨　潮	落　潮	最大值	
S1-15	距口门 13 km	0.58	0.58	0.58	10
S1-16	距口门 14 km	0.57	0.60	0.60	8
S1-17	距口门 15 km	0.63	0.67	0.67	190
S1-18	距口门 16 km	0.67	0.72	0.72	190
S1-19	距口门 17 km	0.73	0.78	0.78	192
S1-20	距口门 18 km	0.74	0.80	0.80	190
S1-21	距口门 19 km	0.77	0.83	0.83	191
S1-22	距口门 20 km	0.76	0.87	0.87	193
S1-23	距口门 21 km	0.78	0.90	0.90	192
S1-24	距口门 22 km	0.78	0.91	0.91	192
S1-25	距口门 23 km	0.78	0.91	0.91	191

3.2　方案三模拟结果

3.2.1　港区流场

图 3-8 给出方案三建成后港区范围涨落急时刻流场分布图。

工程实施后，主航道受两侧港区岸线影响基本呈现往复流状态；港区内存在绕流现象，特别是在涨、落憩时刻绕流比较明显，但流速不大；口外仍呈现往复流状态(图 3-9～图 3-11)。

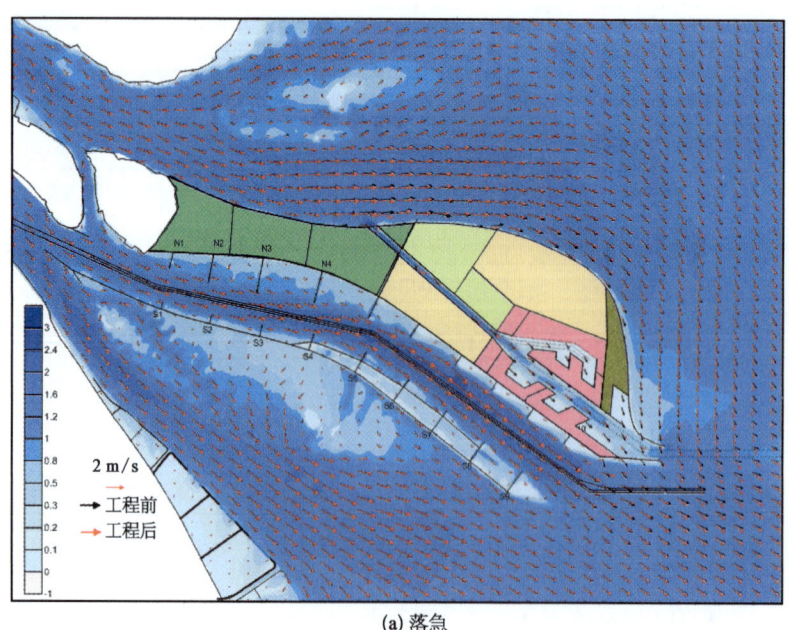

(a) 落急

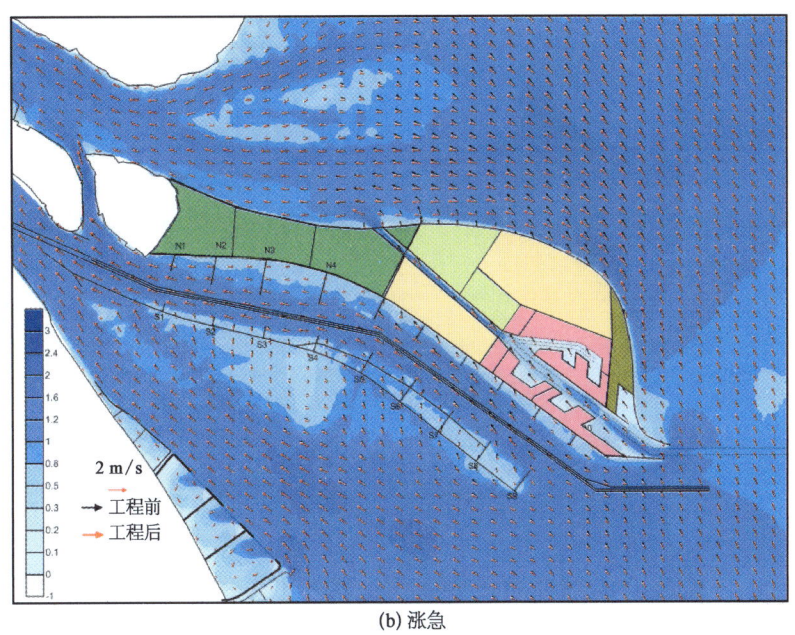

(b) 涨急

图 3-8 方案三流速分布

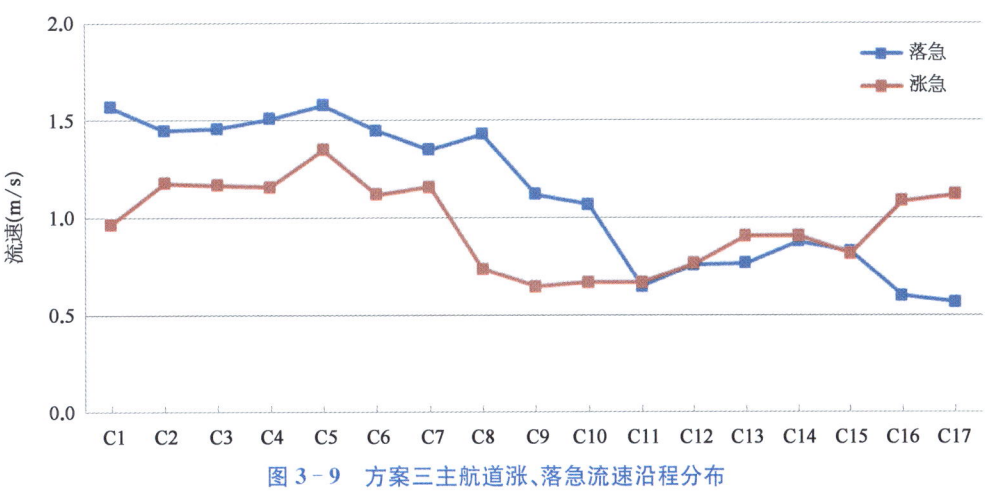

图 3-9 方案三主航道涨、落急流速沿程分布

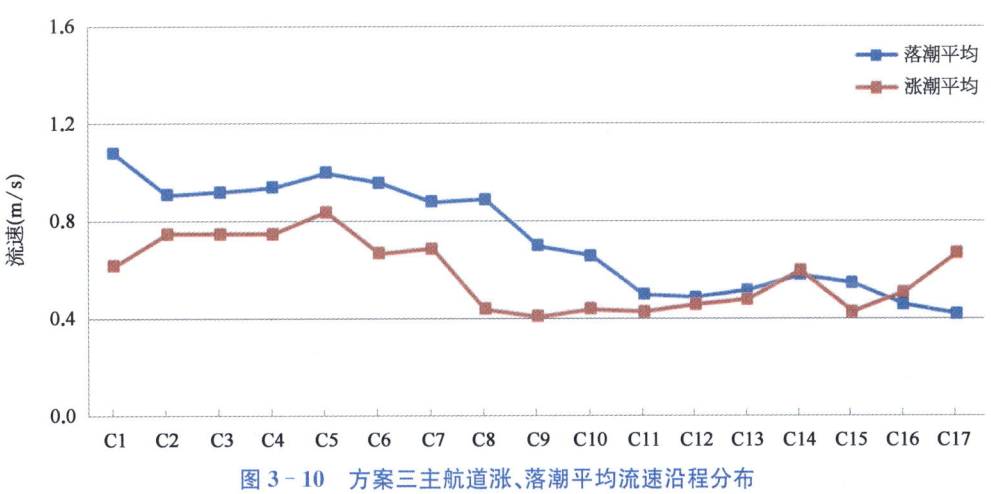

图 3-10 方案三主航道涨、落潮平均流速沿程分布

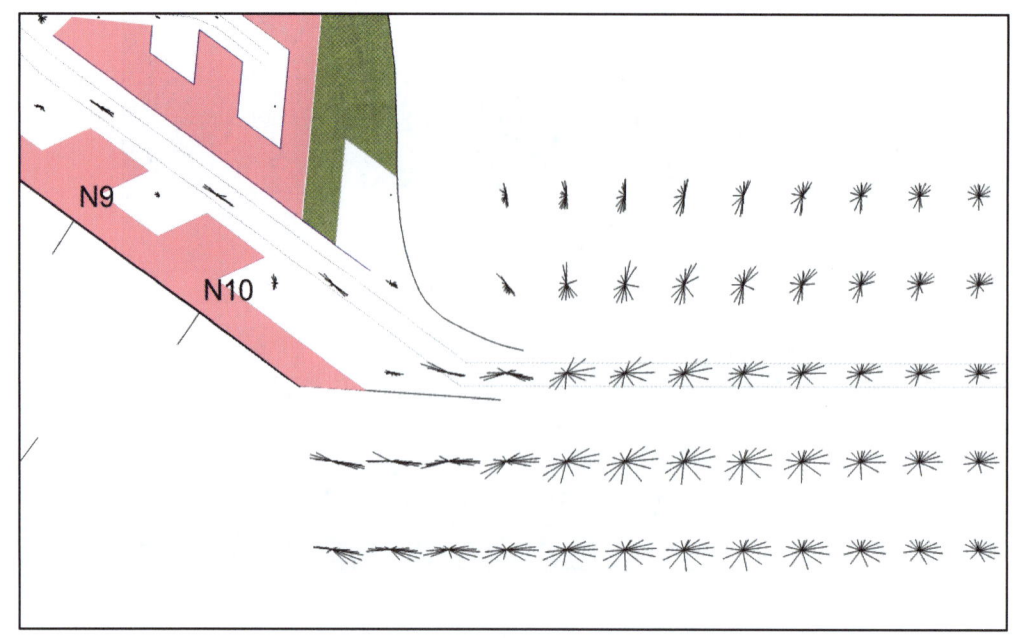

图 3-11　方案三港区口外流场玫瑰图

工程实施后,运河内的涨落潮流向与运河走向一致,落潮平均流速为 0.9~1.1 m/s,涨潮平均流速为 0.5~0.8 m/s;落急流速为 1.4~1.6 m/s,涨急流速为 0.9~1.3 m/s,航道流速较大可能不利于船舶的通航安全,下阶段对方案进行优化;大型港区主航道内涨落潮平均流速为 0.4~0.7 m/s,涨落急流速为 0.6~1.1 m/s;在港池停泊区域涨落潮平均流速为 0.3~0.5 m/s,涨落急流速为 0.2~0.5 m/s;内支线船舶港区涨落潮平均流速和涨落急流速均小于 0.6 m/s(图 3-12 和图 3-13);口外航道以旋转流为主,落急流速为 0.8~1.6 m/s,涨急流速为 0.8~1.2 m/s。

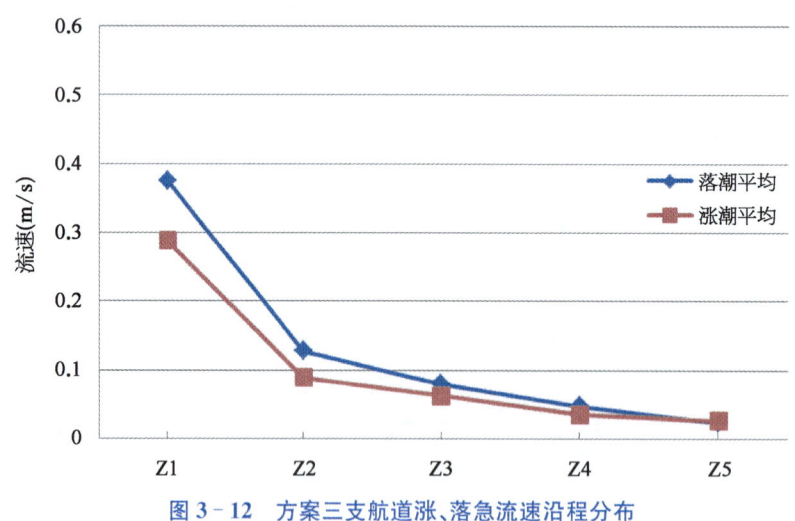

图 3-12　方案三支航道涨、落急流速沿程分布

3.2.2　港区航道水流研究

本计算方案沿人工运河至口外进港航道每隔 2 km 布置一个采点,共计 23 个(编号:C1~C23),港区支航道布置 5 个采样点(编号:Z1~Z5),如图 3-14 所示。

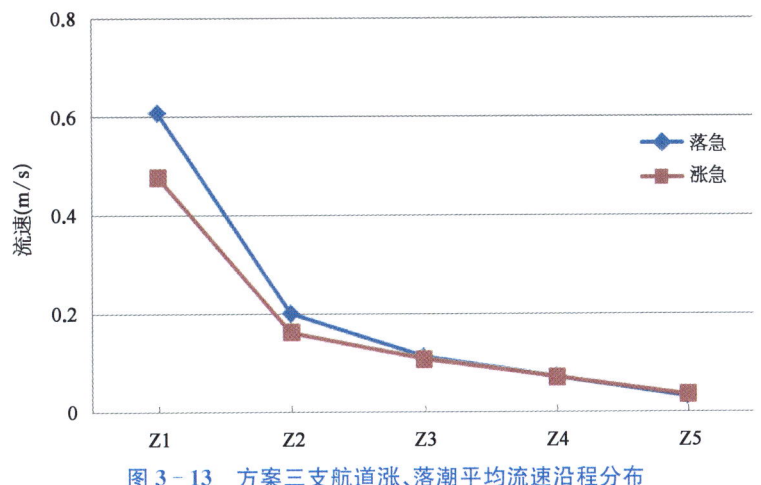

图 3‑13　方案三支航道涨、落潮平均流速沿程分布

图 3‑14　模型计算采点布置分布

1) 横流

统计口外 C19～C23 采样点(布置见图 3‑14)最大横流分布见表 3‑3。口外呈现旋转流特征,越往口外旋转流特征越明显,横流也越大,最大横流约 0.65 m/s。

表 3‑3　东南建港方案口外横流分布(垂线平均)

采　　点	涨潮最大横流(m/s)	落潮最大横流(m/s)
C19	0.36	0.35
C20	0.44	0.43
C21	0.48	0.50
C22	0.55	0.55
C23	0.63	0.65

2) 与航道交角

港区口门内水流受港区岸线控制,各个方案水流方向基本与航道方向一致。口外,各方案水流与航道交角均有较明显加大(表3-4)。其中建港方案：口门处水流与航道交角大于30°历时4.5~11 h。

表3-4 东南建港方案航道采点流速与航道交角历时

区域	采点	水流与航道交角历时(h)		区域	采点	水流与航道交角历时(h)		
		<30°	>30°			0~30°	30°~60°	60°~90°
口内	C15	23	1	口外	C19	13	7.5	3.5
	C16	23	1		C20	10	8	5
	C17	23	1		C21	11	7.5	5.5
	C18	19.5	4.5		C22	10	8	6

3.3 水流交换动态化分析

利用1.5节中建立的可视化系统,对长江口横沙东滩建港后的水流交换特性进行了展示,基于纸面展示的限制,本文中截屏对流场进行了分析。模型结果流场整体动态画面(图3-15)显示,横沙东滩建港后,已建港池、航道内流态与航道走向基本一致。转流时刻,在已布置的港池航道衔接位置存在一定的涡流流态,但总体流速较小,对通航船舶影响不大。从口门附近流场来看,口门位置存在一定程度的横流,尤其是落潮后期及涨潮时刻,但采样点即时信息显示最大横流不超过0.8 m,口外旋转流流场大部分以顺时针方向运动。从流矢运动轨迹及时间来看,大部分水流流矢在港池内滞留时间不超过两个涨落潮周期,而港池附近水流基本在一个落潮过程可以输出至港区口门,这对今后航道的泥沙向口外输运有利。

(a) 落潮

(b) 涨潮

图3-15 横沙建港方案实施后流场动画

3.4　小结

（1）不同建港方案实施后，港内主航道受两侧港区岸线影响基本呈现往复流状态；港区内存在绕流现象，特别是在涨、落憩时刻绕流比较明显，但流速不大。

（2）不同建港方案实施后，人工航道及港内水域流速基本以减小为主，口外航道以旋转流为主。

第 4 章　港区含沙量的模拟结果

分别采用二、三维潮流泥沙数学模型,对方案一、方案二及方案三进行了区域含沙量的计算。经计算分析发现,不同港区平面布局方案建设后对区域含沙量的影响主要集中在港区,区域内含沙量有所减小。

4.1　方案一、方案二模拟结果

对建港方案一与方案二进行区域含沙量计算,模型计算方案与模型设置同二维水动力数值计算模型。

图 4-1 给出了建港工程实施前长江口拦门沙地区平均含沙量场,图 4-2 和图 4-3 给出了不同建港方案事实后含沙量场,图 4-4 和图 4-5 所示为含沙量变化。

工程实施后,港池口门区平均含沙量比工程前有微幅增加,平均含沙量为 0.2~0.3 kg/m³,出海航道向外侧逐渐减小,20 m 等深线附近含沙量在 0.05 kg/m³ 左右。

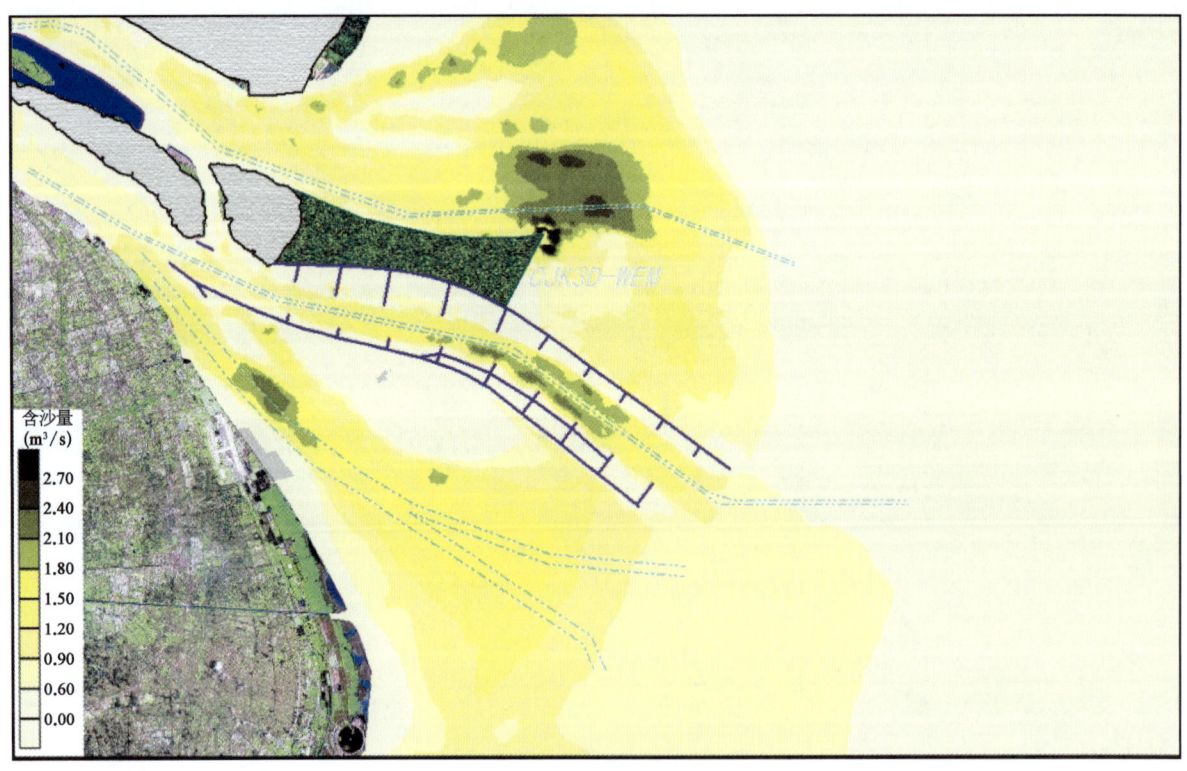

图 4-1　工程前平均含沙量场

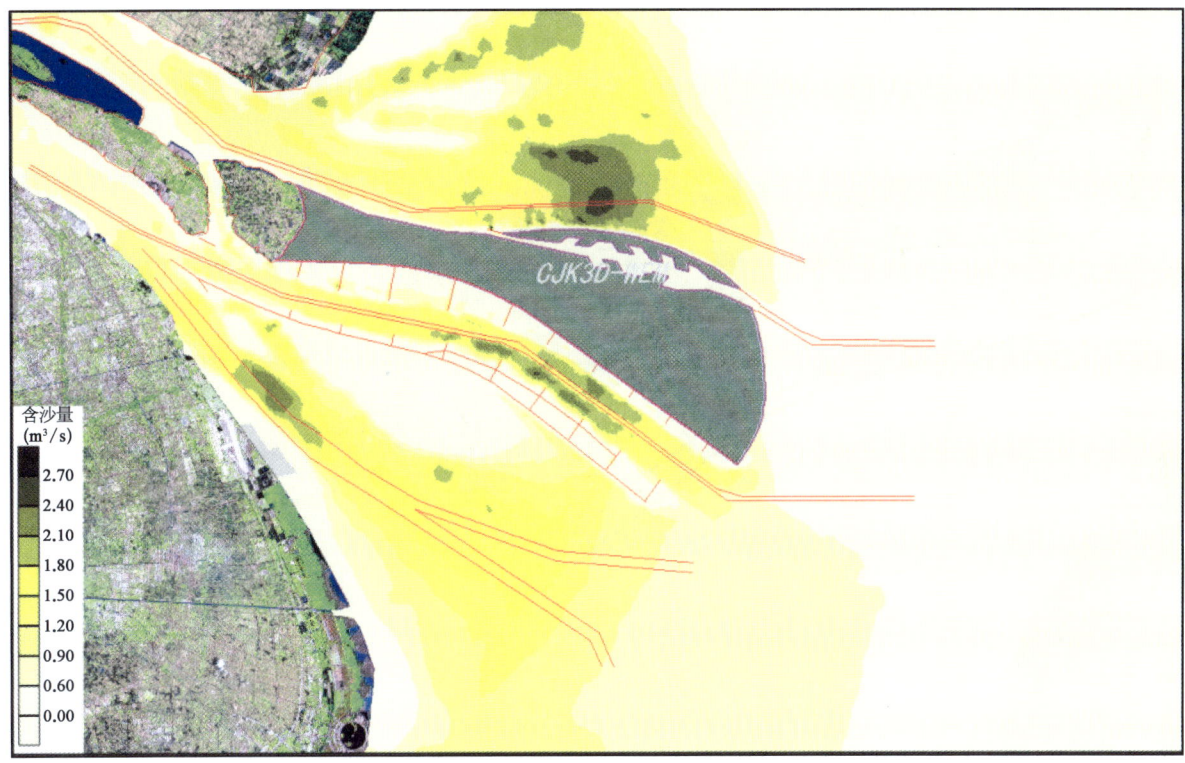

图 4-2　方案一平均含沙量场

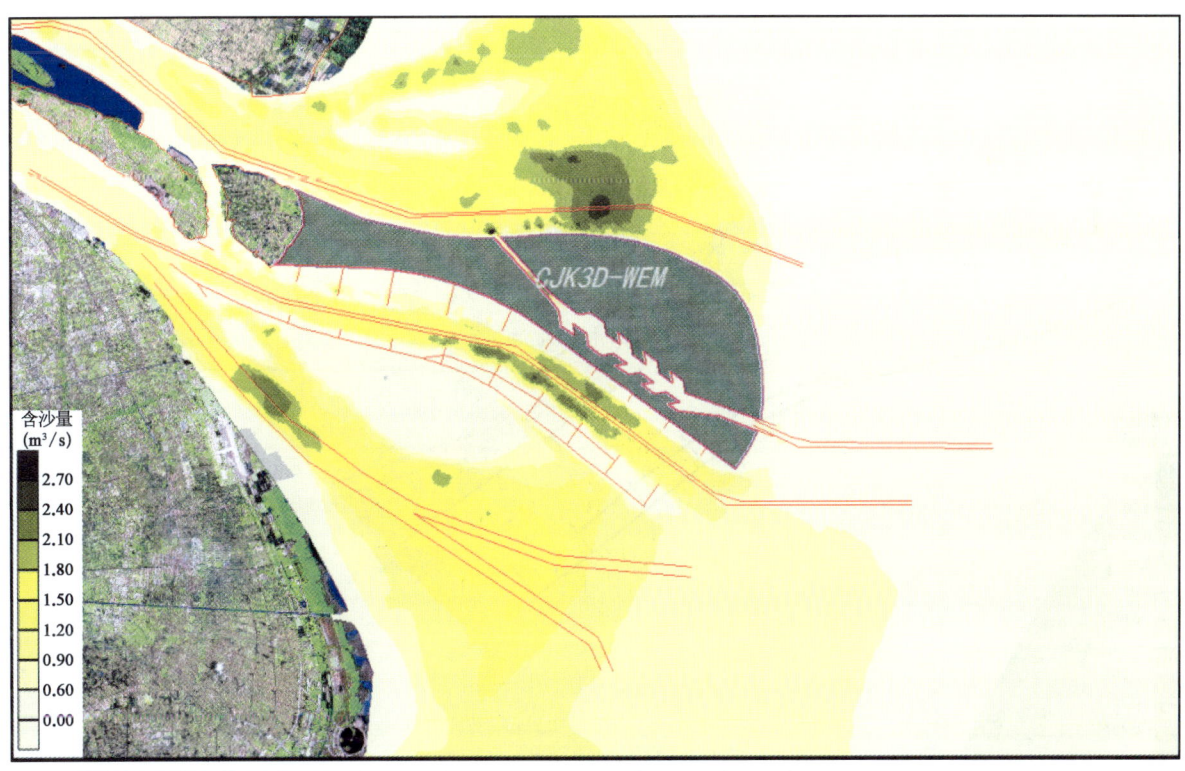

图 4-3　方案二平均含沙量场

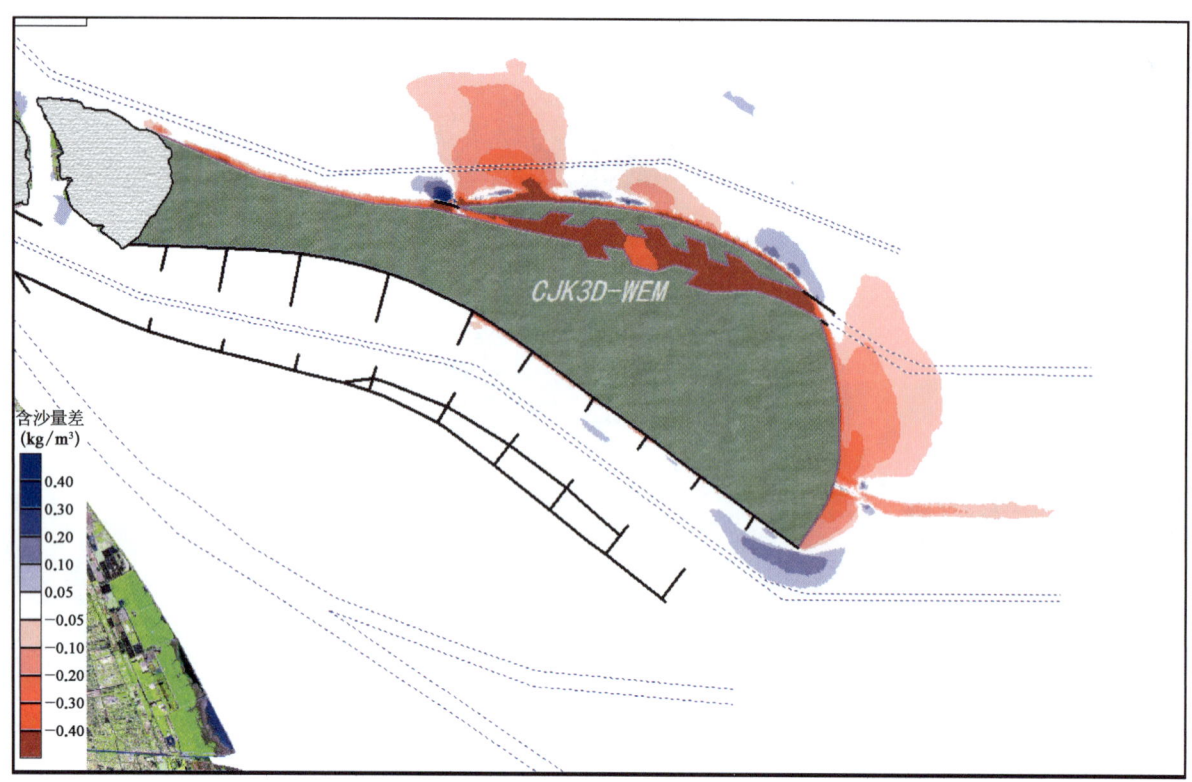

图4-4 方案一平均含沙量场变化

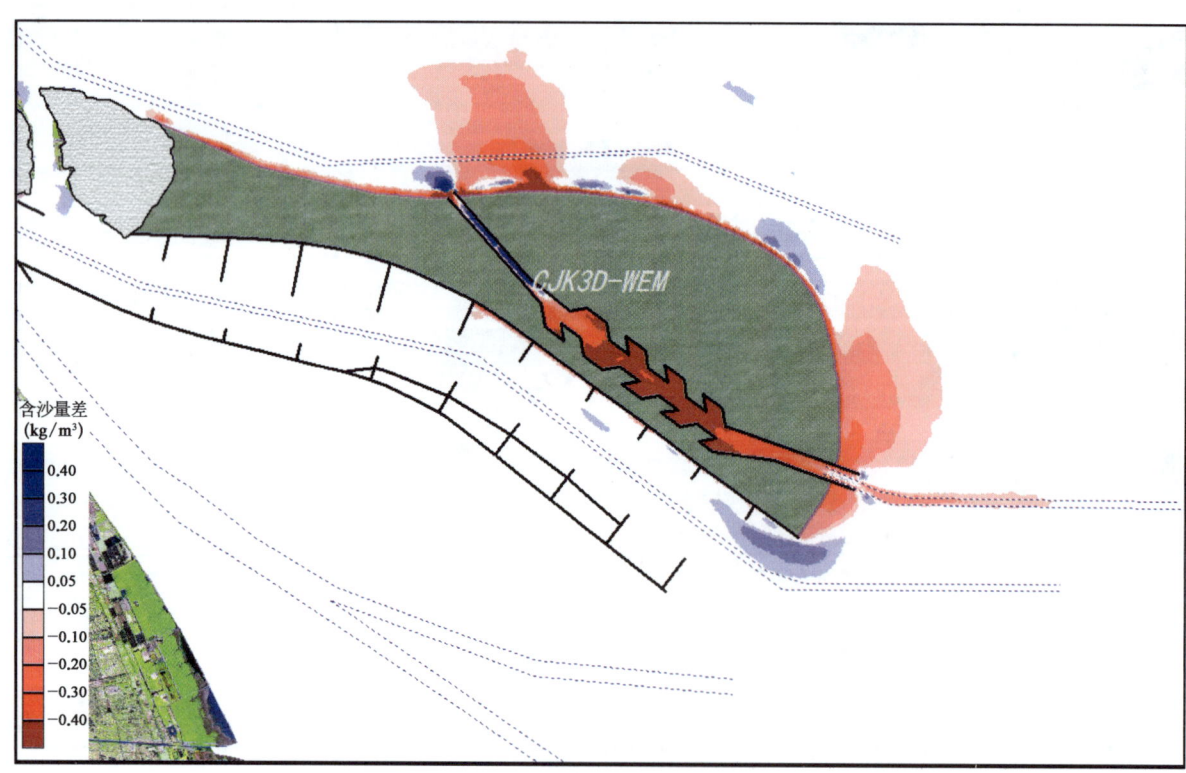

图4-5 方案二平均含沙量场变化

挖入式港池所在位置工程前为横沙浅滩，工程前平均含沙量为 0.3~0.6 kg/m³，工程实施后港池内平均含沙量明显减小至 0.05~0.15 kg/m³。

工程前，北槽中下段、北港拦门沙河段、南槽均存在高含沙量区，工程实施后，北槽中上段含沙量略有增加，下段略有减小。北港拦门沙河段含沙量略有减小，其余河段含沙量变化甚微。

4.2 方案三模拟结果

采用三维泥沙数值模型分析东南港区工程实施后港区附近含沙量的分布情况。图 4-6 给出各方案实施后垂线平均及底层的全潮平均含沙量分布图及底层全潮平均含沙量变化。

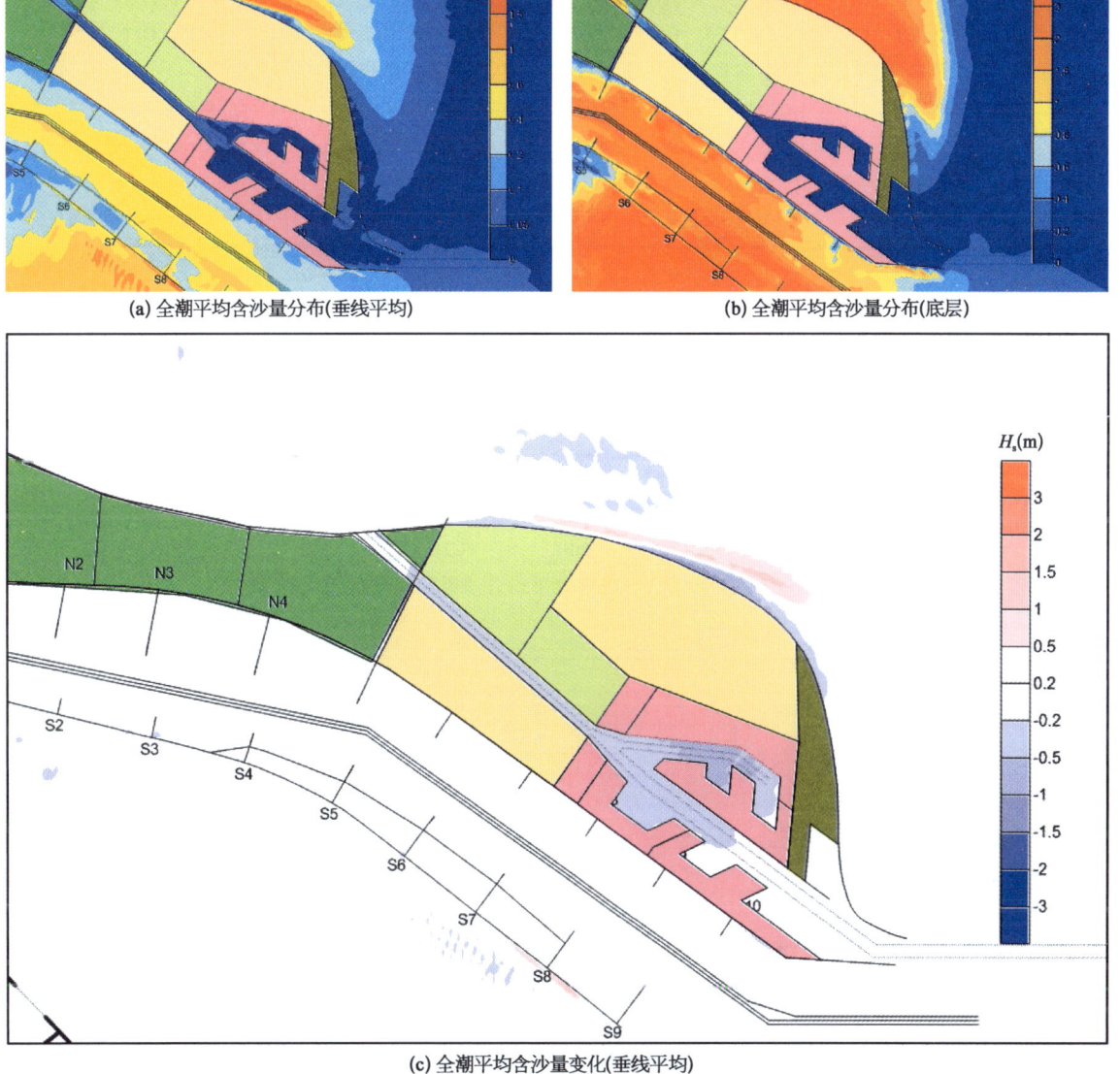

(a) 全潮平均含沙量分布(垂线平均)　　(b) 全潮平均含沙量分布(底层)

(c) 全潮平均含沙量变化(垂线平均)

图 4-6　方案三含沙量分布及变化

垂线平均层港区主航道含沙量分布在 0.05～0.2 kg/m³,口外航道含沙量分布在 0.05～0.1 kg/m³;底层港区主航道含沙量分布在 0～1.0 kg/m³,口外航道含沙量分布在 0.2～0.4 kg/m³;方案后港区主航道含沙量大幅减小,幅度主要在 0.5～1.0 kg/m³。运河上口段(C1)含沙量较大,落潮垂线平均达 0.45 kg/m³,其余区段的涨落潮垂线平均含沙量均不足 0.15 kg/m³(图 4-7～图 4-9)。

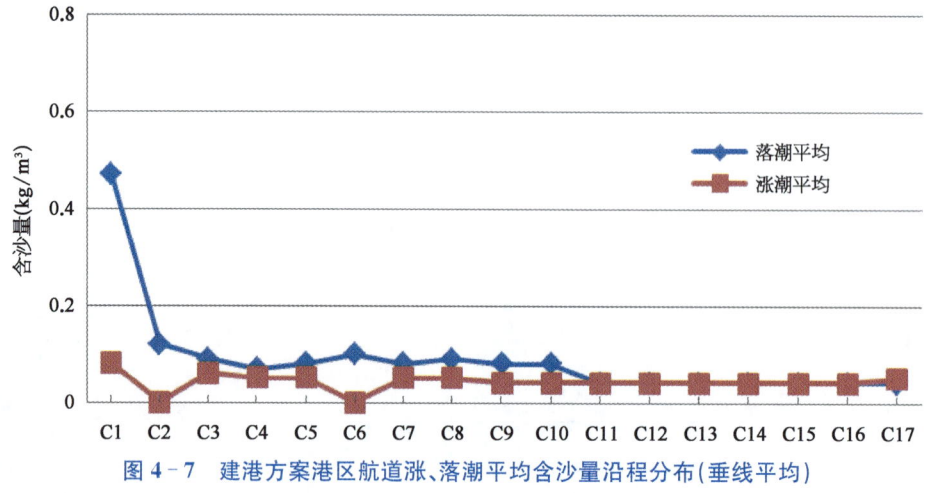

图 4-7　建港方案港区航道涨、落潮平均含沙量沿程分布(垂线平均)

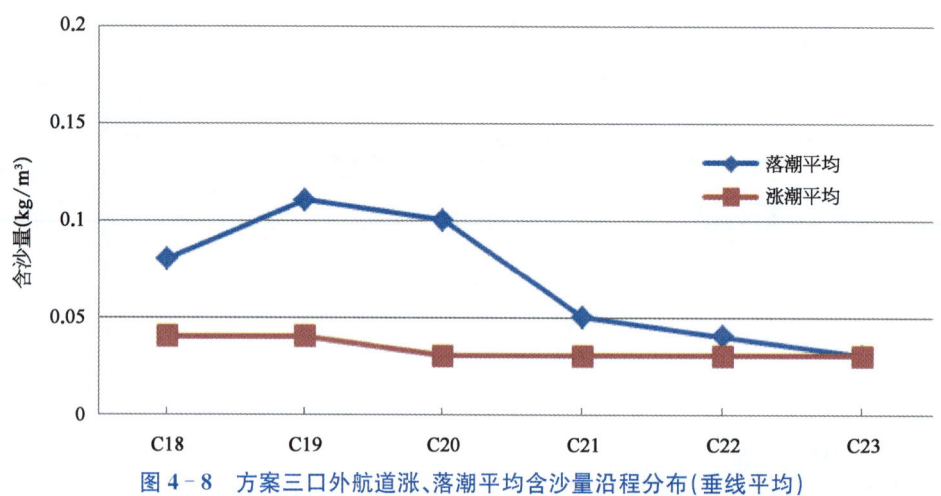

图 4-8　方案三口外航道涨、落潮平均含沙量沿程分布(垂线平均)

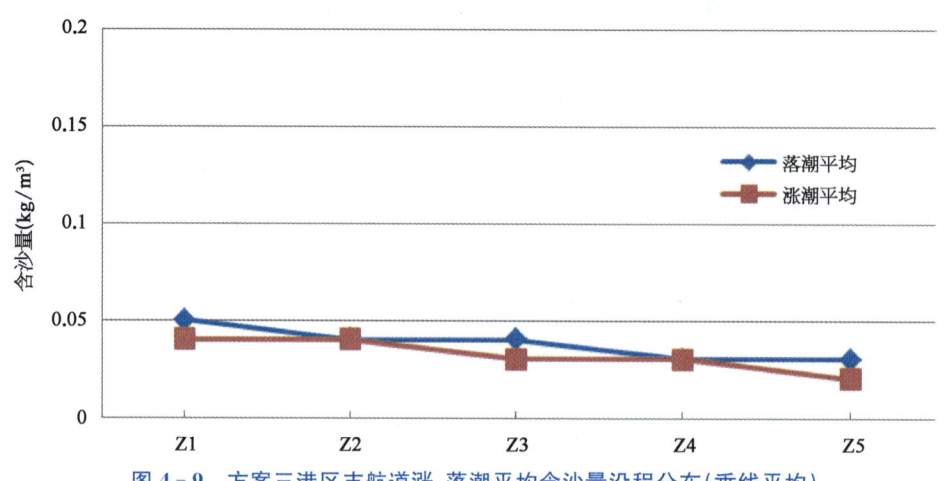

图 4-9　方案三港区支航道涨、落潮平均含沙量沿程分布(垂线平均)

4.3 小结

（1）方案一、方案二实施后，港池内平均含沙量明显减小，口门区平均含沙量有微幅增加，平均含沙量为 $0.2 \sim 0.3 \text{ kg/m}^3$。

（2）方案三实施后，港区建成后，港区航道平均含沙量大幅减小，垂线平均含沙量在 $0.05 \sim 0.2 \text{ kg/m}^3$；人工运河上口段含沙量相对较大，垂线平均含沙量在 $0.2 \sim 0.4 \text{ kg/m}^3$，其余区段垂线平均含沙量均不足 0.15 kg/m^3。

第 5 章 新港建设后波浪模拟结果

5.1 横沙区域波浪条件

长江口水域开阔,波浪作用强,周边水下地形复杂,外海深水波浪传播到近岸浅水区域时,受水下地形变化、水工建筑物等影响,将发生折射、反射、绕射和破碎等变形,规律极为复杂。为了解横沙建港区域的波浪条件,采用 WRF 模型对长江口海域近 5 年的波浪场进行计算分析和研究。同时采用数学计算模型计算了不同建港方案实施后,港区及周边区域的波浪情况。

5.2 大范围波浪推算方案及计算结果

5.2.1 计算方案及计算条件

5.2.1.1 计算方案

本底方案:2015 年 8 月长江口河势现状,其中横沙八期促淤圈围工程按建成考虑。

工况:在本底基础上,增加成陆方案。

图 5-1 为波浪计算点位置示意图。其中北港水道波浪计算点为 N1~N13,横沙浅滩东侧波浪计算点为 E1~E7,北槽北侧边滩波浪计算点为 S1~S12。

5.2.1.2 计算条件

根据长江口风、浪资料统计,对工程海域产生重要影响的浪向主要为 NNE~SSE 向。具体计算组次见表 5-1。

5.2.2 波浪计算结果

5.2.2.1 大范围波浪场分布特征

图 5-2 为本底方案的常风天主要浪向(NNE~ESE 向)的 $H_{13\%}$ 波高分布,图 5-3 为对应的 6 级风上限条件下的 $H_{13\%}$ 波高分布。由图可见,长江口地区的波浪外海大、近岸小,拟建成陆区域波浪出现明显衰减。

各波浪计算点的具体计算结果见表 5-2。

从计算结果来看,北港水道主要受 NE~ENE~E 向浪控制,常风天最大 $H_{13\%}$ 波高基本在 1.0 m 以内,6 级风上限条件下最大 $H_{13\%}$ 波高基本在 2.2 m 以内;横沙浅滩东侧水域主要受 ENE~E 向浪控制,常风天最大 $H_{13\%}$ 波高在 1.3~1.4 m,6 级风上限条件下最大 $H_{13\%}$ 波高在 2.5~2.8 m;北槽北侧边滩水域主要受 E～ESE 向浪控制,常风天最大 $H_{13\%}$ 波高在 0.5～1.2 m,6 级风上限条件下最大 $H_{13\%}$ 波高在 1.0～2.5 m。

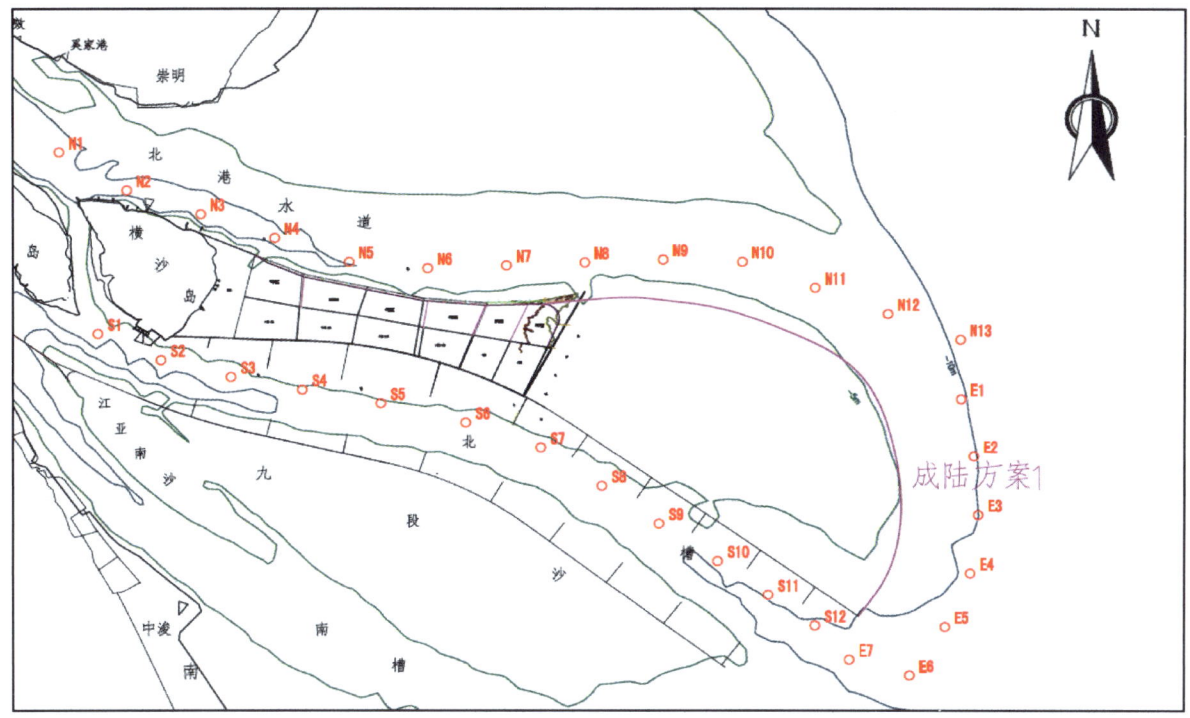

图 5-1　波浪计算方案平面布置及计算点位置示意

表 5-1　设计波要素计算组次

位　　置	波浪计算点	波浪推算标准
北港水道	N1～N13	常风天(6.9 m/s)+平均水位(2.0 m) 6 级风上限(13.8 m/s)+平均水位(2.0 m)
横沙浅滩东侧	E1～E7	
北槽北侧边滩	S1～S12	

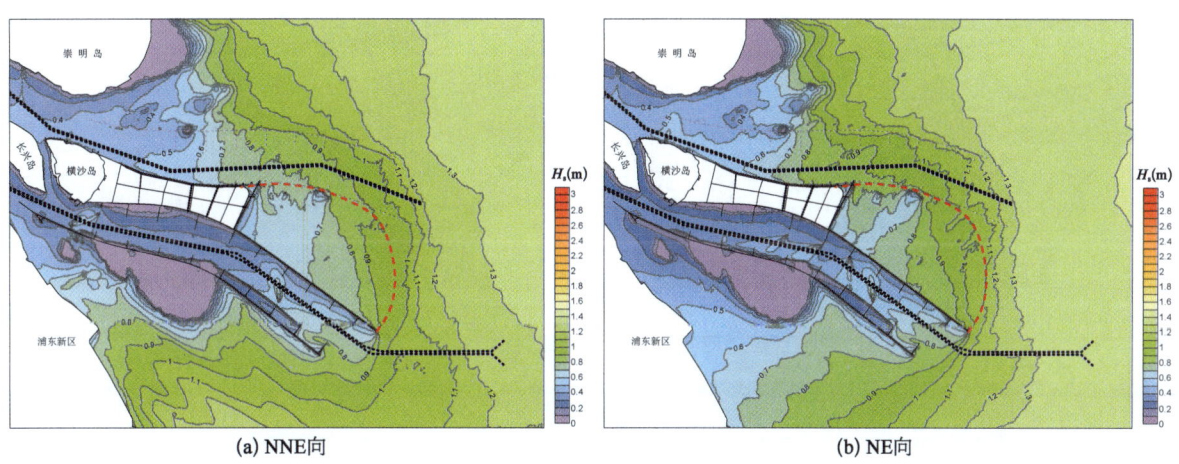

(a) NNE 向　　　　　　　　　　　　(b) NE 向

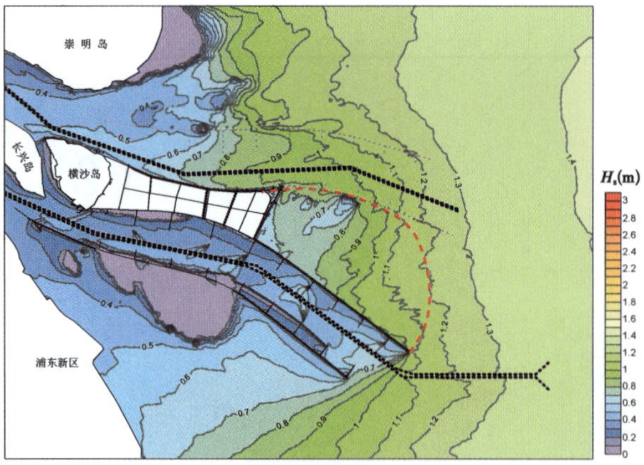

(c) ENE向 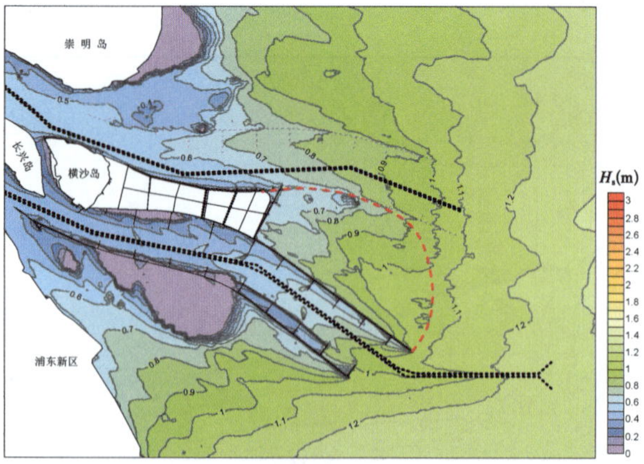　　　　　　　　　　　　　(d) E向

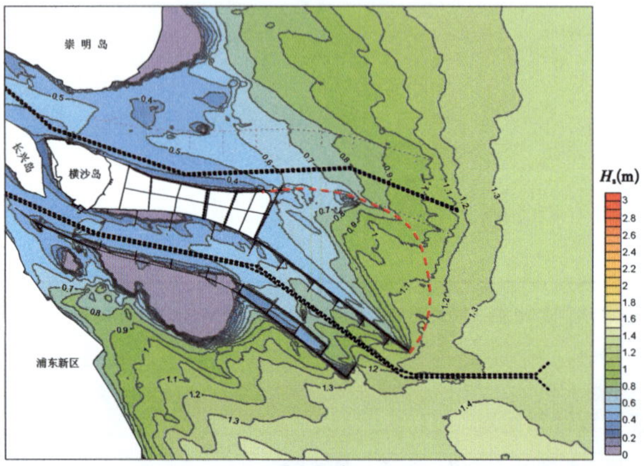

(e) ESE向 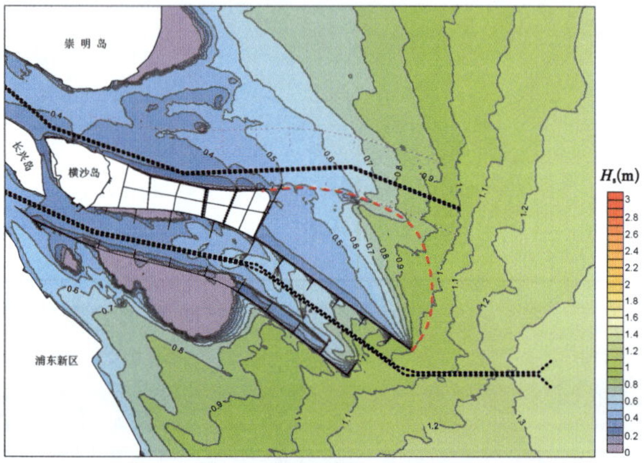　　　　　　　　　　　　　(f) SE向

图 5-2　常风天平均水位下主要波向 $H_{13\%}$ 波高分布（本底）

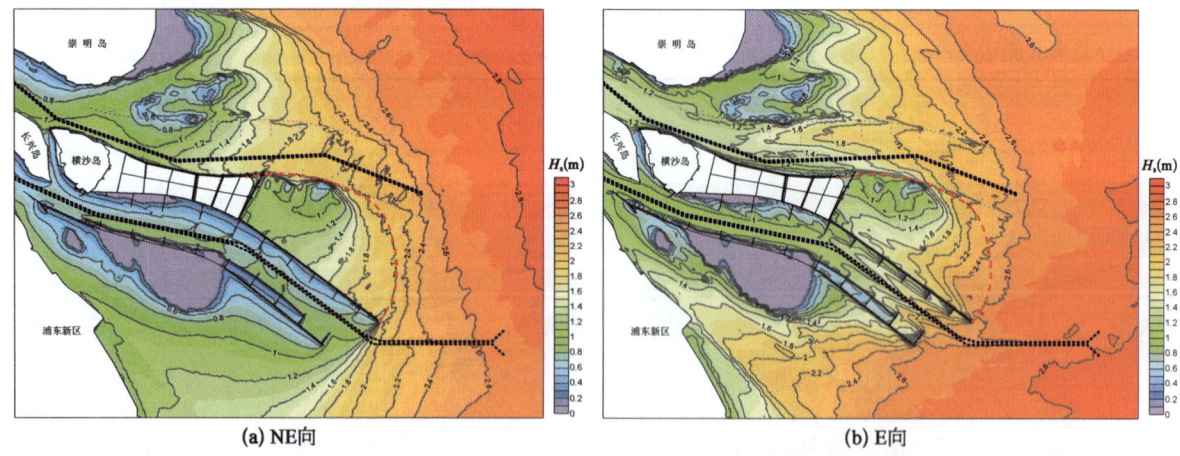

(a) NE向　　　　　　　　　　　　　(b) E向

图 5-3　6 级风上限平均水位下主要波向 $H_{13\%}$ 波高分布（本底）

表5-2 工程前各区域最大 $H_{13\%}$ 波高分布特征

区域	常风天		6级风上限	
	H_s(m)	控制波向	H_s(m)	控制波向
北港水道上段	0.5~0.6	E	1.2~1.4	E
北港水道中段	0.6~1.0	NE~ENE	1.4~2.0	NE~ENE
北港水道下段	1.0~1.3	NE~ENE	2.0~2.6	ENE~E
横沙浅滩东侧	1.3~1.4	ENE~E	2.5~2.8	ENE~E
北槽北侧边滩	0.5~1.2	E~ESE	1.0~2.5	E~ESE

5.2.2.2 横沙浅滩区域圈围后周边的波浪场

从计算结果来看，圈围工程实施后，横沙浅滩成陆后，引起东侧水域波能集中，波高有所增加，但对北港水道、北槽波浪基本无影响（图5-4和图5-5）。常风天条件下，横沙浅滩东侧水域 $H_{13\%}$ 波高增加 0.07~0.13 m，增幅 5.2%~10.1%（表5-3）。6级风上限条件下，横沙浅滩东侧水域 $H_{13\%}$ 波高增加 0.04~0.06 m，增幅 1.4%~2.4%（表5-4）。工程前后各区域最大 $H_{13\%}$ 波高变化见表5-5。

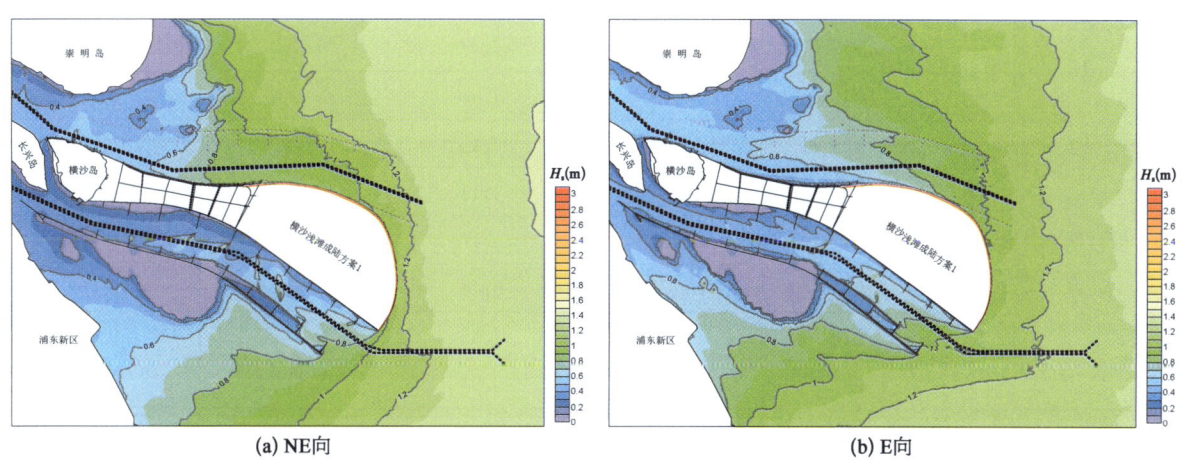

图5-4 常风天平均水位下主要波向 $H_{13\%}$ 波高分布（工程后）

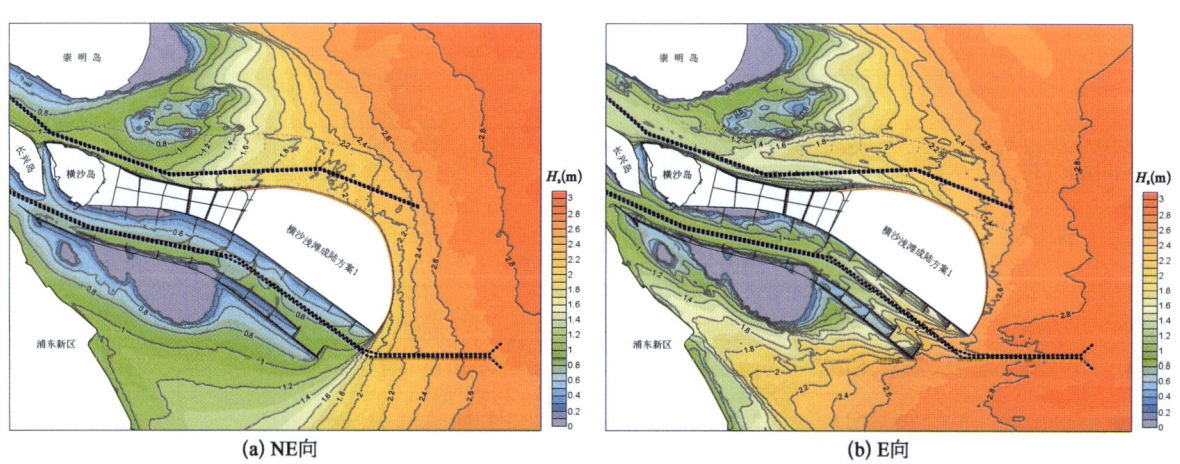

图5-5 6级风上限平均水位下主要波向 $H_{13\%}$ 波高分布（工程后）

表 5-3 常风天工程前后计算点最大 $H_{13\%}$ 波高变化 (m)

区 域	计算点	工程前	工程后	偏 差	相对偏差
北港水道上段	N1	0.55	0.55	0.00	−0.1%
	N2	0.55	0.56	0.00	0.4%
	N3	0.56	0.56	0.00	0.0%
	N4	0.57	0.57	0.00	−0.2%
北港水道中段	N5	0.68	0.68	0.00	−0.1%
	N6	0.79	0.79	0.00	0.0%
	N7	0.89	0.89	0.00	0.3%
	N8	0.94	0.93	−0.01	−0.6%
	N9	0.96	0.96	0.00	−0.4%
北港水道下段	N10	1.00	1.00	0.00	−0.4%
	N11	1.06	1.06	0.00	−0.3%
	N12	1.21	1.20	0.00	−0.1%
	N13	1.29	1.29	0.00	0.1%
横沙浅滩东侧	E1	1.27	1.34	0.07	5.2%
	E2	1.31	1.42	0.11	8.6%
	E3	1.35	1.46	0.11	8.1%
	E4	1.35	1.47	0.12	8.8%
	E5	1.31	1.44	0.13	10.1%
	E6	1.32	1.45	0.13	9.8%
	E7	1.26	1.34	0.08	6.6%
北槽北侧边滩	S1	0.46	0.45	−0.01	−1.9%
	S2	0.52	0.48	−0.04	−8.0%
	S3	0.46	0.45	−0.01	−1.6%
	S4	0.46	0.46	0.00	−1.0%
	S5	0.50	0.49	0.00	−0.9%
	S6	0.54	0.54	0.00	−0.8%
	S7	0.61	0.59	−0.02	−3.1%
	S8	0.70	0.68	−0.02	−3.6%
	S9	0.74	0.72	−0.03	−3.7%
	S10	0.88	0.85	−0.03	−3.4%
	S11	1.06	1.08	0.02	2.1%
	S12	1.16	1.21	0.05	4.7%

表 5-4　6 级风上限工程前后计算点最大 $H_{13\%}$ 波高变化　　　　　　　　　　(m)

区　域	计算点	工程前	工程后	偏　差	相对偏差
北港水道上段	N1	1.35	1.36	0.01	1.0%
	N2	1.28	1.31	0.03	2.2%
	N3	1.35	1.39	0.04	2.7%
	N4	1.38	1.43	0.05	3.8%
北港水道中段	N5	1.37	1.40	0.03	2.2%
	N6	1.59	1.59	0.00	0.0%
	N7	1.83	1.83	0.00	0.0%
	N8	1.97	1.97	0.00	0.0%
	N9	2.01	2.01	0.00	0.0%
北港水道下段	N10	2.10	2.13	0.03	1.5%
	N11	2.21	2.23	0.02	1.0%
	N12	2.36	2.36	0.00	0.0%
	N13	2.57	2.59	0.02	0.9%
横沙浅滩东侧	E1	2.55	2.61	0.06	2.2%
	E2	2.63	2.70	0.06	2.4%
	E3	2.66	2.73	0.06	2.4%
	E4	2.72	2.77	0.05	1.8%
	E5	2.75	2.81	0.06	2.2%
	E6	2.67	2.71	0.04	1.4%
	E7	2.46	2.50	0.04	1.8%
北槽北侧边滩	S1	1.05	1.07	0.02	1.7%
	S2	1.04	1.06	0.02	1.6%
	S3	1.03	1.04	0.01	1.2%
	S4	1.01	1.03	0.02	1.5%
	S5	1.07	1.08	0.01	1.2%
	S6	1.15	1.16	0.01	0.5%
	S7	1.29	1.30	0.01	0.9%
	S8	1.41	1.42	0.01	0.6%
	S9	1.56	1.57	0.01	0.5%
	S10	1.78	1.79	0.01	0.7%
	S11	2.08	2.12	0.04	1.7%
	S12	2.47	2.49	0.02	0.9%

表 5-5 工程前后各区域最大 $H_{13\%}$ 波高变化 (m)

区 域	常况下		6级风上限	
	工程前	工程后	工程前	工程后
北港水道上段	0.5～0.6	基本一致	1.3～1.4	基本一致
北港水道中段	0.6～1.0	基本一致	1.4～2.0	基本一致
北港水道下段	1.0～1.3	基本一致	2.1～2.6	基本一致
横沙浅滩东侧	1.3～1.4	增加 0.07～0.13 m 增幅 5.2%～10.1%	2.5～2.8	增加 0.04～0.06 m 增幅 1.4%～2.4%
北槽北侧边滩	0.5～1.2	基本一致	1.0～2.5	基本一致

5.3 港区建设后波浪情况

5.3.1 波浪计算条件

结合本次研究的工程方案布置推算港区方案实施后港区及南围填区一些控制点位置的波浪要素。波浪计算考虑重现期为 25 年一遇、5 年一遇和 4 种水位(极端高水位、设计高水位、设计低水位、极端低水位)组合条件。两种方案布置及波浪计算控制点位置如图 5-6 和图 5-7 所示。

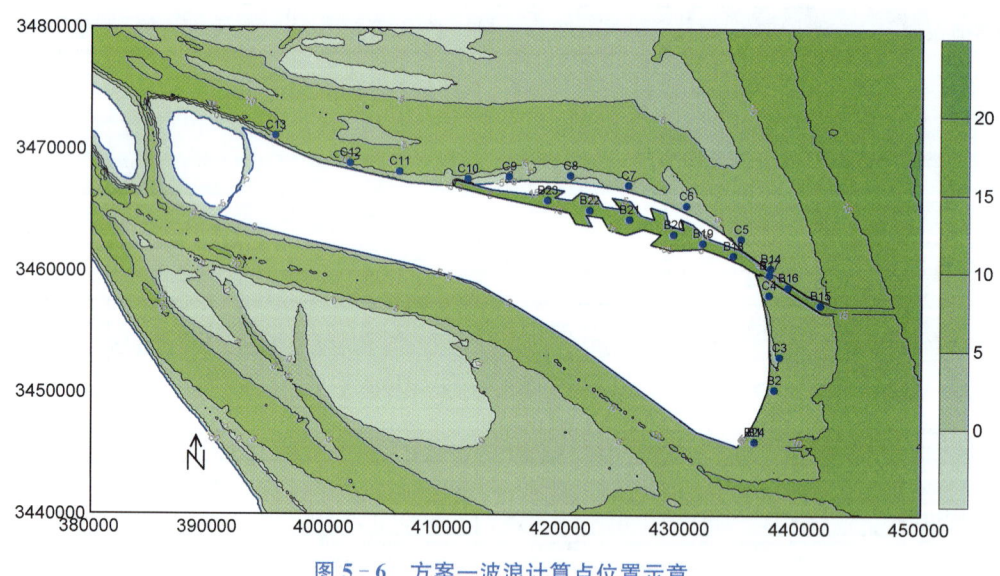

图 5-6 方案一波浪计算点位置示意

在长江口二期工程波浪推算期间采用的长江口水域的设计水位见表 5-6。

5.3.2 方案一建设后波浪计算结果

根据港区的地理位置及港区的平面布置,本次波浪计算主要针对 NE～SE 方向进行,波浪计算中考虑极端高水位、设计高水位、设计低水位、极端低水位 4 种情况,波浪重现期为 25 年一遇。

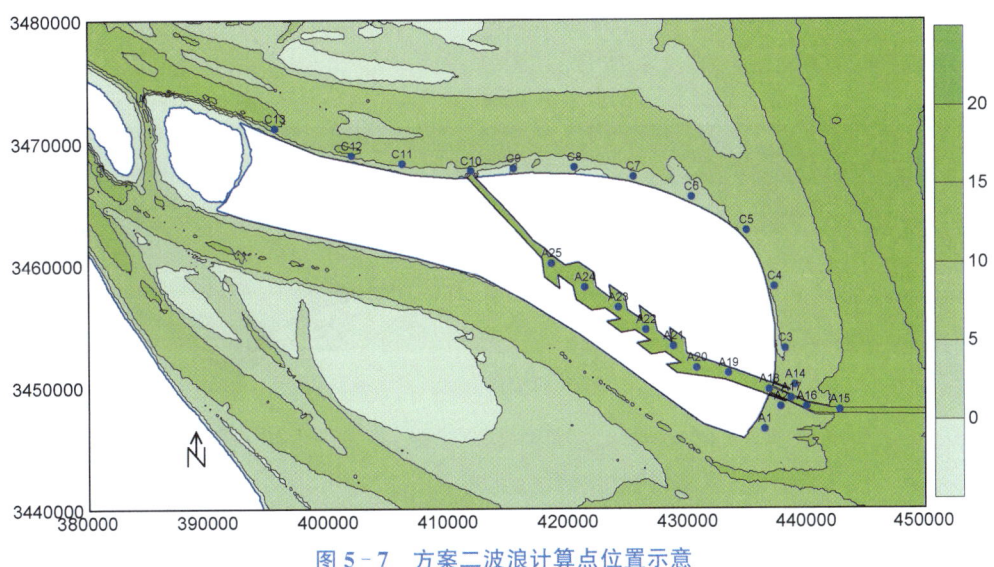

图 5-7 方案二波浪计算点位置示意

表 5-6 设计水位表

设计水位	水位值(m)	设计水位	水位值(m)
设计高水位	4.02	极端高水位	5.57
设计低水位	0.27	极端低水位	−0.53

港区位于长江口深水航道治理工程北导堤的北侧,围填区主要受 NE～E 方向的外海波浪作用。不同方向的波高分布列于图 5-8～图 5-12。

据计算结果,围堤沿线的波浪以 E 方向的外海波浪影响最大,口门北侧护岸沿线的波高也较大,随着沿堤线的水深变浅,C3～C8 的最大波高均达到极限波高。

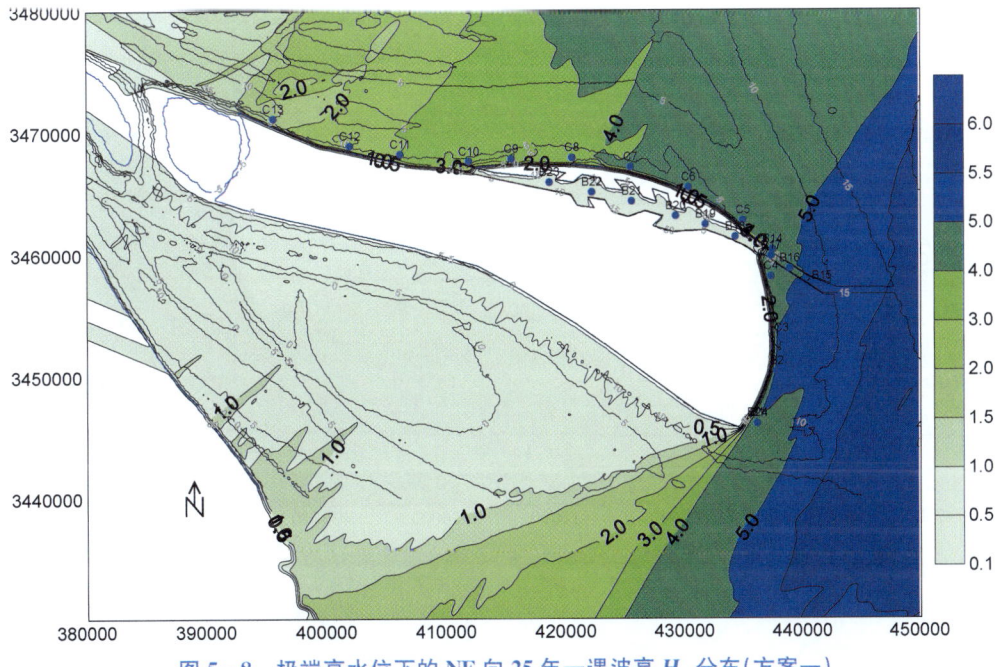

图 5-8 极端高水位下的 NE 向 25 年一遇波高 H_s 分布(方案一)

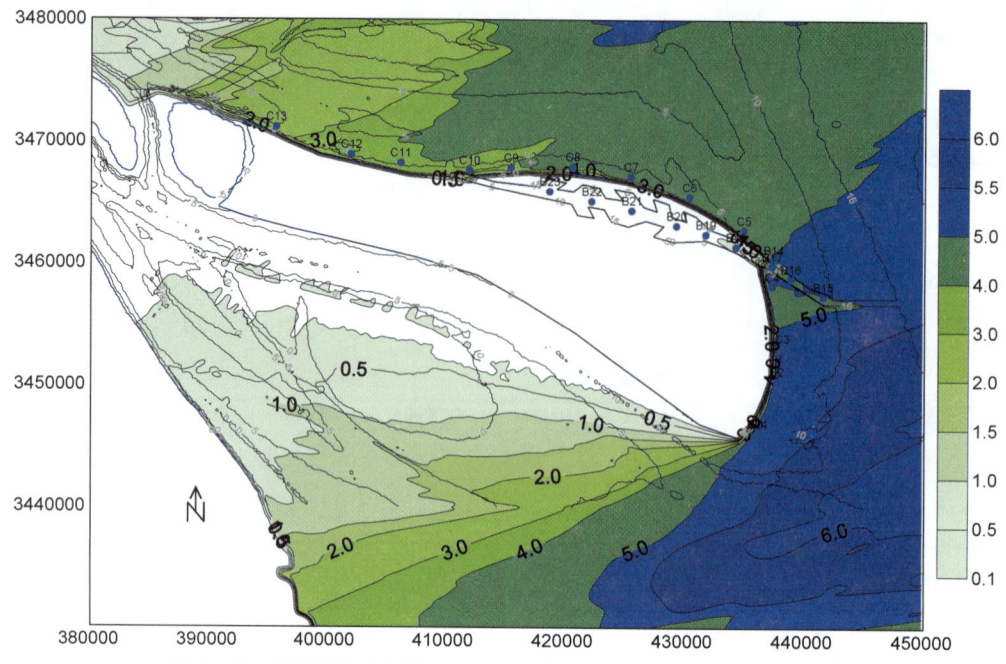

图 5-9 极端高水位下的 ENE 向 25 年一遇波高 H_s 分布（方案一）

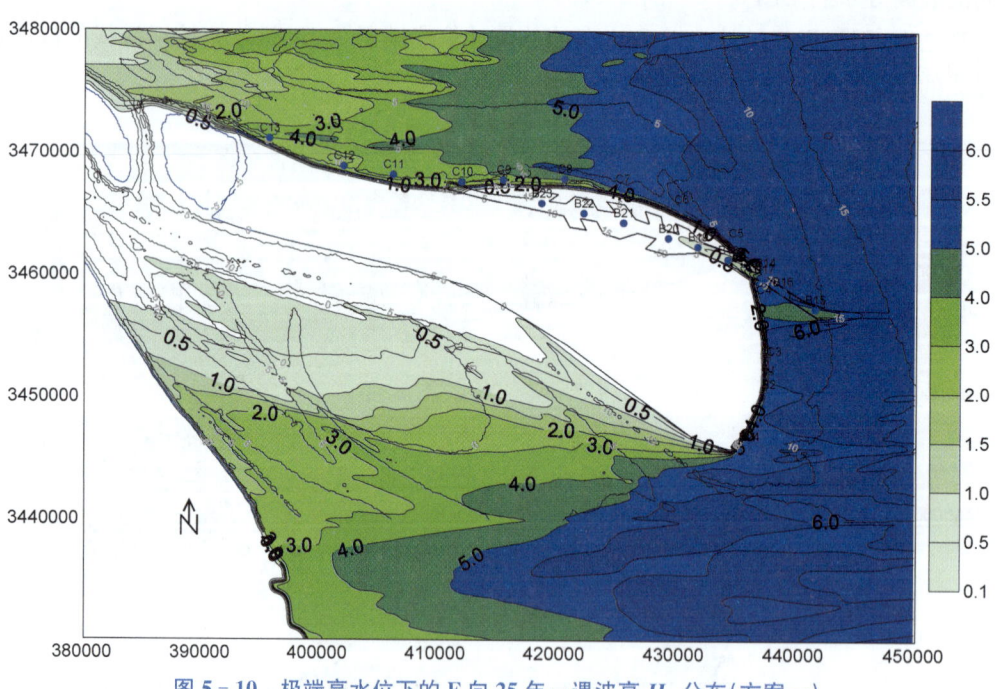

图 5-10 极端高水位下的 E 向 25 年一遇波高 H_s 分布（方案一）

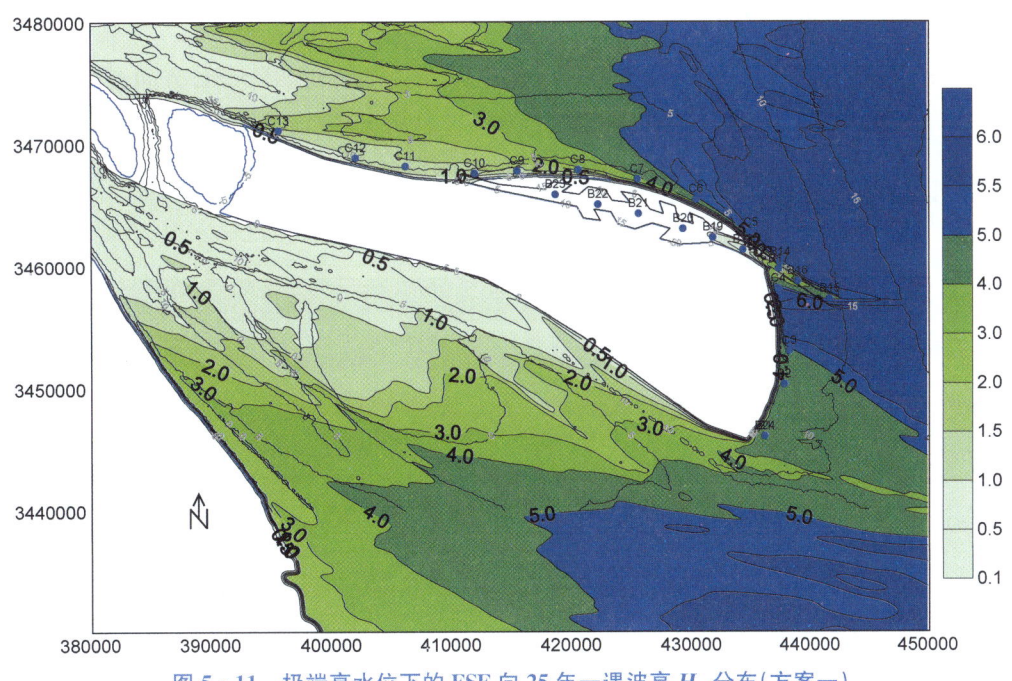

图 5-11　极端高水位下的 ESE 向 25 年一遇波高 $H_{1\%}$ 分布（方案一）

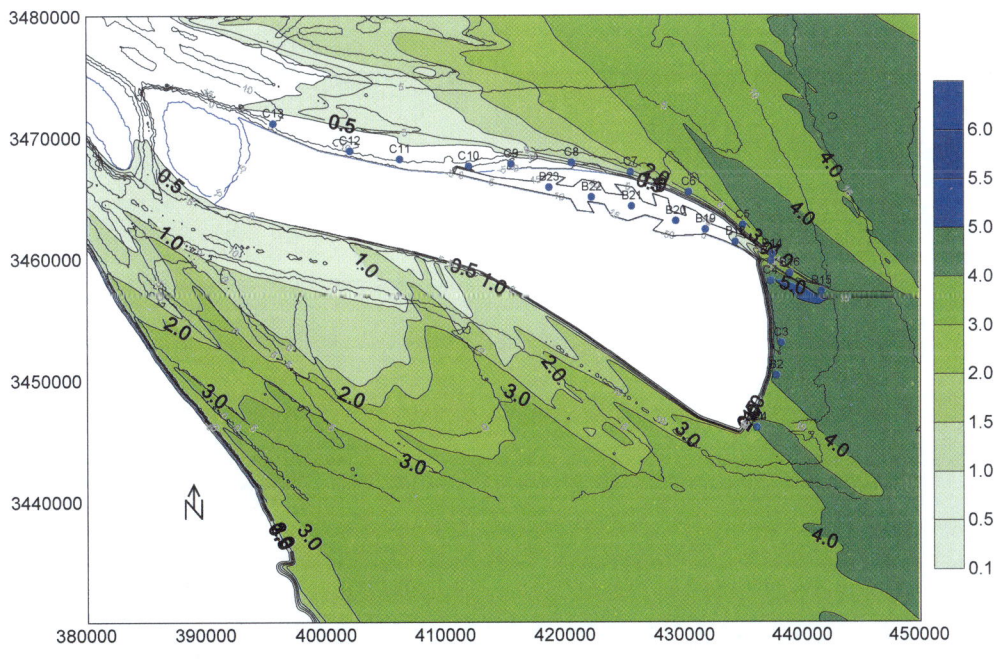

图 5-12　极端高水位下的 SE 向 25 年一遇波高 $H_{1\%}$ 分布（方案一）

根据规划港区的平面布置，NE～SE 各方向的外海波浪自口门可直接传播进入港区内水域，外海波浪进入港区内后，由于水域宽阔，港内波能也迅速扩散，港内水域传播的波高也逐渐减小，港内水域的大浪主要出现在口门附近，港内距离口门最近的控制点 B18 位置在 25 年一遇波浪条件下的波高 $H_{1\%}$ 为 1.4 m，受 ESE 方向的外海波浪影响。随着波浪的传播，港区内侧其他位置的波高一般小于 1.0 m。

5.3.3 方案二建设后波浪计算结果

根据港区的地理位置及港区的平面布置，本次波浪计算主要针对 NE～SE 方向进行，波浪计算中考虑极端高水位、设计高水位、设计低水位、极端低水位 4 种情况，波浪重现期为 25 年一遇。

港区位于长江口深水航道治理工程北导堤的北侧，围填区主要受 NE～E 方向的外海波浪作用。几个方向的波高分布列于图 5-13～图 5-17。

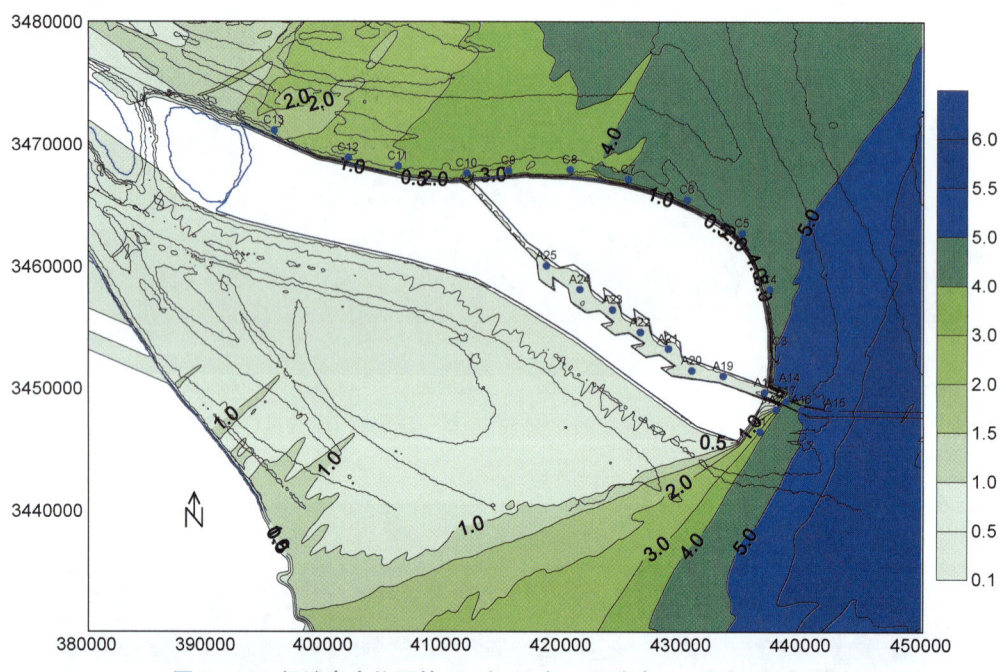

图 5-13 极端高水位下的 NE 向 25 年一遇波高 H_s 分布（方案二）

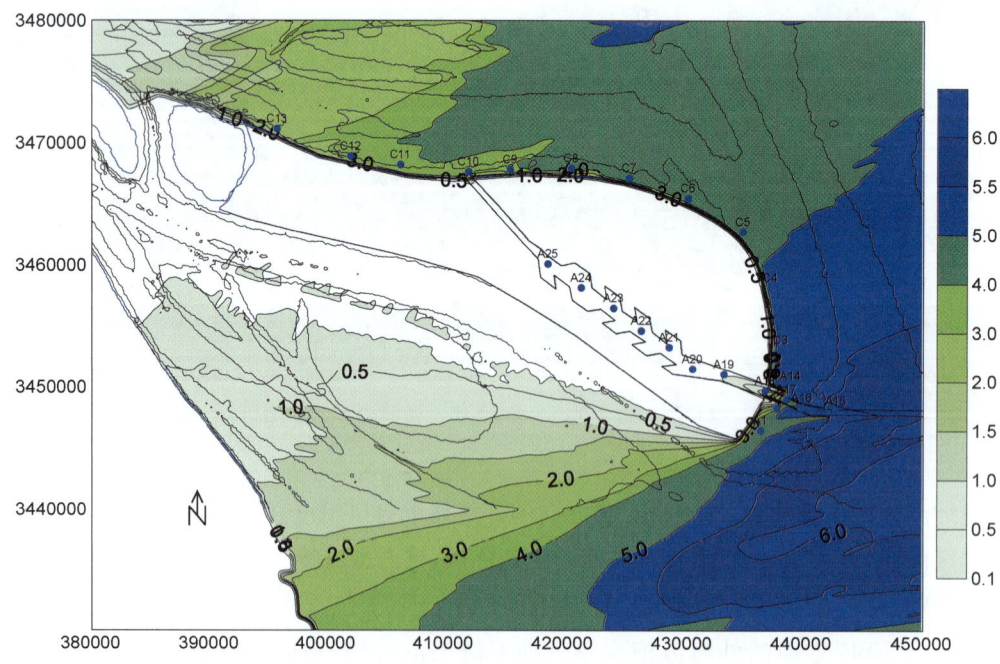

图 5-14 极端高水位下的 ENE 向 25 年一遇波高 H_s 分布（方案二）

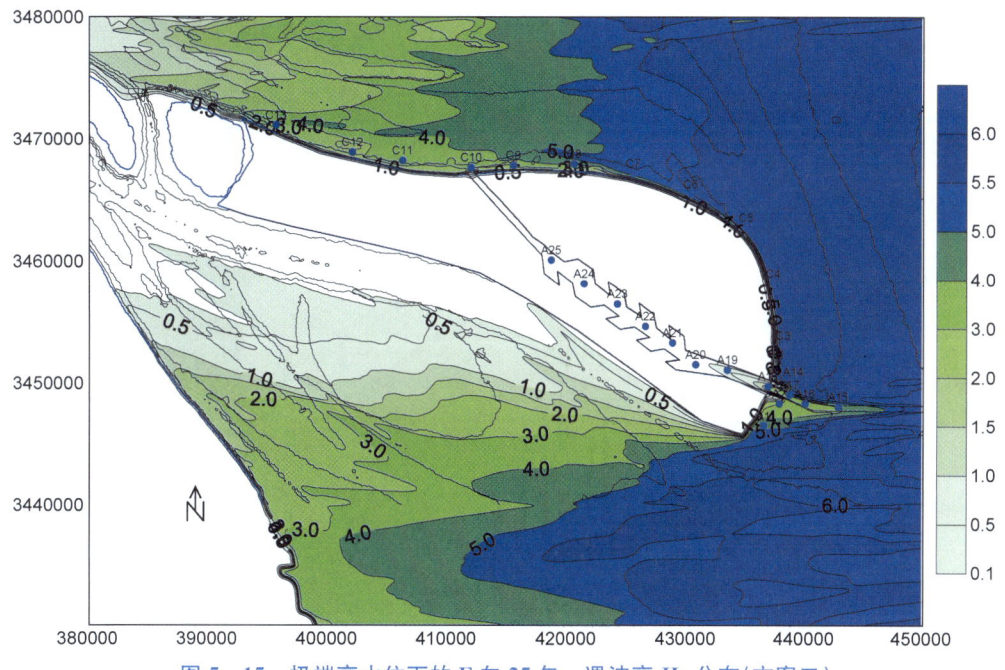

图 5-15 极端高水位下的 E 向 25 年一遇波高 H_5 分布(方案二)

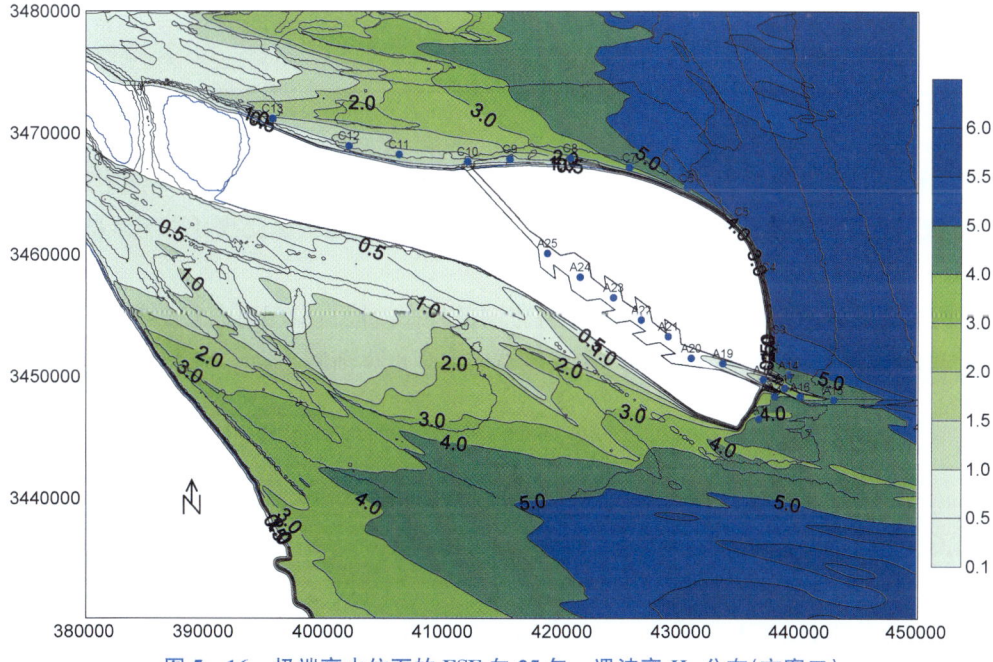

图 5-16 极端高水位下的 ESE 向 25 年一遇波高 H_5 分布(方案二)

从计算成果来看,围堤沿线的波浪以 E 方向的外海波浪影响最大,口门北侧护岸沿线的波高也较大,随着沿堤线的水深变浅,C3~C8 的最大波高均达到极限波高。

根据规划港区的平面布置,NE~SE 各方向的外海波浪自口门可直接传播进入港区内水域,外海波浪进入港区内后,由于水域宽阔,港内波能也迅速扩散,港内水域传播的波高也逐渐减小,港内水域的大浪主要出现在口门附近,港内距离口门最近的控制点 A18 位置在 25 年一遇波浪条件下的波高 $H_{1\%}$ 为 2.74 m,受 E 方向的外海波浪影响。随着波浪的传播,港区内侧其他位置的波高一般小于 1.0 m。

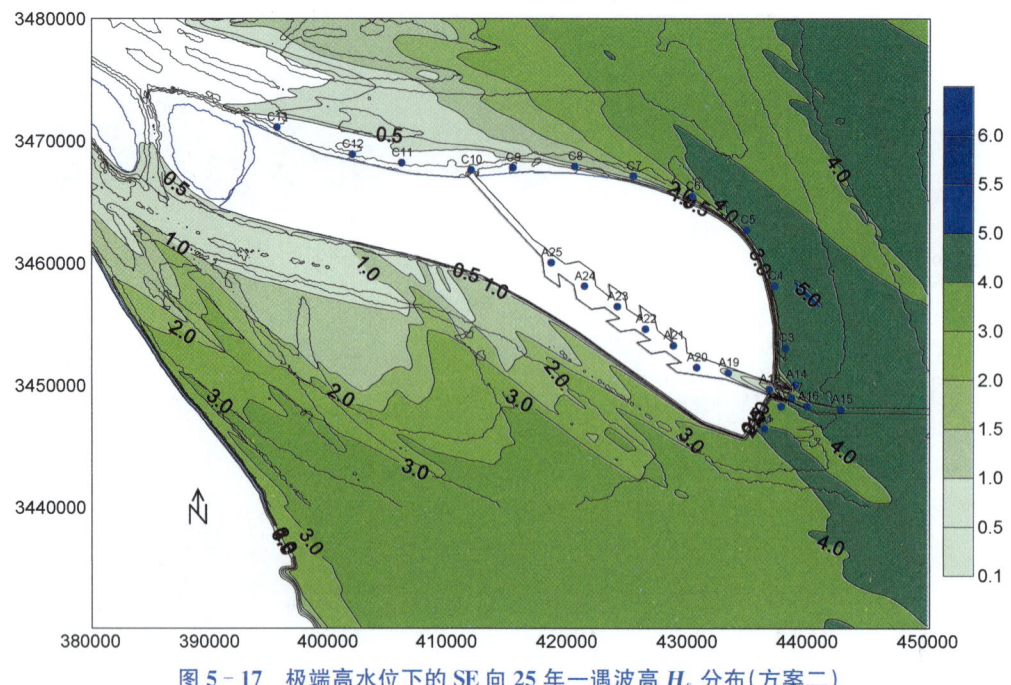

图 5-17 极端高水位下的 SE 向 25 年一遇波高 H_s 分布（方案二）

5.4 小结

（1）建港平面方案一与方案二的围堤沿线主要受 E 向外海波浪影响，港区口门附近控制点 25 年一遇的 $H_{1\%}$ 波高达 7 m 左右，口门北侧换沿线波高也较大，并且随水深变浅，C3～C8 的最大波高均达到极限波高。

（2）根据规划港区的平面布置，NE～SE 各方向的外海波浪自口门可直接传播进入港区内水域，由于水域宽阔，港内波能也迅速扩散，港内水域传播的波高也逐渐减小。

第 6 章 常况下港区及口外深水航道的淤积预测

分别采用平面二、三维水沙数值模型对港区平面布局方案一、方案二、方案三在常况下的回淤情况进行计算,经计算分析,不同建港平面方案实施后,港区内的泥沙回淤强度不大,各方案之间相比平均淤强及回淤量相差不太大。

6.1 方案一、方案二实施后回淤分析

根据数学模型计算得到的水流和含沙量计算结果,分别对港池和航道采用不同泥沙回淤公式进行了估算,估算结果参见表 6-1 和表 6-2。

表 6-1 港区港池回淤强度与回淤量统计

方案名称	港池面积(亿 m^2)	年回淤强度(m/a)	年回淤量(万 m^3)
方案一	0.36	0.38	1 380.86
方案二	0.36	0.33	1 180.99

表 6-2 横沙建港方案支航道回淤强度与回淤量统计

方案名称	底标高(m)	航道长度(km)	年回淤强度(m/a)	年回淤量(万 m^3)
方案一	-20	18.75	0.50	470.32
方案二	-20	22.2	0.57	632.85

根据本次计算结果,总体而言,由于港池口门位于-5 m 以外水域,本底含沙量较低,工程实施后,港区内平均含沙量相对较低,方案一港池水域平均回淤强度 0.38 m/a,年回淤量 1 380.86 万 m^3;方案二港池水域平均回淤强度 0.33 m/a,年回淤量 1 180.99 万 m^3。

支航道,方案一进港航道平均回淤强度 0.50 m/a,年回淤量 470.32 万 m^3;方案二进港航道平均回淤强度 0.57 m/a,年回淤量 632.85 万 m^3。

各方案整个港区港池及航道回淤总量为 1 700 万~1 900 万 m^3/a。由于本阶段仍处于工程规划阶段,根据已有的研究经验,挖入式港池的回淤总量与港池水域面积关系极大。总体而言,横沙挖入式港池的泥沙回淤强度相对不大。

6.2 方案三实施后回淤计算

6.2.1 港区内回淤计算

分洪、枯季分别计算一个完整大、中、小潮,统计15天回淤淤强,折算全年回淤量见表6-3。

表6-3 航道、港池年回淤淤强及回淤量

区段	采点	面积 (万 m^2)	淤强 (m/a)	回淤量 (万 m^3)	合计 (万 m^3)
人工运河	C1	535.5	−0.32	183.0	
	C2		0.55		
	C3		0.40		
	C4		0.43		
	C5		0.35		
	C6		0.35		
	C7		0.37		
	C8		0.27		
港池内	C9	5 982.70	0.26	1 017.0	1 200.0
	C10		0.18		
	Z1		0.12		
	Z2		0.12		
	Z3		0.11		
	Z4		0.11		
	Z5		0.11		
	C11		0.10		
	C12		0.12		
	C13		0.16		
	C14		0.22		
	C15		0.23		
	C16		0.29		
	C17		0.42		

方案三工程实施后港区内平均含沙量相对较低,港区内人工运河年淤强在−0.32~0.55 m/a,平均淤强约0.30 m/a,年回淤量约为183万 m^3;港池回淤年淤强在0.10~0.42 m/a,平均淤强约0.18 m/a,年回淤量约为1 017万 m^3。港区内合计回淤为1 200.0万 m^3。

6.2.2 口外航道回淤计算

港区外航道回淤年淤强在0.26~0.65 m/a,平均淤强约0.46 m/a,年回淤量约为586万 m^3;港区与口外航道合计回淤量约为 1 786 万 m³。

表 6-4 口外航道回淤强度及回淤量

区 段	采 点	面积(万 m²)	淤强(m/a)	回淤量(万 m³)
口外深水航道	C18	1 273.60	0.65	586.0

6.3 小结

(1) 不同建港方案工程实施后,港区内平均含沙量均相对较低。

(2) 方案一港池水域平均回淤强度 0.38 m/a,年回淤量 1 380.86 万 m³;方案二港池水域平均回淤强度 0.33 m/a,年回淤量 1 180.99 万 m³。方案三港区平均淤强约 0.20 m/a,年回淤量约为 1 017 万 m³。

(3) 方案三实施后,口外航道平均淤强约 0.46 m/a,年回淤量约为 586 万 m³。

第7章 极端天气下港区及口外深水航道的淤积预测

7.1 长江口台风特征

对长江口水域而言,在台湾、福建省和以北海岸登陆的台风,以及在长江口东侧水域过境北上的台风,对长江口水域存在或强或弱的影响,通常在浙江省苍南县以北登陆的台风影响较大。其中每年的7—9月是台风影响长江口水域的主要季节(约占全年的80%)。据部分文献不完全统计,1960—2000年间较为明显影响长江口的台风共出现53次。

根据长江口气象站的实测数据统计,以长江口牛皮礁站出现超过7级风为影响到长江口水域的标准,则2005—2014年底影响长江口的台风合计53次,其中较强的台风15次,年均约1.5次。

对长江口产生较强影响的台风通常存在三个典型路径,分别为东侧水域过境、南侧浙江北部登陆及登陆后在上海西侧陆域过境,分别选取"布拉万""海葵"和"麦德姆"为代表,分析其过境对长江口水域的影响。三个台风的路径如图7-1所示。

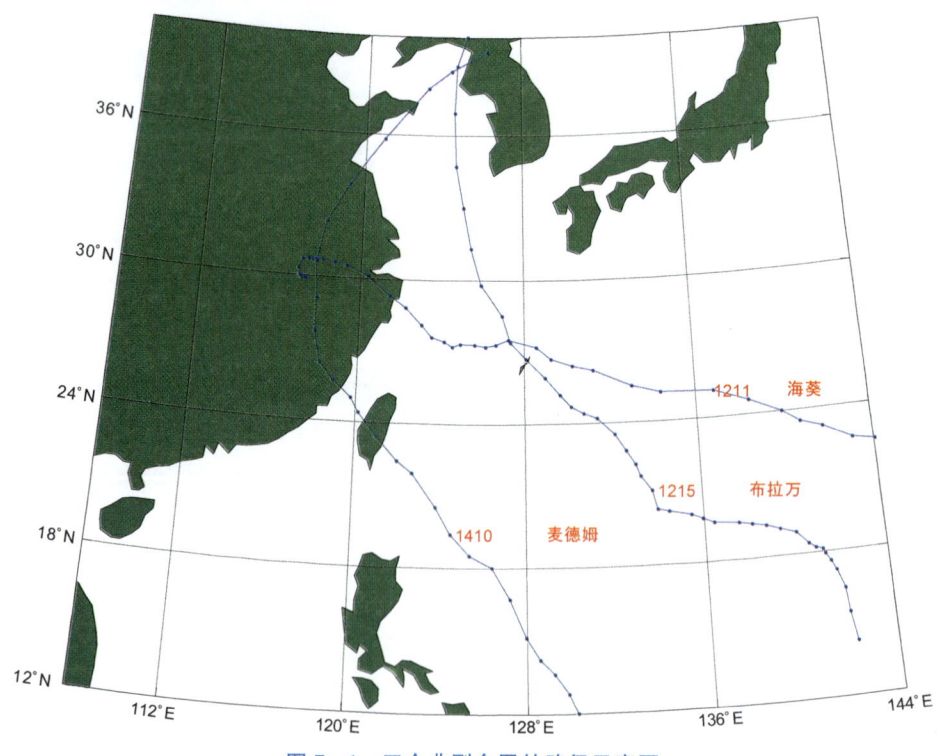

图7-1 三个典型台风的路径示意图

长江口面向东侧海域开敞,对长江口北槽深水航道而言,东侧过境台风产生的长周期的涌浪较易传入长江口内。"海葵"台风与"布拉万"台风在长江口气象站的风速相近,均为 18 m/s 左右,但其在长江口形成的波高较小,或因南侧登陆台风在嵊泗东部海域波高较大,但受嵊泗列岛的遮蔽,其产生的 SE 向浪在向长江口水域传播过程中波能衰减明显。

7.2 港区及口外航道骤淤计算分析

7.2.1 数值模拟计算结果

根据分析,本次极端天下的模型淤积预测选取方案一及两个典型背景风浪场作为计算条件:
(1) 东向来浪的风浪场,可采用东向恒定风场驱动,风速取 13.4 m/s。
(2) 北向来浪的风浪场,可采用北向恒定风场驱动,风速取 19.2 m/s。
计算波高将与牛皮礁站及 TUS 站点对比分析,如不合理再做适当调整。
计算得到的横沙新港港区及外航道的骤淤量参见表 7-1,统计区域如图 7-2 所示。

表 7-1　方案一实施后的口外航道骤淤统计

方　案	口外航道骤淤统计	
	一次回淤总量(万 m³)	平均淤积强度(m)
方　案　一	456	0.45

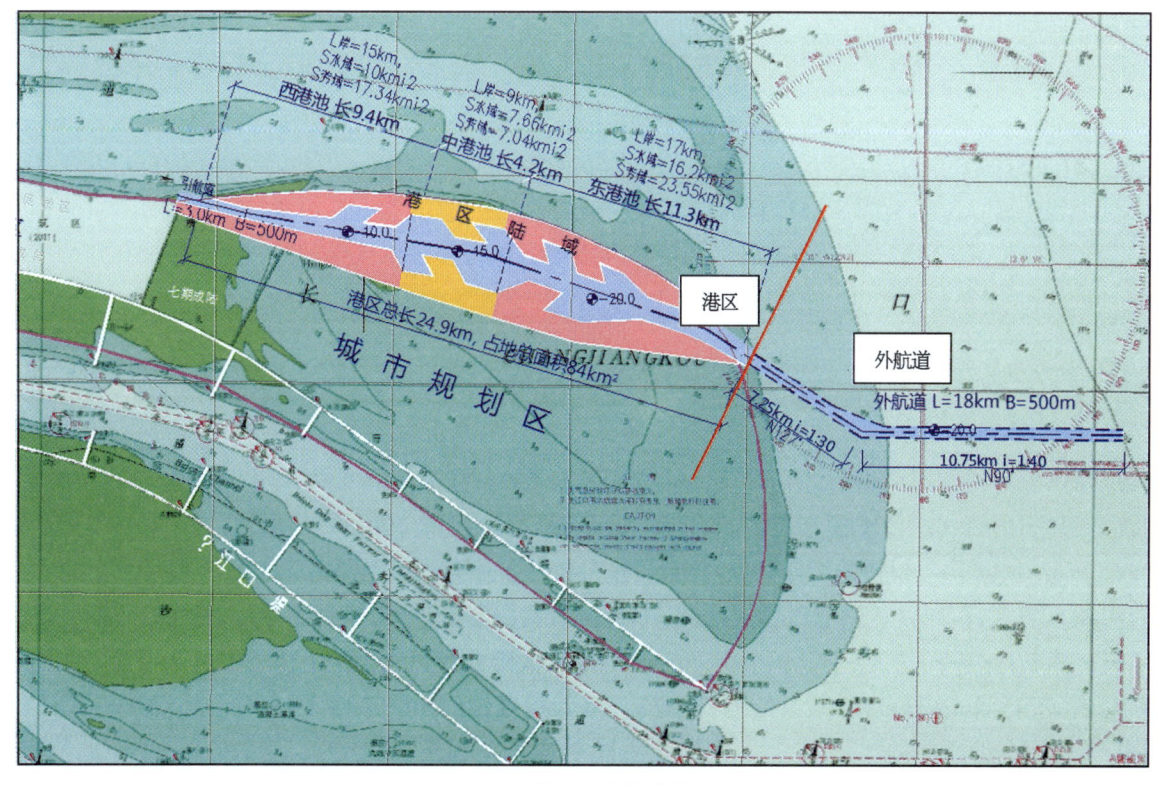

图 7-2　港区及外航道的分隔

7.2.2 经验公式计算结果

在大风天情况下,泥沙运动形式以底沙输运为主,考虑一次大风过程(中风 7 级风作用 0.5 天,大风 10 级风作用 0.5 天,最后中风 7 级风作用 0.5 天),采用罗肇森公式对口外航道骤淤情况进行计算,计算结果见表 7-2。

表 7-2 口外航道一次大风过程骤淤量

方 案	底标高(m)	航道长度(km)	年回淤强度(m/a)	年回淤量(万 m^3)
方案一	-20	17.9	0.55	492.3
方案二	-20	22.2	0.61	677.1

根据计算结果,风后方案一进港航道骤淤强度 0.55 m/a,骤淤量 492.3 万 m^3;方案二进港航道骤淤强度 0.61 m/a,骤淤量 677.1 万 m^3。

7.2.3 小结

从计算结果可知:外航道的回淤以极端天气下的骤淤为主,易受台风等极端天气的影响。不同方案实施后,一次台风的平均淤积强度可以达到 0.45~0.61 m。

第8章 结 论

8.1 横沙深水新港港区的流场环境

(1) 根据数模计算结果,不同的港区方案,所产生的港内环境有所差异。各建港方案实施后,港内主航道受两侧港区岸线影响基本呈现往复流状态;港区内存在绕流现象,特别是在涨、落憩时刻绕流比较明显,但流速不大。

(2) 不同建港方案实施后,人工航道及港内水域流速基本以减小为主,口外航道以旋转流为主。

(3) 根据不同模型计算的港区流场情况,港区内流速无论对于进港的内河船舶还是海船,均可通航。同时,根据LNG船舶的严格作业要求,船舶装卸、系泊作业流速不超过2.0 m/s,靠泊作业小于1.0 m/s。因此,亦可满足作业要求。

8.2 建港后的波浪场情况

(1) 经计算,建港平面方案一与方案二的围堤沿线主要受E向外海波浪影响,港区口门附近控制点25年一遇的$H_{1\%}$波高达7 m左右,口门北侧换沿线波高也较大,并且随水深变浅,C3~C8的最大波高均达到极限波高。

(2) 根据规划港区的平面布置,NE—SE各方向的外海波浪自口门可直接传播进入港区内水域,由于水域宽阔,港内波能也迅速扩散,港内水域传播的波高也逐渐减小。

8.3 横沙深水新港的可维护性评价

(1) 从定性分析来看,横沙深水新港口外深水航道的选址已避开长江口拦门沙的作用范围,且区域潮流扩散能力强、水体含沙量低、含盐度高,悬沙不易落淤,底质以淤泥质为主,骤淤浮泥可自行消散。根据对北槽12.5 m深水航道口外段航道的维护情况统计,口外航道骤淤以浮泥为主,台风后通常会自行消;与北槽航道中上段相比,口外段回淤占比较小,航道可维护性相对较好,对比深水航道,横沙新港口外区域进一步增深航道的可行性较大。

(2) 根据对不同港区平面布局的回淤数值计算,在规划实施后,港池口门区平均含沙量比工程前有微幅增加,在0.2~0.3 kg/m³,出海航道向外侧逐渐减小。结合潮流和泥沙场模拟情况,利用经验公式和数值模拟对港池、航道正常天气下的回淤进行分析估算,各工程方案实施后港池水域平均回淤强度在 0.2～0.38 m/a，口外航道的平均回淤强度在 0.5～0.7 m/a，合计回淤量在 1 700 万～1 900 万 m³/a。

(3) 如前所述，长江口区域台风引起的骤淤往往以浮泥为主，由于浮泥仍具有一定可通航性，浮泥影响期间，对通航不会产生制约性影响，同时，在潮流作用下，淤积的浮泥会快速消散，对整体维护量增加。

综上可知，横沙深水港区及航道的总体可维护性较强。

第5部分
向领导呈送的专报

关于尽快启动外高桥港区七期工程
进一步推进上海国际航运中心建设的建议

说明： 2011年第62号《参事工作专报》刊登了上海市人民政府参事室参事包起帆《关于尽快启动外高桥港区七期工程进一步推进上海国际航运中心建设的建议》。

参事工作专报

沪府参〔2011〕62号　　　　　　　　　　　　　　　　　　签发人：郑祖康

关于呈送"关于尽快启动外高桥港区七期工程
进一步推进上海国际航运中心建设的建议"的报告

韩正市长：

近日，市政府参事、上海国际港务（集团）股份有限公司原副总裁包起帆就"尽快启动外高桥港区七期工程，进一步推进上海国际航运中心建设"进行了调研，并提出了有关建议。现将"建议"呈上，供领导参阅。

自从2009年国务院正式出台了《关于推进上海加快发展现代服务业和先进制造业建设国际金融中心和国际航运中心的意见》后，上海国际航运中心建设的推进力度和效果都很明显，特别是2010年上海港集装箱吞吐量第一次位居世界第一，全球航运界对此刮目相看。登上这个最高台阶不容易，保住世界第一的地位更需考虑长远、扎实推进。

如果说"十五"期间上海国际航运中心建设是以港口建设等"硬件"为主，"十一五"期间是以航运服务业等"软件"为主，那么现在到了"软""硬"并举，以"硬"促"软"的阶段。千万不要以为我们"硬件"建设已经到位了，今后只要一门心思搞"软件"建设就可以了。第一，从国际航运中心"硬件"建设和"软件"建设的关系来看，金融、法律等"软件"建设是建立在集装箱货流量、港口设施等"硬件"建设的基础上,脱离了"硬件"建设的"软件"建设,就像是空中楼阁一般没有稳固的基础,是不可能长久和持续的。第二,从中国经济发展趋势来看,未来的进出口贸易和国内贸易还会持续稳定增长,这要求港口设施等"硬件"建设必须同步发展,以满足不断增长的需求。今年4月,我在参加市政府参事室主办的"'十二五'规划与沪台经贸发展论坛"时,听闻台湾阳明海运股份有限公司总经理蔡明旭抱怨说,上海港现在很拥堵,他们公司的轮船停靠外高桥港区有时要等很长时间。作为一个多年的上海港口建设者,我开始还不相信。7月12日,在参加法国敦刻尔克市在沪主办的"航运物流沙龙:敦刻尔克港之夜"国际会议时,法国达飞轮船(中国)有限公司市场部经理张琳当面向我反映,他们公司的轮船停靠外高桥港区的时间更长,有时要排队等两三天时间,即使停靠洋山港区也要一天时间。我听后还是将信将疑,后来经过实地调研,发现情况基本属实,特别是在大风大雾等恶劣气候条件下,轮船进港时间确实较长。因此,对这些苗头性现象要引起足够重视,这反映上海港口硬件设施还有待进一步扩展,而建设一个新港口,通常需要三五年时间,特别是在项目审批程序较为规范的当下,所需时间就更长了。如果上海港没有足够的能力吸纳过往船舶,将会导致货物大量分流,长此以往会逐步侵蚀上海国际航运中心建设的基础。第三,从长三角地区港口建设的发展情况来看,现在浙江宁波港、江苏太仓港日益崛起,三地之间的竞争合作日趋激烈,特别是近期中央又批准了浙江舟山新区发展规划,上海国际航运中心建设未来将面临新的挑战和机遇。

综上所述,上海建设国际航运中心必须有足够的前瞻性,及早制定和实施发展预案,将上海港新的"硬件"建设提上议事日程,为此建议上海尽快启动外高桥港区七期工程,具体内容为:

1. 及早审议外高桥港区七期工程可行性研究报告。上港集团2010年已完成该项研究报告(见附件)的编制工作,经分析,外高桥港区七期工程有近2 km的岸线,现在动迁量小、成本低、上马快,可快速形成生产能力,希望早建设为妥。

2. 尽快开展外高桥地区集装箱专用通道建设。目前,外高桥地区道路拥堵现象严重,这并非说明上海港集装箱容量已经饱和,而是因为整个地区的规划布局不合理。在中国当前情况下,只有继续保持集装箱吞吐量的高位增长,才能为今后要重点发展的航运服务业提供足够的物质支撑。相信专用通道建成后,拥堵情况将会迎刃而解。

3. 加大与浙江省的协调力度。洋山港四期已列入上海"十二五"规划,但因行政管辖权、利益分配等问题,立刻上马该项目面临较大阻力。希望上海与浙江省进一步加强协调,争取洋山港四期项目早日上马。在协调进展不快的情况下,上海还是要立足自身,先行启动外高桥港区七期工程。

4. 迅速开展上海港新港区选址研究。目前,无论是黄浦江、长江北岸,还是洋山地区,上海深水岸线资源基本开发殆尽,新港区建设几乎到了"无米下锅"的地步。因此,上海应刻不容缓地开展新港区选址研究。据我所知,横沙岛边缘有一片约12 km的深水岸线。随着长江隧桥的开通,如将这片深水岸线开发建成上海新港区,则将为上海国际航运中心建设增加巨大的硬件资源,其规模相当于甚至大于现在的洋山港。对于这方面情况,我和其他市政府参事正在加紧调研,也恳请市领导给予足够支持,并希望得到市有关委办局的帮助。

建议从规划层面进一步开展
横沙新港开发研究

说明： 2012年8月8日上海市人民政府参事室第9期专报刊登了参事包起帆的《建议从规划层面进一步开展横沙新港开发研究》。

俞正声书记8月21日批示：韩正、杨雄并周波同志：横沙岛不宜现在就认定为"休闲度假岛"，应是上海未来发展的预留地，有多种使用的可能性。应开展前期工作，并切实加强利用疏浚土陆域围填的领导。包起帆同志的意见应重视，陈吉余同志也当面向我讲了十分恳切的意见。

韩正市长8月23日批示：从长计议。

参事工作专报

第 9 期

上海市人民政府参事室编　　　　　　　　　　　　2012年8月8日

专报： 俞正声书记，韩正市长

编者按： 包起帆参事曾任上海国际港务（集团）股份有限公司副总裁，熟悉上海港的发展，并长期致力于上海国际航运中心建设。今年1月，他在市政协大会上做了《关于开展上海港新港区选址及其建设机制研究的建议》的发言，俞正声书记在会议总结时给予了肯定和支持；2月，中交上海航道局原董事长宗源远向韩市长递交了《充分考虑认识横沙东滩资源优势，加快成陆，为上海新一轮发展提供战略布局空间》的材料，得到了重要批示。包起帆参事就横沙新港规划开发做了大量深入调查研究，提出了《关于从规划层面进一步开展横沙新港开发研究的建议》，现将该建议呈上，以供参考。

包起帆参事建议
从规划层面进一步开展横沙新港开发研究

今年以来，我们联合了众多港航单位，成立了"上海港新港区选址及其建设机制研究"课题组，由交通运输部总工程师徐光担任总顾问，中国工程院院士陈吉余领衔，上海同盛投资集团董事长周赤、中交上海航道局原董事长宗源远、上海市交通运输和港口管理局局长孙建平、巡视员朱建华、交通运输部长江口航道管理局局长冯俊和副局长任舫、中交上海航道勘察设计研究院院长周海、中交第三航务工程勘察设计院院长王祥、中交第三航务工程局董事长方彦、华东师范大学国际航运物流研究院院长郑伟安和市政府参事包起帆担任共同组长。课题组已经开展了具体工作,考察了横沙岛现场,建立了9个研究子课题,募集了部分研究经费,并向上海市交通运输和港口管理局、交通运输部申请了科研项目。

在我们研究的过程中,于7月3日的《东方早报》看到有关横沙岛开发的报道,市政府相关部门得出"目前保护生态最重要""暂无建设深水港的必要"等结论,令我们感到难以理解。市相关部门认为:"深化横沙东滩战略功能必须遵循生态优先、三岛联动、稳妥审慎等原则。近期内,横沙东滩新成陆的土地应主要用于解决最为紧迫的耕地占补平衡矛盾;从长期看,可以按照生态环境和低碳发展的理念,激进地推进生态环境保护和基础设施建设,实施更加严格的环境准入制度和污染排放标准,最终打造成一个具有生态特色的'休闲度假岛'。"此外,上海市相关职能部门就宗源远的报告材料召开了相关会议,最后得出与上述看法几乎相同的结论。

其实,我们也不希望马上开工建设横沙新港,而是希望从规划层面就横沙新港开发先行开展研究。我们从新加坡同行中汲取了宝贵的建港经验,对于规划研究要早,其过程要慢慢慢,反复斟酌,优中选优,越谨慎越好;研究成熟了,一旦决定建港时要快快快,越早建成越好。

根据目前情况来看,从规划层面进一步开展横沙新港开发研究,对于整个上海港的发展乃至整个上海经济的发展,其重要性和必要性越来越得到显现。

建议有关部门打破以往的思维定式,突破早期规划的束缚,进一步解放思想,实事求是,与时俱进,把当前和长远更加有机结合起来思考,从规划层面着手,由政府主导进一步开展横沙新港开发的研究。理由如下:

(1) 上海港发展乏力、缺乏后劲。上海港去年总吞吐量和集装箱吞吐量双双位居世界第一。但今年上半年上海港总吞吐量已被宁波-舟山港超越。上半年集装箱吞吐量新加坡为1560万TEU,增长率为7.3%,上海港为1588.3万TEU,增长率为3.5%,仅领先新加坡28.3万TEU,如果按上半年增长率发展,新加坡极有可能反超上海,重新夺回集装箱吞吐量世界第一;在与上海周边港口竞争中,宁波港集装箱吞吐从去年上半年的715.4万TEU增加到800.1万TEU,增幅为11.8%,太仓港从去年上半年的205.7万TEU增加到248.6万TEU,增幅为20.8%,而上海港的箱量增幅仅为3.5%,这说明箱量正在被周边港口不断地蚕食。一些大的船公司及货主因为看到了上海港缺乏后劲,甚至考虑要另谋出路。上海港从硬件上距离上海国际航运中心建设目标渐行渐远。

(2) 大量疏浚土的综合利用。长江口整治工程已取得重大进展,疏浚后的深水航道已达12.5 m,它突破了大型船舶进出长江的阻碍,但随之也带来了大量疏浚土倾倒的综合利用问题。以2011年为例,长江口维持深水航道疏浚7863 m^3,上海港外高桥港区支航道疏浚1400万 m^3,这些疏浚土的大部分倾倒在没有围堰的长江里,潮起潮落,流失不少。上滩利用率仅为30%左右,造成了资源和能源浪费。关键问题是目前横沙成陆还没有明晰的长远规划指引,为造陆而造陆,仅满足"耕地占补平衡",更没有为未来的港口岸线和将来土地的工业化应用做好前期预留。

根据我们的测算,如果我们把目前长江口维护深水航道的疏浚土和其他航道、码头的疏浚土全部利用起来,估计上海每年有1亿 m^3 左右的疏浚土,每年可以在横沙岛造标高为5.5 m的工业用地约2万亩,以每亩地20万元计,可产生价值40亿元。

目前已经建成的横沙大道23 km,既有围堰的作用,又是通向超深水区域的通道。再需1~2年就可将横沙大道延伸至北导堤头,这样既为横沙东滩成陆奠定了基础,又为超深水港区建设创造了条件。

同时,在实施上述工程的过程中,对于长江口深水航道维护、归顺水流、减少回淤也是十分有利的。

(3) 促成上海经济发展新的增长点。横沙东滩位于长江入海口,利用天然浅滩和长江航道疏浚土加以开发,从目前数据来计算,可以在不远的将来围填58万亩新陆域,该处南北两侧有直通东海的深水航道,东端直插入东海的超深水港区,西端有沪崇苏越江通道连接大陆,极有可能成为上海经济发展新的增长点。通过贯彻科学发展观,进行港口物流、新能源、海洋工程和现代制造业等规划开发,从而为上海"四个中心"建设找到新的支撑。

为此,我们建议:

(1) 尽快开展横沙新港选址和整体开发规划的研究。由政府出面,市领导挂帅、指定牵头部门、划拨一定经费,组织相关政府部门、科研院校、港航企业等单位,进行技术研究和论证。通过研究,对横沙岛规划进行更加科学合理的定位,调整目前横沙"休闲度假岛"规划,改变横沙成陆标准仅为农业用地(占补平衡)的现状,确定其为港区及临港产业基地,以利资源的优化配置和上海经济的长远发展。

(2) 充分利用疏浚土陆域围填。按照规划,与交通运输部协调,密切衔接长江口维护深水航道疏浚工程,改变目前海上弃土的方式,把其产生的疏浚土全部用于陆域围填;同时建立上海市相关的规章,把目前长江口、洋山航道、码头疏浚等工程产生的所有疏浚土也统一用于上滩造陆。

(3) 启动先行工程,延伸横沙大道。改变目前仅满足"耕地占补平衡"所需的促淤高度,增加预留,为满足将来港口及工业用地的需求做好准备。

(4) 加强统一规划,探索横沙新港建设发展。在统一规划的前提下,开发就疏浚、促淤、造陆、建港、设立产业区五位一体的横沙新港建设机制研究,组织力量分析国内外陆域港岛建设机制的优劣,从经济统筹学角度研究新机制,改变目前九龙治水、多方管理、条块分割、行为分散、难以形成合力的弊病,从而为上海新一轮的经济发展提供支撑。

关于在上海新一轮规划修编中加入港口规划的建议

说明： 沪府参〔2014〕43号文件（2014-07-01）、《参事工作专报》2014年第22期（2014-07-30）、《统战专报》第127期（2014-08-07）等分别刊登了参事包起帆《关于在上海新一轮规划修编中加入港口规划的建议》。

杨雄市长7月3日批示：**请卓庆同志听一次。**

蒋卓庆副市长7月7日对该报告批示：**请市规土局、市交通委阅研，并安排会议听取介绍。**

上海市人民政府参事室

沪府参〔2014〕43号　　　　　　　　　　　　　　签发人：王新奎

关于呈送"关于在上海新一轮规划修编中加入港口规划的建议"的报告

杨雄市长：

近日，市政府参事包起帆经过调研，撰写了"关于在上海新一轮规划修编中加入港口规划的建议"。现将该建议呈上，以供参考。同时，考虑到此事关系本市未来的发展布局以及上海国际航运中心建设，建议市领导听取其本人口头汇报，作进一步指示。

上海市人民政府参事室

2014年7月1日

关于在上海新一轮规划修编中加入港口规划的建议

最近,上海正在开展规划修编工作,这是事关上海未来发展的大事。我认真学习了《关于编制上海新一轮城市总体规划的指导意见》,发现该意见通篇没有"港口"两个字,更没有对上海港的未来发展做出规划布局。我认为,上海作为中国乃至世界最大的港口城市,应该为港口的发展建设描绘蓝图。

城以港兴,港以城荣。港口带动航运,航运带动贸易,贸易带动金融,金融带动经济,港口的发展带来了经济要素的集聚,促进了城市人口的增长和社会经济的发展。从图1的上海港吞吐量增长和图2上海GDP增长对比来看,港口的发展和经济的发展保持基本同步,这也印证了上述观点。

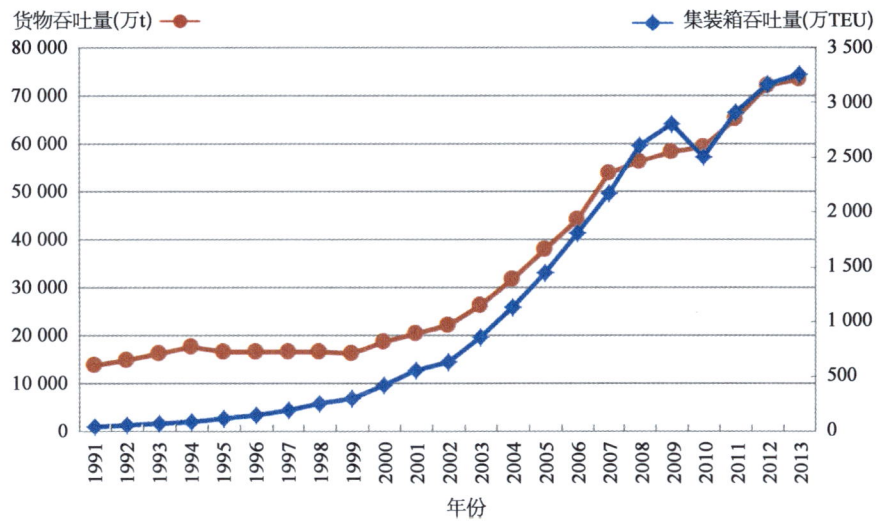

图1　上海港历年货物和集装箱吞吐量

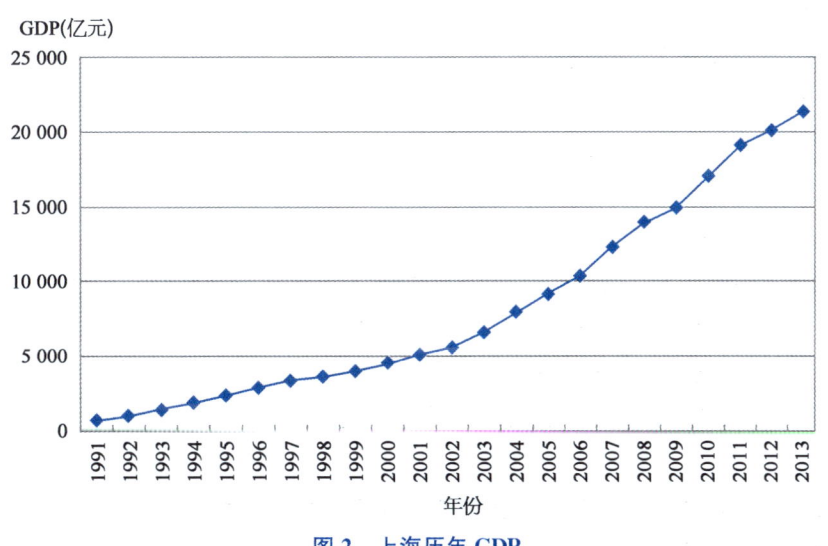

图2　上海历年GDP

2013年,上海港货物吞吐量7.76亿t,集装箱吞吐量达到3 361.7万TEU,排名世界第一。然而,随着上海自贸区建设和经济的不断发展,上海港的吞吐能力与经济发展需求之间的差距逐步显现,现有主力港区的吞吐量均已超过其设计能力,泊位超负荷运营。同时,船舶大型化和周边港口的激烈竞争,导致上海港竞争优势在弱化。尤其是上海港缺乏深水岸线、超深航道等潜在资源,从发展来看,这将使上海在国际航运中心建设中很难长期保持核心与龙头地位。

1 上海港面临严峻挑战

1.1 缺乏超深航道,无法适应船舶大型化趋势

近年来,随着全球金融危机的到来,航运界竞争激烈,船舶大型化的趋势加快,到今年底将有154条运力在1万TEU以上的超大型集装箱船舶下水,去年马士基公司的1.8万TEU超大型集装箱船(满载吃水深度为18 m)已经投入营运,2.2万TEU以上集装箱船已在设计中。巴西淡水河谷矿业公司订造的35艘40万t级的矿砂船(满载吃水深度为23 m)也已投产。

船舶大型化的趋势对港口及航道的深水化提出了新要求,并将引发洲际海运航线发生根本性变革。只有箱源量大、稳定,且航道与泊位水深满足条件的港口,才能保住其在洲际海运航线中的干线港地位,不具备水深条件的港口则将降为区域性航线港口。

上海外高桥港区航道为12.5 m,洋山港区航道为16.5 m,已经难以适应船舶大型化发展的要求和趋势。就是与国内宁波-舟山港33 m、天津港22 m、青岛港21 m、连云港港20 m的深水条件相比,差距也很大。这与上海港所要承担的服务功能和国际航运中心的地位不相匹配,势必会制约今后的发展。

1.2 缺乏可开发的深水岸线和陆域发展空间

目前,上海所属的长江口、杭州湾深水岸线开发殆尽。洋山港区由于现行体制及行政区划的障碍,新泊位建设步履艰难;现已建成的集装箱港区和散杂货港区泊位水深不够,不能适应超大型集装箱船和矿石船满载靠泊。

陆域空间是港口发展现代服务业的基础,然而上海外高桥、罗泾等港区紧邻市区,相邻土地早已规划他用;洋山港区面积仅7.2 km^2,也已开发完毕。上海港若想扩大现有港区规模,或者依托港区发展物流业务,就缺乏土地资源的支持。

与此同时,上海港的竞争对手——新加坡港务集团PSA却已计划投资35亿新加坡元扩建巴西班让港三期、四期,计划新增15个集装箱泊位,码头前沿水深达18 m。作为世界航运服务业的典范,伦敦也在2012年启动了逾半个世纪以来最大的港口基建项目(门户港计划),新增港口年吞吐量350万TEU,首期3个码头泊位,届时可满足1.8万TEU集装箱船进出。而上海港除了目前已经开工的洋山四期外,没有任何新的港区规划。

1.3 不具备江海直转能力

上海港是长江三角洲及沿线地区大宗物资和外贸货物中转的重要门户。经过努力,上海港集装箱水水中转比重已由2005年的26.9%上升到2013年的46.6%,但大部分是二次中转。从长江中转进出口的集装箱,因为内河船不能进入海域,所以大量的集装箱必须经外高桥港区通过穿梭巴士运到洋山港区,增加了运输成本。长江流域所需的大量矿石等散货进口,均须经宁波、舟山等地二次或三次中转,效率极低。

随着中西部地区经济的发展和产业梯度转移的需要,南京以上港口货物所占比重逐年提高。上海港如能实现无须中转的长江货物直转功能,将极大地提高上海国际航运中心的核心竞争力。

1.4 集疏运方式落后

长期以来,上海港集装箱集疏运系统以公路为主,铁路线至今未能进入上海港的主要集装箱港区,因此铁路所占集疏运比例非常小,不到0.3%。在陆上进出外高桥港区的集装箱量大而密集,通过陆上运输进出洋山港区的集装箱运距过长,费时费力费能源,还加重了港区周边道路的交通拥堵。

2 上海深水新港拟在横沙选址

横沙"面向大海有两侧航道,背靠陆地有一片浅滩",通江达海,是集"区位、直转、超深航道、深水泊位"等众多优势资源于一身的港区,如图3所示。

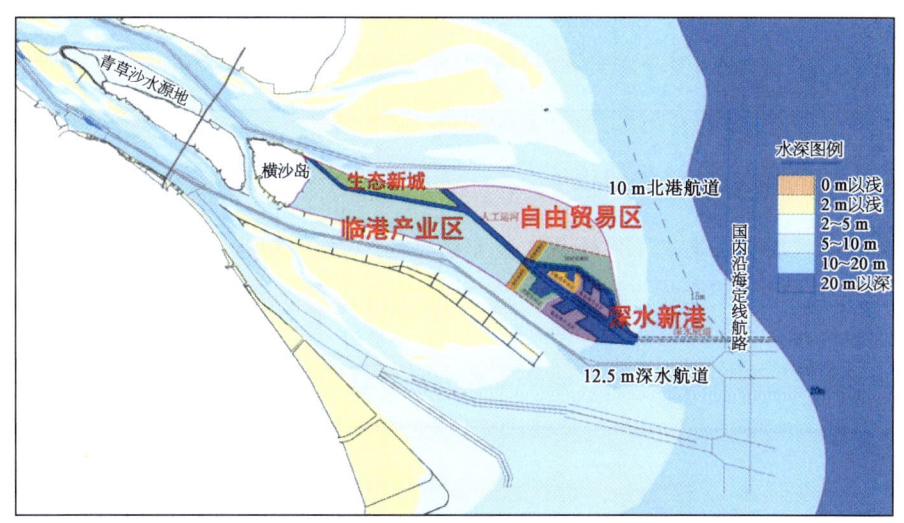

图3 上海深水新港示意

(1) 区位优势:与上海港外高桥港区水域距离约60 km;与洋山港一区水域距离约100 km;可形成上海国际航运中心的集装箱港口群,三足鼎立,功能互补,遥为呼应。特别是上海长江隧桥和崇启大桥的建成,形成了苏北与上海连接的大通道,为横沙创造出集装箱货物绕开上海城区、直达运输的便利条件提供了货源。横沙深水新港扼在长江之口,为整个长江流域的现代物流服务创造了条件,更有可能为上海自贸区的拓展和临港工业发展开辟新的空间。

(2) 江海直转的优势:谋划中的上海深水新港处于长江通海的最前端,挖入式的港池后端连着长江,江轮可以直入,港池的前端连着大海,超大型的集装箱和散货船直接驶入港池,完成江海直转。这样,长江流域大量的货物将大大地降低物流成本,缩短物流周期,节约能源,具有显著的经济效益和社会效益。

(3) 超深航道的优势:从码头到外海20 m深水区的航道长度仅20 km。同时可避开长江口拦门沙,因海洋旋转流作用,深水航道不易淤积。这使上海港在自己的区域内,跳出长江,直达大海,满足了船舶大型化趋势对港口及航道的深水化所提出的要求。

(4) 深水泊位和陆域的优势:横沙规划将有480 km² 的土地,100 km的深水岸线,这给上海港的发展创造了极大的拓展空间。挖入式港池濒临海洋,长江口的泥沙将很难进入其内,有利于码头维持20 m的深度和降低营运成本。

与现有港区相比,上海深水新港的优势见表1。

表1 上海深水新港与现有港区比较

港 区	外高桥港区	洋山港区	上海深水新港(横沙)
岸线长度(km)	6.9	7.9	约100 km,其中20 m深水岸线约为50 km
泊位数(个)	20	23	根据需要建设
泊位水深(m)	12~14	15.5~17.5	20以上
港区陆域面积(km^2)	约7.1	7.2	85.8
航道水深(m)	12.5	16.5	20
航道条件	回淤大	回淤一般	回淤小、易维护
集疏运条件	以陆路运输为主、交通拥挤	水陆运并存、陆路运输距离长	可发展水水中转、多式联运,减少物流成本,减轻陆上交通拥堵压力
发展空间	岸线和陆域枯竭	受行政区划制约,难以发展	发展空间巨大

3 上海深水新港的规划展望和建议

最近,李克强总理在重庆发出了依托长江黄金水道,打造长江新经济带的重要指示。作为国家经济发展由东到西的战略,改革开放30多年的沿海一字形将转变为依托长江的T形,上海正处在这个关键的节点上,条件在全国是独一无二、得天独厚的。上海作为长江经济带的龙头、科学发展的先行者,理所当然要服务于国家的战略大局。用一个比喻来形容非常恰当,整个中国沿海是一张弓,长江是一把箭(图4),但目前的情况是箭头不够锋利,由于长江口拦门沙的原因,上海港水深条件受限,发展空间受阻。如果把横沙规划为深水新港,箭头就会磨得十分锋利,直面大海。只有这样,才能真正突显上海在长江新经济带的地位和作用,这也是上海经济发展又一次难得的宝贵机遇。

为此,建议:

(1) 结合此次上海规划修编,应该把上海港的发展规划纳入上海城市总体规划之中。结合上海国际航运中心的建设,在这次规划修编中应当把港口放在显著的位置,让上海在2020年国际航运中心建成后,继续在世界上保持航运中心的领先地位。

(2) 结合国家长江新经济带发展对上海港提出的新需求,组织力量对上海港的未来发展做前瞻性的研究和布局。重点考虑2020年洋山四期建成能力饱和后,如何应对长江新经济带巨大的物流需求对上海港的考验。

(3) 从目前来看,横沙是上海最适宜建设深水新港的区域,应整合各方力量,开展前期科学研究,积累基础数据,一旦国家做出了建港决定,能够有可靠的技术支撑。

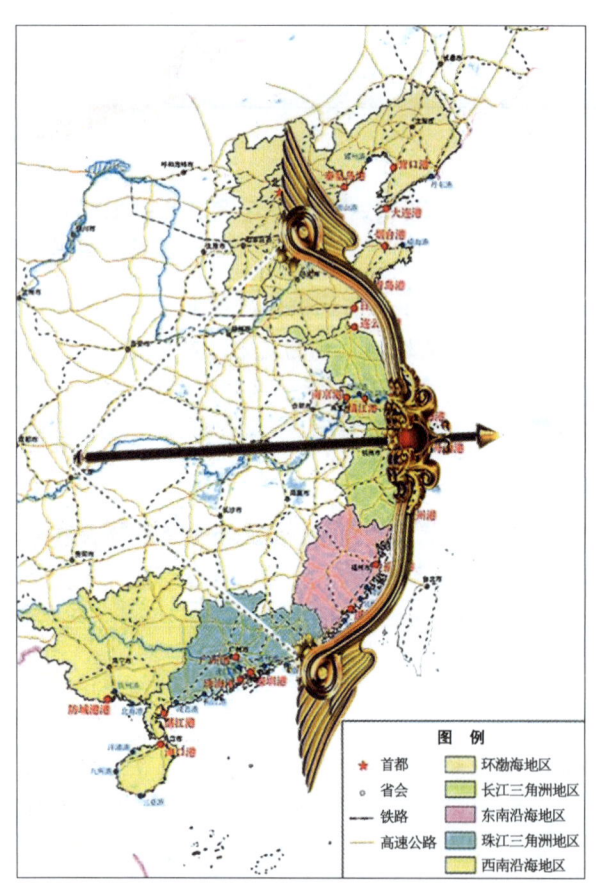

图4 直面大海弓箭示意

关于开展横沙深水新港起步工程研究的建议

说明： 2014年10月30日《参事工作专报》2014年第37期刊登了《包起帆参事关于开展横沙深水新港起步工程研究的建议》。

蒋卓庆副市长对该报告的批示：**请市交通委阅研。**

参事工作专报

第 37 期

上海市人民政府参事室编　　　　　　　　　　　　　　　　　2014年10月30日

编者按： 近日，市政府参事、华东师范大学国际航运物流研究院院长包起帆就先期开展横沙深水新港起步工程的研究提出了建议。现将主要内容专报如下：

包起帆参事关于开展横沙深水新港起步工程研究的建议

当前，上海面临着落实两大国家战略的重任：一是建设好中国（上海）自由贸易试验区，尽快推广取得的经验；二是发挥自身作为长江黄金水道龙头的作用，带动长江经济带加速发展。这两项战略重任，都需要上海有新的发展空间，特别是自贸区在长三角、长江流域推广后，通过贸易便利化将会更大地推动国际贸易的发展，需要更多的港口能力来保障。

然而，上海港现有的能力已经不足以支撑未来长江经济带的发展，更难应对2020年上海国际航运中心建成的需要。创业容易守业难，要长期保持上海国际航运中心的地位，我们应该未雨绸缪。

1　上海港面临的主要困难

总体来看，上海港主要存在以下四方面的问题，其发展现状很难满足两大国家战略重任的要求。

（1）难以应对船舶大型化的历史变革，目前洋山航道通常维持在水深15 m左右，超大型的集装箱船很难满载通航。

(2) 主力港区均已满负荷运行,超过能力 1.4~1.7 倍以上,洋山船舶滞港现象时有发生。有数据披露,船舶平均等泊时间为 30~40 h,最长达 83 h。

(3) 深水岸线开发殆尽,即使洋山四期很快建成,也只能填补目前的能力不足。

(4) 不具备江海直转能力。集装箱二程中转,散货船三程中转,为长江航运服务的能力不足。

2 关于先期开展横沙深水新港起步工程研究的建议

根据近三年的研究,我们已经找到了一个可以从根本上解决上述难题的方案,就是充分利用长江口疏浚土,在横沙吹填成陆,逐步形成上海城市发展新空间和深水新港的构想。目前,结合上海市的城市规划修编,我们正积极向有关部门推荐这个方案。尽管目前还没有形成一致意见,但机不可失,时不再来。为此,建议先期开展横沙深水新港起步工程的研究,及早起步横沙深水新港工程。

2.1 横沙深水新港起步工程的内容

根据我们的研究,我们已经为横沙开发描绘了一份未来发展的蓝图。

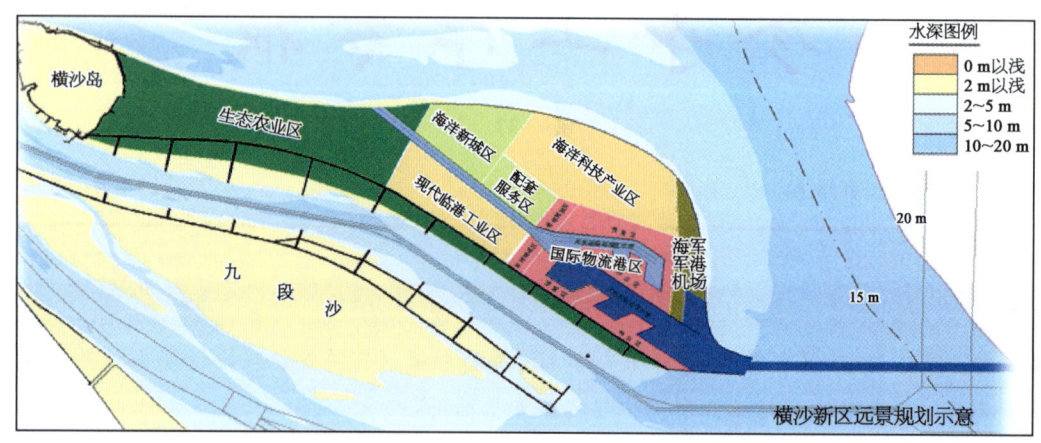

根据起步工程的需要,我们将先把横沙大道继续延伸 26 km。

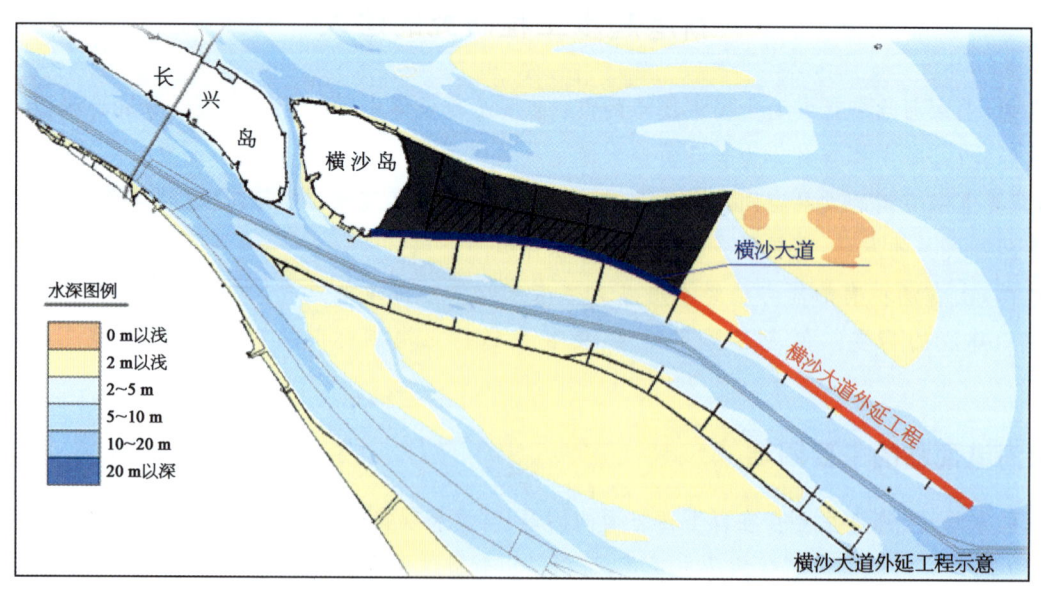

依托横沙大道外延工程,在最东端区域内采用圈围成陆、港池及航道开挖、防波堤等工程布设深水港起步工程。港区陆域面积 4.4 km²,岸线长 5.2 km,布置 5 个 20 万 t 级集装箱泊位,水深 23 m,吞吐能力约 400 万 TEU,既满足 1.8 万 TEU 集装箱船的进港需求,也能实现长江船舶的中转需求。

目前估算,横沙起步工程(横沙大道外延工程+深水港起步工程)需工期约 3 年,总投资约 177 亿元(静态)。另外,从长兴岛至本港区的公路、隧道(满足集装箱车辆)、水电等市政配套还需约 44 亿元。

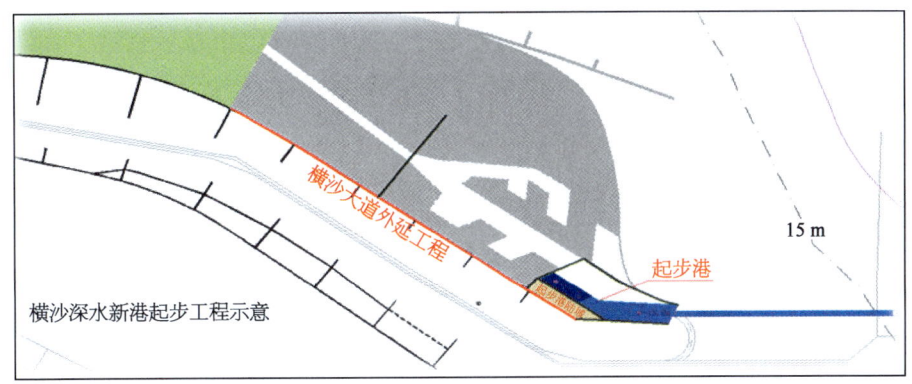

横沙深水新港起步工程示意

2.2 对现阶段相关工作的建议

(1) 横沙本岛 49 km² 现有规划为生态休闲岛,新横沙 480 km² 有待吹填成陆,目前尚未规划,整个新横沙究竟未来如何发展,可以留待以后解决,但考虑到上海港存在的问题,可以先期启动横沙深水新港的起步工程。

(2) 目前横沙大道已经建成 23 km,建议抓紧在"十三五"规划中,将此大道继续延伸 26 km 至最东端,充分利用长江口疏浚土,成本较建造跨海大桥成本更低。

(3) 建议由上海市深水港建设工程指挥部来领导开展横沙深水新港起步工程的工作,指定牵头部门,开展项目研究、建设规划和工程实施的前期工作,为尽快启动横沙深水新港奠定基础。

建议加快上海深水新港建设规划

说明：2015年2月5日，《参事工作专报》2015年第4期刊登了《市政府参事包起帆建议加快上海深水新港建设规划》。

参事工作专报

第 4 期

上海市人民政府参事室编　　　　　　　　　　　　　　　　2015年2月5日

专报韩正书记

市政府参事包起帆建议加快
上海深水新港建设规划

最近，国家提出了重点实施"一带一路"倡议和京津冀协同发展、长江经济带发展战略，力图通过改革创新打破地区封锁和利益藩篱，全面提高资源配置效率。上海作为我国重要的经济中心，处于海上丝绸之路与长江黄金水道的交汇口，与"一带一路"倡议和长江经济带发展战略密切相关，应切实把握机会、发挥龙头作用，尤其应进一步提升港口的地位和作用，有所作为。

在今年的《政府工作报告》中，关于航运中心建设仅提到了要"完善现代航运集疏运体系，发展航运金融、航运保险等高端航运服务业，优化邮轮经济发展环境"。这些工作当然应该做，但更紧迫的是，上海作为海上丝绸之路与长江经济带连接枢纽的能力和作用正在弱化。从规划的角度来看，上海港将很难继续适应国家两大发展战略的需求。

港口吞吐量是衡量港口服务经济的标尺。与周边港口相比，上海港的能力正在逐步下降：继2012年丧失了吞吐量世界第一的地位后，去年又丧失了外贸吞吐量第一的地位。原来通过上海港中转和发运的货物，正在不断分流至周边港口。2014年，上海港集装箱吞吐量为3 528.5万TEU，同比增长4.96%，考虑到水水中转箱量比重的增长，实际增量非常有限；而宁波-舟山港完成了1 945万TEU，同比增长12%，太仓港305.68万TEU，同比增长40.86%。根据港口经济发展规律，当某个港口的吞吐量突破300万TEU的大关后,将从喂给港逐步转变为干线港。从航道水深和码头条件来看,目前太仓港的水深和码头条件都已与外高桥码头同质化。此消彼长,如此发展下去,珠三角区域内香港、深圳和南沙这三港竞争的局面将很快在长三角的上海港、宁波-舟山港和太仓港之间重演。

与此同时,上海港航道和码头水深的不适应程度也在逐步显现,目前洋山航道维护水深仅16 m(表1),将难以满足未来船舶大型化的发展要求。

表1 长三角地区主要深水航道的现状及规划

地　区	航道名称	服务港区	现有航道水深(m)	规划航道水深(m)
宁波-舟山港	虾峙门航道	北仑港区、大榭港区和金塘港区、定海港区	25.3	28
	马迹山航道	泗礁港区	22	25
	条帚门航道	六横港区、梅山港区	20	—
上海港	洋山航道	洋山港区	16.5	—
	长江深水航道	外高桥港区、罗泾港区	12.5	
苏州港	长江口深水航道	太仓港区	12.5	

随着吞吐能力的逐步饱和,上海港为长江沿线港口的服务能力也在逐步下降。据泸州港、宜宾港的同志反映,上海港因为要保大船的船期,导致小船滞港时间太长,他们去台湾、釜山的集装箱只能通过武汉和南京中转。武汉新港管理委员会门户网站报道,2014年1—5月洋山港江海直达船舶平均滞港时间长达30~40 h,最长达到83 h。这个现象还仅仅是冰山一角。

上海国际航运中心建设是否继续要有硬件支撑?上海港是否要建设更能适应超大型集装箱船舶的深水码头?其实,国内外港口和城市的发展已经给出了很好的回答。2014年,美国总统奥巴马签署了一项法案,旨在加深美国港口深度,从而容纳更大的货轮、降低出口商成本;新加坡做出大胆的迁港计划,从2017年起,将把其在市中心的老港区整体搬迁至阿图斯,在那里新建规划6 500万TEU吞吐能力的新港区。我们的老师、世界航运服务业的典范——伦敦也已认识到航运服务的"软件"发展必须要有实体码头的"硬件"支撑,于2012年启动了逾半个世纪以来最大的港口基建项目门户港计划,首期3个码头泊位已在2013年秋季投产,可满足1.8万TEU集装箱船舶进出。

"皮之不存,毛将焉附。"没有吞吐量的支撑,航运服务业就难以发展。尽管上海港的洋山四期已经开工,按计划到2017年完工,但根据国家长江经济带的发展和对港口的需求,洋山四期的完工之日也仅仅能弥补以往的吞吐量缺口。

目前,上海港的发展存在两大难题:第一,缺乏长远的发展规划指引,既没有能够满足船舶大型化带来的超深航道,又没有相应的深水岸线和土地来拓展港区。上海港一旦失去实体码头的有力支撑,货物流入他乡,随之而来的将是贸易功能的衰退、金融服务的转移,上海经济中心地位或将难保。第二,2020年上海要初步建成国际航运中心,但如果没有能力继续为长江经济带的发展和海上丝绸之路的崛起提供新的、更好的服务,从长远来看,上海航运中心的地位也将受到挑战。

在市委、市府领导的关心下,近3年来,我们组织了上海、北京、南京等18家科研院校、相关企业和部门开展了有关"上海城市发展新空间和深水新港的战略研究",在国内首次系统地对新横沙发展和深水新港建设的战略定位、平面布局、技术可行性、生态环保、综合经济等方面开展了初步研究。目前研究工作已近尾声,从技术层面得出了基本可行的研究成果。我们考虑在不改变横沙岛现有规划定位的基础上,充分利用目前每年约 1 亿 m³ 的长江口疏浚土全部吹填成陆,只需 5～20 年,即可在横沙浅滩和东滩形成 480 km² 土地,形成约 100 km 深水岸线,建成拥有 20 m 航道的深水新港(图 1)。

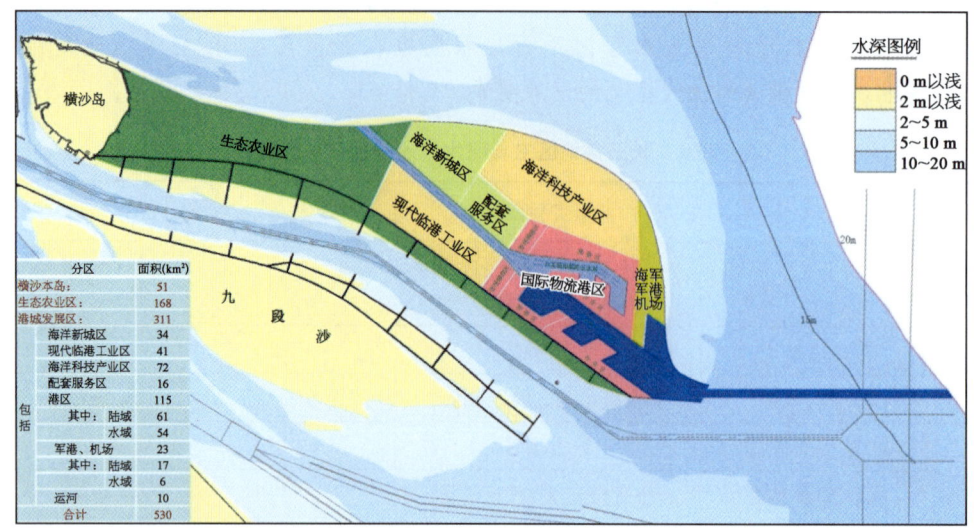

图 1　横沙总平面布局

为此,建议市领导和相关部门能够听取一次我们对研究成果的汇报,将该成果通过相关部门纳入上海新一轮城市规划修编,纳入上海"十三五"城市发展规划,并继续支持我们开展"上海新横沙开发和深水新港建设可行性与关键技术""上海新港址比选研究(横沙与大洋山)""上海横沙深水新港起步工程可行性研究"等项目研究。抓住两大国家战略交汇于新横沙的历史机遇,通过谋划上海港的发展带动整个上海的发展。

建议重视新加坡迁港对上海港的启示

说明： 2015年7月13日，《参事工作专报》2015年第29期刊登了《市政府参事包起帆建议重视新加坡迁港对上海港的启示》。

杨雄市长7月15日批示：**请规土局、交通局研究。**

参事工作专报

第 29 期

上海市人民政府参事室编　　　　　　　　　　　　2015年7月13日

专报 杨雄市长

市政府参事包起帆建议重视
新加坡迁港对上海港的启示

一、新加坡迁港情况

港口是资金流、贸易流、人流和物流交会的节点，也是建设国际航运中心的重要基石。近年来，港口作业区越来越远离中心城区、远离都市圈。上海港的主体港区从黄浦江移到长江口（外高桥港区各期），再移到大陆架（洋山港），生动展现了港口与城市关系演变的轨迹。

这种现象的出现，一方面是为了适应船舶大型化趋势的需要；另一方面，也更为重要的是由于都市圈高涨的地价和民众环保意识的觉醒。据2014年7月自然资源保护协会在北京发布的《船舶港口空气污染防治白皮书》，一艘大型集装箱船如使用含硫量为3.5%的燃油，以70%最大功率行驶，一天排放的PM2.5大约相当于50万辆新货车一天内的排放总量；此外，还有码头装卸集装箱时起重机和水平运输机械的排放量、集装箱穿越城市的集卡排放量等。因此，很多人对港口发展

"又爱又恨"。

最近,新加坡做了一个大胆的迁港计划:在巴西班让码头大幅扩张的同时,把置于城市中心位置的丹戎巴葛、凯珀尔和布拉尼三个老港区(图1)全部搬迁至阿图斯新港区(图2)。

图1　位于市中心的新加坡老港区

图2　规划中的阿图斯码头

阿图斯是一个位于新加坡西部边缘的工业区域,以填海土地为基础,距离现在的码头约20 km,离马来西亚-新加坡二桥也很近。这座桥将有助于减少穿越新加坡中心城区的卡车交通量。

新加坡总理李显龙在去年的一次演讲中表示,阿图斯新港区的规模将更大、效率将更高,几乎两倍于现在的能力,等阿图斯项目完成后,新加坡将能保持枢纽港口的地位,并且能够确保业务不会流失。

新加坡运输部长杨莉明在今年3月的一次演讲中表示,新加坡要继续超前建设港口基础设施,

"为了把港口处理能力提高到每年5 000万TEU,我们正在扩建巴西班让码头。从长远来看,我们计划巩固阿图斯码头的集装箱运作,届时能力将达到6 500万TEU"。

目前,新加坡海事和港口管理局已签署了18.2亿美元的特大港口工程建设合同,包括阿图斯码头填海、建造和疏浚1期工程等。建成后的新港口码头长达8.6 km,吹填新陆域294亩,有20个深水泊位,每年处理的集装箱吞吐量达2 000万TEU。此外,新加坡政府计划从2030年起,进一步巩固发展阿图斯港的集装箱港口设施,并引入新技术,将其建设成为超现代的、创新的、基本自动化的物流中心。这使现有的靠近城市的港区得以松绑,以便进行未来的城市再开发。

二、上海港与新加坡港的发展对比

根据新加坡迁港情况,结合上海港现状,我们做了如下对比分析。

对比项目	新加坡港	上海港	分析
吞吐量(2014年)	3 390万TEU	3 520万TEU	新加坡落后130万TEU
老港区	丹戎巴葛 凯珀尔 布拉尼	张华浜 军工路	新加坡3个老港区在2027年租期满,2022年开始搬迁,为城市腾出15 000亩土地 上海港2个老港区暂无搬迁计划
新港区	巴西班让1~2期	外高桥1~6期 洋山1~3期	目前,两港新老港区的吞吐能力和水平基本相当
在建港区	巴西班让3~4期	洋山4期	巴西班让3~4期有15个泊位,洋山4期有7个泊位,两港在建港区均在2017年底投产
开工筹建港区	阿图斯	无规划	阿图斯1期工程总投资18.2亿美元,8.6 km岸线,20个深水泊位,吹填294亩陆域,新增2 000万TEU,已签约开工 上海港目前尚无规划
至2017年前码头吞吐能力	5 000万TEU	4 000万TEU	届时,上海港码头能力已低于新加坡港
至2017年前码头水深	18 m	16.5 m	届时,上海港码头水深低于新加坡港
至2030年前码头吞吐能力	6 500万TEU	无规划	届时,上海港码头能力明显低于新加坡港

三、几点启示和建议

(1) 在建设国际航运中心的进程中,上海港面临的局面,与新加坡港有很多相似之处。特别是船舶大型化和环保压力,上海港的情况比新加坡更为严峻。从船舶大型化角度看,对于2万TEU集装箱船舶而言,新加坡有18 m水深的航道和码头,尚可适应,而上海港只有16.5 m水深的航道和码头,则不能满载进出;从环保角度看,新加坡港水水中转比例高达85%以上,而上海港目前不到40%,大量集装箱卡车需要穿越城区。为了应对上述两大难题,新加坡选择迁港,值得我们思考。

(2) 2020年,上海国际航运中心将基本建成。创业容易守业难,要长期保持上海国际航运中心的地位,除了航运要素集聚和航运服务提升外,确保国际集装箱吞吐量及其在国际港口中占比的提高才是硬道理。对此,新加坡港已经有了十分明确的目标、可付之于行动的规划,而上海港尚处于讨论中,还在议论4 000万TEU是否见顶,上海环境容量能否容忍有更多的集装箱,上海是否还需要集装箱增量等问题。从新加坡迁港来看国际航运中心的竞争,我们应该急起直追。

(3) 上海能否找到一个具有长远发展前景的深水新港?在市委、市政府的领导的关心下,上海各界已经做了很多工作。近日,一份由16个研究单位、60余名专家组成的研究团队开展的《上海城市发展新空间和深水新港战略研究》已经通过市科委验收。我们在研究中提出了一个有关上海发展的设想——把"一带一路"倡议和"长江经济带发展""自贸试验区"国家战略交汇于上海新横沙。通过目前已经开始的横沙吹填成陆,规划建设上海深水新港,经过论证有可能把张华浜、军工路等老码头、大场海军机场、高桥石化等上海城市难以接纳和动迁的功能置换到新横沙,创造上海城市发展新空间。

(4) 有关上海港选址是选择大洋山还是横沙的问题还有很多工作要做。值得关注的是,李克强总理在舟山提出了"配合长江经济带发展,建设江海转运中心",各方面反应非常强烈。作为港口和航运界内行来看,舟山能否成为最佳的长江和沿海货物转运中心是值得推敲的。舟山是海港,长江的内河船连洋山都去不了,怎么能去到舟山呢?即使舟山要成为转运中心,还需在上海二次中转,这样势必增加长江物流成本。这次"东方之星"翻船事故也充分说明了,我国长江内河船舶的抗风浪能力很差。成千上万条长江内河船无法直达舟山,必须二次中转。而如果要把长江内河船改为海轮,造船成本至少增加30%,营运成本至少增加15%,且短期内把内河船全部废弃也不可能。所以我们认为,在"建设江海转运中心"的过程中,上海港还有机会。

现在恰逢上海新一轮规划修编和"十三五"规划的制定,建议将我们的研究成果纳入其中,从规划层面论证选址新横沙,描绘上海深水新港的发展蓝图,为未来的上海深水新港预留空间。

对《上海市城市总体规划(2015—2040)纲要概要》和横沙开发的意见和建议

说明： 2016年4月12日，《参事工作专报》2016年第14期刊登了部分院士、专家对《上海市城市总体规划(2015—2040)》和横沙开发的建议。

杨雄市长4月19日批复：**请规土局、发改委、交通委研究。**

此份建议也于2016年4月5日、4月20日分别呈送了上海市城市规划设计研究院和上海市城市总体规划编制工作领导小组办公室。

参事工作专报

第 14 期

上海市人民政府参事室编　　　　　　　　　　　　　　　　2016年4月12日

专报杨雄市长

部分院士、专家对《上海市城市总体规划(2015—2040)纲要概要》和横沙开发的建议

3月1日，由原市政府参事、华东师范大学国际航运物流研究院院长包起帆发起的"上海2040城市规划与横沙开发"学术研讨会在华东师范大学召开。会议结合《上海市城市总体规划(2015—2040)纲要概要》(以下简称"《总体规划》")与承接的市科委课题"新横沙成陆开发和深水新港建设可行性关键技术研究"，邀请北京、南京、上海等地的院士、专家和领导进行研讨。现将与会嘉宾的主要观点和建议专报如下。

陈吉余(中国工程院院士、华东师范大学教授)：① 上海是海洋城市，《总体规划》中不仅要有针对陆域、滩涂、水域的开发规划，也应重视海域规划。② 横沙建港不光是交通运输部的事，上海也要有远见、抓紧做。当年如果不抓洋山，上海港现在的发展局势就不容乐观了。

张建云(中国工程院院士、南京水利科学研究院院长)：① 横沙的开发利用前景看到了曙光，提请

关注和研究《总体规划》与国家其他相关规划的衔接问题,如《长江口综合整治规划》《全国河口海岸滩涂开发治理管理规划》等,厘清关系。例如,《总体规划》将横沙浅滩定位为"发展预留空间",但目前正在编制中的《全国河口海岸滩涂利用规划》将其拟定位为保护区,建议上海赶快协调长江委进行调整。② 对横沙开发的技术层面及关键问题还需加强科学研究,目前的深度不够。③ 重视长江上游水沙条件的变化,加大长江口水文条件(地形、泥沙、水文、波浪)的观测范围,做好有关指标数据的收集、积累工作,进一步开展横沙在长江口新水沙条件下的开发研究。

孙建平(上海市政协常委、原上海市交通委员会主任):① 上海空间有限,目前横沙浅滩成陆可能是唯一的发展空间。相较于大洋山,横沙完全属于上海,开发、利用及后续发展都更为方便。② 洋山四期建成后,到2025年左右,上海港的港口吞吐能力将趋于饱和,上海国际航运中心可持续发展需要新的空间支撑。一般新港建设从筹备到建成需要10年时间,所以我们的时间不多,当前就要抓紧前期谋划,抓紧做好基础工作和有关资料的积累。

左学金(上海市政府参事、上海市社科院原副院长):①《总体规划》已明确上海要建新港,但不具体。上海通江达海,作为枢纽港具有独特优势,上海国际航运中心发展仍需要用硬件带动软件。② 港口对环境的负面影响,不能单纯通过减量来达到目的,而应该提倡低碳、环保、生态的运输方式,如发展海铁联运、置换港区位置等。③ 新港选址上,大洋山与横沙可以做方案比选,横沙还是有优势的。④ 从目前来看,上海港建港的紧迫性与横沙开发的时间节点跟不上,是否能优先建港,先建港后成陆?

吴澎(中交水运规划设计院总工程师、全国水运工程勘察设计大师):从国家战略的角度看,上海是连接长江经济带发展和"一带一路"倡议的重要支点和枢纽。国家战略要落地,需要上海港服务能力的显著提升。近20多年来,国际航运物流从以欧洲为中心逐步转变为以中国为中心;集装箱运输也正从"钟摆"式运输向"轴辐"式运输发展,干线港数量逐步减少,干线船舶越来越大。上海的地理位置、腹地发展要求以及上海国际航运中心的建设,决定了上海港必须是"轴"上的重要一点。从辐射作用看,向长江辐射,上海港的作用是唯一的,而横沙又是上海港发展江海直转唯一的最佳区位,应当引起国家和上海的重视。

窦希萍(南京水利科学研究院总工程师):① 横沙具有得天独厚的优势,要作为上海未来发展的预留空间。② 从国际和国内发展的成功经验来看,绿色港城建设和生态环保并非割裂开来的,两者可以协调推进。

归墨(洋山同盛港口建设公司原董事长):① 上海实施海洋战略不能局限于现有的土地,必须向东发展。横沙能实现江海直转,具备港口功能优势,应是上海海洋战略的一部分。② 港口要岸线,更要土地。横沙是一个非常合适地方,建议先建深水港。③ 上海港不仅要服务于上海,更要服务于国家战略,要加强与交通运输部联系,从国家层面取得交通运输部的支持,与上海联合提出横沙建港方案。

万大宁(上海市人大代表、上海同盛集团原总裁):目前,上上下下对于横沙吹填成陆的问题已经达成了共识,下个阶段是要从规划角度,确立横沙开发和建港的合理性条件:① 突出长三角组合港功能的需要,横沙与舟山是互补关系。② 长江岸线资源整合的需要,服务长三角的水水直转需要。③ 上海城市功能调整、化工区调整和港区置换的需要,与时俱进,腾出空间。

宗源远(中交上海航道局原董事长):建议在《总体规划》中逐步优化调整上海主城区及其周边地区的港口和港区布局,实现张华浜、军工路、龙吴、外高桥等港区逐步向外海迁移,以消除或减少现有港口布局对城市发展的影响和制约,避免或减少港口陆路集疏运对城市交通带来重大影响。

朱建华(原上海市交通运输和港口管理局分管副局长、巡视员):① 横沙建设20 m的深水新港,是实施航运中心可持续发展模式,始终保持上海主枢纽港口地位的重要举措。② 访问港相比母港更能推动国际旅游大城市发展,给城市带来更多效益。因此,为促进上海旅游业发展,带动旅游消费,应实施邮轮母港和访问港双驱动发展路径。

王祥(中交第三航务工程勘察设计院原院长):目前,横沙浅滩在规划中被定位为"发展预留空间",这对于克服上海发展空间面临紧约束的瓶颈至关重大,意义深远。但由于该区域涉及面积大(预计滩涂围垦为 480 km²,港区建设用地初步为 80 多 km²),周边生态、水资源保护地域(涉及青草沙、九段沙、崇明东滩等保护区)敏感,有来自各方面不同的担心和争议。华东师范大学课题组已列出相关专题并尽最大可能组织相关资深专家和学术权威进行评估,初步结论是积极的,应继续深化。

金镠(长江口航道建设公司原副总经理):① 面向东海是上海实施海洋战略的最根本的出路,而最能体现当前开发和战略储备的结合点就是横沙浅滩。② 长江口在新水沙条件下,海岸侵蚀严重,据统计,北港北沙流失土地近千亩。上海要通过人工保护和圈围的方式防止国土资源流失,扩大国土面积。建议横沙浅滩圈围要列入《总体规划》,尽早把横沙浅滩圈围起来,而不要仅仅列为发展预留空间。③ 大洋山和横沙不能相提并论,分别面向杭州湾和东海,关键是深水岸线,20 m 水深是趋势。

王苏忠(上海市滩涂造地公司原董事长):华东师范大学课题组目前开展的研究是与《总体规划》相衔接的,要做好规划的引领作用。建议从新的横沙大堤起步,继续向前延伸 26 km,实现先促淤,这样将大大降低以后的圈围成本。

张海燕(上海市水务局滩涂管理处处长):当前从国家层面来看,海洋滩涂规划收紧。目前横沙规划立意于建设生态空间格局,作为战略后备资源。对自己的定位要清楚,上海已有自然保护区面积位于全国前列。横沙一旦作为保护区,以后就不能动了。首先要在规划中立起来,留白不能是保护区,而是要成为保留区。

姚逸云(中交上海航道勘察设计研究院原党委书记、华东师范大学国际航运物流研究院研究员):建议在编制正式规划时对新横沙的定位进一步深化、具体。特别是要将自然促淤与长江口深水航道疏浚土的综合利用相结合,科学规划、落实措施(资金、技术),长规划、短安排,充分利用长江口深水航道每年产生 6 000 万～8 000 万 m³ 的疏浚土,持续推进横沙浅滩促淤、吹填成陆,为上海城市发展预留实实在在的、可即需即用的空间。

徐德麟(上海港务集团工程技术部原总经理、华东师范大学国际航运物流研究院研究员):① 在"十三五"完成横沙东滩圈围成陆后,建议在规划中列入横沙浅滩的圈围成陆,以便更好地协调和衔接国家的上位规划《全国海洋功能区划》[含《上海市海洋功能区划(2011—2020 年)》和《全国河口海岸滩涂利用规划》]。② 破解上海土地短缺的矛盾,除了严控建设用地外,填海(江)造地增加新的土地资源也是不可或缺的。横沙东滩和横沙浅滩在 2040 年前完全有条件形成面积达 480 km² 的新的陆域土地,为目前上海市域面积 6 340.5 km² 的 7.6%,极具开发利用价值,应该在上海新修编的规划中有所体现。

包起帆(原上海市政府参事、华东师范大学国际航运物流研究院院长):市委市府根据当前建设重心和城市长远发展需求,对横沙开发暂时留白的战略定位是正确的。但留白不等于不干,发展预留空间不是不能作为,在规划上要先行一步,要创造条件使一旦发展需要时,即可提供开发所需的政策、规划、技术等条件。

关于谋划上海横沙深水新港规划的建议

说明：2017年第5期《交通运输部专家委员会个人建言专报》刊登了《关于谋划上海横沙深水新港规划的建议》。

党组书记杨传堂批示：**请天碧同志调研。**

副部长何建中批示：**请陈建同志及天碧同志调研。**

专家委员会主任周伟批示：部专家委员会水路组包起帆委员提交了一份《关于谋划上海横沙深水新港规划的建议》，感觉与上海航运中心的建设发展关系较大，现呈上，供您参阅。

交通运输部专家委员会个人建言专报

2017年第 5 期

关于谋划上海横沙深水新港规划的建议

交通运输部专家委员会水路组委员
上海国际港务集团公司原副总裁　教授级高工
包起帆

编按：根据部专家委员会积极开展委员个人"建言献策"的通知要求，委员们充分发挥主动性和创造性，结合自身工作和专业优势，向部专家委员会提交了个人建言献策，现将水路组包起帆委员的建言呈报。

1 上海港拥堵现象引发全球关注

自今年4月初起，上海港出现了严重拥堵，引起了国际港航界、贸易界的高度关注"中国第一大港已凌乱"[①]、

[①] 《中国第一大港已凌乱！码头拥堵、船期延误、落箱费暴涨！》，锦程物流网，2017年4月12日。

"长期超负荷运营,上海港陷持续拥堵"①等消息不断爆出,"拥堵已蔓延至邻近的青岛、宁波等港口"②,"中国主要枢纽码头的港口拥挤将蔓延到亚洲各港口"③,"此次港口拥堵主要影响了亚洲—欧洲、跨太平洋、亚洲—澳大利亚等远洋航线"④。

国内外众多知名媒体对这一事件进行了报道。4月21日英国路透社撰文《世界上最繁忙的上海港遭遇堵塞》,援引全球船运管理软件方案企业Cargo Smart的分析数据称"仅4月16—18日期间,相较于上一周,上海港船舶平均延误时间增长42%,达到了53 h。自4月开始,洋山港船舶延误率增长约40%!上海港'堵船'情况将会长期持续"⑤。

4月26日,中华航运网在《上海港这波大拥堵恐延续至5月中旬引发外媒关注》一文中提到"尽管上港集团已发出通知,将统筹全港作业资源,优化部分航线和航班作业安排……但JOC分析认为,想立马解决当前的局面非常困难"⑥。

5月2日,国际权威媒体《劳氏海运周刊》在《货运量增长是中国港口拥堵主要原因》一文中认为"随着入境贸易快速增长和船舶大型化,今年第一季度中国十大集装箱港口集体需求增长了6%"⑦;4月20日,国际集装箱运输和物流信息门户网站JOC在《货代公司发出警告上海港拥堵可能持续数周》一文中也强调:"尽管上海港口通常都有相当多的船只,但近几天货运量急剧上升""一家大型亚洲航运公司的专家也表示:洋山的拥挤表明,港口正在挣扎着应对不断增加的、更大型的船舶"⑧。

5月30日,《中国经济周刊》在《上海港"塞港风波"的反思》中提到:"自4月中旬以来,上海港持续拥堵近一个月,眼下情况似乎有所缓解。'不塞港了,但拥堵继续'""上海市航运交易所航运交易公报副主编刘俊分析称:随着上海港卸货量的持续增长,堆场空间不足问题凸显""此次上海港堵港,说白了就是上海港对航运格局变化没有做好准备"⑨。

2 上海港拥堵原因分析

上述来自国内外舆论界对上海港拥堵的评述有其现实写照的一面,也有一定的渲染成分,未必反映了实际情况,但上海港产生拥堵的现象不能不引起我们的重视。

上海港产生拥堵的原因是多方面的,到港航班的大调整、货量的急剧增加、船公司货物的超配、计算机管理系统的更新等众说纷纭。根据我长期在上海港工作的经验和认识,觉得上述原因只是表象。适度超前的能力是现代服务业的基本要素,港口能力理应能够应对外界的不测因素、适应社会对港口的需求,而上海港目前主要存在以下几个方面的问题。

2.1 上海港集装箱码头一直处于能力不足和超负荷营运的状态

上海港自1993年起开始大规模建设集装箱码头,从浦西宝山吴淞地区发展到浦东外高桥地区,2003年起又在小洋山岛启动建设集装箱码头。1993—2010年的18年间,上海港不断新增集装箱码头能力并交付使用,符合港口能力适度超前于市场运输需求的经济规律。2011—2017年的7年间,

---

① 《长期超负荷运营 上海港陷持续拥堵》,《财新周刊》,2017年5月10日。
② China box congestion spreads to other ports,Mike King,《劳氏海运周刊》(Lloyd Loading List),2017年4月26日。
③ China congestion likely to affect other Asian ports,Mike King,《劳氏海运周刊》(Lloyd Loading List),2017年5月2日。
④ 《上海港的"堵船"究竟会持续到何时?》,搜狐网,2017年4月22日。
⑤ Shanghai port, world's busiest, grapples with traffic congestion,英国路透社,2017年4月21日。
⑥ 《上海港这波大拥堵恐延续至5月中旬引发外媒关注》,中华航运网(交通运输部政府辅助网站),2017年4月26日。
⑦ Growth the main factor in Chinese box congestion,Will Waters,《劳氏海运周刊》(Lloyd Loading List),2017年5月2日。
⑧ Forwarders warn Shanghai congestion could last weeks,国际集装箱运输和物流信息门户网站JOC,2017年4月20日。
⑨ 《上海港"塞港风波"的反思》,《中国经济周刊》,2017年5月30日,第22期。

各方对上海国际航运中心建设是否还需要有集装箱量的支撑、对上海港集装箱吞吐量增长给城市交通和环保带来负面影响的程度产生了分歧,故未再新增集装箱码头能力,甚至退出了宝山集装箱码头的经营,致使上海港集装箱码头能力不足的瓶颈逐年凸显。

(1)上海港长期处于超负荷营运状态。由表1可见,上海港现有集装箱码头的能力与实绩差距甚大。虽经加强内部管理和技术进步提高了码头通过能力,但仍力不从心,2014年、2015年、2016年上海港的集装箱吞吐量已分别达到了3 528万TEU、3 653万TEU、3 713万TEU,超过了2015年交通运输部通过的核定能力2 515万TEU的40%、45%、48%,完全处于超负荷营运状态,并呈逐年扩大趋势(表1)。

表1 上海港集装箱码头通过能力与实绩对比①

码头名称	泊位数(个)	长度(m)	2015年通过能力(万TEU)	2014年吞吐量(万TEU)	2015年吞吐量(万TEU)	2016年吞吐量(万TEU)
洋一期	5	1 600	220	815(超90%)	828(超93%)	845(超97%)
洋二期	4	1 400	210			
洋三期	7	2 600	500	710(超42%)	715(超43%)	722(超29%)
洋四期	7	2 350	400(预期)	—	—	—
外一期	3	900	135	243(超80%)	255(超89%)	254(超88%)
外二期	3	900	280	618(超121%)	625(超123%)	603(超115%)
外三期	2	650				
外四期	4	1 250	400	345(达到86%)	378(达到95%)	383(达到96%)
外五期	4	1 110	470	522(超11%)	565(超20%)	593(超26%)
外六期	3	1 008				
张华浜	3	784	300	275(达到92%)	287(达到96%)	313(超4%)
军工路	4	857				
宝山	2	640	60(2012年撤销)	—	—	—
合计	49(不包括宝山)	15 409(不包括宝山)	2 515(不包括洋四期和宝山)	3 528(超40%)	3 653(超45%)	3 713(超48%)

尽管我国经济发展呈现新常态,但上海港仍是长江经济带集装箱物流最重要的枢纽港,在"一带

---

① 数据来源:《中国港口年鉴》,《中国港口》杂志社。

一路"倡议和长江经济带发展、上海自由贸易区战略的影响下,众多的长江、沿海船舶与远洋船舶共同争抢上海港有限的集装箱泊位,更使上海港的集装箱码头出现了严重的供不应求。今年1—5月,国际航运格局发生变革、全球经济呈现复苏态势、上海港集装箱吞吐量同比增长9.9%[①],如此一来,港口发生拥堵就成为必然。

(2) 上海港集装箱增量的预判失灵。长期以来,上海港集装箱码头的建设相比于集装箱量的增长往往是滞后的。实践已经证明,无论是在经济大发展的年景里还是在经济新常态的状况下,上海港每年的集装箱吞吐量基本都呈增长态势,而码头新增能力则没有跟上其步伐。

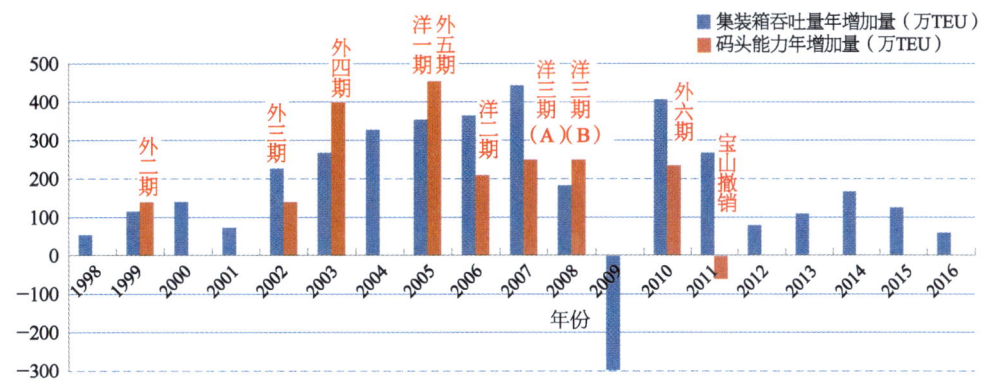

图1 1998—2016年上海港集装箱年增加量与码头能力年增加量对比[②]

从图1中可以看出,在1998—2010年的13年经济大发展期间,上海港集装箱吞吐量的年增加量平均在200万TEU以上;在经济新常态下的2011—2016年的6年间,上海港集装箱吞吐量的年增加量平均为134万TEU。在此期间上海港不仅没有建成新的集装箱码头,还撤销了宝山码头60万TEU的能力,致使码头能力不升反降,远远落后于实际需求。

(3) 上海港集装箱吞吐量未来还将持续增长。前事不忘,后事之师,报道称今年年底将投产的洋四期码头的通过能力为400万TEU,充其量只能缓和目前上海港集装箱码头的拥堵状况。预计2017年上海港的集装箱吞吐量可大幅增加250万TEU左右,以2018—2020年保守预测,即平均每年增加量180万TEU计,到2020年上海港的集装箱吞吐量预测将达到4 503万TEU。即使加上洋四期全部投产后的630万TEU的新增能力,如果要保证正常的港口生产秩序,上海港仍还需弥补1 358万TEU左右的能力缺口。这意味着从现在起到2020年底,若不抓紧时间规划和建设新的集装箱码头,上海港将长期超负荷营运,严重拥堵将成为常态。

从长远角度看,中交水运规划设计院根据长江经济带运输需求、长三角港口群发展形势以及上海港在长三角港口群中的地位,综合国际航线、内支线、内贸航线等航线集装箱吞吐情况,对2030年和2040年上海港吞吐量进行了专业分析和预测(表2)。

按照保守的低方案预测,2030年和2040年上海港集装箱吞吐量将分别达到4 800万TEU、5 300万TEU;按照高方案预测,2030年和2040年上海港集装箱吞吐量将分别达到6 000万TEU、6 900万TEU。若不能在未来10~20年内及时解决集装箱码头能力不足的问题,届时,上海港将可能失去全球枢纽大港和国际航运中心地位。

---

① 《为上海港荣誉而战》,《上海海港报》,2017年6月9日,第1935期,第一版。
② 数据来源:2016年版《中国港口年鉴》,《中国港口》杂志社。

表2 上海港集装箱吞吐量预测① (万TEU)

年份	方案	合计	国际航线		内支线	内贸航线
			国际中转	其他		
2030年	低方案	4 800	470	2 930	620	780
	高方案	6 000	630	3 640	820	910
2040年	低方案	5 300	570	3 100	770	860
	高方案	6 900	850	3 920	1 000	1 130

2.2 上海港建设集装箱码头的岸线、土地资源严重匮乏

（1）缺乏可供建设集装箱码头的深水岸线。目前，上海市辖范围的长江口、杭州湾深水岸线已开发殆尽。洋山港区由于现行体制及行政区划的障碍，新泊位建设步履艰难。随着1.8万TEU以上超大型集装箱船舶的大量投入营运，上海港可供建设集装箱码头的深水岸线资源短缺问题日益显现。

（2）缺乏陆域发展空间。自20世纪80年代以来，上海港区的外移过程不断加速，先是移至长江南岸的外高桥地区，继而又移至洋山港区。目前这两个地区可用于港区生产和陆上集疏运通道的陆域空间已开发殆尽，连接洋山港区的东海大桥的通过能力也已饱和。

2.3 上海港没有超深航道和超深集装箱码头

近年来船舶大型化进展迅猛，自2011年马士基航运订造1.8万TEU型3E级大船后，"造大船"成为全球航运发展的主流。

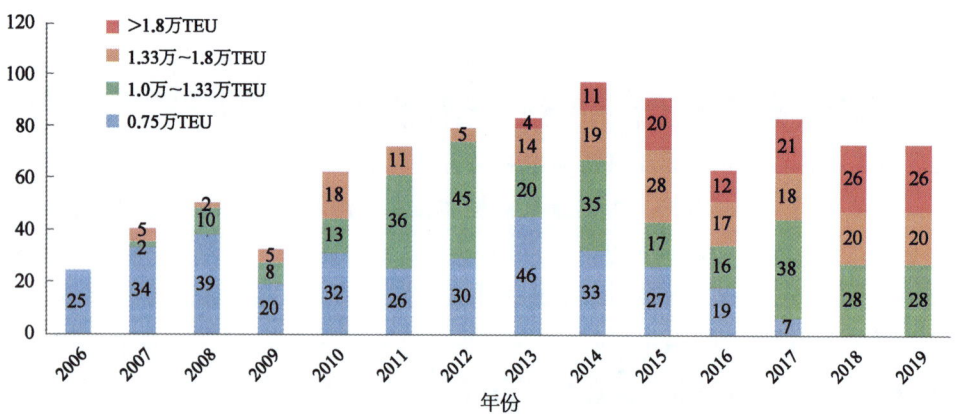

图2 全球超大型船舶年度交付数量②

根据图2中的数据，截止到2016年已有47艘1.8万TEU的超大型集装箱船交付使用，2017—2019未来3年，预计将新交付使用73艘，占所有新建船型的三分之一以上，并主要投放在亚欧航线上运营，这将引发洲际海运航线发生根本性变革。更为严峻的趋势是，主流超大型集装箱船已经从1.8万TEU型升级到2万TEU型船。

然而，目前上海外高桥港区航道水深为12.5 m，洋山港区航道水深为16.5 m，上海港至今仍缺乏20 m以上的超深水航道，就是与国内宁波-舟山港33 m、天津港22 m、青岛港21 m、连云港港20 m的航道水深条件相比，也相差较大。缺乏超深航道和超深集装箱码头，导致上海港无法应对全球船舶

---

① 数据来源：中交水运规划设计院研究报告《新形势下横沙深水新港货运需求分析》。
② 数据来源：《深度：诊脉港口拥堵》，《航运交易公报》，2017年5月9日，第18期，法国航运咨询中心Alphaliner。

大型化趋势,这与上海国际航运中心的地位不相匹配。

2.4 上海未来港口的发展缺乏战略布局和长远谋划

在上海"四个中心"的建设中,国际航运中心建设的宏伟目标是最有希望率先实现的。但从发展的角度来看,上海国际航运中心建设所必需的支撑条件——未来港口的建设,却未能根据国际航运发展的实际需求和趋势做出长远、合理的战略谋划。

在已经公布的新一轮《上海市城市总体规划(2016—2040)》中,国际航运中心建设方面,第五章的"推动国际海港枢纽功能升级"中提道:"要强化高端航运服务功能,服务区域、流域经济发展,至2040年上海港集装箱吞吐量保持在4 500万TEU左右……巩固提升国际海港枢纽地位,支撑长江经济带、海上丝绸之路发展""上海港形成以洋山深水港区、外高桥港区为核心,杭州湾、崇明三岛等港区为补充的格局,其中洋山港深水港区是上海国际航运中心集装箱深水枢纽港区、国际远洋集装箱班轮的主靠港"。

然而,我们认为这一定位并未能真实反映出国际航运业的发展对港口能力的要求。根据发展趋势,规划中关于"2040年上海港集装箱吞吐量保持在4 500万TEU左右"的目标在目前看来极有可能在2020年左右提前实现,未来上海港集装箱的增量将何去何从?只有抓紧谋划未来上海港口的发展,加大上海港口建设的供给侧改革力度,尽快弥补上海港集装箱码头能力严重不足的短板,才能发挥中央提出的长江经济带发展和"21世纪海上丝绸之路"战略所突出的上海港龙头枢纽作用。

其次,规划也并未对船舶大型化趋势对于港口建设提出的新要求做出谋划。国际航运中心的形成,是以稠密的航线、良好的深水航道,以及完善的硬件设施为基础的,如果没有超深航道和码头,就难以承担超大型船舶集中在上海港中转的重任,更无法应对洲际海运航线已经发生的重大变革。

3 新加坡迁港的启示

2014年新加坡计划,把置于城市中心位置的丹戎巴葛、凯珀尔和布拉尼3个主力老港区全部搬迁至Tuas新港区(图3)。新加坡总理李显龙表示,Tuas新港区的"规模将更大、效率将更高,几乎两倍于现在的能力"。

图3 规划中的Tuas新港区

为了提供超级连接和服务水平,新加坡继续超前建设港口基础设施建设。新加坡运输部长说:"为了把我们的港口处理能力提高到每年5 000万TEU,我们正在扩建巴西班让码头。在今年下半年,首批新的泊位就可以用了。从长远来看,我们计划巩固 Tuas 码头的集装箱运作,届时能力将达到 6 500 万 TEU。"

2030 年起,新加坡政府将继续巩固发展 Tuas 港的集装箱港口设施。同时,新技术也将被引入至这个新港区,以把它建设为超现代的、创新的以及基本自动化的物流中心。这一增强性质的发展也将使得现有靠近城市的港区得以松绑,以便进行未来的城市再开发。

在建设国际航运中心的进程中,上海港面临的局面,与新加坡港有很多相似之处。特别是在船舶大型化和环保压力方面,上海港的情况比新加坡更为严峻(表 3)。

表 3　上海港与新加坡港的发展对比

对比项目	新加坡港	上海港	分　析
吞吐量(2016 年)	3 059 万 TEU	3 713 万 TEU	新加坡落后 654 万 TEU
老港区	丹戎巴葛 凯珀尔 布拉尼	张华浜 军工路	新加坡 3 个老港区在 2027 年租期满,2022 年开始搬迁,为城市腾出 15 000 亩土地; 上海港 2 个老港区暂无搬迁计划
新港区	巴西班让 1~2 期	外高桥 1~6 期 洋山 1~3 期	目前,两港新老港区的吞吐能力和水平基本相当
在建港区	巴西班让 3~4 期	洋山 4 期	巴西班让 3~4 期有 15 个泊位,洋山 4 期有 7 个泊位,两港在建港区均在 2017 年底投产
开工筹建港区	Tuas	无规划	Tuas 1 期工程总投资 18.2 亿美元,8.6 km 岸线,20 个深水泊位,吹填 294 亩陆域,新增 2 000 万 TEU,已开工; 上海港目前尚无规划
至 2017 年前的码头吞吐能力	5 000 万 TEU	4 000 万 TEU	届时,上海港码头能力已小于新加坡港
至 2017 年前的码头水深	18 m	16.5 m	届时,上海港码头水深低于新加坡港
至 2030 年前的码头吞吐能力	6 500 万 TEU	无规划	届时,上海港码头能力明显小于新加坡港
至 2040 年前的码头吞吐能力	无规划	4 500 万 TEU	

2020 年上海将要基本建成国际航运中心,创业容易守业难,如何长期保持上海国际航运中心的地位,除了航运要素集聚和航运服务提升外,确保国际集装箱吞吐量及在国际港口中占比的提高是硬道理。新加坡港已经有了一个十分明确的目标和付之于行动的规划,而上海港目前尚处于讨论中,还在议论 4 000 万 TEU 是否见顶、上海环境容量能否容忍有更多的集装箱船到来、上海是否还需要集装箱增量等问题。从新加坡迁港来看国际航运中心的竞争,新加坡已经给我们带来了有益的启示。

4　在新横沙规划和建设深水新港可找到上海港的明天

上海能否找到一个具有长远发展前景的深水新港?在交通运输部的关心和上海市科委的支持下,由华东师范大学国际航运物流研究院联合上海和国内 16 家相关研究机构、企业、单位,共同组成了研究团队,立项开展了"上海城市发展新空间和深水新港战略研究"及"新横沙成陆开发和深水新港建设可行性关键技术研究",在国内首次系统地对新横沙发展和深水新港建设的战略定位、平面布局、技术可行性、生态环保、综合经济等方面开展了初步研究,从技术层面得出了基本可行的研究成果,项目已经通过验收。

4.1 新横沙有众多建设深水大港的优势

(1) 新横沙的地理位置：横沙岛处在长江出海口，如果说上海是长江经济带的龙头，那么横沙岛就是"龙的舌头"。经过多年的圈围，成陆后的新横沙(包括横沙本岛、横沙东滩和横沙浅滩，总面积可达 530 km^2)将面向大海，两侧有航道，背靠陆地有一片浅滩，通江达海，在此将能建成集"长江门户、江海直转、超深航道、深水泊位"等众多优势资源于一身的深水港区(图4)。

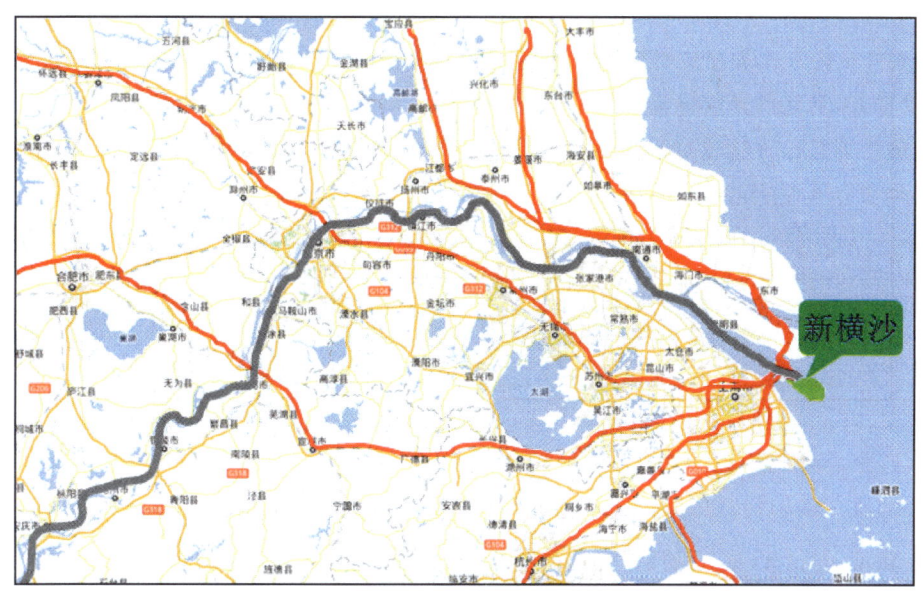

图 4　新横沙地理位置

(2) 区位优势：它与上海港外高桥港区水域距离约 60 km，与洋山港区水域距离约 100 km，可形成上海国际航运中心的集装箱港口群，三足鼎立，功能互补，遥为呼应。为满足上海港 2040 年实现集装箱吞吐量 5300 万～6900 万 TEU 的长远目标开辟了新的空间(图5)。

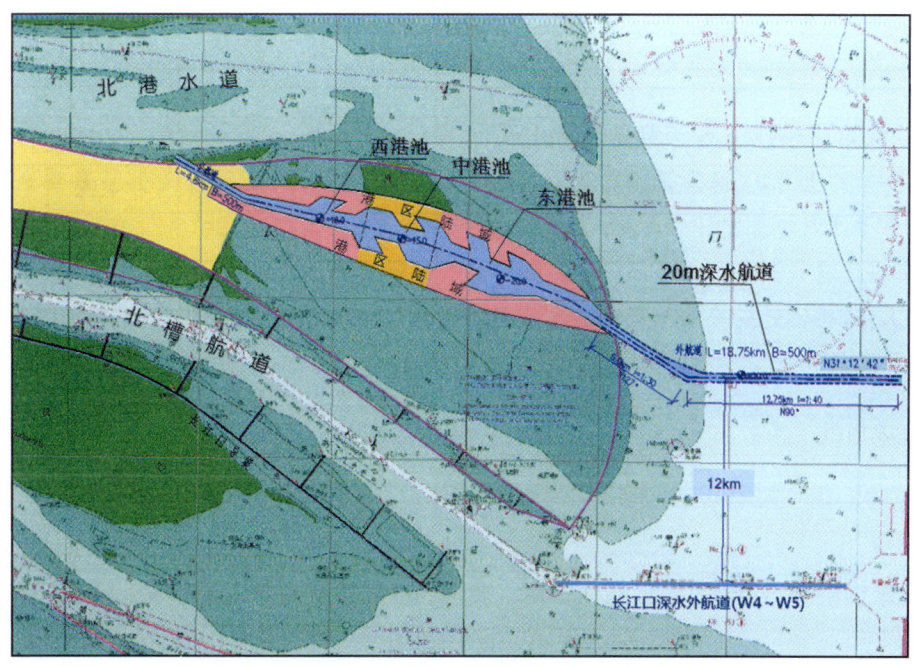

图 5　横沙深水新港规划示意

(3) 超深航道优势：从码头到外海 20 m 深水区的航道长度仅 20 km，由于避开了长江口拦门沙，加之海洋旋转流作用，该深水航道不易淤积，使得上海港有条件在本土区域内，跳出长江，直达大海，满足了集装箱船舶大型化趋势对港口及航道深水化提出的要求。

(4) 深水泊位和陆域优势：新横沙规划将在现有长江口滩涂上新圈围成陆 480 km^2 的土地，100 km 的深水岸线，这给上海港的发展创造了极大的拓展空间。挖入式港池濒临海洋，长江口下泻的泥沙将很难进入其内，有利于港区建设和维护 20 m 的深水泊位和降低营运成本。

(5) 江海直转优势：谋划中的横沙深水新港处于长江通海的最前端，挖入式的港池后端连着长江，江轮可以直入，港池的前端连着大海，超大型的集装箱船可直接驶入港池，完成江海直转。这样，长江流域大量的集装箱货物通过江海直转将大幅降低物流成本，缩短物流周期，节约能源，具有显著的经济效益和社会效益(表 4)。

表 4　横沙深水新港与现有港区比较

项　　目	外高桥港区	洋山港区	横沙深水新港
岸线长度	6.9 km	7.9 km	100 km 以上，其中 20 m 深水岸线约为 50 km
泊位数	22 个	23 个	根据需要建设
泊位水深	12～14 m	15.5～17.5 m	20 m 以上
港区陆域面积	约 7.1 km^2	7.2 km^2	85.8 km^2
航道水深	12.5 m	16.5 m	20 m
航道条件	回淤大	回淤一般	回淤小、易维护
集疏运条件	以陆路运输为主，交通拥挤	水陆运并存，陆路运输距离长	可发展水水中转、多式联运、减少物流成本，减轻陆上交通拥堵压力
发展空间	岸线和陆域枯竭	受行政区划制约，难以发展	发展空间巨大

4.2　尽快启动横沙深水新港规划的建议

上海是全国的上海，上海港是全国的上海港，上海港的明天从某种意义上将影响全国港口的未来。为了服务于国家经济发展的大局，配合国家"一带一路"倡议和长江经济带发展、上海自由贸易区战略，建议交通运输部领导和相关部门能够听取一次我们对研究成果的汇报，继续支持我们开展相关课题的研究工作，将研究成果纳入交通运输部新一轮港口发展规划，集全国交通系统之力谋划上海横沙深水新港的发展。

关于上海港口发展前景和规划的建议

说明：2018年第9期《参事工作专报》刊登了《原市政府参事包起帆关于上海港口发展前景和规划的建议》。

参事工作专报

第 9 期

上海市人民政府参事室编　　　　　　　　　　　　　　　2018 年 6 月 13 日

专报李强、应勇同志

原市政府参事包起帆关于上海港口发展前景和规划的建议

1 提出建议的缘由

上海港口发展前景堪忧,规划滞后已成为上海国际航运中心建设的短板。

1.1 全球最具发展潜力集装箱港口排名旁落

上海国际航运研究中心(SISI)在 2018 年 5 月发布了"2017 年全球最具发展潜力集装箱港口排名",在"集装箱吞吐量增长率""港口所在区域 GDP 增长率""港口吸引投资金额""新增航线数目""港口自然条件(水深、区位)"和"政府行为影响"六大指标的基础上计算得到了 2017 年全球最具发展潜力集装箱港口排名,新加坡港、宁波港和鹿特丹港分列前三位,上海港仅排名第六位(表 1)。

表 1 2017 年全球最具发展潜力集装箱港口排名

排　名	港　口	国　家	大　洲	得　分
1	新加坡	新加坡	亚洲	89.08
2	宁波	中国	亚洲	88.58
3	鹿特丹	荷兰	欧洲	76.30

(续表)

排 名	港 口	国 家	大 洲	得 分
4	釜山	韩国	亚洲	74.64
5	长滩	美国	北美洲	74.56
6	上海	中国	亚洲	72.89
7	香港	中国	亚洲	72.06
8	科伦坡	斯里兰卡	亚洲	70.25
9	巴尔博亚	巴拿马	北美洲	69.03
10	萨凡纳	美国	北美洲	68.73

来源：上海国际航运研究中心（SISI）。

1.2 港口吞吐量未来增长乏力

上海港曾经在货物吞吐量和集装箱吞吐量方面双双位居世界第一，但在2012年上海港吞吐量被宁波-舟山港超越，2017年宁波-舟山港成为世界上唯一一个吞吐量超过10亿t的港口，上海港排名第二，吞吐量仅为宁波-舟山港的70%，增速只有1.4%，而排名前五位的其他港口增速均超过了5%（表2）。

表2　2017年全国港口货物吞吐量排名　　（亿t）

排 名	港 口	2017年	2016年	增 速
1	宁波-舟山港	10.1	9.2	9.8%
2	上海港	7.1	7.0	1.4%
3	苏州港	6.1	5.7	5.3%
4	广州港	5.9	5.2	13.5%
5	唐山港	5.7	5.2	9.6%

来源：交通运输部。

集装箱吞吐量方面，虽然上海港连续多年排名第一，但只比排名第二的新加坡港多出约656万TEU，且8.3%的增长率明显低于排名第四的宁波-舟山港（表3）。

表3　2017年全球集装箱港口吞吐量　　（万TEU）

排 名	港 口	国 家	2017年	2016年	增长率
1	上海	中国	4 023	37.13	8.3%
2	新加坡	新加坡	3 367	30.90	8.9%
3	深圳	中国	2 521	23.98	5.1%
4	宁波-舟山港	中国	2 461	21.57	14.1%
5	香港	中国	2 076	19.81	4.8%

来源：法国航运咨询中心Alphaliner。

上海港与宁波-舟山港所处的区位、背景基本相同，且上海港扼守长江口，距离长三角和长江流域腹地更近。借助上海自贸试验区和国际航运中心建设的优势，上海港理应在吞吐量上有更大的增长。

然而，目前的数据并不尽如人意。

1.3 近两年港口拥堵问题频发

近两年，上海港口拥堵的现象频频发生，国内外媒体对此多有报道。

例如，2017年4月，上海港出现严重拥堵，引起国际港航界、贸易界的高度关注。《财新周刊》《劳氏海运周刊》(Lloyd Loading List)等纷纷发布了"长期超负荷运营 上海港陷持续拥堵""拥堵已蔓延至邻近的青岛、宁波等港口"等消息，锦程物流网甚至以"中国第一大港已凌乱"作为标题。上海国际航运研究中心也在报告中指出，"码头拥堵导致作业装卸效率下滑，同时港口拥堵引发原本拉往上海港的集装箱量分流至周边不拥堵的港口，对上海港全年的吞吐量造成了比较大的影响。"

再如，2018年5月，亚洲多地港口爆出码头拥堵等事件，有船公司甚至表示"上海是受影响最严重的港口之一，港口拥堵正在延误货运，并迫使一些航运公司在受影响较小的港口开通支线服务进行转运。"

克服气候等因素的影响、迅速恢复生产是港口的核心竞争力之一。尽管上海港采取了许多应对措施，也做了很大努力，但频繁发生的拥堵现象必须引起重视。

2 原因

2.1 上海港集装箱码头一直处于能力不足和超负荷营运的状态

1993—2010年，上海港通过不断新增集装箱码头能力并交付使用来满足船公司的需要，以适度的超前能力服务于市场运输需求，基本符合经济规律。2011—2017年，各方在上海国际航运中心建设是否还需要有集装箱量的支撑，以及箱量增长对城市交通、环保的影响等问题上产生了分歧，故未再新增集装箱码头能力，甚至退出了宝山集装箱码头的经营。这使上海港集装箱码头能力不足的瓶颈逐年凸显。2017年12月10日投产的洋四期半年来实际吞吐量预计仅为50万TEU左右，形成能力有待时日。

表4 上海港集装箱码头通过能力与实绩对比

码头名称	泊位数（个）	长度（m）	2015年核定通过能力（万TEU）	2014年吞吐量（万TEU）	2015年吞吐量（万TEU）	2016年吞吐量（万TEU）	2017年吞吐量（万TEU）
洋一期	5	1 600	220	815（超90%）	828（超93%）	845（超97%）	890（超107%）
洋二期	4	1 400	210				
洋三期	7	2 600	500	710（超42%）	715（超43%）	722（超44%）	763（超53%）
洋四期	7	2 350	400（预期）	—	—	—	—
外一期	3	900	135	243（超80%）	255（超89%）	254（超88%）	265（超96%）
外二期	3	900	280	618（超121%）	625（超123%）	603（超115%）	665（超138%）
外三期	2	650					
外四期	4	1 250	400	345（达到86%）	378（达到95%）	383（达到96%）	405（超1%）

(续表)

码头名称	泊位数（个）	长度（m）	2015年核定通过能力（万TEU）	2014年吞吐量（万TEU）	2015年吞吐量（万TEU）	2016年吞吐量（万TEU）	2017年吞吐量（万TEU）
外五期	4	1 110	470	522（超11%）	565（超20%）	593（超26%）	650（超38%）
外六期	3	1 008					
张华浜	3	784	300	275（达到92%）	287（达到96%）	313（超4%）	360（超20%）
军工路	4	857					
宝　山	2（2012年撤销）	640	60	—	—	—	—
合　计	49	15 410	2 515	3 528（超40%）	3 653（超45%）	3 713（超48%）	3 998（超59%）

来源：《中国港口年鉴》，上海：中国港口杂志社。

（1）由表4可见，2014—2017年，上海港的集装箱吞吐量已分别超过了2015年交通运输部通过的核定通过能力2 515万TEU的40%、45%、48%、59%，各码头都处于超负荷营运状态，并呈逐年扩大趋势。

（2）上海港集装箱增量的预判失灵。长期以来，上海港集装箱码头的建设相比于集装箱量的增长往往是滞后的。实践证明，无论是经济大发展时期还是在经济新常态的状况下，上海港每年的集装箱吞吐量基本都呈增长态势，而码头新增能力则没有跟上其步伐。

由图1可见，在1998—2010年的经济大发展期间，上海港集装箱吞吐量的年增加量平均在200万TEU以上；在2011—2017年的经济新常态下，上海港集装箱吞吐量的年增加量平均为159万TEU。在此期间上海港不仅没有建成新的集装箱码头，还撤销了宝山码头60万TEU的能力，致使码头能力不升反降，远远落后于实际需求。

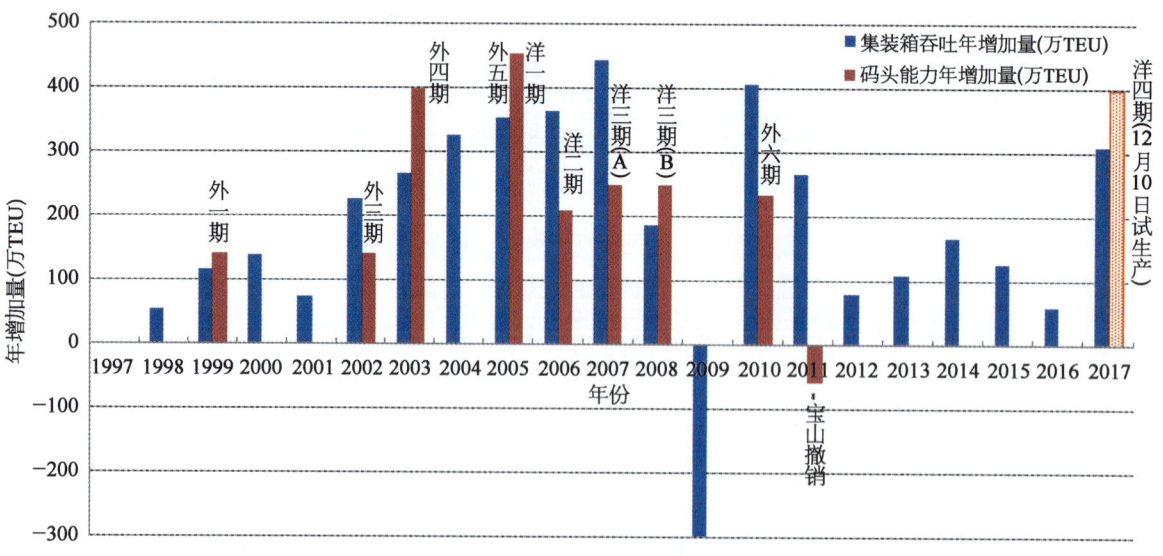

图1　1998—2017年上海港集装箱年增加量与码头能力年增加量对比

来源：《中国港口年鉴》，上海：中国港口杂志社。

(3) 上海港集装箱吞吐量未来还将持续增长。洋四期码头初期通过能力为400万TEU,很难缓解目前上海港集装箱码头的拥堵状况。保守预测,2018—2020年以平均每年增加量180万TEU计,到2020年上海港的集装箱吞吐量预测将达到4 503万TEU。即使加上洋四期全部建成投产后的630万TEU的新增能力,如果要保证正常的港口生产秩序,上海港仍还需弥补1 358万TEU左右的能力缺口。这意味着从现在起到2020年底,若不抓紧时间规划和建设新的集装箱码头,上海港将长期超负荷营运,严重拥堵将成为常态。

从长远角度看,中交水运规划设计院根据长江经济带运输需求、长三角港口群发展形势以及上海港在长三角港口群中的地位,综合国际航线、内支线、内贸航线等航线集装箱吞吐情况,对2030年和2040年上海港吞吐量进行了专业分析和预测(表5)。

表5 上海港集装箱吞吐量预测 (万TEU)

年 份	方 案	合 计	国际航线	国际中转	内支线	内贸航线
2030	低方案	4 800	3 400	470	620	780
	高方案	6 000	4 270	630	820	910
2040	低方案	5 300	3 670	570	770	860
	高方案	6 900	4 770	850	1 000	1 130

来源:中交水运规划设计院《新形势下横沙深水新港货运需求分析》。

按照保守的低方案预测,2030年和2040年上海港集装箱吞吐量将分别达到4 800万TEU、5 300万TEU;按照高方案预测,2030年和2040年上海港集装箱吞吐量将分别达到6 000万TEU、6 900万TEU。若不能在未来10~20年内及时解决集装箱码头能力不足的问题,届时,上海港将可能失去全球枢纽大港和国际航运中心的地位。

2.2 上海港建设集装箱码头的岸线、土地资源严重匮乏

(1) 缺乏可供建设集装箱码头的深水岸线。目前,上海市辖范围的长江口、杭州湾深水岸线已开发殆尽。洋山港区由于现行体制及行政区划的障碍,新泊位建设步履缓慢。随着1.8万以上TEU超大型集装箱船舶大量投入营运,上海港可供建设集装箱码头的深水岸线资源短缺问题日益显现。

(2) 缺乏陆域发展空间。自20世纪80年代以来,上海港区的外移过程不断加速,先是移至长江南岸的外高桥地区,继而又移至洋山港区。目前这两个地区可用于港区生产和陆上集疏运通道的陆域空间已开发殆尽,连接洋山港区的东海大桥的通过能力也已饱和。

2.3 上海港没有超深航道和超深集装箱码头

近年来船舶大型化进展迅猛,自2011年马士基航运订造1.8万TEU型3E级大船后,"造大船"成为全球航运发展的主流。

根据图2中的数据,截止到2016年,已有47艘1.8万TEU的超大型集装箱船交付使用,2017—2019年预计将新交付使用73艘,占所有新建船型的1/3以上,并主要投放在亚欧航线上运营,这将引发洲际海运航线的根本性变革。更为严峻的是,主流超大型集装箱船已经从1.8万TEU型升级到2万TEU型船。

然而,上海港一直缺乏20 m以上的超深水航道,外高桥港区航道水深为12.5 m,洋山港区航道水深为16.5 m,与宁波-舟山港33 m、天津港22 m、青岛港21 m、连云港港20 m的航道水深条件相比,相

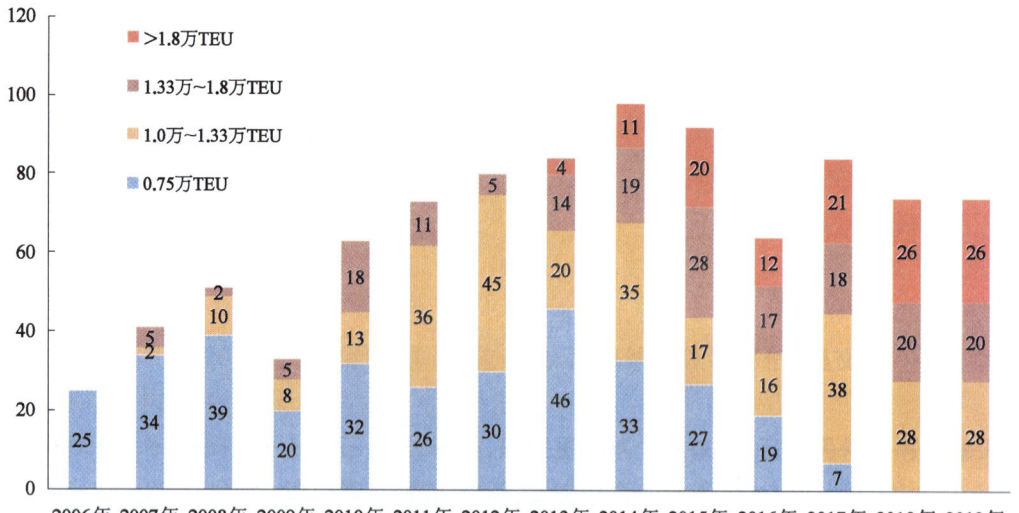

图 2　全球超大型船舶年度交付数量
来源：法国航运咨询中心 Alphaliner。

差较大。缺乏超深航道和超深集装箱码头，导致上海港难以应对全球船舶大型化趋势，这与上海国际航运中心的地位不相匹配。

3 建议

3.1 开展上海未来港口发展的战略布局和长远谋划

在上海"四个中心"的建设中，国际航运中心建设的宏伟目标是最有希望率先实现的。但从发展的角度来看，上海国际航运中心建设所必需的支撑条件——港口的战略布局和码头建设，却未能根据国际航运的实际需求和发展趋势做出合理的长远谋划。

《上海市城市总体规划（2017—2035）》提出，"至 2035 年，上海港集装箱吞吐量将保持在 4 000 万～4 500 万 TEU。"2017 年，上海港实际完成的集装箱吞吐量突破 4 023 万 TEU，预计到 2020 年即可完成 2035 年预期要达到的集装箱吞吐量目标。未来上海港集装箱的增量将何去何从？上海港如何进一步满足本地乃至长江经济带发展的需要？这些问题格外紧迫和重要。

只有抓紧谋划未来上海港口的发展，加大港口建设的供给侧改革力度，尽快弥补集装箱码头能力严重不足的短板，才能发挥上海港在长江经济带发展和"世纪海上丝绸之路"战略中所突显的龙头枢纽作用。

其次，船舶大型化趋势对于港口建设提出了新的要求，上海港亟需对此做出反应。国际航运中心的形成，是以稠密的航线、良好的深水航道，以及完善的硬件设施为基础的。如果没有超深航道和码头，就难以承担未来超大型船舶集中在上海港中转的重任，更无法应对洲际海运航线已经发生的重大变革。

目前，上海市的港口总体规划是在 2003 年启动编制、2008 年颁布的，规划年限到 2020 年截止。建议及早启动新的上海港口总体规划修编工作。

3.2 启动对现有岸线资源的合理配置

为了解决目前上海港岸线资源十分紧缺的难题，最快的方法是启动对现有码头资源的合理配置。表 6 是 2016 年上海港码头总体泊位概况。

表6 2016年底上海港码头泊位概况

项 目	合 计	公用码头	专用码头
码头企业数(家)	231	22	209
码头长度(km)	109.22	28.27	80.95
内：生产用码头长度(km)	74.07	26.59	47.48
泊位数(个)	1 195	213	982
内：生产用泊位数(个)	592	139	453
码头货物年通过能力(亿 t)	5.30	2.57	2.73
内：集装箱年通过能力(万 TEU)	2 850	2 850	0

来源：上海市交通委员会。

表6可以看出，2016年上海港口生产用码头总长度74.07 km，生产用泊位592个。其中公用码头长度占总长的35.9%，生产用泊位数占总泊位数的23.5%，码头货物年通过能力占总的48.5%，每千米岸线的通过能力为0.097亿t；货主码头长度占总长的64.1%，生产用泊位数占总泊位数的76.5%，码头货物年通过能力占总的51.5%，每千米岸线的通过能力为0.057亿t。由此可见，货主码头每千米通过能力为公用码头的58.8%，每泊位的货物年通过能力仅为公共码头的33.3%(图3)。

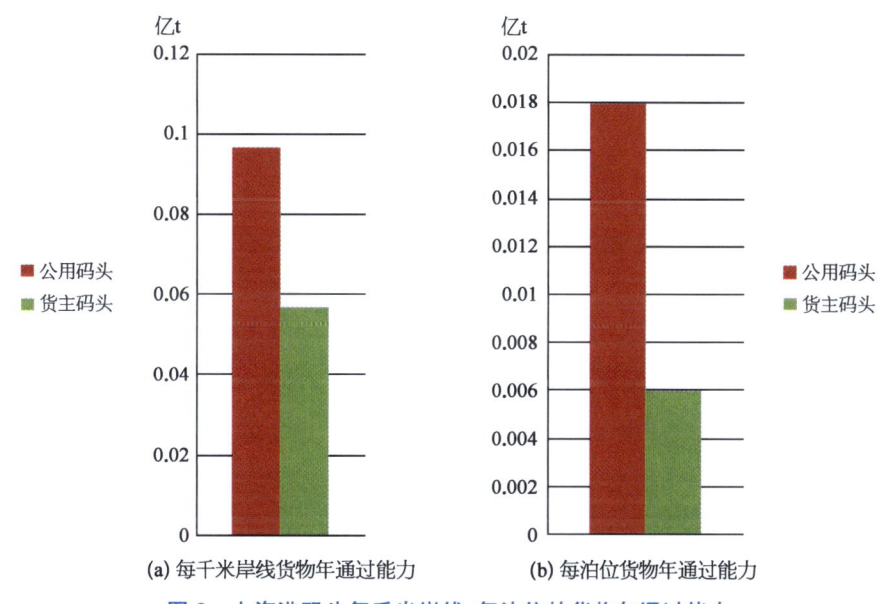

(a) 每千米岸线货物年通过能力　　(b) 每泊位货物年通过能力

图3　上海港码头每千米岸线、每泊位的货物年通过能力

根据掌握的情况，一些货主码头岸线存在低效利用的问题，如深水岸线占而不用、多占少用、深水浅用、贴岸使用和碎片化使用等现象，致使岸线资源得不到有效、合理的利用。在外高桥和罗泾地区，上述情况尤为突出。建议政府加强供给侧改革，建立码头岸线资源合理配置的新机制。通过行政立法和市场化运作双管齐下，使占有深水岸线但又无所作为的企业逐步退出，以增加岸线的通过能力、提升岸线的资源价值、盘活存量岸线资产、实现岸线资源的优化配置和合理利用。

3.3　加强对横沙深水新港的前瞻研究

《上海城市总体规划(2017—2035)》提出："上海港形成以洋山深水港区、外高桥港区为核心，杭州湾、崇明三岛等港区为补充的格局……加强对横沙等海洋战略资源的保护和控制。"

在上海市科委的支持下,由华东师范大学联合北京、南京和上海 16 家相关研究机构、企业、单位,共同组成了研究团队,立项开展《上海城市发展新空间和深水新港战略研究》及《新横沙成陆开发和深水新港建设可行性关键技术研究》,在国内首次系统地对横沙深水新港建设战略定位、平面布局、技术可行性、生态环保、综合经济等方面开展了初步研究,从技术层面得出了基本可行的研究成果。

(1)新横沙的地理位置:横沙岛处在长江出海口,如果说上海是长江经济带的龙头,那么横沙岛就是"龙的舌头"。成陆后的新横沙(包括已经成陆和有待生态成陆的区域,总面积 480 km²)将面向大海,两侧有航道,背靠大陆,通江达海,在此将能建成集"长江门户、江海直转、超深航道、深水泊位"等众多优势资源于一身的深水港区(图 4)。

图 4 新横沙地理位置

(2)区位优势:它与上海港外高桥港区水域距离约 60 km,与洋山港区水域距离约 100 km,可形成上海国际航运中心的集装箱港口群,三足鼎立,功能互补,遥为呼应。特别是上海长江隧桥和崇启大桥的建成,形成了苏北与上海连接的大通道,为横沙创造出集装箱货物绕开上海城区、直达运输的便利条件。

横沙深水新港扼守长江经济带的龙头,为整个长江流域的现代物流服务创造了条件,更有可能为上海自贸区的拓展和临港工业发展开辟新的空间(图 5)。

(3)超深航道优势:从码头到外海 20 m 深水区的航道长度仅 20 km,由于避开了长江口拦门沙,加之海洋旋转流作用,该深水航道不易淤积,使得上海港有条件在本土区域内,跳出长江,直达大海,满足了集装箱船舶大型化趋势对港口及航道深水化提出的要求。

(4)深水泊位和陆域优势:新横沙规划将在现有长江口滩涂上生态成陆 480 km² 的土地,100 km 的深水岸线,这给上海港的发展创造了极大的拓展空间。挖入式港池濒临海洋,长江口下泻的泥沙将很难进入其内,有利于港区建设和维护 20 m 的深水泊位和降低营运成本。

(5)江海直转优势:谋划中的横沙深水新港处于长江通海的最前端,挖入式的港池后端连着长

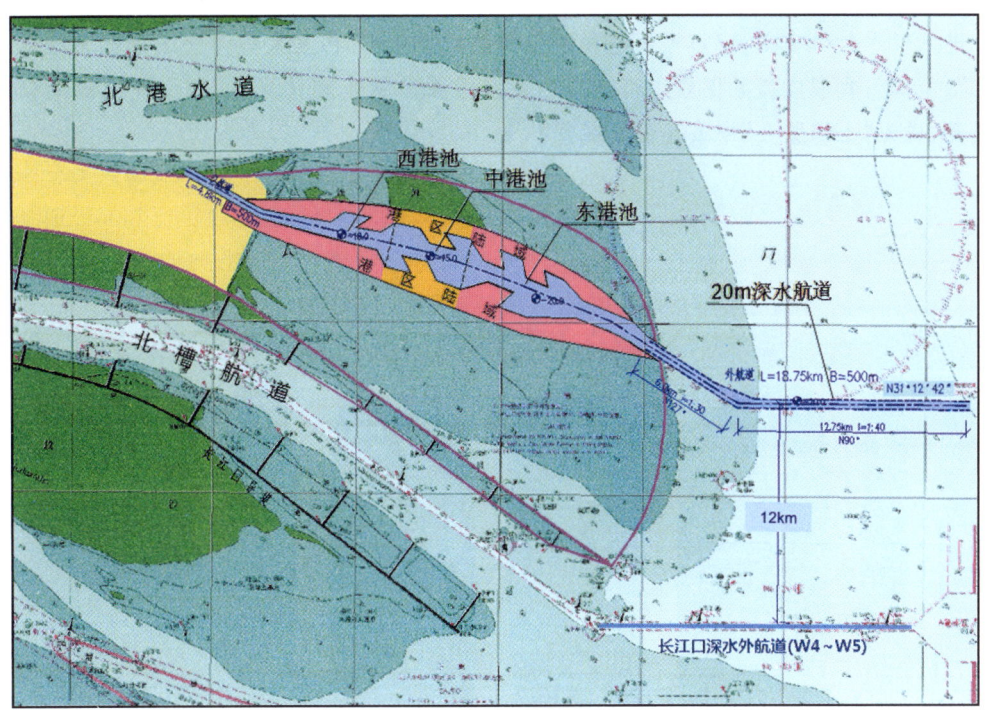

图 5　横沙深水新港规划示意

江,江轮可以直入,港池的前端连着大海,超大型的集装箱船可直接驶入港池,完成江海直转。这样,长江流域大量的集装箱货物通过江海直转将大幅降低物流成本,缩短物流周期,节约能源,具有显著的经济效益和社会效益(表 7)。

表 7　横沙深水新港与现有港区比较

港区	外高桥港区	洋山港区	横沙深水新港
岸线长度	6.9 km	7.9 km	100 多 km,其中 20 m 深水岸线约为 50 km
泊位数	22 个	23 个	根据需要建设
泊位水深	12~14 m	15.5~17.5 m	20 m 以上
港区陆域面积	约 7.1 km²	7.2 km²	85.8 km²
航道水深	12.5 m	16.5 m	20 m
航道条件	回淤大	回淤一般	回淤小、易维护
集疏运条件	以陆路运输为主、交通拥挤	水陆运并存、陆路运输距离长	可发展水水中转、多式联运、减少物流成本,减轻陆上交通拥堵压力
发展空间	岸线和陆域枯竭	受行政区划制约,难以发展	发展空间巨大

(6) 实现上海现有港区、机场等资源的优化配置。横沙深水新港建成后,可为目前上海港军工路、张华浜、龙吴等码头的搬迁提供空间,也可为未来上海部分机场的空间布局调整提供可能。

上海正在全力打响四大品牌,《"上海服务"三年行动计划》中要求"到2020年,上海国际航运中心服务能力进入世界航运中心前列;枢纽港吞吐量和航运企业、机构集聚等为代表的要素集聚保持国际领先地位"。为此,我们应抓紧谋划上海港口的发展前景并制定相关规划,努力使上海港口的服务能力不断提升,成为"上海服务"中最亮丽的名片。

第6部分
大会发言、建议函及报告

关于开展横沙新港选址及其建设机制研究的建议

——上海市政协委员包起帆在政协上海市十一届五次会议上的发言(2012年1月12日)

在市委市府的领导下,上海国际航运中心的建设正在紧锣密鼓地进行中。2011年,上海港货物吞吐量继续位居世界第一,集装箱吞吐量突破3 170万TEU,已逐步拉大了与传统港口竞争对手(如新加坡、香港、釜山、高雄)的差距。

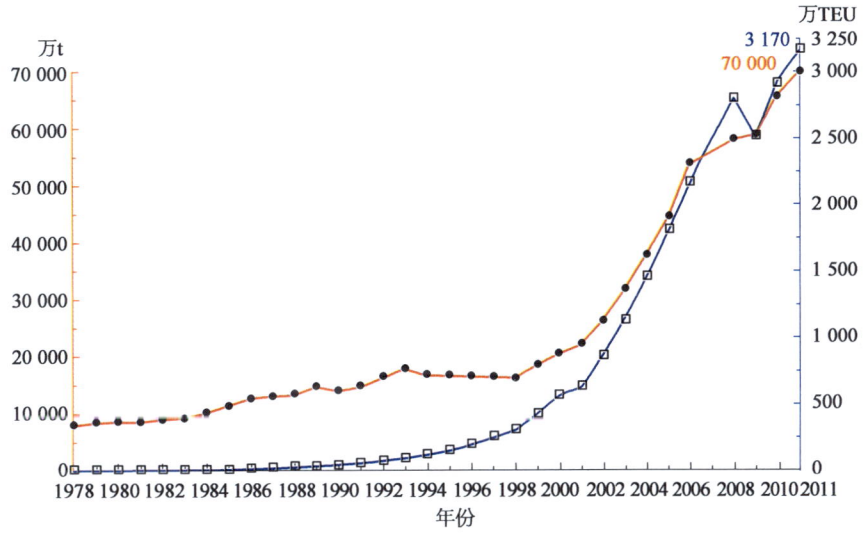

1978—2011年上海港货物吞吐总量和集装箱吞吐量统计

从港口能力的角度来看,上海国际航运中心的地位日益巩固。从港口软实力的角度来看,去年年末在物流和物联网领域首个由上海港领衔制定的集装箱国际标准在日内瓦颁布,标志着上海港在科技、管理、服务等方面与国际航运中心的差距也在逐步缩小。在上海"四个中心"建设中,上海国际航运中心建设的宏伟目标是最有希望率先实现的。但从发展的角度来看,上海国际航运中心建设也并非高枕无忧。随着经济发展对港口需求的增加、周边港口的日益崛起、1.8万TEU超大型集装箱船舶及40万t超大型散货船的问世,上海港自身的自然条件约束日益显现,尤其是发展的空间几乎枯竭。生于忧患,上海港面临着空前的挑战。

1 上海港目前面临的两个主要问题

(1)发展乏力。目前上海港主力港区分布在外高桥、洋山、罗泾等。上港集团在2009年做好了外高桥七期的工程可行性研究,因为该岸线已另有重用,无法开展公共码头建设。纵观上海和长江口深水岸线及近岸土地已经到了"山穷水尽"的地步。从静止的观念来看长江口和杭州湾，上海地区确实很难找到完整的深水岸线及近岸土地了。

目前上海港集装箱码头和散杂货码头的能力已趋饱和。以外高桥港区为例，集装箱吞吐量已是设计能力的 2.26 倍。洋山港吞吐量也已逐渐达到了设计能力，由于现行体制及行政区划的障碍，新泊位建设步履艰难。

上海港目前缺乏 20 m 及以上的超深水航道，难以适应现代航运业船舶大型化发展的要求和趋势。就是与国内天津港 19.5 m、宁波-舟山港 33 m 深水条件相比，也是相差甚远，这与上海港将要承担的任务和国际航运中心的地位不相匹配。

有研究推算，上海港需要维持每年 200 万～300 万 TEU 增量才能满足长江流域对外贸易发展的需求，否则只能分流。为此，谋划扩展新的岸线，建设新的港区应该摆上议事日程。

（2）建设机制落后。目前，长江口的港口航道水域涉及多方管理，形成"九龙治水"的局面，其中有中央部委直属部门，也有市属行业部门、市属综合部门，条块分割，行为分散，缺乏统筹规划协调，难以形成合力。

以上港集团为例，一方面，新港区建设需要吹沙成陆。近年来，为建设外高桥四至六期和罗泾二期已经从长江取沙 1 800 万 m^3，目前的情况是取沙需付费，运输需付费，吹填也要付费，已耗资近 7.2 亿元，花费了大量的能耗和人力成本；而洋山新港区建设取沙逾亿 m^3，费用更大。

另一方面，上海港为了维持大型船舶进港和停泊的足够水深，支线航道和码头前沿的浚深量也很大，挖泥需付费，运输需付费，倾倒也需付费，2010 年就为此耗资近 4 亿元，同样花费了大量的能耗和人力成本。那么，同样一个单位，码头建设与疏浚能不能同步进行呢？实际情况是因为管理上的体制、建设上的机制、施工工期上的差异，无法实现同步。

由此来看，整个长江口水域，各个不同单位要实现同步就更难。去年就在上港集团进行长江支线航道疏浚工程的同时，机场集团却在附近造陆，同样取沙、吹填，但因分属两个工程，涉及众多部门，几经努力，难以协调，所以只能留下遗憾。

更为严峻的是，长江口维持深水航道每年需要疏浚 6 000 万～7 500 万 m^3，这些疏浚土有的成为造陆土，因为无的放矢，所以价值有限，有的因为倾倒在没有围堰的长江里，潮起潮落，流失不少，利用有限。关键的问题是目前横沙成陆还没有明晰的长远规划指引，为造陆而造陆，更没有为未来的港口岸线做好前期预留，难免为将来的利用带来后患。

2 有关开展上海港新港区选址研究的建议

为了寻找上海港发展的出路，上海各方已做了一些前期工作，达成共识的是在横沙建港较为适宜。但这些研究都是零星的，在各个不同部门开展的，且未开展过以港口建设、临港工业为目标的系统性研究。因此，目前已经到了就上海港开展新港区选址研究的最佳时机。

横沙岛处于长兴岛下游，长江口深水航道北侧，长江口深水航道的疏浚为成陆创造了条件，源源不断的泥沙将变废为宝。特别是长江隧道和崇启大桥的建成，形成了苏北与上海连接的大通道，为横沙建港创造了交通便利，提供了货源，使之扼守在长江之口，为整个长江流域的现代物流服务创造了条件，更有可能为上海新的临港工业开辟新路。

从发展港区的角度看，横沙做好规划，吹沙成陆后，南侧岸线濒长江口深水航道，约有 28.5 km；北侧临北港岸线长度达 33.8 km，目前自然水深超过 10 m 的岸线有 18～20 km，水深条件优于外高桥，具有很好的筑港前景。

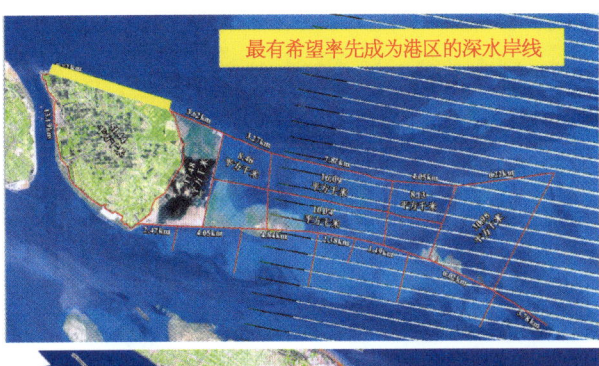

为应对 20 年后上海港的新发展,还有必要建立更为深远和宏伟的规划,在横沙新港建成后,创造条件建设水深超过 20 m 的人工岛超深水港区。

鉴于上述原因,现在有必要组织力量就长江口河势新格局、横沙建港条件、横沙港区布置规划与方案、横沙新港集疏运条件及长江口人工岛超深港区建设进行研究,为制定上海港新港区发展规划奠定基础。

3 有关开展上海港建设机制研究的建议

长江口水域多方管理的现状是历史形成的,为了上海国际航运中心的建设,中央和地方都在努力促成新的建设机制形成。

它山之石可以攻玉,天津港的建设机制值得借鉴。其实天津港的自然条件比上海港差,海河水浅,淤积严重,但天津港坚持机制创新,规划先行,产业引导,实现了航道疏浚、吹泥、促淤、成陆、港口建设、临港工业一体化,核心是让天津港和临港工业区合二为一,成为利益的共同体,现规划造地 120万 m^2(相当于 1/8 个香港),由天津港集团、天津临港投资控股公司、中交一航局、中交天津航道局等共同组建新公司,负责建港造陆及有关基础设施开发和建设,现已逐渐形成我国北方地区经济重镇。

创新驱动、转型发展是上海经济发展的原动力。在统一规划的前提下,在横沙新港开展疏浚、促淤、造陆、建港、设立临港工业区的五位一体建设十分必要。因此,有必要组织力量分析国内外陆域港岛建设机制的优劣,从经济统筹学角度研究港区建设的新机制,从而为上海新一轮的经济发展提供支撑。

为此,我们建议要把开展上海港新港区选址及其建设机制的研究列入 2012 年市府工作计划,组织科研院所、大专院校和相关部门开展这方面工作的研究,为上海国际航运中心的建设增翅添翼。

关于建设上海海洋新城和深水港的构想

说明：2012年8月20日，陈吉余、宗源远、包起帆、周海给市领导写信，提交了《关于建设上海海洋新城和深水港的构想》的报告。

俞正声书记8月23日批示：**韩正、杨雄同志，建议重视这个建议，我已在另件上写了意见。**

韩正市长8月23日批示：**请杨雄、沈骏同志阅，此构想事关全局，需从长计议。**

尊敬的俞书记、韩市长：

你们好！

去年，陈吉余院士提出了长江口亚三角洲的概念，为上海缓解土地资源、港口资源等方面的战略性困难，提供了一条解决途径，得到了你们的肯定。

今年1月包起帆在政协上做了《关于开展上海港新港区选址及其建设机制研究的建议》的大会发言，俞书记在会议总结发言时给予了肯定和支持，我们深受鼓舞。

今年4月30日，韩市长在宗源远递交的《充分认识横沙东滩资源优势，加快成陆，为上海新一轮发展提供战略布局空间》材料中做了重要批示，同样给我们很大的鼓励。

近期，我们根据你们的指示对课题开展了进一步研究，形成了三方面构想，现报告如下。

1 关于建设海洋新城、再造上海第二个"浦东"的构想

1.1 上海发展的瓶颈

上海地处我国沿海经济带与沿江经济带的交汇点，尽占我国黄金海岸线中部和长江出海口的优越区位，是我国港口和经济、金融中心，肩负着建设国际经济、金融、贸易和航运四个中心的重任，这"四个中心"是扬上海之优势，给上海绘就了一个清晰的发展战略蓝图，同时也给上海带来了极大的动力和压力。一方面，"四个中心"的建设需要优越的硬条件和软环境作为生存和发展的前提，需要使产业功能在空间上得到有效的分离与聚集；另一方面，高速增长的人口和严重紧缺的土地、岸线等资源条件使得上海的发展空间异常局促，制约着整个上海经济的发展速度。

目前上海发展遇到许多瓶颈，具体可归纳为"四个难以为继"，即土地供应难以为继、环境承载能力难以为继、能源供应难以为继和国家众多优惠政策难以为继。在上海未来的发展中，土地、能源、水资源等自然资源的供给约束已经成为影响上海经济社会发展的关键因素，特别是有限的土地供给成为上海未来发展的重要瓶颈。

目前上海人均耕地仅约0.26亩，每年新增建设用地已由20世纪90年代的10万亩减少为目前的5万亩。而上海人口在急剧增加，2011年上海常住人口为2 347万人，预计至2020年将突破3 000万人，每增加1万人，需要增加各类用地面积660～1 155亩，因此，至2020年将需要新增土地用量43万～75万亩。

1.2 上海海洋新城的构想

1）历史经验借鉴

翻开6 000年的地理史，上海可以说是一座建立在滩涂上的城市，其64.5%的土地是由长江泥沙堆积而成的，仅新中国成立以来，累计圈围滩涂面积达1 130 km²（169.5万亩）以上，使上海的土地面积扩大了19.7%，圈围的滩涂面积相当于现在中心城区面积的1.5倍。不断淤涨的滩涂不但给这座城市带来了土地和岸线，更给其创造了一次又一次的发展生机。

上海是依水而生、依水而长的。自上海开埠以来，上海就是我国对外交通和贸易往来的重要港口。港口、航运等产业的发展促进了上海商业、金融、工业等一系列产业的发展，进而牵动整个城市的发展。从苏州河两岸到黄浦江两岸的近代工业聚集区，再到目前长江口沿岸的现代沿江沿海产业带，上海港位置也逐渐由内河向长江延伸，目前已拓展到沿海区域。可以说，上海的发展史就是一部从河口走向海洋的历史。

2）建设海洋新城、构建上海第二个"浦东"的构想

土地空间的突破是上海得以长足发展的基础。为了改善上海土地短缺现象，上海市已做出了努力，如通过产业结构调整提高现有土地产值效率、利用滩涂资源实现土地占补平衡、盘活存量建设用地、建设快速交通系统以提高上海郊区的土地级差地租等。但现实情况依然是土地资源供需矛盾日益严峻。

借鉴历史发展经验，利用滩涂围垦扩大城市发展空间，构建上海海洋新城，创造上海第二个"浦东"势在必行。

横沙位于长江出海口，扼守我国海岸线与长江黄金水道的T形交点，其西部的横沙岛现规划为生态休闲岛，中部的横沙东滩主要作为上海市耕地占补平衡用地，东部的横沙浅滩为5 m以浅的水下滩地，处于自然状态。

在上海现有的滩涂资源中，目前的横沙是一个集"区位、土地、岸线、航道"等众多优势资源于一身的区域。其南贴长江口北槽12.5 m深水航道，北靠北港航道（规划10 m航道），东临东海。经吹填成陆可新增土地约480 km²（72万亩），土地开发不占用农业用地、不涉及动拆迁，地块面积大，便于总体规划、分步实施，土地资源优势明显。同时还新增深水岸线约100 km，其中20 m深水岸线约50 km，依托东端深水新港可形成港城联动的海洋新城区。

浦东开发时，新区面积为556 km²（83万亩），在长江口侧形成深水岸线约30 km。因此，横沙新城已相当于当初浦东新区的规模。上海海洋新城的建设可望成为推动上海社会经济发展的新引擎。

横沙海洋新城的构想如图1所示。

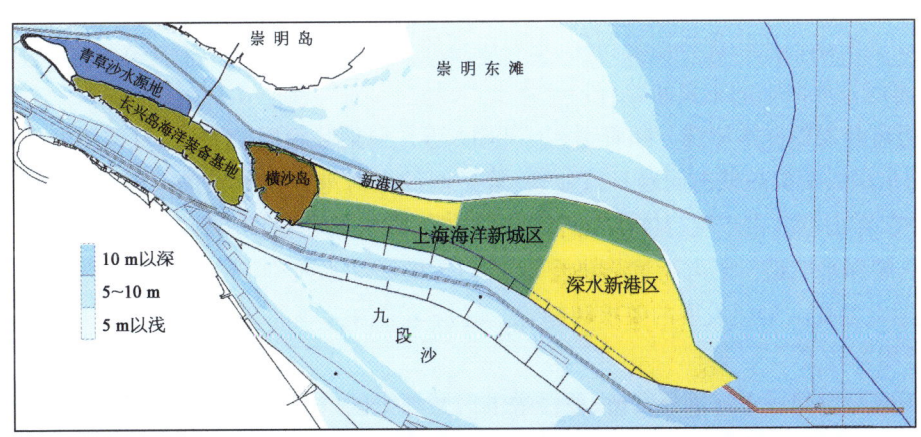

图1　横沙海洋新城构想示意

上海海洋新城与浦东新区资源比较见表1。

表1 上海海洋新城与浦东新区资源比较

项　　目	浦东新区	上海海洋新城（横沙）
土地面积(km^2)	556（原浦东新区） 1 210（现浦东新区）	现有 49 吹填成陆新增约 480 合计约 530
人口规模（人）	504.4 万	3.3 万
深水岸线（km）	30	>100
20 m 深水岸线（km）	0	约 50
GDP（元）	4 707.5 亿（2010 年）	很小

2　关于建设上海深水新港的构想

在市委市政府的领导下，上海国际航运中心的建设正在紧锣密鼓地进行中。2011 年，上海港货物吞吐量和集装箱吞吐量继续位居世界第一，特别是集装箱吞吐量突破 3 170 万 TEU。

从港口软实力的角度来看，上海在航运服务、科技、管理等方面与国际航运中心的差距也在逐步缩小。在上海"四个中心"建设中，上海国际航运中心建设的宏伟目标是最有希望率先实现的。但从发展的角度来看，上海国际航运中心建设也并不是高枕无忧。随着经济的发展对港口需求的增加、周边港口的日益崛起、船舶大型化的趋势，上海港自身的自然条件约束日益显现，尤其是发展的空间几乎枯竭。

2.1　上海港面临的挑战和存在的问题

上海港发展乏力、缺乏后劲，从硬件上离上海国际航运中心建设目标渐行渐远。今年上半年上海港总吞吐量已被宁波-舟山港超越。今年上半年集装箱吞吐量新加坡为 1 560 万 TEU，增长率为 7.3%，上海港为 1 588.3 万 TEU，增长率为 3.5%，仅领先新加坡 28.3 万 TEU，如果按上半年增长率发展，新加坡极有可能反超上海，重新夺回集装箱吞吐量世界第一。与国内周边港口相比，宁波港集装箱吞吐量从去年上半年的 715.4 万 TEU 增加到 800.1 万 TEU，增幅为 11.8%，太仓港从去年上半年的 205.7 万 TEU 增加到 248.6 万 TEU，增幅为 20.8%，而上海港的箱量增幅仅为 3.5%，说明箱量在被周边港口不断地蚕食。

当前正在进行长江口 12.5 m 深水航道的向上延伸工程，计划于 2015 年延伸到江苏南京，届时 5 万 t 级的海轮将直接到达江苏沿江八港，其航道条件和码头等级与上海港外高桥、罗泾等主力港区处于同一水平。上海港的比较优势逐渐弱化，主要腹地的长江货源将被进一步分散。

当前上海港发展面临的主要问题有：

（1）缺乏可开发的深水岸线。随着 1.8 万 TEU 超大型集装箱船舶及 40 万 t 超大型散货船的问世，上海港深水岸线资源短缺的问题日益显现，势必制约上海港今后的发展。长江口、杭州湾已无完整的深水岸线，洋山港区由于现行体制及行政区划的障碍，新泊位建设步履艰难。

（2）缺乏超深水航道。上海港目前缺乏 20 m 以上的超深水航道，洋山港区航道仅有 16.5 m，难以适应现代航运业船舶大型化发展的要求和趋势。就是与国内天津港 22 m、宁波-舟山港 33 m 深水条件相比，也是相差较大。

（3）缺乏陆域空间。上海港外高桥、罗泾等港区紧邻市区，相邻土地早已规划它用，洋山港港区面积仅 7.2 km^2，且无进一步拓展的空间。

（4）集疏运方式单一。公路运输在上海港的集疏运中所占比例过高，达 70%，外高桥港区的集卡运输经常造成道路拥堵，而洋山港区远离腹地，陆运距离长，能耗大。

2.2 上海港的发展之路——建设横沙深水新港

横沙具有十分明显的建港区位优势和资源优势，有必要对现行规划进行适当调整，建设上海国际航运中心新的深水港区。

在区位优势方面，横沙"面向大海有两侧航道，背靠陆地有一片浅滩"，通江达海、左右逢源，南靠长江口北槽 12.5 m 深水航道，北邻规划中的北港 10.0 m 航道。横沙与上海港外高桥港区（南港南岸）水域距离约 60 km，与洋山深水港水域距离约 100 km，可形成上海国际航运中心的港口群，三足鼎立，功能互补，分工合理，遥相呼应。与长兴岛（海洋装备岛）用短距离隧道或桥梁连通后，即可经沪崇苏陆上大通道直抵上海浦东和苏北，这样将创造苏北货物绕开城区、直接中转运输的便利条件。

在资源优势方面，南侧已建成的长江口北槽 12.5 m 深水航道，北侧规划建设的北港 10.0 m 航道，均可作为今后水水中转通道。东临东海，距国际沿海航路近，特别是该处航道处于旋转流水域，以海洋动力为主，回淤小，具备建设 20 m 以上深水航道的条件。在吹填形成的土地上，可以建设淤积量很少的挖入式港池，布置 20 m 以上水深的大型深水泊位，上百千米的深水岸线可满足现代海洋工业、制造业、物流业等发展的需要。

横沙深水新港的构想如图 2 所示。

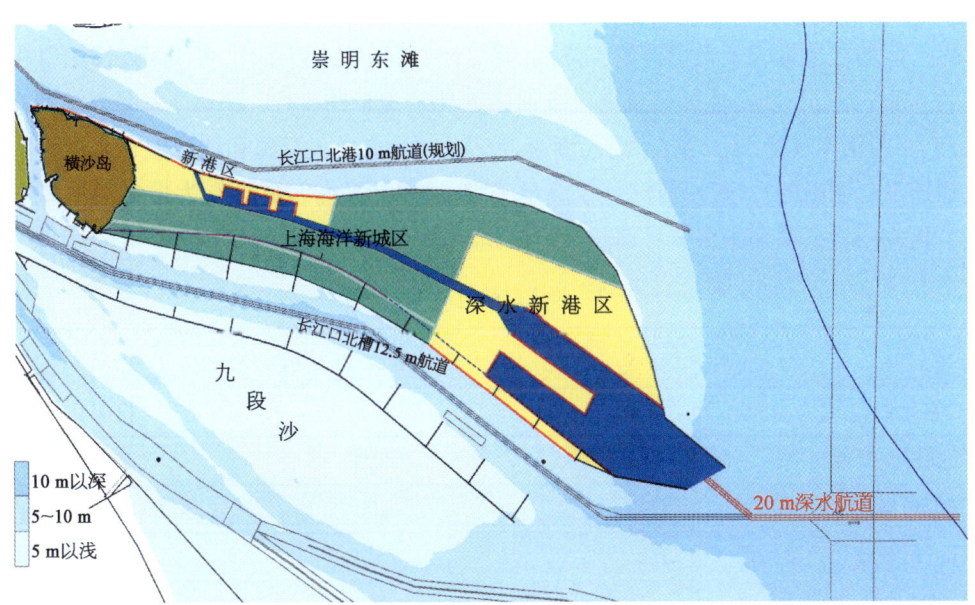

图 2　横沙深水新港构想示意

上海深水新港的优势见表 2。

表 2　上海深水新港（横沙）与外高桥港区、洋山港区相关参数的比较

项　目	外高桥港区	洋山港区	上海深水新港（横沙）
岸线长度(km)	6.9	7.9	约100（其中 20 m 深水岸线约为 50）
泊位数(个)	20	23	根据需要建设
泊位水深(m)	12~14	15.5~17.5	可达 20 以上

(续表)

项　　目	外高桥港区	洋山港区	上海深水新港（横沙）
港区陆域面积（km²）	约7.1	7.2	约150
航道水深（m）	12.5	16.5	20以上
航道条件	回淤大	回淤一般	回淤小
集疏运条件	以陆路运输为主、交通拥挤	水陆运并存、陆路运输距离长	可发展多式联运，降低物流成本
发展空间	岸线和陆域枯竭	受行政区划制约，难以发展	发展空间巨大

特别的是，进出长江的船舶可方便地在横沙深水新港进行货物中转，使目前进口的大型矿石船由三程船变为二程船，将大幅降低运输成本，提高上海港散货装卸的竞争力。同时，超大型集装箱船舶的靠泊将进一步有利于国际中转。

3　充分利用疏浚土、加快横沙成陆的构想

上海海洋新城和深水新港的基础是在横沙东滩进行吹填造陆。

宏伟的长江口整治工程已取得重大进展，疏浚后的深水航道已达12.5 m，它突破了大型船舶进出长江的阻碍。但随之也带来了大量疏浚土倾倒的综合利用问题。以2011年为例，长江口深水航道维护疏浚量约8 000万 m³，上海港外高桥港区支航道基建疏浚量约1 470万 m³，大部分倾倒在没有围堰的长江里，上滩利用率仅为20%左右，潮起潮落，流失量大，造成了资源和能源浪费。关键的问题是目前横沙成陆还没有明晰的长远规划指引，仅满足于"耕地占补平衡"，更没有为未来的港口岸线和将来土地的城市化应用做好前期预留。目前长江口航道疏浚土现状见表3。

表3　长江口航道疏浚土现状

航道名称	基建疏浚量（万 m³）	年维护量估计（万 m³）	备　　注
长江口深水航道	—	8000	目前20%上滩
罗泾、外高桥支航道	1 470	920	绝大部分外抛
南槽5.5 m航道	170	105	拟2012年9月施工，外抛
北港6.0 m航道	165	85	工可研阶段
码头前沿疏浚	—	100	外抛
合　　计	1 805	9 210	

根据测算，如果把目前长江口维护深水航道的疏浚土和其他航道码头的疏浚土全部利用起来，每年上海约有1亿 m³疏浚土，可以在横沙造标高为5.5 m的城市用地约13.3 km²（2万亩），如以每亩地20万元计，可产生价值40亿元。因此，充分利用这些疏浚土将产生源源不断的经济价值。

此外，随着三峡大坝的建成，长江上游来沙越来越少，长江口每年来沙已从4.8亿 t减少为1亿 t左右。泥沙作为上海造陆的宝贵资源具有时效性，机不可失，时不再来。

目前已经建成横沙大道23 km，既有围堰的作用，又是通向深水区域的大道。当务之急，是将横沙大道续建26 km，只需2年就可延伸至北导堤头。这样既为横沙东滩成陆奠定了基础，又为建设上海

海洋新城和深水港区创造了条件。同时充分利用疏浚土,加上港内水域开挖的土方,可在 8～10 年内建成横沙深水新港。在实施上述工程的过程中,对于长江口深水航道维护、归顺水流、减少回淤,也是十分有利的。横沙东滩吹填成陆的总平面如图 3 所示。

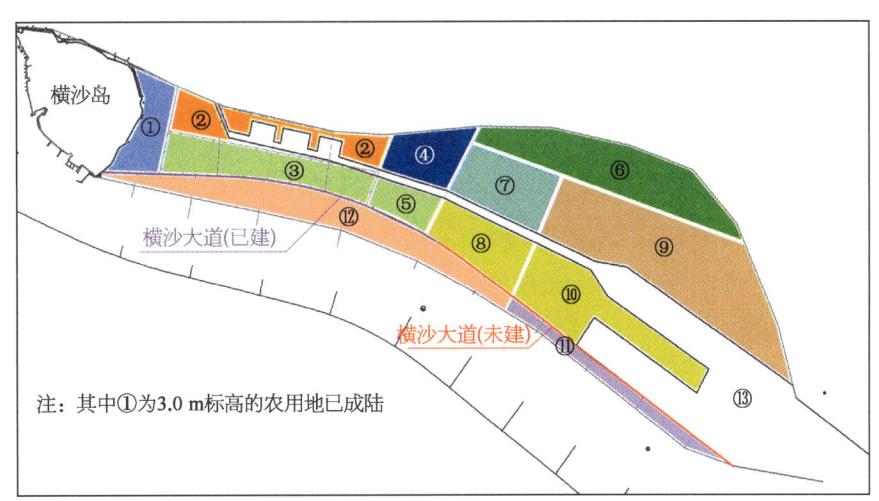

图 3　横沙东滩吹填成陆的总平面示意

横沙东滩各地块的吹填面积和容积见表 4。

表 4　横沙各地块面积及成陆容积需求

地块序号	面积(km²)	+3.0 m 容积(亿 m³)	+5.5 m 容积(亿 m³)	备　注
①	16.6	0	0.40	横沙三期,已吹至+3.0 m
②	24.4	0.71	1.32	横沙六期北侧
③	31.2	0.58	1.40	横沙六期,2015 年吹至+3.0 m
④	18.1	0.74	1.20	横沙七期北
⑤	10.6	0.31	0.57	横沙七期南
⑥	51.2	—	—	
⑦	25.6	1.30	1.94	
⑧	22.4	1.12	1.68	
⑨	82.4	4.36	6.42	
⑩	38.7	2.94	3.91	
⑪	16.0	1.14	1.54	
⑫	50.0			自然促淤
⑬	93.0			港内水域
合　计	480.2	13.20	20.38	

综合以上三个构想,我们建议:

(1) 尽快开展上海海洋新城整体开发规划的研究。由政府出面,市领导挂帅、指定牵头部门、划拨一定经费,组织相关科研院校、企业、部门等单位,进行技术研究和论证。

(2) 通过研究,对横沙岛规划进行更加科学合理的定位,调整目前横沙"休闲度假岛"规划,确定其为海洋新城和深水新港,以利资源的优化配置和拓展上海经济长远发展的战略空间。

(3) 按照规划,与交通运输部协调,密切衔接长江口维护深水航道疏浚工程,改变目前海上弃土的方式,把其产生的疏浚土全部用于陆域围填;同时建立上海市相关的规章,把目前长江口、洋山航道、码头疏浚等工程产生的所有疏浚土也统一用于上滩造陆。

(4) 尽快启动先行工程,把横沙大道继续外延 26 km,并改变目前横沙成陆标准仅为农业用地(占补平衡)的现状,将吹填成陆标高由 +3.0 m 增加至 +5.5 m,为满足将来的城市用地需求做好准备。

当然,我们的建议还是十分粗浅的,如有不妥,敬请批评、指正。

祝

  安好!

中国工程院院士
华东师范大学教授

上海市第十二届、十三届人大代表
中国疏浚协会副理事长

上海市政协委员
上海市人民政府参事

上海航道勘察设计研究院院长

2012 年 8 月 20 日

关于加快上海城市发展新空间和深水新港战略研究的建议

说明：2013 年 5 月 28 日，陈吉余、宗源远、包起帆、周海给市领导写信，提交了《关于加快上海城市发展新空间和深水新港战略研究的建议》的报告。

尊敬的韩书记、杨市长：

你们好！

近年来，我们几位从工作第一线退下来的同志为了发挥余热，积极为上海的未来发展出谋划策，先后向你们递交了一些有关横沙开发的信函，得到了你们的重要批示，给予我们很大的鼓励，使我们倍受鼓舞。

为了落实你们的批示精神，进一步推动横沙开发的前期研究，2012 年 12 月 1 日，由华东师范大学和中国工程院《中国工程科学》杂志社牵头，联合上海和北京多家相关企业、学校、科研单位和主管部门，共同召开了"2020 年后的上海海洋新城和深水新港"高层论坛。论坛有 7 位两院院士和众多该领域的专家共 100 余人出席。大家对横沙开发展开了广泛而有意义的讨论。众位院士和专家提出了许多极具价值的意见和建议。

在此基础上，我们经过梳理，再次向韩书记、杨市长提出关于加快上海城市发展新空间和深水新港战略研究的建议。具体报告如下：

1 土地瓶颈与港口发展

1.1 国家海洋功能区划相继出台，最缺土地的上海获得建设用围填海造地指标最少

2012 年，国家沿海地区的海洋功能区划相继出台，沿海地区九省二市获得国务院批准下拨的建设用围填海指标面积 24.69 万 hm^2（2 469 km^2），其中浙江省获得最多，为 5.06 万 hm^2（506 km^2），上海最少，仅 0.23 万 hm^2（23 km^2），具体见表 1。沿海地区各省市的围填海指标均明显大于上海。拥有长江口大量滩涂资源的上海、最缺土地的上海，却获得最少的指标。

表 1　2012—2020 年建设用围填海指标

省　　市	2012—2020 年建设用围填海指标（万 hm^2）	占比（%）
浙　江	5.06	20.50
山　东	3.45	14.00
福　建	3.335	13.50
江　苏	2.645	10.70

(续表)

省　市	2012—2020年建设用围填海指标(万 hm^2)	占比(%)
辽　宁	2.53	10.20
广　东	2.3	9.30
广　西	1.61	6.50
河　北	1.495	6.10
海　南	1.115	4.50
天　津	0.92	3.70
上　海	0.23	0.90

其实,国务院下达的围填海计划指标,是在各地区上报围填海计划指标建议的基础上,多方综合后制定的。其中浙江省获得最大指标,主要原因是其做了充足的前期工作,特别是舟山群岛新区、温州瓯飞边滩、台州聚集区等,对围填海用地有明确的战略规划。这次上海取得的围填海指标最少,根本原因是前期工作准备不足,缺乏清晰的战略规划。

1.2　上海土地瓶颈加剧,战略发展空间受限

上海市域面积 6 787 km^2,根据相关规划,保留必需的绿地、林地和农用地后,至 2020 年,上海建设用地总规模为 2 981 km^2,而至 2010 年,上海的建设用地已达 2 830 km^2,若按每年 40 km^2 的增量,至 2012 年上海规划的建设用地指标已不足 80 km^2。研究表明,每增加 100 万人口,各类建设用地需要增加 44~77 km^2,2012 年上海常住人口 2 380 万人,至 2020 年将突破 3 000 万人,届时需要新增的土地用量将达到 270~480 km^2。巨大的土地瓶颈使得上海战略空间发展受到挑战,尽管近几年通过产业结构调整,保持上海稳步发展,但其经济发展速度及地位明显受到国内其他城市发展带来的压力。目前,因土地资源受限,上海制造业每年产值在下降,投资外流。土地瓶颈直接制约上海经济的持续发展。

1.3　沿海城市拓展新空间的成功举措

目前我国沿海已形成"三大五小"开发格局("三大"即环渤海、长三角和珠三角;"五小"指辽宁沿海、山东半岛、江苏沿海、海峡西岸和广西北海)。沿海城市发展已进入新一轮战略发展时期,各沿海城市通过土地资源的有效布局、调整、扩张形成开发新区或改革试验区,成为区域型或全国型的战略发展新空间、新地标。

1) 疏浚土与造地完美结合的经验——天津滨海新区

地处渤海湾的天津滨海新区被誉为中国经济"第三增长极",是继浦东新区之后全国第二个综合配套改革试验区。"十一五"期间,滨海新区经济发展始终保持 22% 以上的增长速度,至 2012 年生产总值已高达 7 205.17 亿元,已超越浦东新区的 6 000 亿元。成功的经验之一就是把造地与港池、航道开挖完美结合,实现了疏浚土方全部上滩利用。滨海新区规划造地 450 km^2,至 2012 年已完成约 350 km^2,实现了 22 m 深水航道。

2) 以工业港带动经济发展的经验——曹妃甸

曹妃甸总规划造地约 387 km^2(将由原 4 km^2 的小沙岛逐步吹填成陆形成)。至 2012 年,形成了陆域面积达 210 km^2 的工业区。曹妃甸工业区以大码头、大钢铁、大化工、大电能为"四大"核心产业。实现了首钢的整体搬迁,建成了 25 万 t 级矿石码头、煤炭码头以及 30 万 t 原油码头,2012 年港口吞吐量达 1.95 亿 t。工业港的建设推动了曹妃甸港口经济的发展,2012 年曹妃甸区完成地区生产总值 356

亿元。同时，曹妃甸工业区进行循环经济产业链布局，按照"减量化、再利用、资源化"原则，建设绿色港口、绿色曹妃甸。

3) 老港区整体搬迁、城市发展空间置换的经验——大连"一岛三湾"经济区

大连是辽宁省沿海经济带的核心，为构建东北亚国际航运中心，自2006年后，这座"以港兴市"的典型城市，将其发祥地——大连港东部老港区整体搬迁至"一岛三湾"地区（大连大孤山半岛、大窑湾、大连湾、鲇鱼湾）。置换后的原老港区，通过围海造地成为大连市商务中心的延伸区，使得城市主城区向东迈进。

4) 前瞻性布局规划经济发展产业带的经验——舟山新区及温台沿海集聚区

浙江正以舟山新区、温台沿海等产业带和集聚区为战略布局重点，规划五年内实施滩涂围垦建设总规模667 km² 以上。继舟山新区获批后，力争2020年前后成为类似于香港的自由港城。在温州瓯飞边滩圈围327 km² 土地用作城市综合体建设，使温州从"瓯江时代"驶向"东海时代"。台州湾集聚区将总规划562 km²，建设国家循环经济发展示范区。

此外，全国沿海城市拓展新空间的举措层出不穷，如：① 山东填海造地420 km²，用于拓展蓝色经济区建设；② 江苏规划滩涂围垦1 778 km²，仅在东台条子泥一带围垦666.7 km²，用于满足土地占补平衡、深水港区、临港工业区和城市发展的用地需求；③ 福建近几年已围垦土地达286 km²，重点推动平潭岛建设，再造一个"新福州"；④ 深圳前海围填海15 km²，建设深圳特区中特区——"前海水城"；⑤ 广州南沙新区通过围填海、土地整理等措施，建设国际智慧海滨城市、粤港澳全面合作的国家级新区、珠三角世界级城市群的803 km² 新枢纽。

同样，没有围海就没有上海。仅新中国成立以来，上海累计圈围滩涂面积达1 130余 km²，使上海的土地面积增加了19.7%，圈围的滩涂面积相当于现在中心城区面积的1.5倍。上海应该在围海造地方面继续有所作为。

1.4 周边港口大步发展，上海港的竞争优势弱化

上海虽肩负着"国际航运中心"建设的重任，但受自身资源条件限制，竞争优势在弱化。

(1) 上海港无法适应船舶的大型化趋势。今年，马士基公司的1.8万TEU超大型集装箱船即将驶入上海港。2.2万TEU以上集装箱船已在设计中，40万 t 的大型散货船已投入营运，届时对港口和航道的水深有更高的要求。相比周边港口，上海港应对的能力相形见绌。目前，天津港水深已达22 m，宁波-舟山港水深已达33 m，太仓港的水深和航道已与外高桥港区同质。至2015年，整个南京以下航道均将达到12.5 m 水深，与外高桥港区同质，届时上海港的比较优势将进一步弱化。

(2) 上海已有岸线资源告竭，后续发展空间受限。上海港自2010年外高桥六期码头投入营运后，迄今没有增加新的泊位，洋山四期建设也步履艰难，发展的步伐明显落后于同类港口。新加坡港务集团PSA已计划投资35亿新加坡元扩建巴西班让港三期、四期，新增15个集装箱泊位，码头前沿水深达18 m。作为世界航运服务业的典范，伦敦2012年也启动了逾半个世纪以来最大的港口基建项目（门户港计划），新增港口年吞吐量350万TEU，首期3个码头泊位，将在2013年秋季投产，届时可满足1.8万TEU集装箱船进出。

(3) 作为港口发展的重要一翼，上海工业港的发展滞后。与产业发展同步的工业港是港口不可或缺的组成部分。借助深水岸线发展的临港工业，是上海未来产业结构调整、经济转型的战略机遇，是上海经济发展可依托的重要优势。因此发展上海工业港应摆上重要议程。

(4) 上海港江海直转能力不足。上海港是长江三角洲及沿线地区大宗物资和外贸货物中转的重要门户。上海港集装箱水水中转比重由2005年的26.9%上升到2011年的41.1%。从长江集装箱内

支线发展来看,目前大量的集装箱必须经外高桥港区通过穿梭巴士运到洋山港区,货物运输成本高,对城市交通和环境影响大。随着产业转移和中部地区经济的发展,南京以上港口箱量所占比重逐年提高。上海港需进一步提升无须江海转运的长江货物直转能力。

1.5 上海在疏浚土资源利用方面是可以大有作为的

上海是一座建立在长江口淤涨滩涂上的城市,长江口历来以丰水丰沙著称。历史上,长江年下泄沙量可达 4.7 亿 t,但随着长江沿线河道整治和水土保持措施的实施,长江目前下泄沙量不断减少,近十年的平均下泄沙量仅有 1.43 亿 t,2011 年更是降至 0.71 亿 t。在河口地区,下泄泥沙的大幅持续减少意味着滩涂自然淤涨能力降低,可开采的沙源减少。

长江口深水航道治理工程自 1998 年开工至 2012 年底,完成的基建及维护疏浚量约 7.1 亿 m^3,成陆总量仅为 1.3 亿 m^3,真正上滩成陆泥沙不足 20%,见表 2。已外抛的 5.8 亿 m^3 疏浚土未被有效利用,如果全部用于吹填,则可成陆农业用地(标高＋3.0 m 计)约 117 km^2,或成陆建设用地(标高＋5.5 m 计)约 81 km^2。

表 2 长江口深水航道基建及维护疏浚土处理汇总　　　　　　　　　　　　　　　　(亿 m^3)

项　目	时间(年.月)	疏浚总量	上滩成陆量
一　期	1998.1—2003.12	1.04	0.00
二　期	2004.1—2006.8	0.92	0.17
三　期	2006.9—2012.12	5.12	1.15
总　计		7.08	1.32

与此同时,目前长江口各大航道及港区每年的疏浚土量高达 1.1 亿 m^3 左右,这些疏浚土大部分作为弃土处理。若成陆建设用地,每亩地仅按 20 万元计,则每年约 2 万亩土地、40 亿元的经济价值在白白流失。2012 年长江口疏浚土情况见表 3。

表 3 2012 年长江口疏浚土情况　　　　　　　　　　　　　　　　(亿 m^3)

航道名称	疏浚量	备　注
长江口深水航道	9 700	20% 吹填上滩
罗泾、外高桥支航道	1 050	外　抛
码头前沿疏浚	100	外　抛
合　计	10 850	

上述情况,在国际上也有可借鉴的经验。以新加坡为例,新加坡政府花十年时间实施了约 200 km^2 的围海造地工程,用于扩大港口建设。其所需要的沙源向马来西亚和印度尼西亚购买,后因挖沙导致这两个国家的海洋线出现退缩,新加坡被迫改从越南买沙。其围海造地成本可想而知。

疏浚土具有时效性。在长江口沙源减少的情况下,把疏浚土作为"弃土"处理,是一种宝贵资源的流失。

2 做好横沙开发的战略研究,为上海经济发展拓展新空间

2.1 横沙资源优势显著

在上海众多可开发资源中,横沙是一个集"区位、土地、岸线、航道、泥沙"等众多优势资源于一身的区域。

(1) 区位优势：横沙东滩位于长江出海口，扼守我国海岸线与长江黄金水道的T形交点，通江达海。其背靠长兴海洋装备岛，用短距离隧道或桥梁连通后，即可经沪崇苏陆上大通道直抵上海浦东和苏北。

(2) 土地资源优势：目前，横沙东滩已批准促淤圈围的面积为 112 km²（17万亩），在其东侧还有大片的滩涂可供开发[约 370 km²（55万亩）]，最终可形成约 480 km² 土地。

(3) 岸线资源优势：横沙东滩北侧有 50 km 以上岸线资源紧贴北港航道，南侧约 48 km 岸线紧邻长江口北槽 12.5 m 航道。东侧面向大海并可在头部开挖构建 20 m 以上深水岸线或构建离岸式岛屿岸线，形成深水岸线群，如图1所示。

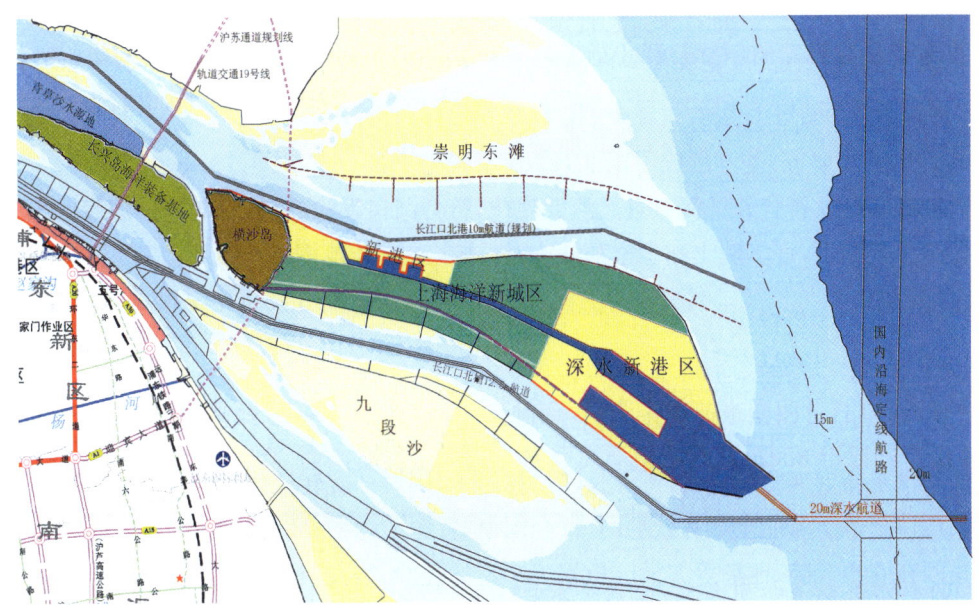

图1　横沙开发构想

(4) 航道资源优势：南贴长江口北槽 12.5 m 深水航道，北靠北港 10 m 规划航道，西接长江黄金水道，东侧直接面向 10～20 m 深水区域。长江船舶可通过横沙港池进入，直接与外海深水码头衔接，实现江海直转的功能。

(5) 泥沙资源优势：可利用长江下泄泥沙和疏浚土资源就近吹填上滩，实现资源综合利用。

(6) 开发总体成本低：新生区域，便于总体规划、分步实施。

2.2　开发横沙，拓展上海城市发展新空间，引领长江流域新发展，向海洋进军

(1) 解决上海土地瓶颈，增加城市竞争力，提升战略发展力。开发横沙可新增土地约 480 km²（72万亩，4.8万 hm²），加上横沙本岛共约 530 km²，相当于当初浦东新区的规模。在这片土地上，可以实现众多功能。如可以利用横沙新生陆域临海临江特点，实现目前市区相当大份额的港口产业、临港临海产业、中转增值型产业等的置换，完善城市布局调整，提升市区土地价值，改善城市交通和生态环境。又可扩大上海外高桥现有保税区范围，建设国际物流中心，建设自由贸易区等。

(2) 突破上海港水深和岸线制约，提升上海港口竞争力，奠定国际航运中心建设基础。横沙南北坐拥航道，东接外海深水区，在东侧建设大型挖入式港区，既可避开长江口拦门沙限制，实现 20 m 深水港的突破，满足船舶大型化发展的需要，确保上海港在超大型集装箱船远洋运输网络中的重要节点地位；同时又可发展临港工业，建设上海工业港，建设物流集疏运中心，以提升上海国际航运中心的地位和作用。

(3) 实现江海直转,引领长江流域新发展。横沙扼守长江黄金水道的出海口,利用其特有的区位优势,建设大型深水港区,实现江海直转,大幅降低水运的中转成本和公路、铁路的运输比例,充分发挥水运优势,提升整个长江航运的竞争力,促进长江流域经济新发展。

(4) 落实海洋强国战略,将上海打造成中国走向海洋的重要基地。提高海洋资源开发能力,发展海洋经济,保护海洋生态环境,坚决维护国家海洋权益,建设海洋强国是党的十八大提出的重要战略决策。上海是连接流域和海洋的枢纽,在海洋强国战略中扮演着极其重要的角色,通过建设深水大港,发展海洋经济,可以将上海打造成中国走向海洋的重要基地。

总之,横沙的开发既是解决上海土地瓶颈、增加城市和港口竞争力的有效途径,为上海新一轮战略发展提供新空间、新地标,又是确保并推动长江流域经济发展的重要举措。

2.3 横沙开发,规划上总体相符合、技术上可行

经过我们的初步研究,基本形成了以下共识:

(1) 横沙成陆开发符合长江河口自然演变规律,符合河口滩涂成陆、海岛发育演变的模式。

(2) 在主要规划上,许多院士和专家都认为,横沙东滩成陆范围符合国务院批复的长江口综合整治规划;成陆规划边界与长江口航道整治工程规划基本一致;成陆开发也是贯彻国家海洋战略的重要举措。

(3) 横沙成陆开发区域不在崇明东滩湿地、九段沙湿地、青草沙水库周边三大国家自然保护区范围内,其开发对环境的影响可通过有效的生态、环保技术措施加以控制。

(4) 横沙深水新港濒临海洋,可避开长江口拦门沙,因海洋旋转流作用,深水航道不易淤积。

(5) 长江口疏浚土若能全部有效利用,符合国家"资源节约型、环境友好型"的建设要求。

(6) 我国在吹填成陆、建港等方面已积累了丰富的经验,因此,横沙开发在技术上是完全可行的。长江口综合整治工程及航道规划如图2所示。

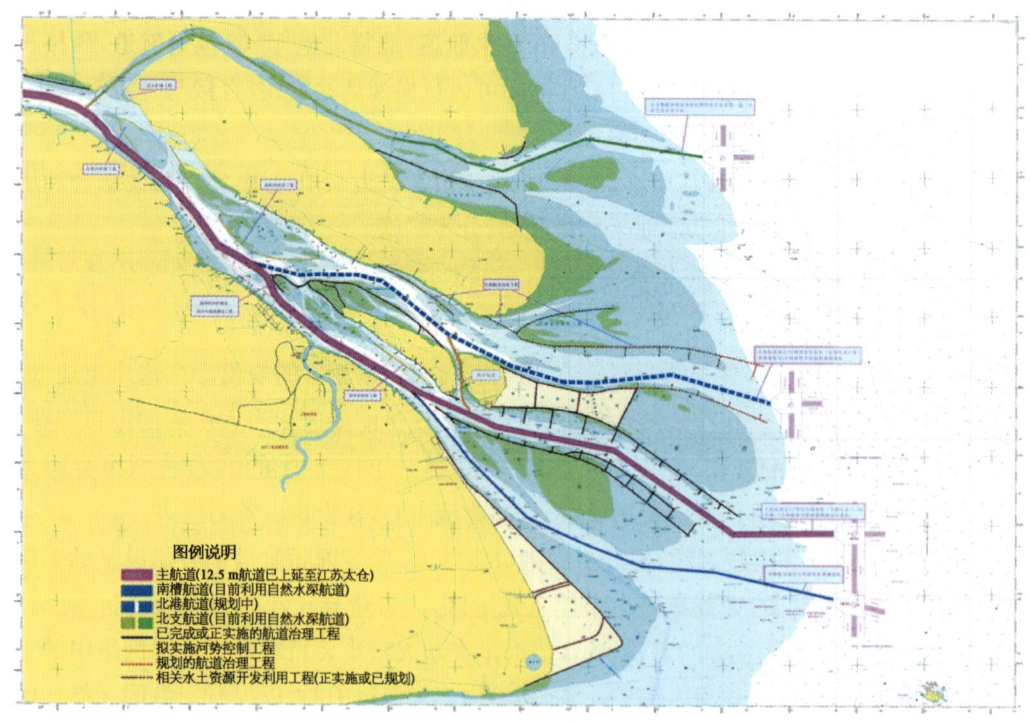

图2 长江口综合整治工程及航道规划示意

3 建议

(1) 横沙开发事关上海创新驱动、转型发展的全局,需要从战略层面统一认识,建议由政府出面,市领导挂帅、指定牵头部门、完善体制,建立强有力的推进机制。

(2) 建议市科委、市建交委等相关部门把《上海城市发展新空间和深水新港战略研究》正式立项,划拨一定经费,组织相关科研院校、企业、部门等单位,对"上海城市新空间和新一轮发展之间关系""上海横沙新陆域规划的顶层设计""上海深水新港建设的必要性和可行性""长江口河势新格局、疏浚工程与横沙成陆及建港的关系""上海城市发展新空间和深水新港建设对环境和生态影响""上海城市发展新空间和深水新港建设与现有规划、综合交通体系、城市支撑力的关系""疏浚航道、促淤成陆及建设新港联动机制的顶层设计"等课题进行技术研究和论证。

(3) 建议市政府安排责任部门开展有关横沙开发的规划修编,发挥规划先行的优势,为上海城市发展新空间和深水新港的建设描绘蓝图。

(4) 为配合"国家沿海地区的海洋功能区划"新一轮的制定,建议市海洋、规划等部门做好预案,为上海争取更多的建设用围填海指标。

(5) 尽快启动先行工程,充分利用每年产生的长江口疏浚土。把横沙大道继续外延 26 km,并改变目前横沙成陆标准仅为农业用地(占补平衡)的现状,将吹填成陆标高由 $+3.0$ m 增加至 $+5.5$ m,降低二次造陆成本,为满足将来的城市建设用地需求做好准备。

(6) 加强与交通运输部的合作,建立"疏浚、促淤、造陆、建港和产业发展"五位一体的新机制,充分利用长江口疏浚土资源,全部用于横沙造陆。

当然,我们的建议还是十分粗浅的,如有不妥,敬请批评、指正。

祝

安好!

中国工程院院士 华东师范大学教授

中交上海航道局原董事长

上海市人民政府参事

上海航道勘察设计研究院院长

2013 年 6 月 3 日

长江经济带的发展与上海港的机会

——包起帆在杨雄市长主持的参事座谈会上的发言(2015年1月8日)

最近,国家提出了重点实施"一带一路"倡议和京津冀协同发展战略、长江经济带发展战略,通过改革创新打破地区封锁和利益藩篱,全面提高资源配置效率。在学习了政府工作报告后,我觉得报告在这方面的表述有待加强。

上海是国家的经济中心之一,处于海上丝绸之路与长江黄金水道的交汇口,"一带一路"倡议和长江经济带发展战略都与上海密切相关,上海应该有所作为,应该发挥龙头作用,尤其是港口的地位和作用应当加强。在政府工作报告中,仅提到了要"完善现代航运集疏运体系,发展航运金融、航运保险等高端航运服务业,优化邮轮经济发展环境",这些工作当然应该做,但更紧迫的是,上海作为海上丝绸之路与长江经济带连接枢纽的能力和作用正在弱化。从长远的角度来看,上海港将不能适应国家两大发展战略的需求。

最近,参事室组织我们考察了长江沿线港口,宜宾、泸州等港口的集装箱吞吐量在2014年都有了成倍的增长。当地港口管理人员反映,上海港因为要保大船的船期,导致小船滞港时间太长,他们去台湾、釜山的集装箱只能通过武汉和南京中转。据武汉新港管理委员会门户网站报道,2014年1—5月,洋山港江海直达船舶平均滞港时间长达30~40 h,最长达到83 h。这个现象仅仅是冰山一角。从2014年1—11月港口吞吐量来看,上海港完成了3 226万TEU,同比增长4.3%;而上海港的邻居宁波港完成了1 798万TEU,同比增长12%;太仓港完成了275万TEU,同比增长43.1%。根据港口经济发展规律,当某个港口的吞吐量突破300万TEU的大关后,将从喂给港逐步转变为干线港。目前,太仓港已经与外高桥码头同质化。如此发展下去,宁波港的今天必将成为太仓港的明天。珠三角区域内香港、深圳和南沙这三港竞争的局面将会在长三角重演。

从国际上看,2014年6月美国总统奥巴马签署了一项旨在加深美国港口深度以容纳更大的货轮,从而降低出口商123亿美元成本的法案;作为世界航运服务业的典范,伦敦2012年启动了逾半个世纪以来最大的港口基建项目——门户港计划,首期3个码头泊位已在2013年秋季投产,可满足1.8万TEU集装箱船进出;2014年,新加坡做了一个大胆的计划,最终选择了阿图斯作为集装箱码头的搬迁新址,规划6 000万TEU的吞吐能力。

上海港的洋山四期已经开工,按计划要到2017年才能完工。根据国家长江经济带的发展和对港口的需求,完工之日也仅仅只是弥补以往吞吐量缺口之时,上海港的明天又在哪里呢?2020年,上海国际航运中心将要初步建成,创业容易守业难,上海港如果没有能力继续为长江经济带的发展和海上丝绸之路的崛起提供服务,上海为国家战略服务的能力和自身的发展也将会受到很大的影响。城以港兴,上海应该抓住两大国家战略交汇于新横沙的历史机遇,通过谋划上海港的发展带动整个上海的发展。

在市委市政府领导的关心下，近3年来，我们组织了北京、南京和上海众多院校、企业开展了有关"上海城市发展新空间和深水新港的战略研究"，从功能、规划、技术、环保、经济等角度综合论证了新横沙发展和建港的可行性。最近我们又提出在横沙先期开展深水新港启动工程的研究，希望杨市长能够一如既往给予重视和支持。

"十四五"期间推动上海深水新港研究的建议*

华东师范大学国际航运物流研究院

上海港,是上海国际航运中心的支柱,是上海经济发展的重要引擎。随着全球航运发展趋势以及国际国内社会经济状况的变化,上海港未来的发展面临着巨大挑战,需要我们在"十四五"规划中,早定方向,早做准备。

1 上海港在国际航运中心建设中得到长足发展

1996年1月国务院决定加快推进上海国际航运中心建设,2002年3月国务院批准同意建设洋山深水港,2005年12月洋山一期工程竣工投产,2008年先后建成二、三期工程,共获得5.6 km深水集装箱码头岸线,16个7万~15万 t级深水集装箱泊位、设计总通过能力930万TEU,2017年12月四期工程投入试运行,设计吞吐能力初期达到400万TEU,远期将达630万TEU。

上海国际航运中心建设启动以来,上海港集装箱年吞吐量快速增长,1996年为200万TEU,2003年起位居世界三甲之列,2006年达到2 171.8万TEU,2016年达到3 713.3万TEU,2017年在全球首个突破4 000万TEU,2018年为4 201万TEU,连续9年位居世界第一,基本确立了国际航运枢纽、物流枢纽的地位。枢纽港是航运中心的核心要素。

2 上海港的未来面临诸多挑战

2.1 全球航运呈现升级趋势

(1)船舶大型化。联合国预计未来全球人口激增。人口增长,贸易量也随之攀升,贸易集装箱化和船舶大型化成为必然趋势。规模经济和节能减排的双重推动,也促使越洋船舶越来越大型化。英国海运咨询公司项目总监发布的一项研究成果表明,2.4万TEU集装箱船的航行成本,比1.25万TEU的集装箱船低23.1%,比1.6万TEU的集装箱船低17.4%,规模优势显而易见。2019年7月,2.3万TEU的"地中海古尔松轮"靠港天津,2019年下半年地中海航运将接收8艘2.3万TEU超大型船,2020年上半年开始现代商船订造的12艘2.3万TEU型船将陆续交付。未来,只有箱源充足而且稳定、航道与泊位水深条件满足大型船舶需要的港口,才能保持住在洲际海运线中的干线港地位;不具备航道水深条件的港口,将可能降级为区域性支线港口。

(2)航运联盟化。船舶大型化使市场环境更加严峻,全球班轮公司加快结盟,超大型集装箱船已成为班轮公司合作和班轮联盟竞争的基础。一个航次要保证2万多TEU的货源组织,对任何一家航运企业而言都不是容易的事情,因此班轮公司试图通过联盟化的方式共享舱位,提升船舶装载率。联

---

* 2019年4月,上海市发改委组织了上海市"十四五"规划前期课题研究,本文是参与该课题研究的成果报告,并于9月提交发改委。研究得到了华东师范大学"十四五"规划前期研究课题的支持。

盟化大船的运营模式下,要求精简挂靠港,船舶将减少挂靠港口数目,干线船只在少数箱源充足、稳定并有深水泊位的港口之间航行,每个区域将逐渐诞生一个或几个主要港口作为枢纽港,长距离运输的货物将越来越集中到某个枢纽港。因此,干线枢纽港的竞争将日趋激烈,现有的国际枢纽港面临重新布局的竞争与挑战,应对稍有迟缓,便可能丧失良机,遭到淘汰。

(3) 港口扩展化。无论中外,港口和城市都是随着经济的发展而互相促进的。世界上绝大多数港口城市都面临如何扩建已经处于城市包围中的港口的难题。鹿特丹于2007年启动"玛斯平原垦地二期规划",围海造地1 000 hm^2,置换土地,港区扩展,成为20 m深水港,继续保持欧洲港口核心地位。伦敦于2012年正式启动门户港计划,泥沙吹填上陆1 800万 m^3,建造新港,满足1.8万TEU集装箱船进出。老码头地区已成为一个全新的金融、商业、商务区,成为伦敦的新地标。新加坡于2013年公布大士港建设规划,计划至2040年建成超级港口综合体,年吞吐量达6 500万TEU。2019年4月,第一阶段施工已经完成74%,头两个泊位将在2021年投入使用。

2.2 上海两翼正在加速航运发展

国家战略中的上海国际航运中心建设,上海是核心,江浙是两翼。

(1) 浙江宁波-舟山港已经崛起。南翼,宁波-舟山港,2013年全年货物吞吐量达到8.09亿t,超越上海港,位居世界第一,2017年成为世界上唯一一个货物吞吐量超过10亿t的港口,2018年的货物吞吐量已攀至10.8亿t,而当年上海港的货物吞吐量仅为宁波-舟山港的63%。虽然上海港在集装箱吞吐量排名上仍然是第一,但其增长率落后于宁波-舟山港。宁波-舟山港的目标是国际一流深水枢纽港和集装箱远洋干线港。

(2) 江苏正在南通规划江海新航道。北翼,江苏沿海港口,无论在货物吞吐量还是在集装箱量上,都无法与上海港和宁波-舟山港相比,使得长三角地区的航运呈现南重北轻、重心偏南的态势。为了破解困境,开拓发展,江苏正在筹划于南通建设高标准的江海新航道,与长江口深水航道一起,构建海运航线的"双通道",以实现江海联动,带动整个苏北地区的经济发展。

2.3 上海港存在自身短板

(1) 码头能力难应需求。1998—2017年上海港集装箱的总增加量是3 771万TEU,但码头能力总增加量只有2 420万TEU。预计到2020年上海港的集装箱吞吐量将达到4 503万TEU,即使加上洋山四期投产后的630万TEU的新增能力,如果要保证正常的港口生产秩序,上海港仍还需弥补1 358万TEU左右的能力缺口。若不抓紧时间规划和建设新的集装箱码头,上海港将长期超负荷营运,有可能失去全球枢纽大港和国际航运中心的地位。

(2) 深水航道严重不足。国际干线集装箱枢纽港的航道通航水深已向20 m迈进,但上海港目前没有20 m的深水航道。外高桥港区航道为12.5 m,洋山港区航道为16.5 m,与宁波-舟山港33 m、天津港22 m、青岛港21 m、连云港港20 m的水深相比,差距很大,与上海建设国际航运中心的定位与任务严重不相匹配。因此,建设20 m深水新港是实施国际航运中心可持续发展模式、始终保持上海主枢纽港口地位的重要举措。

(3) 深水岸线已经匮乏。上海市岸线总长597 km,目前规划港口岸线总长229 km,其中深水岸线142 km,码头前水深为10~15 m。经过多年发展,上海市港口规划中具备开发条件的深水岸线资源已利用殆尽。洋山港区由于现行体制及行政区划的障碍,新泊位建设步履缓慢。上海港可供建设集装箱码头的深水岸线资源短缺问题日益显现,20 m超深码头岸线资源更是空白。

(4) 陆域空间拓展受限。上海港现有港区腹地纵深不够,陆域狭小。外高桥、罗泾等港区紧邻市区,相邻土地早已规划它用;洋山港区依靠填海造陆形成的港区陆域也已开发完毕。上海港的进一步发展,受到了土地资源的掣肘。

2.4 国家战略对上海港提出了更高要求

党中央提出的"一带一路"倡议和"长江经济带发展""长三角一体化发展""上海自贸试验区建设""上海五个中心建设"等国家战略在给上海发展带来重大机遇的同时,也给上海带来了巨大的挑战。上海港,作为上海经济发展的重要引擎,理所当然地也要肩负起服务于国家战略的使命和任务。

(1)"一带一路"建设。在"一带一路"倡议中,上海要成为交通枢纽中心,其中,上海港要成为世界最大的海河组合港口,以构建起立体交叉的互联互通交通网络。海上丝绸之路从其分布来看,正是整个上海港航线密度最广的区域,覆盖了亚欧航线、中东航线、非洲航线、东南亚航线。从上海始发的航线,绝大部分都是在海上丝绸之路的轨迹上。上海港是海上丝绸之路航运枢纽的首选港。随着海上丝绸之路进一步打通,必然需要上海港进一步提高对外贸易航线航班的密度与效益。

(2)长江经济带发展。上海是腹地型航运中心,长江流域的广阔腹地是上海国际航运中心建设的重要依托。上海地处沿海、沿江两条国家发展走廊交汇点,通过长江黄金水道,大力发展水水中转,可以不断适应产业向中西部转移、物流链向长江沿线延伸。但只有进一步提升上海港的能级,才能更好地为全国服务,助力长江经济带的发展。

(3)长三角一体化发展。上海是长三角城市群的核心城市,而国际航运中心又是上海城市的核心功能之一。一体化框架下的上海港的发展,不单是上海的事,还是长三角的事,上海港既要扎根于上海,又要跳出上海,面向长三角,这样才能助力于长三角区域的一体化。

(4)上海自贸试验区建设。自贸区建设带来的各项优惠条件和便捷手续将会增强对腹地贸易商和东南亚等区域贸易商的吸引力,继而从腹地贸易货物以及国际中转货物两方面提升港口货量。尽管上海已经拥有了先进的港口设施,但与国际一流港口相比还有差距。自贸区建设对上海港的基础设施建设提出了进一步的要求。纵观全球,自贸区大都有深水大港作为依托。

(5)上海五个中心建设。国务院于2009年批准上海建设国际经济、国际金融、国际贸易、国际航运"四个中心"后,又于2017年批准上海建设科创中心。在"四个中心"中,上海国际航运中心全球认可度最高。港口带动贸易、贸易带动金融、金融带动经济,港口兴旺了,其他中心的发展都会风起云涌;反之,港口衰落了、发展停滞了,也会影响上海的各行各业。上海国际航运中心可持续发展需要新的空间支撑,上海港的发展只有起点,没有终点。

3 上海需要规划建设深水新港

上海港要顺应全球航运发展趋势,弥补目前存在的短板,更好地服务于国家发展战略,就必须将择地建设深水新港摆到议事日程上来。

自2012年起,华东师范大学国际航运物流研究院联合上海和国内16家相关研究机构、企业等共同组成了研究团队,开展了"上海城市发展新空间和深水新港战略研究"和"新横沙成陆开发和深水新港建设可行性关键技术研究",得出了以下初步结论:

3.1 上海国际航运中心发展需要用硬件带动软件

在上海国际航运中心建设上,硬件和软件同样重要,不可偏废。上海如果不提升港口能级,不规划建设新的深水大港,上海港将给各大集装箱班轮公司带来能力受限、后劲乏力的负面信息,这不利于上海国际航运中心建成后的持续发展。如果航运缺少"实"的量的支撑,"虚"的航运服务也将落空,要把上海港变成伦敦港的想法将成为空中楼阁,更何况伦敦现今也在抓紧建港,坐实航运的实体经济。

3.2 新横沙是建设上海深水新港的优选港址

横沙东滩已形成 106 km² 陆域,横沙浅滩还能形成 303 km² 陆域,加上横沙岛原有土地 50 km² 和坝田区域 70 km²,共可形成 530 km² 的新横沙,同时可形成深水岸线近 100 km。新横沙具有十分明显的地理区位优势、航道泊位优势、江海直转优势。

1) 地理和区位优势,平衡南重北轻状况

新横沙位于长江出海口,又居于江浙两翼沿海港口之间。如把上海比作长江经济带的龙头,新横沙就是"龙的舌头"。在上海空间极为有限的情况下,新横沙是唯一可以建设深水大港的空间。相较于洋山,新横沙完全属于上海,开发、利用及后续发展都更为方便。新横沙与外高桥港区水域距离约 60 km,与洋山港区水域距离约 100 km,如建设深水大港,可形成上海国际航运中心的集装箱港口群,三足鼎立,功能互补,遥相呼应;同时,新横沙距离北翼的江苏沿海港口更近,可改善长三角海港群南重北轻的不平衡局面,为长三角区域和整个长江流域的现代物流服务创造条件。

2) 航道和泊位优势,满足航运大型化趋势

从新横沙到外海 20 m 深水区的航道长度仅 20 km,该深水航道不易淤积,可以双向通航 20 万 t 级船舶,满足集装箱船舶大型化趋势对港口及航道深水化的要求。研究表明,如在新横沙建造深水大港,可采用"鱼齿状通道式"挖入式港池方案,具有水域平稳、泥沙回淤量小、年作业天数多的特点。码头平面可采用突堤式布置,共可形成岸线 41 km、码头泊位上百个,其中东部可规划布置 10 万~20 万 t 级泊位 26 个,中部可规划 2 万~7 万 t 级泊位 20 个,西部可布置 1 万 t 级泊位 84 个。新港可直接停靠 2 万 TEU 以上大船,新增集装箱吞吐量可达 3 500 万 TEU,即增加上海港现有能力的 60% 以上。

3) 江海直转优势,助力长三角一体化和长江经济带发展

宁波-舟山港和洋山港均有海无江,江船不能直接靠港,江海联运的短板无法更好地服务于长江中上游地区。在新横沙建设深水大港,前端通向大海,后端连接长江,超大型的集装箱船可以从前端驶入港池,江轮可以从后端驶入港池,在港池内直接实现江海联运,避免二程中转,从而大幅降低物流成本,缩短物流周期,节约能源,具有显著的经济效益和社会效益。

新横沙是上海经济实现新飞跃的有效载体,在新横沙规划建设深水大港将进一步提高上海港的对外服务能级,更好地服务于多项国家战略。

3.3 新横沙具备建设上海深水新港的基础条件

(1) 新横沙的自然条件。新横沙区域雨、雾、雷天气对横沙建港条件的影响不显著。海域波浪对港口作业条件的影响可在挖入式港池防波堤的掩护下得到缓解。可对航道及口门防波堤进行优化布置,提升航道的适航性。新横沙总体适应于大型挖入式港池及深水外航道的建设。

(2) 新横沙的河势格局。长江口"三级分汊、四口入海"河势格局稳定,已有的大规模人工工程对稳定长江口河势格局起到了积极而重要的作用。随着长江口河势整体趋于稳定,加上北槽深水航道整治工程和横沙生态成陆工程的实施,新横沙目前也已形成较为稳定的沙体形态。

(3) 新横沙的通航环境。长江口船舶流量与货运量持续增长。北槽航道的船流密度大,现已开辟南槽航道分流。北港航道在交通运输部计划开通之列。在新横沙东侧采取挖入式港池的模式,避开长江口拦门沙,可实现超 20 m 深水港建设和维护。港区的东西贯通,两侧可通过布设进港深水航道和人工运河实现与周边航道的对接。

3.4 新横沙建港不会对周边环境产生明显负面影响

(1) 对长江口河势格局的影响。就前述的建港方案而言,建港前后大范围流场没有变化,分流比变化幅度不大,长江口各汊道的格局保持稳定,整体河势不会因为新港建设而产生剧烈变化。

(2) 对长江深水航道的影响。建设深水新港,将固定北槽北边界,进一步归顺北槽的潮流;也将固定北港的南边界,原横沙浅滩与北港的水体交换沿新港北边界从北港口门进出北港;对南槽航道无明显影响,对北港水道、北槽波浪基本无影响。

(3) 对青草沙水源地的影响。建港后青草沙水源地附近涨急流速略有减小,落潮流速变化较小;高低水位均有所抬高,高水位变化大于低水位,但最大变化不超过 0.1 m。新港建设不会对青草沙水源地的水文情势和水质造成明显影响。

(4) 对周边生态保护区的影响。深水新港北面与崇明东滩鸟类自然保护区、长江口中华鲟自然保护区隔着北港,南面与九段沙湿地国家级自然保护区隔着长江口北槽深水航道。借鉴北槽深水航道的已有经验,通过采取合理的生态保护措施,深水新港不会对周边自然保护区的生态环境产生明显影响。深水新港运营期间,可以通过严格的船舶控制与监管,强化防溢油防污染设施配备,做好安全防范和应急预案,以避免对周边生态环境产生不利影响。

4 "十四五"期间要加强对上海深水新港的研究并明确空间预留

针对上海市"十四五"总体规划和专项规划的修编,提出如下两点建议:

1) 将"加强对上海深水新港的研究"纳入"十四五"规划

上海深水新港,势在必建!为了明确方向、统一思想,需要对上海深水新港开展全面、深入的研究。

建议在"十四五"规划中明确提出:加强对上海深水新港的研究——包括研究国家战略背景下上海港的定位,适应世界航运发展趋势的可持续发展的措施,新港的选址,新港建设的时序等;研究洋山港区以及国内外其他港区建设的经验;研究在新横沙建设上海深水新港的基础条件。

建议在修编规划和整个"十四五"期间,由市发改委牵头总抓,市科委、市交通委等部门协同,组织、委托或支持相关的科研机构、企业单位对上海深水新港开展多维度、多层面的课题研究;建议有关部门、机构和单位围绕上海深水新港这一主题,积极开展由多方参加的大讨论。

2) 将"为未来的上海深水新港预留战略空间"纳入"十四五"规划

上海港是国家战略——上海国际航运中心建设的重要组成部分,也是上海市的重大基础设施,建设上海深水新港,需要相应的、合适的空间。

建议在"十四五"规划中明确提出:优先保障国家战略、市重大基础设施项目,为未来上海深水新港预留战略空间。

"十三五时期上海土地资源利用和保护规划"提出"上海应提高站位,通过土地资源的合理配置与优化,促进区域协同发展,提升城市综合竞争力"。在新横沙预留建设上海深水新港所需的空间,完全符合上述原则和要求。

根据已有研究,上海深水新港的区域平面可控制在 80 km² 范围内。预留的空间,现行可按照生态化要求处理,不会对生态环境构成威胁,并且今后也将按照绿色发展的理念规划和建设新一代的港口。